回顾与展望

改革开放以来中国的政治建设与政治发展

杨海蛟 王冠群 亓 光 等著

中国社会科学出版社

图书在版编目（CIP）数据

回顾与展望：改革开放以来中国的政治建设与政治发展/杨海蛟等著．
—北京：中国社会科学出版社，2019.12
ISBN 978 – 7 – 5203 – 5722 – 7

Ⅰ.①回⋯　Ⅱ.①杨⋯　Ⅲ.①社会主义政治学—研究—中国
Ⅳ.①D6

中国版本图书馆 CIP 数据核字（2019）第 271480 号

出 版 人	赵剑英
责任编辑	周晓慧
责任校对	无　介
责任印制	戴　宽

出　　版	中国社会科学出版社
社　　址	北京鼓楼西大街甲 158 号
邮　　编	100720
网　　址	http://www.csspw.cn
发 行 部	010 – 84083685
门 市 部	010 – 84029450
经　　销	新华书店及其他书店

印　　刷	北京明恒达印务有限公司
装　　订	廊坊市广阳区广增装订厂
版　　次	2019 年 12 月第 1 版
印　　次	2019 年 12 月第 1 次印刷

开　　本	710×1000　1/16
印　　张	50.75
插　　页	2
字　　数	781 千字
定　　价	258.00 元

凡购买中国社会科学出版社图书，如有质量问题请与本社营销中心联系调换
电话：010 – 84083683
版权所有　侵权必究

序

汝 信

1978年中国共产党十一届三中全会开启了我国政治开放的历史新时期，至今已经30年了。从那时以来，我国人民在中国共产党的坚强领导下，以邓小平理论、"三个代表"重要思想和科学发展观为指导，顺应国内外形势发展变化，与时俱进，坚持理论创新和实践创新，开辟了中国特色社会主义道路，形成了中国特色社会主义理论体系，在全面建设小康社会的实践中把改革开放的伟大事业推向前进，取得了举世瞩目的辉煌成就，使社会主义中国的面貌发生了历史性变化。

改革开放以来中国特色社会主义建设是全面的，包括经济、政治、文化、社会等各个方面。但国外有一种错误的论调，似乎中国的改革只限于经济体制，不涉及政治领域。这是一种违背事实的严重误解。事实上，30年来坚定不移地发展社会主义政治和进行政治体制改革，始终是我国全面改革的重要组成部分。在中国共产党的领导下大力推进经济体制改革的同时，积极稳妥地推进政治体制改革，同样取得了很大的成绩，使我国社会主义民主政治制度日益发展和完善。认真地研究和阐明改革开放以来我国政治发展的成就，是政治学者义不容辞的责任。因此，由中国社会科学院政治学研究所研究员杨海蛟与许多专家学者参加撰写的《回顾与展望——改革开放以来的中国政治发展》一书的出版，是十分必要、非常及时的，值得我们庆贺。现该书即将面世，我有幸先睹为快，谈几点粗浅的读后感受。

第一，观点鲜明，论证有力。随着改革开放的不断深入和社会主义市场经济体制的建立和发展，社会利益格局急剧分化和调整，社会成员的价值取向日益多元化。《回顺与展望》一书，以高度负责的精神和科学的思维方式以及观察、思考的方法，从大局的高度和较为开阔的视野，全方位地回顾了中国改革开放以来政治发展的历史轨迹和主旋律，充分阐释了中国特色社会主义政治发展的主要内容，从理论和实践的结合上，系统地论述了改革开放 30 年来中国政治发展所取得的成就，全面总结了改革开放以来政治建设、政治体制改革和政治发展所积累的经验，并展示了未来中国政治发展的前景和方向。书中所提出的观点和命题均以权威的文献资料和划时代的变革实践过程予以支撑和说明，努力做到言之成理，持之有故，理论阐述，周密深入。可以这样说，该著不仅以无可辩驳的事实从理论上说明了中国特色社会主义政治发展的科学性和合理性以及所取得的辉煌成就，便于广大读者全面了解中国改革开放 30 年来政治发展的历史进程、独特优势和本质特征，而且以较为深邃的理性思考和理论论证为改革开放以来中国政治发展 30 年的实践过程提供了理论上的支撑，有利于广大读者对中国特色社会主义政治发展道路的坚持更加自觉，更加充满信心。

第二，资料丰富，凝重厚实。30 年在历史的长河中可谓短暂的一瞬。然而，中国改革开放以来这 30 年，在中华民族的历史上，创造了奇迹，其中作为社会发展重要组成部分的政治发展，在其 30 年的历史进程中，所发生的一些重大事件，几乎都具有里程碑意义。用细腻的笔法将其真实地记录下来，在理论上得到整体再现，是现时代政治学工作者的使命和职责。《回顾与展望》一书，站在历史的高度，采用历史与逻辑相结合的方法，运用历史的眼光，以翔实的历史资料系统地审视改革开放 30 年的政治发展，无论是中国特色的社会主义民主政治建设，还是各种政治制度的健全和完善、政治体制改革和中国共产党的建设和反腐廉政建设过程的描述和成就、经验的总结，都通过丰富、翔实的历史资料和历史事实作为佐证。著者占有的历史资料极为丰富、可靠，毫无疑问，建立在丰富历史资料基础上的论述和阐释，不仅使其具有深厚、凝重的历史感，而且增加了其强有力的说服力。从某种意义上讲，该著作是一部中国改革开放 30 年政治发展的历史教科书。

第三，内容全面，规模恢宏。高扬中国特色社会主义伟大旗帜，开辟中国特色政治发展道路，推动中国特色社会主义政治发展进程，是历史的必然、现实的选择和未来的方向。中国特色社会主义政治发展具有极为丰富的内容，其中中国共产党作为中国政治发展的领导力量，党的建设是中国政治发展的关键，中国特色社会主义民主政治建设是中国政治发展的主要内容，而这种政治民主是通过一系列政治制度体现和保障的，政治体制改革则是实现政治发展的动力，无论政治体制改革、还是政治制度的健全和完善，又必须在有序、和谐的政治环境和政治状态下进行。中国特色社会主义政治民主建设、各项政治制度的健全和完善以及政治体制改革的不断深化、政治稳定局面的形成和维护，构成了中国改革开放30年政治发展气势磅礴的图景。《回顾与展望》分9个专题，基本上展现了改革开放30年来政治发展的全貌，从回顾发展历程、概括成就、总结经验、设想前景等四个方面涵盖了改革开放以来政治发展30年的方方面面，洋洋洒洒七十多万字构成了恢宏气势。

当然，该著也有需要改进之处。由于分专题论述，虽然各专题的角度和侧重点不同，但专题之间难免有些重复；文中的某些提法、表述方式也有待进一步研究推敲，希望能引起我国政治学界同仁的关注和讨论。

2008年8月

再 版 序

王邦佐

  1978年中国共产党十一届三中全会开启的改革开放伟大事业，迄今已40年。40年的改革开放历史，波澜壮阔，成就辉煌。正如党的十九大报告所总结的那样：改革开放以来，"我们党团结带领全国各族人民不懈奋斗，推动我国经济实力、科技实力、国防实力、综合国力进入世界前列，推动我国国际地位实现前所未有的提升，党的面貌、国家的面貌、人民的面貌、军队的面貌、中华民族的面貌发生了前所未有的变化，中华民族正以崭新姿态屹立于世界的东方"。

  改革开放以来中国的发展进步，经济和社会方面所取得的成就极具经验性，从而也是比较容易形成认知和达成共识的，但是，政治体制改革和建设方面则不然，中国社会就此所形成的科学认知和共识表现明显不足。围绕政治体制的适应论和滞后论的长期争论就是共识缺乏的具体表现。几年前，我曾发表一篇文章，讨论如何正确认识改革开放时代我国的政治发展。我认为，判断中国政治发展的成效，除了关注人们所熟知的诸如政治建设的艰巨性、长期性、渐进性、有序性等规律外，还应特别注意它与经济体制改革的非对称结构状态，与经济文化发展的相适应状态以及它所反映和代表的我国政治发展的方向。就此而言，改革开放时代我国的政治发展与经济发展一样，也取得了巨大的成就。在改革开放40年之际，总结、评价和解释改革开放时代我国的政治发展成就，是全面、准确认识改革开放史，坚定中国特色社会主义制度自信的必然要求，也是中国政治学界义不容辞之责。中国政治学会副会长兼秘书长杨海蛟研究员同诸位学者，做了非常有意义的工作，他们共同撰写的《回顾与展望——改革开放以来中国的政治建设与政治发展》的出版，恰逢其时。

概括而言，《回顾与展望——改革开放以来中国的政治建设与政治发展》在以下几个方面具有较显著的特色和学术价值：一是史料丰富且选择恰当。总结和评价改革开放时代我国的政治成就，必须建立在事实基础上。只有基于史料的事实判断才具有终极的说服力。综观全书，它以较翔实而系统的历史资料审视改革开放40年来我国的政治发展。比如，在党的建设和完善党的领导体制部分，各个历史阶段中的重要文献、重大活动、有较大影响的事件等构成了立论的事实基础。其余部分的内在结构也如此。著者所占有的相关历史资料极为丰富、可靠。这一点是值得肯定的。二是解释性特色明显且有新意。作为论述政治发展的力作，其本质上应是解释性的，即基于改革开放40年来的政治史料，对其所产生的影响、效果极其关联作用进行合乎逻辑的阐发。著者站在历史的高度，运用历史和逻辑相结合的方法，从总体面向、以开阔的视野，全方位地回顾了改革开放以来政治发展的历史轨迹和主旋律，充分阐释了中国特色社会主义政治发展的主要内容。从理论和实践的结合上，系统地论述了改革开放40年来中国政治发展的现实基础、价值目标、动力来源、发展途径及其所取得的成就。本书试图从40年的历史进程中总结我国政治发展的经验及其对未来的启示。其理论努力难能可贵。三是内容全面且结构严谨。在空间上，现代政治所涉内容及其宽泛。这极大地增加了政治发展研究的难度，况且在时间上又追溯了改革开放40年的政治史。因此，该书研究内容的宏大和复杂是显而易见的。综观全书结构，从政治发展的领导力量——中国共产党的建设，政治发展的主要内容——中国特色社会主义民主政治建设，政治发展的动力——政治体制改革，政治发展的保障——完善中国特色社会主义制度，到政治发展的体现即行政体制改革和反腐倡廉建设，有重有轻，结构合理，逻辑严谨，堪称一幅描述改革开放40年中国政治发展的全景图。

在改革开放40年之际，我们特别需要在总结以往经验的基础上展望国家进一步的发展。我认为，中国现代化的价值取向和现代化的发展路径需要有效和强大的政治支持，这不仅是后发国家的普遍发展规律，更是中国特殊的社会现实向政治系统提出的一个根本性问题。从某种程度上讲，中国现代化的成败归根结底取决于政治系统能够为现代化发展提供多大程度上的政治支持。这就需要我们认真研究中国政治发展的规律。就此而言，我希望研究中国政治发展的新成果能够不断涌现，像《回顾与展望——改革开放以来中国的政治建设与政治发展》一样，以尽中国政治学人的责任。

2018 年 9 月 16 日于上海华东院

目 录

一 与时俱进，改革创新：改革开放以来的中国共产党建设……………（1）
  （一）改革开放以来党的建设历程 ……………………………（1）
  （二）改革开放以来党的建设成就 ……………………………（14）
  （三）改革开放以来党的建设经验 ……………………………（60）
  （四）党的建设展望 ……………………………………………（98）

二 坚持特色，不断推进：改革开放以来的社会主义民主建设 ………………………………………………………………（122）
  （一）改革开放以来社会主义民主建设的光辉历程 …………（122）
  （二）改革开放以来社会主义民主建设取得的成就 …………（167）
  （三）改革开放以来社会主义民主建设的基本经验 …………（191）
  （四）大力推进中国特色社会主义民主建设 …………………（209）

三 逐渐推进，顽强攻关：改革开放以来的政治体制改革 …………（219）
  （一）改革开放以来中国政治体制改革的历程 ………………（219）
  （二）改革开放以来中国政治体制改革的巨大成就 …………（307）
  （三）改革开放以来中国政治体制改革的经验 ………………（327）
  （四）继续深化政治体制改革的方向 …………………………（338）

四 当家作主，制度保障：改革开放以来人民代表大会制度的
   健全与完善 ………………………………………………………（347）
   （一）党对人大制度建设更加重视，对人大工作的领导不断
         加强 ……………………………………………………（347）
   （二）选举制度逐步完善，选举工作不断加强 ……………（349）
   （三）立法职能不断增强，法律体系逐步完善 ……………（353）
   （四）监督职能不断增强，监督方式不断改进 ……………（359）
   （五）人民代表大会常委会建设逐步加强，代表工作不断
         创新 ……………………………………………………（364）
   （六）人大及其常委会会议质量不断提高 专门委员会建设
         不断加强 ………………………………………………（367）
   （七）推进人民代表大会制度理论和实践创新，促使人大
         工作提高水平 …………………………………………（378）

五 风雨同舟，荣辱与共：改革开放以来中国共产党领导的多党
   合作和政治协商制度的发展 ……………………………………（396）
   （一）改革开以来我国多党合作和政治协商制度的发展
         历程 ……………………………………………………（397）
   （二）改革开以来我国多党合作和政治协商制度发展的
         成就 ……………………………………………………（434）
   （三）改革开以来我国多党合作和政治协商制度发展的
         基本经验 ………………………………………………（475）
   （四）新型政党制度未来发展的思考 ………………………（488）

六 转变职能，重塑政府：改革开放以来的行政体制改革 ………（493）
   （一）改革开放以来行政体制改革的历程 …………………（496）
   （二）改革开放以来行政体制改革的成就 …………………（615）
   （三）改革开放以来行政体制改革的经验 …………………（632）

（四）对未来行政体制改革的前瞻 ……………………（640）

七　反腐倡廉，风清气正：改革开放以来的反腐倡廉建设 …………（651）
　　（一）改革开放以来反腐倡廉建设的发展历程 ……………（651）
　　（二）改革开放以来反腐倡廉建设的伟大成就 ……………（707）
　　（三）改革开放以来反腐倡廉建设的基本经验 ……………（717）
　　（四）推动全面从严治党向纵深发展 ………………………（728）

八　党管干部，唯才是举：改革开放以来的干部人事制度改革 ………………………………………………………（731）
　　（一）改革开放以来干部人事制度改革的历程 ……………（731）
　　（二）改革开放以来干部人事制度改革的成就 ……………（780）
　　（三）改革开放以来干部人事制度改革的经验 ……………（784）
　　（四）对进一步深化我国干部人事制度的思考和建议 ……（787）

后记 ………………………………………………………………（796）

一　与时俱进，改革创新：改革开放以来的中国共产党建设

改革开放以来，党战胜各种困难和风险，领导全国各族人民进行社会主义现代化建设，开创中国特色社会主义道路，同时党经受各种锻炼和考验，加强自身建设，不断发展壮大。回顾改革开放以来党的建设历程，全面深刻总结其中的经验和教训，对进一步加强党的建设、提高党的执政能力和领导水平具有重要意义和价值。

（一）改革开放以来党的建设历程

改革开放以来，党的建设经历了五个发展阶段。

1. 第一阶段（1978年党的十一届三中全会至1989年党的十三届四中全会）

这一阶段，党的思想路线重新端正，党的建设在指导思想上拨乱反正，确立新思路，开辟执政党建设的新时期。

1978年党的十一届三中全会至1989年党的十三届四中全会，党的建设的最伟大和具有深远意义的成就是重新确立了"解放思想，实事求是"的马克思主义思想路线，在实践中探索出一条新的道路，使党的建设呈现出前所未有的生机与活力，进入了一个新的历史阶段。

1978年11月，邓小平在中共中央工作会议上所做的《解放思想，实事求是，团结一致向前看》的重要讲话指出，解放思想是当前的一个重大的政治问题；民主是解放思想的重要条件；处理遗留问题为的是向前看；

要研究新情况，解决新问题。邓小平的这一重要讲话为党的十一届三中全会提出了基本的指导思想。1978年12月，党的十一届三中全会在北京举行，全会围绕把党的工作转移到社会主义现代化建设上来这个中心议题，进行了深入的讨论。党的十一届三中全会果断决定停止使用"以阶级斗争为纲"等错误口号，在思想路线上，确定解放思想、开动脑筋、实事求是、团结一致向前看的指导方针；在组织路线上，强调实事求是和民主集中制原则，决定进一步健全党的民主集中制，完善党规，严肃党纪。党的十一届三中全会做出的重大转变，标志着党从根本上冲破了长期的"左"的错误的严重束缚，端正了党的指导思想，使广大党员干部和群众从过去盛行的教条主义和个人崇拜的束缚中解放出来，在思想、政治和组织上全面恢复和确立了马克思主义的正确路线，将党的建设事业引向健康发展的道路。

1979年1月，中共中央纪律检查委员会首次全体会议在北京举行，着重研究了维护党规党纪和搞好党风的问题，会议讨论并拟定了《关于党内政治生活的若干准则》（草稿）；讨论通过了《中共中央纪律检查委员会关于工作任务、职权范围、机构设置的规定》以及《中共中央纪律检查委员会第一次全体会议通告》，明确规定党的纪律检查机构的主要任务就是通过抓党风党纪，保证党的思想路线、政治路线和组织原则的贯彻和执行。1979年1月，中共中央宣传部在北京召开党的理论工作务虚会，主要研究党的工作重点转移后党的理论工作如何开展的问题，提出坚持四项基本原则，搞好党风建设以及思想理论工作的任务，肯定了党的思想理论队伍在粉碎"四人帮"以来所做出的巨大贡献。1979年7月，邓小平在接见海军党委常委扩大会议全体同志时做了《思想路线、政治路线的实现要靠组织路线来保证》的讲话，强调要将解决组织路线问题提到议事日程上来。1979年9月，党中央召开全国组织工作座谈会，提出要把加强党的领导班子建设，培养选拔中青年干部，改革干部制度作为当前最迫切的任务。

1980年2月，在北京举行的党的十一届五中全会，调整并加强了党的领导核心，同时提出废止干部职务上实际存在的终身制，通过了关于加强党风建设的有关规定，从而完成了党的组织路线的拨乱反正，恢复了党行之有效的领导体制，加强和改善了党的领导，促进了党的战斗力的提高。党的十一届五中全会通过了《关于党内政治生活的若干准则》，包括12个方面的主要内容，即坚持党的政治路线和思想路线；坚持集体领导，反对个人专断；维护党的集中统一，严格遵守党的纪律；坚持党性，根绝派性；要讲真话，言行一致；发扬党内民主，正确对待不同意见；保障党员的权利不受侵犯；选举要充分体现选举人的意志；同错误倾向和坏人坏事做斗争；正确对待犯错误的同志；接受党和群众的监督，不准搞特权；努力学习，做到又红又专。这12个方面的内容高度概括了党的建设的主要内容，是党的重要法规，同时也是搞好党的建设的锐利武器。1980年6月，党的十一届六中全会在北京举行，通过了《关于建国以来党的若干历史问题的决议》，科学地分析了在"文化大革命"中党的指导思想的错误以及产生这些错误的主观因素和社会原因，充分肯定了毛泽东思想对党的指导思想的伟大意义，并进一步指明了党的建设继续推进的方向。1980年7月，中共中央发出《关于坚持"少宣传个人"的几个问题的指示》；1980年8月，中共中央召开政治局扩大会议，邓小平做了《党和国家领导制度的改革》的重要讲话，对党的领导制度的改革问题进行了专题研究；1980年10月，中共中央发出《转发华国锋同志的信的通知》，这些重要举措对于健全党的民主集中制，坚持党的历史唯物主义的指导思想，消除和防止个人崇拜、个人迷信的意义重大而深远。

1982年9月，党的十二大召开，审议通过了新制定的《中国共产党章程》，提出党的建设应该着重解决的问题：健全民主集中制，使党内政治生活进一步正常化；改革领导机构和干部制度，实现干部队伍的革命化、年轻化、知识化、专业化；密切党群关系；有计划、有步骤地进行整党。党的十二大关于党的建设的另一个重要举措是决定成立中央顾问委员会，规定其主要任务是，对党的方针、政策的制定和执行提出建议；接受咨询；协助中央委员会调查处理某些重要问题；在党内宣传党的重大方针、政策，承担中央委员会委托的其他任务。中央顾问委员会的成立标志着党在废除领导职务终身制问题上迈出了关键的一步。1983年10月，中共中央召开了专门讨论整党问题的党的十二届二中全会，通过了《中共中央关于整党的决定》，分析了党内的状况，阐明整党的必要性和紧迫性，明确提出整党的基本方针、任务、政策、步骤和方法，号召全体党员积极参加整党，努力实现党风的根本好转。邓小平在会上做了《党在组织路线和思想路线上的重要任务》的讲话，强调整党不能走过场。这次整党从1983年冬季开始，到1987年5月基本结束，分三个阶段进行。1987年5月，薄一波代表中央整党工作指导委员会做了《关于整党的基本总结和进一步加强党的建设》的报告，宣布历时三年半的全国整党工作基本结束，这次整党使全党在思想、作风、纪律和组织四个方面，比整党以前有了进步，党内存在的三个严重不纯的状况已经有了改变，这说明经过整党增强了党的战斗力，使党的工作处在中华人民共和国成立以来一个最好的时期。1985年6月，中共中央纪律检查委员会在北京召开"全国端正党风工作经验交流会"，总结交流各地县级单位端正党风工作的经验。1986年1月，中共中央书记处在北京召开中央机关干部大会，号召中央党政军机关的全体党员在端正党风中要起到表率作用。1986年9月，党的十二届六中全会在北京召开，全会通过了《中共中央关于社会主义精神文明建设指导方针的决议》，对党的思想建设提出一些主张，指出精神文明建设要以马克思主义为指导；提出共同理想和最高理想的问题；要求党员在道德建设中站在时代潮流的前面；强调反对资产阶级自由化的重要性；提出党的组织和党员在精神文明建设中的责任和任务。1987年10月，党的十三大在北京召开，提出党的基本路线以及完善党正确处理社会矛盾和民主党派等关系的措施，阐述推进党的领导制度、党内生活制度、党风建设的方法。

这一阶段，以邓小平为核心的党的第二代领导集体总结"文化大革命"的历史教训，带领人民在探索和回答"什么是社会主义，怎样建设社会主义"的同时，注重党的自身建设，取得了重大的理论成就和突破，开创了党的建设的新的历史时期。

2. 第二阶段（1989年党的十三届四中全会至1992年党的十四大召开）

这一阶段，党的建设进行了全面整顿，克服一手软、一手硬的弊端，重塑了党的领导权威和崇高形象。

1989年党的十三届四中全会至1992年党的十四大以前，党的建设的主要任务是在清查、清理的基础上进行全面的整顿，以重塑党的领导权威和崇高形象。在党的十三届四中全会召开以前，由于党的思想建设、组织建设和作风建设曾经一度受到严重忽视，给党的事业造成了巨大损失，给党在群众中的形象造成了损害，给党的发展形成了障碍。1989年6月，邓小平在《第三代领导集体的当务之急》的讲话中强调指出，"常委会的同志要聚精会神抓党的建设，这个党该抓了，不抓不行了"①，这是一代伟人的真知灼见。据此，党的十三届四中全会召开之后不久，以江泽民同志为核心的第三代中央领导集体便提出："要下决心对各级党的组织从思想上到组织上进行一次认真的整顿。"② 随之，一系列从严治党的重大举措接连出台，扎实推进。

1989年6月，在北京召开了党的十三届四中全会，重申了党的基本路线，确立了党的第三代领导核心，提出要大力加强党的建设，以正确的态度把党建设好。1989年7月，中共中央政治局全体会议讨论并通过了《中共中央关于加强宣传、思想工作的通知》和《中共中央、国务院关于近期做几件群众关心的事的决定》。通知就宣传思想工作的指导思想和工作重点等做了明确的规定，该决定指出了近期党在惩治腐败和带头廉洁奉公、艰苦奋斗方面要进一步做好的七件事。1989年8月，全国省、自治区、直辖市党委组织部长会议在北京召开，会议讨论了关于党的建设的几个问题：估计党的状况；强调认真抓好清查、清理工作，纯洁党的队伍；政治体制改革要有利于加强和改善党的领导；要把思想建设放在党的建设重要的突出位置上；要同腐败现象、腐败分子进行坚决的斗争，密切党和群众的联系。1989年7月，全国宣传部长会议在北京召开，会议强调全党必须十分重视意识形态工作；要做好几件加强思想政治工作的实事；新闻战线必须严格党的宣传纪律，加强马克思主义理论学习，加强宣传队伍的思想和组织建设。1989年8月，中共中央政治局全体会议集中讨论并通过了《中共中央关于加强党的建设的通知》，指出在清查、清理工作基本结束后，要按照从严治党的方针，在部分单位进行一次党员的重新登记，要全面准确地贯彻执行干部队伍"四化"方针，切实加强党的组织建设，特别

---

① 《邓小平文选》第3卷，人民出版社1993年版，第314页。
② 《党建大事记（十三届四中全会—十四大）》，党建读物出版社1993年版，第3页。

是企业中党的组织建设。1989年9月，江泽民在国庆40周年的讲话中也着重阐述了关于加强党的建设的问题，这个讲话被誉为"中国共产党第三代领导集体的政治宣言"。

1990年3月，党的十三届六中全会做出《中共中央关于加强党同人民群众联系的决定》，提出必须从七个方面坚持不懈地努力加强党同人民群众的联系，党的建设由此转向以反腐败为重点，密切联系群众的作风建设。党的十三届六中全会决定的通过，表明新的党中央对于密切党群关系的高度重视，反映了全党全国各族人民的共同愿望。党的十三届六中全会之后，中共中央批转了中纪委《关于加强党风和廉政建设的意见》，要求各级党委和政府充分认识党风廉政建设的重要性和紧迫性，切实加强领导，采取有力措施，力争取得显著的成效。这一时期还印发了《关于县以上党和国家机关党员领导干部民主生活会的若干规定》《中国共产党发展党员工作细则》《中国共产党基层组织选举工作暂行条例》等一系列规章和制度，使党风廉政建设与思想教育、制度纪律等有机地结合起来。1989年11月，党的十三届五中全会提出，坚持群众路线，改进党的领导作风；加强民主集中制，提高党的战斗力；加强理论学习，提高党的工作的科学性。1989年12月，江泽民在党建理论研究班发表了《为把党建设成更加坚强的工人阶级先锋队而斗争》的讲话，从理论的高度，对党的建设的历史经验进行了全面的总结，重申了党的十二大、十三大所规定的党的建设的基本原则，并对今后党的建设提出了新的要求，是指导新时期党的建设的重要文献。1990年2月，中共中央发布了《中共中央关于坚持和完善中国共产党领导的多党合作和政治协商制度的意见》，提出正确处理党和其他党派的关系，加强党对群众团体的领导。

这一阶段，党的建设通过上述的努力取得了很大的进展，坚定了广大共产党员的理想和信念，提高了党员领导干部的马克思主义理论水平，巩固了党的组织，在一定程度上遏制了党内腐败，改善了党群之间的关系，使党始终走在时代的前列。

3. 第三阶段（1992年党的十四大至2002年党的十六大召开）

这一阶段，党的建设在总结经验的基础上形成新的要求和部署，丰富了马克思主义党的建设学说，提出并推进党的建设的新的伟大工程。

1992年党的十四大至2002年党的十六大召开，党的建设主要在不断总结经验的基础上形成新的全面要求和部署，并进一步完善和丰富了马克思主义党的建设理论，提出并推进党的建设的新的伟大工程，以适应建立社会主义市场经济体制新形势的需要。这一阶段最重要的党的建设的理论成就和突破是提出"三个代表"重要思想，最重大的党的建设的实践活动是在全党广泛开展"三讲"教育。

1992年10月，党的十四大胜利召开，确立了邓小平建设中国特色社会主义理论在全党的指导地位。为此，江泽民在十四大报告中向全党提出，认真学习建设中国特色社会主义理论，增强贯彻执行党的基本路线的自觉性和坚定性；加强领导班子建设，培养社会主义的接班人；密切党群关系，坚决消除各种消极腐败现象；加强基层组织建设，充分发挥党员的先锋模范作用；坚持和健全民主集中制，维护党的团结和统一五个方面的要求。1993年10月，《邓小平文选》第三卷出版发行不久，中共中央就做出学习《邓小平文选》的决定，并举办了省部级主要领导干部学习《邓小平文选》第三卷理论研讨班。1993年11月，江泽民在党的十四届三中全会上提出，要坚持执行党的民主集中制原则，加强党的基层组织建设，加强各级领导班子建设。1994年9月，党的十四届四中全会首次以全会的形式集中讨论和解决党的建设问题，重点讨论了党的组织建设问题，做出《中共中央关于加强党的建设几个重大问题的决定》，第一次提出党的建设"新的伟大工程"这一命题，对党的建设提出了新的要求和部署。

1997年9月召开的党的十五大进一步明确了跨世纪党的建设的总目标和基本方针，强调加强党的思想建设，其根本是坚定不移地用邓小平理论武装全党，充分发挥党的思想政治优势；加强党的组织建设，其根本是把党建设成为坚强的领导核心，充分发挥党的组织优势；加强党的作风建设，其根本是坚持全心全意为人民服务的宗旨，充分发挥党密切联系群众的优势。这就进一步明确了党的建设新的伟大工程的总目标，进一步确立了党的思想、组织、作风建设的根本原则以及从严治党的根本要求，为推进党的建设新的伟大工程进一步指明了方向。1998年6月，中共中央发出《关于在全党深入学习邓小平理论的通知》，再一次掀起了学习邓小平理论的新高潮。1998年11月，中共中央印发了《关于在县级以上党政领导班子、领导干部中深入开展"讲学习、讲政治、讲正气"为主要内容的党性党风教育的意见》，决定在县级以上领导干部中开展"三讲"教育。2000年1月，中共中央召开全国第三次"三讲"教育工作会议，着重对县（市）"三讲"教育做出部署，县（市）"三讲"教育成为党建的重中之重。2000年2月，江泽民在广东考察工作时提出"三个代表"重要思想，从根本上回答了应该"建设一个什么样的党，怎样建设党"的问题，"三个代表"重要思想总结了党近80年的历史经验，概括了党的性质、宗旨、历史任务，发展了马克思主义党的建设学说。2001年9月，党的十五届六中全会在北京召开，会议的主要议题是面临新形势、新任务，如何加强执政党的党风建设问题。会议审议通过《中共中央关于加强和改进党的作风建设的决定》，强调了关于党的作风建设的几点要求，即搞好党风建设，要着眼于群众；抓好作风建设，关键要落实到问题解决上；抓作风建设，一靠教育，二靠制度。江泽民还在讲话中要求全党从实践中学习，向群众学习，不断改进执政方式和领导方式，不断推进制度建设，把党的思想作风、工作作风、领导作风和干部生活作风建设提高到一个新的水平。

这一阶段，通过"三讲"教育以及对《邓小平文选》第三卷和"三个代表"重要思想的学习，全党在思想上进一步坚定了建设中国特色社会主义的理想和信念，提高了马克思主义理论水平；在组织上自觉与党中央保持一致，坚持民主集中制；在作风上增强了全心全意为人民服务的观念，提高了拒腐防变的能力；在纪律上增强了党性原则，提高了贯彻民主集中制的自觉性和维护党的团结统一的责任感。这些成就为进一步推进党的建设做好了思想、政治和组织上的准备。

4. 第四阶段（2002年党的十六大至十八大召开）

这一阶段，党的建设以执政能力建设为重点，以先进性建设为主线，以改革创新精神全面推进党的建设的新的伟大工程。

2002年党的十六大至今，党在系统总结和科学概括自身建设历史经验的基础上，科学分析党所处的历史方位，适应世情、国情、党情的新变化，提出了一系列新的理论观点和战略举措，使党的建设理论与实践全面展开并开始走向成熟。应该说，党的十六大是执政党建设理论创新发展的一个里程碑，具有划时代的理论与实践意义。

2002年11月，江泽民在党的十六大报告中指出，党的建设取得了重大成就，"三讲"集中教育和"三个代表"重要思想学习教育活动卓有成效，党的思想、组织、作风建设全面推进，思想政治工作得到加强，干部制度改革迈出新步伐，廉政建设和反腐败斗争深入开展，取得明显的成效。他提出加强和改善党的领导，全面推进党的建设的新的伟大工程的重点是，深入学习贯彻"三个代表"重要思想，提高全党的马克思主义理论水平；加强党的执政能力建设，提高党的领导水平和执政水平；坚持和健全民主集中制，增强党的活力和团结统一；建设高素质的领导干部队伍，形成朝气蓬勃、奋发有为的领导层；切实做好基层党建工作，增强党的阶级基础，扩大党的群众基础；加强和改进党的作风建设，深入开展反腐败斗争。党的十六大推进了党的建设新的伟大工程，提出"四个一定要"的战略指导思想，即一定要高举邓小平理论伟大旗帜，全面贯彻"三个代表"重要思想；一定要解决党的建设两大历史性课题；一定要改革和完善党的领导方式和执政方式；一定要把党的思想建设、组织建设、作风建设有机结合起来，把制度建设贯穿其中。

2003年12月，中共中央颁布实施了《中国共产党党内监督条例（试行）》和《中国共产党纪律处分条例》，使党的反腐败工作进一步制度化。2003年11月，胡锦涛在中央经济工作会议上的讲话中提出，坚持立党为公、执政为民，树立正确的政绩观。2004年1月，胡锦涛在中共中央纪律检查委员会第三次全体会议上的讲话中指出，要在全党大力弘扬求真务实精神，大兴求真务实之风。之后，党的十六届四中全会审议通过了《中共中央关于加强党的执政能力建设的决定》，该决定是新时期非常重要的历史性文件，明确提出了加强党的执政能力的指导思想、总体目标和主要任务，是在新的历史条件下加强党的执政能力建设的纲领。

2007年10月，党的十七大在北京召开，提出以改革创新精神全面推进党的建设新的伟大工程，把党的执政能力建设和先进性建设作为主线，坚持党要管党、从严治党的方针，贯彻为民、务实、清廉的要求，以坚定的理想信念为重点加强思想建设，以造就高素质党员、干部队伍为重点加强组织建设，以保持党同人民群众的血肉联系为重点加强作风建设，以健全民主集中制为重点加强制度建设，以完善惩治和预防腐败体系为重点加强反腐倡廉建设，使党始终成为立党为公、执政为民，求真务实、改革创新，艰苦奋斗、清正廉洁，富有活力、团结和谐的马克思主义执政党。党的十七大还提出，要深入学习贯彻中国特色社会主义理论体系，着力用马克思主义中国化最新成果武装全党；继续加强党的执政能力建设，着力建设高素质的领导班子；积极推进党内民主建设，着力增强党的团结统一；不断深化干部人事制度改革，着力造就高素质干部队伍和人才队伍；全面巩固和发展先进性教育活动成果，着力加强基层党的建设；切实改进党的作风，着力加强反腐倡廉建设。

这一阶段，以胡锦涛总书记为核心的党中央领导集体，始终坚持新时期党的建设的总目标、总要求，紧密联系贯彻党的基本路线的实践，围绕不断提高党的执政能力和领导水平，不断增强拒腐防变和抵御风险的能力这两大历史性课题，以改革创新精神加强自身建设，使党的建设形成全面加强、整体推进的大好局面。

5. 第五阶段（2012年党的十八大至今）

这一阶段，党的建设以"全面提高党的建设科学化水平"战略任务为指引，围绕加强党的执政能力建设、先进性和纯洁性建设这条主线，在中国特色社会主义进入新时代的历史时期，大力推进党的建设的伟大工程。

中国特色社会主义进入新时代之后，全面深化改革加速进行，必然使一些深层次问题得以暴露，迫切需要加强和改善党的领导。同时，全面建成小康社会，推进社会主义现代化，实现中华民族伟大复兴等重大战略任务都对党的建设提出了新的更高的要求。2012年11月，党的十八大召开，这是中国特色社会主义步入新阶段的一次重要会议。"形势的发展、事业的开拓、人民的期待，都要求我们以改革创新精神全面推进党的建设新的伟大工程，全面提高党的建设科学化水平。"[①] 党的十八大指明了新时期党的建设的总要求：要求全党增强紧迫感和责任感，牢牢把握加强党的执政能力建设、先进性和纯洁性建设这条主线，坚持解放思想、改革创新，坚

---

① 胡锦涛：《坚定不移沿着中国特色社会主义道路前进 为全面建成小康社会而奋斗——在中国共产党第十八次全国代表大会上的报告（2012年11月8日）》，人民出版社2012年版，第49页。

持党要管党、从严治党，全面加强党的思想建设、组织建设、作风建设、反腐倡廉建设、制度建设，增强自我净化、自我完善、自我革新、自我提高的能力，建设学习型、服务型、创新型的马克思主义政党，确保党始终成为中国特色社会主义事业的坚强领导核心。党的十八大具体明确了八个方面的要求和进一步努力的方向：坚定理想信念，坚守共产党人精神追求；坚持以人为本、执政为民，始终保持党同人民群众的血肉联系；积极发展党内民主，增强党的创造活力；深化干部人事制度改革，建设高素质执政骨干队伍；坚持党管人才原则，把各方面优秀人才集聚到党和国家事业中来；创新基层党建工作，夯实党执政的组织基础；坚定不移反对腐败，永葆共产党人清正廉洁的执政本色；严明党的纪律，自觉维护党的集中统一。

2012年12月，中共中央政治局会议审议通过《十八届中央政治局关于改进工作作风、密切联系群众的八项规定》（简称"八项规定"）；随后，中共中央印发这一规定，这是党的十八大召开以后制定的第一部重要党内法规。同月，习近平在首都各界纪念现行宪法公布施行30周年大会上指出，"坚持党的领导，更加注重改进党的领导方式和执政方式"，要求各级领导干部提高运用法治思维和法治方式深化改革、推动法治、化解矛盾、维护稳定的能力，努力推动形成办事依法、遇事找法、解决问题用法、化解矛盾靠法的良好法治环境，在法治轨道上推动各项工作。

2013年1月，习近平在十八届中央纪委二次全体会议上强调，要更加科学有效地防治腐败，坚定不移把党风廉政建设和反腐败斗争引向深入，形成不敢腐的惩戒机制、不能腐的防范机制、不易腐的保障机制。2013年3月，习近平出席中共中央党校建校80周年庆祝大会暨2013年春季学期开学典礼，强调要在全党大兴学习之风，依靠学习和实践走向未来，全党同志特别是各级领导干部都要加强学习的紧迫感，一刻不停地增强本领。

2013年4月，王岐山等中央纪委监察部领导班子成员一对一约谈了53位派驻中央和各级机关各部委纪检组组长、纪委书记，督促他们担负起管党治党责任，推进中央"八项规定"精神的落实，此后各省级纪委也相继建立约谈制度。5月，中共中央印发《关于在全党深入开展党的群众路线教育实践活动的意见》，以为民务实清廉为主要内容，集中整治形式主义、官僚主义、享乐主义和奢靡之风。10月，中共中央组织部印发《关于进一步规范党政干部在企业兼职（任职）问题的意见》，此后中共中央组织部等部门还印发《配偶已移居国（境）外的国家工作人员任职岗位管理办法》《关于严禁超职数配备干部的通知》《关于加强干部选拔任用工作监督的意见》等文件，连续集中开展对违反干部任用标准和程序、领导干部违规兼职、"裸官"等重点整治工作。2013年11月，十八届三中全会通过了《中共中央关于全面深化改革若干重大问题的决定》，强化权力运行制约和监督体系，形成科学有效的权力制约和协调机制，加强反腐败体制机制创新和制度保障，充分发挥党总揽全局、协调各方的领导核心作用，建设学习型、服务型、创新型的马克思主义执政党，提高党的领导水平和执政能力，确保改革取得成功。这一年，中共中央印发的文件还有《中央党内法规制定工作五年规划纲要（2013—2017）》《建立健全惩治和预防腐败体系2013—2017年工作规划》等。

  2014年3月，习近平提出"三严三实"的要求，强调各级领导干部既严以修身、严以用权、严于律己，又谋事要实、创业要实、做人要实。随后，中共中央办公厅印发《关于在县处级以上领导干部中开展"三严三实"专题教育方案》，这是对群众路线教育实践活动的延展、深化。5月，中共中央办公厅印发《中国共产党发展党员工作细则》《深化党的建设制度改革实施方案》等。10月，习近平总书记首次提出"全面推进从严治党"，随后将其纳入"四个全面"战略布局之中。中共十八届三中全会通过了《中共中央关于全面推进依法治国若干重大问题的决定》，依法执政，加强党内法规制度建设，提高党员干部法治思维和依法办事能力，对党的领导和执政提出了新的课题。12月，中共中央办公厅印发《关于加强中央纪委派驻机构建设的意见》，并首次向中共中央办公厅、组织部、宣传部、统战部、全国人大机关、国务院办公厅、全国政协机关派驻纪检组。2015年11月，中共中央办公厅印发《关于全面落实中央纪委向中央一级党和国家机关派驻纪检机构的方案》，共设置47家派驻机构，实现对139家中央一级党和国家机构派驻纪检机构全覆盖。

  2015年1月，在十八届中央纪委五次全会上，习近平强调要坚持思想建党和制度治党，严明政治纪律和政治规矩，深化纪律监察体制改革，强化监督执纪问责，坚决遏制腐败现象蔓延的势头。6月，中共中央印发《中国共产党党组工作条例（试行）》《干部教育培训工作条例》《中国共产党地方委员会工作条例》等，9月，中共中央办公厅印发《关于加强社会组织党的建设的意见（试行）》《党委（党组）意识形态工作责任制实施办法》等，10月，中共中央印发《中国共产党廉洁自律准则》《中国共产党纪律处分条例》，指出以党章为准则，坚持问题导向，把纪律挺在前面。

2016年2月，中共中央办公厅印发《关于在全体党员中开展"学党章党规，学系列讲话，做合格党员"学习教育方案》，提出推动党内教育从"关键少数"向广大党员拓展，从集中性教育向经常性教育延伸的重要举措。7月，《中国共产党问责条例》正式颁布实施，对党的工作部门在问责中的职责做出明确规定，成为第一部规范党的问责工作的基础性法规。2017年3月，中共中央办公厅印发《关于推进"两学一做"学习教育常态化制度化的意见》，中共中央印发《中国共产党问责条例》《关于党的十九大代表选举工作的通知》《关于加强党内法规制度建设的意见》《县以上党和国家机关党员领导干部民主生活会若干规定》《关于在深化国有企业改革中坚持党的领导加强党的建设的若干意见》等。7月，在庆祝中国共产党成立95周年大会上的讲话中，习近平总书记提出"不忘初心，继续前进"，保持党的先进性和纯洁性，着力提高执政能力和领导水平，增强抵御风险和拒腐防变能力，不断把党的建设新的伟大工程推向前进。10月，党的十八届六中全会通过《关于新形势下党内政治生活的若干准则》《中国共产党党内监督条例》。2017年1月，习近平在十八届中央纪委七次会议上强调腐败蔓延势头得到有效遏制，反腐败斗争压倒性态势已经形成，不敢腐的目标初步实现，要继续在常和长、严和实、深和细上下功夫，不断增强全面从严治党的系统性、创造性、实效性。中共中央办公厅、国务院办公厅印发《领导干部报告个人有关事项规定》《领导干部个人有关事项报告查核结果处理办法》，中共中央办公厅印发《中国共产党党委（党组）理论学习中心组学习规则》《中国共产党规则机关条例（试行）》等。党的十九大指出，要坚定不移全面从严治党，不断提高党的执政能力和领导水平，推进党的建设的伟大工程，要结合伟大斗争、伟大事业、伟大梦想的实践，确保党在世界形势发生深刻变化的历史进程中始终成为全国人民的主心骨，坚持和发展中国特色社会主义历史进程中的坚强领导核心。在中国特色社会主义进入新时代之后，新时代党的建设总要求是：坚持和加强党的全面领导，坚持党要管党、全面从严治党，以加强党的长期执政能力建设、先进性和纯洁性建设为主线，以党的政治建设为统领，以坚定理想信念宗旨为根基，以调动全党积极性、主动性、创造性为着力点，全面推进党的政治建设、思想建设、组织建设、作风建设、纪律建设，把制度建设贯穿其中，深入推进反腐败斗争，不断提高党的建设质量，把党建设成为始终走在时代前列、人民衷心拥护、勇于自我革命、经得起各种风浪考验、朝气蓬勃的马克思主义执政党。这既是新时代党的建设的目标和宣言书，也吹响了新时代党的建设的号角。

（二）改革开放以来党的建设成就

党的十一届三中全会以来，党的历届中央领导集体高度重视党的自身建设工作，坚持用邓小平理论、"三个代表"重要思想、科学发展观和习近平新时代中国特色社会主义思想武装全党，以党的政治建设为统领，牢牢把握加强党的执政能力建设先进性和纯洁性建设这个主线，着力解决党在思想、组织、作风和制度等诸方面所存在的突出问题，使党的建设在理论上取得突破性的进展，在实践上取得丰硕的成果。

1. 思想建设取得新成效

党的思想建设就是用中国特色社会主义理论体系教育和武装全党，克服和改造党内的各种非无产阶级思想。党的思想政治建设是党的建设的根本性问题，是贯穿党的各项建设的中心环节，是党做好各项工作的前提和基础。[①] 改革开放以来，党始终把思想政治建设摆在党的建设的首位，通过思想政治建设提高党的凝聚力和战斗力，保持党的纯洁性和先进性。党的思想建设取得新成效，形成马克思主义中国化最新成果：中国特色社会主义理论体系；坚持和发展党的思想路线，深化和加强对党的纲领的科学

---

① 董连翔：《执政党建设理论与实践研究》，人民出版社2003年版，第115页。

认识；开展共产党员保持先进性教育活动，取得了显著的成绩和效果。

(1) 形成马克思主义中国化最新成果：中国特色社会主义理论体系

改革开放的过程，是党在新的历史条件下发展马克思列宁主义、毛泽东思想的过程。党在新的历史时期，成功地实现了马克思主义与中国实际相结合的新的历史性飞跃，创立马克思主义中国化进程中最新的理论成果——中国特色社会主义理论体系。

1978年党的十一届三中全会标志着我国进入了社会主义建设新的历史时期，邓小平围绕"什么是社会主义，怎样建设社会主义"的问题，第一次比较系统地回答了中国特色社会主义道路的一系列根本问题，形成了马克思主义中国化的第二次理论飞跃——邓小平理论，党的十五大将其确立为党的指导思想。

1989年党的十三届四中全会到2002年党的十六大召开这段时期，世界社会主义出现严重的挫折，我国改革开放和社会主义现代化建设事业也面临空前的困难与挑战。正是以江泽民为核心的党的第三代领导集体，科学判断形势，全面把握大局，用一系列紧密联系、相互贯通的新思路、新观点、新论断，创造性地回答了"建设什么样的党，怎样建设党"的问题，创立了"三个代表"重要思想的完整体系，党的十六大将其确立为党的指导思想。

以胡锦涛为总书记的新的中央领导集体不断总结党的建设实践经验，扩展理论视野，把党的三代领导集体关于发展的思想进行进一步集中概括和升华，认真研究和回答了我国发展过程中所面临的一系列重大问题，形成了坚持以人为本，全面、协调、可持续的科学发展观，进一步发展和完善了中国特色社会主义理论体系。党的十七大还对中国特色社会主义理论体系做了明确界定，指出："中国特色社会主义理论体系，就是包括邓小平理论、'三个代表'重要思想以及科学发展观等重大战略思想在内的科学理论体系。"[1]

2012年党的十八大以来，"中国特色社会主义进入新时代，我国社会的主要矛盾已经转化为人民日益增长的美好生活需要和不平衡不充分的发

---

[1] 胡锦涛：《在中国共产党第十七次全国代表大会上的报告》，《人民日报》2007年10月25日。

展之间的矛盾。"① 全面建成小康社会，推进社会主义现代化，实现中国民族伟大复兴的宏伟画卷已经在中国人民面前梯次展开。面对新时代新情况新问题，以习近平总书记为核心的党中央准确把握时代脉搏，顺应经济社会发展进入新阶段和人民群众的要求，提出了一系列新思想新观点新论断，系统回答了"新时代坚持和发展什么样的中国特色社会主义，怎样坚持和发展中国特色社会主义""新时代如何治国理政，实现什么样的治国理政"等根本性问题，逐步形成了习近平新时代中国特色社会主义思想，这是中国共产党在新时代集体智慧的结晶和马克思主义中国化的最新产物，成为马克思主义理论与中国实际相结合的第三次理论飞跃，并被确立为党的指导思想。

2007年，党的十七大明确指出："改革开放以来我们取得一切成绩和进步的根本原因，归结起来就是：开辟了中国特色社会主义道路，形成了中国特色社会主义理论体系。高举中国特色社会主义伟大旗帜，最根本的就是要坚持这条道路和这个理论体系。"② 中国特色社会主义理论体系坚持和发展了马克思列宁主义、毛泽东思想，是马克思主义中国化的新成果，是党最可宝贵的政治财富和精神财富，是全国各族人民团结奋斗的共同思想基础。中国特色社会主义理论体系反映了当代世界和中国的变化对社会主义建设和发展的新要求，反映了党对共产党执政规律、社会主义建设规律、人类社会发展规律的新认识，是具有鲜明的时代性、前瞻性、实践性、系统性、稳定性和开放性特点的科学理论体系。

党在把马克思主义与中国实际相结合的过程中，先后形成了两大理论体系：一是新民主主义和社会主义革命理论体系；二是中国特色社会主义理论体系。新民主主义和社会主义革命理论体系解决了民族独立、人民解放、社会主义道路选择的问题；中国特色社会主义理论体系要解决的是国家强大、人民富裕、社会和谐的问题。中国特色社会主义理论之所以成为一种体系，是因为它以建设和发展中国特色社会主义为研究对象，系统科

---

① 习近平：《决胜全面建成小康社会 夺取新时代中国特色社会主义伟大胜利——在中国共产党第十九次全国代表大会上的报告》，人民出版社2017年版，第11页。
② 胡锦涛：《在中国共产党第十七次全国代表大会上的报告》，《人民日报》2007年10月25日。

学地回答了在中国这样一个经济文化比较落后的国家如何巩固、建设和发展社会主义的基本问题,并提出了一系列有着内在逻辑联系的基本观点和认识。它体现了马克思主义的唯物史观、科学观、发展观、改革观、创新观和群众观,吸收了当代世界经济、科技、社会管理等学科的优秀成果,涵盖了经济、政治、文化、社会、军事、科技、外交等各个领域。在当代中国,全面、系统、深刻地理解和坚定不移地坚持中国特色社会主义理论体系,对于全党全国各族人民高举中国特色社会主义伟大旗帜,沿着中国特色社会主义伟大道路,万众一心,开拓进取,夺取全面建成小康社会新胜利,实现中华民族伟大复兴的中国梦,谱写人民美好生活新篇章,具有重大而长远的理论意义和实践价值。

(2) 坚持和发展党的思想路线,深化和加强对党的纲领的科学认识

马克思、恩格斯创造了辩证唯物主义和历史唯物主义的思想路线,毛泽东将其概括为"实事求是"四个大字。"实事求是"是无产阶级世界观和方法论的基础,是党的优良传统。20世纪50年代后期,由于"左"的错误,教条主义、个人崇拜和急于求成的思想在党内不断滋长,党的决策和工作背离了"实事求是"的思想路线,特别是"文化大革命"期间,党的思想路线被完全的扭曲和忽视。

邓小平高举"解放思想,实事求是"的旗帜,同教条主义、个人崇拜、思想僵化等各种"左"的错误倾向和思想进行了卓有成效的斗争,重新恢复和确立了党的思想路线,为全党拨乱反正,纠正"左"的错误,进行社会主义现代化建设和改革开放提供了强大的思想武器。他首先批判了"两个凡是"的错误主张,提出要完整准确地理解毛泽东思想的科学论断。1978年6月,邓小平在全军政治工作会议上,深刻地阐明了"实事求是"对党的理论建设和工作指导的重要意义;1978年9月,邓小平在听取吉林省委常委工作汇报时又发表了《高举毛泽东思想旗帜,坚持"实事求是"的原则》的讲话,在这些文章和讲话中,邓小平系统而深刻地论述了"解放思想,实事求是"的基本内涵和辩证关系以及贯彻这条思想路线的根本途径和方法。在1980年2月党的十一届五中全会上,邓小平第一次完整系统地概括了党的思想路线,指出:"实事求是,一切从实际出发,理论联系实际,坚持实践是检验真理的标准,这就是我们

党的思想路线。"①

江泽民进一步阐释了党的"解放思想，实事求是"的思想路线。江泽民在庆祝建党80周年大会上的讲话中首次提出了"与时俱进"这一科学概念，指出："马克思主义具有与时俱进的理论品质。如果不顾历史条件和现实情况的变化，拘泥于马克思主义经典作家在特定历史条件下针对具体情况作出的某些个别论断和具体行动纲领，我们就会因思想脱离实际而不能顺利前进，甚至发生失误。"② 在党的十六大报告中，江泽民正式提出并阐发了党的"解放思想，实事求是，与时俱进"的思想路线，特别是对"与时俱进"做了经典阐述，指出"与时俱进，就是党的全部理论和工作要体现时代性，把握规律性，富于创造性"③。这就要求党在中国特色社会主义建设过程中，一定要以我国改革开放和现代化建设的实际问题、以我们正在做的事情为中心，着眼于马克思主义的运用，着眼于对实际问题的理论思考，着眼于新的实践和新的发展，自觉地把思想认识从那些不合时宜的观念、做法和体制中解放出来，从对马克思主义错误的和教条式的理解中解放出来，从主观主义和形而上学的桎梏中解放出来，抓住机遇而不可丧失机遇，开拓进取而不可因循守旧，不断解决新问题，开拓新境界，实现新飞跃。弘扬"与时俱进"的精神，是党在长期执政条件下保持先进性和创造力的决定性因素，党能否始终做到这一点，影响着党的事业的前途和命运。

胡锦涛多次强调，求真务实是辩证唯物主义和历史唯物主义一以贯之的科学精神，是我们党的思想路线的核心内容，也是党的优良传统和共产党人应该具备的政治品格。这一论述寓意深刻，内涵丰富，是对党的思想路线的新概括、新提升、新发展。把求真务实作为党的思想路线的核心内容，既有其历史必然性，又有着很强的现实针对性，体现了党的思想路线随着时代发展而不断发展的与时俱进的品格。

习近平指出，"实事求是，是马克思主义的根本观点，是中国共产党

---

① 《邓小平文选》第3卷，人民出版社1994年版，第364页。
② 《江泽民文选》第3卷，人民出版社2006年版，第283页。
③ 《全面建设小康社会，开创中国特色社会主义事业新局面》（十六大报告辅导读本），人民出版社2002年版，第11页。

人认识世界、改造世界的根本要求,是我们党的基本思想方法、改造方法、领导方法"①,进一步阐述了坚持实事求是的基本要求,即深入实际了解事物的本来面貌,清醒认识和正确把握我国仍处于并将长期处于社会主义初级阶段这个基本国情,坚持为了人民利益修正真理、修正错误,不断推进实践基础上的理论创新,体现了实事求是思想路线在新时代的必然要求。党的十八大以来,真抓实干,"空谈误国,实干兴邦""抓铁有痕,踏石留印""三严三实",精准扶贫,中国梦等概念和提法频繁出现于党和国家的重要文献中,成为新时期治国理政话语体系中极富特色与活力的内容,实际上是习近平推进党的思想路线时代化结出的理论和实践之果。

　　党的思想建设的另一个重要任务,就是把全党的理想、信念建立在科学基础上,这就要深化对党的纲领的科学认识。江泽民在庆祝中国共产党成立80周年大会上的讲话中指出:"一个政党的纲领就是一面旗帜。"② 改革开放以来,党科学地判断所处的历史方位,把社会主义初级阶段作为立论基础,并展望共产主义未来,科学地阐明了党的最低纲领与最高纲领的辩证统一,进一步深化了对党的纲领的认识。邓小平多次指出,当前我国处于社会主义初级阶段,就是要求全党从初级阶段的实际出发,有步骤、分阶段地推进我们的事业,为建设中国特色社会主义而努力,为实现党的基本纲领而奋斗。江泽民指出:"在革命、建设和改革的各个历史阶段中,我们党既有每个阶段的基本纲领即最低纲领,也有确定长远奋斗目标的最高纲领,我们是最低纲领和最高纲领的统一论者。"③ 胡锦涛指出:"共产主义只有在社会主义社会充分发展和高度发达的基础上才能实现,实现共产主义是一个非常漫长的历史过程,要立足我国正处于并长期处于社会主义初级阶段这个实际,脚踏实地为实现党在现阶段的基本纲领而不懈努力。"④ 党的十八大精神归结为一点就是坚持和发展中国特色社会主义,而建设中国特色社会主义,其总依据是社会主义初级阶段。"强调总依据,

---

① 习近平:《习近平谈治国理政》,外文出版社2014年版,第25页。
② 江泽民:《论"三个代表"》,中央文献出版社2001年版,第177页。
③ 《江泽民文选》第3卷,人民出版社2006年版,第292页。
④ 胡锦涛:《在"三个代表"重要思想理论研讨会上的讲话》,《人民日报》2003年7月2日。

是因为社会主义初级阶段是当代中国的最大国情、最大实际。"① 习近平新时代中国特色社会主义思想是对中国特色社会主义初级阶段理论的新发展新贡献，同时也是共产党最高纲领与最低纲领在新时代有机统一的结果，所以"共产党员特别是党员领导干部要做共产主义理想和中国特色社会主义共同理想的坚定信仰者和忠实践行者"②。党的十九大提出"伟大斗争，伟大工程，伟大事业，伟大梦想"贯穿于中国特色社会主义新时代实现党的纲领的全过程中。党的历届领导人的这些重要的论述标志着党对自身纲领认识的加强和深化。

（3）开展共产党员保持先进性教育活动，取得了显著的成绩和效果

党的先进性是政党在人类社会的发展进程中，能够始终代表时代发展潮流，引领社会发展方向的保证，其所作所为符合时代进步的总体趋势。③先进性是马克思主义政党的根本特征，是马克思主义政党的生命所系、力量所在，也是马克思主义政党自身建设的根本任务。

历史和现实表明，党的先进性不是一劳永逸的，必须在长期不懈的奋斗中保持和发展。党的十一届三中全会以来，党的历届中央领导集体都十分重视保持党的先进性。按照党的十六大的要求和十六届四中全会的战略部署，为深入学习贯彻"三个代表"重要思想，提高全党的马克思主义理论水平，党中央明确提出了加强党的先进性建设的重大战略思想和战略任务，深刻指出加强党的先进性建设，始终是党生存、发展、壮大的根本性建设，是加强和改进党的建设的长期任务和永恒课题，强调必须始终抓好保持和发展党员队伍的先进性这个基础工程，必须始终抓住党员队伍这个主体，充分依靠全党同志共同努力。在这一重要思想的指导下，2003年6月，中共中央发出了《关于学习"三个代表"重要思想新高潮》的通知，印发了《"三个代表"重要思想学习纲要》；2003年7月，胡锦涛在"三个代表"重要思想理论研讨会上做了重要讲话，指出"三个代表"重要思想反映了我国最广大人民的共同意愿，体现了当今世界和中国发展的时

---

① 习近平：《习近平谈治国理政》，外文出版社2014年版，第10页。
② 习近平：《习近平谈治国理政》，外文出版社2014年版，第23页。
③ 宋福范：《论执政条件下党的先进性》，广西人民出版社2003年版，第15页。

代精神，显示了马克思主义科学理论的强大力量，是全党全国人民在新世纪新阶段团结奋斗的共同的思想基础，要不断学习贯彻"三个代表"重要思想，不断引向深入。① 由此全党学习和实践"三个代表"重要思想活动深入开展。

2002年党的十六大郑重决定，在全党开展以实践"三个代表"重要思想为主要内容的保持共产党员先进性教育活动。2003年，先进性教育活动在5种类型的19个单位先行试点。2004年9月，党的十六届四中全会对开展先进性教育活动提出进一步明确要求。随后，中央下发了《关于在全党开展以实践"三个代表"重要思想为主要内容的保持共产党员先进性教育活动的意见》。2005年1月，中央保持共产党员先进性教育活动工作会议在北京举行，在全党范围开展先进性教育活动正式启动。

2005年初开始的党的先进性教育活动，是新一届中央领导集体在新世纪、新阶段，根据党所面临的新形势、新任务，党员队伍中出现的新变化、新问题，党的执政能力要迎接的新挑战、新要求，为加强党的先进性建设做出的一项重大战略部署。这次教育活动以学习实践"三个代表"重要思想为主要内容，以提高党员素质，加强基层组织，服务人民群众，促进各项工作为目标要求，以理论联系实际、正面教育为主、发扬党内民主、走群众路线、领导干部带头和分类指导为原则，以党支部为基本单位，运用个人自学与集体学习相结合、专题讨论与交流心得相结合、理论学习与知识竞赛相结合、专家辅导与外出参观相结合等多种形式，采取适当集中、分三批由上而下分阶段进行。这些科学部署和周密安排，使先进性教育活动得到了广大群众的广泛参与、支持和认可。

先进性教育活动开展以来，在党的思想建设、组织建设、作风建设、制度建设、执政能力建设、党员活动方式创新等方面，都取得了切实的成效。从实践层面看，广大党员受到了一次深刻的马克思主义教育，先锋模范作用得到进一步发挥，基层党组织的创造力、凝聚力、战斗力进一步提高，党组织和党员服务群众的意识和行动更加自觉，党员干部的作风进一步改进。从制度层面看，各级党组织普遍建立了一些务实管用的新制度，

---

① 胡锦涛：《在"三个代表"重要思想理论研讨会上的讲话》，《人民日报》2003年7月2日。

推动了保持共产党员先进性长效机制建设。从理论层面看，广大理论工作者和实际工作者一起认真总结先进性教育活动的成功实践和党的先进性建设的历史经验，深入研究党的先进性建设规律，形成了一大批研究成果，丰富了党的先进性建设理论。

十八大以后，党的先进性教育活动坚持问题导向，分不同阶段系统推进，并逐步走向制度化规范化。2013年5月，中共中央印发《关于在全党深入开展党的群众路线教育实践活动的意见》，此次群众路线教育活动以为民务实清廉为主要内容，从2013年6月开始，自上而下分两批展开，至2014年9月底基本结束。2013年6月，党的群众路线教育实践活动工作会议举行，习近平强调要集中整治形式主义、官僚主义、享乐主义和奢靡之风。此后，中央政治局常委分别出席指导联系点省区市党委常委班子和县级常委班子专题民主生活会。2014年10月，党的群众路线教育实践活动总结大会举行，习近平对新形势下全面推进从严治党提出八点明确要求。2014年3月，习近平提出"三严三实"的要求，强调各级领导干部要树立和发扬好的作风，既严以修身、严以用权、严于律己，又谋事要实、创业要实、做人要实。2015年4月，中共中央办公厅印发《关于在县处级以上领导干部中开展"三严三实"专题教育方案》。"三严三实"专题教育是党的群众路线教育实践活动的延展和深化，从4月底开始在县处级以上领导干部中开展，各级同步进行，着力解决"不严不实"的问题。12月，中央政治局召开专题民主生活会，习近平就中央政治局当好"三严三实"表率提出要求。2016年2月，中共中央办公厅印发《关于在全体党员中开展"学党章党规、学系列讲话，做合格党员"学习教育方案》。开展"两学一做"学习教育，是推动党内教育从"关键少数"向广大党员拓展，从集中性教育向经常性教育延伸的重要举措。12月，中央政治局围绕"两学一做"学习教育要求开民主生活会，2017年3月，中共中央办公厅印发《关于推进"两学一做"学习教育常态化制度化的意见》，标志着党员先进性教育逐步走向制度化规范化。

2. 组织建设取得新成就

党的组织建设主要包括党员队伍建设、干部队伍建设等，是党的建设的重要方面。改革开放以来，党高度重视自身的组织建设，取得新成就，加强和改进党的基层组织建设的成效显著；党员队伍数量扩大、结构优化、质量提高；领导班子和干部队伍建设取得了新的成绩。

(1) 加强和改进党的基层组织建设的成效显著

党的十七大指出："党的基层组织是党执政的组织基础。"[①] 党的基层组织担负着直接联系群众、宣传群众、组织群众、团结群众，把党的路线、方针、政策落实到基层的重要责任，是党的全部工作和战斗力的基础。党的十八大提出"要落实党建工作责任制，强化农村、城市社区党组织建设，加大非公有制经济组织、社会组织党建工作力度，全面推进各领域基层党建工作，扩大党组织和党的工作覆盖面，充分发挥推动发展、服务群众、凝聚人心、促进和谐的作用，以党的基层组织建设带动其他各类基层组织建设"[②]。2014年中共中央印发《关于加强基层服务型党组织建设的意见》《关于集中整顿软弱涣散基层党组织的通知》，推动基层党组织在强化服务中更好地发挥领导核心和政治核心作用，为新时期党的基层组织建设提供了重要依据，通过持续整顿软弱涣散基层党组织，查短板、补弱项、强基础。党的十九大强调"党的基层组织是确保党的路线方针政策和决策部署贯彻落实的基础"[③]。要以提升组织力为重点，突出政治功能，把企业、农村、机关、学校、科研院所、街道社区、社会组织等基层党组织建设成为宣传党的主张，贯彻党的决定，领导基层治理，团结动员群众，推动改革发展的坚强战斗堡垒。改革开放以来，党根据新形势、新任务，以改革创新的精神，不断加强党的基层组织建设，在调整组织设置、改进工作方式、创新活动内容等方面做了大量的工作，取得明显成效，开辟了党的基层组织建设的新领域和新局面，使基层党组织的覆盖面得到扩大，凝聚力和战斗力得到增强。截至2016年底，全国共建有党的基层组织451.8万个，比上一年增加10.5万个，增幅为2.4%，党的这些基层组织充分发挥了应有的政治功能和作用。

---

① 胡锦涛：《在中国共产党第十七次全国代表大会上的报告》，《人民日报》2007年10月25日。
② 胡锦涛：《坚定不移沿着中国特色社会主义道路前进 为全面建成小康社会而奋斗——在中国共产党第十八次全国代表大会上的报告（2012年11月8日）》，人民出版社2012年版，第53—54页。
③ 习近平：《决胜全面建成小康社会 夺取新时代中国特色社会主义伟大胜利——在中国共产党第十九次全国代表大会上的报告（2017年10月18日）》，人民出版社2017年版，第65页。

1）农村党的基层组织建设取得明显成效

在党的农村基层组织建设制度上，1999年2月，中共中央印发《中国共产党农村基层组织工作条例》。各级党委和农村基层党组织紧紧围绕农村改革、发展、稳定的中心任务，以带领农民奔小康统揽全局，以整顿后进村党支部为重点，以创建"五个好"村党组织、乡镇党委和农村基层组织为目标，深入开展"三级联创"活动，积极创新党组织设置形式和工作方式以及新形势下发挥农村基层党组织领导核心作用的有效形式；探索和完善农村党员发挥作用的有效途径，在全国部署并稳步推进农村党员现代远程教育试点工作；稳步推进党务公开，普遍推行村党组织"两推一选"制度。农村党建"三级联创"活动开展的效果显著，农村基层党的建设不断加强，整体水平不断提升，充分发挥了基层党组织在社会主义新农村建设中的战斗堡垒作用，党员干部在带领群众致富中的先锋模范作用，有力地推动了农村经济发展和社会进步。党的十八大以来，随着党和政府对农村基层党组织及其战斗力作用发挥的高度重视，资源不断向基层倾斜，通过加强教育培训、选强配齐领导干部和出台各种保障措施等，农村基层党组织班子建设得到加强，党员队伍素质获得普遍提升，服务农村基层经济社会发展的能力显著增强。

2）国有企业中党的建设工作不断发展完善

在市场经济条件下党非常重视国有企业中党的建设，1997年1月，《中共中央关于进一步加强和改进国有企业党的建设工作的通知》印发；1998年7月，《中共中央组织部关于在深化国有企业改革中党组织设置和领导关系等有关问题的通知》印发。中共中央对加强和改进国有企业中党的建设工作做出一系列重大战略部署，要求国有企业党组织适应建立现代企业制度的要求，完善工作机制，充分发挥政治核心作用。国有企业党组织深入开展了创建政治素质好、经营业绩好、团结协作好、作风形象好的"四好"领导班子活动；在2005年开始的先进性教育活动中，国有企业党组织结合工作实际，在党员中开展"保持先进性，增强凝聚力""叫响我是共产党员""创党员先锋岗，建党员责任区"等主题实践活动，发挥了党员的先锋模范作用，增强了党员的光荣感和责任感，使国有企业领导班子的思想作风、工作作风发生了明显的转变。党的十八大以来，随着全面深化改革的推进，国有企业中的党组织建设工作提上议事日程。2015年7月，中共中央办公厅印发《关于在深化国有企业改革中坚持党的领导 加强党的建设的若干意见》，反映了中央的要求、企业的期盼、现实的需要，有利于坚持党对国有企业的领导，毫不动摇地加强国有企业党的建设，积极实践大胆探索，走出一条具有时代特点、符合国有企业实际的党建工作新路。

3) 非公有制企业中党的建设工作进展较大

2000年9月印发《中共中央组织部关于在个体和私营等非公有制经济组织中加强党的建设工作的意见（试行）》。党的十六大第一次把非公有制企业党组织的职责任务写入了党章，为非公有制企业党组织开展活动、发挥作用提供了依据。2012年5月，中共中央办公厅印发《关于加强和改进非公有制企业党的建设工作的意见（试行）》，明确非公有制企业党组织的功能定位，建立健全领导体制和工作机制，努力推进党的组织和工作覆盖，探索党组织和党员发挥作用的有效途径，加强对非公有制企业出资人的教育引导，强化非公有制企业党建工作。党的十八大要求"加大非公有制经济组织党建工作力度"，党的十九大"注重从非公有制经济组织中发展党员"，各地非公有制企业党组织努力找准党的建设工作与企业生产经营的结合点，通过开展党员责任区、党员示范岗、党员承诺制、党员突击队等主题实践活动，把党的建设工作融入企业生产经营的全过程，扩大非公有制企业党组织和工作的覆盖面，将有形覆盖转化为有效覆盖，将党的政治优势转化为企业发展的优势。据党内统计，2002年至2006年，全国非公有制企业中党组织数量由9.9万个增加到17.8万个，增加了79.8%，全国有3名以上正式党员的非公有制企业建立党组织的比例达到94.2%，特别是2006年6月以来，各地积极采取措施，把推进规模以上非公有制企业组建党组织作为基层党建工作的重点工程来抓，取得了显著成效。2016年底，新增非公有制党组织4.6万个，非公有制企业党组织覆盖率达到67.9%，比上一年提高16.1个百分点。

4) 城市社区党的建设工作开创良好的局面

1996年9月印发《中共中央组织部关于加强街道党的建设工作的意见》，为新时期城市社区和街道党的建设指明了方向。按照党的十六大的要求，各地坚持以服务群众为重点，完善党的组织体系，发挥党员作用，大力推进城市社区党的建设。2017年6月，中共中央、国务院印发《关于加强和完善城市社区治理的意见》，要求坚持党的领导，固本强基，"充分发挥基层党组织的领导核心作用"，科学界定基层党组织在城市社区治理中的地位和作用，明确了基层党组织建设的路径。近些年来，初步形成条块结合、资源共享、优势互补、共驻共建的城市社区党的建设工作新格局，为和谐社区建设提供了坚强的组织保证。同时，各地依托街道、社区党组织，加大在新经济组织和新社会组织中建立党组织的工作力度，通过设立联合党组织、党员服务站、选派党建工作指导员以及帮助组建工会、共青团组织等办法，积极开展党的工作，统筹协调各方面的资源和力量，大力推进城市区域化党建工作，初步建立城市街道、社区党的建设工作协调机制。

此外，2000年7月印发了《中共中央组织部关于加强社会团体党的建设工作的意见》，各地进一步加强社会团体和社会中介组织党的建设工作，加大党的基层组织工作覆盖的力度和范围。1998年3月印发《中国共产党和国家机关基层组织工作条例》，各级机关、学校、科研院所、文化团体等事业单位党的建设工作，紧密结合各自特点，研究新情况和新问题。2015年9月，中共中央办公厅印发《关于加强社会组织党的建设的意见（试行）》，为加强社会组织党建工作指明了前进方向，提供了基本遵循。2016年底，新增社会党组织4.0万个，社会组织中党组织的覆盖率达到58.9%，比上一年提高17.3个百分点。

（2）党员队伍数量扩大、结构优化、质量提高

共产党是由工人阶级先进分子组成的，党员是党的肌体的细胞，是组成党的最基本要素，党员的素质和结构如何直接关系到党在群众中的形象，关系到党的健康发展和党的凝聚力与战斗力的提高。改革开放以来，党高度重视党员队伍建设，既注重党员队伍数量的发展，又重视党员队伍结构的优化，同时注重党员队伍质量的提高，党员队伍建设取得新的进展，党的组织和党员队伍充满生机与活力。

1）党员队伍数量扩大

1990年8月，中共中央组织部印发《中国共产党发展党员细则（试

行)》。1994年1月印发了《中共中央组织部关于加强党员流动中组织关系管理的暂行规定》，对新时期发展党员的工作提出了要求并提供了指导。2014年5月，中共中央办公厅正式印发《中国共产党发展党员工作细则》。党的十一届三中全会以来，党员数量呈现逐年增加的趋势，群众的入党意愿越来越强烈，截至2016年底，中国共产党党员总数达8944.7万名[1]，比上一年净增68.8万名，增幅为0.8%，全国共有入党申请人2026.4万名，其中积极分子940.2万名。

2) 党员队伍结构优化

实践证明，党员队伍结构是否合理，直接影响着党的战斗力和凝聚力，党历来十分重视改善党员队伍的结构。江泽民多次强调，要重视在生产和工作第一线发展党员，重视培养和吸收青年及妇女中的优秀分子入党，做好在新社会阶层中发展党员的工作，注意在党的力量薄弱的部门和单位发展党员，逐步改善党员队伍的年龄、文化结构和分布不尽合理的状况。党的十八大以来，根据《中国共产党发展党员工作细则》，按照"控制总量，优化结构，提高质量，发挥作用"的总要求，始终将政治标准放在首位，坚持慎重发展、均衡发展的方针，党员队伍结构进一步优化，整体素质得到提升。截至2016年底，大专及以上学历党员4103.1万名，占45.9%，比上年提高1.6个百分点；女党员2298.2万名，占25.7%，提高0.6个百分点；少数民族党员630.0万名，占7.0%，与上年持平。企事业单位、民办非企业单位专业技术人员党员1324.1万名，占比提高0.2个百分点。基层党组织带头人队伍素质进一步提升，在54.8万名村党组织书记中，致富带头人占47.2%，农村专业合作社负责人占10.0%；在9.6万名社区党组织书记中，大专及以上学历的增加到5.4万名，占56.7%，提高7.3个百分点。

3) 党员质量不断提高

党的十一届三中全会以来，为了适应改革开放和社会主义现代化建设的需要，坚持和改善党的领导，党中央强调必须提高党员的质量，解决部

---

[1] 中共中央党史研究室：《党的十八大以来大事记》，人民出版社、中共党史出版社2017年版，第89页。

分党员不合格的问题。1980年,邓小平指出:"现在,我们的党员有了三千八百万。如果这三千八百万都合格,那将是一支多么伟大的力量;问题是有一部分党员不合格,要在教育的基础上进行整顿。"① 江泽民在党的十三届四中全会上的讲话中也指出:"共产党的力量和作用,主要不在于党员的数量,而在于党员的素质。"② 党的历届领导集体都把坚持党员标准,提高党员质量作为党员队伍建设的核心问题。十八大以来,党员总量增速持续放缓,党员的质量不断提高。2016年,全国党员总量增幅为0.8%,比上年下降0.3个百分点,自2013年实施发展党员总量调控以来,党员总量年均净增幅为1.2%,较好地实现了调控目标。在生产工作一线、高知群体中发展的党员比例继续提高,在全年发展的191.1万名党员中,在生产工作一线的有95.3万名,占49.9%,比上年提高0.2个百分点;大专及以上学历的有78.5万名,占41.1%,提高1.5个百分点。他们绝大多数都是各行各业的骨干力量,为贯彻落实党的路线、方针、政策,完成本部门、本单位的工作做出了重要贡献。由此可见,近些年来党员的质量有较大幅度的提高。

(3) 领导班子和干部队伍建设取得了新的成绩

党的十一届三中全会以后,为保证党的思想路线、政治路线的贯彻,党着手解决组织路线的问题,强调要选拔德才兼备的人进领导班子。这一时期,党的整个干部队伍以长江后浪推前浪的强劲势头,呈现出生机勃勃、人才辈出、后继有人的局面。

1979年11月,邓小平强调:"我们一定要认识到,认真选好接班人,这是一个战略问题,是关系到我们党和国家长远利益的大问题。"③ 改革开放以来,在邓小平、陈云等老一辈无产阶级革命家的倡导和带动下,党在坚持党管干部原则的前提下,提出废除干部职务上实际存在的终身制,逐步建立干部离退休制度和干部分级分类管理的新体制,党的干部制度改革迈出了坚实的步伐,取得了突破性进展。党的第三代领导集体、以胡锦涛

---

① 《邓小平文选》第2卷,人民出版社1994年版,第269页。
② 中共中央文献研究室:《十三大以来重要文献选编》,人民出版社2000年版,第159页。
③ 《邓小平文选》第2卷,人民出版社1994年版,第222页。

为核心的党中央以及党的十八大以来新的领导集体也高度重视党的领导班子和干部队伍建设，取得了重大的成就。

1）完善了党的领导干部的选举制度

党的十三大提出，要改革和完善党内选举制度，明确规定党内选举的提名程序和差额选举办法。为此，党的十三大通过的《中国共产党章程部分条文修正案》，对选举的规定做了相应的修改。党的十四大在《中国共产党章程》中确认了这一修改。之后，经过多年的实际运行，差额选举已经成为党内政治生活的一项基本制度，其做法也不断得到规范和完善。党的十三大、十四大、十五大、十六大均实行了差额选举，党的十七大代表为"不少于15%的差额比例"，与党的十六大相比提高了5个百分点，党的十八大、十九大则明确要求"差额选举的比例应多于15%"，呈现出稳定、规范、科学的发展趋势。不可否认，差额选举制度的完善有利于拓展选举视野，提升选举质量，更好地体现选举人的意志。

2）党的干部队伍建设逐步制度化

我党十分重视党的领导班子和干部队伍建设的制度化，制定了一系列的条例和规定。1998年5月，中共中央组织部印发《党政领导干部考核工作暂行规定》；1999年3月，中共中央办公厅转发《中共中央组织部关于加强农村基层干部队伍建设的意见》；1999年4月，中共中央办公厅印发《党政领导干部交流工作暂行规定》；2000年6月，中共中央办公厅印发《深化干部人事制度改革纲要》；2000年9月，中共中央组织部印发《党政领导班子后备干部工作暂行规定》；2002年7月，中共中央印发《党政领导干部选拔任用工作暂行条例》。2014年初，中共中央修订颁布《党政领导干部选拔任用工作条例》；2014年6月，中共中央出台《关于加强和改进优秀年轻干部培养选拔工作的意见》；2015年1月，印发《关于县以下机关建立公务员职务与职级并行制度的意见》，在全国县以下机关全面推开。2016年7月，中共中央办公厅、国务院办公厅印发《专业技术类公务员管理规定（试行）》《行政执法类公务员管理规定（试行）》；2016年8月，中共中央办公厅印发《关于防止干部"带病提拔"的意见》。这些制度和条例的制定使党的选拔任用干部和培养干部等方面的工作开始走上制度化、规范化、程序化的轨道。

3）党的领导干部队伍建设取得进展

一直以来，各级党委认真贯彻落实党中央要求，切实加强领导班子和干部队伍建设。党坚持把思想政治建设放在领导班子建设的首位，进一步明确领导班子思想政治建设的指导思想、总体目标和工作任务，通过深入开展科学发展观和正确的政绩观教育，加强理想信念、根本宗旨、民主集中制和廉洁从政教育，各级领导干部的思想政治素质进一步提高；按照科学发展观要求考核、评价和使用干部，制定下发了体现科学发展观要求的《地方党政领导班子和领导干部综合考核评价试行办法》，把贯彻落实科学发展观的实际成效作为考核干部实绩的根本标准和评价干部的基本依据，使各级领导层更加朝气蓬勃、奋发有为；大规模培训干部工作成效显著，颁布《干部教育培训工作条例（试行）》《2006—2010年干部教育培训规划》，干部教育培训工作力度加大，科学化、制度化、规范化水平不断提高。十八大以来，党的领导干部队伍建设进一步加强，先后印发了《配偶已移居国（境）外的国家工作人员任职岗位管理办法》《关于严禁超职数配备干部的通知》《关于加强干部选拔任用工作监督的意见》《党政领导干部选拔任用工作条例》《领导干部干预司法活动、插手具体案件处理记录、通报和责任追究规定》《党政领导干部生态环境损害责任追究办法（试行）》《干部教育培训工作条例》《县以上党和国家机关党员领导干部民主生活会若干规定》《领导干部报告个人有关事项规定》《领导干部个人有关事项报告查核结果处理办法》等文件，逐步加强对领导干部的监督，通过制度规范行为、制约权力，促进政治生态的好转，干事创业的氛围明显增强。

4）造就具有高素质的领导干部队伍

各级党委按照党中央的要求，严格贯彻执行《干部教育培训工作条例（试行）》，坚持干部队伍"四化"方针和德才兼备的原则，以思想理论教育为重点，以改革为动力，以制度为保证，从培养、选拔、管理和监督等方面，着力造就大批高素质的干部队伍，取得了显著的成效。通过"三讲"教育、群众路线教育、"三严三实"教育、"两学一做"教育等系列实践活动，使对领导干部的教育实践活动常态化制度化，普遍增强了树立正确理想和信念的自觉性，提高了正确执行党的路线方针政策的坚定性，增强了贯彻执行民主集中制的主动性和维护团结的责任感。同时，干部队伍年轻化进程加快。全国各地各部门抓住领导班子换届、届中调整、机构改革和干部交流的有利时机，选拔了大批优秀年轻干部进入各级领导班子，使领导班子的年龄、知识、专业结构趋于合理。中国特色社会主义进入新时代，对领导干部素质提出了新的更高的要求，通过学习增强本领，借助实践提高能力已经蔚然成风，领导干部普遍确立了战略思维、创新思维、辩证思维、底线思维，强化了政治意识、大局意识、核心意识、看齐意识，增强了依法执政的能力。

3. 作风建设取得新进展

党风建设是指端正党组织和党员的思想作风、工作作风和生活作风，树立与党的性质和宗旨相适应的良好风尚的工作，是党建的重要组成部分。[①] 优良的党风是凝聚党心、民心的巨大力量。改革开放以来，党始终把党风问题看作事关党的生死存亡的突出问题，采取了一系列强有力的措施和手段，党的作风建设取得新进展，充分发扬优良传统；提出新的作风要求，形成制度化的措施。

（1）充分发扬优良传统

党在90多年的奋斗历程中，创造了伟大的业绩，创立了中国化的马克思主义科学理论，随之也形成了许多优良的传统和作风。这些传统和作风是在长期艰苦而复杂的革命实践中铸炼出来的，它以马克思主义为核心，同时继承和吸收了几千年所形成的中华民族的优秀文化传统。时代在前进，历史在发展，客观形势不断发生着变化，但是，由几代中国共产党人在革命奋斗中形成和总结出来的优良传统和作风不会变，也不应当变。

党的十一届三中全会以来，党的历届中央领导集体都十分珍惜和高度重视继承和发扬党的优良传统，把它作为最宝贵的精神财富，结合新形势、新任务的需要，推进党的作风建设，为建设有中国特色社会主义的伟大事业服务。早在1979年11月，邓小平在中央党政军机关干部会上集中谈了党的作风建设问题，做了《高级干部要带头发扬党的优良传统》的报告，指出高级干部一定要积极响应党的号召，模范地带头发扬党的艰苦朴

---

① 万福义：《中国共产党建设大辞典》，山东人民出版社2001年版，第429页。

素、密切联系群众的优良传统。邓小平号召全党必须发扬"五种革命精神",即革命与拼命精神,严守纪律和自我牺牲精神,大公无私和先人后己精神,压倒一切敌人、压倒一切困难的精神,坚持革命乐观主义、排除万难争取胜利的精神。[1] 1985 年 6 月,中共中央纪律检查委员会在北京召开"全国端正党风工作经验交流会",交流了各地县级单位端正党风工作的经验。1986 年 1 月,中共中央书记处在北京召开中央机关干部大会,号召中央党政军机关的全体党员在端正党风中起到表率作用。这一时期,党的中央领导集体已经充分认识到发扬党的优良传统,端正党的作风的重要性。

江泽民强调:"要坚持全心全意为人民服务的宗旨,坚持理论联系实际,密切联系群众,批评与自我批评的优良作风,依照党章从严治党。"[2] 在这一原则的指引下,党的作风有明显的改善,党群关系进一步密切。2002 年 12 月,胡锦涛在西柏坡考察时,号召全党同志一定要牢记毛泽东在党的七届二中全会上做出的"两个务必"的重要论述,即全党同志"务必继续保持谦虚谨慎不骄不躁的作风,务必继续保持艰苦奋斗的作风"。习近平总书记在十八届中央政治局常委同中外记者见面时,开宗明义地指出:"我们的责任,就是同全党同志一道,坚持党要管党、从严治党,切实解决自身存在的突出问题,切实改进工作作风,密切联系群众,使我们党始终成为中国特色社会主义事业的坚强领导核心。"[3] 随后中共中央政治局会议审议通过《十八届中央政治局关于改进工作作风、密切联系群众的八项规定》。以习近平为核心的党中央以身作则,率先垂范,严格执行八项规定,各地区各部门陆续制定相应规定、细则并严格贯彻落实中央八项规定精神,新一届党中央以人民群众反映强烈的作风问题为突破口,继承和发扬党的优良传统,强力推进作风建设,使全党的面貌为之一新,这是中国共产党立党为公,执政为民,肩负全面建成小康社会,推进社会主义现代化,实现中华民族伟大复兴中国梦的战略任务的必然要求,

---

[1] 《邓小平文选》第 2 卷,人民出版社 1994 年版,第 368 页。
[2] 《江泽民文选》第 3 卷,人民出版社 2006 年版,第 629 页。
[3] 习近平:《习近平谈治国理政》,外文出版社 2014 年版,第 4—5 页。

对于保证党始终成为全国人民的主心骨，始终成为中国特色社会主义事业的领导核心具有重要而深远的意义。

党的十一届三中全会以来，党的各级组织积极引导广大党员干部特别是领导干部树立正确的世界观、人生观、价值观和权力观、地位观、利益观，开展树立正确政绩观的专项教育；引导大家向牛玉儒、张云泉、宋鱼水、郭明义、廖俊波、杨汉军等先进模范人物学习，牢固树立全心全意为人民服务的宗旨；坚持正确的政绩观，自觉发扬密切联系群众的优良作风；保持艰苦奋斗的优良作风，反对奢侈浪费的腐败行为。

（2）提出新的作风要求

江泽民指出："要结合新的实际，努力发扬党的理论联系实际、密切联系群众、批评与自我批评的优良作风，同时要结合新的实践经验努力培育新的作风。"① 习近平总书记则敏锐地指出，作风问题的核心是党和人民群众的关系问题。他在中央政治局第十六次集体学习时提出："加强作风建设，必须坚持马克思主义群众观点、贯彻党的群众路线，把出发点和落脚点归结到实现好、维护好、发展好最广大人民根本利益上来，归结到为民务实清廉上来，使改进作风的过程成为贯彻执行党的理论和路线方针政策的过程，成为推动改革开放和社会主义现代化建设顺利进行的过程。"改革开放以来，党高度重视自身的作风建设，创造性地提出了一系列关于党的作风建设的新的要求。

1）努力做到立党为公、执政为民

党中央高度重视长期执政条件下实践党的宗旨的问题，明确将"三个代表"重要思想的本质概括为立党为公、执政为民，强调在新的历史条件下必须坚持立党为公、执政为民，实现好、维护好、发展好最广大人民的根本利益。牢牢把握立党为公、执政为民的本质要求，使广大党员干部为人民服务的宗旨意识进一步增强。各级党组织努力把立党为公、执政为民的要求落实到党委日常工作中，落实到党员领导干部尽力为群众办实事、解难事、做好事的工作中，落实到维护、实现社会公平和正义的工作中，受到了广大人民群众的欢迎。在任何时候任何情况下，与人民同呼吸共命

---

① 《江泽民文选》第3卷，人民出版社2006年版，第291页。

运的立场不能变,全心全意为人民服务的宗旨不能忘,群众是真正英雄的历史唯物主义观点不能丢,始终坚持立党为公、执政为民。

2)大力弘扬求真务实精神,大兴求真务实之风

只有大力弘扬求真务实精神,大兴求真务实之风才能顺民意,得民心,才能受到人民群众的拥护,增强党的感召力、凝聚力、向心力。[①] 求真务实是党的思想路线的核心内容。对于务实作风,习近平总书记有过很多生动的论述,比如"空谈误国,实干兴邦""一分部署,九分落实""发扬钉钉子精神""抓铁有痕,踏石留印"等。习近平强调,要从实际出发谋划事业和工作,使点子、政策、方案符合实际情况,符合客观规律,符合科学精神,不好高骛远;领导干部要坚持政贵有恒,树立功成不必在我的思想,一张蓝图干到底,不要搞那些脱离实际、脱离群众、劳民伤财、吃力不讨好的东西;要深入调查研究,增强看问题的眼力、谋事情的脑力、察民情的听力、走基层的脚力。

3)坚持做到"八个坚持,八个反对"

2001年9月,党的十五届六中全会专门讨论了党风建设的问题,审议并通过了《中共中央关于加强和改进党的作风建设的决定》。该决定针对党的作风建设中所存在的比较突出和严重的问题,提出了加强和改进党的作风建设的主要任务,即"八个坚持,八个反对"。江泽民指出:"抓党的作风建设,必须抓住当前思想作风、工作作风、领导作风、学风和干部生活作风等方面存在的突出问题开展工作。通过持之以恒的努力,使全体党员特别是领导干部都能坚持做到:坚持解放思想、实事求是,反对因循守旧、不思进取;坚持理论联系实际,反对照抄照搬、本本主义;坚持密切联系群众,反对形式主义、官僚主义;坚持民主集中制原则,反对独断专行、软弱涣散;坚持党的纪律、反对自由主义;坚持清正廉洁、反对以权谋私;坚持艰苦奋斗、反对享乐主义;坚持任人唯贤、反对用人上的不正之风。"[②] "八个坚持,八个反对"从思想、政治、组织、纪律、制度等方面对新的历史阶段党的作风建设提出了明确、具体、全面的要求,具有

[①] 李君如:《"三个代表"重要思想与党的执政能力建设》,人民出版社2005年版,第286页。
[②] 《江泽民文选》第3卷,人民出版社2006年版,第324页。

很强的思想性、理论性、针对性和可操作性，是全面加强和改进党的作风建设的行动纲领，是"三个代表"重要思想这一新世纪党的建设伟大纲领在党风问题上的具体体现，既是对我们党优良传统作风的继承和发扬，又是在总结新的实践基础上对其进一步地丰富和发展，具有历史意义和现实意义。党的十五届六中全会还号召全党同志要进行卓有成效的工作，全面贯彻"八个坚持，八个反对"，开拓进取、知难而上、关心群众、真抓实干、艰苦奋斗、拒腐防变，使党的作风、党群干群关系有新的明显的改善，让人民群众见到实效，增强人民群众对党和党所领导的事业的信心。

4）全面增强"三种意识"

2007年3月"两会期间"，胡锦涛在参加重庆代表团审议时，告诫各级干部特别是领导干部要进一步增强忧患意识，始终保持开拓进取的锐气；要进一步增强公仆意识，始终牢记全心全意为人民服务的宗旨；要进一步增强节俭意识，始终发扬艰苦奋斗的精神，团结带领广大群众不断夺取改革开放和社会主义现代化建设的新胜利。增强忧患意识、公仆意识、节俭意识，体现了立党为公、执政为民的执政理念，表明党承担历史重任的强烈责任感和使命感，内涵深刻，意味深长，催人警醒，为新形势下各级领导干部改进作风，提高思想境界和精神状态指明了方向，具有很强的指导性和现实针对性。

5）践行社会主义核心价值体系

党的十六届六中全会提出建设社会主义核心价值体系的要求。社会主义核心价值体系，包括马克思主义指导思想，中国特色社会主义共同理想，以爱国主义为核心的民族精神和以改革创新为核心的时代精神，社会主义荣辱观五个方面的基本内容。社会主义核心价值体系鲜明地体现了马克思主义的精髓，是对党的思想路线的丰富和发展，对推进党的各项工作，改善党的作风具有基础性和根本性的意义和价值。

6）系统开展群众路线和"两学一做"学习教育活动

2013年5月，中共中央印发《关于在全党深入开展党的群众路线教育实践活动的意见》，党的群众路线教育实践活动以为民务实清廉为内容，自2013年6月开始至2014年9月底结束。2016年2月，中共中央办公厅印发《关于在全体党员中开展"学党章党规，学系列讲话，做合格党员"

学习教育方案》，开展"两学一做"学习教育，推动党内教育从"关键少数"向广大党员拓展，从集中性教育向经常性教育延伸，2017年3月，中共中央办公厅印发《关于推进"两学一做"学习教育常态化制度化的意见》，对加强党的作风建设常态化制度化具有重要意义。

7）深入践行"三严三实"

2014年3月，习近平参加十二届全国人大二次会议安徽代表团审议时，提出"三严三实"的要求，强调各级领导干部要树立和发扬好的作风，既严以修身、严以用权、严于律己，又谋事要实、创业要实、做人要实。2015年，中共中央办公厅印发《关于在县处级以上领导干部中开展"三严三实"专题教育方案》，将党的群众路线教育实践活动进一步延展、深化，着力解决"不严不实"的问题。"三严三实"是对求真务实作风的升华，具有深刻的内涵和鲜明的时代意蕴，成为驰而不息推进党的作风建设的基本遵循，明确和细化了党员干部加强自身作风建设的基本准则和目标追求，为检验和考量党员干部党性修养和言行举止提供了可参照的标准，为持续推进作风建设树立了新的标杆。

（3）形成制度化的措施

加强和改进党的作风建设，一方面要沿袭党在作风建设方面已有的成功经验，同时还要针对长期执政的实际，把制度建设贯穿于党的作风建设的始终。邓小平指出："制度问题不解决，思想作风问题也解决不了。"[1] 他还反复强调思想教育和法制建设要"两手抓，两手都要硬"，国家的工作要这样，党的建设也要这样。1992年，他又指出："对干部和共产党员来说，廉政建设要作为大事来抓。还是要靠法制，搞法制靠得住些。"[2] 邓小平的上述思想对全面加强和改进党的作风建设具有重要的指导意义，明确了党只有切实搞好自身的制度建设，才能有效抑制不良作风的滋长蔓延，并使党的优良作风因广大党员普遍遵守有关制度而日益得到发扬光大。全面推进党的建设新的伟大工程，必须高度重视和切实解决制度建设与作风建设相统一这一历史性课题，把改革和完善党的各项制度摆到党风

---

[1] 《邓小平文选》第2卷，人民出版社1994年版，第328页。
[2] 《邓小平文选》第3卷，人民出版社1994年版，第379页。

建设的关键位置。

党的中央领导集体逐渐认识到党的作风建设制度化对于党的作风建设的重要意义和价值，加快了党的作风建设制度化的步伐。党的十五届六中全会通过了《关于加强和改进党的作风建设的决定》，以加强和改进党的作风建设为主题，把作风建设的制度化提到了重要位置，把党的作风建设与制度建设有机地统一起来，注重从制度建设高度加强和改进党的作风建设。党的十八大以来，作风建设的制度化呈现出绵密、具体、细化的特点，如先后印发了《党政机关国内公务接待管理规定》《中共中央政治局关于改进工作作风、密切联系群众的八项规定》《中共中央办公厅、国务院办公厅关于党政机关停止新建楼堂馆所和清理办公用房的通知》《党政机关厉行节约反对浪费条例》《关于党员干部带头推动殡葬改革的意见》《中共中央办公厅、国务院办公厅关于领导干部带头在公共场所禁烟有关事项的通知》《关于厉行节约反对食品浪费的意见》《关于全面推进公务用车制度改革的指导意见》《中央和国家机关公务用车制度改革方案》《中共中央办公厅、国务院办公厅关于严禁党政机关到风景名胜区开会的通知》《中国共产党廉洁自律准则》等。

这些重要思想和规定反映出党的历届领导集体高度重视制度建设对加强和改进党的作风的重要保证作用和功能，深刻指明了以制度建设促进党风建设的方向。

4. 制度建设取得新突破

1980年8月，邓小平在中央政治局扩大会议上的讲话《党和国家领导制度的改革》，是党的制度建设理论形成的重要标志。党的制度建设是党实现科学执政、民主执政、依法执政的根本保障。改革开放以来，在邓小平党的制度建设理论的指导下，中国共产党在全面加强党的建设实践中进行了积极的探索，切实加强了党的制度建设，取得了新的突破，民主集中制建设取得新进展；党内民主建设取得较大推进；党内生活进一步走向制度化。

（1）民主集中制建设取得新进展

改革开放以来，随着党对制度建设的重视，党的根本组织制度——民主集中制不断发展和完善。以邓小平为核心的党的第二代领导集体在党的重要会议上，多次阐述民主集中制的重要性，以及健全民主集中制的途径和措施。党的十一届三中全会着重提出了健全党的民主集中制和党规党纪的任务；党的十一届六中全会通过的《关于建国以来党的若干历史问题的决议》指出，必须把我党建设成为具有健全的民主集中制的党；党的十二大将坚持民主集中制作为加强党的建设的三项基本要求之一，并写入了党章总纲中。

党的第三代领导集体高度重视民主集中制，江泽民指出："民主集中制，是党的根本组织原则。"[1] 党的十三届四中全会之后，以江泽民同志为核心的党的第三代中央领导集体，高举邓小平理论伟大旗帜，在领导全党推进中国特色社会主义伟大事业的进程中，认真研究解决改革开放和发展社会主义市场经济条件下实行民主集中制所遇到的新情况、新问题，在理论和实践上都有了新的突破。以江泽民为核心的党中央认为，当前党执行民主集中制的情况总体上是好的，但还有不少问题：民主不够和集中不够现象都不同程度地存在着；有的地方和部门对中央的某些决策执行得不够有力，甚至有令不行、有禁不止；民主科学决策制度在有些方面还不够完善，等等。鉴于这种状况，党的第三代领导集体提出了健全、完善、发展民主集中制的主要任务，发展党内民主，充分发挥全党的积极性；加强民主基础上的集中，有力地执行党的路线方针政策；完善党的代表大会制度，健全各级党委集体领导和个人分工负责相结合的制度；加强和健全党内监督，严肃党的纪律，提高党员干部执行民主集中制的自觉性。

党的第三代领导集体对民主集中制的系统、完整、科学阐述，集中表现在1994年党的十四届四中全会做出的《关于党的建设几个重大问题的决定》和1997年党的十五大报告之中。该决定和报告是在总结国际共产主义运动和党贯彻执行民主集中制的经验教训、调查研究民主集中制执行现状和问题的基础上对民主集中制问题做出的阐述，在理论与实践上进一步丰富发展了民主集中制。1999年1月，江泽民在中纪委第三次会议上的讲话中提出要坚持"集体领导，民主集中，个别酝酿，会议决定"的党委工作的"十六字"方针，进一步丰富了马克思主义民主集中制的理论，为

---

[1] 《江泽民文选》第3卷，人民出版社2006年版，第287页。

实现党委决策的民主化、科学化指明了方向，使党委工作向着规范化和制度化的方向前进了一大步。

以胡锦涛为总书记的党中央以健全民主集中制为重点健全制度建设，将民主集中制建设推向新的发展阶段。"比如，按照民主集中制原则，中央政治局、中央政治局常委会以及中央书记处分别制定了会议制度和规则，强调中央政治局和中央政治局常委会实行集体领导制度，进一步推进了党中央工作的制度化、规范化。"[1] 党的十六大以后，中央政治局向中央委员会报告工作逐渐制度化。同时，加大全党民主集中制建设的力度，修改党章和制定一系列相关文件，推动形成科学的民主集中制运行机制。如2003年颁布的《中国共产党党内监督条例（试行）》，规定党内监督的重点之一就是监督各级领导干部"贯彻执行民主集中制的情况"，还规定"党内监督的重点对象是党的各级领导机关和领导干部，特别是各级领导班子负责人"[2]，并制定了落实监督的具体制度。

十八大以来，党高度重视贯彻执行民主集中制，并且通过制定严格的党内法规予以保障。十八大报告指出"要坚持民主集中制，健全党内民主制度体系，以党内民主带动人民民主"[3]。习近平总书记在十八届中央纪委六次全体会议上指出，坚持民主集中制是强化党内监督的核心，必须坚持、完善、落实民主集中制，把民主基础上的集中和集中指导下的民主有机结合起来。党的十八届六中全会通过了《关于新形势下党内政治生活的若干准则》《中国共产党党内监督条例》，前者对坚持民主集中制提出了明确的要求，为在新的历史条件下坚持和完善民主集中制提供重要的遵循，后者规定："党内监督必须贯彻民主集中制，依规依纪进行，强化自上而下的组织监督，改进自下而上的民主监督，发挥同级相互监督作用。"习近平总书记在广西视察时指出，要注重加强民主集中制教育培训，提高各级领导班子和领导干部贯彻执行民主集中制的意识和能力，能否有效贯彻执行民主集中制已经成为衡量干部领导能力和执政水平的重要维度。

---

[1] 《十六大以来文献选编》（上），中央文献出版社2004年版，第612页。
[2] 《中国共产党党内监督条例（试行）》，《人民日报》2004年2月18日。
[3] 胡锦涛：《坚定不移沿着中国特色社会主义道路前进 为全面建成小康社会而奋斗——在中国共产党第十八次全国代表大会上的报告（2012年11月8日）》，人民出版社2012年版，第51页。

（2）党内民主建设取得较大推进

党内民主是衡量中国政治体系民主素质的重要指数，能够促进党内自我更新机制的形成。① 江泽民强调："发展党内民主，充分发挥广大党员和各级党组织的积极性、主动性、创造性，是党的事业兴旺发达的重要保证。"② 党的十六届四中全会提出：发展党内民主，是政治体制改革和政治文明建设的重要内容。立足执政党建设的要求，将发展党内民主上升到政治体制改革的高度来认识，是一个重大进步。党的十六届五中全会强调指出：发展党内民主是全面贯彻落实科学发展观，构建社会主义和谐社会，加强党的执政能力建设和先进性建设的战略举措。党的十七大报告指出："党内民主是增强党的创新活力、巩固党的团结统一的重要保证。"③ 党提出并大力发展党内民主，是顺应时代发展的必然选择，是深刻总结历史经验教训得出的科学结论，是党从容应对各种风险和考验，永葆先进性、纯洁性的必然要求。改革开放以来党在发展党内民主方面取得了很大的进展。

1）把党内民主提升到党的生命的高度来认识

党的十六大提出"党内民主是党的生命"④的重要论断，这标志着党对党内民主重要性认识的深化。党是执政党，党的领导核心地位和模范先锋作用，决定党内民主是人民民主的基础和保障，发展党内民主是逐步推进人民民主建设的逻辑起点和内在要求。"党内民主是党的生命"这一科学论断的提出，是党总结历史经验得出的科学结论，也是我们党为全面建设小康社会而提出的新的重大使命，这一经典表述为历次党代会所继承，十八大再次确认"党内民主是党的生命"⑤。

2）切实尊重和保障党员的民主权利有新举措

以江泽民同志为核心的党中央强调，要完善条例措施，确保把党员的

---

① 王长江：《党内民主制度创新》，中央编译出版社2007年版，第235页。
② 江泽民：《论"三个代表"》，中央文献出版社2001年版，第171页。
③ 胡锦涛：《在中国共产党第十七次全国代表大会上的报告》，《人民日报》2007年10月25日。
④ 《十一届三中全会以来历次党代会、中央全会报告公报决议决定》，中国方正出版社2008年版，第764页。
⑤ 胡锦涛：《坚定不移沿着中国特色社会主义道路前进 为全面建成小康社会而奋斗——在中国共产党第十八次全国代表大会上的报告（2012年11月8日）》，人民出版社2012年版，第51页。

民主权利落到实处。1994 年 12 月，中共中央制定了《中国共产党党员权利保障条例（试行）》，规定除切实保障党员的选举权和被选举权外，还必须疏通党内信息渠道，保障党员的知情权；积极建立民主议事制度，保障党员的参与权；建立民主评议领导干部的制度，保障党员的监督权。2004 年 9 月，中共中央进一步制定了《中国共产党党员权利保障条例》，对党员的知情权、参与权、选择权和监督权等各项权利做了更加规范、完善的规定，突出了党员权利的保障措施，明确了党的各级组织、党的各级领导干部在保障党员权利方面的责任。党的十六届四中全会《关于健全党的执政能力建设的决定》提出："要认真贯彻党员权利保障条例，建立和完善党内情况通报制度、情况反映制度、重大决策征求意见制度，逐步推进党务公开，增强党组织工作透明度，使党员更好地了解和参与党内事务。"① 十八届六中全会通过的《关于新形势下党内政治生活的若干准则》再次强调，"必须尊重党员主体地位，保障党员民主权利，落实党员知情权、参与权、选举权、监督权"，进一步建立健全保障党员民主权利的相关制度和工作机制，切实保障党员的知情权、参与权、选举权和被选举权、监督权等，如"健全党内情况通报制度""推进党务公开，发展和用好党务公开新形式，使党员更好了解和参与党内事务"，创造民主参与的有利条件，健全民主参与的制度，畅通民主的参与渠道，完善党代表工作制度等。

3）在改进和健全党内选举制度方面取得新进展

党的十七大指出："改革党内选举制度，改进候选人提名制度和选举方式。推广基层党组织领导班子成员由党员和群众公开推荐与上级党组织推荐相结合的办法，逐步扩大基层党组织领导班子直接选举范围，探索扩大党内基层民主多种实现形式。"② 党章规定正式党员均有选举权和被选举权，党内选举的实质是党员和党员代表通过民主选举的方式，将他们决定和管理党的事务的权利委托给他们所信任的领导机关和领导干部。党内选

---

① 《十一届三中全会以来历次党代会、中央全会报告公报决议决定》，中国方正出版社 2008 年版，第 858 页。
② 《十一届三中全会以来历次党代会、中央全会报告公报决议决定》，中国方正出版社 2008 年版，第 932 页。

举主要有两方面的进展：一是严格执行和维护选举制，保障党员和党员代表的民主权利，真正体现党员的意志；二是制定了选举法规，对党内各种选举的时间、范围、方式、程序、组织等做出了详细、具体的规定，使党内选举活动被纳入制度化、法规化的轨道。党的十八大提出"完善党内选举制度，规范差额提名、差额选举，形成充分体现选举人意志的程序和环境"①。党的十八大以来，完善党内选举制度取得了长足的进步：党员的民主素质不断提升，候选人提名方式得到改进，选举工作程序更趋于科学化，党内选举的监督机制更加健全。如党的十九大代表在会议选举阶段实行差额选举，而且差额比例高于15%，同时，改进了候选人介绍办法，增进选举人对候选人的了解，为选举人真实表达意愿和自主行使民主权利创造条件。

4）健全和完善党内监督制度取得重大新成效

能不能成功地解决党内监督问题，是加强党的建设需要解决的一个重要问题。加强党内监督，完善党内监督制度，是党的历届中央领导集体着力思考的一个重大问题。1994年，党的十四届四中全会《中共中央关于加强党的建设的几个重大问题的决定》对党内监督的性质、内容、重点和方法等做了论述，明确提出要完善党内监督制度，制定党内监督条例；要坚持和健全组织生活会制度、党员领导干部民主生活会制度。1996年，江泽民在中纪委第六次全体会议上就加强党内监督的必要性、任务和要求等重大问题做了全面深刻的论述。2003年12月，中共中央印发了《中国共产党党内监督条例（试行）》，使党内监督进一步制度化、规范化。2007年党的十七大指出，要"建立健全中央政治局向中央委员会全体会议、地方各级党委常委会向委员会全体会议定期报告工作并接受监督的制度"②。2016年十八届六中全会通过了《中国共产党党内监督条例》，有利于健全党内监督制度，破解长期执政条件下自我监督的难题，增强党的自我净化、自我完善、自我革新、自我提高的能力。强化监督，还必须严格党的

---

① 胡锦涛：《坚定不移沿着中国特色社会主义道路前进 为全面建成小康社会而奋斗——在中国共产党第十八次全国代表大会上的报告（2012年11月8日）》，人民出版社2012年版，第52页。

② 《十一届三中全会以来历次党代会、中央全会报告公报决议决定》，中国方正出版社2008年版，第932页。

组织生活，如坚持"三会一课"制度、民主生活会和组织生活会制度等。此外，巡视是党内监督的重要战略性制度安排，十八大以来实现派驻纪检机构与巡视机构功能互补，充分发挥了巡视利剑的监督作用。

（3）党内生活进一步走向制度化

党的制度建设带有根本性、全局性、稳定性和长期性，必须贯穿于党的思想建设、组织建设和作风建设之中。党的生活正逐步走向制度化和规范化的轨道，党内生活的重要方面能够做到有章可循、有规可依。

党内生活各个方面的制度化建设进一步加强。一是党的代表大会制度建设效果显著。因为改革开放以前党的代表大会制度执行得不好，所以自党的十一届三中全会以来，党中央对党的代表大会制度建设予以高度重视，着力推进了党的代表大会制度的健全和完善。从党的全国代表大会召开的时间上看，自党的十一大以后，1982年、1987年、1992年、1997年召开的党的第十二次、第十三次、第十四次、第十五次全国代表大会都是严格按照党章关于召开代表大会的时间规定定期召开的，这是在党的十一届三中全会以前没有做到的。此外，党中央还加强了地方和基层党的代表大会制度建设。1985年2月，中共中央组织部印发《关于党的地方各级代表大会若干具体问题的暂行规定》，在党的历史上最详细地规定了地方各级代表大会制度和选举制度。二是党的干部队伍建设制度化加强。党确定了干部队伍建设的"革命化、年轻化、知识化、专业化"方针，建立了干部离退休制度、干部岗位责任制度、民主评议和推荐领导干部制度，以及干部交流和培训制度等。在干部任用制度上进行了重大的改革，打破了单一的干部委任制度，采用了聘任制等方式，采取面向社会、公开考试、平等竞争、择优录用干部的新制度。三是加强基层组织的制度建设。在基层组织制度建设方面，先后建立了党建工作目标责任制、党支部和党员创先争优制度、党支部领导下的党员议事制度、财务公开制度、党员外出务工经商制度等。四是党的工作制度得到了健全。党的十三大以后，党中央建立中央政治局、中央政治局常委会和中央书记处的工作规则，规定了政治局的职权、会议制度、文件审批制度和生活会制度。在党中央的带动下，地方和基层党组织也结合各自的实际，建立了有关议事规则、表决制度、生活会制度等。五是完善了党的集体领导制度。十一届三中全会以来，党十分重视加强各级党委的集体领导制度建设,并且取得了一定的成效。1980年2月,党的十一届五中全会制定了《关于党内政治生活的若干准则》;1980年8月,邓小平发表了《党和国家领导制度的改革》的重要讲话;1982年9月,党的十二大着重强调,要健全党的民主集中制,使党内政治生活进一步正常化;1987年9月,党的十三大突出强调了加强党的制度建设的问题;1987年11月,党的十三届中央政治局讨论通过了《十三届中央政治局工作规则(试行)》《十三届中央政治局常务委员会工作规则(试行)》《十三届中央书记处工作规则(试行)》;1992年10月,党的十四大在阐述加强党的建设问题时,再一次重申了各级党委必须坚持和健全集体领导制度;1994年9月,党的十四届四中全会通过《中共中央关于加强党的建设几个重大问题的决定》;1996年4月中共中央印发了《中国共产党地方委员会工作条例(试行)》。

党坚持把制度建设摆在突出位置,在总结以往经验教训的基础上,建立健全党内法规、条例、规则等各项制度,如《党政领导干部职务任期暂行规定》《地方党委委员、纪委委员开展党内询问和质询办法(试行)》《关于党员领导干部述职述廉的暂行办法》《中国共产党党内监督条例》《中国共产党纪律处分条例》《中国共产党巡视工作条例》《中国共产党问责条例》《关于新形势下党内政治生活的若干准则》等,初步形成了比较完备的制度体系。这些制度对于调节党内关系,指导党内生活,规范党内行为,保证党的事业健康发展起到重要作用。

党的十七大指出:"完善党的地方各级全委会、常委会工作机制,发挥全委会对重大问题的决策作用。严格实行民主集中制,健全集体领导与个人分工负责相结合的制度,反对和防止个人或少数人专断。推行地方党委讨论决定重大问题和任用重要干部票决制。建立健全中央政治局向中央委员会全体会议、地方各级党委常委会向委员会全体会议定期报告工作并接受监督的制度。"[①] 胡锦涛进一步明确指出党内生活制度化的根本依据和前进方向,提出党章是立党、治党、管党的总章程,明确提出要加强以党

---

① 《十一届三中全会以来历次党代会、中央全会报告公报决议决定》,中国方正出版社2008年版,第932页。

章为核心的党内法规制度体系建设。党章是把握党的正确政治方向的根本准则，是坚持从严治党方针的根本依据，是党员加强党性修养的根本标准，能不能有效学习党章、遵守党章、贯彻党章、维护党章，关系到增强党的创造力、凝聚力、战斗力，关系到巩固党的执政地位和保持党的先进性，关系到党的事业兴衰成败和党的生死存亡。这些重要思想深刻阐明了党章的重要地位和意义，进一步明确了新形势下加强党的制度建设的根本依据和前进方向。

党的十八大提出"完善党的代表大会制度，提高工人、农民代表比例，落实和完善党的代表大会代表任期制，试行乡镇党代会年会制，深化县（市、区）党代会常任制试点，试行党代会代表提案制"①。从党的根本制度——代表大会制度的完善层面有针对性地指明了新时期党内生活制度化的具体方向，具有长远的指导意义。党的十九大强调"要尊崇党章，严格执行新形势下党内政治生活若干准则，增强党内政治生活的政治性、时代性、原则性、战斗性，自觉抵制商品交换原则对党内生活的侵蚀，营造风清气正的良好政治生态。完善和落实民主集中制的各项制度，坚持民主基础上的集中和集中指导下的民主相结合，既充分发扬民主，又善于集中统一"②。从尊崇党章、严格执行《关于新形势下党内政治生活的若干准则》，完善和落实民主集中制的维度提出了党内生活制度化的路径，这是进入中国特色社会主义新时代之后中国社会呈现的新特点新趋势和中国共产党肩负的新使命新任务所决定的，具有新鲜的时代意蕴。

5. 反腐倡廉建设取得新成果

腐败问题是任何政党都不能回避的客观问题，是党执政的最大危险，是党必须有效解决的关键问题，也是党的重大政治任务。改革开放以来，党十分重视防范各种腐朽思想的侵蚀，党领导的反腐倡廉工作取得新成果，党风廉政和反腐败工作取得阶段性成果；惩治和预防腐败体系建设取得重大进展；反腐倡廉制度、机制建设取得显著成绩。

---

① 胡锦涛：《坚定不移沿着中国特色社会主义道路前进 为全面建成小康社会而奋斗——在中国共产党第十八次全国代表大会上的报告（2012年11月8日）》，人民出版社2012年版，第51—52页。

② 习近平：《决胜全面建成小康社会 夺取新时代中国特色社会主义伟大胜利——在中国共产党第十九次全国代表大会上的报告（2017年10月18日）》，人民出版社2017年版，第62—63页。

（1）党风廉政和反腐败工作取得阶段性成果

党的十一届三中全会以后，党逐步确立了党风廉政建设和反腐败斗争的思路，形成领导干部廉洁自律、集中力量查处大案要案和纠正行业不正之风一起抓工作格局，不断取得阶段性新成果。

党的第二代领导集体已经初步探索出一条在改革开放和发展社会主义市场经济条件下，围绕经济建设这个中心，把反腐败同改革、发展、稳定有机结合起来，依靠党的自身力量和人民群众的参与，有效开展反腐败斗争的道路，形成了一整套反腐败斗争的指导思想、基本原则、领导体制和工作格局。党的第二代领导集体在全党深入开展了党性党风党纪教育，提高了党员干部的思想政治素质；制定了一批党风廉政法规制度，规范了党员干部的行为；加强了领导干部廉洁自律工作，增强了领导干部拒腐防变意识；严肃查办违纪违法案件，惩处了一批腐败分子；认真纠正部门和行业不正之风，解决了群众反映强烈的一些突出问题。

以江泽民为核心的第三代中央领导集体，反复强调党风廉政建设和反腐败的极端重要性，提出了明确的反腐倡廉方针，做出了一系列反腐倡廉的重大部署。这一时期，江泽民对反腐倡廉有一系列重要的论述，1997年，重申要大力发扬艰苦奋斗精神，坚决反对奢侈浪费；1998年，强调各级领导干部必须拒腐防变，在反腐倡廉中起表率作用；1999年，提出全党必须维护和加强党的政治纪律、组织纪律、经济工作纪律和群众工作纪律；2000年初，强调全党要进一步贯彻落实从严治党的方针；2001年，强调坚持标本兼治、综合治理的方针，从思想上筑牢拒腐的堤防，同时通过体制创新努力铲除腐败现象滋生的土壤和条件，加大从源头上预防和解决腐败问题的力度。这一时期，各级党组织认真贯彻执行党中央关于开展党风廉政建设和反腐败斗争的重大部署，采取了强有力的措施，党风廉政建设和反腐败斗争取得了明显成效。党中央切实加强了对反腐倡廉重大决策部署执行情况的监督检查，维护中央权威，确保政令畅通；认真抓好反腐倡廉教育和领导干部廉洁自律工作，有力地促进了领导干部廉洁从政；坚决纠正损害群众利益的不正之风，促进社会和谐稳定；严肃查处违反党纪的案件，保持党的纯洁和团结统一；不断加大对领导干部的监督力度，促使领导干部正确行使权力；深入开展治本抓源头工作，预防腐败的能力和水平不断提高等。

以胡锦涛总书记为代表的党中央领导集体高度重视反腐倡廉工作，取得了较大的成绩。严肃查处违反党纪的案件，2002年12月至2007年6月，全国纪律检查机关共立案677924件，结案679846件（包括十六大前未办结案件），给予党纪处分518484人；查处陈良宇、杜世成、郑筱萸等极少数高级干部严重违纪案件；不断加大对领导干部的监督力度，颁布实施《中国共产党党内监督条例（试行）》，修订发布《中国共产党纪律处分条例》和《中国共产党党员权利保障条例》等党内重要法规；建立健全民主生活会、述职述廉、诫勉谈话、党内询问和质询、党员领导干部报告个人有关事项等制度。

党的十八大以来，以习近平总书记为核心的党中央，以作风建设为切入点，厉行《十八届中央政治局关于改进工作作风、密切联系群众的八项规定》，至2017年8月底，全国累计查处违反中央八项规定精神问题18.4万起，处理党员干部25万人，给予党纪政纪处分13.6万人，包括省部级干部20人。① 此外，腐败问题是滋生于党的健康肌体上的毒瘤，广大人民群众对此深恶痛绝，在无形中侵蚀着党执政的合法性基础和领导能力，因此深入开展反腐败斗争是以习近平总书记为核心的党中央所面临的重大政治考验。新一届中央领导集体以壮士断腕、猛药去疴的勇气和决心开展"打虎""拍蝇""猎狐"，力度和规模空前，坚决遏制腐败的蔓延势头，形成了反腐败斗争压倒性态势，提振了人民群众对党和政府的信任，不敢腐的目标初步实现，不能腐的笼子越扎越牢，不想腐的堤坝正在构筑，极大地净化了政治生态，击破了"反腐亡党，不反腐亡国"的谎言和谬论。一手抓反腐败斗争一手抓党风廉政建设，同时致力于制度建设，形成不敢腐不能腐不想腐的机制和制度化体制保障。2015年10月印发的《中国共产党纪律处分条例》被不少党建专家称为"改革开放以来最全、最严党纪"，将十八大以来严明政治纪律和政治规矩等从严治党的实践成果制度化、常态化，必将对未来的党风廉政建设和反腐败斗争产生深远影响。

---

① 中共中央党史研究室：《党的十八大以来大事记》，人民出版社、中共党史出版社2017年版，第4页。

（2）惩治和预防腐败体系建设取得重大进展

近些年来，党中央认真总结党风廉政建设和反腐败斗争的经验，进一步深化了对新形势下党风廉政建设和反腐败工作特点与规律的认识，确立了标本兼治、综合治理、惩防并举、注重预防的反腐倡廉战略方针。

党的十六届三中全会第一次提出反腐败要建立健全与社会主义市场经济体制相适应的教育、制度、监督并重的惩治和预防腐败体系这一崭新命题。党的十六届四中全会再次强调要抓紧建立健全惩治和预防腐败这一体系。2005年1月，中共中央颁布实施了《建立健全教育、制度、监督并重的惩治和预防腐败体系实施纲要》，明确提出建立健全惩治和预防腐败体系的指导思想、主要目标、工作原则和基本任务。党的十七大报告提出"反腐倡廉建设"的概念，把反腐倡廉建设放在更加突出的位置，这表明党中央对反腐倡廉工作规律性的认识和把握达到了新高度。党的十七大把党坚持标本兼治、综合治理、惩防并举、注重预防的方针，扎实推进惩治和预防腐败体系建设写入政治报告和党章。从党的章程上确定了坚持"方针"和完善"体系"的重要地位和作用，进一步回答了当前和今后一个时期党风廉政建设和反腐败斗争"坚持什么、抓什么、怎么抓"的问题。

党的十八大明确提出"要坚持中国特色反腐倡廉道路，坚持标本兼治、综合治理、惩防并举、注重预防方针，全面推进惩治和预防腐败体系建设，做到干部清正、政府清廉、政治清明"①。这实际上指出了中国特色反腐倡廉道路所包含的方针、路线、目标，构成了科学完整的体系内容，为新时代的反腐倡廉工作提供了有力的指导。在总结十八大以来反腐倡廉工作成效的基础上，党的十九大报告指出"要坚持无禁区、全覆盖、零容忍，坚持重遏制、强高压、长震慑，坚持受贿行贿一起查，坚决防止党内形成利益集团"②。在市县党委建立巡查制度、加大追逃力度、推进反腐败国家立法，强化不敢腐的震慑，扎牢不能腐的笼子，增强不想腐的自觉，意味着党风廉政建设和反腐败斗争已经进入了新的发展阶段：从空间上向

---

① 胡锦涛：《坚定不移沿着中国特色社会主义道路前进 为全面建成小康社会而奋斗——在中国共产党第十八次全国代表大会上的报告（2012年11月8日）》，人民出版社2012年版，第54页。

② 习近平：《决胜全面建成小康社会 夺取新时代中国特色社会主义伟大胜利——在中国共产党第十九次全国代表大会上的报告（2017年10月18日）》，人民出版社2017年版，第67页。

下延伸，从地域上向外拓展，从机理上向内遏制，更加注重铲除滋生腐败和不正之风的土壤，着力构建符合新时代特点的惩治和预防腐败的体系。党的十八大以来，党坚持反腐倡廉的正确方向和战略方针，全面推进教育、制度、监督、改革、惩处各项工作，深入开展反腐败斗争和廉政建设，使反腐倡廉进入了一个新的发展阶段，呈现出系统治理、整体推进、协调发展的良好局面。

（3）反腐倡廉制度、机制建设取得显著成绩

目前，我国正处于社会转型、体制转轨的特定历史发展时期，消极腐败呈阶段性多发、高发的态势，反腐败斗争的形势依然非常严峻。反腐败离不开法制保障，法制既是党和国家反腐败的方向，又是必须坚持的反腐败方法和途径。

反腐败法律法规逐渐完善和健全，建立了反腐倡廉的法制体系。党的十六大提出，要加强教育，发展民主，健全法制，强化监督，创新体制，把反腐败寓于各项重要政策措施之中，从源头上预防和解决腐败问题。2003年，党的十六届三中全会明确提出要确立以教育为基础、以法制为保障、以监督为关键，教育、制度、监督三者有机统一的惩治和预防体系。2003年12月，中国政府签署了《联合国反腐败公约》。2003年6月，中共中央办公厅印发《党政领导干部选拔任用工作监督检查办法（试行）》。2003年12月，《中国共产党纪律处分条例》实施，它是加强党的建设的一个重要举措，对于保证党的路线、方针、政策和国家法律、法规的贯彻执行，推动反腐倡廉工作的深入开展，具有重要的意义。2004年，党的十六届四中全会提出"标本兼治、综合治理、惩防并举、注重预防"的16字方针。2004年2月，《中国共产党党内监督条例（试行）》在明确加强党的上级组织对下级组织监督的同时，还强调加强党员对党的组织、党员对党的干部、党的下级组织对上级组织的监督，真正体现出自上而下的监督与自下而上以及同级领导班子内部监督相结合的原则，切实保障各级党组织和广大党员的民主监督权利。2004年9月颁布实施《中国共产党党员权利保障条例》，是加强党的执政能力的一个重要举措，保障了党员权利，发扬了党内民主，提高了党的创造力、凝聚力和战斗力。2006年3月，中央纪委、中央组织部制定《关于党员领导干部述职述廉的暂行规

定》。这些加强党政领导机关和领导干部廉政建设的法律法规及规范性文件的制定与执行，说明党风廉政建设和反腐败工作逐步制度化和法律化。

2007年8月，在革命军事博物馆举行了新中国成立以来第一次反腐败成果展览，在反腐败成果展览期间，国家预防腐败局正式挂牌成立。2007年10月，党的十七大提出："严格执行党风廉政建设责任制。坚持深化改革和创新体制，加强廉政文化建设，形成拒腐防变教育长效机制、反腐倡廉制度体系、权力运行监控机制。健全纪检监察派驻机构统一管理，完善巡视制度。"[1] 党的这些举措反映出党在十七大以后的反腐败思路调整，即在打击的同时，突出预防。

2013年中共中央印发《建立健全惩治和预防腐败体系2013—2017年工作规划》，2015年印发《中国共产党廉洁自律准则》和修订后的《中国共产党纪律处分条例》，成为党长期执政和依法治国条件下，落实全面从严治党战略部署，实现依规依纪治党的重大举措，前者坚持正面倡导、重在立德，后者围绕党纪要求，开列"负面清单"、重在立规，二者相互配合、共同发挥作用。"落实党风廉政建设责任制，党委负主体责任，纪委负监督责任，制定切实可行的责任追究制度。"[2] 2016年出台了《中国共产党党内监督条例》，界定了党委和纪委在党内监督方面的不同职责，2017年颁布《中国共产党巡视工作条例》，实现派驻纪检机构与巡视机构功能互补，有力地发挥巡视的震慑作用。一大批党内法规不断出台，如《中国共产党问责条例》（2016）、《中国共产党纪律检查机关监督执纪工作规则（试行）》（2017）、《领导干部报告个人有关事项规定》（2017）、《领导干部个人有关事项报告查核结果处理办法》（2017）等，制度的笼子越扎越紧。2018年3月，第十三届全国人民代表大会第一次会议审议通过国家监察法、设立中华人民共和国国家监察委员会，监察部并入新组建的国家监察委员会，中华人民共和国国家预防腐败局并入国家监察委员会，不再保留监察部、国家预防腐败局。同月，中华人民共和国国家监察

---

[1] 《十一届三中全会以来历次党代会、中央全会报告公报决议决定》，中国方正出版社2008年版，第934页。

[2] 《中共中央关于全面深化改革若干重大问题的决定》，人民出版社2013年版，第36页。

委员会在北京挂牌,举行新任国家监察委员会副主任、委员宪法宣誓仪式。新的监察机构的成立是反腐倡廉制度机制建设中具有里程碑意义的事件,在很大程度上理顺了权力制约、监督的制度机制,为反腐倡廉建设注入了新的活力。

6. 执政能力得到提高

党的十六大明确提出了加强党的执政能力建设的重大命题和战略任务。党的十六届四中全会做出《关于加强党的执政能力建设的决定》,明确提出了"科学执政、民主执政、依法执政"的重要思想,明确加强党的执政能力建设的指导思想、总体目标、主要任务和各项部署,这是党的历史上第一个指导全党提高治国理政能力的纲领性文件。改革开放以来,党的执政能力取得新的提高,明确党的执政能力建设的目标和任务;党的科学、民主和依法执政力度加大;党的执政能力和领导水平进一步改善。

(1) 明确党的执政能力建设的目标和任务

以邓小平为核心的第二代中央领导集体根据党所处的地位和各种环境指明了党的执政能力建设的目标和任务。早在 1980 年 1 月邓小平就提出:"党应该是一个战斗的队伍,是无产阶级的先锋队,应该是统一的、有高度觉悟的、有纪律的队伍。"[1] 1983 年 10 月,邓小平在党的十二届二中全会上进一步强调,要"把我们党建设成为有战斗力的马克思主义政党,成为领导全国人民进行社会主义物质文明和精神文明建设的坚强核心"[2]。可见,邓小平根据党在新时期的地位和肩负的历史任务,对党的执政能力建设提出了目标。邓小平还指明了党的执政能力建设的任务。邓小平指出:"我们一定要坚持党的领导,改善党的领导,加强党的纪律和战斗力,使我们能够胜任对于整个国家和各族人民的巨大领导责任";[3] 要改善党的领导,"除了改善党的组织状况以外,还要改善党的领导工作状况,改善党的领导制度"[4]。这些重大问题的提出,标志着党对自身执政能力建设已有了比较清醒的认识,为党提高自身的执政能力奠定了理论基础。

---

[1]《邓小平文选》第 2 卷,人民出版社 1994 年版,第 268 页。
[2]《邓小平文选》第 3 卷,人民出版社 1993 年版,第 39 页。
[3]《邓小平文选》第 2 卷,人民出版社 1994 年版,第 273 页。
[4]《邓小平文选》第 2 卷,人民出版社 1994 年版,第 269 页。

以江泽民为核心的第三代中央领导集体进一步探索新时期执政能力建设的目标和任务，提出新时期党的执政能力建设的总目标。党的十五大强调指出："要把党建设成为用邓小平理论武装起来、全心全意为人民服务、思想上政治上组织上完全巩固、能够经受住各种风险、始终走在时代前列、领导全国人民建设有中国特色社会主义的马克思主义政党。"[1] 在庆祝建党80周年大会上的讲话中，江泽民明确提出："我们党要始终成为中国工人阶级先锋队，同时成为中国人民和中华民族的先锋队，成为中国先进生产力的发展要求、中国先进文化的前进方向和中国最广大人民的根本利益的忠实代表，成为建设有中国特色社会主义事业的领导核心。"[2] 这既是新时期党的建设的总目标，也是加强党的执政能力建设的总体目标。江泽民还指出，党的作风和廉洁状况是新时期党的执政能力建设的重要任务。江泽民强调："治国必先治党，治党必须从严。"[3] "对任何腐败行为和腐败分子，都必须一查到底，决不姑息，决不手软。"[4]

以胡锦涛总书记为代表的党中央领导集体进一步明确加强党的执政能力建设的目标和任务。党的十六届四中全会做出的《中共中央关于加强党的执政能力建设的决定》，标志着党的执政能力建设理论的正式形成。该决定指出，执政能力建设总体目标是使党"归根到底成为始终做到'三个代表'、永远保持先进性、经得住各种风浪考验的马克思主义执政党"[5]。在此基础上，该决定进一步论述了执政能力建设的主要任务，即"按照推动社会主义物质文明、政治文明、精神文明协调发展的要求，不断提高驾驭社会主义市场经济的能力，发展社会主义民主政治的能力，建设社会主义先进文化的能力，构建社会主义和谐社会的能力，应对国际局势和处理国际事务的能力"[6]。党的十七大指出："必须把党的执政能力建设和先进性建设作为主线，坚持党要管党、从严治党，贯彻为民、务实、清廉的要求，以坚定理想

---

[1] 《十五大以来重要文献选编》（上册），人民出版社2000年版，第45页。
[2] 江泽民：《论"三个代表"》，中央文献出版社2001年版，第176页。
[3] 江泽民：《论"三个代表"》，中央文献出版社2001年版，第174页。
[4] 江泽民：《论"三个代表"》，中央文献出版社2001年版，第176页。
[5] 《中共中央关于加强党的执政能力建设的决定》，人民出版社2004年版，第8页。
[6] 《中共中央关于加强党的执政能力建设的决定》，人民出版社2004年版，第8页。

信念为重点加强思想建设，以造就高素质党员、干部队伍为重点加强组织建设，以保持党同人民群众的血肉联系为重点加强作风建设，以健全民主集中制为重点加强制度建设，以完善惩治和预防腐败体系为重点加强反腐倡廉建设，使党始终成为立党为公、执政为民，求真务实、改革创新，艰苦奋斗、清正廉洁，富有活力、团结和谐的马克思主义执政党。"①

在新的历史时期，党的十八大要求："全党要增强紧迫感和责任感，牢牢把握加强党的执政能力建设、先进性和纯洁性建设这条主线，坚持解放思想、改革创新，坚持党要管党、从严治党，全面加强党的思想建设、组织建设、作风建设、反腐倡廉建设、制度建设，增强自我净化、自我完善、自我革新、自我提高能力，建设学习型、服务型、创新型的马克思主义执政党，确保党始终成为中国特色社会主义事业的坚强领导核心。"② 这就将党执政能力建设的目标和任务推向深入：目的更加准确清晰，目标更加丰富完善，内容更加科学合理，方略更加全面系统。习近平总书记在建党90周年的讲话中阐述了八个"不忘初心"，其中最后一个即是"坚持不忘初心、继续前进，就要保持党的先进性和纯洁性，着力提高执政能力和领导水平，着力增强抵御风险和拒腐防变能力，不断把党的建设新的伟大工程推向前进"③，点明了提高执政能力是推进党的建设的伟大工程的重心所在。党的十九大提出了新时代党的建设总要求：坚持和加强党的全面领导，坚持党要管党、全面从严治党，以加强党的长期执政能力建设、先进性和纯洁性建设为主线，以党的政治建设为统领，以坚定理想信念宗旨为根基，以调动全党积极性、主动性、创造性为着力点，全面推进党的政治建设、思想建设、组织建设、作风建设、纪律建设，把制度建设贯穿其中，深入推进反腐败斗争，不断提高党的建设质量，把党建设成为始终走在时代前列、人民衷心拥护、勇于自我革命、经得起各种风浪考验、朝气

---

① 《十一届三中全会以来历次党代会、中央全会报告公报决议决定》，中国方正出版社2008年版，第931页。
② 胡锦涛：《坚定不移沿着中国特色社会主义道路前进 为全面建成小康社会而奋斗——在中国共产党第十八次全国代表大会上的报告（2012年11月8日）》，人民出版社2012年版，第49—50页。
③ 习近平：《在庆祝中国共产党成立95周年大会上的讲话（2016年7月1日）》，人民出版社2016年版，第22页。

蓬勃的马克思主义执政党。① 在党的建设总要求中第一次提出了"长期执政能力建设"这个命题,与马克思主义执政党的地位相符,使执政能力建设的目标更具有时代性、前瞻性和现实性。

(2) 党的科学、民主和依法执政力度加大

执政方式是政党控制公共权力的途径、手段和方法的总称,反映着政党自身现代化建设的整体水平。② 邓小平一直非常重视党的执政方式的科学化。1980年,邓小平明确提出要解决党的领导制度方面所存在的以权力过分集中为主要特征的各种弊病,拉开了政治体制改革的序幕。1986年,邓小平进一步指出:"改革的内容,首先是党政要分开,解决党如何善于领导的问题。这是关键,要放在第一位。"③

江泽民指出:"要按照总揽全局、协调各方的原则,进一步加强和完善党的领导体制,改进党的领导方式和执政方式。"④ 胡锦涛也多次强调要适应新形势、新任务的要求,不断改革和完善党的领导方式和执政方式。党的十六届四中全会完整地提出要坚持"科学执政、民主执政、依法执政",并把它作为党的执政能力建设的重要目标和要求。把科学执政、民主执政、依法执政三者统一起来,作为全面加强和改进党的领导方式和执政方式,加强党的执政能力建设的根本要求,是党对执政理念、执政目标和执政规律的新认识,是对马克思主义执政党执政理论的新发展,也是对党的执政方式所提出的新要求。它明确回答了党为谁执政、靠谁执政、怎样执政的最基本的问题,深刻阐明了党执政的本质、根本目的和执政方式以及党的执政方式改革的紧迫性和重要性。

2004年,中共中央陆续出台了《中国共产党党内监督条例(试行)》《中国共产党纪律处分条例》《中国共产党党员权利保障条例》《公开选拔党政领导干部工作暂行规定》等文件;2005年3月,中央发布了《关于进一步加强中国共产党领导的多党合作和政治协商制度建设的意见》;

---

① 习近平:《决胜全面建成小康社会 夺取新时代中国特色社会主义伟大胜利——在中国共产党第十九次全国代表大会上的报告(2017年10月18日)》,人民出版社2017年版,第61—62页。
② 马国均:《中国共产党现代化建设论要》,中共中央党校出版社2007年版,第291页。
③ 邓小平:《建设有中国特色的社会主义》,宁夏人民出版社1987年版,第140页。
④ 江泽民:《论"三个代表"》,中央文献出版社2001年版,第171页。

2006年3月，正式出台《中共中央关于加强人民政协工作的意见》；2006年7月，中共中央组织部正式印发《体现科学发展观要求的地方党政领导班子和领导干部综合考核评价试行办法》。这些制度的制定与出台，体现了党的执政方式的转变，同时为党的执政方式进一步科学化、民主化、法制化提供了制度上的保障。

党的十八大以来随着对共产党执政规律、社会主义建设规律、人类社会发展规律认识的深化，新一届中央领导集体不断推进科学执政、民主执政和依法执政。

在国家治理方面，2013年党的十八届三中全会通过《中共中央关于全面深化改革若干重大问题的决定》，强调全面深化改革的总目标是完善和发展中国特色社会主义制度，推进国家治理体系和治理能力现代化。"坚持党的领导、人民当家作主、依法治国有机统一"，"四个全面"战略布局思想的提出，深化机构改革和行政体制改革、设立国家监察委员会等推进了科学执政的实践。在社会治理方面，2013年，习近平总书记在分析城镇化发展形势，提出推进城镇化的指导思想、主要目标、基本原则、重点任务，印发《国家新型城镇化规划（2014—2020）》《关于深入推进新型城镇化建设若干意见》《关于全面深化农村改革 加快推进农业现代化的若干意见》。在政党治理方面，印发《党政领导干部选拔任用工作条例》《深化党的建设制度改革实施方案》《中国共产党党组工作条例（试行）》《干部教育培训工作条例》《关于加强社会组织党的建设的意见（试行）》《中国共产党廉洁自律准则》《中国共产党纪律处分条例》《中国共产党问责条例》《关于新形势下党内政治生活的若干准则》《中国共产党党内监督条例》等，根据新情况新问题加强和改善党的领导，提升执政能力和领导水平，推进科学执政。

2013年，中共中央印发《关于在全党深入开展党的群众路线教育实践活动的意见》，以为民务实清廉为主要内容，集中整治形式主义、官僚主义、享乐主义和奢靡之风，加强党和人民群众的联系，问政于民、问需于民、问计于民。2014年在庆祝全国人民代表大会成立60周年大会上，习近平强调要高举人民民主的旗帜，毫不动摇坚持人民代表大会制度，也要与时俱进地完善人民代表大会制度，坚定不移地走中国特色社会主义政治发展道路,继续推进社会主义民主政治建设,发展社会主义政治文明。2015年,中共中央印发《关于加强社会主义协商民主建设的意见》,对新形势下开展政党协商、人大协商、政府协商、政协协商、人民团体协商、基层协商、社会组织协商等做出全面部署,推进社会主义协商民主广泛多层次制度化发展。党的十九大提出"加强人民当家作主制度保障""发挥社会主义协商民主重要作用"①,不仅预示着民主执政的基础得到夯实,而且民主执政的空间还将进一步得到扩展。

2012年,在首都各界纪念现行宪法公布施行30周年大会上,习近平强调要恪守宪法原则、弘扬宪法精神、履行宪法使命,把全面贯彻实施宪法提高到新水平。2014年十八届四中全会审议通过了《中共中央关于全面推进依法治国若干重大问题的决定》,总目标是建设中国特色社会主义法治体系,建设社会主义法治国家,坚持依法治国、依法执政、依法行政共同推进,坚持法治国家、法治政府、法治社会一体建设,实现科学立法、严格执法、公正司法、全民守法,促进国家治理体系和治理能力现代化。可以说,全面推进依法治国是国家治理领域内一场广泛而深刻的革命。2015年,中共中央、国务院印发《领导干部干预司法活动、插手具体案件处理的记录、通报和责任追究规定》。2014年,我国首个知识产权法院——北京知识产权法院正式履行法定职责。此前,十二届全国人大常委会第十次会议通过《关于在北京、上海、广州设立知识产权法院的决定》。2015年,最高人民法院第一巡回法庭在深圳成立,此后陆续在沈阳、南京、郑州、重庆、西安设立巡回法庭。同年,中共中央、国务院印发《法治政府建设实施纲要(2015—2020)》,依法执政全面推开,取得了令人瞩目的成绩。

(3) 党的执政能力和领导水平进一步改善

提高党的执政能力和领导水平,是党执政以后一直非常重视的问题。党的十一届三中全会以后,全党工作中心向经济建设转移,并且实行改革开放。这时,邓小平提出:"执政党应该是一个什么样的党,执政党的党

---

① 习近平:《决胜全面建成小康社会 夺取新时代中国特色社会主义伟大胜利——在中国共产党第十九次全国代表大会上的报告(2017年10月18日)》,人民出版社2017年版,第37页。

员应该怎样才合格，党怎样才叫善于领导？"① 他把党的执政能力和领导水平问题，紧紧与党所面临的改革开放和现代化建设的任务联系起来，强调要改革党和国家的领导制度，处理好法治和人治的关系，处理好党和政府的关系，注重从领导制度和工作机制上解决问题。

　　党的十三届四中全会以后，根据国际和国内环境的发展，江泽民指出："我们的事业最终能否成功，很大程度上取决于我们党的领导水平和执政能力。"② 这就赋予党的执政能力建设以深刻的时代内涵，为新时期加强党的执政能力建设指明了方向。2001年5月，江泽民在安徽考察讲话时进一步论述了提高党的领导水平和执政能力问题。2002年11月，江泽民在党的十六大报告中再次强调："进一步解决提高党的领导水平和执政水平、提高拒腐防变和抵御风险能力这两大历史性课题。"③ 党的十六大明确提出加强党的执政能力建设五个方面的基本要求，即提高科学判断形势的能力；提高驾驭市场经济的能力；提高应对复杂局面的能力；提高依法执政的能力；提高总揽全局的能力。这些要求是党从所处的时代特点和面临的任务以及党的队伍的现实状况出发提出的，是党长期执政经验的科学总结，也是借鉴一些外国执政党的经验教训得出的。2004年9月，党的十六届四中全会在认真总结党长期执政经验的基础上，做出《中共中央关于加强党的执政能力建设的决定》，对加强党的执政能力建设的重要性和紧迫性、深刻内涵、基本原则、根本目标和主要任务等重大问题进行了系统而深刻的阐述。《中共中央关于加强党的执政能力建设的决定》提出了党的执政能力建设的指导原则，即必须坚持党在指导思想上的与时俱进，用发展着的马克思主义指导新的实践，必须坚实推进社会主义的自我完善，增强社会主义的生机和活力，必须坚持抓好发展这个执政兴国的第一要务，把发展作为解决中国一切问题的关键，必须坚持立党为公、执政为民，始终保持党同人民群众的血肉联系，必须坚持科学执政、民主执政、依法执政，不断完善党的领导方式和执政方式，必须坚持以改革的精神加强党的

---

① 《邓小平文选》第2卷，人民出版社1994年版，第276页。
② 江泽民：《论党的建设》，中央文献出版社2001年版，第484页。
③ 《江泽民文选》第3卷，人民出版社2006年版，第568页。

建设，不断增强党的创造力、凝聚力、战斗力；指出了加强党的执政能力建设的指导思想，坚持以马克思列宁主义、毛泽东思想、邓小平理论和"三个代表"重要思想为指导；论述了加强执政能力建设的核心、关键、重点和基础，加强执政能力建设，坚持把保持同人民群众的血肉联系作为核心，以建设高素质干部队伍作为关键，把改革和完善党的领导体制和工作机制作为重点，把加强党的基层组织和党员干部队伍作为基础；确立了党的执政能力建设的总体目标，通过全党共同努力，使党始终成为立党为公、执政为民的执政党，成为科学执政、民主执政、依法执政的执政党，成为求真务实、开拓创新、勤政高效、清正廉洁的执政党，归根到底成为始终做到"三个代表"、永远保持先进性、经得住各种风浪考验的马克思主义执政党；确定当前和今后一个时期加强党的执政能力建设的主要任务，要坚持把发展作为党执政兴国的第一要务，不断提高"五种能力"。党的十七大进一步指出："党的执政能力建设关系党的建设和中国特色社会主义事业的全局，必须把提高领导水平和执政能力作为各级领导班子建设的核心内容抓紧抓好。"[①] 这些论述紧紧围绕提高党的领导水平和执政水平，提高党的拒腐防变和抵御风险的能力这两大历史性课题，着力解决为人民掌好权、用好权这个根本问题，体现了党审时度势、居安思危的忧患意识和执政为民、造福人民的责任意识，指明了未来一个时期党的执政能力建设的方向。

党的十八大依然将"能力不足"列为执政的四大危险之一，因而必须"牢牢把握加强党的执政能力建设、先进性和纯洁性这条主线"[②]。党的十八大以来，以习近平总书记为核心的党中央创新手段，通过多种渠道方式综合施政，党的执政能力和领导水平获得明显的提升。系统开展群众路线、"三严三实""两学一做"等教育实践活动，坚定了共产党人的理想信念和精神追求；大力推进作风建设和反腐败斗争，保持党同人民群众的血肉联系，夯实了党的执政基础；提出和践行"四个全面"战略思想，深

[①] 《十一届三中全会以来历次党代会、中央全会报告公报决议决定》，中国方正出版社2008年版，第932页。

[②] 胡锦涛：《坚定不移沿着中国特色社会主义道路前进 为全面建成小康社会而奋斗——在中国共产党第十八次全国代表大会上的报告（2012年11月8日）》，人民出版社2012年版，第49—50页。

化了改革、发展、稳定的有机统一;通过深化机构改革和行政体制改革,健全党和国家监督体系,使国家治理体系更趋于科学化;坚持全面从严治党,强化党的自身建设,包括基层党组织建设,增强了党自身的战斗力;全面推进依法治国,优化了治国的基本方略等。通过以上种种措施,发挥了"总揽全局,协调各方"的作用,提升了党的凝聚力、整合力以及自我净化、自我完善、自我革新、自我提高的能力。根据十八大以来提升党的执政能力的经验,党的十九大提出"以加强党的长期执政能力建设、先进性和纯洁性建设为主线",凸显"长期执政能力建设",并将"全面增强执政本领"细化为八个方面,即"增强学习本领,在全党营造善于学习、勇于实践的浓厚氛围,建设马克思主义学习型政党,推动建设学习大国。增强政治领导本领,坚持战略思维、创新思维、辩证思维、法治思维、底线思维,科学制定和坚决执行党的路线方针政策,把党总揽全局、协调各方落到实处。增强改革创新本领,保持锐意进取的精神风貌,善于结合实际创造性地推动工作,善于运用互联网技术和信息化手段开展工作。增强科学发展本领,善于贯彻新发展理念,不断开创发展新局面。增强依法执政本领,加快形成覆盖党的领导和党的建设各方面的党内法规制度体系,加强和改善对国家政权机关的领导。增强群众工作本领,创新群众工作体制机制和方式方法,推动工会、共青团、妇联等群团组织增强政治性、先进性、群众性,发挥联系群众的桥梁纽带作用,组织动员广大人民群众坚定不移跟党走。增强狠抓落实本领,坚持说实话、谋实事、出实招、求实效,把雷厉风行和久久为功有机结合起来,勇于攻坚克难,以钉钉子精神做实做细做好各项工作。增强驾驭风险本领,健全各方面风险防控机制,善于处理各种复杂矛盾,勇于战胜前进道路上的各种艰难险阻,牢牢把握工作主动权。"[1] "学习本领""政治领导本领""改革创新本领""科学发展本领""依法执政本领""群众工作本领""狠抓落实本领""驾驭风险本领"这几种本领对提高党的执政能力和领导水平具有重要的指导意义。

---

[1] 习近平:《决胜全面建成小康社会 夺取新时代中国特色社会主义伟大胜利——在中国共产党第十九次全国代表大会上的报告(2017年10月18日)》,人民出版社2017年版,第68—69页。

（三）改革开放以来党的建设经验

1. 对党所处的历史方位做出科学判断，沉着应对各种风险和考验

改革开放以来，我们党的历史方位与过去相比发生了历史性的变化，这对新时期党的建设提出了前所未有的要求。我们党深刻认识到了这种变化，对党的历史方位有了理性的认知。党的十六大报告指出："我们党历经革命、建设和改革，已经从领导人民为夺取全国政权而奋斗的党，成为领导人民掌握全国政权并长期执政的党；已经从受到外部封锁和实行计划经济条件下领导国家建设的党，成为对外开放和发展社会主义市场经济条件下领导国家建设的党。"[①] 这一科学判断，为我们党从中国和世界的历史、现状和未来着眼，准确把握时代特点和党的任务，科学制定并正确执行党的路线、方针和政策，加强党的建设，奠定了坚实的认识前提。科学判断党的历史方位，沉着应对各种风险和考验是加强党的建设的根本前提和基本依据，也是新时期党的建设的一项重要经验。

对一个马克思主义政党来说，正确认识和把握党自身所处的历史方位，是一个十分重大的问题，这是保证党的理论、路线、方针、政策和全部工作既不割断历史又不迷失方向，既不落后时代又不超越阶段，从而使我们党的事业不断从胜利走向胜利的关键。党的十六大对党的历史方位做出了科学判断，这使得我们党从执政党和改革开放、领导市场经济建设两个新的视角考虑加强和改善党的领导与党的建设问题，以成功地应对各种复杂的新情况和新挑战。

我们党从执政党的角度加强党的建设，使党的建设有了新发展。第一，我们党把推动国家发展和社会进步作为根本任务。执政之前，作为一个革命政党，它总是千方百计地谋求获得国家政权。而在掌握国家政权以后，它必须充分利用国家政权的力量，推动经济社会的发展和进步。只有如此，它才能实现、维护它所代表的阶级、阶层和社会集团的利益要求，

---

① 《十一届三中全会以来历次党代会、中央全会报告公报决议决定》，中国方正出版社 2008 年版，第 744 页。

同时，才能卓有成效地协调社会各个阶级、阶层和社会集团之间的利益矛盾，最大限度地满足社会各个阶层的利益要求。因此，执政党的根本任务，就是促进国家和社会的发展。改革开放以来，我们党对这一问题有了越来越清醒的认识，体现为党一直把发展作为执政兴国的第一要务；以是否有利于发展社会主义社会的生产力，是否有利于提高社会主义的综合国力，是否有利于提高人民的生活水平作为出发点和归宿；提出科学发展观这一重要思想等。

第二，我们党把进行社会整合作为基本职能。在政党政治的条件下，政党是其中最重要的利益表达渠道。在不执政的情况下，政党履行这个功能，往往是着眼于凝聚本阶级、阶层和社会集团的力量。而在执政后，党必须整合不同阶级、阶层、集团和群体的利益，承担推动社会发展和维持社会稳定的责任。这就要求掌握了公共权力的执政党必须充当社会整合的工具。我们党正是从这样的角度出发，提出了构建社会主义和谐社会、建设社会主义新农村等思想。这样，就把全部社会力量团结在党领导的政治体制之内，避免和减少了社会冲突与危机。

第三，我们党大力加强民主法制建设。政党执政从本质上讲，就是政党通过掌握和运用国家政权，实现对社会的有效组织和管理。这就要求执政党依法全面参与和主导国家政权体系，严格遵守宪法和法律，维护宪法和法律的权威。同时，党执政的本质就是支持人民群众当家作主，执政的地位既给党发展国家、社会和党自身的民主提供了条件，也对党提出了更高的要求。正是基于此，党提出了把坚持党的领导、支持人民群众当家作主和依法治国三者有机统一于社会主义民主政治建设之中，提出了科学执政、民主执政和依法执政的执政方式。

党从对外开放和发展社会主义市场经济条件下领导国家建设的定位出发，加强党的建设，在党的建设方面取得了一系列重大成就。

第一，我们党以世界性的战略眼界思考党的建设问题。明辨世界和平与发展的主题，坚持以经济建设为中心，明确中国特色社会主义事业"五位一体"的总体布局；吸取了苏东巨变和一些多年单独执政的大党老党失败的教训，指明了中国特色社会主义发展道路，坚定道路自信、理论自信、制度自信、文化自信，把握了党自身改革的大方面，提出"四个全面"战略布局，着力提升自我净化、自我完善、自我革新、自我提高的能力；党借鉴了国外政党建设方面某些有益的经验，巩固了党的阶级基础和群众基础；借鉴拉美等国的发展经验与教训，提出了构建和谐社会、科学发展观，保证全体人民在共建共享发展中有更多获得感，促进全体人民共同富裕等重要思想。这些都是党把握世界发展的大局，从对外开放的总视角改善党的领导和党的建设的结果。

第二，我党提出加强党的执政能力建设的战略思想。在社会主义条件下发展市场经济，对党的执政能力和领导水平是一个新的挑战和考验。随着改革的深化和社会主义市场经济的发展，我国社会的经济成分、组织形式、就业方式、利益关系日益多样化，一系列深层次的矛盾和问题已经出现。在这样一个特殊的结构性环境下，党提出进一步认识和把握社会主义市场经济的内在规律，正确处理改革、发展、稳定的关系，提出促进经济社会全面、协调、可持续发展等重大战略思想。与之相适应，党的十六大和十六届四中全会分别从领导干部执政能力和党整体的执政能力两个方面对加强党的建设做出了全面部署，成功应对了市场的新挑战。在中国特色社会主义新时代，作为"四大考验"之一的市场经济考验仍然存在，而且可能带来"精神懈怠危险、能力不足危险、脱离群众危险、消极腐败危险"，从而削弱党的执政能力。党的十九大提出"长期执政能力建设"，从加强执政能力建设到加强长期执政能力建设，对党的自身能力建设提出了更全面的要求、更严格的标准，是对执政能力建设思想的深化和发展。

第三，我们党提出了加强反腐倡廉建设的重大决策。在新的历史条件下，反腐败斗争呈现出新的特点。在对外开放的背景下，资产阶级意识形态、价值观念和生活方式，都会影响和腐蚀党员、干部的思想和行为；从计划经济体制向社会主义市场经济体制转变，也会给种种腐败以可乘之机。同时，市场经济对党的作风建设带来一些不容忽视的消极影响。针对这种情况，我们党始终对反腐倡廉建设给予了高度的关注。邓小平在改革开放初期就提出了"两手抓"的思想，随着反腐倡廉建设的不断深入，党提出：既要充分认识反腐败斗争的紧迫性，又要充分认识其长期性，坚定信心，扎实工作，旗帜鲜明、毫不动摇地把反腐败斗争深入进行下去；要坚持标本兼治、综合治理，惩防并举、注重预防，建立健全与社会主义市场经济体制相适应的教育、制度、监督并重的惩治和预防腐败体系；以解决群众反映的突出问题为重点，坚决纠正损害群众利益的不正之风；以查处发生在领导机关和领导干部中滥用权力、谋取私利的违法违纪案件为重点，严厉查处腐败分子；加强廉政法制建设，真正形成用制度规范从政行为、按制度办事、靠制度管人的有效机制，保证领导干部廉洁从政；党的十七大更是把反腐倡廉建设作为党的建设的一个方面单独提出。如此等等使我党成功应对了国内外环境变化对党提出的廉洁执政的新挑战。

第四，我们党强化了共产党人的人生价值观。共产党人的人生价值观是在马克思主义科学的世界观指导下，以建设中国特色社会主义作为价值理想和追求，以集体主义利益作为价值原则取向，以全心全意为人民服务作为价值标准，以实现人民群众共同富裕作为价值实现途径的社会主义价值观。市场经济的价值取向主要是经济价值，注重以个人的物质利益驱动人的积极性，因此，它往往容易诱发极端个人主义、享乐主义、拜金主义。共产党人能否坚持集体主义利益原则和导向，反对和防止极端个人主义、享乐主义、拜金主义的侵蚀，就成为对市场经济条件下共产党人价值观的严峻考验。新时期，党紧密围绕长期执政能力先进性、纯洁性建设这条主线，从党的建设的各个方面引导党员形成和保持正确的人生价值观。开展"三讲""保持共产党员先进性教育""群众路线教育""'三严三实'教育""两学一做教育"等活动，提出"八荣八耻"的思想要求，构建社会主义核心价值体系，积极培育和践行社会主义核心价值观等。正确引导广大党员处理好共同富裕与一部分人先富起来的关系，与无私奉献的关系，与艰苦奋斗的关系，注重经济行为与价值导向的有机统一，经济效益与社会效益的有机统一，实现市场经济与道德建设的良性互动。

"经过长期努力，中国特色社会主义进入新时代，这是我国发展新的历史方位。"① 这是新时期中国共产党对国家所处历史新方位的准确判断和科学概括。之所以做出这样的判断，一方面是因为科学地分析了新时代中国特色社会主义主要矛盾的变化，"中国特色社会主义进入新时代，我国社会主

---

① 习近平：《决胜全面建成小康社会 夺取新时代中国特色社会主义伟大胜利——在中国共产党第十九次全国代表大会上的报告（2017年10月18日）》，人民出版社2017年版，第10页。

要矛盾已经转化为人民日益增长的美好生活需要和不平衡不充分的发展之间的矛盾"[①]。另一方面,也要认识到"我国社会主要矛盾的变化,没有改变我们对我国社会主义所处历史阶段的判断,我国仍处于并将长期处于社会主义初级阶段的基本国情没有变,我国是世界最大发展中国家的国际地位没有变"[②]。"中国特色社会主义进入新时代"是一个站在历史与时代高度的新论断,是对十八大以来中国发展历史性成就和变革的深刻总结,也是对改革开放以来发展成果的历史回应和对人民向往美好生活的回应,更是对未来中国发展方向、发展目标的精准定位。"中国特色社会主义进入新时代,意味着近代以来久经磨难的中华民族迎来了从站起来、富起来到强起来的伟大飞跃,迎来了实现中华民族伟大复兴的光明前景;意味着科学社会主义在二十一世纪的中国焕发出强大生机活力,在世界上高高举起了中国特色社会主义伟大旗帜;意味着中国特色社会主义道路、理论、制度、文化不断发展,拓展了发展中国家走向现代化的途径,给世界上那些既希望加快发展又希望保持自身独立性的国家和民族提供了全新选择,为解决人类问题贡献了中国智慧和中国方案。"[③] 因此,这在中华人民共和国发展史、中华民族发展史、世界社会主义发展史、人类社会发展史上具有重大意义。

正是基于对进入中国特色社会主义新时代的判断,十八大以来逐步形成了习近平新时代中国特色社会主义思想,出台了一系列治国理政的新战略新举措,坚持"五位一体"的发展理念,推进"四个全面"战略布局的实施,以人民为中心,全面深化改革,保证人民当家作主,在发展中保障和改善民生,秉承社会主义核心价值体系等,完善了中国特色社会主义制度,推进了国家治理体系和治理能力现代化。

无论在实践上还是理论上,党的建设所取得的巨大成就都与党对自身历史定位的科学判断紧密相连,科学认识党的历史方位是新时期加强党的

[①] 习近平:《决胜全面建成小康社会 夺取新时代中国特色社会主义伟大胜利——在中国共产党第十九次全国代表大会上的报告(2017年10月18日)》,人民出版社2017年版,第11页。

[②] 习近平:《决胜全面建成小康社会 夺取新时代中国特色社会主义伟大胜利——在中国共产党第十九次全国代表大会上的报告(2017年10月18日)》,人民出版社2017年版,第12页。

[③] 习近平:《决胜全面建成小康社会 夺取新时代中国特色社会主义伟大胜利——在中国共产党第十九次全国代表大会上的报告(2017年10月18日)》,人民出版社2017年版,第10页。

建设的一条重要经验。

2. 把党的长期执政能力建设、先进性和纯洁性建设作为党的建设主线，使其渗透于党的建设各个方面

改革开放以来，我们党把党的建设统一于中国特色社会主义建设的伟大实践之中，不断总结经验，对党的长期执政能力建设、先进性和纯洁性建设形成了越来越全面和深入的认识。

党的先进性是马克思主义政党的立党之本，是建设一个什么样的党和怎样建设党的核心问题。保持党的先进性，是马克思主义政党建设永恒的主题。加强党的先进性建设，是在长期执政条件下党的一项根本建设。2006年6月，胡锦涛在庆祝中国共产党成立85周年暨总结保持共产党员先进性教育活动大会上的讲话中指出："先进性是马克思主义政党的本质属性，是马克思主义政党的生命所系、力量所在。"[1] 这深刻地揭示了先进性在马克思主义政党存在和发展中的地位，明确了党的先进性是执政党建设的核心问题，并把它作为一条党的建设的基本经验。胡锦涛指出："总结我们党85年的历史，可以得出一个基本结论，这就是：我们党之所以能够成为领导中国革命、建设、改革事业的核心力量，之所以能够承担起中国人民和中华民族的历史重托，之所以能够在剧烈变动的国际国内环境中始终立于不败之地，根本原因是我们党始终代表中国先进生产力的发展要求、代表中国先进文化的前进方向、代表中国最广大人民的根本利益，始终高度重视并不断保持和发展自己作为马克思主义政党的先进性。"[2] 我们党还提出要紧密结合贯彻落实科学发展观的实践加强党的先进性建设；要紧密结合构建社会主义和谐社会的实践加强党的先进性建设；要紧密结合加强党的执政能力建设的实践加强党的先进性建设；要紧密结合保持党同人民群众血肉联系的实践加强党的先进性建设等重大战略思想，深刻阐明了在长期执政和改革开放条件下加强党的先进性建设的重大意义、科学内涵、目标任务和实现途径等一系列重大问题，初步揭示了党的先进性建

---

[1] 胡锦涛：《在庆祝中国共产党成立85周年暨总结保持共产党员先进性教育活动大会上的讲话》，人民出版社2006年版，第10页。

[2] 胡锦涛：《在庆祝中国共产党成立85周年暨总结保持共产党员先进性教育活动大会上的讲话》，人民出版社2006年版，第4页。

设的规律，有力地推进了党的建设理论与实践的发展。

马克思主义政党的纯洁性，是指党员和党组织在思想、政治、组织、作风、行为等方面与党的性质、宗旨的一致性。"邓小平在推进改革开放过程中，十分重视党的纯洁性建设问题，形成了丰富且具有内在逻辑性的党的纯洁性建设思想。"[1] 以江泽民为总书记的第三代党的领导集体通过开展以"三讲"为主要内容的党性党风教育活动，提出"治国必先治党，治党务必从严"的方针以及"八个坚持、八个反对"的作风建设新要求，丰富发展了党的纯洁性建设理论。

一般而言，先进性是事物与其他事物相比的进步程度，纯洁性是事物自身的本质状况，只有事物本质好方可优越于他物。可见，党的纯洁性同党的先进性相辅相成、密不可分。纯洁性是先进性的前提和基础，先进性是纯洁性的体现和保证，二者在本质上是一致的。同时，应认识到"这种先进性和纯洁性，不是空洞抽象的，而是具体实在的，它们贯穿于党的性质、宗旨、任务和全部工作中，体现在各级党组织和全体党员的实际行动中；不是固定不变的，而是与时俱进、随着形势和任务的发展变化不断丰富与发展的；不是一劳永逸的，而是必须通过坚持不懈地加强党的自身建设才能保持与发展的"[2]。因而习近平总书记深刻地指出："先进性和纯洁性是马克思主义政党的本质属性，我们加强党的建设，就是要同一切弱化先进性、损害纯洁性的问题做斗争，祛病疗伤，激浊扬清。"[3] 也就是说，先进性和纯洁性建设是党的建设的核心要义。因此把先进性和纯洁性建设作为党的建设的主线，可以明确党的建设的根本出发点和落脚点，准确地体现马克思主义执政党性质的科学内涵，使党的建设有了正确和明确的方向、持久的动力和良好的效果。第一，先进性和纯洁性建设的主线使党的建设体现了方向性。中国共产党作为马克思主义政党，其先进性、纯洁性集中体现在坚持把马克思主义科学理论作为指导，坚持把实现符合人类社

---

[1] 董振平、秦宁波：《邓小平党的纯洁性建设思想体系及内在逻辑》，《毛泽东思想研究》2013年第3期。

[2] 习近平：《坚持不懈推进党的先进性和纯洁性建设——在全国创先争优理论研讨会上的讲话（2012年5月21日）》，《党建研究》2012年第6期。

[3] 习近平：《在庆祝中国共产党成立95周年大会上的讲话》，人民出版社2016年版，第22页。

会发展规律的社会主义和共产主义作为坚定信念和远大理想，坚持把立党为公、执政为民作为本质要求，坚持把民主集中制作为根本组织制度和领导制度，坚持把最广大人民群众作为根本力量源泉等主要方面。明确的方向性使党的建设从这些方面展开，不断取得新的成就。第二，先进性和纯洁性建设的主线使党的建设体现了时代性。党自身建设的动力从根本上讲，来源于时代的发展对马克思主义政党功能所提出的不断变化的要求。马克思主义政党必须不断地通过加强自身的建设来满足这种不断变化的要求，党的建设就在这个过程中获得了持久的动力。先进性和纯洁性建设的主线使党的建设的各个方面体现了与时俱进的品格。第三，先进性和纯洁性建设的主线使党的建设体现了成效性。先进性和纯洁性建设并不是具体的某一个方面的建设，而是党的建设的灵魂，渗透于党的建设的诸多方面。我们党抓住了先进性和纯洁性建设的主线，使党的思想建设、组织建设、作风建设、制度建设和反腐倡廉建设取得了许多令人满意的效果。

在新的历史条件下使党在推动历史前进中发挥自身的作用，就是保持和发展党的先进性、纯洁性。因此，加强党的执政能力建设属于党的先进性和纯洁性建设的组成部分，是党进行伟大斗争、建设伟大工程、推进伟大事业和实现伟大梦想的联结点，是党执政后的一项根本建设，加强党的先进性和纯洁性建设必须紧密联系加强党的执政能力建设的实践来进行。加强党的执政能力建设和先进性、纯洁性建设是紧密相关、相辅相成的，贯穿于党的政治建设、思想建设、组织建设、作风建设、纪律建设和制度建设之中，统一于党的建设新的伟大工程之中，执政能力建设也是党的建设的主线。

党的十七大提出"必须把党的执政能力建设和先进性建设作为主线"[1]，党的十八大提出应"牢牢把握加强党的执政能力建设、先进性和纯洁性建设这条主线"[2]，即党的十八大在党的建设主线中增加了"纯洁性"要求，这样就更全面更科学了。党的十九大立足于新时代中国特色社

---

[1] 《十一届三中全会以来历次党代会、中央全会报告公报决议决定》，中国方正出版社2008年版，第931页。

[2] 胡锦涛：《坚定不移沿着中国特色社会主义道路前进 为全面建成小康社会而奋斗——在中国共产党第十八次全国代表大会上的报告（2012年11月8日）》，人民出版社2012年版，第49—50页。

会主义和实现中华民族伟大复兴的中国梦对党的建设的要求是，"以加强党的长期执政能力建设、先进性和纯洁性建设为主线"①，在执政能力建设前面增加了"长期"两个字。从"执政"到"长期执政"，这个变化的意义重大，表明我们党不仅要执政执好政，而且要长期执政执好政，彰显了我们党的政治自信、历史担当和战略清醒。

我们党在逐步把握长期执政能力建设与先进性、纯洁性建设关系的探索中，高度重视并一以贯之地加强执政能力建设。1989年12月在中共中央举办的党建理论研究班上，江泽民就指出："我们必须强化执政意识，提高执政本领。"② 这里强调的"执政本领"实际上就是执政能力问题。2002年党的十六大报告明确提出了"加强党的执政能力建设，提高党的领导水平和执政水平"的任务。党的三代中央领导集体反复强调：我们党是执政党，党的各方面建设最终都应该体现到提高党的执政能力上来，体现到巩固党的执政地位上来；必须以"三个代表"重要思想为指导，以提高党的执政能力为重点，持之以恒地加强和改进党的思想、组织、作风和制度建设，持之以恒地加强和改善党的领导。根据这样一个思路，2004年召开的党的十六届四中全会做出《关于加强党的执政能力建设的决定》。这是我们党的历史上第一个指导全党提高执政能力的纲领性文件。该决定以非常鲜明的语言指出，执政能力建设是党执政后的一项根本建设，要以提高党的执政能力为重点全面推进党的建设这一新的伟大工程。党的十九大结合中国特色社会主义进入新时代的实际，在党的长期执政能力建设上突出"全面增强执政本领"，有针对性地提出了包括学习、政治领导、改革创新、科学发展、依法执政、群众工作、狠抓落实、驾驭风险八个方面的本领，这充分体现了我们党对共产党执政规律的深刻认识，体现了对党所处历史方位和肩负使命的科学判断和全面把握，是我们党长期探索执政党建设问题所取得的最新理论成果。

党的执政能力建设理论极大地推进了党的建设工作：第一，使党的执

---

① 习近平：《决胜全面建成小康社会 夺取新时代中国特色社会主义伟大胜利——在中国共产党第十九次全国代表大会上的报告（2017年10月18日）》，人民出版社2017年版，第62页。

② 《江泽民文选》第1卷，人民出版社2006年版，第92页。

政理论不断丰富。改革开放以来，我们党先后提出了"三步走"战略、科教兴国战略、依法治国方略、西部大开发战略、振兴东北老工业基地战略、社会主义新农村建设战略、人才强国战略、"四个全面"战略等。这些治国方略对于完成党的三大历史使命具有更大的理论与现实意义。第二，使党的执政体制不断改善。从执政能力建设出发，党提出按照党总揽全局、协调各方的原则，进一步明确党委与人大、政府、政协和监察机关、审判机关、检察机关以及人民团体的关系。围绕提高行政效率、降低行政成本、整合行政资源，继续推进行政体制改革。加强对工会、共青团和妇联等人民团体的领导，支持它们依照法律和章程独立自主地开展工作等。第三，使党的执政方式不断改进。在新的历史条件下，改革和完善党的执政方式，从根本上说就是要努力实现科学执政、民主执政、依法执政。这"三个执政"的提出，表明我们党对执政方式的认识有了新的深化和拓展，为不断创新党的执政方式指明了方向。此外，坚持执政能力建设的主线，还使我们党更能有效地利用执政资源，更能主动地适应与改善党的执政环境。

我们党坚持紧密联系党的执政能力建设的实践加强党的先进性、纯洁性建设，对于全面加强党的建设具有重大影响：第一，坚持以邓小平理论和"三个代表"重要思想为指导，全面贯彻落实科学发展观，以习近平新时代中国特色社会主义思想为指引，不断巩固全党全国各族人民团结奋斗的共同思想基础。第二，全面贯彻干部"四化"方针和德才兼备的原则，不断深化干部人事制度改革，扩大干部工作中的民主，扩大广大群众对干部工作的知情权、参与权、选择权、监督权。第三，加强对党的领导机关和党员领导干部的监督，形成监督合力，提高监督效果。第四，建立健全教育、管理、服务党员队伍的长效机制，引导广大党员牢记历史使命，在各自岗位上充分发挥先锋模范作用。第五，切实加强党的基层组织建设，以提升组织力为重点，突出政治功能，把企业、农村、机关、学校、科研院所、街道社区、社会组织等基层党组织建设成为宣传党的主张、贯彻党的决定、领导基层治理、团结动员群众、推动改革发展的坚强堡垒。第六，坚持和发展党的优良传统作风。认真贯彻群众路线教育实践活动，按照"三严三实"和"两学一做"的要求，大兴求真务实之风，密切党同人民群众的联系等。

以加强党的长期执政能力建设、先进性和纯洁性建设为主线加强党的建设，极大地推进了党的理论与实践的发展，成为加强党的建设的又一条宝贵经验。

3. 坚持解放思想、实事求是、与时俱进、求真务实，不断开拓马克思主义理论发展的新境界，用马克思主义中国化最新成果武装全党

解放思想、实事求是、与时俱进是党的思想路线恢复的结果。解放思想，就是要摆脱旧的观念、体制、做法和思维方式的束缚，就是要破除迷信。实事求是，就是要使思想认识与客观实际相符合，使主观和客观相一致，而客观实际是不断发展变化着的，这就要求人们的思想认识必须跟上这种变化。与时俱进，就是要求我们的思想认识必须随着时代、实践的发展而发展，体现时代性、把握规律性、富于创造性。

创新是我们党解放思想、实事求是、与时俱进的思想路线的应有之义，是它的基本内涵，不进行创新，我们的思想认识就不可能跟上时代和实践发展的步伐。实践没有止境，解放思想、实事求是、与时俱进没有止境，而理论创新也没有止境。改革开放以来，党的思想理论建设的历程就是一个"解放思想、实事求是、与时俱进"的历程，就是一个不断开拓马克思主义理论发展的新境界，用马克思主义中国化最新成果武装全党的历程。

党的十一届三中全会以后，以邓小平为核心的中央领导集体领导全党全国人民解放思想，破除迷信，重新确立了实事求是的思想路线。这一中央领导集体站在新的时代高度，观察、思考中国所面临的严峻形势和发展机遇，深刻总结了中华人民共和国成立以来正反两方面的历史经验，集中全党全国人民的智慧，在改革开放和社会主义现代化建设实践中继承和发展毛泽东思想，逐步形成了邓小平理论，比较系统地回答了什么是社会主义、怎样建设社会主义的历史性课题，实现了马克思主义中国化的第二次历史性飞跃。在邓小平理论的指导下，中国共产党提出以"一个中心、两个基本点"为主要内容的党在社会主义初级阶段的基本路线，开辟了建设中国特色社会主义的道路，我国的改革开放和社会主义现代化建设事业取得了举世瞩目的成就。

党的十三届四中全会以后，以江泽民为核心的中央领导集体坚持解放思想，实事求是，既继承前人又突破陈规，着眼于马克思主义理论的运用，着眼于对实际问题的理论思考，着眼于新的实践和新的发展，继续推进党的理论创新，进一步回答了什么是社会主义、怎样建设社会主义的问题，创造性地回答了建设一个什么样的党、怎样建设党的问题，创立了"三个代表"重要思想。在"三个代表"重要思想的指导下，中国共产党提出在长期执政和改革开放条件下中国共产党的执政思路，强调在新的历史条件下中国共产党只有始终代表中国先进生产力的发展要求，始终代表中国先进文化的前进方向，始终代表中国最广大人民的根本利益，才能够获得最广大人民的拥护和支持，始终立于不败之地。这为中国共产党在21世纪更好地承担党的执政使命、巩固党的执政地位指明了方向。

科学发展观是党的十六大以来以胡锦涛为总书记的中央领导集体推动马克思主义中国化不断发展的成果。党的十六大以来，我们党坚持以邓小平理论和"三个代表"重要思想为指导，在准确把握世界发展趋势、认真总结我国发展经验、深入分析我国发展阶段性特征的基础上，提出了坚持以人为本，全面、协调、可持续的科学发展观。它运用马克思主义的世界观和方法论，科学地回答了新世纪新阶段中国所面临的"为什么发展""为谁发展""靠谁发展"和"怎样发展"等一系列重大问题，全面论述了中国现代化建设的发展道路、发展模式、发展战略、发展目标和发展手段等内容，深化了对社会主义发展规律的认识，指明了实现经济社会又好又快发展的科学道路，实现了马克思主义执政理论的新飞跃。科学发展观是马克思主义关于发展的世界观和方法论的集中体现，是推进社会主义经济建设、政治建设、文化建设、社会建设全面发展必须长期坚持的指导方针。

党的十八大以来，中国社会主要矛盾发生了变化，已经转化为人民日益增长的美好生活需要和不平衡不充分发展之间的矛盾，构成了中国进入新时代的基本依据和基本动力，"必须认识到，我国社会主要矛盾的变化是关系全局的历史性变化，对党和国家工作提出了许多新要求"[1]。针对新

---

[1] 习近平：《决胜全面建成小康社会 夺取新时代中国特色社会主义伟大胜利——在中国共产党第十九次全国代表大会上的报告（2017年10月18日）》，人民出版社2017年版，第11页。

情况新问题，习近平总书记在带领全党全国各族人民探索新时代治国理政实践的过程中逐步形成了习近平新时代中国特色社会主义思想，其思想内容十分丰富，涵盖改革发展稳定、内政外交国防、治党治国治军等各个领域、各个方面，构成了一个系统完整、逻辑严密、相互贯通的思想理论体系。党的十九大报告用"八个明确"概括了这一重大思想的主要创新观点。为贯彻落实习近平新时代中国特色社会主义思想，党的十九大报告提出在新时代坚持和发展中国特色社会主义的基本方略，并概括为"十四个坚持"。这"十四个坚持"的基本方略涵盖坚持党的领导和全面从严治党，"五位一体""四个全面"战略布局，国防和军队建设、维护国家安全、"一国两制"和祖国统一、对外战略等，体现了党的基本纲领、基本经验、基本要求的内涵，是习近平新时代中国特色社会主义思想的重要组成部分。习近平新时代中国特色社会主义思想以马列主义、毛泽东思想、邓小平理论、"三个代表"重要思想、科学发展观为指导，坚持解放思想、实事求是、与时俱进、求真务实，坚持辩证唯物主义和历史唯物主义，紧密结合新的时代条件和实践要求，以全新的视野深化对共产党执政规律、社会主义建设规律、人类社会发展规律的认识，进行艰辛的理论探索所取得的重大理论创新成果，是对十八大以来我们党理论创新成果的最新概括和表述，是马克思主义中国化的最新成果，是党和人民实践经验和集体智慧的结晶，它系统地回答了"新时代坚持和发展什么样的中国特色社会主义，怎样坚持和发展中国特色社会主义""新时代实现什么样的治国理政，如何实现这样的治国理政"等重大问题，回答了新时代坚持和发展中国特色社会主义的总目标、总任务、总体布局、战略布局和发展方向、发展方式、发展动力、战略步骤、外部条件、政治保证等基本问题，并且根据新的实践对经济、政治、法治、科技、文化、教育、民生、民族、宗教、社会、生态文明、国家安全、国防和军队、"一国两制"和祖国统一、统一战线、外交、党的建设等各方面做出理论分析和政策指导，为更好地坚持和发展中国特色社会主义提供了思想武器和行动指南。

党的十七大把改革开放以来党的创新理论概括为中国特色社会主义理论体系，它是对马克思列宁主义、毛泽东思想的继承和发展，是马克思主义中国化的最新成果，是当代中国的马克思主义。这个理论体系围绕中国特色社会主义伟大事业，坚持马克思主义思想路线，立足于社会主义初级阶段这一基本国情，坚持立党为公、执政为民的根本宗旨。它提出了一系列新的重大理论观点和战略思想，赋予马克思主义理论以新的时代内涵和实践要求，进一步深化了对共产党执政规律、社会主义建设规律、人类社会发展规律的认识。这个理论体系正因为与我国国情相结合、与时代发展同进步、与人民群众共命运，因而焕发出强大的生命力、创造力、感召力。改革开放以来，在中国特色社会主义理论体系指导下，中国共产党人和中国人民以一往无前的进取精神和波澜壮阔的创新实践，谱写了中华民族自强不息、顽强奋进的壮丽史诗，中国人民的面貌、社会主义中国的面貌、中国共产党的面貌发生了历史性变化。历史已经证明，这个理论体系是我们党执政兴国、进一步发展中国特色社会主义事业最可宝贵的政治和精神财富，是全国各族人民团结奋斗的共同思想基础。

中国特色社会主义理论体系是不断发展的开放的理论体系。马克思主义作为人类认识史上的最高成果，揭示了人类社会历史发展的总规律和总趋势。但是，马克思主义并没有结束对真理的认识，而是在实践中不断开辟认识真理的道路。马克思主义在实践中产生，必然随着实践的发展而发展。在当代中国，坚持中国特色社会主义理论体系，尤其是坚持习近平新时代中国特色社会主义思想，就是真正坚持马克思主义。

改革开放以来，正是因为我们党自觉坚持解放思想、实事求是、与时俱进，不断坚持用马克思主义中国化的最新理论成果武装全党，才开创了社会主义现代化建设的新局面。当今世界和我们所处的时代同过去相比发生了许多极其深刻的变化，无论是在国际上还是在国内，我们都面临着许多新情况新问题新挑战，必须要从理论和实践上对它们做出回答并加以解决。这就要求我们必须与时俱进，注重理论创新，邓小平指出："一个党、一个国家、一个民族，如果一切从本本出发，思想僵化，迷信盛行，那它就不能前进，它的生机就停止了，就要亡党亡国。"[①] 这是对历史经验的总结，也是对今天和未来的警示。对此，胡锦涛强调指出："坚持解放思想、实事求是、与时俱进，根据新的实践继续推进马克思主义中国化。要坚持

[①] 《邓小平文选》第 2 卷，人民出版社 1994 年版，第 143 页。

把马克思主义基本原理同中国具体实际相结合，不断做出符合我国社会发展进步要求和人民群众实践需要的新的理论概括，使当代中国的马克思主义具有更加鲜明的实践特色；要扎根于中国的土壤，把马克思主义真理的力量深深熔铸在民族的生命力、创造力、凝聚力之中，使当代中国的马克思主义具有更加鲜明的民族特色；要始终走在时代前列，敏锐把握时代特征，准确反映时代要求，使当代中国的马克思主义具有更加鲜明的时代特色，从而更好地为新的历史条件下党和人民事业的发展提供科学理论指导。"[①] 习近平深入总结建党95周年的历史经验，认为"95年来，中国共产党之所以能够完成近代以来各种执政力量不可能完成的艰巨任务，就在于始终把马克思主义这一科学理论作为自己的行动指南，并坚持在实践中不断丰富和发展马克思主义。"[②] 历史实践证明，只有不断实现党的理论和路线方针政策的与时俱进，我们党才能找到实现中国人民和中华民族根本利益的正确道路和科学方法，推动党和人民的事业不断从胜利走向新的胜利。

4. 加强基层党组织建设，培养和造就适应社会主义现代化建设需要的高素质干部队伍

改革开放以来，我们党高度重视党的组织建设，尤其注重加强党的基础组织和干部队伍建设，取得了党的建设的巨大成就。

党的基层组织建设坚持因地制宜设置基层党组织；紧紧围绕党的基本路线，服从和服务于党的中心任务；既立足于经常性工作，又抓紧解决当前的突出问题；从实践中总结和形成制度，以制度推进实践；适应形势和任务的变化，不断加强和改进基层党组织自身建设，等等。

党的基层组织建设必须适应市场经济多样化、多变性和复杂性的特点，不断对党组织的活动内容和工作方式进行创新，如在农村形成"三级联创"模式等。非公有制经济党组织从规范企业的外生性力量发展成为企业的内生性组织，以政治优势促进企业健康发展；引进民主决策机制和民主管理模式，以良性机制运行保障企业持续发展；塑造员工团结协作意识

[①] 《胡锦涛在纪念红军长征胜利70周年大会上的讲话》，《人民日报》2006年10月23日。
[②] 习近平：《在庆祝中国共产党成立95周年大会上的讲话》，人民出版社2016年版，第8页。

和归属感，为企业发展提供智力支持和思想保证；协调劳资双方利益关系，塑造企业社会形象，为企业的发展营造和谐的环境。我们党更加关注新社会组织中党的建设，党的十七大报告进一步强调要加强新社会组织中党的基层组织建设，党的十七大《中国共产党章程》把原来"社会团体、社会中介组织"改用"社会组织"来表述，以涵盖包括新社会组织在内的所有社会组织。党的十八大提出"要落实党建工作责任制，强化农村、城市社区党组织建设，加大非公有制经济组织、社会组织党建工作力度，全面推进各领域基层党建工作，扩大党组织和党的工作覆盖面，充分发挥推动发展、服务群众、凝聚人心、促进和谐的作用，以党的基层组织建设带动其他各类基层组织建设"[1]。《关于加强社会组织党的建设的意见（试行）》的出台，明确社会组织中党组织的功能定位，健全社会组织中党建工作管理体制和工作机制，推进社会组织中党的组织和党的工作的有效覆盖面，拓展社会组织中党组织和党员发挥作用的途径，加大了在社会组织中建立党组织的工作力度，扩大了党的工作覆盖面，增强了党执政的群众基础和社会基础。党的十九大报告"要以提升组织力为重点，突出政治功能，把企业、农村、机关、学校、科研院所、街道社区、社会组织等基层党组织建设成为宣传党的主张、贯彻党的决定、领导基层治理、团结动员群众、推动改革发展的坚强战斗堡垒"[2]。基层组织建设的任务和目标更为明确。

党员队伍建设是党的基层组织建设的基础。党的十一届三中全会以来，我们党十分重视党员的先进性建设。1980年1月，邓小平指出："我们这个党要恢复优良的传统和作风，有一个党员要合格的问题。"[3] 十三届四中全会以来，我们党明确提出："在新的历史时期，对共产党员的模范作用应该有新的要求。切实加强和改进对党员的教育和管理，提高素质，增强党性，使党员成为坚决贯彻执行党的基本路线，献身改革开放和现代

---

[1] 胡锦涛：《坚定不移沿着中国特色社会主义道路前进 为全面建成小康社会而奋斗——在中国共产党第十八次全国代表大会上的报告（2012年11月8日）》，人民出版社2012年版，第53—54页。

[2] 习近平：《决胜全面建成小康社会 夺取新时代中国特色社会主义伟大胜利——在中国共产党第十九次全国代表大会上的报告（2017年10月18日）》，人民出版社2017年版，第65页。

[3] 《邓小平文选》第2卷，人民出版社1994年版，第269页。

化事业，诚心诚意为人民谋利益，带领群众为经济发展和社会进步做出实绩的先进分子。"① 特别提出了以"三个代表"重要思想作为新时期衡量共产党员先进性的根本标准。

以胡锦涛为总书记的党中央注重把党员队伍建设与党的先进性建设相统一，"党员是党的肌体的细胞和党的活动的主体，党员队伍的先进性是党的先进性的重要基础。加强党的先进性建设，必须始终抓好保持和发展党员队伍的先进性这个基础工程，必须始终抓住党员队伍这个主体，充分依靠全党同志共同努力。"② 在指导全党保持共产党员先进性教育活动的过程中，深刻阐述了新时期共产党员先进性的基本要求："在新的历史条件下，共产党员保持先进性，就是要自觉学习实践邓小平理论和'三个代表'重要思想，坚定共产主义理想和中国特色社会主义信念，胸怀全局、心系群众，奋发进取、开拓创新，立足岗位、无私奉献，充分发挥先锋模范作用，团结带领广大群众前进，不断为改革开放和社会主义现代化建设作出贡献。"③

党的十七大在党员队伍建设方面提出了坚持以人为本，坚持寓教育管理于服务之中的新理念，把教育引导党员履行义务与尊重和保障党员权利结合起来，把做好思想政治工作与解决党员的实际困难结合起来。同时，我们党还注重加强和改善流动党员的管理，健全保持共产党员先进性的长效机制，以马克思主义中国化的最新成果武装全党等。这些都极大地促进了队伍的先进性建设。

在新的历史时期，党员队伍建设必须有的放矢，紧跟时代社会变化发展的形势。党的十八大要求加强基层党组织带头人队伍建设，以增强党性、提高素质为重点，加强和改进党员队伍教育管理，健全党员立足岗位创先争优长效机制，推动广大党员发挥先锋模范作用。《关于加强社会组织党的建设工作的意见（试行）》从选优配强党组织书记、充实壮大党务工作者队伍、加强党务工作者教育培训、强化管理和激励等方面加强社会

---

① 《江泽民文选》第1卷，人民出版社2006年版，第249—250页。
② 胡锦涛：《在庆祝中国共产党成立85周年暨总结保持共产党员先进性教育活动大会上讲话（2006年6月30日）》，人民出版社2006年版，第16页。
③ 《保持共产党员先进性教育读本》，党建读物出版社2004年版，第110页。

组织党务工作者队伍建设。党的十九大提出注重从产业工人、青年农民、高知识群体中和非公有制经济组织、社会组织中发展党员。

改革开放以来，我们党十分注重加强党的干部队伍建设，使党的干部素质不断增强。邓小平指出："正确的政治路线要靠正确的组织路线来保证。中国的事情能不能办好，社会主义和改革开放能不能坚持，经济能不能快一点发展起来，国家能不能长治久安，从一定意义上说，关键在人。"① 党提出了干部队伍建设的"四化"方针和"人民公认""有政绩"的选人标准，废除了实际存在的领导职务终身制现象。以江泽民为核心的第三代中央领导集体提出加强领导班子建设，提出高级干部要成为治党治国的马克思主义政治家的五项要求，提出新时期合格干部应具备的五项基本素质，在全国县以上党政领导干部中开展"三讲"教育活动等，强调要按照"三个代表"重要思想的要求建设高素质干部队伍，从而保证了我国改革开放和现代化建设事业的顺利开展。以胡锦涛为总书记的党中央，从加强党的先进性建设，加强党的执政能力建设，贯彻落实科学发展观，构建社会主义和谐社会的新需要出发，对干部队伍建设做出了新判断，提出了干部队伍能力素质和作风建设的新要求，坚持推进干部人事制度改革，在全党开展"三个代表"重要思想学习教育活动和保持共产党员先进性教育活动等，强调要根据执政环境的变化建设一支善于治国理政的高素质干部队伍。胡锦涛指出："现在我国改革开放和现代化建设已经进入关键时期，要全面贯彻落实科学发展观，实现经济社会全面协调可持续发展，关键在于各级领导干部，在于不断提高他们的素质和能力。"②

"坚持和发展中国特色社会主义，关键在于建设一支政治坚定、能力过硬、作风优良、奋发有为的执政骨干队伍"③，党的十八大以来，以习近平为核心的党中央高度重视干部队伍建设，在进行具有许多新的历史特点的伟大斗争，推进党的建设新的伟大工程和中国特色社会主义伟大事业，致力于实现中华民族伟大复兴的伟大梦想过程中，对干部队伍建设提出一

---

① 《邓小平文选》第3卷，人民出版社1993年版，第380页。
② 《胡锦涛就加强干部教育培训工作的重要指示》，《人民日报》2006年3月21日。
③ 胡锦涛：《坚定不移沿着中国特色社会主义道路前进 为全面建成小康社会而奋斗——在中国共产党第十八次全国代表大会上的报告（2012年11月8日）》，人民出版社2012年版，第52页。

系列新理念新思想新战略，深化干部人事制度改革，强化干部管理监督，激发干部队伍生机活力，干部队伍建设呈现出崭新的面貌，涌现出了廖俊波、兰辉、邹碧华、杨汉军等一大批优秀干部，确保了党和国家各项事业的顺利推进。

提出好干部标准，确立正确选人用人导向。习近平总书记明确指出"好干部的标准，大的方面说就是德才兼备"，并结合时代特点鲜明地提出"信念坚定、为民服务、勤政务实、敢于担当、清正廉洁"的好干部标准，树立了好干部的时代标杆，为建设高素质专业化干部队伍提供了基本依据。坚持正确选人用人导向，匡正选人用人风气，突出政治标准，提拔重用牢固树立"四个意识"和"四个自信"、坚决维护党中央权威、全面贯彻执行党的理论和路线方针政策、忠诚干净勇于担当的干部，坚持德才兼备、以德为先，坚持五湖四海、任人唯贤，坚持事业为上、公道正派，不拘一格选人用人。

科学分类、规范管理，调动干部队伍的积极性。中共中央办公厅、国务院办公厅印发《专业技术类公务员管理规定（试行）》《行政执法类公务员管理规定（试行）》。这两个规定明确专业技术、行政执法两类职位设定，建立"四等十一级"的职务序列，明确各自晋升方式。根据两个规定及配套办法，专业技术类、行政执法类公务员将实行分类管理，开展分类录用、分类考核、分类培训，从而实现分渠道发展、精细化管理。印发《关于县以下机关建立公务员职务与职级并行制度的意见》，在全国县以下机关全面推开，是干部人事制度的一次重要调整和改革，是公务员制度的创新和完善，激发了基层公务员干事创业的激情和动力。

堵塞制度上的漏洞，完善选人用人制度机制。修订颁布《党政领导干部选拔任用工作条例》，层层落实新规定，着力打造选拔好干部的选人用人机制。《关于防止干部"带病提拔"的意见》，明确实行党委（党组）书记、纪委书记（纪检组组长）在拟提任人选廉洁自律情况结论性意见上签字制度，压实选拔任用工作责任。完善竞争性选拔，加强改进优秀年轻干部培养选拔等一系列制度、举措，强力祛除干部工作中的顽疾——唯票、唯分、唯GDP、唯年龄取人"四唯"问题。

改进考核内容和方式，健全科学的政绩考核评价体系。不以国内生产总值增长率论英雄,把有质量、有效益、可持续的经济发展和民生改善、社会和谐进步、文化建设、生态文明建设、党的建设等作为考核评价的重要内容。改进考核方式,针对不同区域、不同层次、不同类型的特点实行差异化考核。既注重考核显绩,又注重考核打基础、利长远的潜绩,注意识别和制止"形象工程""政绩工程"。坚持严管和厚爱结合、激励和约束并重,完善干部考核评价机制,建立激励机制和容错纠错机制,旗帜鲜明地为那些敢于担当、踏实做事、不谋私利的干部撑腰鼓劲。

注重年轻干部的培养选拔,优化其成长路径。中共中央出台《关于加强和改进优秀年轻干部培养选拔工作的意见》。在实践中,坚持从事业发展需要出发选拔干部,注重在基层一线和艰苦地区培养和锻炼年轻干部,实行必要台阶和递进式的培养锻炼,注重关键岗位的扎实历练;既积极培养选拔优秀年轻干部,又注重使用其他年龄段的干部,促进干部资源的优化配置,使各年龄段的干部都充满信心和希望。大力发现和储备年轻干部,源源不断地选拔使用经过实践考验的优秀年轻干部。

坚守正确的政治方向,深化教育培训机构改革。习近平总书记在全国党校工作会议上强调坚持把党校姓党全面贯穿党校工作的始终,指出"党校是教育培训干部的地方,必须自觉在思想上政治上行动上同党中央保持高度一致,而且要做得更好"[1]。要求党校增强看齐意识,严守党的政治纪律和政治规矩。这其实不只是针对党校,而是泛指一切承担意识形态传播任务的机构。坚定正确的政治方向,是新时代做好党员干部教育培训的政治前提,也是确保干部队伍应对各种挑战、增强政治本领乃至执政能力的题中应有之义。不仅如此,为了加强党对干部培训的集中统一领导,根据《深化党和国家机构改革方案》将中央党校和国家行政学院的职责予以整合,组建新的中央党校(国家行政学院),实行一个机构两块牌子,统筹谋划干部培训工作,统筹部署重大理论研究,统筹指导全国各级党校(行政学院)的工作,有利于加强新时代干部教育培训,推进干部队伍建设。

改革开放以来,我们适应新的时代发展要求,不断加强和改革基层组织和干部队伍建设,使党的事业迈上新的台阶,这成为我们加强党的建设

---

[1] 习近平:《习近平谈治国理政》第 2 卷,外文出版社 2017 年版,第 157 页。

的宝贵经验。

5. 坚持立党为公、执政为民，密切党同人民群众的血肉联系，切实推进党的作风建设

为什么人的问题，是一个根本问题。加强党的建设，首要问题是解决为谁建设的问题。只有坚持立党为公、执政为民，才能密切党同人民群众的血肉联系。进入新时期，邓小平反复强调："党离不开人民，人民也离不开党，这不是任何力量所能够改变的。"[①] 要求全党必须高度警惕和坚决克服脱离群众的危险，牢记"越是困难的时候，越要关心群众"[②]。特别提出：要把人民群众拥护不拥护、赞成不赞成、答应不答应、高兴不高兴作为我们一切工作的根本出发点和落脚点。

以江泽民为核心的第三代中央领导集体，十分注意发扬密切联系群众的作风，并不断赋予其新的时代内涵，从理论和实践的结合上发扬了这一作风。他指出："政治问题，从根本上说，就是对人民群众的态度问题和同人民群众的关系问题。"[③] 在"三个代表"重要思想中，始终代表中国最广大人民的根本利益是贯穿其中的一条主线。

以胡锦涛为代表的中央领导集体继续强调要密切联系群众，胡锦涛明确指出：相信谁，依靠谁，为了谁，是否始终站在最广大人民的立场上，是区分唯物史观和唯心史观的分水岭，也是判断马克思主义政党的试金石。我们党不仅从理论和政治的高度指明了密切党群关系的重大意义，而且把立党为公、执政为民的理论落实于党和国家制定与实施方针政策的工作中，落实于各级领导干部的思想和行动中，落实于关心群众生产生活的工作中。

以习近平总书记为核心的党中央坚持不忘初心、继续前进，坚信党的根基在人民、党的力量在人民，一切为了人民、一切依靠人民，充分发挥广大人民群众的积极性、主动性、创造性，不断把为人民造福事业推向前进。第一，把人民立场作为中国共产党的根本政治立场，是马克思主义政

---

① 《邓小平文选》第2卷，人民出版社1994年版，第266页。
② 《邓小平文选》第2卷，人民出版社1994年版，第228页。
③ 江泽民：《论党的建设》，中央文献出版社2001年版，第281页。

党区别于其他政党的显著标志；第二，把人民放在心中，坚持全心全意为人民服务的根本宗旨，把人民拥护不拥护、赞成不赞成、高兴不高兴、答应不答应作为衡量一切工作得失的根本标准；第三，带领人民创造幸福生活，坚持以人民为中心的发展思想，以保障和改善民生为重点，使改革发展成果更多更公平地惠及全体人民；第四，尊重人民主体地位，保证人民当家作主。

党的十一届三中全会以后，我国进入改革开放和社会主义现代化建设的新时期。人民的根本利益集中体现为改革阻碍生产力发展的旧体制，为发展先进生产力和先进文化创造条件，实现国家富强和人民富裕。以邓小平为核心的中央领导集体从最广大人民的根本利益出发，重新确立了解放思想、实事求是的思想路线，制定了以"一个中心、两个基本点"为主要内容的党在社会主义初级阶段的基本路线，确立"三步走"的发展战略，领导全国人民开创了建设中国特色社会主义的伟大事业。经济体制改革和各方面改革全面推进，进一步解放和发展了生产力，人民生活明显改善，我国综合国力迅速增强，国际地位显著提高。

以江泽民为核心的中央领导集体锐意进取，与时俱进，深化改革，扩大开放，初步建立起社会主义市场经济体制。不断加强社会主义民主法制建设和精神文明建设，全面推进党的建设新的伟大工程，党和国家各项事业取得辉煌成就。在发展社会主义市场经济，社会利益主体多元化的条件下，围绕人民群众最现实、最关心、最直接的利益做好工作，实现人民的愿望，满足人民的需要，维护人民的利益。

以胡锦涛为总书记的党中央，高举邓小平理论和"三个代表"重要思想的伟大旗帜，坚持以科学发展观统领经济社会发展全局，推进社会主义和谐社会建设，开创了中国特色社会主义事业的新局面。党立足于实现好、维护好、发展好最广大人民的根本利益，正确反映和兼顾不同阶层群众的利益要求，让改革、发展的成果更加公平地惠及全体人民，朝着共同富裕的方向稳步前进。党要求广大党员干部坚持权为民所用、情为民所系、利为民所谋，始终与人民群众同呼吸、共命运、心连心，关心群众特别是关心困难群众的疾苦，为最广大群众特别是为困难群众谋利益；切实把立党为公、执政为民的要求具体地落实到各项工作中去，把人民的意志和愿望变成实实在在的物质和精神成果，真正使各项工作都经得起历史和人民的检验。

以习近平总书记为核心的党中央，以新时代中国特色社会主义思想为指引，着力解决人民日益增长的美好生活需要和不平衡不充分发展之间的矛盾，大力提升发展的质量和效益，更好地满足人民在经济、政治、文化、社会、生态等方面日益增长的需要。以人民为中心，坚持人民主体地位，立党为公、执政为民，践行全心全意为人民服务的根本宗旨，把党的群众路线贯彻到治国理政全部活动之中，把人民对美好生活的向往作为奋斗目标，依靠人民创造历史伟业；坚持人民当家作主，发展社会主义协商民主，健全民主制度，丰富民主形式，拓宽民主渠道，保证人民当家作主落实到国家政治生活和社会生活之中；坚持在发展中保障和改善民生，多谋民生之利，多解民生之忧，在发展中补齐民生短板，促进社会公平正义，保证全体人民在共建共享发展中有更多获得感，不断促进人的全面发展、全体人民共同富裕。

围绕党群关系问题，党中央对加强党风，尤其是干部作风提出全面要求。2007年1月9日，胡锦涛在中央纪律检查委员会第七次全体会议上的讲话中指出："在工作中，要在各级领导干部中大力倡导以下八个方面的良好风气。一是要勤奋学习、学以致用，牢固树立终身学习的思想，坚持理论联系实际的马克思主义学风，努力在建设学习型政党和学习型社会中走在前列，把学习的体会和成果转化为全面建设小康社会、构建社会主义和谐社会的能力，转化为推动党的执政能力建设和先进性建设的能力。二是要心系群众、服务人民，牢固树立马克思主义的群众观点，始终坚持党的群众路线，时刻摆正自己和人民群众的位置，在思想感情上贴近人民群众，下大力气解决好群众反映的突出问题，下大力气做好关心困难群众生产生活的工作，多办顺应民意、化解民忧、为民谋利的实事。三是要真抓实干、务求实效，发扬求真务实精神、大兴求真务实之风，增强工作的责任感和紧迫感，一步一个脚印地把我们的事业推向前进，使各项政绩真正经得起实践、群众、历史检验。四是要艰苦奋斗、勤俭节约，牢记'两个务必'，带头发扬艰苦奋斗、勤俭节约的精神，带头反对铺张浪费和大手大脚，带头抵制拜金主义、享乐主义和奢靡之风，在各项工作中都要贯彻勤俭节约原则，真正把有限的资金和资源用在刀刃上。五是顾全大局、令行禁止，自觉维护中央权威和中央大政方针的统一性和严肃性，确保党的理论和路线方针政策的贯彻落实，确保党和国家工作部署的贯彻落实，同时善于把中央精神与地方和部门实际结合起来，创造性地开展工作。六是发扬民主、团结共事，严格执行民主集中制的各项制度规定，自觉接受党组织、党员和群众的监督，共同推动形成心齐气顺、风正劲足的局面。七是要秉公用权、廉洁从政，自觉遵守党的纪律和国家的法律法规，严格执行领导干部廉洁从政的各项规定。八是要生活正派、情趣健康，讲操守，重品行，注重培养健康的生活情趣，保持高尚的精神追求。"① 胡锦涛提出各级领导干部一定要在学习、工作和生活中，认真学习和践行"八个方面的良好风气"，努力促进整个干部队伍作风的转变，树立为民、务实、清廉的良好形象，以党风促政风，以政风带民风，从而凝聚党心，振奋民心，团结带领广大党员和人民群众为中国特色社会主义事业而奋斗。其中，党中央尤其突出强调要保持艰苦奋斗和求真务实的作风。

"八个方面的良好风气"是对我党"三大作风""两个务必""八个坚持、八个反对"等一系列优良传统作风的继承和发展，体现了党风廉政建设一脉相承和与时俱进的创新精神。"八个方面的良好风气"从思想作风、学风、工作作风、领导作风、生活作风等方面，对领导干部的作风建设做出了全新的概括，提出了全方位的具体要求，对于推动全党进一步贯彻落实科学发展观，构建社会主义和谐社会，加强党的执政能力建设和先进性建设，深入开展反腐倡廉工作，具有重大的现实意义和深远的历史意义。

以习近平总书记为核心的党中央深知作风问题的实质是党和人民群众的关系，习近平在 2012 年 11 月 15 日十八届一中全会上指出："党的作风关系党的形象，关系人心向背，关系党的生死存亡。"不仅把作风建设作为党中央的一项极其重要的任务来抓，而且将其作为夯实党的执政基础的切入点，要求系统地开展党的作风建设。

中共中央政治局审议通过的《十八届中央政治局关于改进工作作风、

---

① 《胡锦涛在中央纪律检查委员会第七次全体会议上发表重要讲话》，《人民日报》2007 年 1 月 10 日。

密切联系群众的八项规定》，从工作、生活细节入手，规范各级领导干部的行为，树立良好的形象，打响了新一届中央领导集体加强作风建设的第一枪。随后，中共中央印发《关于在全党深入开展党的群众路线教育实践活动的意见》，以为民务实清廉为内容，集中整治形式主义、官僚主义、享乐主义、奢靡之风这"四风"。2014年，习近平总书记倡导各级领导干部树立和发扬"三严三实"的作风："既严以修身、严以用权、严于律己，又谋事要实、创业要实、做人要实"。严以修身，就是要加强党性修养，坚定理想信念，提升道德境界，追求高尚情操，自觉远离低级趣味，自觉抵制歪风邪气。严以用权，就是要坚持用权为民，按规则、按制度行使权力，把权力关进制度的笼子里，任何时候都不搞特权、不以权谋私。严于律己，就是要心存敬畏、手握戒尺，慎独慎微、勤于自省，遵守党纪国法，做到为政清廉。谋事要实，就是要从实际出发谋划事业和工作，使点子、政策、方案符合实际情况、符合客观规律、符合科学精神，不好高骛远，不脱离实际。创业要实，就是要脚踏实地、真抓实干，敢于担当责任，勇于直面矛盾，善于解决问题，努力创造经得起实践、人民、历史检验的实绩。做人要实，就是要对党、对组织、对人民、对同志忠诚老实，做老实人、说老实话、干老实事，襟怀坦白，公道正派。"三严三实"的要求，把握了党员干部做人从政的根本，确立了干事创业的准则，圈定了为官律己的红线，是中央对党员领导干部作风建设提出的新要求，为干部加强修养、改进作风、健康成长指明了方向，切中了作风之弊，抓住了作风建设的关键。不仅如此，习近平总书记提出"作风建设永远在路上"的论断，表明作风建设不是一朝一夕可以完成的，必须持之以恒、久久为功，以踏石留印、抓铁有痕的姿态推进作风建设。除此之外，深入开展党风廉政建设和反腐败斗争，"核心问题是党要始终紧紧依靠人民，始终保持同人民群众的血肉联系，一刻也不能脱离群众"①。中共中央印发《建立健全惩治和预防腐败体系2013—2017年工作规划》，成为党风廉政建设和反腐败工作的指导性文件，坚持"老虎苍蝇一起拍"，取得了举世瞩目的成绩，赢得了人民的高度信任，密切了党群关系。

---

① 习近平：《习近平谈治国理政》，外文出版社2014年版，第391页。

历史表明，只有人民才是我们党全部工作价值的最高裁决者。党的根基在人民，血脉在人民，力量在人民。党和国家的一切工作和方针政策，都要以是否符合最广大人民群众的根本利益为最高标准，充分发挥人民群众的积极性、主动性和创造性，在不断推进改革、发展、稳定的基础上，让人民群众不断获得切实的利益。只有实现好最广大人民群众的根本利益，党才能得到人民的认可和信任，才能永远立于不败之地。

6. 坚持党要管党、从严治党，进一步增强拒腐防变能力，保证党的先进性和纯洁性

党要管党、从严治党是我们党一贯坚持的治党方针，它突出体现于反腐倡廉建设之中。改革开放后，针对腐败现象较多、来势较猛的情况，我们党从客观实际出发，抓主要矛盾和矛盾的主要方面，坚决遏制腐败现象滋生蔓延的势头。随着反腐败斗争的深入，我们党在不放松治标力度的同时，坚持标本兼治，逐步加大治本力度，党的十五大明确提出要实行"党委统一领导，党政齐抓共管，纪委组织协调，部门各负其责，依靠群众的支持和参与"的反腐败领导体制和工作机制，推动反腐败斗争的深入开展。

以胡锦涛为核心的党中央，从加强党的先进性建设和执政能力建设的高度，充分阐释了反腐倡廉建设的重大意义。《中共中央关于构建社会主义和谐社会若干重大问题的决定》指出："反腐倡廉是加强党的执政能力建设和先进性建设的重大任务，也是维护社会公平正义和促进社会和谐的紧迫任务。"[1] 胡锦涛强调指出："要深刻认识反腐倡廉工作的长期性、复杂性、艰巨性，把反腐倡廉工作作为加强党的先进性建设的重大战略任务，持之以恒地抓紧抓好，一刻都不能放松。"[2]

同时，党中央从中国社会发展的时代视角对反腐倡廉建设做出了完整的谋划，成功推进了反腐倡廉建设。这集中体现于2005年1月《建立健全教育、制度、监督并重的惩治和预防腐败体系实施纲要》的颁布和实施。该实施纲要第一次比较系统地提出了构建惩治和预防腐败体系的指导

---

[1] 《中共中央关于构建社会主义和谐社会若干重大问题的决定》（2006年10月18日中国共产党第十六届中央委员会第六次全体会议通过），人民出版社2006年版，第38页。

[2] 胡锦涛：《在庆祝中国共产党成立85周年暨总结保持共产党员先进性教育活动大会上的讲话》，人民出版社2006年版，第24页。

思想、主要目标、工作任务和基本要求。这是我们党对反腐倡廉工作实践经验的科学总结,是对党的反腐倡廉理论的丰富和发展,也是执政党党风廉政建设和反腐倡廉史上的重大创举。

党的十八大提出"要坚持中国特色社会主义反腐倡廉道路,坚持标本兼治、综合治理、惩防并举、注重预防方针,全面推进惩治和预防腐败体系建设,做到干部清正、政府清廉、政治清明"[①]。党的十八大以来,在以习近平总书记为核心的党中央的坚强领导下,推进全面从严治党,深入开展党风廉政建设和反腐败斗争,举措得力,方法科学,步骤缜密,力度空前,增强了党的自我净化、自我完善、自我革新、自我提高的能力。

从源头上规范权力行使,强化对权力的制约与监督。习近平指出,反腐败"关键是要健全权力运行制约和监督体系"。腐败的根源在于无视公共权力的边界,滥用公共权力,公权私用,实施权力寻租。因此,从根本上说,应当围绕公共权力的制约与监督来设计制度、形式和手段,从而最大限度地遏制公共权力的扩张与冲动。所以,中国特色的反腐倡廉之路应该在改革和创新权力体制、调整权力结构、构建新的权力架构上下功夫,建立起结构合理、配置科学、程序严密、制约有效的权力运行机制。基于中国的现实具体语境,其核心是使行政权一分为三,即保持决策权、执行权、监督权的适度分离。党的十八大在坚持决策权、执行权、监督权既相互制约又相互协调的目标定位基础上,更加强调了权力行使的法制规范和程序。十八届三中全会则进一步明确了构建决策科学、执行坚决、监督有力的权力运行、制约和监督体系。

提高制度执行力,完善反腐倡廉的法规体系。十八届三中全会提出了推进国家治理体系与治理能力现代化的改革总目标,其实质是国家制度和制度执行能力的集中体现,也意味着治理腐败必须法治化,只有以制度约束权力主体、权力内容,并提升其执行力,才能不断提高反腐倡廉科学化水平。习近平多次强调,不仅要完善反腐倡廉党内法规制度体系,而且要提高反腐败法律制度执行力,让法律制度刚性运行,形成不敢腐

---

① 胡锦涛:《坚定不移沿着中国特色社会主义道路前进 为全面建成小康社会而奋斗——在中国共产党第十八次全国代表大会上的报告(2012年11月8日)》,人民出版社2012年版,第54页。

的惩戒机制、不能腐的防范机制、不易腐的保障机制。十八届三中全会还强调要健全反腐倡廉法规制度体系，完善惩治和预防腐败、防控廉政风险、防止利益冲突、领导干部报告个人有关事项、任职回避等方面的法律法规，推行新提任领导干部有关事项公开试点等。十八大以来，党中央先后出台了《关于进一步规范党政领导干部在企业兼职（任职）问题的意见》《关于加强干部选拔任用工作监督的意见》《党政机关厉行节约反对浪费条例》《党政机关国内公务接待管理规定》《严禁干部用公款互相宴请、赠送节礼、违规消费》等一系列有关廉洁从政的党内法规以及领导干部财产收入公示制度、领导干部个人重大事项报告制度、问责制度等一系列廉政监督制度，完善了公开、监督、质询、罢免等制度，逐步形成内容科学、程序严密、配套完备、有效管用的反腐倡廉法规制度体系，有效约束了权力行使。

理顺党内纪检体制，深化机构改革。健全反腐败领导体制与工作机制，是中国特色反腐倡廉建设取得成效的关键所在。长期以来，我国逐步形成了党委统一领导、党政齐抓共管、纪委组织协调、部门各负其责、依靠群众支持和参与的领导体制和工作机制，成为加强党的领导、发挥党的政治优势、形成反腐倡廉合力的有效机制和反腐倡廉建设的组织基础，但仍存在职责不明、形不成合力等问题，需要进一步理顺各反腐败机构之间的关系，改进运行机制，明确职责分工，完善治理腐败的责任体系，促进治理主体之间的功能耦合。十八届三中全会提出改革党的纪律检查体制，健全反腐败领导体制和工作机制。加强党对党风廉政建设和反腐败工作的统一领导，明确党委负主体责任、纪委负监督责任，制定实施切实可行的责任追究制度；改革和完善各级反腐败协调小组职能，查办腐败案件以上级纪委领导为主；强化上级纪委对下级纪委的领导，线索处置和案件查办在向同级党委报告的同时必须向上级纪委报告；全面落实中央纪委向中央一级党和国家机关派驻纪检机构，改进中央和省区市巡视制度，做到对地方、部门、企事业单位无禁区、全覆盖、零容忍。与此同时，深化机构改革，在国家机构中设立各级监察委员会，由各级人民代表大会选举产生并对其负责，纪检机关与监察合署办公，机构权威性空前提高，实现了对所有公权力的监察监督，形成了有效的监督合力和震慑力。

推进作风建设，助力反腐倡廉。十八大以来，我们党相继开展了群众路线教育实践活动、"三严三实"专题教育、"两学一做"学习教育等，从领导干部向普通党员延伸、从阶段性教育向制度化常态化转变，使党风明显好转，推动了反腐倡廉建设，保持了党员队伍的先进性和纯洁性。开展党的群众路线教育实践活动，以为民务实清廉为主要内容，是我们党在新形势下坚持党要管党、从严治党的重大决策，是顺应群众期盼、加强学习型服务型创新型马克思主义执政党建设的重大部署，是推进中国特色社会主义的重大举措，对保持党的先进性和纯洁性，巩固党的执政基础和执政地位，对全面建成小康社会，具有重大而深远的意义。"三严三实"专题教育是群众路线教育实践活动的延展和深化，"三严三实"是共产党员的修身之道、言行之则、成功之方和党员干部开创事业发展新局面的保证，体现了共产党人的价值观，事关党的前途和命运。[①]"严以修身、严以用权、严于律己"既体现了中华民族的传统美德，又是现代政治文明的必然要求，"谋事要实、创业要实、做人要实"，既是做人的起码准则和价值观体现，又是干事创业的基本要求和应有态度，"三严三实"教育抓住了党员干部作风建设的核心，有利于推动党风廉政建设和反腐败斗争。"两学一做"即"学党章党规、学系列讲话，做合格党员"，是推动党内教育从"关键少数"向广大党员拓展，从集中性教育向经常性教育延伸的重要举措，要求共产党员增强政治意识、大局意识、核心意识和看齐意识，自觉在思想上政治上行动上同党中央保持高度一致；时时处处践行全心全意为人民服务的宗旨，时时处处严格遵守党的纪律和党的规矩，随后，中共中央印发《关于推进"两学一做"学习教育常态化制度化的意见》，将这一学习教育常态化制度化，有利于党员增强党性修养，提升政治觉悟，有力推进了党风廉政建设。

改革开放以来，党坚持"党要管党、从严治党"的方针，与时俱进地推进反腐倡廉建设，使党风政风更加端正，体现了党的先进性，巩固了党的执政基础，这也成为党的建设的一条宝贵经验。

[①] 王伟光：《把"三严三实"作为终身追求》，《人民日报》2017年6月23日。

7. 健全民主集中制，发展党内民主，增强全党的团结统一

十一届三中全会是党内民主发展的一个转折点。全会决定"健全党的民主集中制，健全党规，严肃党纪"，这对于恢复党内民主和民主集中制，克服个人专断，把领导人置于党规党纪的约束之下，以及加强党的整个自身建设有着重要意义。

十一届三中全会后，党内民主建设继续发展，并取得了重大的进步。1980年2月党的十一届五中全会通过了《关于党内政治生活的若干准则》。该准则重申了以民主集中制等为主要内容的党内政治生活原则，明确规定要坚持集体领导，实行少数服从多数，反对个人专断；维护党的集中统一，严格遵守党的纪律；充分发扬党内民主，保障党员的权利不受侵犯；选举要充分体现选举人的意志；领导干部要接受党和群众的监督，不准搞特权等。该准则的制定和贯彻，对恢复党内正常的政治生活和发展党内民主、健全民主集中制具有重要的意义。

党的十二大修订的《中国共产党章程》对中共中央的组织制度做了重要的改变，规定党中央只设总书记，不再设主席、副主席。总书记是中央政治局常务委员会的成员之一，负责召集政治局会议，召集政治局常务委员会会议，主持中央书记处的工作。此外，十二大修订的《中国共产党章程》还规定了党的各级委员会实行集体领导和个人分工负责相结合的制度，禁止任何形式的个人崇拜，要保证党的领导人的活动处于党和人民的监督之下，同时维护一切代表党和人民利益的领导人的威信。对于党员个人的民主权利规定得就更为详细了。这些规定有利于保证党的集体领导和团结统一，使党内的民主生活有了更为严格的保证。

针对干部选拔任用工作所存在的突出问题，中共中央在1986年1月发出《关于严格按照党的原则选拔任用干部的通知》。该通知明确规定：领导干部必须在用人方面模范地遵守党的原则，维护组织人事工作纪律；选拔任用领导干部必须严格按照规定的程序办事；选拔任用干部必须充分走群众路线；决定提拔干部前，必须按拟任职务所要求的德才条件进行严格考察；选拔干部必须由党委集体讨论决定，不准个人说了算，等等。

党的十三大报告专门突出地讲了加强党内民主制度建设问题，规定了

四个方面的重大措施：一是健全党的集体领导制度。二是改革和完善党内选举制度。三是切实保障党章规定的党员民主权利。四是疏通党的民主渠道和健全民主生活。十三大还提出以党内民主推进人民民主，并把它作为社会主义民主政治建设的一个途径。这些措施和思路对于党的正治路线的巩固和发展，对于党的决策民主化和科学化，对于充分发挥各级党组织的积极性、创造性，推进国家的生活民主化，发挥了重大作用，党内民主也由此迈上了一个新水平。

以江泽民为核心的党的第三代中央领导集体，继往开来，高度重视党内民主建设工作，在实践中不断推进党内民主的发展，党内民主制度建设有了明显进步。

第一，党内民主建设受到高度重视。江泽民在十三届五中全会上指出：在现代化建设和改革开放的过程中，必须充分发扬党内民主，坚持和健全民主集中制。党的十四大报告提出：通过加强制度建设，疏通和拓宽党内民主渠道，支持和保护党员依据党章所规定的权利发表意见，加强党的纪律和纪律检查工作等来加强党内民主。十四届四中全会提出，必须进一步坚持和健全民主集中制，特别要注重制度建设，以完备的制度保障党内民主。"三个代表"重要思想是新的历史时期发展党内民主的指导思想。党的第十五届六中全会通过的《中共中央关于加强和改进党的作风的决定》强调，"坚持民主集中制原则，反对独断专行、软弱涣散"，把"充分发扬民主，维护集中统一"作为加强和改进党的作风建设的重要环节和党的事业兴旺发达的重要保证。

第二，在实践中不断推进党内民主的发展。以"讲学习、讲政治、讲正气"为主要内容的党性党风教育，通过开展批评和自我批评，发扬党内民主，解决领导干部中所存在的党性党风问题，取得了一定的成效。在总结实践经验的基础上，江泽民提出，党委要发挥"总揽全局，协调各方"的领导核心作用；按照"集体领导、民主集中、个别酝酿、会议决定"的原则，进一步完善党委内部的议事和决策机制。

第三，党内民主的制度建设有了明显进展。中央和有关部门在总结党的建设经验和集中各方面智慧的基础上，相继制定并颁发了一系列制度和规定，包括《中国共产党地方组织选举工作条例》《党政领导干部选拔任用工作暂行条例》《关于对违反〈党政领导干部选拔任用工作暂行条例〉行为的处理规定》《关于加强和完善县（市）党委、政府领导班子工作实绩考核的通知》《实行党和国家机关领导干部交流制度的决定》，等等，使党政领导干部管理工作走上了规范化、制度化的轨道；《关于县以上党和国家机关党员领导干部民主生活会的若干规定》，对民主生活会的要求、基本内容、程序等做了具体明确的规定。《中国共产党党员权利保障条例（试行）》成为我党历史上保障党员权利的第一个专项法规。

党的第三代领导集体在总结党内民主建设经验的基础上，明确提出了党内民主建设的基本思路："要以保障党员民主权利为基础，以完善党的代表大会制度和党的委员会制度为重点，从改革体制机制入手，建立健全充分反映党员和党组织意愿的党内民主制度。"[1]

党内民主制度建设进一步加强。在干部选拔方面，2004年，中共中央组织部制定了《公开选拔党政领导干部工作暂行规定》《党政机关竞争上岗工作暂行规定》；在党员权利保障方面，建立中央政治局常委会向中央委员会报告工作制度，中央重大决策征求意见制度，党内重要文件通报制度；继续试行和推广党的代表大会常任制；在党内民主途径方面，深化党代会常任制改革，健全和完善党的委员会制度，等等。

党的十七大提出了"加强党内民主建设""尊重党员主体地位"的重大命题，明确试行县级党代会常任制改革，规定了党代表常任制等。党内民主建设受到前所未有的重视，党内民主机制空前完善。

党的十八大强调"积极发展党内民主，增强党的创造活力"[2]，坚持民主集中制，健全党内民主制度体系，以党内民主带动人民民主。保障党员主体地位，健全党员民主权利保障制度，开展批评与自我批评，营造党内民主平等的同志关系、民主讨论的政治氛围、民主监督的制度环境，落实党员知情权、参与权、选举权、监督权。完善党的代表大会制度，提高工人、农民代表比例，落实和完善党的代表大会代表任期制，试行乡镇党

---

[1]《十一届三中全会以来历次党代会、中央全会报告公报决议决定》，中国方正出版社2008年版，第764页。

[2] 胡锦涛：《坚定不移沿着中国特色社会主义道路前进 为全面建成小康社会而奋斗——在中国共产党第十八次全国代表大会上的报告（2012年11月8日）》，人民出版社2012年版，第51页。

代会年会制，深化县（市、区）党代会常任制试点，试行党代会代表提案制。完善党内选举制度，规范差额提名、差额选举，形成充分体现选举人意志的程序和环境。强化全委会决策和监督作用，完善常委会议事规则和决策程序，完善地方党委讨论决定重大问题和任用重要干部票决制。扩大党内基层民主，完善党员定期评议基层党组织领导班子等制度，推行党员旁听基层党委会议、党代会代表列席同级党委有关会议等做法，增强党内生活的原则性和透明度。党的十九大提出"完善和落实民主集中制的各项制度，坚持民主基础上的集中和集中指导下的民主相结合，既充分发扬民主，又善于集中统一"①。

改革开放以来，党内民主得到不断发展，党员民主权利得到越来越充分的保障，党员主体地位不断巩固。第一，增强党内事务的透明度，保障党员的知情权。我们党注重从制度上保障党员的知情权，规范完善党务公开，把党员知情权落实到行为层面，落实到党内的政治生活之中，这使广大党员可以充分了解上级组织和领导的工作，增强对党内事务的了解。第二，拓宽参与党内事务的渠道，维护党员的参与权。我们党采取多种形式、多种途径让党员参与党内事务，使党员在更深程度和更广范围内参与党内选举、决策、管理、监督。第三，改进党内选举制度，落实党员的选举权。通过改革和完善党内选举制度，进一步完善民主推荐、民主评议、民意测验制度，推行考察预告、差额考察、考察结果通报制度和考察前公示、任前公示等制度，通过不断扩大干部工作中的民主，防止个人说了算和用人上的不正之风。第四，积极拓展监督渠道，维护党员的监督权。《中国共产党党内监督条例》的实施，有效解决了下级监督上级难、普通党员监督党员领导干部难、领导班子成员监督一把手难的问题，把纵向与横向监督、组织与个人监督、事前事中事后监督融为一体，创造了全新的监督格局，构建了严密的党内监督体系，更好地维护了党的团结统一。

党员权利更为充分的实现，从根本上激发了党的生命力，为全面开创党的建设的新局面奠定了基础。改革开放以来，党内民主制度和机制的不

---

① 习近平：《决胜全面建成小康社会 夺取新时代中国特色社会主义伟大胜利——在中国共产党第十九次全国代表大会上的报告（2017年10月18日）》，人民出版社2017年版，第62—63页。

断完善，使全党的积极性、主动性、创造性得以充分发展，保障了党的生机与活力，维护了党的团结统一。这不能不成为新时期党的建设的一条成功经验。

8. 积极借鉴世界上其他政党执政的经验与教训，不断扩展党执政的战略视野

加强党的建设，尤其是执政党的建设，不仅要重视其执政经验，而且要重视研究和借鉴世界上其他政党的执政经验。改革开放后，我们党对这一问题的认识不断深化，形成了成熟的认识。胡锦涛指出："我国的历史文化、社会制度、发展水平与其他国家不同，对世界上其他政党的一些做法和措施，我们不能照抄照搬。但对它们在治国理政方面的有益做法，我们要研究和借鉴，以开阔眼界，打开思路，更好地从世界政治经济发展的大格局中把握党的执政能力建设的规律。"[①] 习近平在中英政党对话十周年贺信中指出，希望两国政党、政治家加强交流，增进互信，探索建立相互尊重、互学互鉴的新型政党关系，即包含了借鉴别国政党建设经验以促进自身发展之意。

从世界范围来看，政党执政的环境发生了前所未有的巨大变化。在经济全球化和综合国力的激烈竞争中，各国执政党都面临着如何顺应时代发展潮流，提高执政能力，巩固执政地位的问题。20世纪80年代末90年代初以来，世界上一些执政几十年的大党、老党，包括苏联、东欧国家的共产党，南斯拉夫联盟社会党，墨西哥革命制度党、日本自民党、印尼专业集团等先后丧失执政地位。不可否认，苏共、墨西哥革命制度党、日本自民党、印度国大党、印尼专业集团和我国台湾地区的国民党，在它们长达几十年的执政史上都创造过辉煌的业绩，因此得到了本国和地区人民的拥护和支持，拥有稳定的民众基础。从支持率上看，墨西哥革命制度党在1982年以前的历次大选中，它的得票率均超过70%；印尼专业集团赢得了自1971年大选以来连续5次大选的胜利，每次得票率均超过60%，在1992年的大选中，曾获得68%的选票；日本自民党也是在多党竞争性体制下，保持了自1955年以来一党独掌政权38年的纪录。然而，当历史进

[①] 《胡锦涛在中央政治局第14次集体学习时的讲话》，《人民日报》2004年7月1日。

入 20 世纪 80 年代后，这些政党开始走下坡路，民众基础发生动摇，民众支持率下降，直至失去政权。像得票率一直没有低于 70% 的墨西哥革命制度党在 1988 年大选中只得了 50.36% 的选票；在 2000 年的大选中得票率低于 40%，失去执政地位。苏共虽然没有得票率显示其民众基础，但是，党群关系的紧张和苏共下台时民众的反应，也深刻地说明苏共的下台归根到底是失去了民众的支持。这些执政党衰败的事实令人警醒，发人深思。以胡锦涛为代表的第四代中央领导集体提出加强党的执政能力建设，不但系统地总结了我们党近 70 年执政的主要经验，而且借鉴了国外执政党治国理政的有益做法，特别是深刻地汲取了世界上一些执政党兴衰成败的经验教训。十六届四中全会决定指出："党的执政地位不是与生俱来的，也不是一劳永逸的。我们必须居安思危，增强忧患意识，深刻汲取世界上一些执政党兴衰成败的经验教训，更加自觉地加强执政能力建设，始终为人民执好政、掌好权。"[①] 注意总结和借鉴国外政党建设的经验，使我们推进党的建设的视野更加开阔，更有利于认识和把握党的建设规律。

党的十八大以来，习近平总书记更加注意从世界形势变化的恢弘视野中认识党自身的建设状况，"与国内外形势发展变化相比，与党所承担的历史任务相比，党的领导水平和执政水平、党组织建设状况和党员干部素质、能力、作风都有不小差距"[②]，因而要求不断提高党的领导水平和执政水平，提高拒腐防变和抵御风险的能力，使我们党在世界形势发生深刻变化的历史进程中始终走在时代前列。同时，注意加强同世界上其他政党之间的交流，展开对话合作。习近平在出席中国共产党与世界政党高层对话会开幕式上的主旨讲话中指出，不同国家的政党应该增进互信、加强沟通、密切协作，探索在新型国际关系的基础上建立求同存异、相互尊重、互学互鉴的新型政党关系，搭建多种形式、多种层次的国际政党交流合作网络，汇聚构建人类命运共同体的强大力量。中国共产党历来强调采取世界眼光，积极学习借鉴世界各国人民创造的文明成果，并结合中国实际加

---

① 《十一届二中全会以来历次党代会、中央全会报告公报决议决定》，中国方正出版社 2008 年版，第 845 页。

② 习近平：《习近平谈治国理政》，外文出版社 2014 年版，第 15 页。

以运用。

总结世界各国执政党的兴衰成败经验，着眼外部世界的深刻变化，我们党更加自觉地从以下几个方面加强党的建设。

第一，保持指导思想的与时俱进。指导思想是党的行动指南，是凝聚党心、赢得民心的旗帜。面对急剧变化的社会现实，能否把握形势发展的特点，积极推进理论创新，制定符合实际的理论纲领，事关执政党的前途命运。苏共执政长达74年，长期以来故步自封，思想理论僵化教条，严重脱离了本国实际。"它把马克思主义理论作为一种教条和'圣经'来对待，用理论去演绎生活，而不是用实践去丰富理论。"[①] 如在如何估计本国社会发展程度，如何制定党的内外政策方面，往往犯有理想主义、浪漫主义和冒进主义错误。后来戈尔巴乔夫提出"新思维"，苏共在思想理论方面又走向另一个极端，以"人道的、民主的社会主义"取代马克思列宁主义，否定社会主义历史成就，接受西方价值观，盲目地推行"民主化""公开性"，造成了思想理论的极大混乱和政治、经济、社会的全面失控，结果使党丧失了先进性、纯洁性和民众基础。

第二，在发展中保障和改善民生，关注社会公平。经济发展缓慢或忽视社会公平，群众生活长期得不到显著改善，就会动摇党执政的社会基础。苏联在"二战"前综合国力迅速增强，成为仅次于美国的世界强国，东欧各国也取得了相当大的经济和社会进步。但是，后来偏重于重工业和军事工业、经济体制僵化的"苏联模式"使其经济结构严重畸形。1990年，苏联每卢布货币只有12戈比的商品保证，1200种主要消费品中有1150种短缺。人民群众进一步失去了信心。同时，如果只注重经济增长，忽视社会公平，也会出现丧失执政地位的危险。如印度人民党执政8年来，GDP年均增长达6%，领导经济改革的能力是很不错的。然而，社会贫富差距过大，80%的广大民众并未得到经济发展的实惠，3.5亿人依然生活在贫困线以下。结果使人民党政府丧失人心，在2004年的大选中遭到失败。印度国大党之所以获胜，是因为它高举社会公正的旗帜，提出

[①] 杨春贵、郭德宏、杨信礼主编：《中国共产党历史经验的哲学反思》，中共中央党校出版社2004年版，第462页。

"改善民生"和解决贫困化的口号,展示出国大党"面向穷人"的形象,进而获得农村选民的支持。墨西哥革命制度党连续执政71年,在2000年倒台,这也与其未能很好地处理社会公平、解决贫富分化问题有一定的关系。

第三,发展党内民主,改善党的领导体制。在政治领域中,苏联和东欧国家的共产党长期实行高度集权的领导体制和行政命令式的执政方式。在和平建设时期,继续长期实行这种高度集权的体制,"上级决策、下级无条件执行的单向运作机制使党内民主空气缺乏,压抑了创新精神,使得苏共无论是探索社会主义建设的道路,还是在改革中制定纲领、政策,都显得力不从心,手足无措,拿不出吸引人的、合乎实际的东西,导致在实现领导的过程中不断失去群众"[①],这必然导致权力系统中各种积弊的恶性循环。苏联和东欧国家在领导体制方面的突出问题,一是没有建立健全党内民主制度,党内民主生活极不正常。党的各级代表大会流于形式,党的中央委员会形同虚设,党的领导集体的作用难以发挥。二是在权力运行方面自上而下缺乏制约和监督。长官意志高于一切,各级干部只对上级负责,本来就不健全的监督机制也不能真正发挥作用,普通党员和广大群众对滥用权力现象无能为力。三是党政不分、以党代政、党包揽一切的领导体制,妨碍了国家和政府机构的正常运转,造成党政机关机构臃肿,职能重叠,权责不清,效率低下,滥用职权等弊端,影响党的执政能力的发挥,最终导致党的生命力衰竭。

第四,不断坚定党员和干部的理想信念。党的干部特别是高级干部理想信念动摇,将导致政党思想上的蜕化变质。苏东国家干部队伍建设中的"人治"现象极为严重,不仅使党的领导干部脱离群众,滥用权力的问题比较突出,而且造就了一批又一批唯上是听、缺乏责任意识、缺乏创新精神的干部,而且在党员招募机制中,苏共掺入了大量与个人物质利益、社会地位相关的因素,也使许多缺乏社会主义信仰、心术不正的人混入党的干部队伍。1991年戈尔巴乔夫宣布解散苏共时,几十万党员干部竟无动于

---

① 杨春贵、郭德宏、杨信礼主编:《中国共产党历史经验的哲学反思》,中共中央党校出版社2004年版,第463页。

衷。他们中有些人一夜之间变成了反共分子，有些人借机巧取豪夺成了"新贵"。理想信念的动摇，使苏共成为一个无人关心的政党，而且成为某些人谋取特殊利益的工具。

第五，加强反腐倡廉建设，以廉政赢得民心。腐败现象严重，党就会脱离群众，失去人心。当今世界上许多政党上台执政，都向公众做出清廉的承诺。为兑现这一承诺，许多执政党采取了一些反腐倡廉举措。然而，腐败是当今世界上政党政治中的"权力顽症"，是导致国外许多执政党衰落乃至败亡的致命毒素，如加拿大社会党、日本自民党等，尤其是苏共的倒台更发人深思，"腐败现象不但使苏共大失人心，而且成为反对派攻击苏共的有力口实。尤其在改革过程中，过去被有意掩盖的腐败现象大量曝光，造成了对苏共地位的冲击波效应"[1]。从世界范围来看，执政党如何防范和治理腐败，仍然是一个特别棘手的重大课题。解决不好，不仅会制约执政党的执政能力，危及政权稳固，使执政党面临垮台的危险，而且会给国家和社会带来巨大灾难。

第六，制定科学合理的对外政策，营造良好的国际环境。对外关系处理不当也会酿成灾难性后果。国外不少在内政上有所作为的执政党，也十分注意外交政策和对外工作，注意为治国理政营造有利的国际环境。比如，"二战"后，为了使一个被法西斯玷污的德国尽快融入国际社会，西德联盟党推行与邻国亲善的睦邻政策，社民党大力推行与西方合作、与苏联和东欧国家和解的"新东方政策"，营造了有利的周边和国际环境。1970年，联邦德国总理勃兰特访问波兰时，在华沙犹太人死难者纪念碑前下跪忏悔。这种"下跪外交"使联邦德国获得了周边国家和世界的谅解与信任，为其实现政治大国的梦想创造了有利的外部条件。执政党处理对外事务如果出现重大失误，也会失去政权，甚至亡党亡国。萨达姆领导的原伊拉克复兴社会党，多年来盲目自大，四处树敌，经常错误判断时局，频频对外冒险，20世纪八九十年代先后两次发动对邻国的战争，结果招致美国等国两次战争的打击，复兴社会党土崩瓦解。最近以金正恩为第一书记

---

[1] 杨春贵、郭德宏、杨信礼主编：《中国共产党历史经验的哲学反思》，中共中央党校出版社2004年版，第463页。

的朝鲜劳动党中央主动展开灵活外交,明确半岛无核化目标,积极推动半岛问题和平对话进程,缓和了周边局势,为全党全国集中一切力量进行社会主义经济建设战略路线的实施创造了条件。

当今世界各国在经济、政治和文化等各领域中的交流与合作不断拓展,大多数政党都在努力顺应时代潮流进行调整和变革。他山之石,可以攻玉,改革开放以来,我们党放眼世界,研究和借鉴世界上其他政党执政的有益做法,吸取它们的经验教训,使我们更加深刻地认识和把握了执政规律,更有效地提高了党的执政能力和执政水平。

(四) 党的建设展望

1. 改革创新将成为党的建设的基本理念

以改革创新精神加强党的建设是由其在党的建设中的重要性和紧迫性决定的。进入新时代,党所处的国内外环境发生了深刻变化,党要站在时代前列带领人民不断开创中国特色社会主义事业发展的新局面,必须以改革创新精神加强自身建设,不断提高党的领导水平和执政水平,提高拒腐防变和抵御风险的能力。

第一,以改革创新精神加强党的建设是当今时代发展的必然要求。当今世界正处在大变革大调整之中。世界多极化不可逆转,经济全球化深入发展,科技革命加速推进,国与国相互依存日益紧密,综合国力竞争日趋激烈。权力分散化趋势,共同参与民主制发展的趋势,生产分散化、个体化、小型化的趋势,各种不同的意识形态相互之间影响加强的趋势,利益集团发展的趋势等[①],世界各个领域里所发生的这些前所未有的重大变化,必然会对政党政治尤其是执政党产生多种深远的影响。大变动必然要求政党的大变革,各国执政党面临着许多类似的新问题:社会阶级阶层关系发生新变化,西方发达国家和新兴工业化国家中传统的资产阶级和工人阶级的规模逐渐缩小,而数量庞大、形式多样、界限模糊的各种新中间阶层加速发展,这就深刻地影响了政党的活动方式,政党的阶级代表性也随之呈

---

① 王长江:《政党论》,人民出版社2009年版,第275—280页。

现出多样化、间接化、隐蔽化的特征。同时，信息技术和大众媒体在社会政治生活中的作用不断增强，民众利益表达途径多元化，也更加便捷。这一方面有利于扩大执政党与民众沟通的渠道，更好地发挥执政党的教育、宣传和组织功能；另一方面又增强了民众相对于执政党的独立性，从而降低了执政党的影响力等。面对这些新变化，各国执政党纷纷进行新的理论思考和政策调整，改进执政方式，力图革新求变。20 世纪 90 年代以来，西欧一些社会党提出了"第三条道路""新中间道路"的政治道路。在发展中国家，有些执政党结合本国实际，引进了一些思想观念，充实了党的理论纲领，以塑造改革的形象来争取更多选民的支持。与此同时，一些大党老党相继丧失政权，其教训之一就是长期以来故步自封，思想理论僵化教条，缺乏改革创新精神，使党的执政能力衰退，最终导致执政地位的丧失。大量事实说明，任何政党如果因循守旧、墨守成规，无视时代潮流和不断发展变化的客观实际，就必然要被时代所淘汰。必须看到，当代中国与世界的关系发生了历史性变化，中国的前途命运日益紧密地同世界的前途命运联系在一起。我们党要紧跟时代发展的进步潮流，就必须以改革创新精神加强党的建设，在与时俱进中保持和发展党的先进性、纯洁性，以巩固党的执政地位。

第二，以改革创新精神加强党的建设是新时代中国特色社会主义建设事业发展的客观需要。党的十九大对我国社会的阶段性特征做出了精准论断："经过长期努力，中国特色社会主义进入新时代，这是我国发展新的历史方位。"[①] 这个新时代是承前启后、继往开来，在新的历史条件下继续夺取中国特色社会主义伟大胜利的时代，是决胜全面建成小康社会，进而全面建设社会主义现代化强国的时代，是全国各族人民团结奋斗、不断创造美好生活、逐步实现全体人民共同富裕的时代，是全体中华儿女戮力同心、奋力实现中华民族伟大复兴中国梦的时代，是我国日益走向世界舞台中央，不断为人类做出更大贡献的时代。中国特色社会主义进入新时代，我国社会主要矛盾已经转化为人民日益增长的美好生活需要和不平衡不充

[①] 习近平：《决胜全面建成小康社会 夺取新时代中国特色社会主义伟大胜利——在中国共产党第十九次全国代表大会上的报告（2017 年 10 月 18 日）》，人民出版社 2017 年版，第 10 页。

分的发展之间的矛盾。我国稳步解决了十几亿人的温饱问题，总体上实现了小康，不久将全面建成小康社会，人民美好生活需要日益广泛，不仅对物质文化生活提出了更高要求，而且在民主、法治、公平、正义、安全、环境等方面的要求日益增长。同时，我国社会生产力水平总体上显著提高，社会生产能力在很多方面进入世界前列，更加突出的问题是发展不平衡不充分，这已经成为满足人民日益增长的美好生活需要的主要制约因素。我国社会主要矛盾的变化是关系全局的历史性变化，对党和国家的工作提出了许多新要求。我们要在继续推动发展的基础上，着力解决好发展不平衡不充分问题，大力提升发展质量和效益，更好地满足人民在经济、政治、文化、社会、生态等方面日益增长的需要，更好地推动人的全面发展、社会全面进步。这决定了我们党必须把改革创新精神贯彻到治国理政各个环节中，毫不动摇地坚持改革方向，提高改革决策的科学性，增强改革措施的协调性。我们党领导着改革创新的伟大事业，肩负着发展新时代中国特色社会主义的历史重任，因此自身也要改革。改革开放以来，改革作为一场新的伟大革命，使社会主义在中国焕发出前所未有的强大生命力，使马克思主义在中国焕发出新的强大感召力，使我们党焕发出新的强大战斗力。实践证明，改革创新不仅是推动经济社会发展的强大动力，也是推进党的建设新的伟大工程的必由之路。在新形势新任务面前，我们只有以改革创新精神加强党的建设，党才能卓有成效地提高执政能力，带领人民继续全面建成小康社会，加快推进社会主义现代化，完成历史所赋予的崇高使命。

第三，以改革创新精神加强党的建设是党的建设现实情况的客观要求。我们党已经成立97年，在全国执政69年，党所处的地位和环境，党所肩负的任务以及党员队伍的状况，都发生了重大变化。我们党已经从领导人民为夺取全国政权而奋斗的党，成为领导人民掌握全国政权并长期执政的党；已经从受到外部封锁和实行计划经济条件下领导国家建设的党，成为对外开放和发展社会主义市场经济条件下领导国家建设的党。党成为执政党，掌握了国家政权，大批党员、干部担任了从中央到地方各个部门、各个地区的领导职务，手中都掌握了这样那样的权力。"要深刻认识党面临的执政考验、改革开放考验、市场经济考验、外部环境考验的长期性和复杂性，深刻认识党面临的精神懈怠危险、能力不足危险、脱离群众危险、消极腐败危险的尖锐性和严峻性。"① 习近平多次强调，党的先进性和党的执政地位都不是一劳永逸、一成不变的，过去先进不等于现在先进，现在先进不等于永远先进；过去拥有不等于现在拥有，现在拥有不等于永远拥有。在新的历史条件下，如何保持党的先进性，如何加强党的执政能力建设，如何构建党内民主运行机制等问题，都需要我们党做出新的回答，党面临着前所未有的新课题和新考验。

进入新时代以来，我们党深刻总结世界上一些执政党建设的经验教训，深刻总结自身建设的经验教训，根据党的历史方位和任务的变化，明确提出要以改革创新精神加强党的建设。实践证明，这是新形势下加强执政党建设的正确理念。按照这样的要求，只要坚持马克思主义基本原理和推进理论创新相统一，坚持党的优良传统和弘扬时代精神相统一，坚持党的根本制度与推进体制创新相统一，善于用改革创新的思路和办法研究和解决党的建设所面临的新矛盾新问题，党的建设就能在改进和创新中不断得到加强。

2. 长期执政能力建设、先进性和纯洁性建设将成为党的建设的一条主线

长期执政能力建设、先进性和纯洁性建设将成为党的建设的一条主线，这是由二者在党的建设中的根本性和我们党对其认识的深刻程度所决定的。把长期执政能力建设、先进性和纯洁性建设作为我们党生存、发展和壮大的根本，这是加强党的建设的客观要求。

第一，党的先进性和纯洁性建设始终是马克思主义政党自身建设的根本任务。马克思主义政党是工人阶级的先锋队。它是以与社会化大生产相联系、具有高度组织纪律性，具有远大前途和强大生命力、最大公无私的工人阶级作为阶级基础，以世界上最科学的理论——马克思主义为指导，以实现最广大人民的根本利益、解放全人类为历史使命的新型政党。马克思主义政党的这一性质，决定了先进性就是其本质的规定性。这种先进性

---

① 习近平：《决胜全面建成小康社会 夺取新时代中国特色社会主义伟大胜利——在中国共产党第十九次全国代表大会上的报告（2017年10月18日）》，人民出版社2017年版，第61页。

渗透和贯穿于马克思主义政党的性质、宗旨、任务和全部工作中，同时也随着形势和任务的变化而不断丰富和发展。而马克思主义政党的纯洁性，是指马克思主义政党的纯正程度较高，能够保证自身性质符合宗旨，保持生机与活力。保持党的纯洁性，就是始终保持马克思主义政党的本质特征、性质和宗旨、指导思想、奋斗目标的不动摇不改变。可见，尽管先进性与纯洁性的内涵不同，但保持党的纯洁性实际上就是保持党的先进性，"纯洁性是先进性的必要条件，先进性是纯洁性的价值追求"[①]，二者在本质上贯通一致、高度统一。中国共产党自诞生之日起，就旗帜鲜明地把马克思主义作为自己的行动指南，把中国工人阶级作为自己的阶级基础，把中国广大劳动人民群众的根本利益作为自己的最高利益，以中华民族伟大复兴作为自己的崇高使命，这就在本质上决定了它具有其他政党所无可比拟的先进性、纯洁性。通过加强党的先进性、纯洁性建设，使党永葆先进性、纯洁性，是马克思主义政党的生命所系、力量所在、胜利之源，是马克思主义政党的本质要求和根本任务。

第二，党的先进性和纯洁性建设对于整个党的建设具有全局性的统领作用。首先，党的先进性、纯洁性建设关系、决定着党的执政地位的巩固。党取得执政地位靠的是党的先进性、纯洁性，巩固执政地位、完成执政使命更要靠党的先进性、纯洁性。对于一个执政党来说，保持党的先进性、纯洁性是党获得最广大人民信任和拥护的根本条件，因而也是党巩固执政地位、完成执政使命的根本条件。20世纪下半叶以降，我们党作为执政党，在世界政治多极化和经济全球化的条件下，顺应时代的潮流，领导中国人民集中力量进行社会主义建设，坚持并不断深化改革开放，为实现社会主义现代化而奋斗，取得了举世瞩目的成就。我们党能够执政并且能够执好政的基础，从根本上说，就在于通过党的先进性、纯洁性建设，使党始终保持先进性、纯洁性。其次，党的先进性、纯洁性建设贯穿于党的执政能力建设、政治建设、思想建设、组织建设、作风建设、纪律建设、制度建设等各个方面。党的建设的各方面，都要着眼于保持和发展党的先

[①] 万庆：《加强党的纯洁性建设的重要意义和现实路径》，《中共四川省委省级机关党校学报》2013年第2期。

进性、纯洁性，围绕着保持党的先进性、纯洁性这个根本要求和核心任务来推进。最后，党的先进性、纯洁性建设规定着党的建设的内容和方向。党的建设的方向是否正确、任务是否明确、成效是否显著，都要看是否体现并保持了党的先进性、纯洁性。抓住了先进性、纯洁性建设，就抓住了党的建设的根本，就会使党的全部理论和工作不断与时俱进，更好地体现时代性、把握规律性、富于创造性，就会使党始终保持强大的创造力、凝聚力、战斗力。

第三，党的执政能力建设是党的根本性建设，与先进性、纯洁性建设是紧密相关、相辅相成的。党的先进性、纯洁性建设是党的执政能力建设的基础，是提高执政能力的前提和保障；党的执政能力体现了党的先进性、纯洁性，是先进性、纯洁性建设成效的检验标准。

首先，党的执政能力建设的根本性体现于它是党的政治、思想、组织、作风、纪律和制度建设的落脚点。我们党是适应中国社会变革的要求而产生的，从来就是为实现改造中国社会的目的而发展的，承担起这项历史重任是党全部工作的着眼点和落脚点。党在自身建设上的种种努力，归根结底是为了提高改造中国社会的能力，是为了使党更好地承担起改造中国社会的历史任务。党在革命战争年代进行党的自身建设，目的是提高党领导革命的能力；在执掌政权时期进行党的自身建设，目的是提高党领导建设和改革的能力。党的其他方面建设的成效，最终都应体现在是否具备这样的能力上。正因为如此，与党的其他方面的建设相比，党的执政能力建设不能不处在一个根本性的位置上。

其次，党的执政能力建设的根本性体现于它直接决定党领导的伟大事业的盛衰兴败。能力是主体胜任某项任务的主观条件。主观条件不具备，就谈不上完成任务。党在新时期的历史任务就是领导人民建设新时代中国特色社会主义。党的执政能力的高低和党的执政能力建设的成效，归根到底要在推进新时代中国特色社会主义事业的发展中得到体现和检验。反过来说，建设新时代中国特色社会主义事业能否不断向前推进，主要取决于我们党的执政能力。办好中国的事情，关键取决于我们党，不仅取决于党的正确的理论、路线、方针、政策，也取决于各级党组织贯彻落实党的理论、路线、方针、政策的能力和水平，加强党的执政能力建设事关党执政全局的历史地位。相比于党的其他方面的建设与党领导的事业的关系，党的执政能力建设不能不处在一个更加根本性的位置上。

正因为如此，在党的先进性、纯洁性建设的所有内容中，与党的政治、思想、组织、作风、纪律和制度等其他方面的建设相比，执政能力建设不是一项无关紧要的临时性工作，而是一项关乎全局和长远的战略性部署。在整个执政过程中，在整个党的先进性、纯洁性建设的实践中，执政党都必须站在这样一个高度，自始至终、一以贯之地高度重视并解决好这个问题。

之所以说长期执政能力建设、先进性和纯洁性建设将成为党的建设的一条主线，是因为我们党已经对其有了深入的认知。20世纪80年代末90年代初，随着世界上一些国家和地区大党老党相继丧权垮台，以江泽民为核心的第三代领导集体更加认识到通过从严治党来加强自身先进性、纯洁性建设的重要性。江泽民在党的十五大上指出，从严治党，是保持党的先进性和纯洁性，增强党的凝聚力和战斗力的保证，同时提出"八个坚持、八个反对"以保持先进性和纯洁性。胡锦涛在十七届中纪委七次全会上指出："我们党作为马克思主义执政党，只有不断保持纯洁性，才能提高在群众中的威信，才能赢得人民信赖和拥护，才能不断巩固执政基础，才能实现党和国家兴旺发达、长治久安。"[①]他提出了保持党的纯洁性"四个结合"的总体要求，具体来说，即坚持强化思想理论武装和严格队伍管理相结合；发扬党的优良作风和加强党性修养与党性锻炼相结合；坚决惩治腐败和有效预防腐败相结合；发挥监督作用和严肃党的纪律相结合。胡锦涛还着重从保持党员、干部的思想纯洁、队伍纯洁、作风纯洁、清正廉洁以及党组织要大力加强监督和严明纪律、发挥各级纪律检查机关和广大纪检干部在维护党的纯洁性的功效等方面，对切实保持党的纯洁性进行了总体布局与路径设计。

为适应国际国内形势深刻变化的时代要求，我们党在科学判断党的历史方位的基础上，总结我党执政的成功经验，吸取世界上其他国家政党执

---

① 胡锦涛：《切实做好保持党的纯洁性各项工作 深入推进党风廉政建设和反腐败斗争》，《人民日报》2012年1月10日。

政的经验教训，对党的先进性内涵和重要性的认识不断深化。2005年1月，胡锦涛在新时期保持共产党员先进性专题报告会上的讲话中，首次鲜明地提出加强党的先进性建设这一重大命题，突出强调党的建设的主题就是保持和发展党的先进性，新时期党的建设就是党的先进性建设。在此基础上，胡锦涛进一步强调，党的先进性建设是关系马克思主义政党生存发展的根本性问题。加强党的先进性建设，始终是我们党生存、发展、壮大的根本性建设，是加强和改进党的建设的长期任务和永恒课题。以胡锦涛为总书记的党中央提出加强党的先进性建设的重大战略思想，就是要更加鲜明地强调党的先进性建设这一重大课题，更加深入地认识共产党执政规律和党自身建设规律，更加全面地认识党的先进性建设的科学内涵和目标要求，更加突出地把党的先进性建设作为党的各方面建设的主线，从而使党的建设的努力方向和检验标准更加鲜明，使我们能够更好、更全面、更有成效地推进党的建设这一新的伟大工程。

关于党的执政能力建设，党的十六大报告提出"要不断提高科学判断形势的能力、驾驭市场经济的能力、应对复杂局面的能力、依法执政的能力和总揽全局的能力"[①]。这里所讲的"五种能力"，主要是对各级党委和领导干部提出的要求，侧重点在于阐明各级党政领导干部应当具备什么样的执政素质和执政本领。党的十六届四中全会通过的《关于加强党的执政能力建设的决定》指出："执政能力建设是党执政后的一项根本建设。"该决定按照全面建设小康社会，加快推进社会主义现代化的要求，提出当前和今后一个时期加强党的执政能力建设的主要任务是："不断提高驾驭社会主义市场经济的能力、发展社会主义民主政治的能力、建设社会主义先进文化的能力、构建社会主义和谐社会的能力、应对国际局势和处理国际事务的能力。"[②] 这五个方面的能力，是就整个党来讲的，是对党的总体执政能力所提出的要求。其内容涉及经济、政治、文化、社会、外交以及国家主权和安全等各个方面，覆盖改革发展稳定、内

[①] 《十一届三中全会以来历次党代会、中央全会报告公报决议决定》，中国方正出版社2008年版，第764页。
[②] 《十一届三中全会以来历次党代会、中央全会报告公报决议决定》，中国方正出版社2008年版，第846—847页。

政外交国防、治党治国治军，因而其内涵更加丰富。这表明我们党对执政能力建设的思考和部署是全方位的，是把握国际国内两个大局、总揽伟大事业和伟大工程两个方面的。党的十七大更是明确指出要把执政能力建设和先进性建设作为党的建设的一条主线。党的十八大完善了党的建设的主线，即"牢牢把握加强党的执政能力建设、先进性和纯洁性建设"，党的十九大则对之进一步加以完善，即"以加强党的长期执政能力建设、先进性和纯洁性建设为主线"。

主客观两个方面的情况决定了长期执政能力建设、先进性和纯洁性建设将成为党的建设的一条主线，新时代党的建设将围绕这一主线全面深入展开。

3. 以实践为基础不断推进理论创新将成为党的建设的先导

理论创新是马克思主义的内在品质。我们党始终坚持把马克思主义作为立党立国的根本指导思想，始终坚持用马克思主义武装全党、指导实践。马克思主义创始人反复强调："我们的理论是发展着的理论，而不是必须背得烂熟并机械地加以重复的教条。"[①]"马克思的整个世界观不是教义，而是方法。它提供的不是现成的教条，而是进一步研究的出发点和供这种研究使用的方法。"[②] 根据实践的发展和时代的要求，把坚持马克思主义和发展马克思主义有机统一起来，不断进行理论创新，推进马克思主义的发展，才是真正意义上的坚持马克思主义。因此我们党始终强调，必须把马克思主义基本原理同中国的具体实际相结合，坚持实践是检验真理的唯一标准，坚持解放思想，实事求是，与时俱进，求真务实，不断地开拓马克思主义发展的新境界。

创新是党永葆生机的根本条件。创新是一个民族进步的灵魂，是一个国家兴旺发达的不竭动力，也是一个政党永葆生机的源泉。马克思主义政党制定并执行正确的理论、路线、方针和政策离不开自身的创造力。由于社会在不断发展变化，党的理论、路线、方针、政策必须随之做出相应的调整，这就要求党必须提高因客观环境的变化而相应调整党的行动和策略

[①] 《马克思恩格斯选集》第4卷，人民出版社1995年版，第681页。
[②] 《马克思恩格斯选集》第4卷，人民出版社1995年版，第742—743页。

的能力。缺乏创造力和与时俱进的精神，就不可能有效应对客观环境的变化，就不可能战胜各种挑战。同样，正确的理论、路线、方针、政策的贯彻执行也离不开党的创造力。由于党所面临的工作对象和客观环境极其复杂，这就要求广大党员干部能够从实际出发，创造性地执行党的路线、方针、政策，提出解决本地区本部门各种社会事务和各方面问题的有效办法。

理论创新是党的创造力的核心和先导。政党的发展需要一系列的创新，包括理论创新、制度创新、科技创新、文化创新和其他各方面的创新。其中，理论创新必然居于核心的地位，并且成为其他各方面创新的先导。因为政党的一切活动都是由其思想所支配的，一个政党思想的核心即是其所坚持的根本理念，是系统的而不是零散的观点。理论是从意识形态的最深层对实践进行认识的成果，也从最根本的意义上提供了政党行动的依据。党的理论的先进性决定了党的路线、方针、政策的正确性，以先进的理论和正确的路线、方针、政策为指导，全党的意志才能统一，力量才能凝聚，步调才能一致，党的事业才能不断发展，党的建设才会有明确的方向和根本的遵循。对于执政党来说，理论创新的意义尤为重大，因为它不仅是执政党本身发展的根本，也是引导社会发展的强大力量。

因此，我们必须把马克思主义基本原理与中国的具体实际相结合，运用马克思主义的立场、观点、方法，认识、研究、解决革命、建设和改革实践中所出现的新情况新问题，不断追求真理、开拓创新，推进马克思主义中国化，在实践中不断丰富和发展马克思主义理论。目前，我们党所领导的新时代中国特色社会主义建设事业是人类历史上前所未有的伟大创举，如果不以一种深刻揭示新时代共产党执政规律、社会主义建设规律和人类社会发展规律的科学理论做指导并武装广大党员和群众，我们就很难将这种事业变成大多数人自觉的行动，党也会因为没有正确的理论基础和思想灵魂而迷失方向。因此，注重理论创新是党不断增强自身创造力的决定性因素。

新时代的理论创新必然建立于新的实践基础之上。马克思主义认为，实践与理论相比总是第一性的、决定性的。理论并不会像人们所期望的那样能够恰到好处地指导实际问题的解决，两者之间常常会有出入，甚至是矛盾。一般地说，理论总是落后于实践问题的。在这种情况下，到底是理论服从实践，还是实践服从理论呢？答案是明确的，以理论服从实践，非要用固有的理论去裁剪实践无异于削足适履，现实生活中屡屡出现的各种形式主义、教条主义的做法，无疑就是这方面的典型。这不仅没有使问题得到很好的解决，相反还会引发一系列新的问题，使富有生命力的理论变得死气沉沉，毫无用处。因此，我们在用发展着的马克思主义指导新的实践的过程中，一定要着眼于理论的实际运用，以新时代我国改革开放和现代化建设的实际问题，以我们正在做的事情为中心，着眼于马克思主义的运用，着眼于对实际问题的理论思考，着眼于新的实践和新的发展，坚决反对和抵制各种主观主义、形式主义的倾向。

马克思主义中国化是一个不断向前发展的历史进程，它本质上源于客观世界是一个生生不息的发展过程，实践的主体和客体无时无刻不在运动、发展，实践在广度、深度、维度上是一个不断丰富、拓展、深化、提升的发展过程；认识的主体和客体也处在不停地运动发展中，这使得认识活动也成为一个在广度、深度、维度上不断丰富、拓展、深化、提升的发展过程。马克思主义不仅是科学的理论，而且是实践的理论、发展的理论，它发展的最基本的源泉和根据就是实践。只有从本国国情出发，把马克思主义和本国实际相结合，才能形成具体指导党的事业和党的自身发展的正确的思想理论，也才能在实践中真正坚持和发展马克思主义，永葆党的生机和活力。

中国共产党近百年的历史，就是从理论和实践两个层面不断推进马克思主义中国化的历史。马克思主义中国化是指中国的马克思主义者运用马克思主义的基本原理和基本立场、观点、方法，认识、研究中国的现状和历史，在与中国传统历史文化、民族特性相融合的基础上，解决中国革命和社会主义建设、改革中所遇到的实践问题和理论问题，形成指导中国革命、建设和改革的思想、理论、路线、方针、政策的过程。它包含着马克思主义与中国的历史文化、民族特性的相互融合，但其着重点是马克思主义与当今世界现实尤其是与当代中国的国情、政治、经济、文化、科技等诸多方面相结合，主要是对中国革命和建设的实践经验、教训的总结、概括以及对世界上其他社会主义国家、资本主义国家兴衰成败历史经验的借鉴、吸收。历史表明，我们党和国家能取得如此重大的历史成就，就在于我们党自觉地把我国具体国情和马克思主义有机结合在一起，独立探索出来的中国化的马克思主义，而不是脱离实际的本本主义和原封不动、照抄照搬的"马克思主义"。

改革，说到底是一种制度和体制的创新。改革开放以来之所以能取得辉煌的成就，就是因为我们根据社会生产力的发展要求，根据先进文化的发展要求，根据实现最广大人民根本利益的要求，在经济体制、政治体制、文化体制等方面进行了深入的改革和创新。发展到今天，改革已进入了一个攻坚期。在接受俄罗斯电视台专访时，习近平指出："中国改革经过40年，已进入深水区，可以说，容易的、皆大欢喜的改革已经完成了，好吃的肉都吃掉了，剩下的都是难啃的硬骨头。"[①] 许多深层次的改革迫在眉睫。我们必须坚持不断推动马克思主义中国化的历史进程，善于用马克思主义的立场、观点、方法研究新情况，解决新问题，正确认识当今世界政治、经济、文化、科技、军事等领域出现的一系列新变化新矛盾，清醒认识我国改革发展所面临的一系列新任务新课题，努力做到在理论上不断形成新认识、做出新概括、开拓新境界，真正使马克思主义中国化的最新成果成为引领中国社会不断发展进步的强大思想武器。这是我们不断推动党的理论创新的根本目的所在。

在新的历史发展阶段——中国特色社会主义新时代，党中央对于立足实践，不断推进理论创新有了充分而深刻的认识。习近平指出："坚持不忘初心、继续前进，就要坚持马克思主义的指导地位，坚持把马克思主义基本原理同当代中国实际和时代特点紧密结合起来，推进理论创新、实践创新，不断把马克思主义中国化推向前进。"[②] 不断进行理论创新将是检验我们党是否真正坚持党的思想路线的重要标志，是使我们党在新时代焕发出新的活力的根本，因此以实践为基础不断推进理论创新必将成为党的建设的先导。

[①] 习近平：《习近平谈治国理政》，外文出版社2014年版，第101页。
[②] 习近平：《在庆祝中国共产党成立95周年大会上的讲话（2016年7月1日）》，人民出版社2016年版，第8页。

4. 改革与完善党的体制机制将成为党的建设的重点

把制度建设作为党的建设中的一项根本性建设，是邓小平总结我党的历史经验教训得出的重要结论，也是邓小平党建理论的独创性内容之一。邓小平鲜明地指出，要避免"文化大革命"这样的事件再次出现，必须解决制度问题，因为"我们过去发生的各种错误，固然与某些领导人的思想、作风有关，但是组织制度、工作制度方面的问题更重要。这些方面的制度好可以使坏人无法任意横行，制度不好可以使好人无法充分做好事，甚至会走向反面。……不是说个人没有责任，而是说领导制度、组织制度问题更带有根本性、全局性、稳定性和长期性。这种制度问题，关系到党和国家是否改变颜色，必须引起全党的高度重视"①。党内制度是由党的权力机关或授权机关按照一定程序制定的、体现党的整体意志的、各级党组织和全体党员必须共同遵守的党内各种行为规范的总和，是由党章、准则、条例、规则、规定等组成的党内法规体系。党的制度建设贯穿于党的政治建设、思想建设、组织建设、作风建设、纪律建设等各个方面。"切实加强党的制度建设，对于党的正确路线的巩固和发展，对于党的决策的民主化和科学化，对于充分发挥党组织和党员的积极性、创造性，十分重要。"② 因为它对于一个政党具有根本性、全局性、稳定性和长期性的作用。

第一，制度具有根本性。制度是在党的长期实践活动中形成并被全党所认可的，是全党共同意志和共同利益的体现，是党的活动规律和优良传统的规范化、条文化。制度一旦形成，便成为党内的法规，具有了极大的权威性。它承担着规范党内行为、调整党内关系、维护党内秩序、保持党的活力的显著功能。

第二，制度具有全局性。党的制度不仅与党的工作的某一方面相联系，而且与党的建设的各个方面紧密相连。党的路线、方针、政策的制定，党的思想政治工作的开展，党的干部队伍与党员队伍的建设，党的优良作风的继承和发扬、克服腐败等，都离不开制度的规范和保障。

---

① 《邓小平文选》第2卷，人民出版社1994年版，第333页。
② 《十三大以来重要文献选编》（上），人民出版社1991年版，第50页。

第三，制度具有稳定性。党的制度一经制定和颁布，就具有一定的独立性和法规性。它是党的权力机关通过法定的程序，以规范化、条文化的形式制定出来的，不会因领导人的改变而改变，也不会因领导人的看法和注意力的改变而改变。制度与领导人的言论、习惯和经验相比，更具稳定性和持久性。

第四，制度具有长期性。党的制度是以法规和条文的形式，把一定时期党内政治生活中的成功经验和优良传统统一起来、固定下来。这样，它既可以指导和规范现时党内生活，又可以为将来党组织总结自身的经验奠定稳固的基础。

注重制度建设是在建设社会主义市场经济下加强党的建设的必然要求。发展社会主义市场经济体制，给党的建设带来了新情况新问题。第一，市场经济运行的法制性，要求执政党加强党的制度建设。党作为社会主义市场经济的领导者，要有一套严密科学的制度体系来规范党的各级组织、各级领导干部的领导活动，促进社会主义市场经济的健康发展。第二，市场经济的自主性，要求执政党加强党的制度建设。市场经济的自主性容易使一些党组织和党员干部淡化组织纪律观念，滋长自由主义和分散主义，这就要求进一步建立和健全相应的党的组织制度和生活制度，严格规范各级党组织和党员的行为，保持党的集中统一。第三，市场经济的逐利性，要求执政党加强党的制度建设。市场经济的逐利性容易诱使一些党员和干部把商品交换原则引入党内政治生活，滋长拜金主义、利己主义和享乐主义的错误思想。

党的制度应该是一个完整的制度体系，它可以分为根本制度、体制机制和具体制度。党的根本制度，指的是党处理内部各种关系所遵循的根本原则和规则，如党章。它由党的最高权力机构即党的代表大会制定和修改，所规定的都是处理党内生活中最重大最根本的问题，在整个党的组织中具有普遍的适用性、最大的权威性和最高的法律效力。党的具体制度，指的是党处理内部某一方面关系所遵循的具体原则和规则。它对党的各级组织、党的干部和党员的活动做出具体规定和要求，它是具有可操作性的规则、条例和程序。党的体制机制，指的是将党内各项制度有机联系起来的制度规范，它使得党的根本制度和具体制度得以有效落实。上述三种不同层次的制度，组成了一个完整而系统的制度体系，它们之间是辩证统一的关系。这三种制度既具有各自的独立性和明确的内涵，不能相互混淆替代；又具有不可分割的紧密联系，缺一不可。党的根本制度是由党的性质和目标决定的，它从根本上决定和制约着整个党的内部关系，规定着党的体制机制和具体制度的目标与方向。没有根本制度起确定方向、目标的作用，体制机制与具体制度就会出现偏差，导致整个党的制度难以发挥作用。党的具体制度具有很强的可操作性和较广的覆盖面，它制约和衡量着各级党组织和广大党员的一言一行，是落实和体现党的根本制度的准确而又便于掌握的尺度和标准。然而，各类具体制度又必须以根本制度为基础，在根本制度的指导下制定并形成。党的体制机制与根本制度和具体制度又不相同，它起着统一、协调、配合各项具体制度的整合作用，是具体制度无法替代的，也是根本制度所欠缺的。正因为体制机制这样的特殊功能，使其能够把党内制度联系成为一个系统的制度体系，使党内各种制度互相联系、互相依存、彼此呼应，形成一个严密的封闭环。加强制度的系统性建设，就是要求有整体眼光，遵循系统性原则，加强整体规划和统筹协调，把各项制度的建设当作一个整体系统的工程来把握。胡锦涛在中央纪委第六次全体会议上的讲话中，提出了加强以党章为核心的党内法规制度系统性建设的努力方向，即"五个重视、一个注意"："既重视基本的法规制度，又重视具体实施细则；既重视单项制度的建设，又重视基本制度与具体制度，实体性制度与程序性制度的配套；既重视党内法规制度的建立健全，又注意与国家法律法规的协调配合，使各项法规制度彼此衔接，环环相扣，真正发挥法规制度的整体合力。"[1] 习近平在党的十九大报告中指出，我们党要"增强依法执政本领，加快形成覆盖党的领导和党的建设各方面的党内法规制度体系"[2]。

　　党内制度的现实情况决定了体制机制建设是未来党的制度建设的重点。党的根本组织制度，即民主集中制也为实践所证明是科学的组织原则

---

[1] 《胡锦涛在中央纪委第六次全体会议上的讲话》，《人民日报》2006年1月6日。
[2] 习近平：《决胜全面建成小康社会 夺取新时代中国特色社会主义伟大胜利——在中国共产党第十九次全国代表大会上的报告（2017年10月18日）》，人民出版社2017年版，第68页。

和组织制度。同时，改革开放后，我们党在总结党的历史经验教训的基础上，高度重视加强党内法规制度建设，党内法规制度建设进程加快。仅十八大以来，中共中央就出台或修订了近80部党内重要法规，如《关于新形势下党内政治生活的若干准则》《党政领导干部选拔任用工作条例》《中国共产党廉洁自律准则》《中国共产党纪律处分条例》《中国共产党党内监督条例》《中国共产党巡视工作条例》《中国共产党问责条例》《领导干部报告个人有关事项规定》《关于加强社会组织党的建设工作的意见（试行）》《中共中央关于加强和改进党的群团工作的意见》《中共中央办公厅关于加强基层服务型党组织建设的意见》《领导干部个人有关事项报告查核结果处理办法》《党政领导干部生态环境损害责任追究办法（试行）》《领导干部干预司法活动、插手具体案件处理的记录、通报和责任追究规定》《中国共产党党内法规制定条例》《中国共产党党内法规和规范性文件备案规定》等。以党章为核心的党内法规制度体系已初步形成。这个体系围绕党章这个核心，内容涉及党员、党的干部、党的组织制度、党的基层组织、党的纪律及党的纪律检查、党内法规制定等，使党的建设各项工作基本上做到了有章可循。

然而，现有党内制度还存在着某些不尽如人意之处，对党员一把手的监督还有待细化，制度的配套性建设还有待加强，制度的执行力需要进一步提升，党内重大决策的程序仍须完善。存在这些问题的根本原因在于，党内规范权力运行的体制机制尚不够健全，现行党内体制机制还不能够充分地把党内不同层次、不同形式和不同内容所构成的制度联系成为一个有机的整体。因此，健全党内体制机制必然成为未来党的建设的重点。

5. 党内民主建设将成为党的建设的基础工程

未来党的建设必然突出体现于加强和改善党内民主建设上，这是由其在党的建设中的基础地位所决定的。

第一，发展党内民主是加强党的先进性、纯洁性建设和执政能力建设的需要。充分的党内民主本身就是党的先进性、纯洁性的重要体现和保证，同时，它还将促进党的其他各方面的先进性、纯洁性建设。在执政条件下，党的先进性、纯洁性集中体现于其治国理政的执政能力方面。党内民主的发展有利于形成科学的决策，有利于在党内决策过程中合理整合社会利益要求，有利于决策的落实。通过发展党内民主，疏通党内民主渠道，健全党内民主制度，就能够使党的各项决策和全部工作充分反映广大党员和各级党组织的意愿，集中全党的智慧和力量，保证党的路线、方针、政策的正确性，决策的科学性离不开在决策的各个环节上发扬党内民主。从政策执行的角度来说，发扬党内民主有利于党的方针、政策的贯彻执行。执政党有了好的政策，并不等于已经实现了全社会的利益，关键还要看执行。有了党内民主，广大党员群众能够实现其民主权利，必然能够激发他们的积极性、主动性、创造性，在执行政策的过程中，发挥他们的模范带头作用。反之，没有党内民主，党员的权利得不到实现，党员就缺乏积极性，那么，党的政策再好也难以发挥作用，最终也会失去人民群众的支持和拥护。可以说，党内民主是增强党的执政能力，保持和发展党的先进性、纯洁性的源泉。

第二，发展党内民主是加强党的思想建设的需要。我们党的指导思想是马克思主义，马克思主义具有与时俱进的理论品质。在新时代的条件下，只有充分发挥党内民主，才能激发全党的思想活力，落实解放思想、实事求是、与时俱进、求真务实的思想路线，才能继续推进马克思主义中国化。因为党内民主能够为思想理论的创新提供土壤，思想理论的创新所应具有的胆量和气魄只能在思想解放的环境下才能生长、发育，创新所应具有的素质只能在实事求是的科学氛围中才能结出硕果，创新所应具有的能力只能在允许失败的宽松环境中才能得到锤炼。而民主既是解放思想的重要前提，也是营造自主表达见解的环境和氛围的重要条件。只有发展党内民主，在全党形成认真学习的风气、民主讨论的风气、积极探索的风气和求真务实的风气，广大党员才能敞开思想，畅所欲言，各抒己见，才能敢讲真话、敢讲实话、敢讲心里话，也才能充分表达新的见解、新的观点和新的思想。党的十八大以来，根据《关于新形势下党内政治生活的若干准则》的要求，建立起容错纠错机制，宽容干部在工作中特别是在改革创新中的失误，即是党内民主发展的结果，有利于在实践中不断丰富和发展马克思主义。

第三，发展党内民主是加强党的组织建设的需要。党内民主能够保持党组织的活力,保持党在组织上的先进性、纯洁性。保持党组织的活力,首先在于广大党员能以主人翁的姿态积极参与到党内事务中来,在于党员积极性、主动性的调动和发挥,而"这些积极性的发挥,有赖于党内生活的民主化"[①]。只有确立了党内民主的原则和制度,使党员拥有基本的政治权利,并进一步实现这些权利,才能充分发挥他们的智慧和创造力。其次,保持党组织的活力,在于党组织的发展程度。党的活力从主体上看最基本的是来自党员个体,特别是来自党内的优秀分子,党对优秀人才的吸纳能力和党内优秀人才的实际状况决定着党的先进性、纯洁性。这就必须不断增强党对优秀人才的吸引力和容纳力,扩大党内政治参与,使我们党能够及时补充新鲜血液,增加党的有生力量。最后,保持党组织的活力,还在于党内形成科学的用人机制。党内民主不仅决定人才的录用,还决定人才的选拔,只有发展党内民主,形成公平竞争的用人机制,才能使优秀人才脱颖而出,党内民主是形成科学的用人机制的政治保障和制度保障。发展党内民主将从党员个体、党组织整体和党的领导干部三个方面有效促进党的组织建设。

第四,发展党内民主是加强党的作风建设的需要。作风建设是党的优良传统,但至今仍是党的整体建设中比较薄弱的一环。其原因固然复杂,然而缺乏大力发展党内民主的坚定理念及实践,则是不争的事实。长期以来,在作风建设上,一方面我们比较重视自上而下的动员、号召,重视典型引导和自我教育、自我约束,这无疑是正确和需要的。但另一方面,却比较忽视、漠视发展党内民主问题,不够重视发挥广大党员在作风建设上应有的作用,不够重视把发展党内民主贯穿于作风建设的全过程。党内民主发展的不足,是党的作风建设成效不够显著的根本原因。推进党的作风建设,其核心是保持党同广大人民群众的血肉联系。发展党内民主将从完善党的利益表达和利益整合功能两个方面,推进党的作风建设。只有党员的意愿和主张能够通过合理渠道和方式传输给党的各级组织,公民才能有效地利用这一渠道表达意愿;只有党内各方面利益的代表在利益表达的基础上采取民主的方式整合各方面利益,才能真正代表最广大人民的根本利

---

① 《毛泽东选集》第 2 卷,人民出版社 1991 年版,第 529 页。

益，从而形成和谐的党群关系，这是端正党风之根本。

第五，发展党内民主是加强制度建设的需要。党内制度包含党内民主制度及其运行机制，发展党内民主与党的制度建设具有同一性，实践证明，党内民主发展的过程其实就是党内制度建设不断进步的过程。同时，发展党内民主还将从党内制度的制定与运行两个方面促进党内制度建设。发展党内民主将保障党内制度的合理性，党内制度理应从根本上反映广大党员的意愿，这样的制度才具有合法性；发展党内民主将提高党员对党内制度的认同，促使其自觉遵照制度行动，从而保障党内制度的有效落实。

第六，发展党内民主是加强反腐倡廉建设的需要。发展党内民主能够从根本上理顺党内权力关系，形成党内的权力制约和监督机制，保持党的廉洁性。《建立健全教育制度、监督并重的惩治和预防腐败体系实施纲要》《中国共产党纪律处分条例》《中国共产党党内监督条例》就是近年来依据党章所制定的党内民主监督制度，它们构筑起完善的党内民主监督体系。监督条例体现了鲜明的平等原则，确立了详细且具有可操作性的监督办法。实施纲要明确要求建立和完善党内情况通报、情况反映、重大决策征求意见等制度，逐步推进党务公开，建立党的代表大会代表提案制度。处分条例不仅对违纪处分做出详尽的规定，还强调对党员干部进行处分时需要坚持党纪面前人人平等的原则和民主集中制的原则。

积极推进党内民主建设还在于这是党内民主建设现实情况的要求。改革开放以来，党内民主取得了前所未有的新进展：党内民主的思想认识不断深化，党内民主的制度体系不断健全，党内民主的社会环境不断优化。党内民主的发展呈现出广泛性、制度化和稳妥性的特点。但是，发展党内民主的过程中还存在着不少问题。例如，党员维护自身民主权利的意识不足，保障党员知情权、参与权的机制不健全，党内民主选举制度不完善等。

对此我们党已经有了充分的认识。在党内民主的制度创新方面，提出了推进党务公开，落实和完善党的代表大会代表任期制、试行乡镇党代会年会制，深化县（市、区）党代会常任制试点，实行党代会代表提案制，强化全委会决策和监督作用，完善常委会议事规则和决策程序，完善地方党委讨论决定重大问题和任用重要干部票决制。扩大党内基层民主，完善党员定期评议基层党组织领导班子等制度，推行党员旁听基层党委会议、党代会代表列席同级党委有关会议等做法，增强党内生活的原则性和透明度等，这些都是发展党内民主的重大举措和重要进展。党的十九大报告在全面总结十八大以来发展党内民主的实践经验基础上，对党内民主建设提出了一系列新理念、新举措。比如，在加强基层组织建设方面，扩大党内基层民主，推进党务公开，畅通党员参与党内事务，监督党的组织和干部，向上级党组织提出意见和建议的渠道；在健全党和国家监督体系方面，强化自上而下的组织监督，改进自下而上的民主监督，发挥同级相互监督作用，加强对党员领导干部的日常管理监督。深化政治巡视，坚持发现问题，形成震慑不动摇，建立巡视巡察上下联动的监督网。深化改进监察体制改革，将试点工作在全国推开，组建国家、省、市、县监察委员会，同党的纪律检查机关合署办公，形成对所有行使公权力的公职人员监察全覆盖。构建党统一指挥、全面覆盖、权威高效的监督体系，把党内监督同国家机关监督、民主监督、司法监督、群众监督、舆论监督贯通起来，增强监督合力等。以改革创新精神加强党的建设，必须大力推进制度创新和发展党内民主。

6. 不断巩固党执政的基础将成为党的建设的重要取向

一个政党能否上台执政，并保持其执政地位，取决于很多因素。但是，其中最为关键的一个因素，便是它能否赢得社会大多数人的信任和支持，拥有广泛而稳定的民众基础。在中国特色社会主义新时代，继续巩固党的执政地位必然成为我们党的建设的重要取向。

第一，政党政治的特性要求我们党必须具有广泛的民众基础。政党是一定社会历史发展阶段的产物，是应民主政治的发展要求而来的。政党作为"代表一定阶级或阶层的利益，为实现自己的目标和理想，力求取得和保持国家政权而进行活动的政治组织"[①]，它在社会和国家政治生活中的基本作用便是联系人民群众与国家政权，从这个意义上说，它是桥梁和纽带，是人民控制政权之手的延伸，是公民控制国家的工具。因此，政党的

[①] 《世界政党大全》，贵州教育出版社1994年版，第972页。

存在应该源于人民的需要。我们党作为执政党,即"领导和掌握国家政权的政党"①,其权力自然也是来源于人民的。虽然在不同的国家,人民对政党的授权方式有很大的不同,在资本主义国家,政党是通过参加竞选取得执政权的;在社会主义国家,无产阶级政党由于领导人民群众推翻了剥削阶级的统治,建立了人民政权,取得了群众的信任和拥护,而成为执政党,但是有一点是共同的,即党一旦失去人民的信任和支持,当人民以不同的方式收回这种授权的时候,执政党的权力也就不复存在了。按照马克思主义的观点,政党的本质属性是它的阶级性,即它是产生于哪个阶级又从根本上代表哪个阶级的利益的。因此,任何政党要想获得生存和发展,必须获得本阶级的信任与支持,否则,它的生存与发展便是不可能的。但是对执政党而言,除了要获得本阶级的支持外,它还必须努力赢得更为广泛的社会支持。因为执政党与一般意义上的政党的本质区别就在于,执政党是通过对国家政权的控制来达到其政治目的的。从法理依据上说,国家政权是受权于全体公民的,执政党如果不能获得与这种受权关系相适应的民众基础,它所控制的国家政权就会发生异化,党就将遭到群众的反对,其政权就无法得到巩固。

第二,现代民主政治的发展趋向要求我们党必须具有广泛的民众基础。现代民主政治的重要标志,就是建立起公民与政党、国家政权之间的合理的、科学的"授权"与"受权"关系,即由全体公民通过选举确定由哪个政党来代表人民执政,并对该党进行监督。所以,在民主政治的条件下,要获取和巩固政权,党就必须得到广大群众的支持。而且现代民主政治的发展是不以人的意志为转移的。生产力的发展,必然要求与之相适应的生产关系和上层建筑的重新构建;国家经济与文化事业的进步必定会推进民主政治的发展,特别是在经济全球化的过程中,各种不同的政治思想、价值观念、文化意识的相互碰撞、渗透与影响,进一步加速了民主化浪潮。因此,从动态的发展来看,一个政党无论是以什么样的方式取得政权的,如果它要长期维持执政地位,就必须遵照民主政治的发展要求,注重民众基础的不断巩固和发展。

---

① 《世界政党大全》,贵州教育出版社1994年版,第974页。

第三，保持对国家和社会领导的有效性要求我们党必须具有稳固的民众基础。党对国家和社会领导的有效性是保证其执政地位的基本条件。一个功能得到充分发挥，对国家和社会实现有效统领的政党，显然更具备执政的理由。而执政党功能的发挥是与其稳固的民众基础密切相关的。首先，政党的利益集约功能的发挥，需要广泛的民众基础。政党的利益集约功能就是对社会利益需求加以分析、取舍和集中，再转输于政治系统，这是政党的基本功能。我们党由于对国家政权的控制，能够也应该更为有效地发挥这一功能。这就要求它必须充分了解人民的利益需求，再依据绝大多数人的长远和根本利益去制定政策。如果没有坚实的民众基础，我们党就无法充分了解人民的意愿，也难以按照广大群众的主张去制定国家的大政方针。党的这一基本功能就会弱化。其次，政党的政治社会化功能的发挥，需要广泛的民众基础。政党通过舆论宣传和政治实践活动向公民传输其政治价值、政治信念、政治规则、规范和政治行为模式，促使公民形成一定的政治心理和政治思想，强化其对某种政治体系的认同。这一功能的实现，固然可以运用手中的强大宣传工具去宣传和动员人民，但它必须以人民对党较强的政治认同做基础。如果人民已经对党感到失望，那就不可能接受我们党的宣传和鼓动，甚至会出现对我们党正确宣传的逆反心理。这样，我们党的政治社会化功能就会大打折扣。最后，有效发挥党的国家机构组织化功能，需要广泛的民众基础。我们党在国家政治生活中既扮演着权力操纵者的角色，同时又在国家机构之间承担着组织协调的任务。国家政治系统是受权于民的，我们党对它的影响，就绝不能是简单的行政指令，而要与其权力的来源相一致，在广泛民主的基础上制定政策，对国家机构的工作给予合理科学的指导。如果我们党不能充分地了解民意，并站在大多数人的立场上协调整个国家机构的运作，我们党对国家机构的组织就会陷入褊狭或混乱的状态。

第四，维护合理的政治参与要求我们党必须具有稳固的民众基础。"政党和政党体系的稳定和强大，取决于其制度化水平和政治参与水平。"[①] 而影响我们党执政地位的因素主要有两个方面：一是我们党本身的

---

① 亨廷顿等：《变化社会中的政治秩序》，生活·读书·新知三联书店1989年版，第370页。

制度化水平，即我们党对整个政治体系的运作进行合理的规范，以确保其功能得到有效发挥；二是政治参与的状况。

政治参与必然对我们党的执政地位产生重大的影响。我们党固然可以为政治参与提供主要的渠道，并规范整个社会政治参与的行为，但同时，政治参与作为一种受各种社会因素影响的政治活动本身又具有客观性，它将对政治体系，尤其是对我们党产生重大的影响。高水平的政治参与如果超出我们党的规范之外，则会导致政治紊乱和暴力；低水平的政治参与也会削弱我们党在与其他政党、政治机构和社会势力对比中的地位。只有将高水平的政治参与纳入我们党组织的构架之内，政治参与才会有利于我们党的执政地位的巩固。

获得广泛而稳固的社会支持，使政治参与有利于我们党的执政，是我们党对政治参与加以引导和规范，使之与我们党的政治运作相一致的基本前提。因为，只有人民群众对我们党的思想、体制、方针、政策等给予了充分的认同，才会将其政治参与融入我们党所规范的政治体系之内。同时，公民越是关心和参与政治，就越会认同我们党及其所统领的政治系统，就越会增强对我们党的政治认同。相反，缺少政治认同的政治参与对我们党则大为不利。如果我们党运用手中的强权对公民的参与加以制约，则很可能会在短时期内导致人们的政治冷漠。这不仅不利于我们党执政，反而会促使危机的积累。当人们政治参与的欲望进一步膨胀，超出我们党的控制力的时候，就将导致党的执政危机。而且，公民的政治参与并不一定仅仅依赖于我们党，而是有其他政党可供选择，在这种情况下，如果我们党没有稳固的民众基础，人们就会寻求新的政治参与渠道。

总之，一旦党失去了人民的政治认同，政治参与的发展就会导致其执政的危机。我们党只有通过巩固自己的民众基础，使原有的社会利益群体能够按照其所预置的参与渠道实现政治参与；同时，依据时代的发展，使新产生的社会利益群体也按照它的规范去实现其政治利益诉求，党的执政地位才不会受到挑战和冲击。

综上所述，无论在民主政治的条件下，还是在民主政治尚未得到充分发展的条件下，"一个获得大规模支持的党显然要比一个仅获得有限支持的党来得强大"[①]。无论党有过怎样辉煌的执政历程，一旦失去了社会大多数人的信任和支持，其执政地位就会从根本上发生动摇。不断巩固党的民众基础必将成为党的建设的基础性工程。新时代执政的共产党，必须真正做到立党为公、执政为民，始终代表最广大人民群众的根本利益，创造条件解决人们日益增长的美好生活需要和不平衡不充分发展之间的矛盾，才能不断夯实阶级基础，扩大群众基础。

（执笔人：张立进、韩健鹏）

[①] 亨廷顿等：《变化社会中的政治秩序》，生活·读书·新知三联书店1989年版，第370页。

二 坚持特色，不断推进：改革开放以来的社会主义民主建设

改革开放以来，在中国共产党的正确领导下，经过全国各族人民义无反顾的探索和坚持不懈的努力，我国社会主义民主政治建设取得了巨大的成就，开创了民主政治建设的新局面。站在新时代的历史起点上，回顾中国改革开放以来社会主义民主建设的光辉历程，总结改革开放以来民主建设的巨大成就和成功经验，展望我国民主建设的美好前景，对充分发挥我国社会主义民主政治的优势和特点，坚持中国特色社会主义政治发展道路具有重要的理论价值和现实意义。

（一）改革开放以来社会主义民主建设的光辉历程

党的十一届三中全会不仅开辟了社会主义现代化建设的新道路，也开启了社会主义民主建设的新历程。改革开放以来，我国民主建设在坚持特色、不断推进的过程中取得了辉煌成就。

1. 第一阶段：民主的恢复重建阶段（1978—1982）

从中共十一届三中全会到中共十二大召开前，中国的社会主义民主建设处于恢复时期。中国共产党自诞生之日起，就扛起民主的大旗，经过近三十年的浴血奋战，建立了人民当家作主的中华人民共和国，并在社会主义建设的伟大进程中，创建了一系列民主制度。然而，由于指导思想上的一度失误导致了"文化大革命"的发生，使民主制度遭到了严重破坏。十一届三中全会的召开，形成了以邓小平为核心的第二代中央领导集体，实

现了党在思想、政治和组织路线上的拨乱反正，社会主义民主建设逐渐步入正轨。

(1) 党内民主传统的恢复和发扬

党的十一届三中全会是具有伟大转折意义的一次重要会议，它不仅开辟了社会主义现代化的新道路，而且开启了社会主义民主建设的新历程。针对"文化大革命"期间党内民主集中制、党员民主权利、党内集体领导体制、党内民主生活等党内民主传统遭受严重破坏的状况，在1978年召开的十一届三中全会上，中国共产党在明确提出全党工作的中心要转移到社会主义现代化建设上来的同时，提出了在政治上必须发展社会主义民主，健全社会主义法制。这次全会是在一种民主的氛围中进行的，会议过程中所表现出来的民主气氛，无疑对党内民主建设产生了深远影响。此次全会对真理标准问题、实事求是同"两个凡是"问题、工作重点转移问题、实行改革开放的方针问题、加强党的民主集中制和健全党内民主生活等重大问题进行了热烈讨论。根据历史的经验教训，党的十一届三中全会决定健全党的民主集中制。这次会议认为，社会主义现代化建设需要集中统一的领导，需要严格执行各种规章制度和劳动纪律，但是必须有充分的民主，才能做到正确的集中。"由于在过去一个时期内，民主集中制没有真正实行，离开民主讲集中，民主太少，当前这个时期特别需要强调民主，强调民主和集中的辩证统一关系，使党的统一领导和各个生产组织的有效指挥建立在群众路线的基础上。"[1] 此次全会还同意全国报刊宣传和文艺作品要少宣传个人，认为这是党内民主生活健全化的重要标志。全会重申了毛泽东的一贯主张：党内一律互称同志，不要叫官衔；任何负责人包括中央领导同志的个人意见不要叫"指示"。一定要保障党员在党内对上级领导直至中央常委提出批评性意见的权利，一切不符合党的民主集中制和集体领导原则的做法都应该坚决予以纠正。

"文化大革命"期间，作为中国共产党党内民主制度的重要组成部分，集体领导制度遭到了严重破坏。为了进一步改变过去党内重大问题的决策

---

[1] 中共中央文献研究室编：《三中全会以来重要文献选编》（上），人民出版社1982年版，第9—10页。

往往由少数人甚至个人专断的状况，1980年2月召开的党的十一届五中全会，决定恢复中共八大设立的，并为实践证明行之有效的制度，即设立中央书记处，作为中央政治局和它的常委会领导下的日常工作机构。这是改变个人交接班，实行集体交接班的重大决策，是对党的集体领导的充分肯定，也是保证党的集体领导长期稳定的需要，更是实现党内民主的一项重大改革。为了进一步贯彻和落实党的集体领导，十一届五中全会通过了《关于党内政治生活的若干准则》，着重强调了"坚持集体领导，反对个人专断"原则。该准则认为："集体领导是党的领导的最高原则之一。从中央到基层的各级党的委员会，都要按照这一原则实行集体领导和个人分工负责相结合的制度。"① 针对当时党内缺乏民主作风的现象，为了切实保证党内民主，该准则指出："发扬党内民主，首先要允许党员发表不同的意见，对问题进行充分的讨论，真正做到知无不言，言无不尽。""要纠正一部分领导干部缺乏民主精神，听不得批评意见，甚至压制批评的家长作风。""党内在思想上理论上有不同认识、有争论是正常的。对待思想上理论上的是非，只能采取摆事实、讲道理、民主讨论的办法求得解决，决不能采取压服的办法。"② 这些规定总结了党内民主建设的经验和教训，是发展党内民主必不可少的具体补充，它对党内民主生活的实现具有重要意义。此外，该准则还提出了实行党和国家领导制度和干部制度改革的一项重要原则，即废除实际存在的干部领导职务终身制，这无疑是党内民主发展的一大进步。据此，1980年4月中共中央政治局会议通过《中共中央关于丧失工作能力的老同志不当十二大代表和中央委员候选人的决定》，该决定指出，为了使出席十二大的代表和大会选举产生的中央委员有相当比例的年富力强的同志，使党的领导机构能够适应社会主义现代化建设繁重任务的需要，保证党的集体领导的长期稳定性，中央决定，凡年事已高、丧失工作能力和生活自理能力的老同志，不再作为党的十二大代表和中央委员候选人。这是废除实际上存在的干部职务终身制和逐步更新领导班子的一个重要步

---

① 中共中央文献研究室编：《三中全会以来重要文献选编》（上），人民出版社1982年版，第107页。

② 中共中央文献研究室编：《三中全会以来重要文献选编》（上），人民出版社1982年版，第115—116页。

骤，对于促进党内民主制度的健康发展有着重要的积极作用。紧接着，中共中央于1980年7月专门发出《中共中央关于坚持"少宣传个人"的几个问题的指示》，该指示明确肯定了党的十一届三中全会所确定的"少宣传个人"是正确的。强调过于突出个人的宣传，不仅容易使人产生个人创造历史的误解，也不利于肃清封建主义思想的影响。① 1981年6月，中国共产党第十一届中央委员会第六次全体会议一致通过的《关于建国以来党的若干历史问题的决议》认为："根据'文化大革命'的教训和党的现状，必须把我们党建设成为具有健全的民主集中制的党。一定要树立党必须由在群众斗争中产生的德才兼备的领袖们实行集体领导的马克思主义观点，禁止任何形式的个人崇拜。一定要维护党的领袖人物的威信，同时保证他们的活动处于党和人民的监督之下。在高度民主的基础上实行高度的集中，坚持少数服从多数、个人服从组织、下级服从上级、全党服从中央。"②

对党员民主权利的保障是实现党内民主的前提条件。针对"文化大革命"时期党员权利屡遭侵犯，而"文化大革命"期间制定的党章又取消了党员民主权利这一状况，中国共产党第十一届中央委员会第五次全体会议通过的《关于党内政治生活的若干准则》明确强调保障党员的权利不受侵犯，各级党组织必须切实保障党员的各项权利。侵犯党员权利的行为，是严重违反党纪的。③ 该准则对党员的民主权利做了具体规定：（1）党员有权在党的会议上和党的报刊上参加关于党的政策的制定和实施问题的讨论，有权在党的会议上对党的任何组织和个人提出批评。党员对党的方针、政策、决议有不同意见，可以在党的会议上提出，也可以向各级党组织直至中央做口头或书面的报告。党组织应当欢迎党员群众的批评和建议，并且鼓励党员为了推进社会主义事业提出创造性的见解和主张。（2）对于犯了严重错误拒不改正或不称职的干部，党员有权建议罢免或调换。（3）党员对党组织关于他本人或其他人的处理，有权在党的会议上或向上级组织直

---

① 梅丽红：《当代中国民主政治建设》，上海交通大学出版社2003年版，第176页。
② 中共中央文献研究室编：《三中全会以来重要文献选编》（上），人民出版社1982年版，第789—790页。
③ 中共中央文献研究室编：《三中全会以来重要文献选编》（上），人民出版社1982年版，第116页。

至中央提出声明、申诉、控告和辩护。(4) 党组织对党员的鉴定、结论和处分决定,必须同本人见面。在通过处分决定的时候,如无特殊情况,应通知本人出席会议。党组织要认真听取和考虑本人的意见。如本人有不同的意见,应将组织决定和本人意见一并报上级党组织审定。

(2) 恢复基层民主的努力

粉碎"四人帮"后,党中央充分认识到要恢复发展经济,必须保护工人阶级和农民阶级的一些基本的民主权利。早在1978年3月,全国人大常委会委员长叶剑英在《关于修改宪法的报告》中就指出:"我们必须从一切基层单位起,认真地实行有广大人民群众参加的民主管理。基层单位有无真正的民主管理,这是能否真正保障人民民主权利的一个极为紧要的环节。"[①] 党的十一届三中全会提出,只有逐步实现农业现代化,才能保证整个国民经济的迅速发展,才能不断提高全国人民的生活水平。为此必须调动我国几亿农民的社会主义积极性,必须在经济上充分关心他们的物质利益,在政治上切实保障他们的民主权利。1978年12月,邓小平在中央工作会议上提出:"要切实保障工人农民个人的民主权利,包括民主选举、民主管理和民主监督。"[②] 随后,中华全国总工会党组把维护职工民主权利和物质利益问题,明确地提到工会工作的指导思想上来。工会工作开始逐步形成以经济建设为中心,以推进企业民主管理为重点,坚决代表和维护职工的民主权利和切身利益,不断加强职工队伍建设和工会组织建设的基本格局。在这一过程中,企业恢复和建立职工代表大会制度的工作也取得了积极进展。1980年8月,邓小平在《党和国家领导制度的改革》的重要讲话中强调:"政治上,充分发扬人民民主,保证全体人民真正享有通过各种有效形式管理国家,特别是管理基层地方政权和各项企业事业的权力,享有各项公民权利。"[③] "各企业事业单位普遍成立职工代表大会或职工代表会议""职工代表大会或职工代表会议有权对本单位的重大问题进行讨论,作出决定,有权向上级建议罢免本单位的不称职的行政领导人

[①] 叶剑英:《关于修改宪法的报告》,《人民日报》1978年3月8日。
[②] 《邓小平文选》第2卷,人民出版社1994年版,第146页。
[③] 《邓小平文选》第2卷,人民出版社1994年版,第322页。

员,并且逐步实行选举适当范围的领导人"①。在 1978 年 10 月中国工会第九次全国代表大会上,邓小平再次重申企事业单位应当实行民主管理和建立职工代表大会制度,指出所有的企业必须毫无例外地实行民主管理,使集中领导和民主管理结合起来。1981 年 6 月中国共产党第十一届中央委员会第六次全体会议通过的《关于建国以来党的若干历史问题的决议》明确指出,在基层政权和基层社会生活中逐步实现人民的直接民主,特别要着重努力发展各城乡企业中劳动群众对于企业事务的民主管理。为了适应企业领导制度改革的需要,统一全党思想,发挥工会在推进企业民主管理中的作用,更好地保障工人阶级的民主权利,1981 年 5 月,经中央书记处批准,全国总工会、国家经委和中央组织部联合召开了企业民主管理座谈会。会议明确指出,企业实行职工代表大会制度是党的群众路线的体现,要求工会把做好职工代表大会作为其工作的重点。同年,根据邓小平提出的推广和完善职工代表大会或职工代表会议的要求,中共中央、国务院转发并批准公布了《国营工业企业职工代表大会暂行条例》,同时向全国各地区、各部门发出了有准备地、切实地把职工代表大会制度建立起来的通知。《国营工业企业职工代表大会暂行条例》的公布,使我国职工代表大会制度第一次有了可以遵循和检查的具体章法,也使我国的企业民主管理向法律化、制度化方向大大地迈进了一步,使得工人阶级的民主权利有了制度性保障。此后,1982 年 1 月,中共中央、国务院颁发了《国营工厂厂长工作暂行条例》,同年 6 月,中共中央颁发《中国共产党工业企业基层组织工作暂行条例》和《中国共产党财贸企业基层组织工作暂行条例》,这两个条例都对企业民主管理及工会承担职工代表大会工作机构任务做了明确规定,强调党委领导和支持工会与职工代表大会开展好民主管理活动,切实保护好工人阶级的民主权利。

除此之外,这一时期全国人大还通过了《中华人民共和国全国人民代表大会和地方各级人民代表大会选举法(草案)》,这个选举法草案"把直接选举人民代表大会代表的范围扩大到县一级";"规定地方各级人民代表大会代表有向人民代表大会和它的常务委员会反映群众的意见和

---

① 《邓小平文选》第 2 卷,人民出版社 1994 年版,第 340—341 页。

要求的权利和义务。"① 这无疑拓展了人民行使民主权利的渠道,进一步保障广大人民群众民主权利的实现。

此外,针对"文化大革命"时期中国共产党领导的多党合作制度遭到破坏的现状,为了保障党外人士参政议政的民主权利,发挥他们主人翁的责任感和积极性,1979年2月,中共中央批准了中共中央统战部报送的《关于建议为全国统战、民族、宗教工作部门摘掉"执行投降主义路线"帽子的请示报告》。3月16日,中共中央统战部部长乌兰夫在各民主党派中央负责人参加的统战系统干部大会上指出,在全国统战、民族、宗教工作部门,包括李维汉本人都不存在执行一条所谓"投降主义、修正主义路线"问题。此后,中国共产党的中央和地方有关部门会同民主党派各级机关做了大量艰苦细致的工作,平反了大量的冤假错案,处理了一大批历史遗留问题,切实有效地维护和保障了民主党派和无党派人士的民主权利。1979年10月,中共中央在批发全国统战工作会议的文件中强调,共产党同党外人士的合作,是建立在共同建设四个现代化这一崭新基础上的一种社会主义的同志式的合作共事关系。要尊重民主党派的组织独立性,发挥民主党派的监督作用,放手让它们对党的方针政策和国家事务发议论、做批评、提建议;要认真贯彻执行党同民主党派"长期共存、相互监督"的方针。为了使各民主党派的参政权利能在国家政治生活的实际运作中得到较为充分的发挥,10月12日,中共中央批准了组织部、统战部《关于在国务院各部委和在地方各级人民政府中安排党外人士担任领导职务的请示报告》,要求各级党委根据新形势和新任务的需要克服"清一色"的思想,继续切实做好党外人士特别是具有业务和技术专长的党外人士的安排工作,并同他们真诚合作,共同把国家的事情办好。②

另外,这一时期少数民族的民主权利也在一定程度上得以恢复和发展。1979年2月,中共中央批准为全国统战、民族、宗教工作部门摘掉"投降主义""修正主义"的帽子。10月,又批准为在反右斗争中被错划

---

① 《中华人民共和国全国人民代表大会和地方各级人民代表大会选举法(草案)》,《人民日报》1979年7月1日。

② 梅丽红:《当代中国民主政治建设》,上海交通大学出版社2003年版,第186—187页。

为地方民族主义分子的人摘掉帽子。同时还平反了民族地区的大量冤假错案，为受到迫害的少数民族爱国人士恢复名誉，并在政治上和生活上给予妥善安排。这些医治少数民族群众和干部创伤的努力，改善了民族关系，增进了民族团结。同时，为了使少数民族以平等地位参加国家事务的管理，保障他们在各级政权中享有平等权利，党和国家还对少数民族参加全国人民代表大会和地方各级人民代表大会的代表名额做了专门的规定和特殊的照顾。1979年10月，中共中央、国务院批转的文件和五届全国人大二次会议通过的《中华人民共和国全国人民代表大会和地方各级人民代表大会选举法》，都明确规定了在地方各级人民代表大会中，各有关少数民族都应有适当名额的代表。对人口较少的民族，也应给予适当照顾。少数民族代表所占比例，一般都超过它在全国人口中的比例。[①] 1981年6月，中国共产党第十一届中央委员会第六次全体会议通过的《关于建国以来党的若干历史问题的决议》认为，改善和发展社会主义的民族关系，加强民族团结，对于我们这个多民族国家具有重大意义。在民族问题上，过去特别是在"文化大革命"中，我们犯过把阶级斗争扩大化的严重错误，伤害了许多少数民族干部和群众。在工作中，对少数民族自治权利尊重不够。这个教训一定要认真吸取。必须明确认识到，现在我国的民族关系基本上是各民族劳动人民之间的关系，必须坚持实行民族区域自治，加强民族区域自治的法制建设，保障各少数民族地区根据本地实际情况贯彻执行党和国家政策的自主权。要切实帮助少数民族地区发展经济文化，努力培养和选拔少数民族干部。[②]

2. 第二阶段：快速发展阶段（1982—1989）

经过几年的全面"拨乱反正"，"文化大革命"以及长期"左"倾错误给党和国家所造成的严重混乱局面得到了根本改观，我国的社会主义民主建设在党的领导下走上了健康发展的道路。这一时期，在党的领导下，民主建设迅速发展，民主的制度化、法制化取得了积极进展。

---

① 梅丽红：《当代中国民主政治建设》，上海交通大学出版社2003年版，第189页。
② 中共中央文献研究室编：《三中全会以来重要文献选编》（下），人民出版社1982年版，第788—789页。

（1）党内民主的恢复发展

1982年9月，中国共产党第十二次全国代表大会审议通过了《中国共产党章程》。这部党章吸取了历届党章正反两方面的经验和教训，借鉴了党的七大、八大党章的成功经验，同时也吸取了党的九大、十大党章的教训并彻底清除了党的十一大党章中所存在的"左"的错误。新党章把坚持民主集中制作为中国共产党领导全国各族人民实现社会主义现代化的宏伟目标和必须坚决实现的"三项基本要求"之一，突出强调了党内民主集中制原则的重要性。新党章指出："党内充分发扬民主，在民主的基础上实行高度的集中，加强组织性纪律性，保证全党行动的一致，保证党的决定得到迅速有效的贯彻执行。党在自己的政治生活中正确地开展批评和自我批评，在原则问题上进行思想斗争，坚持真理，修正错误。实行在党的纪律面前人人平等的原则，给违反纪律的党员以应有的批评或处分，把坚持反对党、危害党的分子清除出党。"[1] 针对"文化大革命"期间在党的组织制度方面出现的混乱局面，党的十二大党章汲取了历史教训，明确规定："党的各级委员会实行集体领导和个人分工负责相结合的制度。凡属重大问题都要由党的委员会民主讨论，作出决定。党禁止任何形式的个人崇拜。要保证党的领导人的活动处于党和人民的监督之下，同时维护一切代表党和人民利益的领导人的威信。"[2]"不允许任何领导人实行个人专断和把个人凌驾于组织之上。"[3] 1983年10月，党的十二届二中全会通过的《中共中央关于整党的决定》明确指出："加强纪律，就是坚持民主集中制的组织原则，反对无组织无纪律的家长制、派性、无政府主义、自由主义，改变党组织的软弱涣散状况。保持党的严格的组织纪律性，坚持民主集中制，是实现党的纲领和任务，提高党的战斗力的重要保证。"[4]

---

[1] 中共中央文献研究室编：《十一届三中全会以来党的历次全国代表大会中央全会重要文献选编》（上），中央文献出版社1997年版，第289页。

[2] 中共中央文献研究室编：《十一届三中全会以来党的历次全国代表大会中央全会重要文献选编》（上），中央文献出版社1997年版，第295页。

[3] 中共中央文献研究室编：《十一届三中全会以来党的历次全国代表大会中央全会重要文献选编》（上），中央文献出版社1997年版，第297页。

[4] 中共中央文献研究室编：《十一届三中全会以来党的历次全国代表大会中央全会重要文献选编》（上），中央文献出版社1997年版，第323—324页。

此外，在充分体现民主的党内选举制度方面，党的十二大党章也做出修改和补充，新党章增强了党内选举制度的民主性，初步出现了差额选举的取向。党章规定："党的各级代表大会的代表和委员会的产生，要体现选举人的意志。选举采用无记名投票的方式。候选人名单要由党组织和选举人充分酝酿讨论。可以经过预选产生候选人名单，然后进行正式选举。也可以不经过预选，采用候选人数多于应选人数的办法进行选举。"[①]

鉴于"文化大革命"期间党员的民主权利遭到严重破坏，而"文化大革命"期间制定的党章又取消了党员的民主权利，造成党员的权利与义务相脱节，党内民主得不到发扬，党员的积极性无法调动的状况，党的十二大党章恢复了对党员民主权利的规定。尽管此前，在党的十一大与十二大之间出台了《关于党内政治生活的若干准则》，并提出了保障党员的各项权利，但其在很大程度上还停留在作风建设层面上，并不是一种制度性的安排，权威性明显不够，缺乏实际的操作性。新党章规定共产党员享有八项基本权利与义务。其中，保障党员的民主权利无疑是党内民主的重心所在。中国共产党的执政地位决定了党内民主在整个社会主义民主政治建设中的关键地位和决定作用。因此，党内领导制度的改变，进一步促进了社会主义民主和社会主义法治的发展。

中国共产党第十三次全国代表大会的报告，充分肯定了党内民主的重要作用，该报告指出："以党内民主来逐步推动人民民主，是发展社会主义民主政治的一条切实可行、易于见效的途径。"[②] 此外，该报告的突出特点就是改变过去党内民主由于过多地停留在口头上、观念上，而缺乏权威性、稳定性的状况，党的十三大报告在提出党内民主来逐步推动人民民主的同时，又着重强调了加强党内民主制度建设、规范党内政治生活的问题。

健全党的集体领导制度和民主集中制。党的十三大报告提出："健全党的集体领导制度和民主集中制，要从中央做起。主要是：建立中央政治

[①] 中共中央文献研究室编：《十一届三中全会以来党的历次全国代表大会中央全会重要文献选编》·（上），中央文献出版社1997年版，第295页。

[②] 中共中央文献研究室编：《十一届三中全会以来党的历次全国代表大会中央全会重要文献选编》（上），中央文献出版社1997年版，第485页。

局常委向中央政治局、中央政治局向中央全会定期报告工作的制度；适当增加中央全会每年开会的次数，使中央委员会更好地发挥集体决策作用；建立中央政治局、政治局常委会、中央书记处的工作规则和生活会制度，使集体领导制度化，加强对党的领导人的监督和制约。地方各级党组织也要相应建立和完善有关的议事规则、表决制度和生活会制度。"①采取这些措施，无疑将大大推动党的集体领导和民主集中制走向制度化、规范化和程序化。同时党的十三大通过的《中国共产党章程部分条文修正案》，进一步理顺了中央政治局及其常委会与中央书记处、中央全会的关系，进一步促进了党的集体领导和民主集中制的发展。十三大以后，中央书记处由在中央政治局及其常委会领导下处理中央日常工作，改为中央政治局及其常委会的办事机构，不再具有决策职能；中央政治局常委会向中央政治局、中央政治局向中央全会定期报告工作，并形成制度；中央全会每年开会的次数增加，由以往每年一次改为每年两次，保证中央委员会更好地发挥集体决策作用。经党的十三大修改后的党章，强调"决定重要问题，要进行表决"，从而使集体领导与民主表达之间有了更为直接的、明确的联系。鉴于两次党的全国代表大会之间，往往有一些重大问题需要召集党的全国代表会议讨论决定，因此，十三大党章增加了"党的全国代表会议的职权"这一条款，这既有利于党中央及时讨论解决重大问题，也有利于比较充分地发挥党代表的作用，更好地发扬党内民主。与此同时，各级地方党组织也建立和完善了有关的议事规则、表决制度和生活会制度，使集体领导制度建设得到增强。这有利于防止权力过分集中以及预防形成个人专断。

改革和完善党内民主选举制度。为完善党内民主选举制度，党的十三大报告提出："要改革和完善党内选举制度，明确规定党内选举的提名程序和差额选举办法。近期，应当把差额选举的范围首先扩大到各级党代会代表，基层党组织委员、书记，地方各级党委委员、常委和中央委员会委员。""要疏通党内民主渠道和健全民主生活，使党员对党内事务有更多的

---

① 中共中央文献研究室编：《十一届三中全会以来党的历次全国代表大会中央全会重要文献选编》（上），中央文献出版社1997年版，第495页。

二　坚持特色，不断推进：改革开放以来的社会主义民主建设　　133

了解和直接参与的机会。"①十三大通过的《中国共产党章程部分条文修正案》将第十一条第一段中"可以经过预选产生候选人名单，然后进行正式选举。也可以不经过预选，采用候选人数多于应选人数的办法进行选举"，改为"可以直接采用候选人数多于应选人数的差额选举办法进行正式选举。也可以先采用差额选举办法进行预选，产生候选人名单，然后进行正式选举"。党内选举制度采取差额选举法，体现了党内民主选举制度的进一步完善和发展。随后，中共中央组织部于1988年3月印发的《关于党的省、自治区、直辖市代表大会实行差额选举的暂行办法》规定，党的省自治区、直辖市代表大会代表候选人的差额不少于应选代表名额的20%。党的省、自治区、直辖市委员会委员、候补委员、纪律检查委员会委员候选人的差额不少于应选名额的10%。党的省、自治区、直辖市常务委员会委员、纪律检查委员会常务委员会委员候选人的名额要比应选名额多1—2人。此后，中共中央又印发了《中国共产党基层组织选举工作暂行条例》，对基层组织的选举做出了具体规定。这样，从党的中央组织到地方组织再到基层组织，全部采取了差额选举法，而且有了制度化的保障。

加强党内监督机制，提高党务透明程度。党的十三大十分注重党内监督问题，提出了对党的干部要实行民主监督、公开监督的原则，强调要发扬"从群众中来，到群众中去"的优良传统，提高领导机关活动的公开程度，重大情况让人民知道，重大问题经人民讨论。"要进一步发挥现有协商对话渠道的作用，注意开辟新的渠道。要通过各种现代化的新闻和宣传工具，增加对政务和党务活动的报道，发挥舆论监督的作用，支持群众批评工作中的缺点错误，反对官僚主义，同各种不正之风作斗争。"②根据党的十三大的精神，此后，各级党委在制度建设中采取了一系列有效措施健全和完善党内监督机制。如公开办事制度和办事结果，建立举报中心；根据党章党规继续向应派而未派纪检组的有关部门派驻纪检组；在全国党的

---

①　中共中央文献研究室编：《十一届三中全会以来党的历次全国代表大会中央全会重要文献选编》（上），中央文献出版社1997年版，第485—486页。

②　中共中央文献研究室编：《十一届三中全会以来党的历次全国代表大会中央全会重要文献选编》（上），中央文献出版社1997年版，第478页。

基层组织建立民主评议党员制度，以加强对党员的教育、管理和监督；建立党员领导干部民主生活会制度，以加强对领导机关和领导干部的监督；严肃党纪，处理不合格党员，清理清查干部队伍，大力推进依法制权和廉政制度建设；着手拟订党内监督条例，使党内监督有章可循。

（2）依法推进民族区域自治的健康发展

这一时期，党中央在民族问题上做出一系列重要决定，纠正"文化大革命"和以前的"左"倾错误，恢复良好的民族关系，取得了显著的成效。根据新的历史时期的条件和各民族的具体情况，党中央分别制定了许多有利于各少数民族地区经济和文化发展，有利于实现各少数民族区域自治权利，有利于加强各民族团结的政策，并且这些政策在实践中得到进一步完善和发展。民族团结、民族平等和各民族的共同繁荣，对于我们这个多民族的国家来说，是一个关系到国家命运的重大问题。[①] 党的十二大报告首次在党代会的政治报告中将国内民族问题提到了"关系到国家命运"的高度，强调关于"实现各少数民族区域自治权利"的举措必须进一步完善和发展，并将"进一步发展国内各民族之间的平等、团结、互助的社会主义民族关系"，作为我国社会主义民主建设的一项重要内容。党的十二大通过的党章又明确规定："中国共产党维护和发展国内各民族的平等、团结、互助关系，坚持实行民族区域自治政策，帮助各少数民族地区发展经济文化，积极培养、选拔少数民族干部。"[②] 要真正维护和保障少数民族的权利，就必须加强民族区域自治制度建设，依靠宪法和法律来保证民族区域自治政策的贯彻和实施。为此，1982年12月4日，第五届全国人民代表大会第五次会议通过《中华人民共和国宪法》，宪法第一章第四条规定："中华人民共和国各民族一律平等。国家保障各少数民族的合法的权利和利益，维护和发展各民族的平等、团结、互助关系。禁止对任何民族的歧视和压迫，禁止破坏民族团结和制造民族分裂的行为。国家根据各少数民族的特点和需要，帮助各少数民族地区加速经济和文化的发展。各少

---

① 中共中央文献研究室编：《十一届三中全会以来党的历次全国代表大会中央全会重要文献选编》（上），中央文献出版社1997年版，第256—257页。
② 中共中央文献研究室编：《十一届三中全会以来党的历次全国代表大会中央全会重要文献选编》（上），中央文献出版社1997年版，第287页。

数民族聚居的地方实行区域自治，设立自治机关，行使自治权。各民族自治地方都是中华人民共和国不可分离的部分。各民族都有使用和发展自己的语言文字的自由，都有保持或者改革自己的风俗习惯的自由。"[1] 这部宪法既总结和吸收了过去实行民族政策的经验和教训，又根据新时期社会主义建设的特点，从民族区域自治地方的实际出发，增加了一些反映时代精神的法律规定。1984年5月31日，第六届全国人民代表大会第二次会议通过的我国历史上第一部关于民族工作的法律《中华人民共和国民族区域自治法》，以国家基本法的形式，对民族区域自治在我国政治制度中的地位和作用、民族自治地方的建立和自治机关的组成、自治机关的自治权、民族自治地方的民族关系、上级国家机关对民族自治地方的领导和帮助等重要原则，都做了明确的法律规定。《中华人民共和国民族区域自治法》的颁布，将党的民族区域自治政策用法律的形式固定下来，有利于少数民族更好地行使当家作主的权利。

（3）基层民主建设走向制度化、法制化

这时期，基层民主建设逐步走向制度化、法制化的轨道，成为基层民主发展的一大亮点。党的十二大对基层民主建设给予了进一步肯定，指出："社会主义民主要扩展到政治生活、经济生活、文化生活和社会生活的各个方面，发展各个企业事业单位的民主管理，发展基层社会生活的群众自治。"[2] 第五届全国人大五次会议通过的新宪法总结了各地农村的实践经验，首次确认了村民委员会的法律地位，新宪法在第一百一十一条中，第一次把"村民委员会"这种组织形式写进了宪法，并明确规定："城市和农村按居民居住地区设立的居民委员会或者村民委员会是基层群众性自治组织。居民委员会、村民委员会的主任、副主任和委员由居民选举。居民委员会、村民委员会同基层政权的相互关系由法律规定。居民委员会、村民委员会设人民调解、治安保卫、公共卫生等委员会，办理本居住地区的公共事务和公益事业，调解民间纠纷，协助维护社会治安，并且向人民

---

[1] 《中华人民共和国宪法》，《人民日报》1982年12月5日。
[2] 中共中央文献研究室编：《十一届三中全会以来党的历次全国代表大会中央全会重要文献选编》（上），中央文献出版社1997年版，第255页。

政府反映群众的意见、要求和提出建议。"① 为了推进政社分开和村民委员会的建立，1983年4月21日，《人民日报》发表社论《进一步做好民政工作》。该社论指出：按照宪法规定，我国将实行政社分开，通过试点逐步建立起乡人民政权。这是一项关系到巩固我国基层政权组织，健全社会主义民主和法制，巩固人民民主专政的大事。居民委员会和村民委员会，则是广大人民管理自己事务的群众性自治组织。做好这方面的工作，就能更好地保证人民行使当家作主的民主权利，进一步调动广大人民建设社会主义的积极性和主动性，从而大大加快我国四化建设的进程。1987年11月24日，备受关注的《中华人民共和国村民委员会组织法（试行）》通过，尽管这部法律篇幅不长，但作为我国基层民主发展史上的一部重要文献，也是我国村民自治实施以来一个具有里程碑意义的事件。正如该村民委员会组织法（试行）第一条所规定的："为了保障农村村民实现自治，由村民群众依法办理群众自己的事情，促进农村基层社会主义民主和农村社会主义物质文明、精神文明建设的发展，根据《中华人民共和国宪法》的有关规定，制定本法。"该村民委员会组织法（试行）是加强农村社会主义民主和社会主义法制建设的一项重大措施，是保障8亿农民民主权利的重要法律，是国家重要的基本法之一。自1988年开始，民主在农村进入了实际运作层面，广大农民的民主权利得到了切实的保障，从此走上了依法自治的大道。此后，国务院每年一度的《政府工作报告》都强调要发展和完善包括村民委员会直接民主选举在内的村民自治制度，推进基层民主政治建设。

进入20世纪80年代以后，各级党组织加强和改善了对工会等群众团体工作的领导，支持工会等群众团体依照法律和各自的章程独立自主地开展工作，充分发挥工会等群众团体的重要作用。党的十二大报告指出："必须认真实行职工代表大会制度，使它和工会都能在思想教育、企业管理和工人生活的改善中发挥重要作用。"② 根据这一指示，新宪法又将职工

---

① 《中华人民共和国宪法》，《人民日报》1982年12月5日。
② 中共中央文献研究室编：《十一届三中全会以来党的历次全国代表大会中央全会重要文献选编》（上），中央文献出版社1997年版，第275页。

代表大会作为一项条款载入宪法，从而使职工代表大会制度具有了根本大法的保障。由于党和国家的高度重视，这一时期，推行职工代表大会制度的步伐大大加快，而企业民主管理的加强又进一步促进了职工代表大会的制度化、法制化进程。1984年10月，中共中央《关于经济体制改革的决定》强调，在实行厂长负责制的同时，必须健全职工代表大会制度和各项民主管理制度。经过对实践经验的总结和研究，原有的职代会暂行条例得到了修改、充实。1986年9月15日，中共中央、国务院又颁发了《全民所有制工业企业职工代表大会条例》，规定企业在实行厂长负责制的同时，必须建立和健全职工代表大会制度和其他民主管理制度，保障与发挥工会组织和职工代表在审议企业重大决策、监督行政领导、维护职工合法权益等方面的权利和作用。《全民所有制工业企业职工代表大会条例》将工会同职工代表大会的机构紧密地结合在一起，使企业工会主持了职工代表大会的工作，工会真正成为企业民主管理的组织者和参加者。这些变动有力地增强了职工的民主管理权利和工会在企业管理民主化进程中的重要作用，促进了职工代表大会制度在全国的迅速发展。[①] 1988年4月，第七届全国人大一次会议通过的《中华人民共和国企业法》，以法律的形式肯定了职工代表大会的性质和职权，使厂长负责制建立在民主管理的牢固基础上，防止企业行政领导肆意侵害职工的合法权益。这些法律法规的颁布和实施标志着职工代表大会制度在法制化、制度化的轨道上日趋完善。

（4）公民权利的恢复与发展

第五届全国人民代表大会五次会议通过的《中华人民共和国宪法》，继承和发展了1954年宪法的基本原则，不仅对中国民主法制进程产生了积极的影响，而且对中国公民的民主权利理论与实践也有巨大的促进作用。1982年宪法一方面将公民基本权利一章提到了"国家机构"之前，提高了它的宪法性地位，使得宪法体系更具有科学性、合理性；另一方面它不仅恢复了1954年宪法的内容，而且规定得更加切实和明确，增强了民主权利在实践中的现实性和操作性。新宪法恢复了平等权、选举权与被选举权、政治自由、宗教信仰自由、公民人身自由权、控诉权与获赔权、公民通信

[①] 梅丽红：《当代中国民主政治建设》，上海交通大学出版社2003年版，第235页。

自由与通信秘密、公民劳动权休息权、获得物质帮助权以及受教育权等诸多民主权利。为了保障这些公民权利的实现和逐步扩大，新宪法还规定了国家相应的基本政策和措施，增加了公民对国家机关和国家工作人员提出批评和建议的权利，充实了公民向国家机关提出诉讼、控告和检举等内容。公民对国家权力的监督权在宪法层面也得到了明确的保护。此后，全国人大通过了《中华人民共和国行政监督条例》，对监察机关的职权、管辖和监察程序做出了规定，并规定了行政监察与群众监督相结合的原则。

此外，为了保障和实现各民主党派、无党派人士参政议政的民主权利，中国共产党还有意识地将符合条件的党外人士提拔和推荐到人大和政府各级领导岗位上来，为他们行使参政权利提供有效途径。党的十二大通过的党章又明确规定："党员干部要善于同非党干部合作共事，尊重他们，虚心学习他们的长处。党的各级组织要善于发现和推荐有真才实学的非党干部担任领导工作，保证他们有职有权，充分发挥他们的作用。"① 此后，在中共中央的直接关注和督促下，各民主党派成员和无党派人士在各级政府担任领导职务的比重逐年增加。1986年7月，中共中央又批转了中央统战部《关于新时期党对民主党派工作的方针任务的报告》，第一次在中共中央文件中把多党合作作为政治制度提了出来，明确"发展和完善多党派合作的政治制度，充分发挥民主党派的监督作用，是我国政治体制改革的重要内容之一"。该报告指出，中国共产党领导下的多党派长期合作，是马克思主义基本原理同中国革命与建设实际相结合的一个创造，是建设具有中国特色社会主义的一个重要特征。

3. 第三阶段：反思调整阶段（1989—1992）

这一时期国际国内都发生了未曾预料到的重大事件。国际上，随着苏联解体和东欧剧变，这些国家的共产党纷纷丧失政权，社会主义事业在世界范围内遭受严重挫折。国内1989年春夏之交，发生了一场中华人民共和国成立以来从未发生过的"政治风波"，这场风波最后危及党的领导和社会主义政权的巩固。因此，在平息了"政治风波"后，党和政府对过去

---

① 中共中央文献研究室编：《十一届三中全会以来党的历次全国代表大会中央全会重要文献选编》（上），中央文献出版社1997年版，第306页。

一段时期内民主建设的经验和教训进行了深刻反思,对民主建设进程进行了必要的调整。显然,在稳定压倒一切的特殊历史时期,做出这样的决定和调整是合理而明智的,有利于社会主义政权的巩固和人民民主的最终实现。尽管这个时期的民主建设遇到了相当大的困难,但在许多方面还是取得了积极成果。

(1) 人权事业的初步发展

20世纪90年代初,民主建设的一项重要成果就是把保障和充分实现人权作为中国立法的观念明确下来。1989年4月第七届全国人大常委会二次会议通过的《中华人民共和国行政诉讼法》,1990年12月国务院通过的《中华人民共和国行政复议条例》,使得"民告官"开始成为人民捍卫公民权利的一种选择。从制度构建的角度看,公民权利的救济体系基本确立,并在实践中起到了引导公民运用法律手段捍卫自身权利的作用。1991年,中国政府发表了《中国人权状况白皮书》,该白皮书明确将实现充分的人权确认为"中国社会主义所要求的崇高目标"。该白皮书指出,生存权是中国人民长期争取的首要人权,中国人民获得了广泛的政治权利,享有经济、文化和社会权利,包括中国司法中的人权保障、劳动权利保障、宗教信仰自由、少数民族权利保障、计划生育与人权保护、残疾人人权保障等诸多方面。第一次正式以国家文件的形式全面确认并阐述了中国的人权观,把人权这一基本价值引入中国民主建设的进程中来,关于保障公民的民主权利的规定更加清晰。为了保障公民言论、出版、结社的自由权利,1990年9月,第七届全国人大常委会十五次会议通过了《中华人民共和国残疾人法》,同时把对社会特殊群体权利的保障作为社会主义民主制度优越性的充分体现。在这方面,国家制定了保护特殊群体的保障制度。1991年5月,江泽民在同优秀残疾人和助残先进集体、个体代表座谈时指出:"残疾人问题也是一个人权问题。在我们的社会里,残疾人在政治、经济、文化、社会等方面,确实享有同其他公民平等的权利。它显示了社会主义制度的优越性和我国在人权问题上的广泛性、真实性和公平性。"[①]1990年、1991年和1992年全国人大及其常委会先后通过的《中华人民共

---

① 《中华人民共和国残疾人法》,《人民日报》1991年5月11日。

和国残疾人保障法》《中华人民共和国未成年人保护法》《中华人民共和国妇女权益保障法》都表明我国为保障人民权利，实现人民当家作主做出了不懈的努力。

（2）民族政策的制度化、法制化

20世纪80年代末90年代初，随着国际风云的变幻和国内改革开放向纵深发展，一系列深层次的社会问题和矛盾也不可避免地反映到民族领域，使民族问题显得日益敏感和突出。1990年9月，江泽民在新疆考察工作时指出："民族区域自治制度是解决我国民族问题的根本制度，《民族区域自治法》是以法律形式把这种制度确定下来的一项基本法律。实行民族区域自治，既能发挥各少数民族和民族地区的积极性，又保证了中央必要的集中和祖国的统一。它把民族因素同区域因素、政治因素同经济因素恰当地结合了起来，具有强大的生命力。"[1] 为了充分尊重和保障民族自治地方的自治权，维护少数民族人民的民主权利，并把它的行使纳入法制轨道，1990年2月15日，李鹏总理在全国民委主任会议上特别要求："国家机关必须依法尊重自治地方的自治权，在工作中充分考虑民族自治地方的特殊情况和需要。"[2] 1992年1月14日，江泽民在中央民族工作会议上则进一步指出："中央有关部门和各级政府都要制定实施自治法的规定或措施。涉及少数民族和民族地区的政策法规，要体现自治法精神，有助于自治法实施。要抓紧制定自治条例和单行条例。已制定的要总结经验，不断完善。国家和没有自治地方的省市，要制定保障杂居散居少数民族权利的法规。"[3]

（3）改善党对基层民主建设的领导

为了保证基层民主的健康发展，这一时期，中国共产党改善和加强了对基层民主建设的领导。1990年3月，党的十三届六中全会通过《中共中央关于加强党同人民群众联系的决定》，该决定强调企业党组织要同行政领

---

[1] 中共中央文献研究室综合研究组等编：《新时期宗教工作文献选编》，宗教文化出版社1995年版，第182页。

[2] 国家民族事务委员会、中共中央文献研究室编：《新时期民族工作文献选编》，中央文献出版社1990年版，第447页。

[3] 《江泽民文选》第1卷，人民出版社2006年版，第187页。

导一起，把全心全意依靠工人阶级的方针落到实处，尊重职工的主人翁地位，维护职工的民主权利，支持职代会依法行使各项职权，充分发挥职代会参与企业决策、管理和监督干部的作用，充分发挥职工在发展生产、加强管理和合理分配中的作用。此后，为了协调厂长、党委和职工代表大会三者的关系，1990年12月，党的十三届七中全会又一次正式提出了"发展党组织的政治核心作用，坚持和完善厂长负责制，全心全意依靠工人阶级"的"三句话"方针。在这一方针的指引下，企业民主管理改革更加平稳健康地向前发展。而理顺党组织与群众团体的关系，使各种群众团体能够按照各自的特点独立自主地开展工作，能够在维护全国人民总体利益的同时更好地表达和维护各自代表的群众的具体利益，也是党的十三大关注的重要问题之一。根据党的十三大关于"群众团体也要改革组织制度，转换活动方式，积极参与社会协商对话，赢得群众特别是基层群众的信任"的要求，工会等群众团体的改革提上了议事日程。由于中国基层群众自治是在农村基层自治和城市基层自治相互作用、相互促进下发展起来的，1989年12月16日，参照《中华人民共和国村民委员会组织法（试行）》的有关规定，第七届全国人大常委会十一次会议审议通过了《中华人民共和国城市居民委员会组织法》，对城市居民委员会的性质、地位及其主要职权做出规定，明确指出城市居民委员会是城市居民自我管理、自我教育、自我服务的基层群众性自治组织。至此，基层群众自治的组织形式，作为一项具有全面法律保障的民主制度，已完全成形，并开始有效运作。[1]

（4）中国共产党领导的多党合作与政治协商制度进一步制度化、规范化

早在1989年1月，邓小平在一位民主党派成员关于共产党领导的多党合作问题建议的材料上批示："可组织一个专门小组（成员要有民主党派的），专门拟定民主党派成员参政和履行监督职责的方案，并在一年内完成，明年开始实行。"根据邓小平的批示，1月中旬，组成由民主党派领导和全国人大常委会、国务院、全国政协、中共中央组织部、宣传部、统战部等有关部门负责人参加的专门小组，经过多次研讨，由中共中央统

---

[1] 参见梅丽红《当代中国民主政治建设》，上海交通大学出版社2003年版，第266页。

战部起草了《关于坚持和完善中国共产党领导的多党合作和政治协商制度的意见》。党的十三届四中全会以后，"专门小组"又进行了几次重要的修改，先后由政治局常委李瑞环、江泽民主持座谈会，征求各民主党派和全国工商联负责人及无党派人士的意见。1989年12月30日，该多党合作和政治协商制度的意见以中共中央文件形式发出，1990年2月开始实行。《中共中央关于坚持和完善中国共产党领导的多党合作和政治协商制度的意见》全面系统地总结了中华人民共和国成立以来，特别是党的十一届三中全会以来中国共产党同各民主党派长期合作和政治协商的成功经验，同时也吸取了1989年国内爆发的"政治风波"以及苏联、东欧一些社会主义事业失败的教训，是新时期坚持和完善共产党领导的多党合作和政治协商制度的理论依据和实施准则。该多党合作和政治协商制度的意见指出："民主党派享有宪法规定的权利和义务范围内的政治自由、组织独立和法律地位平等。中共支持民主党派独立自主地处理自己内部事务，帮助他们改善工作条件，支持他们开展各项活动，维护本组织成员及其所联系群众的合法利益和合理要求。"[①] 并就加强中国共产党和各民主党派之间的合作与协商，进一步发挥民主党派成员、无党派人士在人民代表大会中的作用，举荐民主党派成员、无党派人士担任各级政府及司法机关的领导职务，进一步发展民主党派在人民政协中的作用，支持民主党派加强自身建设五个方面做出了明确规定。《中共中央关于坚持和完善中国共产党领导的多党合作和政治协商制度的意见》的贯彻和执行意味着中国共产党同民主党派合作的政治基础更加巩固，政治协商、民主监督逐步走向制度化、规范化；意味着民主党派以及无党派人士参政议政的民主权利逐步明确和规范。《中共中央关于加强党同人民群众联系的决定》强调，要加强共产党领导的多党合作和政治协商制度建设，密切同各民主党派和各族各界人士的联系，坚持重大问题同他们协商，切实保障民主党派成员和无党派人士参政议政和进行民主监督的权利。这些文件的颁布和实施，大大推进了中国政治体制改革和社会主义民主政治建设的进程。

---

① 《中共中央关于坚持和完善中国共产党领导的多党合作和政治协商制度的意见》，《人民日报》1990年2月8日。

4. 第四阶段：不断拓展阶段（1992—2002）

1992年春，邓小平发表了著名的南方谈话，为中国的改革开放和社会主义现代化建设进一步指明了方向。党的十三届四中全会之后，以江泽民为总书记的党中央继承和发展了党所一贯坚持的民主理论，并将发展社会主义民主与社会主义现代化建设和社会主义基本政治制度建设结合起来，从而实现了对于社会主义民主政治认识上的飞跃。①

（1）扩大党内民主的新举措

社会主义市场经济的迅速发展，客观上要求推动社会主义民主化进程，作为执政党的中国共产党顺应历史的发展趋势，特别注重通过积极发展党内民主带动人民民主的实现。20世纪80年代末90年代初，苏联解体，东欧发生剧变，世界范围内社会主义事业遭受沉重打击，一些共产党员对民主集中制的态度随之发生重大变化。1992年召开的中国共产党第十四届全国代表大会的报告明确指出："我国宪法规定，中华人民共和国国家机构实行民主集中制的原则。这是我们的一项根本制度。"② 同时认为坚持和健全民主集中制，维护党的团结和统一是党的改革的重要组成部分，也只有坚持民主集中制才能充分发挥各级党组织和广大党员的积极性、创造性，集中全党智慧，保证党的政策的正确和有效实施，增强党的纪律和战斗力，使我们的事业顺利前进。党的十四大以及通过的新党章都对民主集中制进行了新的阐释，即"民主基础上的集中和集中指导下的民主相结合"，这与党的十二大和十三大党章关于民主集中制的定义有着明显的不同，将原先"在高度民主的基础上实行高度的集中"修改为"民主基础上的集中和集中指导下的民主相结合"，把原命题"在民主基础上的集中和在民主指导下的民主"中的两个"在"删掉，同时用"相结合"的提法代替"两个高度"，使民主集中制的定义更加科学，更加符合中国的实际。1994年9月，中共中央十四届四中全会通过的《中共中央关于加强党的建设几个重大问题的决定》再次强调要坚持和健全民主集中制，又对民主集中制进行

---

① 顾海良主编：《从十四大到十六大——马克思主义在当代中国的新发展》，高等教育出版社2004年版，第209页。

② 中共中央文献研究室编：《十一届三中全会以来党的历次全国代表大会中央全会重要文献选编》（下），中央文献出版社1997年版，第179页。

了修改和完善。该决定指出:"民主集中制是民主基础上的集中和集中指导下的民主相结合的制度,是马克思主义认识论和群众路线在党的生活和组织建设中的运用。"① 这实际上是将民主集中制上升到了制度层面。

集体领导最主要的环节是坚持重大问题由集体讨论决定,《中共中央关于加强党的建设几个重大问题的决定》要求:"凡属方针政策性的大事,凡属全局性的问题,凡属重要干部的推荐、任免和奖惩,都要由中央或地方党委集体决定。重大问题的决定,要充分酝酿、协商和讨论,并按照少数服从多数的原则表决。对集体的决定,任何个人无权改变,个人或少数人有不同意见允许保留,但必须无条件服从,并在行动上积极执行。"进而提出:"要在总结经验的基础上,制定中央和地方党委工作条例,进一步明确和规范党委会及其常委会的职责范围、议事规则、决策程序。"② 据此,1996年,中共中央颁发了《中国共产党地方委员会工作条例(试行)》,这个条例是规范党委工作程序、实行党委集体领导的重要文件。它对全委会、常委会的职责、组织原则、意识和决策、思想作风和工作作风、监督和处分等做了较为明确的规定。该条例的出台对党的各级地方委员会的工作予以制度化的规定,从制度上保证了党的委员会的权力,同时也对党委会成员进行监督提供了依据,为集体领导制度的落实奠定了制度化的基础。

毫无疑问,党员是实现党内民主的主体,从根本上说,党内民主最终实现的前提条件就是要充分保障党员应享有的民主权利。党的十四大报告特别强调:"要进一步发扬党内民主,加强制度建设,切实保障各级党组织和党员的民主权利。疏通和拓宽党内民主渠道,使党员的意见、建议、批评能够及时准确地反映上来。在党内生活中发扬讲真话不讲假话、言行一致的优良作风,支持和保护党员依据党章规定的权利发表意见。对侵犯党员民主权利,压制党员批评,进行打击报复或诬告陷害的人和事,要认真查处。"③《中共中央关于加强党的建设几个重大问题的决定》指出:

---

① 《中共中央关于加强党的建设几个重大问题的决定》,《人民日报》1994年10月7日。
② 《中共中央关于加强党的建设几个重大问题的决定》,《人民日报》1994年10月7日。
③ 中共中央文献研究室编:《十一届三中全会以来党的历次全国代表大会中央全会重要文献选编》(下),中央文献出版社1997年版,第195—196页。

二　坚持特色，不断推进：改革开放以来的社会主义民主建设　145

"发展党内民主必须切实保障各级党组织和党员的民主权利。要疏通和拓宽党内民主渠道，使党员对党内事务有更多的了解和参与。要把党的方针政策、指示决议，及时传达给下级党组织和党员。有些重要事情应该在党内先讨论，让党员早知道。党章规定的党员的各项权利，任何组织和个人都不得侵犯。要制定党员权利保障条例。明确党员正确行使权利的原则和保障党员行使权利的措施。"① 1995年1月7日，中共中央又颁布了《中国共产党党员权利保障条例（试行）》，从该保障条例所规定的具体内容来看，党员所拥有的参与权、知情权、培训权、意见表达权、建议权、批评权、监督权、表决权、选举权和被选举权、申辩权、意见保留权、申诉权、请求组织帮助权等各项权利是广泛而具体的，这意味着对党员权利的尊重从原则层面发展到制度层面，为党员成为党内民主主体这一原则的进一步明确和落实，提供了制度性的保障。

　　发展和规范党内民主选举和干部选拔任免制度、废除领导干部终身制成为这个时期党内民主的一大特色。为规范这方面的工作，推动干部工作制度化与民主化，中共中央及中组部先后制定和下发了《中国共产党地方组织选举工作条例》（1994）《党政领导干部选拔任用工作条例》（1995）。党的十四大撤销了党的顾问委员会的设置，这一举措表明党正式废除干部职务终身制，向干部退休制过渡。干部退休制的实施和干部领导职务终身制的废除，为干部的正常更替和干部能上能下创造了十分重要的制度性基础，也为干部队伍建设中的党内民主制度创新提供了制度空间。②

　　1997年召开的中国共产党第十五次全国代表大会涉及党内民主集中制、党员民主权利等方面，十五大报告指出："在改革开放和发展社会主义市场经济的条件下，民主集中制不仅不能削弱，而且必须完善和发展。要进一步发扬民主，保障党员的民主权利，疏通和拓宽党内民主渠道，充分发挥全党的积极性和创造性；要维护中央权威，在思想上政治上同中央保持一致，保证党的路线和中央的决策顺利贯彻执行；要完善党的代表大

---

①　中共中央文献研究室编：《十四大以来重要文献选编》（中），人民出版社1997年版，第961—962页。

②　郑长忠：《中国共产党党内民主制度创新》，天津人民出版社2005年版，第285页。

会制度，健全各级党委集体领导和个人分工负责相结合的制度，更好地发挥地方党委在同级各种组织中的领导核心作用。领导干部要带头遵守民主集中制的各项规定，维护大局，遵守纪律，防止个人专断和各自为政，反对有令不行、有禁不止。"① 这很好地回答了在发展社会主义市场经济条件下是否还需要民主集中制的疑虑。此后，江泽民在庆祝中国共产党成立80周年大会上的讲话中，明确"充分发扬党内民主"等党的民主制度建设的重要性。江泽民指出："发展党内民主，充分发挥广大党员和各级党组织的积极性、主动性、创造性，是党的事业兴旺发达的重要保证。要切实保障党员的民主权利，拓宽党内民主渠道，加强党员对党内事务的了解和参与。凡属党组织工作中的重大问题都应力求组织广大党员讨论，充分听取各种意见。通过建立有效机制，保证基层党员和下级党组织的意见能及时反馈到上级党组织中来。上级党组织应充分听取党员和下级党组织的意见，集思广益，不断推进决策的科学化、民主化。按照集体领导、民主集中、个别酝酿、会议决定的原则，进一步完善党委内部的议事和决策机制，发挥好党的委员会全体会议的作用，健全党委常委会的决策程序。凡属重大决策，都必须由党委集体讨论，不允许个人说了算。进一步完善集体领导下的个人分工负责制，提高工作效率。集体领导和个人负责，二者不可偏废。"② 在讲话中江泽民提出了发展我国民主政治的基本思路："通过发展党内民主，积极推进人民民主的发展。"按照从严治党的要求，党的十五大以后，特别是"三个代表"重要思想提出以后，中国共产党抓住党政领导干部选拔任用制度改革、党风党政建设和反腐败斗争这些人民群众最为关心、反应也最为强烈的问题作为突破口来推进党的建设的伟大工程，并在此过程中寻找政治体制改革和人民民主发展的突破路径，以稳步推进党内民主和人民民主的发展。

（2）推动基层民主建设向广度和深度发展

社会主义市场经济的推进和发展，直接为基层民主的发展提供了基础和

---

① 中共中央文献研究室编：《十一届三中全会以来党的历次全国代表大会中央全会重要文献选编》（下），中央文献出版社1997年版，第452页。

② 《江泽民文选》第3卷，人民出版社2006年版，第287—288页。

二　坚持特色，不断推进：改革开放以来的社会主义民主建设　147

动力，党的十四大报告强调："加强基层民主建设，切实发挥职工代表大会、居民委员会和村民委员会的作用。"① 基层民主是社会民主的表现形式，它虽然不是国家制度层面的民主，但在推动和促进人民民主成长和实现方面有着战略性意义。党的十五大把基层民主政治建设作为中国推进政治体制改革和加强民主法制建设，实施依法治国方略的重要内容，明确指出："扩大基层民主，保证人民群众直接行使民主权利，依法管理自己的事情，创造自己的幸福生活，是社会主义民主最广泛的实践。城乡基层政权机关和基层群众性自治组织，都要健全民主选举制度，实行政务和财务公开，让群众参与讨论和决定基层公共事务和公益事业，对干部实行民主监督。"②

这一时期，在农村主要是加强基层民主管理制度建设。1994年2月，为了加强对不断推进的村民自治示范活动的指导，民政部在总结各地经验的基础上，发布了《全国农村村民自治示范活动指导纲要（试行）》，对村民自治示范活动的目标、任务、指导方针、具体措施等做了全面系统的规定，并首次明确提出要建立民主选举、民主决策、民主管理、民主监督四项民主制度。在1994年3月召开的中央农村工作会议上，江泽民指出村委会建设的重点是建立民主管理制度，实行村务公开、财务公开。凡涉及群众切身利益的大事，都要由群众讨论决定，并由群众监督实施，使村务管理走向制度化、规范化。同年11月5日，中共中央在《关于加强农村基层组织建设的通知》中，又十分明确地提出了完善村民选举、村民议事、村务公开、村规民约等项制度和办法，从而使全国的村民自治示范活动逐步走向规范化和制度化。③ 1995年2月，江泽民在出席农村工作会议时指出，加强农村基层组织建设，是落实党在农村的各项方针政策，促进农村改革和发展的根本保证，是新时期党的建设这个伟大工程的重要"基础工程"。对于农村基层民主，党的十五大不仅给予了高度评价，而且首次把农村自治实践所发明的"民主选举、民主决策、民主管理、民主监

---

① 中共中央文献研究室编：《十一届三中全会以来党的历次全国代表大会中央全会重要文献选编》（下），中央文献出版社1997年版，第180页。
② 中共中央文献研究室编：《十一届三中全会以来党的历次全国代表大会中央全会重要文献选编》（下），中央文献出版社1997年版，第437—438页。
③ 梅丽红：《当代中国民主政治建设》，上海交通大学出版社2003年版，第291—293页。

督"视为整个社会主义民主的具体要求写进了党的报告。在党的十五大上,党和国家领导人对基层群众自治的深化发展给予了极大关注。1998年,农村基层民主建设掀起了新高潮。党中央高度评价村民自治,将其与家庭联产承包责任制、乡镇企业并列为农村改革20年来农民在党的领导下所取得的三个伟大创举,强调村民自治是党领导亿万农民建设中国特色社会主义民主政治的伟大创举。同年,江泽民在重庆考察工作时指出:"农村基层民主制度建设,是社会主义民主在农村最广泛的实践,也是巩固农村基层政权,密切干群关系,促进农村社会进步的重要举措。"[①] 1998年9月,江泽民在安徽考察工作时明确指出:"扩大农村基层民主,保证农民直接行使民主权利,是社会主义民主在农村最广泛的实践,也是充分发挥农民积极性、促进农村两个文明建设、确保农村长治久安的一件带根本性的大事。"[②] 同年10月召开的党的十五届三中全会对扩大农村基层民主、实行村民自治进行了系统、全面的论述。此次全会审议通过了《中共中央关于农业和农村工作若干重大问题的决定》。该决定强调,必须切实加强农村基层民主法制建设、社会主义精神文明建设、基层党组织和干部队伍建设。实行村民自治,是党领导亿万农民建设有中国特色社会主义民主政治的伟大创举。同年11月,第九届全国人大常委会五次会议正式通过了《中华人民共和国村民委员会组织法》,从法律上确立村民自治作为我国一项政治制度的地位,有力地推动了农村基层民主建设的发展。1999年,全国各地根据新颁布的《中华人民共和国村民委员会组织法》,加快了地方立法的速度。到2001年,有20个省、市、自治区制定了村民委员会组织法实施办法,有23个省、市、自治区制定了村民委员会选举办法,大部分省、市、自治区完成了两个地方法规的立法任务。至2001年底,各省、市、自治区都颁布了村务公开条例,从地方立法层面完善村务公开的法律规范。此外,为了贯彻落实党的十五大关于扩大基层民主,保证人民群众直接行使民主权利的精神,1998年6月10日,中共中央办公厅、

[①] 《江泽民论有中国特色社会主义》(专题摘编),中央文献出版社2002年版,第315页。
[②] 《江泽民在安徽省党政领导干部会上发表重要讲话 强调全面推进农村改革 开创我国农业和农村工作新局面》,《人民日报》1998年9月28日。

国务院办公厅发出《关于在农村普遍实行村务公开和民主管理制度的通知》，该通知指出，为了贯彻落实党的十五大关于扩大基层民主，保证人民群众直接行使民主权利的精神，推进农村基层民主建设，密切党群干群关系，促进农村的改革、发展和稳定，中央认为，有必要在全国农村普遍实行村务公开和民主管理制度。该通知强调，实行村务公开和民主管理，使农村工作逐步走上规范化和制度化的轨道，有利于发展农村基层民主，活跃农村基层民主生活，保障农民群众直接行使民主权利，进一步扩大人民民主；有利于充分调动广大农民群众建设社会主义现代化的积极性和创造性；有利于加强农村基层组织和党风廉政建设，强化党员和群众对干部的监督，密切党群干群关系；有利于引导农村干部依法建制以制治村，正确执行党的群众路线和党的政策，按章办事，做好工作。村民自治不仅极大地提高了农民的民主意识和民主参与能力，而且对中国政治民主化的进程产生了不可低估的辐射作用。

为了加强职工民主管理和职工代表大会制度的建设，同时也为扩大职工代表大会的适用范围提供强有力的理论和政策依据，江泽民在党的十五大报告中强调，要"坚持和完善以职工代表大会为基本形式的企事业民主管理制度，组织职工参与改革和管理，维护职工合法权益。坚决纠正压制民主、强迫命令等错误行为"[①]。2001年4月28日，在全国劳动模范座谈会上，江泽民指出："各级领导机关和领导干部必须懂得，保证工人阶级和广大劳动群众行使管理国家、管理经济和社会事务的权利，是社会主义民主的根本要求。首先必须保证他们在基层的经济、政治、文化和其他社会事务中当好家做好主，这是实现工人阶级和广大劳动群众在整个国家的经济、政治、文化和社会生活中当家作主的基础。要坚持发挥职工代表大会的作用，建立和完善平等协商、集体合同制度，进一步完善村民自治制度，进一步加强社区的民主建设，通过政务公开、厂务公开、村务公开等多种形式，不断扩大基层民主，确保广大职工和劳动群众依法进行民主选

[①] 中共中央文献研究室编：《十一届三中全会以来党的历次全国代表大会中央全会重要文献选编》（下），中央文献出版社1997年版，第438页。

举、民主决策、民主管理、民主监督。"① 2001年10月27日,《全国人民代表大会常务委员会关于修改〈中华人民共和国工会法〉的决定(草案)》在第九届全国人民代表大会常务委员会二十四次会议上表决通过并施行。修订后的工会法不但增加了"维护职工合法权益是工会的基本职责"的规定,明确了"职工代表大会制度"和"集体合同制度"是工会维权的两个基本手段,规定了企业民主管理的形式、工作机构,而且第一次规定了阻碍工会组织职工通过代表大会和其他形式依法行使民主权利的法律责任。这为工会开展职工民主管理工作、履行民主参与和民主监督的职责提供了强大的法律武器。

此外,这一时期的城市社区建设有了显著发展。2000年,民政部在认真调研和总结社区建设经验的基础上,于11月3日向中共中央和国务院上报了《关于在全国推进城市社区建设的意见》。同年11月19日,中共中央办公厅和国务院办公厅联合下发了《关于转发〈民政部关于在全国推进城市社区建设的意见〉的通知》,对城市社区建设的指导思想、基本原则、主要目标以及社区建设的基本概念、社区建设的内涵、推进社区建设的重要意义、社区建设的主要内容、社区组织和队伍的建设、社区建设的规划和领导做了全面系统的阐述,为社区建设的全面推进指明了方向。②社区建设的不断发展,无疑对于扩大基层政治民主,实现基层人民民主权利起到了重要的作用。

(3) 发挥人大的监督职能,维护人民权利

随着公民的民主意识不断增强,广大人民群众和人大代表要求通过人大加强监督,切实维护人民群众利益的呼声越来越高。因此,这一时期,全国人大常委会把监督工作放在重要的位置上,加大监督力度,完善监督方式,增强了监督的实效性。对此,第九届全国人大常委会委员长李鹏强调:"常委会要围绕改革和建设中的重大问题、人民群众普遍关心的、社会反映强烈的问题,开展工作监督。听取和审议国务院及其有关部门和最

---

① 《庆祝"五一"国际劳动节全国劳模座谈会举行》,《人民日报》2001年4月29日。
② 史为民、潘小娟等:《中国基层民主政治建设发展报告》,中国社会科学出版社2008年版,第357页。

高人民法院、最高人民检察院的工作报告,是人大常委会进行工作监督的基本方式。今后可以考虑开展一些专题监督。这就是就某一方面的工作,某一热点问题,某一重大事件,听取和审议一府两院的工作报告。这样可以增强工作监督的针对性和实效性。"① 此外,1994年5月,备受关注的《中华人民共和国国家赔偿法》颁布实施。该法规定,国家机关和国家机关工作人员违法行使职权侵犯公民、法人和其他组织的合法权益造成损害的,受害人有依照本法取得国家赔偿的权利。2000年3月,第九届全国人大通过了《中华人民共和国立法法》,规定"立法应当体现人民的意志,发扬社会主义民主,保障人民通过多种途径参与立法活动"。

在保障少数民族权利方面,这一时期党和国家主要注重法律的形式保障。1999年9月29日,江泽民在中央民族工作会议上把民族区域自治制度再次界定为"我国的一项基本政治制度",这一提法被第九届人大常委会二十次会议通过的《中华人民共和国民族区域自治法(修正案)》所采纳,该自治法强调中华人民共和国是全国各族人民共同缔造的统一的多民族国家。民族区域自治是中国共产党运用马克思列宁主义解决我国民族问题的基本政策,是国家的一项重要政治制度。民族区域自治是在国家统一领导下,各少数民族聚居的地方实行区域自治,设立自治机关,行使自治权。实行民族区域自治,体现了国家充分尊重和保障各少数民族管理本民族内部事务权利的精神,体现了国家坚持实行各民族平等、团结和共同繁荣的原则。实行民族区域自治,对发挥各族人民当家作主的积极性,发展平等、团结、互助的社会主义民族关系,巩固国家的统一,促进民族自治地方和全国社会主义建设事业的发展,起到了巨大的作用。

在保护公民权利方面,这一时期特别需要强调的是,我国政府于1997年10月27日和1998年10月5日分别签署了《经济、社会、文化权利国际公约》和《公民权利和政治权利国际公约》;2001年2月28日,第九届人大常委会正式批准生效《经济、社会、文化权利国际公约》。这充分体现了我国一贯促进人权事业的原则和立场以及全面推进国内人权建设、

---

① 《九届人大常委会二次会议闭幕 通过关于修改森林法的决定和消防法等》,《人民日报》1998年5月1日。

保障人民权利的坚定信念。此外，1997年9月党的十五大进一步将"人权"概念写入党的全国代表大会的政治报告中，将尊重和保障人权确定为共产党执政和党领导民主建设的一项重要目标。

5. 第五阶段：深入推进阶段（2002—2012）

21世纪以来，我国的民主更加强调和注重制度化建设，在中国共产党的正确领导下，这一时期，民主进程进一步加快，民主建设获得了新发展，进入了新阶段。

(1) 党内民主带动人民民主

党的十六大后，中国共产党深刻地认识到完善党内民主制度，不仅是改善党的领导的重要途径，而且是有效推进民主政治建设的不竭动力。这一时期党内民主建设取得了显著成果，形成和发展了党内民主的基本思路，建立健全了党内民主制度，为社会主义民主的发展注入了生机和活力。

形成发展党内民主的基本思路。党的十六大报告强调，要以保障党员民主权利为基础，以完善党的代表大会制度和党的委员会制度为重点，从改革体制机制入手，建立健全充分反映党员和党组织意愿的党内民主制度。党的十六届四中全会又提出，发展党内民主是政治体制改革和政治民主建设的重要内容。党的十六届五中全会再次强调，发展党内民主是全面贯彻落实科学发展观，构建社会主义和谐社会，加强党的执政能力建设和先进性建设的战略举措。党的十六届六中全会又进一步提出"以党内和谐促进社会和谐"。2007年6月，胡锦涛在中央党校发表的重要讲话中指出，要继续积极稳妥、扎实有效地推进党内民主建设，坚持民主集中制，坚持党员主体地位，完善党内民主制度，使党内民主意识普遍增强，党内民主制度不断健全，党的创造活力充分发挥。党的十七大报告明确提出，党内民主是增强党的创新活力、巩固党的团结统一的重要保证。要以扩大党内民主带动人民民主，以增进党内和谐促进社会和谐。

把保障党员民主权利作为发展党内民主的基础。将党员民主权利的保障作为发展党内民主的基础，意味着党员在党内的主体地位得到进一步确认和尊重。党的十六大强调要发挥党员、各级党代会及其代表、各级党委会及其委员作为党内民主主体的作用。这是从党内政治生活整体要求来谈民主，而党员要成为党内民主生活的主体，其首要的条件就是具有明确的、有制度保障的民主权利。2004年9月，中共中央颁布了《中国共产党党员权利保障条例》，这是中国共产党发展党内民主、健全党内生活、加强党的执政能力建设的又一个重要举措，充实了党员所享有的各项权利，完善了保障党员权利的具体措施，明确了各级党组织和党员领导干部在保障党员权利方面应尽的职责，是一个十分重要的基本制度规范。该保障条例第一条把"发扬党内民主"修改为"发展党内民主"，这一字之改，充分体现了党中央对党内民主问题认识的升华。随后，各级党组织采取有效措施贯彻和落实这一条例内容，党员参与党内事务的渠道进一步拓宽，党员来信来访接待处理工作进一步规范，党员控告申诉受理工作进一步加强，一些侵犯党员权利的案件和诬告陷害的案件得到查处。党的十七大报告强调："尊重党员主体地位，保障党员民主权利，推进党务公开，营造党内民主讨论环境。"[①] 党员权利的保障有利于激发和培养党员的民主意识，有利于增强党员在党的工作中的积极性、主动性、创造性，有利于在党内生活中实现党员人人平等、共同参与和管理党内事务，形成良好的民主氛围。

进一步完善党的代表大会制度和党的委员会制度。按照党的十六大关于"扩大在市、县进行党的代表大会常任制的试点，积极探索党的代表大会闭会期间发挥代表作用的途径和形式"的要求，各地大胆探索，稳步推进，取得了宝贵经验。在试行党代会年会制的地方，赋予每年举行的党代会审议党委、纪委工作报告，增补党委、纪委委员，接受代表提案等职能。这一做法改变了过去党代表只能在5年一次的党代会召开期间发挥作用，全委会难以向党代会负责并报告工作接受监督的状况，提高了党的代表大会的权威，促进了党内权力配置和运行的科学化、民主化。按照集体领导、民主集中、个别酝酿、会议决定的原则，完善党委内部的议事和决策机制，进一步发挥党的委员会全体会议的作用。党的十七大报告也指出："完善党的代表大会制度，实行党的代表大会代表任期制，选择一些县（市、区）试行党代表大会常任制。完善党的地方各级全委会、常委会

[①] 胡锦涛：《高举中国特色社会主义伟大旗帜 为夺取全面建设小康社会新胜利而奋斗》，人民出版社2007年版，第51页。

工作机制，发挥全委会对重大问题的决策作用。"①

党内民主监督的有效性不断增强。2003年12月，中共中央颁发《中国共产党党内监督条例（试行）》，把党内监督的重点明确为党的各级领导机关和领导干部，特别是各级领导班子的主要负责人，为开展党内民主监督提供了根本依据。2004年2月，中共中央颁布《中国共产党党内监督条例（试行）》和《中国共产党纪律处分条例》，并发出通知，要求党的各级组织和党员干部严格遵照执行。《中国共产党党内监督条例（试行）》在总则中开宗明义：条例出台的目的，是"加强党内监督，发展党内民主，维护党的团结统一，提高党的领导水平和执政水平，增强拒腐防变和抵御风险能力，坚持党的先进性，始终做到立党为公，执政为民"②。党内监督条例以党内民主为主线，自始至终贯穿着民主原则。该监督条例共有23处出现"民主"一词，明确提出要"发展党内民主"，规定"党的各级领导班子主要负责人应当带头执行民主集中制"，并对开好党内民主生活会做了细致具体的规定。该监督条例的核心部分——监督制度一章，更是突出了发扬民主和执行民主集中制的内容。可以说，该监督条例为在党内民主的基础上实现党内监督提供了切实可行的制度保障。按照民主集中制的原则，在充分发扬党内民主的基础上实行党内监督，才能贯彻执行好这个条例，使党内监督在现有基础上前进一大步，使党的建设的新的伟大工程更上一层楼。此外，党的十六大以来，中央政治局向中央委员会全体会议报告工作已经形成制度，一些地方党委也在这方面进行了实践和探索。党的十七大通过的新党章修正案在总结实践经验的基础上，充实了党的中央组织和地方组织的工作制度，增写了中央政治局向中央委员会全体会议报告工作接受监督，以及地方各级委员会的常务委员会定期向委员会全体会议报告工作、接受监督的内容。把这些内容写入党章，长期坚持下去，有利于发展党内民主，加强党内监督，有利于发挥党的各级委员会全体会议的作用。

加强集体领导，合理划分党委、常委会与全委会的职责权限，有利于

---

① 胡锦涛：《高举中国特色社会主义伟大旗帜 为夺取全面建设小康社会新胜利而奋斗》，人民出版社2007年版，第51页。
② 《中国共产党党内监督条例（试行）》，《人民日报》2004年2月18日。

党的全体委员会的作用得到更好发挥。中央率先垂范，实行政治局向中央委员会报告工作制度。中央政治局常委会向政治局通报民主生活会情况，各级地方党委领导班子也按照中央要求，向同级党委全委会述职和报告工作，接受全委会监督，全委会在重大问题上的决策职能得到进一步强化。2004年，中央组织部颁发《党的地方委员会全体会议对下一级党委、政府领导班子正职拟任人选和推荐人选表决办法》，这是一部操作性较强的党内法规，它对全委会在重要干部的表决方式上做出了全面、细致的程序性规定，使各级全委会在推行这项制度时有章可循，避免了随意性，促进了党内民主的健康发展。党的十七大报告指出："完善党的地方各级全委会、常委会工作机制，发挥全委会对重大问题的决策作用。严格实行民主集中制，健全集体领导与个人分工负责相结合的制度，反对和防止个人或少数人专断。推行地方党委讨论决定重大问题和任用重要干部票决制。建立健全中央政治局向中央委员会全体会议、地方各级党委会向委员会全体会议定期报告工作并接受监督的制度。"①

（2）强化社会主义民主政治的基础性工程——基层民主建设

党的十六大报告明确指出："扩大基层民主，是发展社会主义民主的基础性工作。健全基层自治组织和民主管理制度，完善公开办事制度，保证人民群众依法直接行使民主权利，管理基层公共事务和公益事业，对干部实行民主监督。完善村民自治，健全村党组织领导的充满活力的村民自治机制。完善城市居民自治，建设管理有序、文明祥和的新型社区。坚持和完善职工代表大会和其他形式的企事业民主管理制度，保障职工的合法权益。"② 党的十六大所阐明的这些大政方针，为我国基层民主建设的发展进一步指明了前进的方向。党的十七大报告在谈到发展基层民主时强调："人民依法直接行使民主权利，管理基层公共事务和公益事业，实行自我管理、自我服务、自我教育、自我监督，对干部实行民主监督，是人民当家作主最有效、最广泛的途径，必须作为发展社会主义民主政治的基础性

---

① 胡锦涛：《高举中国特色社会主义伟大旗帜 为夺取全面建设小康社会新胜利而奋斗》，人民出版社2007年版，第51—52页。

② 中共中央文献研究室编：《十六大以来重要文献汇编》（上），中央文献出版社2005年版，第25页。

工程重点推进。"① 把发展基层民主作为发展社会主义民主政治的基层性工程重点推进，这在我们党的全国代表大会报告中还是第一次提出。这充分体现了中国共产党对发展基层民主的高度重视，有利于扩大社会主义民主。党的十七大部署了做好发展基层民主的工作，一要健全基层党组织领导的充满活力的基层群众自治机制，扩大基层群众自治范围，完善民主管理制度，把城乡社区建设成为管理有序、服务完善、文明祥和的社会生活共同体。二要全心全意依靠工人阶级，完善以职工代表大会为基本形式的企事业单位民主管理制度，推进厂务公开，支持职工参与管理，维护职工合法权益。三要深化乡镇机构改革，加强基层政权建设，完善政务公开、村务公开等制度，实现政府行政管理与基层群众自治有效衔接和良性互动。四要发挥社会组织在扩大群众参与、反映群众诉求方面的积极作用，增强社会自治功能。党的十七大把基层群众自治制度同人民代表大会制度、中国共产党领导的多党合作和政治协商制度、民族区域自治制度放在一起，作为社会主义民主政治的总体战略部署，充分体现了基层民主在社会主义民主政治建设中的地位和作用。

进入21世纪以来，农村基层民主建设迅速发展。党的十六大报告提出建设社会主义政治文明的任务，即"健全民主制度，丰富民主形式，扩大公民有序的政治参与，保证人民依法实行民主选举、民主决策、民主管理和民主监督，享有广泛的权利和自由，尊重和保障人权"②。2002年7月，中共中央办公厅、国务院办公厅发出《关于进一步做好村民委员会换届选举工作的通知》，该通知指出："由村民直接选举村民委员会，是法律赋予村民的一项基本民主权利，是基层民主的重要体现。做好村民委员会换届选举，必须充分发扬民主，切实保障广大村民在选举各环节中的权利，使村民委员会选举真正体现农民群众的意愿。"③ 为了进一步推进村务公开和民主管理，2004年6月22日下发的《中共中央办公厅国务院办公厅关于健全和完善村务公开和民主管理制度的意见》提出："进一步健全

---

① 胡锦涛：《高举中国特色社会主义伟大旗帜 为夺取全面建设小康社会新胜利而奋斗》，人民出版社2007年版，第30页。
② 《全面建设小康社会 开创中国特色社会主义事业新局面》，《人民日报》2002年11月9日。
③ 《关于进一步做好村民委员会换届选举工作的通知》，《人民日报》2002年8月19日。

村务公开制度，保障农民群众的知情权；进一步规范民主决策机制保障农民群众的决策权；进一步完善民主管理制度，保障农民群众的参与权；进一步强化村务管理的监督制约机制保障农民群众的监督权；进一步加强对村务公开和民主管理工作的领导。"① 该意见明确指出我国各地推进村务公开和民主管理所取得的积极成果，同时也指出存在的问题，提出要把党在农村的各项政策落到实处，进一步健全和完善村务公开和民主管理制度，扎实推进村务公开和民主管理工作，增强推进村务公开和民主管理的自觉性和紧迫感，真正实现广大农民的民主权利。2006年2月15日，胡锦涛在省部级主要领导干部建设社会主义新农村专题研讨班上的讲话中，就全面加强农村生产力建设、促进农民增收、扩大农村基层民主、加强精神文明建设、促进农村和谐社会建设、稳定和改善农村基本经营体制六项任务提出了具体要求。这一时期村民自治发展的重心逐渐转向对村民民主权利的制度性保障上来。

（3）人权事业迅速发展

中国共产党以马克思主义为指导方针，以全心全意为人民服务为宗旨，领导中国人民进行革命斗争的目的，就是实现中国各民族人民的解放，使所有中国人都能享有充分的人权。党的十五大报告指出："共产党执政就是领导和支持人民掌握管理国家的权力，实行民主选举、民主决策、民主管理和民主监督，保证人民依法享有广泛的权利和自由，尊重和保障人权。"② 党的十六大又重申，要"健全民主制度，丰富民主形式，扩大公民有序的政治参与，保证人民依法实行民主选举、民主决策、民主管理和民主监督，享有广泛的权利和自由，尊重和保障人权"③。党的十六大之后，党中央更加注重保障人权，2003年10月，党的十六届三中全会提出坚持以人为本的科学发展观，强调科学发展观的本质和核心是以人为

---

① 《中共中央办公厅国务院办公厅关于健全和完善村务公开和民主管理制度的意见》，《人民日报》2004年7月12日。

② 中共中央文献研究室编：《十五大以来重要文献汇编》（上），中央文献出版社2000年版，第31页。

③ 中共中央文献研究室编：《十六大以来重要文献汇编》（上），中央文献出版社2005年版，第25页。

本，而以人为本就是要尊重和保障人权，包括公民的政治、经济、文化权利。2004年初，全国人民代表大会根据中国共产党的提议，将"国家尊重和保障人权"条款以及人权的基础——保护私有财产的条款写进《中华人民共和国宪法》这一国家根本大法中，这将促使我国人权保障制度的进一步发展。2004年9月，党的十六届四中全会通过《关于加强党的执政能力建设的决定》，强调党必须坚持科学执政、民主执政、依法执政，并把"尊重和保障人权，保证人民依法享有广泛的权利和自由"作为加强党的执政能力建设的一项重要内容。2006年党的十六届六中全会通过《关于构建社会主义和谐社会若干重大问题的决定》，进一步将尊重和保障人权提升到构建社会主义和谐社会的高度。2007年中国共产党第十七次全国代表大会通过的新的《中国共产党章程》，在总纲有关党领导人民发展社会主义民主政治的自然段中写入了尊重和保障人权的内容，进一步表明党高度重视尊重和保障人权问题，表明我国人权事业将得到进一步发展。

（4）人民民主权利制度保障的完善和发展

这一时期，人民当家作主的地位得到进一步保障。2004年9月，在首都各界纪念全国人民代表大会成立30周年大会上，胡锦涛指出，依法治国首先要依宪治国，依法执政首先要依宪执政；强调人民代表大会制度是中国人民当家作主的重要途径和最高实现形式，是中国社会主义政治文明的重要制度载体；要求我们抓住坚持和完善人民代表大会制度这个重要环节，进一步健全民主制度，丰富民主形式，扩大公民有序的政治参与。2004年9月19日，中国共产党第十六届中央委员会第四次全体会议通过《中共中央关于加强党的执政能力建设的决定》，该决定指出："坚持和完善人民代表大会制度，保证各级人民代表大会都由民主选举产生，对人民负责、受人民监督，支持人民通过人民代表大会行使国家权力，支持人民代表大会及其常委会依法履行职能，密切人大代表同人民群众的联系，使国家的立法、决策、执行、监督等工作更好地体现人民的意志，维护人民的利益。尊重和保障人权，保证人民依法享有广泛的权利和自由。"[①] 2007年第十届全国人大五次会议通过了关于第十一届全国

[①]《中共中央关于加强党的执政能力建设的决定》，《人民日报》2004年9月27日。

人大代表名额和选举问题的决定，首次明确规定"在农民工比较集中的省、直辖市，应有农民工代表"，这无疑从法律上保障了一亿多农民工在国家最高权力机关直接拥有了自己的代表，成为中国民主政治发展的一个重要标志。党的十七大报告提出了进一步加强和完善人民代表大会制度、保障人民民主权利的三项措施。其一，"支持人民代表大会依法履行职能，善于使党的主张通过法定程序成为国家意志"。这一重要举措，体现了党科学执政、民主执政、依法执政的执政理念，这必将使执政党和国家权力机关的关系更加规范和顺畅。其二，报告建议，"逐步实行城乡按相同人口比例选举人大代表"，这必将消除选举中的城乡差异，进一步扩大广大农民在人大代表中的比例，扩大他们在国家权力机关中的发言权。其三，优化人大常委会"组成人员知识结构和年龄结构"，将使人大常委会能够更好地履行职责，代表人民制定法律法规，实行监督。

（5）参政议政的民主权利得到进一步完善和发展

为适应国际国内形势的深刻变化，发展社会主义民主政治，建设社会主义政治文明，推进中国特色社会主义伟大事业，2005年2月，中共中央下发了《中共中央关于进一步加强中国共产党领导的多党合作和政治协商制度建设的意见》。该意见进一步完善了对民主党派性质的表述，指出各民主党派是进步性、广泛性相统一，致力于中国特色社会主义建设事业的参政党，充分肯定了民主党派不仅是发展先进生产力、社会主义民主政治、社会主义先进文化和构建社会主义和谐社会的重要力量，也是实现祖国统一、民族振兴的重要力量。该意见体现了中国共产党和各民主党派、无党派人士的共同意愿，是历史经验的总结，是中国共产党与各民主党派团结合作的体现，是集体智慧的结晶，有力地加强了我国多党合作和政治协商制度的制度化、规范化和程序化建设。2005年10月19日，国务院新闻办公室发表了《中国的民主政治建设白皮书》。该白皮书全面总结了中国政党制度的显著特征，即中国共产党领导、多党派合作，中国共产党执政、多党派参政；强调了中国共产党与各民主党派合作的基本方针是"长期共存、互相监督、肝胆相照、荣辱与共"。中国人民政治协商会议是中国人民爱国统一战线的组织，是中国共产党领导的多党合作和政治协商的重要机构，也是中国政治生活中发扬民主的重要形式。中国共产党领导的多党合作和政治协商制度在国家政治和社会生活中的重要性不断增强，中国共产党与各民主党派、无党派人士的政治协商逐步制度化和规范化，民主党派成员、无党派人士在人民代表大会、中国人民政治协商会议中发挥着重要作用，担任各级政府和司法机关的领导职务。民主党派和无党派人士通过多渠道、多形式对执政党的工作实行民主监督，积极参与改革开放和现代化建设事业，为推动祖国统一大业和社会全面进步不断建言献策。2006年2月8日，中共中央发布了《中共中央关于加强人民政协工作的意见》，强调了中国人民政治协商会议是中国人民爱国统一战线的组织，是中国共产党领导的多党合作和政治协商的重要机构，是我国政治生活中发扬社会主义民主的重要形式；重申了中国共产党领导的多党合作和政治协商制度是我国的一项基本政治制度。要坚持走中国特色社会主义政治发展道路，立足我国国情，总结实践经验，借鉴人类政治文明的有益成果，绝不照搬西方政治制度的模式。人民政协是实行中国共产党领导的多党合作和政治协商制度的重要政治形式和组织形式。同时，该意见指出，要充分发挥人民政协作为中国共产党领导的多党合作和政治协商的重要机构的作用，支持各民主党派和无党派人士参与国家重大方针政策的讨论协商及其履行职责的各种活动；尊重和保障各民主党派在政协的各种会议上以本党派名义发表意见的权利，开展视察、提出议案、举报、反映社情民意以及参与调查和检查活动的权利；指出要保证民主党派成员和无党派人士在政协委员、常务委员和政协领导成员中占有较大比例，政协各专门委员会要有民主党派和无党派人士参加，政协机关中应有一定数量的民主党派和无党派人士担任专职领导职务，并做到有职、有权、有责。中国共产党第十六届中央委员会第六次全体会议经过充分讨论，审议通过《中共中央关于构建社会主义和谐社会若干重大问题的决定》。该决定指出："坚持和完善人民代表大会制度、中国共产党领导的多党合作和政治协商制度、民族区域自治制度，从各个层次扩大公民有序的政治参与，保障人民依法管理国家事务、管理经济和文化事业、管理社会事务。推进决策科学化、民主化，深化政务公开，依法保障公民的知情权、参与权、表达权、监督权，高举爱国主义和社会主义伟大旗帜，发挥统一战线在促进社会和谐中的独特优势，支持人民政协围绕团结和民主两大主题履行政治协商、民主监督、参政议政的职能，发挥协调关系、汇集力量、建言献策、服务大局的作用，加强各党派、各团体、各民族、各阶层、各界人士的团结和谐。贯彻长期共存、互相监督、肝胆相照、荣辱与共的方针，加强同民主党派和无党派人士合作共事，不断发展我国社会主义多党合作事业。"① 党的十七大报告强调，坚持中国共产党领导的多党合作和政治协商制度，是推进社会主义政治制度自我完善和发展的一项重要内容。坚持中国共产党领导的多党合作和政治协商制度，是推进社会主义政治制度自我完善和发展的一项重要内容。十七大报告指出："支持人民政协围绕团结和民主两大主题履行职能，推进政治协商、民主监督、参政议政制度建设；把政治协商纳入决策程序，完善民主监督机制，提高参政议政实效；加强政协自身建设，发挥协调关系、汇聚力量、建言献策、服务大局的重要作用。"② 十七大报告同时强调："壮大爱国统一战线，团结一切可以团结的力量。要贯彻长期共存、互相监督、肝胆相照、荣辱与共的方针，加强同民主党派合作共事，支持民主党派和无党派人士更好履行参政议政、民主监督职能，选拔和推荐更多优秀党外干部担任领导职务。"③

6. 第六阶段：创新发展阶段（2012 年至今）

进入新时代，以习近平为核心的党中央承前启后、继往开来，将民主政治建设与全面深化改革的时代任务相结合，并将其上升到中华民族伟大复兴的历史高度，实现了中国特色社会主义民主的创新发展。

（1）加强党的全面领导，实现党内民主建设制度化、规范化、程序化发展

党的十九大报告指出，中国共产党的领导是中国特色社会主义最本质的特征，是中国特色社会主义制度的最大优势，是人民当家作主的根本保证。十九大审议通过的《中国共产党章程（修正案）》明确将"党领导一切"这一政治原则写入党章。第十三届全国人大一次会议通过的《中华人

---

① 《中共中央关于构建社会主义和谐社会若干重大问题的决定》，《人民日报》2006 年 10 月 19 日。
② 胡锦涛：《高举中国特色社会主义伟大旗帜 为夺取全面建设小康社会新胜利而奋斗》，人民出版社 2007 年版，第 29 页。
③ 胡锦涛：《高举中国特色社会主义伟大旗帜 为夺取全面建设小康社会新胜利而奋斗》，人民出版社 2007 年版，第 31 页。

民共和国宪法修正案》在总纲第一条中增加了这一规定："中国共产党领导是中国特色社会主义最本质的特征。"当然，坚持中国共产党的领导，不是不要民主了，而是形成更广泛、更有效的民主。坚持党的全面领导，必须全面加强和改进党的建设，而党内民主又是党的生命。

党内民主是党的生命，保障党员权利在党内民主建设中居于基础地位。党内民主建设必须从党员这一主体的实际出发，通过健全和完善相关的党内民主建设制度，以保障党员的各项权利。党的十八大报告结合党员权利和主体地位，将健全党员民主权利的着力点落脚于制度建设，从党的代表大会制度、党内选举制度、全委会决策监督制度和党内基层民主制度四个方面完善党内民主。同时十八大报告又对发展党内民主的制度建设做出了重要论述："保障党员主体地位，健全党员民主权利保障制度，开展批评和自我批评，营造党内民主平等的同志关系、民主讨论的政治氛围、民主监督的制度环境，落实党员知情权、参与权、选举权、监督权。完善党的代表大会制度，提高工人、农民代表比例，落实和完善党的代表大会代表任期制，试行乡镇党代会年会制，深化县（市、区）党代会常任制试点，实行党代会代表提案制。完善党内选举制度，规范差额提名、差额选举，形成充分体现选举人意志的程序和环境。强化全委会决策和监督作用，完善常委会议事规则和决策程序，完善地方党委讨论决定重大问题和任用重要干部票决制。扩大党内基层民主，完善党员定期评议基层党组织领导班子等制度，推行党员旁听基层党委会议、党代会代表列席同级党委有关会议等做法，增强党内生活原则性和透明度。"[1]党的十八届六中全会又从全面从严治党、规范党内政治生活的目的出发，对党内民主的极端重要性及相关制度建设做了论述，提出"党内民主是党的生命，是党内政治生活积极健康的重要基础。要坚持和完善党内民主各项制度，提高党内民主质量，党内决策、执行、监督等工作必须执行党章党规确定的民主原则和程序，任何党组织和个人都不得压制党内民主、破坏党内民主"。党的十九大报告在涉及加强党的基层组织

---

[1] 中共中央文献研究室编：《十八大以来重要文献选编》（上），中央文献出版社2014年版，第40页。

建设方面，明确提出"扩大党内基层民主，推进党务公开，畅通党员参与党内事务、监督党的组织和干部、向上级党组织提出意见和建议的渠道"，极大地推动了党内民主的制度化、规范化、程序化建设。党的十八大以来，以习近平为核心的党中央高度重视推进党内民主制度化建设，在党内选举、保障党员民主权利、党内民主政治生活规范等相关制度改革上进行了一系列不懈的探索和思考。

（2）全面依法治国，推进民主制度化、法治化发展

依法治国是发展社会主义民主政治的必然要求，社会主义民主政治只有实现制度化、规范化、程序化，只有在法制的轨道上有计划、有步骤地推进，才能为国家的民主稳定、长治久安提供保障。党的十八大以来，习近平始终重视法律制度对民主政治的保障作用，并对依法推进民主制度化、法治化发展进行了新的诠释。制度是起根本性、全局性、长远性作用的，"发展人民民主必须坚持依法治国、维护宪法法律权威，使民主制度化、法律化，使这种制度和法律不因领导人的改变而改变，不因领导人的看法和注意力的改变而改变"[1]。推进民主制度化建设，使依法治国基本方略落到实处，就必须实现立法、执法、司法三者制度化建设的有机统一。就立法层面而言，习近平强调立法必须坚持以人为本，把维护人民的根本利益和人民当家作主放在第一位，"推进科学立法、民主立法、依法立法，以良法促进发展、保障善治"[2]，为民主政治建设提供更好的制度和法律保障。就执法层面而言，习近平特别注意运用法治思维和法治方式来建设社会主义民主政治，强调法律制度的落实。他指出，法规制度的生命力在于执行，"要坚持用制度管权管事管人，抓紧形成不想腐、不能腐、不敢腐的有效机制，让人民监督权力，让权力在阳光下运行，把权力关进制度的笼子里"[3]。就司法层面而言，习近平强调司法是维护社会公平正义的最后

---

[1] 中共中央文献研究室编：《十八大以来重要文献选编》（中），中央文献出版社2016年版，第55页。

[2] 习近平：《决胜全面建成小康社会 夺取新时代中国特色社会主义伟大胜利——在中国共产党第十九次全国代表大会上的报告》，人民出版社2017年版，第38—39页。

[3] 中共中央文献研究室编：《十八大以来重要文献选编》（中），中央文献出版社2016年版，第58页。

一道防线，要借鉴国外法治的有益成果，但不能照搬照抄国外司法制度，必须深化司法体制改革、公正司法，把司法权关进制度的笼子，最终依靠制度来保障实施。在党的十九大报告中，习近平再次提出，"深化司法体制综合配套改革，全面落实司法责任制，努力让人民群众在每一个司法案件中感受到公平正义"[①]。一言以蔽之，社会主义民主建设，离不开法律制度的引领和规范，只有这样，社会主义民主才能真正得以保障和实现。2018年3月10日，习近平参加重庆代表团审议时提出，要坚持法治、反对人治，对宪法和法律始终保持敬畏之心，"坚持依法治国首先要坚持依宪治国，坚持依法执政首先要坚持依宪执政"。第十三届全国人大一次会议通过《中华人民共和国宪法修正案》。修宪目的就是通过修改使我国宪法适应新时代的新情况，更好地体现人民意志，更好地体现中国特色社会主义民主发展的优势，从而起到治国安邦的作用。其中修改国家主席任职方面的有关规定，既是为了保证新时代中国特色社会主义建设的连续性、稳定性，也体现了党和国家事业发展的新经验新要求。

（3）保障人民当家作主权利实现制度化发展

制度和法律是人民当家作主权利实现的根本保障。社会主义基本民主制度的制度化、法制化、程序化为民主的发挥提供了根本性、长期性、稳定性的保障。党的十八大以来，习近平不仅多次强调制度和法律对保障人民当家作主权利实现的重要性，而且对如何健全民主制度、丰富民主形式、拓宽民主渠道进行了新的思考。人民当家作主是社会主义民主政治的本质和核心，"发展社会主义民主政治就是要体现人民意志、保障人民权益、激发人民创造力，用制度体系保证人民当家作主"[②]。社会主义民主"应该是人民利益的一种法制化的体现，而不是某一个阶层、某些人的随意性，也不是满足任何一些人、任何一个阶层提出的任何一个要求"[③]。人民当家作主是社会主义民主政治的本质特征，离开人民民主权利的充分行

---

① 习近平：《决胜全面建成小康社会 夺取新时代中国特色社会主义伟大胜利——在中国共产党第十九次全国代表大会上的报告》，人民出版社2017年版，第37页。

② 习近平：《决胜全面建成小康社会 夺取新时代中国特色社会主义伟大胜利——在中国共产党第十九次全国代表大会上的报告》，人民出版社2017年版，第36页。

③ 习近平：《摆脱贫困》，福建人民出版社1992年版，第81页。

使和切实保障,发展人民民主也就成为一句空话。新时代中国特色社会主义民主政治建设应从各个层次、各个领域"扩大人民有序政治参与,保证人民依法实行民主选举、民主协商、民主决策、民主管理、民主监督"[1]。在庆祝中国人民政治协商会议成立65周年大会上,习近平从民主的主体层面首次提出了评价民主实践形式的"四个看"标准:"人民是否享有民主权利,要看人民是否在选举时有投票的权利,也要看人民在日常政治生活中是否有持续参与的权利;要看人民有没有进行民主选举的权利,也要看人民有没有进行民主决策、民主管理、民主监督的权利。"[2] "四个看"标准突出强调了民主决策、民主管理、民主监督与民主选举一样非常重要,都是衡量人民民主权利实现的重要指标。此外,习近平在庆祝全国人民代表大会成立60周年会议上强调:"我们要坚持和完善中国共产党领导的多党合作和政治协商制度,加强社会各种力量的合作协调,切实防止出现党争纷沓、相互倾轧的现象。我们要坚持和完善民族区域自治制度,巩固平等团结互助和谐的社会主义民族关系,促进各民族和睦相处、和衷共济、和谐发展,切实防止出现民族隔阂、民族冲突的现象。我们要坚持和完善基层群众自治制度,发展基层民主,保障人民依法直接行使民主权利,切实防止出现人民形式上有权、实际上无权的现象。"[3] 这表明中国特色社会主义民主制度是由一整套相互衔接、相互联系的制度构成的体系,它们共同以制度的形式保障人民当家作主权利的实现。党的十九大强调,新时代中国特色社会主义民主政治建设应扩大人民有序政治参与,保证人民依法实行民主选举、民主协商、民主决策、民主管理、民主监督;要加强协商民主制度建设,形成完整的制度程序和参与实践,保证人民在日常政治生活中有广泛、持续、深入参与的权利。当今中国正处于社会高速发展的转型期,是中国特色社会主义进入新时代的关键时期,社会利益主体

---

[1] 习近平:《决胜全面建成小康社会 夺取新时代中国特色社会主义伟大胜利——在中国共产党第十九次全国代表大会上的报告》,人民出版社2017年版,第37页。
[2] 中共中央文献研究室编:《十八大以来重要文献选编》(中),中央文献出版社2016年版,第73页。
[3] 中共中央文献研究室编:《十八大以来重要文献选编》(中),中央文献出版社2016年版,第63页。

呈现多元化，利益价值追求出现多样性，但以习近平为代表的中国共产党人始终将最广大人民群众的根本利益作为党和国家一切工作的出发点和落脚点，通过制度建设从根本上保障人民当家作主的权利。

（4）社会主义协商民主制度的确立与发展

社会主义协商民主不是舶来品，它深受中国传统思想文化、西方民主思想以及马克思主义民主思想的影响，根源于对中国传统政治历史发展与现实社会实践的反思与总结，既是我国协商民主思想和实践发展到一定历史阶段的必然产物，也是党对协商民主认识的深化和高度的理论自觉。党的十八大报告首次提出"社会主义协商民主"的概念，指出社会主义协商民主是"人民民主的重要形式"[1]，并对健全完善社会主义协商民主制度做出总体部署，这无疑是社会主义民主政治建设的又一重大理论创新。对社会主义协商民主的制度化建设，习近平始终给予高度关注，他强调应"加强社会主义协商民主制度建设，推进协商民主广泛多层制度化发展，构建程序合理、环节完整的社会主义协商民主体系"[2]。2014年9月，在庆祝中国人民政治协商会议成立65周年大会上，习近平对社会主义协商民主的优势作用、性质定位和目标任务做了精准而深入的理论阐述，做出"社会主义协商民主，是中国社会主义民主政治的特有形式和独特优势"[3]这一重大理论判断。2015年中共中央印发《关于加强社会主义协商民主建设的意见》，明确了社会主义协商民主的基本内涵："协商民主是在中国共产党领导下，人民内部各方面围绕改革发展稳定重大问题和涉及群众切身利益的实际问题，在决策之前和决策实施之中开展广泛协商，努力形成共识的重要民主形式。"[4] 该意见是对社会主义协商民主的全面性、体系化、制度化的深刻阐释，明确强调了政治协商是中国特色社会主义民主政治的重要形式，标志着社会主义协商民主制度进入全面发展阶段。党的十

---

[1] 中共中央文献研究室编：《十八大以来重要文献选编》（上），中央文献出版社2014年版，第21页。

[2] 中共中央文献研究室编：《十八大以来重要文献选编》（中），中央文献出版社2016年版，第163页。

[3] 中共中央文献研究室编：《十八大以来重要文献选编》（中），中央文献出版社2016年版，第72页。

[4] 《关于加强社会主义协商民主建设的意见》，《人民日报》2015年2月10日。

九大报告不仅从理论的高度再次强调了"协商民主是实现党的领导的重要方式,是我国社会主义民主政治的特有形式和独特优势"[①],更从实践的层面详尽提出"要推动协商民主广泛、多层、制度化发展,统筹推进政党协商、人大协商、政府协商、政协协商、人民团体协商、基层协商以及社会组织协商"[②]。在党的十九大报告中,习近平再次强调:"加强协商民主制度建设,形成完整的制度程序和参与实践,保证人民在日常政治生活中有广泛持续深入参与的权利。"党的十八大以来,以习近平为核心的党中央不仅明确提出"社会主义协商民主"的概念,而且系统论述了社会主义协商民主的性质定位、渠道程序、优势作用、目标任务和实践形式,并将社会主义协商民主正式纳入中国特色社会主义民主政治建设体系之中,充分体现了社会主义民主政治制度发展的"中国特色",为完善中国特色社会主义民主政治制度,推进民主政治建设提供了重要的理论和现实指导。

(二)改革开放以来社会主义民主建设取得的成就

改革开放以来,中国特色社会主义民主建设极大地调动了广大人民群众的积极性和主动性,极大地促进了社会生产力的发展,在为经济社会发展提供重要动力资源和有力保障的同时,中国民主建设在理论和实践两个方面都取得了举世瞩目的成就。在这期间,党的领导、人民当家作主、依法治国三者实现有机统一,人民代表大会制度、中国共产党领导的多党合作和政治协商制度、民族区域自治制度以及基层群众自治制度进一步完善和发展,人民当家作主的地位得到进一步巩固。

1. 各种形式的民主建设整体推进,成就显著

在改革开放以来的民主建设过程中,社会主义民主建设始终坚持三个统一,即党内民主与人民民主的统一、间接民主与直接民主的统一、民主形式与民主内容的统一,在此基础上,我国民主建设取得了显著成就。

---

① 习近平:《决胜全面建成小康社会 夺取新时代中国特色社会主义伟大胜利——在中国共产党第十九次全国代表大会上的报告》,人民出版社2017年版,第38页。

② 习近平:《决胜全面建成小康社会 夺取新时代中国特色社会主义伟大胜利——在中国共产党第十九次全国代表大会上的报告》,人民出版社2017年版,第37—38页。

以党内民主带动人民民主，党内民主与人民民主共同发展。党的十一届三中全会以来，中国共产党始终坚持以实现和发展人民民主为己任，每次党的代表大会报告都强调坚持和发展人民民主：改革开放初期提出"没有民主就没有社会主义"，党的十四大提出"人民民主是社会主义的本质要求和内在属性"，党的十七大提出"人民民主是社会主义的生命"，党的十八大将"民主"纳入社会主义核心价值观，并上升到中华民族伟大复兴的历史高度，党的十九大提出"发展社会主义民主政治"。在实践中，党始终努力把人民民主建设不断推向前进。众所周知，我国的社会主义民主是在中国共产党领导下的民主，党的领导是我国社会主义民主建设健康发展的根本保证。这就决定了社会主义民主建设的一个基本前提是要发展和完善党内民主。十一届三中全会以后，党深刻吸取"文化大革命"期间党内民主遭到破坏的教训，特别注重加强党的建设，恢复和发展党内民主。在此期间，党内民主建设取得了明显进步。首先，党员的民主权利得到了有效的保障。党员是党内民主的主体，离开党员民主权利的充分行使和切实保障，发展党内民主就成为一句空话。《中国共产党章程》对党员的民主权利做出了具体而明确的规定，这些民主权利主要包括：党员对党内事务的知情权、参与权；对党的决策的讨论权、表决权，对党的工作的建议权、倡议权；党员的选举权、被选举权、申诉权、批评权、辩护权和意见保留权；对党的干部的评议权、监督权和罢免权等。1995年，中共中央颁布了《中国共产党党员权利保障条例（试行）》，2004年9月，中共中央颁发经修订后的《中国共产党党员权利保障条例》，在党章规定的党员权利义务的基础上，通过总结党内民主发展的新经验，完善了党员民主权利行使的程序，党员行使民主权利进一步制度化、规范化。其次，进一步完善了党内选举制度。党内选举制度是党内民主的重要内容，党的十一届三中全会后，党内民主在基层党代会制度建设以及选举制度的规范化、程序化等方面不断完善。最后，建立健全党内民主决策机制。党的十六大强调，要完善深入了解民情、充分反映民意、广泛集中民智、切实珍惜民力的决策机制，推进决策科学化、民主化。各级决策机关都要完善重大决策的规则和程序，建立社情民意反映制度，建立与群众利益密切相关的重大事项社会公示制度和社会听证制度，完善专家咨询制度，实行决策的论证制和责任制，防止决策的随意性。此外，党认识到通过发扬党内民主，促进社会主义民主政治的发展，推动人民民主的实现，是社会主义民主发展的基本途径。党的十六大报告首次提出："党内民主是党的生命，对人民民主具有重要的示范和带动作用。"[①] 党的十七大报告明确提出："党内民主是增强党的创新活力、巩固党的团结统一的重要保证。要以扩大党内民主带动人民民主，以增进党内和谐促进社会和谐。"[②] 党的十八大报告创造性地把健全党员民主权利的着力点落脚于制度建设，并具体提出营造同志关系、政治氛围和监督的民主制度环境的要求。党的十九大提出："扩大党内基层民主，推进党务公开，畅通党员参与党内事务、监督党的组织和干部、向上级党组织提出意见和建议的渠道。"[③]

间接民主与直接民主有机结合，共同推进社会主义民主建设的进程。社会主义民主包括直接民主和间接民主两个方面，是直接民主和间接民主的统一。所谓直接民主，就是在一部分社会领域和区域，实行群众自治，由人民群众依照国家法律实行自我管理。所谓间接民主，就是通过人民选出来的代表所组成的各级人民代表大会，以及由各级人民代表大会所选任的各级人民政府，来代表人民群众行使民主权利，决定国家大事，管理国家和社会事务。由于我国幅员辽阔、人口众多、经济文化发展水平还相对比较低，这些因素最终决定了我们的民主建设必须采取间接民主与直接民主相结合。"文化大革命"期间采取的"大民主"不仅未能保障人民群众的民主权利，相反，人民的民主权利处处遭到践踏。十一届三中全会后，党充分认识到民主的建设必须尊重和符合中国的实际国情，民主的建设和发展必须与经济社会发展水平相适应，不能超越历史阶段。因此，在此后的40年里，我国的民主建设将间接民主与直接民主有机结合，整体推进民主进程，并且取得了显著成就。

[①] 中共中央文献研究室编：《十六大以来重要文献汇编》（上），中央文献出版社2005年版，第39页。

[②] 胡锦涛：《高举中国特色社会主义伟大旗帜 为夺取全面建设小康社会新胜利而奋斗》，人民出版社2007年版，第51页。

[③] 习近平：《决胜全面建成小康社会 夺取新时代中国特色社会主义伟大胜利》，人民出版社2017年版，第65—66页。

党的十一届三中全会后，作为实现间接民主重要形式的人民代表大会制度有了新的发展，进入了一个新的历史时期。为了保证人民充分行使当家作主的民主权利，这期间，对人民代表大会的选举制度、组织体系和工作制度等方面都进行了一系列改革和完善。江泽民在第九届人大一次会议香港代表团审议《政府工作报告》时发表的谈话中指出："人民代表大会制度是我国的根本制度。人民代表代表人民参与管理国家事务，管理经济和文化事业，管理社会事务。人民群众在基层还要直接参与管理经济文化和社会事务。这种代表制，将间接民主和直接民主相结合，是我国社会主义民主政治的重要特征，也是一个重要创造。它符合中国的国情，是得到全国各族人民拥护的最民主的制度，它有利于反映与集中广大人民群众的意志和要求，有利于保证国家的长治久安和兴旺发达。"[1] 选举制度是中国社会主义民主的重要内容，也是人民代表大会制度的基础。为了发展社会主义民主，保障人民能够充分地行使民主权利，这期间对选举制度做了诸多改革和完善。按照1953年选举法的规定，直接选举代表的范围仅限于乡、镇、市辖区、不设区的市，1979年对选举法进行了修改，制定适合自己国情的选举制度，即对县级及其以下人民代表大会的代表实行直接选举，对县级以上的人民代表大会的代表实行间接选举。对此，邓小平曾经指出："至于各种民主形式怎么搞法，要看实际情况。比如讲普选，现在我们在基层，就是在乡、县两级和城市区一级、不设区的市一级搞直接选举，省、自治区、设区的市和中央是间接选举。像我们这样一个大国，人口这么多，地区之间又不平衡，还有这么多民族，高层搞直接选举现在条件还不成熟，首先是文化素质不行。"[2] 这种选举制度体现了直接民主与间接民主的有机结合，有利于人民真正能选举出自己了解的、信得过的代表。此后，在总结经验的基础上，又对选举办法做了改进，如改变等额选举办法，实行差额选举等。中国人民普遍行使了自己的选举权利。此外，在间接民主取得长足进步的同时，直接民主也得到了迅速发展。基层实行的是直接民主。基层自治的核心内容就是民主选举、民主协商、民主决

---

[1]《人民日报》1998年3月10日。
[2]《邓小平文选》第3卷，人民出版社1993年版，第242页。

策、民主管理、民主监督。由于基层组织包括农村的村民委员会、城市的居民委员会和企业的职工代表大会，它们的活动与广大群众的切身利益密切相关，通过它们的努力，就可以为人民群众广泛行使民主权利、直接管理自己的事务提供现实可行的主客观条件。自《村民委员会组织法》和《城市居民委员会组织法》实施以来，全国绝大多数农村和城市已进行了六次以上的村（居）民委员会换届选举。85%的农村建立了实施民主决策的村民大会或村民代表大会，90%以上的农村建立了保障民主监督的村民理财小组、村务公开监督小组等组织，村务公开民主评议等活动普遍开展。64%的城市社区建立了居民（成员）代表大会，64%的社区建立了协商议事委员会，22%的社区建立了业主委员会，居民评议会、社区听证会等城市基层民主形式普遍推行，基层人民的民主权利得到切实保障。

民主的形式与内容的统一。民主的形式与民主实质内容相脱离是资本主义民主的一个典型特征。资本主义社会在法律形式上为人们制定了一系列的民主权利，而在实践中又做出了各种直接或间接限制，对于无产阶级和广大人民群众来说，只是形式上的民主，是虚伪的、狭隘的民主。与资本主义民主形式和内容相脱离不同，社会主义民主是形式与内容相统一的民主。社会主义社会消灭了剥削制度，人与人之间不存在剥削与被剥削的关系，全体劳动者都是国家的主人，这就决定了社会主义的民主必然是真实的民主。改革开放后，我国的民主建设在整体推进的过程中突出表现在民主建设实现形式与内容相统一方面。民主的形式与内容的统一体现在两个方面：一方面，我国的宪法规定了公民享有的各项民主权利。"文化大革命"期间，我国的民主与法制建设遭到严重破坏，1975年和1978年通过的宪法在保障公民民主权利方面存在严重的缺陷，公民的各项民主权利失去了宪法的保障。直至十一届三中全会后，我国的民主建设才重新步入正轨。1982年12月，第五届全国人大通过的《中华人民共和国宪法》规定：中华人民共和国年满18周岁的公民，不分民族、种族、性别、职业、家庭出身、宗教信仰、教育程度、财产状况、居住期限，都有选举权和被选举权（依照法律被剥夺政治权利的人除外）；中华人民共和国公民有言论、出版、集会、结社、游行、示威的自由；中华人民共和国公民有宗教信仰自由；中华人民共和国公民的人身自由不受侵犯，等等。这充分说明在社会主义的中国，人民享有广泛而真实的民主权利，这些权利受到宪法的保护，无须附加任何条件。另一方面，公民的民主权利能够得到具体的法律和物质的保障。十一届三中全会以后，我国的民主法制建设进程加快，各方面的法律、法规和政策得到了不断健全和发展，人民的民主权利得到了制度化的保障。为了保障公民的民主权利能够真正得以实现，全国人大常委会先后制定了保障公民各项民主权利的相关法律，而这些法律的制定都有一个共同的宗旨，就是更好地实现人民的民主权利。如保障公民政治自由权利的集会游行示威法，保护工人阶级利益的工会法，保护言论出版自由的著作权法，为了保护由于国家机关和国家工作人员侵犯公民权利而受到损失的公民的权利，专门制定了行政诉讼法和国家赔偿法，还制定了妇女权益保障法、未成年人保护法、残疾人保障法等法律，加大了对弱势群体权利的保护。治安管理处罚法在审议过程中，由于各界的呼吁，特别增加了"尊重和保障人权，保护公民的人格尊严"的原则，并增加了"执法监督"一章。劳动合同法加大了对劳动者合法权益的保护，物权法则细化了对公民合法财产权的保护，农业法专设了"农民权益保护"一章。诸多法律、法规的建立和健全，使人民的民主权利能够得到真正的实现。此外，我国生产资料的社会主义公有制还为广大人民群众充分行使各项民主权利提供了可靠的物质保障。国家对于没有固定收入的职工参加各种集会，照发工资并为他们提供活动场所、交通工具、通信设备、印刷出版等物质条件，这就为广大人民群众行使民主权利提供了物质保障。特别是社会生产力的不断发展，将会为社会主义民主提供更加丰富可靠的物质条件。

2. 民主权利的实现形式不断丰富

与西方片面地鼓吹政治民主不同，社会主义民主范围更加广泛，民主权利的实现途径多样化，民主渗透在社会的各个领域，公民政治参与形式不断拓展，充分享有各项民主权利。社会主义民主不仅包括政治民主，而且包括经济民主、社会民主和文化民主等，是各个领域和各个方面民主的全面发展和协调统一。党的十二大对社会主义民主的实现途径的多样化做了详细阐述，指出："社会主义民主要扩大到政治生活、经济生活、文化生活和社会生活的各个方面，发展各个企业事业单位的民主管理，发展基层民主社会生活的群众自治。"①

社会主义政治民主是民主在政治生活领域的各种体现。在我国，人民享有的政治民主，是在共产党的领导和支持下，掌握国家权力，建立人民民主专政和人民代表大会的根本政治制度，依法享有各种政治权利和基本自由，通过共产党的领导和支持，通过各种民主制度和民主程序，在政治上实现人民当家作主。改革开放以来，我国政治民主建设成就显著，人民的政治权利和基本自由得到宪法和法律保障，民主权利随着经济、社会和文化的不断发展而日益完善。

公民自由权利的实现是衡量一个社会文明进步的重要标志。建设社会主义民主，必须保证公民有政治权利和自由。关于政治权利和自由，在中华人民共和国成立不久的宪法中就给予了肯定，但范围还比较小，而且没有建立相应的保障公民政治权利和自由的法制与制度体系，使宪法赋予公民的政治权利和自由受到一定的限制。十一届三中全会以后，党吸取"左"倾错误时期的经验教训，借鉴世界各国民主政治发展的有益经验，用法律保障公民在政治上表达个人见解和意愿的六项政治权利和自由。特别是1982年全国人大通过的《中华人民共和国宪法》，继承和发展了1954年宪法的基本原则，并且克服了1975年宪法和1978年宪法的缺陷，明确规定了"中华人民共和国公民有言论、出版、集会、结社、游行、示威的自由"。这无疑为公民享有政治民主权利提供了法律的保障。随着著作权法的颁布，公民的出版自由和知识产权得到了较好的保护，每个公民都可以在承担法律责任的前提下，自由发表自己的作品。集会游行示威法及其实施条例的公布，使公民游行、示威的政治权利和自由更加规范，既能表达个人的意志，又以不侵犯他人和损害国家利益为前提。

社会主义经济民主是社会主义民主原则和民主管理在经济领域的体现。社会主义的经济民主，是在社会主义市场经济条件下，全体人民在以社会主义公有制为主体、多种所有制经济共同发展的基本经济制度基础上，在各项经济权利与政治权利相统一的基本法律制度基础上，实现生产

---

① 中共中央文献研究室编：《十一届三中全会以来党的历次全国代表大会中央全会重要文献选编》（上），中央文献出版社1997年版，第255页。

资料和劳动者的最优结合。① 改革开放以来，我国的生产力水平得到了很大提高，经济民主取得了积极的进展，广大人民群众的经济民主权利也得到了充分的保障。

首先，广大人民群众的合法收入、财产、物权等受到法律的保护。公民的经济民主权利，最重要的是公民的经济利益必须受到法律的有效保护，或者当公民的合法经济利益受到侵害时，国家能够提供适当的保护。② 改革开放前，由于生产力水平的落后以及法律制度的不健全，公民的经济民主权利缺乏法律制度的保障，以致在"文化大革命"期间经济民主权利遭到任意的践踏。改革开放以来，随着我国社会主义市场经济的不断完善和发展，特别是国家制定、出台了一系列法律、法规和政策，从制度上保护公民的经济民主权利。如民法、民事诉讼法的颁布，使广大公民有了保护自己合法利益的法律武器。法律明文规定，公民的合法收入、房屋、储蓄、生活用品、文物、图书资料、林木、牲畜，法律允许的公民所有的生产资料及其他合法财产（如受赠物品等）均属合法财产，严格受到法律的保护。公民合法的私有财产不受侵犯；国家依照法律规定保护公民的私有财产权和继承权；国家为了公共利益的需要，可以依照法律规定对公民的私有财产实行征收或者征用并给予补偿，等等。此外，2007年3月16日，第十届全国人民代表大会五次会议通过的《中华人民共和国物权法》明确规定："国家实行社会主义市场经济，保障一切市场主体的平等法律地位和发展权利。"该法进一步明确："国家、集体、私人的物权和其他权利人的物权受法律保护，任何单位和个人不得侵犯。"

其次，工人阶级的经济民主权利不断完善和发展。中国共产党是工人阶级的政党，如何在社会主义制度下最大限度地实现和保障广大工人阶级充分享有经济民主权利，成为中国共产党长期努力奋斗的目标。这一时期，逐渐形成了一套企事业单位民主管理制度，其主要表现形式就是职工代表大会制度，改革开放以来，这个制度得到不断完善和发展，在实现工人阶级以及其他职工民主权利方面取得了显著成就。1981年7月，中共中央、

---

① 参见李铁映《论民主》，人民出版社、中国社会科学出版社2001年版，第135页。
② 参见黄百炼《民主建设论》，湖南人民出版社1998年版，第339页。

国务院批准颁布中国第一个关于职工代表大会制度的专门性法规《国营工业企业职工代表大会暂行条例》。1982年修订的宪法明文规定："国有企业依照法律规定，通过职工代表大会和其他形式，实行民主管理。"1984年10月，《中共中央关于经济体制改革的决定》强调，在实行厂长负责制的同时，必须健全职工代表大会制度和各项民主管理制度。经过对实践经验的总结和研究，原有的《国营工业企业职工代表大会暂行条例》得到了修改、充实。1986年9月15日，中共中央又颁发了《全民所有制工业企业职工代表大会条例》，规定企业在实行厂长负责制的同时，必须建立和健全职工代表大会制度和其他民主管理制度，保障与发挥工会组织和职工代表在审议企业重大决策、监督行政领导、维护职工合法权益等方面的权利和作用。1988年4月，第七届全国人大一次会议通过的《中华人民共和国全民所有制工业企业法》，又以法律的形式肯定了职工代表大会的性质和职权，其中还规定了职工有参与民主管理的权利，确立了职工代表大会制度是职工实行民主管理的基本形式。1992年以后，职工代表大会制度建设进入了一个新的阶段。党的十四届三中全会通过的《中共中央关于建立社会主义市场经济体制若干问题的决定》指出：工会与职工代表大会要组织职工参加企业民主管理，维护职工的合法权益。1996年10月，全国人大常委会通过乡镇企业法，规定乡镇企业依法实行民主管理，乡镇企业的投资者在确定企业经营管理制度和企业负责人，做出重大经济决策和决定职工工资、生活福利、劳动保护，劳动安全等重大问题时，应当听取本企业工会或职工的意见，实施情况要定期向职工公布，接受职工的监督。1997年9月，党的十五大报告进一步指出：坚持和完善以职工代表大会为基本形式的企事业民主管理制度，组织职工参与改革和管理，维护职工合法权益。1999年9月，党的十五届四中全会做出《关于国有企业改革和发展若干重大问题的决定》，把全心全意依靠工人阶级作为国有企业改革的指导方针确定下来，明确指出，要"发挥工会和职工代表大会在民主决策、民主管理、民主监督中的作用。坚持和完善以职工代表大会为基本形式的企业民主管理制度，实行民主评议企业领导人和厂务公开"①。

---

① 《关于国有企业改革和发展若干重大问题的决定》，《人民日报》1999年9月27日。

社会主义文化民主是社会主义民主的原则在文化领域的体现。这主要包括公民受教育权、言论自由、创作自由等一系列公民在文化领域的自由权，以及为保护公民自由权而建立的各种民主管理措施、方法和国家对文化生活领域、文化创作成果的民主管理。

中华人民共和国成立后，我国的社会主义文化民主建设有过一段繁荣时期，党为了发展思想文化事业，采取了"百花齐放、百家争鸣"的指导方针。"双百方针"不仅是我国公民思想、文化自由的充分体现，也大大促进了我国社会主义文化民主的进步。然而，由于缺乏一系列的制度和法律的保障，"文化大革命"期间，社会主义文化民主建设遭到了严重的摧残。改革开放后，党和政府根据人民的要求，加强社会主义精神文明建设，繁荣社会主义文化，通过法律和制度建设保障公民文化民主权利，为实现社会主义的文化民主做出了积极努力，取得了丰硕成果。首先，公民受教育权利得到法律制度的保障。公民受教育权利是公民文化民主权利的重要内容，也是公民实现其他文化民主权利的最基本的条件。如果公民失去受教育的权利，就根本谈不上享有其他的文化民主权利。公民受教育权利实现的好坏，在某种意义上成为检验这个国家文化民主实现程度的重要标志。尽管我国人口众多，区域经济发展很不平衡，政府的财政收入十分有限，但改革开放以来，我国通过制定各种法律、法规和政策，利用国家有限的物力、财力和人力动员各种社会力量发展教育文化事业，切实保障公民的受教育权利。这期间，国家先后颁布实施了义务教育法、教育法、教师法、成人教育法，1996年5月又颁布了《中华人民共和国职业教育法》，规定公民有依法接受职业教育的权利，进一步完善了教育立法。在此基础上，政府采取各种措施，促进公民受教育权利的实现。职业教育法等一系列法律，使教育的发展走上了制度化、法制化的轨道。其次，公民的言论自由、创作自由等一系列公民在文化领域的自由权得到了法律和制度的保障。中国依法保障公民享有广泛的基本自由和权利。宪法明确规定，公民有言论、出版、集会、结社、游行、示威和宗教信仰的自由；公民的人身自由、人格尊严和住宅不受侵犯；公民的通信自由和通信秘密受法律保护。国家大力发展新闻出版事业，为公民行使言论、出版自由提供良好的条件。改革开放以来，伴随着社会主义市场经济的不断完善与发展，思想和文化领域也出现了繁荣的局面。国家通过制定著作权法、商标法、专利法，《管理书刊出版业、印刷业、发行业暂行条例》，期刊管理暂行办法、出版管理条例、音像制品管理条例，使广大公民的知识产权得到了应有的保护，公民的言论、出版自由得到了法律保障。如出版管理条例规定：公民可以依照本条例规定，在出版物上自由表达自己对国家事务、经济和文化事业、社会事务的见解和意愿，自由发表自己从事科学研究、文学艺术创作和其他文化活动的成果。

社会主义社会民主是社会主义民主在公民日常生活中的体现。社会主义社会民主是国家将更多的权利赋予社会和人民，并为人民群众实现社会主义提供制度保障和物质条件，以使人民群众在享有宪法和法律所规定的受教育权、工作权、休息权、同工同酬权、社会保障权的各种社会权利的基础上，逐步享有社会生活、社会组织和社会活动的民主权利。正如邓小平所言："把权力下放给基层和人民，在农村就是下放给农民，这就是最大的民主。"[①]

十一届三中全会以来，党和国家采取了积极措施保护公民的劳动权、劳动者的休息权和退休制度等各项社会民主权利，突出表现在社会保障制度的逐步完善和发展上。市场经济在繁荣发展的同时也带来了诸多问题，特别是市场经济的优胜劣汰的竞争规则，在某种程度上剥夺了社会上一些弱势群体的社会民主权利。为了保障权利的实现，政府通过多种途径在企事业职工的医疗、住房、就业、养老等方面逐步健全和完善社会保障制度。政府为保障劳动合同法所规定的平等就业、取得劳动报酬、休息休假、获得劳动安全卫生保护、接受职业技能培训、享受社会保险和福利等权利，做出了极大的努力，取得了积极成果。为了保障劳动者的最低工资水平，政府颁布了企业最低工资规定和《关于实施最低工资保障制度的通知》，对最低工资标准的确定和调整、最低工资的支付以及违反该制度的法律责任等做了明确规定。政府还颁布了工伤保险条例，使劳动者在生产过程中受到伤害后能得到应有的补偿。中国重视对老年人合法权益的保障，1996年8月通过了《中华人民共和国老年人权益保障法》，对老年人

[①] 《邓小平文选》第3卷，人民出版社1993年版，第252页。

的家庭赡养与扶养、社会保障、参与社会发展以及侵害老年人合法权益行为的法律责任等做出了明确规定，使国家对老年人这一特殊群体的权益保护规范化、法律化。此外，为了更好地体现人文关怀，保障对城市生活无着的流浪乞讨人员逐步实现自愿救助、人性化救助，我国政府废止了沿用多年的《城市流浪乞讨人员收容遣送办法》，取而代之的是《城市生活无着的流浪乞讨人员救助管理办法》。为了保证下岗职工的基本生存权利，党和政府在实施再就业工程的同时，建立和完善了下岗职工的保险制度。针对老年人、妇女、残疾人、未成年人等由于生理上的某种原因而在社会上处于相对弱势的群体，国家为了保护这些人的社会民主权利，制定了一些法律法规，诸如妇女权益保障法、残疾人保障法等。

3. 民主的制度化、法制化、程序化进程明显加快

"文化大革命"期间，我国的社会主义民主遭到严重破坏，民主建设几乎停滞，出现这种情况的重要原因在于民主的制度化、法制化不健全，民主的建设和发展缺乏制度性、法律性的保障。十一届三中全会后，党和国家充分认识到民主必须由制度和法律来保障。因此，在此后的40年里，党十分注重推进人民代表大会制度、中国共产党领导的多党合作和政治协商制度、民族区域自治制度以及基层群众自治制度的制度化、法制化、程序化建设。这期间社会主义民主的制度化、法制化、程序化进程明显加快，一系列法律及规章制度的出台，为民主的发展提供了根本性、长期性、稳定性的保障。

（1）选举制度不断完善

选举制度是我国社会主义民主的重要内容，作为公民实现参政议政的重要政治制度，选举制度在改革开放以来不断完善和发展，取得了显著成就。1979年7月，第五届全国人大二次会议通过的《中华人民共和国全国人民代表大会和地方各级人民代表大会选举法》，对我国的选举制度做了重要的改革：首先，把直接选举人民代表的范围扩大到县一级，改变了过去直接选举代表的范围仅限于乡镇、市辖区、不设区的市，扩大了直接选举的范围。其次，将候选人和应选人等额选举的办法改为候选人的名额多于应选人的名额，即实行差额选举制度，改变了过去采用等额选举的办法。1986年12月2日，第六届全国人民代表大会常务委员会十八次会议通过《中华人民共和国全国人民代表大会和地方各级人民代表大会选举法》修正案，改革和简化直接选举的程序，简化选民登记手续。选民登记按选区进行，经登记确认的选民资格长期有效。同时进一步明确了差额选举，强调由选民直接选举的代表候选人名额，应多于应选代表名额1/3至一倍；由地方各级人民代表大会选举上一级人民代表大会代表候选人的名额，应多于应选代表名额1/5至1/2。全国人大常委会又于1995年规范了代表名额的确定办法。规定以基数加按人口数增加的代表名额的办法依法确定代表名额，改变了地方各级人民代表大会名额由省级人大常委会自行决定的做法，适当精简了代表名额。缩小农村与城市每一名代表所代表的人口数比例。根据城乡人口变化的新情况，将省、自治区和全国人民代表大会中农村与城市每一名代表所代表的人口数的比例，从原来的5∶1、8∶1改为4∶1，自治州、县、自治县应维持4∶1不变。2004年10月27日，第十届全国人民代表大会常务委员会十二次会议《关于修改〈中华人民共和国全国人民代表大会和地方各级人民代表大会选举法〉的决定》修正案增强了推荐、介绍候选人的公开性。2015年，第十二届全国人大常委会十六次会议《关于修改〈中华人民共和国地方各级人民代表大会和地方各级人民政府组织法〉、〈中华人民共和国全国人民代表大会和地方各级人民代表大会选举法〉、〈中华人民共和国全国人民代表大会和地方各级人民代表大会代表法〉的决定》对选举法进行了重要修改，增强了对当选代表是否符合宪法、法律规定的代表的基本条件、选举是否符合法律规定的程序的审查，对选民和代表依法行使选举权和被选举权提供了更具体有效的保障。选举法经过多次修改，日臻完善，选举制度改革的完善，促进了社会主义民主的发展，有利于更好地保障公民享有社会主义政治民主权利。

（2）基层民主建设实现制度化、法制化

十一届三中全会以来，党和人民从中国国情出发，积极探索和实践了一条切合中国基层实际的民主制度，即实行群众自治，由群众直接行使民主权利，自己管理自己的生活。随着农村和城市经济体制改革的推行，基层民主建设的步伐开始加快，从农村村民自治到城市居民自治，从基层群众自发的创造性活动到党和国家有计划有组织地推进基层民主建设。改革开放以来，我国基层民主建设所取得的一个突出成就，就是用法律形式对农村村民和城市居民的自治制度等做了规定和保障，使得基层民主的发展有了制度性的根本保障。

将发展基层民主提高到宪法地位。1982年12月，第五届全国人大五次会议通过的新宪法总结了各地农村的实践经验，首次确认了村民委员会的法律地位，并第一次把"村民委员会"这种组织形式写进了宪法，并明确规定城市和农村按居民居住地区设立的居民委员会或者村民委员会是基层群众性自治组织。居民委员会、村民委员会的主任、副主任和委员由居民选举产生。居民委员会、村民委员会同基层政权的相互关系由法律规定。居民委员会、村民委员会设人民调解、治安保卫、公共卫生等委员会，办理本居住地区的公共事务和公益事业，调解民间纠纷，协助维护社会治安，并要向人民政府反映群众的意见、要求和提出建议。

制定了发展基层民主的具体法律法规。1979年通过的选举法，将人大代表直接选举的层次从乡一级提升到县一级，制定了选举的具体制度，扩大了基层民主的范围和领域。1988年通过的《中华人民共和国全民所有制工业企业法》，以法律的形式肯定了职工代表大会的性质和职权，以使厂长负责制建立在民主管理的牢固基础上，防止企业行政领导肆意侵害职工的合法权益。1989年通过的《中华人民共和国城市居民委员会组织法》，对城市居委会的性质、地位及其主要职权做出规定，明确指出城市居民委员会是城市居民自我管理、自我教育、自我服务的基层群众性自治组织。1993年12月和1994年7月，全国人大常委会先后通过了《中华人民共和国公司法》和《中华人民共和国劳动法》；2001年10月通过的新工会法，不但增加了"维护职工合法权益是工会的基本职责"的规定，明确了"职工代表大会制度"和"集体合同制度"是工会维权的两个基本手段，规定了企业民主管理的形式、工作机构，而且第一次规定了妨碍工会组织职工通过代表大会和其他形式依法行使民主权利的法律责任。1998年11月，全国人大常委会制定的《中华人民共和国村民委员会组织法》，从法律上确立村民自治作为我国一项政治制度的地位；2010年10月28日，第十一届全国人民代表大会常务委员会十七次会议修订《中华人民共和国村民委员会组织法》，有力地推动了农村基层政治文明建设。与此同时，各地还制定了大量的地方法规，使得基层民主建设的制度性保障更加完善。

　　出台了诸多完善基层民主建设的政策措施。1981年，中共中央、国务院转发并批准公布了《国营工业企业职工代表大会暂行条例》，同时向全国各地区、各部门发出了有准备地、切实地把职工代表大会制度建立起来的通知。1982年1月，中共中央、国务院颁发的《国营工厂厂长工作暂行条例》，同年5月和6月中共中央先后颁发的《中国共产党工业企业基层组织工作暂行条例》和《中国共产党财贸企业基层组织工作暂行条例》，都对企业民主管理及工会承担职工代表大会工作机构任务做了明确规定，强调党委领导和支持工会与职工代表大会开展好民主管理活动。1984年10月，中共中央发布了《关于经济体制改革的决定》，强调在实行厂长负责制的同时，必须健全职工代表大会制度和各项民主管理制度。1986年9月，中共中央、国务院联合发出《关于加强农村基层政权建设工作的通知》，强调要进一步加强农村基层政权的建设，同时对如何搞好村委会建设做出了较为详尽的规定。1986年9月15日，中共中央又颁发了《中国共产党全民所有制工业企业基层组织工作条例》和《全民所有制工业企业职工代表大会条例》。1989年12月，中共中央发出《关于加强和改善党对工会共青团、妇联工作领导的通知》，对进一步发挥工会、共青团、妇联等群众团体在社会民主生活中的作用提出了具体意见。1990年9月，民政部发出了《关于在全国农村开展村民自治示范活动的通知》，1994年又发布了《全国农村村民自治示范活动指导纲要（试行）》，并首次提出要在农村建立民主选举、民主决策、民主管理和民主监督四项制度，我国农村的政治发展进入制度化建设时期。1994年11月，中共中央在《关于加强农村基层组织建设的通知》中，又十分明确地提出了完善村民选举、村民议事、村务公开、村规民约等项制度和办法，从而使全国的村民自治示范活动开始逐步走向规范化和制度化。1998年6月，中共中央办公厅、国务院办公厅下发《关于在农村普遍实行村务公开和民主管理制度的通知》。2000年，中共中央办公厅、国务院办公厅转发了《民政部关于在全国推进城市社区建设的意见》，开启了城市社区居民自治发展的新阶段。2000年，中共中央办公厅、国务院办公厅下发《关于在乡镇政权机关全面推行政务公开制度的通知》。2002年，中共中央办公厅、国务院办公厅下发了

《关于进一步做好村民委员会换届选举工作的通知》，推动农村村委会工作进一步走上制度化、规范化的轨道。同年，中共中央办公厅、国务院办公厅发出《关于在国有企业、集体企业及其控股企业深入实行厂务公开制度的通知》，有力推动了以职工代表大会为载体的企业民主管理制度的完善。2004年6月下发《中共中央办公厅、国务院办公厅关于健全和完善村务公开和民主管理制度的意见》，从而使农村村务公开、民主管理普遍实行并完善起来。2005年，中共中央办公厅，国务院办公厅发出《关于进一步推行政务公开的意见》，切实保障了人民群众的知情权、参与权和监督权等民主权利。2001年和2006年，中共中央先后转发了《中共全国人大常委会党组关于全国乡镇人民代表大会换届选举工作有关问题的意见》《中共全国人大常委会党组关于做好全国县、乡两级人民代表大会换届选举有关工作的意见》，完善了县、乡两级人大代表直接选举工作。2009年和2010年，中共中央、国务院先后发出《关于加强和改进村民委员会选举工作的通知》《关于加强和改进城市社区居民委员会建设工作的意见》，进一步完善基层群众自治制度，健全基层管理和服务体制。

（3）党内民主逐步实现制度化、规范化、程序化

改革开放以来，党通过总结"文化大革命"时期党内民主制度遭到严重破坏的惨痛教训，认识到党内民主的健康发展离不开制度化、法制化建设。因此，在这40年里，党高度重视和不断推进党内民主制度建设，在党内民主集中制、党内选举、保障党员民主权利等制度上进行了一系列不懈的探索。党内民主的制度化、法制化建设迅速发展，取得了丰硕的成果。党内民主制度建设是党内民主的根本保证，既有利于将党内民主创新的经验提升到制度层面，巩固党内民主探索的有益成果，又有利于为党内民主提供强有力的制度支撑，推动党内民主的进一步发展。

恢复和健全了党的集体领导制度和民主集中制。为了贯彻和落实党的集体领导，1980年，十一届五中全会通过的《关于党内政治生活的若干准则》，着重强调了"坚持集体领导，反对个人专断"，该准则指出，"集体领导是党的领导的最高原则之一"，从中央到基层的各级党的委员会，都要按照这一原则实行集体领导和个人分工负责相结合的制度。1982年9月6日，党的十二届全国代表大会审议通过的《中国共产党章程》总结了

二　坚持特色，不断推进：改革开放以来的社会主义民主建设　　183

历届党章正反两方面的经验和教训，对党的民主集中制做了比较充分、具体的规定。明确规定"党禁止任何形式的个人崇拜""凡属重大问题都要由党的委员会民主讨论，作出决定""不允许任何领导人实行个人专断和把个人凌驾于组织之上"。1983年10月11日，党的十二届二中全会通过《中共中央关于整党的决定》，该决定指出："加强纪律，就是坚持民主集中制的组织原则，反对无组织无纪律的家长制、派性、无政府主义、自由主义，改变党组织的软弱涣散状况。保持党的严格的组织纪律性，坚持民主集中制，是实现党的纲领和任务，提高党的战斗力的重要保证。"[①] 1994年9月，党的十四届四中全会通过的《关于加强党的建设几个重大问题的决定》再次强调坚持和健全民主集中制，并对民主集中制进行了修改和完善。该决定指出："民主集中制是民主基础上的集中和集中指导下的民主相结合的制度，是马克思主义认识论和群众路线在党的生活和组织建设中的运用。"这实际上是将民主集中制上升到了制度层面。1996年，中共中央颁布了《中国共产党地方委员会工作条例（试行）》。该条例规定，党的地方各级委员会领导应遵循的原则之一就是：坚持民主集中制，实行集体领导与个人分工负责相结合的制度。这个条例无疑是规范党委工作程序、实行党委集体领导的重要文件。

　　完善了党内选举制度。1987年党的十三大通过的《中国共产党章程部分条文修正案》第十一条第一段将过去"可以经过预选产生候选人名单，然后进行正式选举。也可以不经过预选，采用候选人数多于应选人数的办法进行选举"改为"可以直接采用候选人数多于应选人数的差额选举办法进行正式选举。也可以先采用差额选举办法进行预选，产生候选人名单，然后进行正式选举"。党内选举制度采取差额选举，体现了党内民主选举制度的进一步完善和发展。中共中央组织部于1988年3月印发了《关于党的省、自治区、直辖市代表大会实行差额选举的暂行办法》，规定党的省、自治区、直辖市代表大会代表候选人的差额不少于应选代表名额的20%；党的省、自治区、直辖市委员会委员、候补委员，纪律检查委员会委员候

[①] 中共中央文献研究室编：《三中全会以来重要文献选编》（上），人民出版社1982年版，第10页。

选人的差额不少于应选名额的 10%；党的省、自治区、直辖市常务委员会委员、纪律检查委员会常务委员会委员候选人的名额要比应选名额多 1 至 2 人。1990 年 6 月，中共中央又印发了《中国共产党基层组织选举工作暂行条例》，对基层组织的选举做出了具体规定。这样，从党的中央组织到地方组织再到基层组织，全部实行了差额选举，而且有章可循。此外，1994 年制定的《中国共产党地方组织选举工作条例》就选举的规则、工作程序、候选人的资格、各级地方组织的任期等问题做了规定。该条例明确规定："选举应充分发扬民主，尊重和保障选举人的民主权利，体现选举人的意志。任何组织和个人不得以任何方式强迫选举人选举或不选举。"[①]

建立健全了党员民主权利的保障制度。改革开放以来，中国共产党一直十分重视保障党员民主权利的问题。从党的十二大到十九大的党章都明确规定了党员享有的八项民主权利。1994 年 9 月，中国共产党第十四届中央委员会四次全体会议通过的《中共中央关于加强党的建设几个重大问题的决定》指出："发展党内民主必须切实保障各级党组织和党员的民主权利。要疏通和拓宽党内民主渠道，使党员对党内事务有更多的了解和参与。""党章规定的党员的各项权利，任何组织和个人都不得侵犯。要制定党员权利保障条例。明确党员正确行使权利的原则和保障党员行使权利的措施。"[②] 1995 年 1 月 7 日，中共中央又颁布了《中国共产党党员权利保障条例（试行）》，从其所规定的具体内容来看，党员所拥有的参与权、知情权、培训权、意见表达权、建议权、批评权、监督权、表决权、选举权和被选举权、申辩权、意见保留权、申诉权、请求组织帮助权等各项权利是广泛而具体的，这意味着对党员权利的尊重从原则层面发展到制度层面，为党员成为党内民主主体的进一步落实和明确，提供了制度性的保障。2004 年 9 月，中国共产党正式颁布了《中国共产党党员权利保障条例》。该条例指出：坚持以保障党员民主权利为基础发展党内民主的原则；对保障党员民主权利做出了更明确、更全面的规定，丰富了党员享有的各

[①] 《中国共产党地方组织选举工作条例》，中国方正出版社 2004 年版，第 3 页。
[②] 中共中央文献研究室编：《十四大以来重要文献汇编》（中），中央文献出版社 1997 年版，第 961—962 页。

项权利；把"发扬党内民主"的传统提法改为"发展党内民主"，突出强调了党内民主的主体是党员而不是党的各级领导机关及其领导人；完善了保障党员民主权利的具体措施，规定了各级党组织和党员领导干部在党员民主权利保障方面应尽的职责。此条例是党中央在新形势下进一步推进党内民主所采取的重大举措。2007年10月21日通过的《中国共产党章程》将保障党员民主权利写入党章。党的十八大通过的党章针对保障党员权利，提出了权利保障制度化的规定和要求。

（4）民主党派参政议政的民主权利得到制度性保障

作为具有中国特色的一项民主制度，中国共产党领导的多党合作和政治协商制度在改革开放以来不断健全和完善，特别是随着一系列相关制度与规范的出台及实施，多党合作和政治协商的指导思想更加明确，职能内容与形式更加制度化，多党合作形式更加规范化，各民主党派和无党派人士参政议政的民主权利得到进一步保障。1989年，中共中央制定的《关于坚持和完善中国共产党领导的多党合作和政治协商制度的意见》，标志着我国多党合作和政治协商制度进入了制度化建设轨道，其突出的一点就是明确提出保障民主党派和无党派人士各项民主权利。该意见指出："进一步发挥民主党派成员、无党派人士在人民代表大会中的作用；要保证民主党派成员、无党派人士在全国人大代表、人大常委会委员和人大常设专门委员会委员中占有适当比例，并可聘请有相应专长的民主党派成员、无党派人士担任专门委员会顾问。在省、自治区、直辖市的人大中应保证民主党派成员、无党派人士占适当比例。在市、州县人大中应保证无党派人士占适当比例。在由民主党派组织的市、州、县应保证民主党派成员在人大中占适当比例。人大、人大常委会在组织关于特定问题的调查委员会，人大各专门委员会在组织有关问题的调查研究时，吸收人大代表中的民主党派成员和无党派人士参加，并可聘请民主党派无党派的专家。"同时，该意见还强调："民主党派成员和无党派人士担任国家和政府的领导职务，是实现共产党领导的多党合作的一项重要内容。应采取切实措施，选配民主党派成员、无党派人士担任国务院及其有关部委和县以上地方政府及其有关部门的领导职务。"选配民主党派成员和无党派人士担任政府领导职务，要坚持德才兼备原则和干部"四化"方针。考虑到实际情况，对民主党派成员、无党派人士的年龄要求和任职资历可适当放宽。党的各级党委统战部门、组织部门和政府人事部门要对民主党派推荐的适合任职条件的人选,做好考察和培养工作。此外,为了进一步发挥民主党派在人民政协中的作用,该意见指出:"在政协的各种会议上,要切实保障政协委员提出批评的自由和发表不同意见的自由。""要保证民主党派和无党派人士在政协常委和政协领导成员中占有一定比例。政协各专门委员会要有民主党派和无党派人士参加,政协机关中应有一定数量的民主党派和无党派人士担任专职领导干部,并真正做到有职、有权、有责。政协机关要更好地为民主党派开展活动创造条件。注意安排民主党派和无党派人士参加有关的出国访问和国际活动。"[①] 1993年,全国人大八届一次会议审议通过了《中华人民共和国宪法修正案》,在修正案序言部分第十自然段增加了"中国共产党领导的多党合作和政治协商制度将长期存在和发展"这一重要内容。把中国共产党领导的多党合作和政治协商的内容载入我国的根本大法,从而把多党合作制度上升为国家意志,民主党派和无党派人士的民主权利也就得到了强有力的法律保障。1997年党的十五大把坚持和完善中国共产党领导的多党合作和政治协商制度,提高到建设有中国特色社会主义政治的高度,并把坚持和完善这一制度作为社会主义民主政治建设和政治体制改革的重要内容之一。2002年,党的十六大要求把"坚持和完善中国共产党领导的多党合作和政治协商制度",坚持"长期共存、互相监督、肝胆相照、荣辱与共"的方针,加强同民主党派的合作共事,更好地发挥我国社会主义政党制度的特点和优势同全面建设小康社会、建设社会主义政治文明联系起来。2005年,中共中央出台《关于进一步加强中国共产党领导的多党合作和政治协商制度建设的意见》,该意见提出了加强中国共产党同党外人士的合作共事,支持民主党派加强自身建设的措施。加强同党外人士的合作共事,是中国共产党坚定不移的方针。要坚持平等相待、民主协商、真诚合作,不断巩固中国共产党同党外人士的联盟,把培养选拔党外干部纳入干部队伍建设和人才工作的总体规划中统筹考虑。

[①] 《关于坚持和完善中国共产党领导的多党合作和政治协商制度的意见》,《人民日报》1990年2月8日。

2006年2月,《中共中央关于加强人民政协工作的意见》发布,该意见指出,要充分发挥人民政协作为中国共产党领导的多党合作和政治协商的重要机构的作用,支持各民主党派和无党派人士参与国家重大方针政策的讨论协商及其履行职责的各种活动。尊重和保障各民主党派在政协的各种会议上以本党派名义发表意见的权利;尊重和保障各民主党派和无党派人士开展视察、提出议案、举报、反映社情民意以及参与调查和检查活动的权利;保证民主党派成员和无党派人士在政协委员、常务委员和政协领导成员中占有较大比例;政协各专门委员会要有民主党派和无党派人士参加;政协机关中应有一定数量的民主党派和无党派人士担任专职领导职务,并做到有职、有权、有责。2015年,中共中央制定的《中国共产党统一战线工作条例》明确地提出了统一战线的指导思想和主要任务,进一步发展了党派间的协商,支持民主党派和无党派人士参与多方面的协商。

(5) 民族区域制度的不断完善和发展,为少数民族民主权利的实现提供了保障

中国实行民族区域自治制度,就是要依法保障少数民族平等参与国家事务的民主权利,保障少数民族自主管理本地区、本民族事务的自治权利。党的十一届三中全会以来,我国的民族区域自治制度逐步进入制度化、法制化轨道。1982年12月,第五届全国人民代表大会五次会议通过《中华人民共和国宪法修正案》。该宪法修正案在保障少数民族平等、自治权等方面的法律规范有了新的扩充。该宪法修正案第一章第四条规定:"中华人民共和国各民族一律平等。国家保障各少数民族的合法权利和利益,维护和发展各民族的平等、团结、互助关系。禁止对任何民族的歧视和压迫,禁止破坏民族团结和制造民族分裂的行为。国家根据各少数民族的特点和需要,帮助各少数民族地区加速经济和文化的发展。各少数民族聚居的地方实行区域自治,设立自治机关,行使自治权。各民族自治地方都是中华人民共和国不可分离的部分。"1984年5月,第六届全国人民代表大会二次会议通过的《中华人民共和国民族区域自治法》以国家基本法的形式,对民族区域自治在我国政治制度中的地位和作用、民族自治地方的建立和自治机关的组成、自治机关的自治权、民族自治地方的民族关系、上级国家机关对民族自治地方的领导和帮助等重要原则,都做了明确

的法律规定，为民族区域自治制度化、法律化奠定了基础。这一制度既充分保证了国家在大政方针上的集中统一，又充分保证了各民族当家作主的权利，因而是解决中国民族问题的最佳政治制度。1991年，国务院又发布了《关于进一步贯彻实施〈民族区域自治法〉若干问题的通知》。第九届全国人大常委会二十次会议《关于修改〈中华人民共和国民族区域自治法〉的决定》修正案，有效地保障了少数民族人民平等的民主权利和管理本民族内部事务的权利。改革开放以来，四川、青海、甘肃、云南、湖北、广东、辽宁、湖南、湖北等辖有民族自治地方的省都先后制定了实施民族区域自治法的规定或意见。这些法律条例强化和完善了民族区域自治制度，充分保障了各少数民族的民主权利。

4. 公民的民主参与意识空前高涨

公民的民主参与是民主政治发展的一个重要标志，没有公民的民主参与，就不可能有民主的完善和发展，因为民主的实质就是公民成为政治行为的主体，在政治运行中实现自己的民主权利。改革开放以来，我国公民的民主权利得到充分保障，民主参与意识空前高涨。

公民的民主参与意识空前高涨，突出表现为广大基层人民群众特别是农民民主参与意识的增强。十一届三中全会以来，党和人民从我国国情出发，积极在基层实行群众自治，由群众直接行使民主权利，自己管理自己的生活，这极大地增强了公民的民主参与意识，直接推动了我国社会主义民主建设的快速发展。基层民主，包括村民自治、城市居民自治、职工代表大会和其他形式的企事业民主管理制度等，是人民行使当家作主权利的一种主要方式。中国有近14亿人口，9亿是农民。农民是我国人口最大的群体，也是我国革命和建设的主体力量。改革开放以来的基层民主建设的巨大成就之一就是广大农民通过村民自治制度，逐步实现人民当家作主的权利。直接性的民主是反映民意最直接和最有效的方式，深受人民的欢迎和支持，只有在这样的基础上建立的政权，其根基才是最牢固的。实现人民当家作主的民主权利建设是保障和实现群众利益的最好途径。基层民主建设对于保障最广大的人民群众直接参与基层社会的管理、维护自己的切身利益和权利有着十分重要的意义。因此，村民自治、基层民主选举的实践，极大地增强了广大农民的民主参与意识。在村委会换届选举中，各地

二　坚持特色，不断推进：改革开放以来的社会主义民主建设　　189

平均参选率在80%以上，广东、海南、四川等省的参选率在90%以上。在外打工的村民，有的通过"函投"行使自己的民主权利，有的专程回村参加选举，浙江温州的一些农民为了选好村官，在一次选举中有近千名农民乘飞机回乡参加选举，可称之为"千金一票"。更有的青年甚至放弃了在外地的事业，回村参加竞选。此外，各地普遍加大了舆论监督力度，突出正面宣传报道，引导村民正确行使民主权利。通过选聘一批选举观察员，监督村委会选举公平、公正、公开和依法进行。一些地方在村委会选举中引进司法公正程序，对委托投票候选人提名、候选演讲、投票过程等进行公证，实行全程监督。① 在民主决策中，村民的民主参与意识增强，积极表达自己的意见和看法，充分行使自己的民主权利，敢于否决村民委员会不合时宜的议案，提出更加符合广大村民利益的建议。在参与村民自治的过程中，村民逐步增强了法律意识，认识到只有了解和遵守法律规定的程序，才能维护自身的民主权益。新的《村民委员会组织法》实施后，越来越多的农民自觉地学习有关法律、法规，明确自己享有的权利和应承担的义务，逐步学会运用法律手段维护和行使自己的权利。在一个时期里，《村民委员会组织法》在新华书店的法律书籍书架上最为畅销。有的村民对《村民委员会组织法》的一些条款倒背如流，对一些政策、法规的熟悉程度常常令民政部门的工作人员吃惊。② 正是由于村民自治的实践，即农民通过民主选举、民主决策、民主管理、民主监督的实践，使村民真切地感觉到要将选举、监督村干部的权利，参与村里大事决策、管理的权利，实实在在地掌握在自己的手中，是否认真而负责任地行使这些民主权利，直接关系到农民的切身利益，农民的民主参与热情空前高涨。山西省交城县义望乡一角村在第五届村委会换届选举中部分村民填写候选人名字时写了不规范的简化字，就因为一字之差，打了两年官司，从乡一直打到全国人大，经全国人大批示才最终得以解决。诸如此类的事件很多，这一方面说明了我国基层民主建设的过程中存在着诸多问题和困难，但另一方面恰恰反映了广大人民群众的民主参与积极性高涨。

---

① 参见王金华《2005年村民自治在机遇中发力》，《中国社会报》2006年4月6日。
② 参见梁骏《村民自治：黄土地上的政治革命》，中国青年出版社2000年版，第123—124页。

公民的民主参与意识空前高涨的另一个表现就是公民维权意识普遍增强。我国宪法明文规定：中华人民共和国公民对于任何国家机关和国家工作人员，有提出批评和建议的权利；对于任何国家机关和国家工作人员的违法失职行为，有向有关国家机关提出申诉、控告或检举的权利。为了保障公民申诉、控告、检举权，各级各类国家机关都普遍设立了信访机构，人民检察机关和行政监察系统从中央到地方普遍设立了对违法犯罪行为的举报机构。在我国人民群众通过来信来访，向党政机关、企事业单位、社会团体及其领导人反映个人或集体的意愿和要求，提出批评和建议，是维护人民当家作主，行使民主权利的一种有效形式。新闻传媒对国家工作人员渎职、滥用职权和侵犯公民合法权益行为的舆论监督大大加强。1990年10月1日起施行的行政诉讼法，是保障公民权利的一部重要法律。该法规定："公民、法人或者其他组织认为行政机关和行政机关工作人员的具体行政行为侵犯其合法权益，有权依照本法向人民法院提起诉讼。"普通百姓把行政诉讼法称为民告官的法律。为保证行政诉讼法的施行，国务院发出了《关于贯彻实施〈行政诉讼法〉的通知》，要求国务院所属各部门、地方各级人民政府主动配合人民法院开展工作，严格执法。国务院还发布了行政复议条例，作为贯彻实施行政诉讼法的配套法规。根据行政诉讼法的有关规定，国家建立了社会团体支持公民起诉和诉权保障的制度。社会团体可受委托成为诉讼代理人，公民可以借助社会团体的力量行使诉权。为给公民起诉提供方便，最高人民法院规定，如果当事人确有经济困难，诉讼费可以缓缴、减缴或免缴。1995年实施的国家赔偿法使得由于国家机关和国家工作人员侵犯公民权利而受到损失的人，有依照法律规定取得赔偿的权利。2004年，国务院对信访条例进行了修改，强化了政府信访工作的责任，显示了权责统一、公开便民、保障公民权利的精神。2004年，国家建立了解决信访突出问题及群体性事件联席会议制度，重点解决城镇房屋拆迁、农村土地征占等方面的突出问题，加大了督察督办力度。信访部门认真办理群众来信，文明接待群众来访，办信接访质量有了新的提高。国家还出台了《关于进一步加强律师参与涉法信访工作的意见》，组织律师参与涉法信访工作，引导信访群众通过法律渠道依法解决问题等，这些都为公民切实有效地维护自身的民主权利提供了制度和法律依据。据1995

年《中国人权事业的进展》白皮书的统计，自 1990 年 1 月至 1994 年 12 月，地方各级人民法院共受理一审、二审和审判监督行政案件 167882 件，涉及治安、土地规划等 40 多个行政管理领域。在这些案件中，涉及公民基本权利的占大多数，相当一部分涉及公民的人身权、财产权。原告中有农民、工人和知识分子，被告中有县、市政府部门和中央国家机关。自行政诉讼法实施以来，2/3 的诉讼都以行政机关改变原决定而终结。1987—1997 年纪检监察部门共处理群众来信、来访 1479.9 万件（次），1993—1997 年，纪检监察部门受理群众举报电话 755 万件（次），各地检察机关受理群众举报职务犯罪案件 1637302 件。改革开放以来，我国反腐败中查处的重大案件 80% 以上都是来自人民群众的举报。2006 年 8 月，监督法历时 20 年终获通过，对全国人大及各级人大常委会行使监督权做出了规范。这部在中国立法史上历时最长的法律对于促进和确保依法行政和公正司法，防止公权力的滥用和误用，维护公民的合法权利有着重大的意义。2007 年上半年，国务院公布了即将施行的《中华人民共和国政府信息公开条例》，按照以公开为原则、以不公开为例外的精神，对政府信息公开的范围和主体、方式和程序、监督和保障做出明确规定，使得行政机关的职责权限、办事程序、办事结果、监督方式等信息能为广大群众所知晓，有利于从制度上、源头上防止行政权力的滥用，保障人民群众的知情权、参与权和监督权。2018 年 3 月 11 日，第十三届全国人民代表大会一次会议通过成立的中华人民共和国国家监察委员会是最高监察机关，监察部被并入新组建的国家监察委员会。2018 年 3 月 20 日，第十三届全国人大一次会议表决通过《中华人民共和国监察法》。作为反腐败国家立法，国家监察法的通过，意味着国家监察体制改革成果进一步固化为法律制度，是反腐败工作法治化的重要里程碑，标志着我国朝着建立集中统一、权威高效的中国特色国家监察体制迈出重要一步，将真正实现监察全覆盖，监督无死角。

（三）改革开放以来社会主义民主建设的基本经验

经历改革开放以来的艰苦探索和不断实践，我国民主建设在取得巨大成就的同时也积累了丰富的经验。系统、全面地总结我国民主建设的经验，无疑对推进我国民主化进程有着重大的理论价值和现实意义。

1. 民主建设必须坚持中国共产党的领导

毋庸置疑，领导权问题是民主建设能否以及如何进行的关键所在，它不仅是重要理论问题同时也是实践问题。总结改革开放以来民主建设的经验，突出的一点就是中国的民主建设离不开中国共产党的领导。

首先，中国共产党的性质和宗旨决定了党的领导和人民当家作主的一致性。在当今世界，几乎所有的国家或地区都是政党政治，政党的性质决定着国家或地区的政治状况。中国共产党是中国工人阶级的先锋队，同时是中国人民和中华民族的先锋队，中国共产党是以马克思列宁主义、毛泽东思想、邓小平理论和"三个代表"重要思想、科学发展观、习近平新时代中国特色社会主义思想武装起来的代表中国最广大人民的根本利益的政党。中国共产党来自人民，服务于人民，它的唯一宗旨是全心全意为人民服务，除了工人阶级和最广大人民群众的利益外，没有自己的特殊利益。党在任何时候都把群众利益放在第一位，同群众同甘共苦，保持最密切的联系，坚持权为民所用，情为民所系，利为民所谋，不允许任何党员脱离群众、凌驾于群众之上。这也是中国共产党能够得到广大人民群众拥护和支持的重要原因。《中国共产党章程》明确规定，必须充分发扬党内民主，保障党员民主权利。人民的民主权利是人民的民主诉求，也是中国共产党为之奋斗的目标。党的领导和执政的根本目的，就是实现人民当家作主。通过人民代表大会、共产党领导的多党合作和政治协商、民族区域自治，基层民主自治等政治制度，中国共产党将来自人民群众的各种愿望、诉求，综合概括为人民的整体利益和共同意志，并进一步将其转化为国家的法律和政策。离开了党的领导，人民当家作主就会落空，法治和各项制度也就无法真正实现和落实。正如党的十九大报告所强调的"伟大的事业必须有坚强的党来领导"。总之，中国共产党是最广大人民利益的代表。发展社会主义民主，确保人民的民主权利得以实现，是共产党自身的本质要求。

其次，民主建设坚持共产党的领导是历史的选择。半个多世纪前，无数仁人志士为追求和实现民主前仆后继，然而由于自身的局限性，不论是资产阶级改良派，还是资产阶级革命派，都不可能领导人民实现民主的愿望。而中国共产党自从诞生之日起，就把领导人民争取民主、自由、平等作为自己的奋斗目标，并为实现之而奋斗。经过 28 年艰苦卓绝的革命斗争，中国共产党领导中国人民争取民主，建立了人民民主专政的国家政权。中华人民共和国成立不久，中国共产党领导人民群众，通过一定的民主形式、民主程序建立形成一整套民主制度。人民代表大会制度以及充分保障人民民主权利的宪法都是在中国共产党的领导下制定和完成的。历史的经验告诉我们，中国人民现在所享有的民主，都是在中国共产党的领导下获得的，没有中国共产党，也就不可能有现在的这一整套民主政治制度，没有中国共产党，要将民主建设推进到一个新的阶段也是不可能的。新时代中国人民要享有更多的民主，也必然离不开党的领导。

最后，新时代我国民主建设任务的艰巨性决定了必须坚持共产党的领导。众所周知，实行民主不是一个自发的过程，人民群众要成为掌握国家、社会和自己命运的主人，需要有一个能够代表和反映人民整体利益的政党将其组织起来，形成自觉的意识，采取有效的行动。然而，由于我国是从半封建半殖民地社会直接过渡到社会主义社会的，整个社会缺乏民主的传统，许多封建思想残余有待在民主建设中加以解决。社会主义民主建设是一个相对崭新而艰巨的事业，加之"文化大革命"时期我国民主建设遭到严重破坏，尽管改革开放以来在党的领导下民主建设取得了显著成就，但就总体而言，我国现阶段民主建设的基础相对薄弱，已建立起来的民主制度还不够健全和完善。加之，在经济方面，所有制结构、分配体制的多样性、区域经济发展非均衡性、利益的多元化等诸多复杂因素必然导致人们在对于民主问题上的理解和看法不尽相同。如何更好地调动各方面的积极性，统筹兼顾各种利益关系，正确处理好社会存在的诸多矛盾，集中精力进行民主建设，无疑将是一项具有长期性、艰巨性的任务，就现阶段来说，必然要求有一个真正能够集中反映和有效体现人民共同意志的政治核心来团结、凝聚和带领人民把革命、建设和改革的事业不断推向前进，能承担起领导中国人民进行民主建设任务的唯有中国共产党，没有共产党的领导也就没有社会主义民主。

2. 必须充分认识民主建设的意义和价值，高举民主的伟大旗帜

建设社会主义民主政治，不仅是社会主义的内在要求和基本特征之一，也是中国特色社会主义建设的重要组成部分。总结现代化国家发展的经验，不难发现经济的发展是现代化的基础，但经济发展必须有一个合理的政治结构来保障，这个政治结构就是充分实现人民当家作主权利的民主政治结构，这个结构能最大限度地调动人民群众投身经济建设的积极性和创造性。毋庸置疑，在当今世界，民主已经成为衡量人类社会进步的一个重要尺度，是一个社会文明程度的重要标志。

改革开放以来，民主建设取得的重要经验之一就是充分认识到民主建设的意义和价值。民主是社会主义的重要特征，社会主义在本质上是民主的。社会主义政治制度从本质上说就是人民当家作主的制度，离开了人民当家作主，社会主义也就失去了生命力。作为社会主义的本质要求和内在属性，民主的实现是社会主义制度优越性的重要体现，只有发扬社会主义民主，才能实现人民当家作主，才能符合人民的愿望和要求，才能得到人民的拥护和支持，社会主义制度才能得到真正的巩固。"文化大革命"的惨痛教训无可争辩地说明，社会主义各项事业的顺利发展离不开民主建设，丢掉民主建设，社会主义事业终将遭受挫折。十一届三中全会以后，中国共产党进行了认真的反思，深刻认识到民主建设的重要性，并逐步恢复和健全了一系列民主制度。此后，历次党的代表大会都涉及民主建设在社会主义建设中的作用，同时党和国家的领导人在不同时期、不同场合也多次强调民主建设的重要性。早在 1979 年 3 月，邓小平在党的理论工作务虚会上强调：在民主的实践方面，我们过去做得不够，并犯过错误。现在我们已经坚决纠正了过去的错误，并且采取各种措施继续努力扩大党内民主和人民民主；并明确提出："没有民主就没有社会主义，就没有社会主义的现代化。"[①] 这是邓小平关于民主政治重要历史地位的精辟论断，把民主问题的重要性提到了决定社会主义现代化事业前途命运的战略高度。此外，邓小平在概括党的十一届三中全会提出的一系列新政策的时候，也把民主问题放在突出的地位。他指出："党的十一届三中全会提出一系列新的政策。就国内政策而言，最重大的有两条，一条是政治上发展民主，一条是经济上进行改革，同时相应地进行社会其他领域的改革。"[②] 1987

---

① 《邓小平文选》第 2 卷，人民出版社 1994 年版，第 168 页。
② 《邓小平文选》第 3 卷，人民出版社 1993 年版，第 116 页。

二　坚持特色，不断推进：改革开放以来的社会主义民主建设

年党的十三大明确提出，社会主义民主是社会主义的重要特征。1992年党的十四大指出："人民民主是社会主义的本质要求和内在属性。"党的十五大指出："发展社会主义民主政治，是我们党始终不渝的奋斗目标。"江泽民在纪念党的十一届三中全会召开20周年大会上深刻地指出："我们的社会主义民主，是全国各族人民享有的最广大的民主，它的本质就是人民当家作主。"[①] 党的十六大则提出："发展社会主义民主政治，建设社会主义政治文明，是全面建设小康社会的重要目标。"党的十七大更是提出："人民民主是社会主义的生命。"党的十八大以来不仅将其纳入社会主义核心价值观中，而且将其与全面深化改革的时代任务相结合，并上升到中华民族伟大复兴的历史高度，凸显出新时代民主建设的重要性。正是由于党和国家充分认识到民主建设的重大意义和价值，在改革开放过程中，在正确思想的指导下，民主建设始终向前发展。

另外，要将民主建设作为中国特色社会主义建设的重要组成部分予以推进，而不是简单地、孤立地进行，这也是改革开放以来民主建设取得卓越成就的经验之一。首先，中国特色社会主义建设是一个系统的工程，它涉及政治、经济、文化等诸多方面的建设，经济建设为政治、文化建设提供了物质条件，政治和文化建设又为经济建设提供了方向和保证，只有经济、政治、文化三个方面相互促进、协调发展，才能确保中国特色社会主义建设取得成功。民主建设本身就是社会主义现代化建设进程中的重要组成部分，忽视甚至撇开民主建设，孤立地进行经济现代化建设，这样的现代化，不仅不可能长久，而且根本就不可能实现。正因为如此，中国共产党的基本路线规定，党在社会主义初级阶段的奋斗目标就是要把我国建设成为富强、民主、文明、和谐、美丽的社会主义现代化强国。民主是这个五位一体的总目标中不可或缺的重要组成部分，只有把民主的建设和完善作为社会主义现代化建设的重要内容和目标，才能建设和谐、全面、发展的社会主义。正如江泽民所强调的那样，发展社会主义民主，最重要的是把社会主义民主落实到国家经济、政治、文化及各项社会事业的决策和管理中去，落实到各项制度和各项实际工作中去，落实到广大人民行使民主

---

① 《江泽民论有中国特色社会主义（专题摘编）》，中央文献出版社2002年版，第301页。

权利的实践中去，结合社会发展的新情况、新问题，不断扩大基层民主，不断创造和完善人民群众当家作主的新形式。其次，民主建设为中国特色社会主义建设提供政治保障。相对于经济基础而言，民主属于上层建筑，它们之间存在作用与反作用的关系，民主的进步发展有利于推动整个社会主义建设的发展。民主建设的政治保障主要体现在四个方面：其一，只有具有制度化的民主，才能保障公民民主参与、民主协商、民主决策、民主管理、民主监督权利的真正实现，加强对各种权力的监督和制约，防止公共权力的蜕变，保证党和国家政权的性质，保障人民当家作主的地位。切实加强和保障了人民群众在社会生活各个领域所享有的广泛权利，使得人民群众在社会主义事业建设过程中切身体会到民主权利的存在，有力地调动了广大人民群众的积极性、主动性和创造性，使他们投身到中国特色社会主义伟大事业中去。其二，只有加强民主建设，充分保障广大人民群众的各项民主权利，实现人民群众对国家政治、经济、文化和社会生活的管理，才能不断增强人民群众的主人翁意识，增强人民群众对于现存政权合法性的认同感，有利于社会主义国家政权的巩固。其三，依靠人民的力量实现社会主义现代化，关键在于如何正确处理社会主义事业建设过程中诸多复杂的矛盾，只有人民群众的各项民主权利得到充分保障，才能调动人民群众充分发挥自己的创造性，勇敢地从事各种探索和实践，把蕴藏在群众中的巨大能量释放出来，为改革开放和现代化建设注入强大的生机和活力，而实现民主权利的正确途径就是进行民主建设。其四，中国特色社会主义建设的顺利进行和实现，必须有一个安定团结的政治环境作为保障。而这种安定团结的政治环境，只有实行民主，才能实现民主决策，避免主观武断、个人决策所带来的全局性失误和社会的混乱，只有在充分发扬民主并对少数敌对分子实行专政的基础上才能实现。"文化大革命"期间社会动荡，社会主义政治、经济、文化建设都遭受严重破坏，而发生悲剧的重要原因就是忽视了民主建设。十一届三中全会以来，党中央提出拨乱反正，清除过去传统的错误思想，确立以民主政治为基础的政治思想。党的领导人也指出："我们应当在发展社会主义民主政治、健全社会主义法制方面取得明显进展，以巩固和发展稳定的社会政治环境，保证经济建设和改革开放的顺利进行。"①

3. 民主建设必须与经济社会发展水平相适应，必须有利于社会发展和社会稳定

社会主义民主建设不仅是一个系统而宏伟的工程，而且是一个实际的发展过程。"文化大革命"时期提出的"大鸣、大放"的"大民主"不仅没有给中国人民带来真正的民主，相反使社会主义民主遭受严重破坏，人民的民主权利遭到任意践踏。20世纪末期，苏联共产党进行的"民主"改革，不仅没有给人民带来期望的民主权利，却带来了社会主义政权的倾覆以及社会的动荡不安。与此形成鲜明对比的是中国在改革开放以来，民主进程不断加快，人民的民主权利得到保障，社会主义政权进一步巩固，社会主义优越性得到充分体现。成功的经验和失败的教训无不揭示出这样一个道理：民主建设必须与经济社会发展水平相适应，必须有利于社会发展和社会稳定。

民主建设必须与经济社会发展水平相适应。民主属于社会上层建筑范畴，必然由经济基础所决定，这决定了民主的实现不能随心所欲，它有自身存在和发展的客观规律，即"权利决不能超出社会的经济结构以及由经济结构所制约的社会的文化发展"②。世界上的民主都是具体的、相对的，而不是抽象的、绝对的。任何一种民主的本质、内容和形式，都是由本国的社会制度所决定的，并随着本国经济文化的发展而发展。③ 我国的社会主义民主探索的道路并非一帆风顺，而是经历了长期艰难探索的过程。在中华人民共和国成立相当长的时间里，人们忽视了民主建设必须与经济社会发展水平相适应，对于民主建设是一个长期性、实践性的过程缺乏科学的认识，简单地认为社会主义民主制度一旦建立就意味着社会主义民主政治的实现和完成。因此，在很长时间内民主仅仅停留在一种理想上，或者是简单的法律条文上，抽象而空洞的理论宣传掩盖了许多民主建设发展的

---

① 中共中央文献研究室编：《十四大以来重要文献汇编》（上），中央文献出版社1996年版，第28页。

② 马克思：《哥达纲领批判》，《马克思恩格斯选集》第3卷，人民出版社1995年版，第305页。

③ 参见中共中央文献研究室编《十四大以来重要文献汇编》（中），中央文献出版社1997年版，第174页。

客观规律，这是一条极其深刻的教训。十一届三中全会以来，党通过深入总结历史经验，深刻地认识到民主建设必须与经济社会发展水平相适应，民主的实现绝非一蹴而就，民主建设将是一项复杂的长期性工程。首先，民主建设受到经济发展水平的制约。民主是建立在一定社会经济基础之上的，必然受到经济发展水平的制约。有什么样的经济基础，就有什么样的民主制度和民主形态。生产资料私有制，决定了资本主义的民主只能是少数人享有的民主。社会主义的经济基础是公有制，公有制的建立，真正实现了人类历史上第一次多数人享有民主。然而，社会主义民主制度的确立，并不等于社会主义高度民主就可以很快实现了。而经济基础对民主发展的决定作用就表现在只有实现生产力的高度发达，才能为人民群众提供参与社会活动、行使民主权利的各种机会。当前我国还处在社会主义初级阶段，民主需要随着社会主义发展而不断发展和完善。其次，民主建设往往受到历史传统的影响。社会主义民主制在我国的建立，不是按照民主发展的历史常规，而是由于近代中国处于半殖民地半封建社会，资产阶级由于自身的阶级局限性无法领导人民取得民主革命的胜利，资产阶级也就没有完成肃清封建主义思想的任务，未能建立起资产阶级民主政治，民主革命的任务只能由中国共产党领导实现。尽管无产阶级建立了人民当家作主的社会主义国家，但由于无产阶级革命的胜利是在较短时间内实现的，这就很难彻底清除旧社会封建残余的影响。由于封建制度在我国延续了两千多年，封建残余积淀深厚，加之近代中国又沦为半殖民地半封建国家，这种特定因素造成我国民主政治发展极其落后。直到今天，我国现实生活中仍遗存着较多的封建主义残余思想，并且成为社会主义初级阶段民主建设的严重障碍。因此，我国初级阶段的民主建设仍然需要以相当大的精力去肃清封建主义残余的影响。同时，随着对外开放的不断深入，西方资产阶级的某些民主价值观也会对我国的民主建设产生一定的影响，对此也必须加以澄清和清除。最后，民主建设受到文化教育水平的制约。社会主义建设特别是改革开放以来，我国教育科学文化事业取得了相当大的进步，人民的文化素质显著提高。但就整体而言，我国公民的民主素质、民主意识仍然不强，民主建设受到社会文化发展水平的制约。社会主义民主是人民当家作主，是社会绝大多数人的民主，然而，民主制度的完善、人民群众民主意识的提高、参政能力的加强,都直接或间接地与人民的文化素质有联系。在现阶段,在相当多的人还没有意识到自己的民主权利和责任的时候,就很难在社会范围内形成民主的氛围。改革开放以来,党和国家充分认识到民主的实现程度和实现形式在任何时候都要受到社会经济、文化以及历史等各个方面因素的制约,需要有相应的社会土壤。而这种科学的认识正是建立在正确认识民主建设必须与经济社会发展水平相适应的基础之上的。正如江泽民在中国共产党第十五次全国代表大会上的报告中所说的:"建设社会主义民主政治,是逐步发展的历史过程,需要从我国的国情出发,在党的领导下有步骤、有秩序地推进。社会主义愈发展,民主也愈发展。"①

民主建设必须有利于社会发展和社会稳定。这是党在总结一系列经验和教训的基础上得出的结论,它既是对党领导人民进行民主建设的经验总结,也是对国外特别是苏东等前社会主义国家民主建设失败的惨痛教训的总结。正是在这个正确思想的指引下,改革开放以来,我们的民主建设在有利于经济社会发展和社会稳定的前提下,取得了长足进步。

毫无疑问,从长远的角度来看,民主建设有利于促进社会的发展,有利于维护社会的长期稳定。这是因为在民主的社会里,人民的民主权利能够得到有效保障,增强了人们对于现存政权的认同感和亲和力;同时在民主的社会里,人们能够广泛地参与国家的各项事业,能够积极主动地投身到社会主义建设中去。这就是说,民主建设本身是有利于经济发展和社会稳定的,关键在于如何处理好它们之间的关系。由于历史的原因,我国的民主政治还不太发达,存在着民主制度建设不健全、民主权利的实现不充分等一些不尽如人意之处,这些都影响着社会主义制度优越性的充分发挥,因此迫切需要我们加快民主建设的步伐。但同时,民主政治的发展又受到多种因素的影响和制约,民主建设不能急于求成,在衡量民主发展程度的尺度上,过去往往有一种错误的认识倾向,认为民主建设越快,民主发展的程度就越高,民主就发展得越好。这其实是忽视了民主发展所必须遵循的客观规律。如果民主建设不从中国的国情出发,而是急于求成,不

---

① 《江泽民文选》第 2 卷,人民出版社 2006 年版,第 32 页。

仅不会带来民主的健康发展，反而会引发社会的动荡不安。在推进民主建设的过程中，必须有利于社会的全面进步和发展，有利于维护社会的安全稳定，如果在建设过程中破坏了现有的法律和社会秩序，扰乱了人们的正常生活，民主也就失去了意义。民主的建设有利于经济社会的发展，有利于维护社会的稳定，民主就可以继续推进；如果阻碍了经济社会的发展，破坏了社会的稳定，就应当暂缓民主的推进，不能简单地为了推进民主而推进民主。为了有利于经济社会的发展，社会的稳定团结，在民主建设过程中，应当积极主动地配合，从实际出发，选择恰当的条件和时机。盲目地推进民主化，反而会阻碍整个社会的发展。在我国现阶段，要特别注意处理好这个问题，由于民主问题与广大人民的切身利益息息相关，因此人民群众往往有一种要求民主更充分、更广泛的冲动。但民主建设和发展受到政治、经济、文化、历史传统和人民的素质等综合因素的制约，不可能一蹴而就。经历了1989年的"政治风波"，我们清楚地看到，稳定问题对于中国来说是压倒一切的问题。没有稳定的社会环境，不仅经济建设搞不成，民主政治建设也只能荒废。改革开放，现代化建设的关键是稳定。只有实现了社会的稳定，我们的改革开放和民主政治建设的步伐才能更快、更稳、更好。邓小平曾明确指出："中国的问题，压倒一切的是需要稳定。没有稳定的环境，什么都搞不成，已经取得的成果也会失掉。"[①] 江泽民也曾经指出："在一个国家里，实现民主、自由和人权的根本途径是社会的进步、稳定和经济的发展。我想，离开社会的进步和经济的发展来谈民主、自由和人权是没有意义的。"[②]

此外，民主建设有利于促进社会的发展，有利于维护社会长期稳定的重要原因在于，民主的存在和发展依赖社会经济的发展为其提供物质保障以及相对稳定的社会环境。首先，人民享有广泛的民主权利，并依照权利参与国家各项事务的管理，这本身需要社会提供强大的物质基础。民主是具体的，是一种实践活动，需要相应的物质做保障。如果一个社会的经济落后，就会使得民主的充分性和广泛性因缺乏物质条件的支持而无法发

---

① 《邓小平文选》第3卷，人民出版社1993年版，第284页。
② 《江泽民论有中国特色的社会主义》，中央文献出版社2002年版，第322页。

挥。公民所享有的民主权利更多地只能停留于一纸空文上，在实践生活中根本得不到实现。相反，社会经济健康快速的发展使得过去由于缺乏物质条件支持的民主权利得到实现。如实现民主权利往往与交通的发达、信息的快捷、媒体的灵敏、居住的集中、聚会的便利等条件密切联系在一起，过去由于经济落后，这些物质条件对于许多人来说都无法实现，这就严重制约了民主的实现。其次，民主的实现需要稳定的社会环境。在任何民主制的国家里，公民民主权利的实现最终是要通过制度和法律加以保障的，制度的保障具有根本性、权威性和长期性，缺乏制度和法律的保障，民主只能是空谈。而一个社会制度化的建设必然要求有一个稳定的社会环境，在一个动荡不安、人心浮动的社会里，制度和法律就失去了作用，公民的各项民主权利也就得不到保障。"文化大革命"期间倡导的所谓"大民主"，尽管鼓吹得冠冕堂皇，以为把群众发动起来就是民主，结果造成整个国家动荡，社会秩序混乱，人民根本就无法正常生活，更不用说实现人民的民主权利了，相反，那个时期也是民主遭到严重破坏的时期。

总之，社会主义民主不可能一蹴而就，也不能一劳永逸，民主建设是一个需要逐步创造、积累和提升的过程。我们应正视现实，从本国实际情况出发，循序渐进地推进民主政治建设。条件已经成熟的，要有强烈的紧迫感，不失时机地予以解决；条件还不具备的，应当积极创造条件，遵循客观规律，通过民主建设逐步加以解决，绝不能急功近利。因此，这里的关键是要注意使民主政治建设与经济建设、市场经济建设协调发展，既不能长期停滞不前，也不能冒进超前，而是要在促进民主建设的同时，必须使之有利于经济社会发展和社会的稳定团结。

4. 民主建设必须制度化、规范化、程序化

回顾历史，总结我国民主建设的经验和教训，我们不难得出这样的结论：在"文化大革命"十年动乱期间，我国的法制建设遭到严重破坏，民主在缺乏法律制度保障的情况下形同虚设；改革开放以来，党和国家高度重视社会主义法制建设，将民主建设与法制建设紧密结合在一起，注重民主的制度化建设，这一时期的民主迅速发展，取得了显著成果。

在社会主义制度下，民主与法制更加紧密地联系起来，二者之间相互依存、相互制约、相辅相成。社会主义法制是工人阶级和劳动人民在掌握

政权、争得民主的基础上建立起来的，它反映的是工人阶级和广大劳动人民的意志、利益和要求。劳动人民不仅享有广泛的民主权利，而且具有管理国家的权力，是国家和社会的主人，这正是社会主义法制的重要组成部分。因此，加强社会主义法制，与社会主义法制紧密结合，绝不是为了限制民主，而是为了保障社会主义民主的实现。破坏了社会主义法制，也就使民主失去了保障，在这方面，历史上已经有了沉痛的教训。

将民主建设与社会主义法制建设紧密相连，是对我国的民主实践、对"文化大革命"教训的深刻总结。特别是"文化大革命"期间，以"大鸣、大放、大辩论、大字报"为主要形式的所谓"大民主"，主张法律之外的权利，严重破坏了社会主义法制，甚至连人身安全都失去了保障，更不用说人民的正当民主权利了。"文化大革命"期间我国民主建设出现严重挫折的一个重要原因就是法制不健全，法律的权威性得不到尊重。因此，十一届三中全会以后，党中央深刻地认识到建设社会主义民主，关键在于不断加强和完善社会主义法制，没有法制的发展和完善，社会主义民主也就无从谈起，并且得不到真正的保证。改革开放后，中国共产党的历次全国代表大会，均不同程度地强调社会主义民主与法制紧密结合的重要性。对这个问题的认识，全党达成高度的共识，改革开放以来，无论理论探索还是实践推进都从未间断和动摇过。早在1978年党的十一届三中全会之前的工作会议上，邓小平就明确强调："为了保障人民民主，必须加强法制。必须使民主制度化、法律化，使这种制度和法律不因领导人的改变而改变，不因领导人的看法和注意力的改变而改变。"[①] 在这里他论述了法制既是民主的制度化、法制化的表现，又是民主的有力保障的双重作用。民主只有实现法制的保障才能不会因为某些领导人的主观意志而被任意更改和破坏。此后，邓小平在不同的场合多次强调了民主与法制相结合的重要性。他指出："民主和法制，这两个方面都应该加强，过去我们都不足。要加强民主就要加强法制。没有广泛的民主是不行的，没有健全的法制也是不行的。民主要坚持下去，法制要坚持下去。这好像两只手，任

[①] 《邓小平文选》第2卷，人民出版社1994年版，第146页。

何一只手削弱都不行。"① 他还指出："社会主义民主和社会主义法制是不可分的。不要社会主义法制的民主，不要党的领导的民主，不要纪律和秩序的民主，决不是社会主义民主。"② 这些论述直截了当地强调了法制对民主的保障作用，指出没有法制的保障，民主只能是一种奢望。1978年党的十一届三中全会指出："为了保障人民民主，必须加强社会主义法制，使民主制度化、法律化，使这种制度和法律具有稳定性、连续性和极大的权威，做到有法可依，有法必依，执法必严，违法必究。"③ 这是中国共产党历史上第一次把民主和法制紧密地结合在一起，标志着中国共产党对社会主义民主和法制建设的认识产生了质的飞跃。党的十二大报告提出："社会主义民主的建设必须同社会主义法制的建设紧密地结合起来，使社会主义民主制度化、法律化。"④ 党的十三大报告提出："社会主义民主和社会主义法制不可分割。"⑤ 党的十四大报告提出："没有民主和法制就没有社会主义，就没有社会主义的现代化。"⑥ 党的十五大则把民主制度化和法制化建设提到一个新的高度，提出："发展民主必须同健全法制紧密结合，实行依法治国。依法治国，就是广大人民群众在党的领导下，依照宪法和法律规定，通过各种途径和形式管理国家事务，管理经济文化事业，管理社会事务，保证国家各项工作都依法进行，逐步实现社会主义民主的制度化、法律化，使这种制度和法律不因领导人的改变而改变，不因领导人看法和注意力的改变而改变。"并且指出："发展社会主义民主，制度更带有根本性、全局性、稳定性和长期性。"⑦ 党的十六大报告指出："发展社会主义民主政治，最根本的是要把坚持党的领导、人民当家作主和依法治国

---

① 《邓小平文选》第2卷，人民出版社1994年版，第189页。
② 《邓小平文选》第2卷，人民出版社1994年版，第359页。
③ 中共中央文献研究室编：《三中全会以来重要文献选编》（上），人民出版社1982年版，第10页。
④ 中共中央文献研究室编：《十一届三中全会以来党的历次全国代表大会中央全会重要文献选编》（上），中央文献出版社1997年版，第255页。
⑤ 中共中央文献研究室编：《十一届三中全会以来党的历次全国代表大会中央全会重要文献选编》（上），中央文献出版社1997年版，第481页。
⑥ 中共中央文献研究室编：《十一届三中全会以来党的历次全国代表大会中央全会重要文献选编》（下），中央文献出版社1997年版，第179页。
⑦ 中共中央文献研究室编：《十一届三中全会以来党的历次全国代表大会中央全会重要文献选编》（下），中央文献出版社1997年版，第436—437页。

有机统一起来。要着重加强制度建设,实现社会主义民主政治的制度化、规范化和程序化。"① 党的十七大报告对上述思想又做了进一步的阐述,提出:"坚持社会主义政治制度的特点和优势,推进社会主义民主政治制度化、规范化、程序化,为党和国家长治久安提供政治和法律制度保障。"② 党的十八大指出:"必须坚持党的领导、人民当家作主、依法治国有机统一,以保证人民当家作主为根本,以增强党和国家活力、调动人民积极性为目标,扩大社会主义民主,加快建设社会主义法治国家,发展社会主义政治文明。"党的十九大提出:"发展社会主义民主政治就是要体现人民意志、保障人民权益、激发人民创造活力,用制度体系保证人民当家作主。"③

社会主义民主建设必须同健全社会主义法制紧密结合。社会主义法制是工人阶级和广大人民把国家事务制度化、法制化,并严格依法办事的基本原则,它体现人民意志,保障人民的合法权益,调节人民之间的关系,规范和约束人们的行为,制裁和打击各种危害社会的行为,因而它必然成为社会主义民主的可靠保障。④ 社会主义法制是实现社会主义民主的制度和法律保障,只有建立健全社会主义法制,才能使社会主义民主真正得到实现,才能保证人民的民主权利得到长期性、稳定性、可靠性的制度保障。中华人民共和国成立以后,虽然确立了人民当家作主的社会主义制度,宪法和法律也规定了人民享有的各项民主权利,但是,后来由于受到包括"文化大革命"在内等诸多因素的影响,人民自主权利失去了与之相配套的具体法律、法规和制度的保障,公民根据宪法拥有的诸多民主权利,由于在实际生活中缺乏相应的法律法规的保障而往往难以实现。

社会主义民主成果,必须由社会主义法制来确认和巩固。人民民主权利得不到实现,最关键的问题就是没有建立与实现民主相关的法律和制度

---

① 中共中央文献研究室编:《十六大以来重要文献汇编》(上),中央文献出版社2005年版,第24—25页。

② 胡锦涛:《高举中国特色社会主义伟大旗帜 为夺取全面建设小康社会新胜利而奋斗》,人民出版社2007年版,第29页。

③ 习近平:《决胜全面建成小康社会 夺取新时代中国特色社会主义伟大胜利》,人民出版社2017年版,第36页。

④ 参见高屹《邓小平理论发展史》,广东人民出版社2003年版,第320页。

做保障。只有从法律上、制度上解决问题，才能确保社会主义民主的真正实现。社会主义国家人民的民主权利是社会主义法制所规定的权利。任何超出法律之外的民主权利，都是不存在的，更不能得到发展。无产阶级革命胜利后，必须把自己所争取到的民主权利以宪法和法律的形式进行确认和巩固。社会主义民主制度从建立之日起，它的发展的每项成果都要通过法律得以确认。否则，社会主义民主的发展就没有实际意义。

人民的民主权利必须有社会主义法制来保障。任何民主权利都是法律所赋予的并受到法律保障的权利，离开法律的保障，权利就成为空洞的、无法实现的东西。社会主义宪法和法律，明确规定了人民应当享有的具体民主权利。

要以各项民主制度建设为重点，实现社会主义民主政治的制度化、规范化和程序化。社会主义民主建设的根本目的就是将民主制度化，从制度上保证人民当家作主地位的巩固和民主权利的实现。改革开放以来，民主建设的成功经验充分说明有了制度性的保障，民主建设才能向前发展。社会主义民主建设要取得成功，关键在于加强制度建设。制度问题是具有根本性、全局性、稳定性和长期性的大问题。把社会主义民主制度化、法制化、程序化，也就是把人民群众的民主要求转化为国家的意志，把人民管理国家的权力以及公民权利、国家政治生活、经济生活和社会生活中的民主原则，用法律的形式规定下来，运用国家强制力，推广到整个社会中去。社会主义民主的本质是人民当家作主，国家的一切权力属于人民。人民当家作主，需要通过民主的国家制度和各种民主的政治体系加以体现和保障。人民的意志需要通过一定的制度加以表达，人民的利益需要通过一定的制度加以实现，人民参与国家与社会的管理需要通过一定的制度加以规范，如果没有健全完善的制度保障，人民当家作主的本质就难以体现，甚至会流于形式，成为纸上谈兵。要实现人民真正当家作主，必须通过坚定不移的民主建设，不断完善制度体系及其相应的实现形式。过去，我们往往只重视民主的实质而忽视它的具体制度、程序和形式，片面地认为，只要党和国家政权是代表人民利益、为人民服务的，具体的民主形式和制度无关紧要，这使我们的民主形式、民主制度很不健全。实践已经证明，人民当家作主绝非一句空话，它只有通过各种健全而具体的制度和措施来保证，才能得以实现，而没有制度化的民主，就会变成华而不实的民主，甚至走向民主的反面。因此，建设社会主义民主政治，要从我国的实际出发，必须致力于民主形式、民主程序、民主制度的建设，从组织上、制度上保证人民真正享有当家作主、管理国家和企事业的权利。制度带有根本性、全面性、稳定性和长期性。邓小平在总结"文化大革命"的历史教训时精辟地指出："我们过去发生的各种错误，固然与某些领导人的思想、作风有关，但是组织制度、工作制度方面的问题更重要。这些方面的制度好可以使坏人无法任意横行，制度不好可以使好人无法充分做好事，甚至会走向反面……斯大林严重破坏社会主义法制，毛泽东同志就说过，这样的事件在英、法、美这样的西方国家不可能发生。他虽然认识到这一点，但是由于没有在实际上解决领导制度问题以及其他一些原因，仍然导致了'文化大革命'的十年浩劫。这个教训是极其深刻的。不是说个人没有责任，而是说领导制度、组织制度问题更带有根本性、全局性、稳定性和长期性。"① 他还进一步指出："肃清封建主义残余影响，重点是切实改革并完善党和国家的制度，从制度上保证党和国家政治生活的民主化、经济管理的民主化、整个社会生活的民主化，促进现代化建设事业的顺利发展。"② 历史的教训充分证明，民主建设固然要增强领导人的民主意识，解决领导人的民主作风问题，但更重要的是将民主落实为超越任何个人意志的制度安排，使领导人必须按照制度性的规范来办事。民主建设之所以要以制度建设为重点，是因为民主自身的性质决定的。民主不仅仅是一般的制度，而是由法律确认和保障的根本制度体系，是体系化的国家制度。社会主义民主的制度化就是以实现人民的民主权利为宗旨，将国家在政治、经济、文化各个领域里的民主生活、民主原则、民主形式、民主程序，用系统的制度和法律加以确认，使之具有制度上、法律上的规范形态，保证国家政治生活健康有序地运行。改革开放以来，中国的民主建设之所以取得辉煌的成就，就是因为从十一届三中全会开始，党就明确提出民主建设的制度化和法制化，使民主建设始终在法制的轨道上健康发展，以法制保障公民

---

① 《邓小平文选》第 2 卷，人民出版社 1994 年版，第 333 页。
② 《邓小平文选》第 2 卷，人民出版社 1994 年版，第 336 页。

民主权利的实现,并将改革的成果不断制度化和法制化。

5. 民主建设必须走自己的路

如何正确对待资本主义民主,无疑是一个既复杂敏感又无法回避的话题。改革开放前,由于种种因素的影响,对待资本主义民主基本上采取全盘否定的态度。改革开放后,特别是改革开放初期,又出现对资本主义民主盲目崇拜、简单照搬照抄的趋势。尽管二者在对待资本主义民主的态度上截然不同,但最终的结果都是不利于社会主义民主的健康发展,甚至可能威胁到社会主义政权的巩固。因此,在对待资本主义民主的问题上,应当运用辩证唯物主义和历史唯物主义的观点,既要大胆吸取人类有益的成果,又要避免盲目的照搬照抄。

首先,民主是人类政治文明发展的成果,也是世界各国人民的普遍要求。民主政治作为一种与专制政治相对立的现代政治文明成果,包含着一些最本质、最基本的要素,这些要素是社会主义和资本主义都共同具有的。从民主制度发展的历程来看,在资产阶级民主革命初期,新兴资产阶级提出的"自由、平等、博爱"的口号得到了广大人民群众的拥护,符合无产阶级和劳动人民反对封建专制主义压迫的要求。尽管资本主义政治民主具有鲜明的阶级和时代局限性,但毋庸置疑,相对于奴隶社会和封建社会而言它毕竟是历史的一大进步,集中代表和反映了近代人类政治文明的最高发展水平,其中许多有益的文明成果是值得我们学习和借鉴的。我们应当大胆借鉴包括资本主义民主在内的人类有益的政治文明成果。正如邓小平所言:"社会主义要赢得与资本主义相比较的优势,就必须大胆吸收和借鉴人类社会创造的一切文明成果。"[1] 江泽民也指出:"世界是丰富多彩的,各种文明和社会制度应该求同存异,取长补短。"[2] 然而,中华人民共和国成立后,特别是"文化大革命"时期,由于多种因素的影响和制约,尤其是在"极左"思想的影响下,我们将人类共享的文明成果统统归结到资产阶级及其政党名下,没能正确认识到资本主义及其创造的政治文明成果也是人类文明成果的一部分,没有把那些属于全人类的东西从隐藏

---

[1] 《邓小平文选》第 3 卷,人民出版社 1993 年版,第 373 页。
[2] 《人民日报》2001 年 8 月 14 日。

于阶级、民族、国家的形式下分离出来,将非制度化的东西从已制度化的禁锢中解放出来,以致出现宣扬"宁要社会主义的草,不要资本主义的苗",在"斗资批修"中连资本主义政治文明的有益成果也一同"抛弃"的状况。正如邓小平在提出要弄清什么是社会主义的同时,还提出"对于资本主义、资产阶级思想,当然也要采取科学的态度"①。"要弄清什么是资本主义,资本主义要比封建主义优越。"②"文化大革命"时期不加区别地对西方一切民主思想均采取排斥的态度,给我们的社会主义民主建设带来了极其严重的负面影响。

其次,对人类的政治文明成果尤其是资本主义政治文明成果的吸取和借鉴,绝不能照搬照抄,而是要采取扬弃的态度,批判地继承,要密切结合我国的国情,走一条有中国特色的社会主义民主建设道路。社会主义国家可以借鉴资本主义政治文明成果,但绝不能脱离基本国情,盲目照搬西方民主模式。按照资产阶级的民主观念和政治模式来建设社会主义民主政治,实践证明是行不通的,也是社会主义制度所不允许的。借鉴西方的民主建设经验,应该充分考虑我国的历史传统、经济发展水平和文化教育水平,要有利于国家统一、民族团结和社会稳定。在改革开放后的一段时期里,我们在对待资本主义文明成果时,不是批判地继承,而是加以盲目的功利性的利用。对此,1999年江泽民在《在省、自治区、直辖市党委负责同志会议上的讲话》中指出:"西方国家的一些人,总想把他们那套民主制度强加给我们,总想让我们实行西方式的民主。在这个问题上,我们同西方国家一直在进行尖锐的斗争。"③党的十六大报告也指出,发展社会主义民主政治,建设社会主义政治文明,要坚定不移地推进政治体制改革,"要坚持从我国国情出发,总结自己的实践经验,同时借鉴人类政治文明的有益成果,绝不照搬西方政治制度的模式"④。党的十九大报告指

---

① 《邓小平文选》第2卷,人民出版社1994年版,第338页。
② 《邓小平文选》第2卷,人民出版社1994年版,第351页。
③ 中共中央文献研究室编:《江泽民论有中国特色社会主义(专题摘编)》,中央文献出版社2002年版,第302页。
④ 中共中央文献研究室编:《十六大以来重要文献汇编》(上),中央文献出版社2005年版,第24页。

出:"世界上没有完全相同的政治制度模式,政治制度不能脱离特定社会政治条件和历史文化传统来抽象评判,不能定于一尊,不能生搬硬套外国政治制度模式。"[①] 对于包括资本主义社会在内的人类政治文明成果,应当采取扬弃的态度,批判地继承。首先,借鉴和采取的是人类政治文明中有益的、有利于我国社会主义民主建设和发展的有用的东西。借鉴的过程不是不分青红皂白,不管是有益的还是有害的、有用的还是无用的,统统吸收;而是取其精华,去其糟粕,消化吸收,为我所用。其次,对于不利于社会主义民主、发挥社会主义制度优越性的东西,要勇于批判,勇于抵制,绝不能将其盲目照搬照抄到社会主义民主制度中来。如果我们盲目照搬西方的民主政治制度模式,产生的后果一定是极其严重的,它不仅不能给广大人民带来真正的民主权利,而且将直接关系到社会主义政治制度的生死存亡。苏联解体、东欧剧变的教训值得我们永远牢记。最后,对资本主义政治文明成果要辩证地看待,坚持扬弃与创新相结合的原则,吸收借鉴资本主义政治文明成果,应该将文明成果和非文明成果区别开来,正确处理吸收借鉴和批判、继承的关系。对待资本主义政治文明成果要防止两种倾向:一是片面地排斥和反对,只要是资本主义、资产阶级的东西就不能用;二是盲目地崇拜,只要是资本主义国家的东西就用"拿来主义"。

总之,中国的社会主义民主政治建设,始终坚持以马克思主义民主理论与中国实际相结合的基本原则为指导,着重总结民主政治建设的经验教训,广泛吸取人类创造的政治文明的优秀成果,不懈努力,才有可能最终建设起具有中国特色的社会主义民主政治。我们在民主政治建设问题上,必须从中国的实际出发,坚持四项基本原则,建设有中国特色的社会主义民主政治,绝不能照抄照搬西方的政治模式。

(四)大力推进中国特色社会主义民主建设

回顾和总结改革开放以来中国的民主建设,一方面,我们应当充分肯

[①] 习近平:《决胜全面建成小康社会 夺取新时代中国特色社会主义伟大胜利》,人民出版社2017年版,第36页。

定这一时期在中国共产党的领导下,我们的民主建设所取得的辉煌成就,经过多年的艰辛探索,我国已经初步形成了民主发展、政治发展的特色;另一方面,我们也应当清醒地认识到,我们的民主仍然不够完善,民主建设过程中存在诸多矛盾和问题亟待解决,中国特色社会主义民主建设任重道远。新时代,中国特色社会主义民主建设面临着前所未有的机遇与挑战,在机遇大于挑战的形势下,我们应当从以下几个方面大力推进中国特色社会主义民主建设。

1. 将民主作为始终不渝的战略目标

发展社会主义民主政治是中国共产党始终不渝的奋斗目标。作为中国工人阶级的先锋队,以及中国人民和中华民族的先锋队,中国共产党自成立起,就以实现和发展人民民主为己任。中国共产党领导人民进行革命的目的,就是要建立一个由中国人民当家作主的社会主义民主国家。毫无疑问,这种民主是大多数人的民主,而不是少数人的民主。为此,在长期的革命斗争中,党在全中国人民的支持和拥护下,带领人民前仆后继、浴血奋战,经过艰苦卓绝的斗争,终于推翻了帝国主义、封建主义、官僚资本主义的反动统治,建立起人民当家作主的社会主义政权,为发展社会主义民主政治奠定了政治制度基础。中国共产党所走的道路是发动和依靠人民、全心全意代表和实现中国人民根本利益的道路,因而是一条真正追求和实行民主的道路。

发展社会主义民主政治是党始终不渝的奋斗目标,这是由社会主义制度的根本性质所决定的。民主是社会主义的一个重要特征,是社会主义优越性在政治上的集中体现,是社会主义社会区别于剥削社会的主要标志之一。民主和社会主义是不可分的,没有社会主义就不可能有真正的民主;没有民主就不可能有真正的社会主义。"没有民主就没有社会主义"是马克思主义关于人民民主与社会主义关系问题的一个基本观点。早在《共产党宣言》中,马克思和恩格斯就指出:"工人革命的第一步就是使无产阶级上升为统治阶级,争得民主。"[①] 在我国社会主义现代化建设的新时期,

---

[①]《马克思恩格斯选集》第 1 卷,人民出版社 1995 年版,第 293 页。

邓小平明确提出"没有民主就没有社会主义,就没有社会主义的现代化"① 这一科学命题。改革开放以来,党始终将人民民主与社会主义紧密相连,深刻而全面地审视二者的关系。

在新的历史时期要更高地举起民主的大旗,推进社会主义民主建设是社会主义伟大事业的必然要求。在社会主义建设和改革开放的新的历史时期,党高度重视社会主义民主建设,认识到发展社会主义民主政治是建设和发展中国特色社会主义的必然要求。社会主义现代化建设对于任何一个社会主义国家而言,都是一项系统而复杂的工程。而我国作为最大的发展中国家,困难可想而知,要成功地完成这项任务,就必须最大限度地增强广大人民群众的主人翁责任感,充分发挥和调动他们建设社会主义的积极性和创造性。特别是随着改革开放的不断深入,市场经济体制的不断完善,广大人民群众的民主参与意识广泛提高,自由、公平、平等地参与社会各个方面建设的自觉性空前高涨,这些都必然要求充分发扬社会主义民主。同时,社会主义现代化建设不仅是指经济建设,还包括政治建设、文化建设、社会建设和生态文明建设。正如党的十七大报告所指出的:"要按照中国特色社会主义事业总体布局,全面推进经济建设、政治建设、文化建设、社会建设,促进现代化建设各个环节、各个方面的协调,促进生产关系与生产力、上层建筑与经济基础相协调。"② 而作为政治建设的核心组成部分,民主建设必然成为中国特色社会主义事业的必然要求。

2. 坚持党的领导、人民当家作主和依法治国的有机结合

要进一步认识党的领导、人民当家作主和依法治国三者的关系,坚持党的领导、人民当家作主和依法治国的有机结合和辩证统一。

党的领导是人民当家作主和依法治国的根本保证。民主建设只能在党的领导下才能真正取得成功。在我国,中国共产党是中国工人阶级和中国人民、中华民族的先锋队,是中国社会主义事业的领导核心。党的领导是人民当家作主和依法治国的根本保证,改革和完善党的领导方式和执政方

---

① 《邓小平文选》第2卷,人民出版社1994年版,第168页。
② 胡锦涛:《高举中国特色社会主义伟大旗帜 为夺取全面建设小康社会新胜利而奋斗》,人民出版社2007年版,第15—16页。

式，对于推进社会主义民主政治建设具有全局性的作用。正是依靠党的领导，广大人民群众才赢得了民主政治权利；也只有继续坚持党的领导，社会主义民主法治才能进一步完善。党的领导是人民民主和依法治国沿着中国特色社会主义道路循序渐进的根本保证。发展社会主义民主政治，建设社会主义法治国家，核心在于坚持党的领导。中国共产党作为执政党的执政地位是通过党对政权机关的领导来实现的，党的工人阶级先锋队性质是通过组织和支持人民当家作主来体现的。党领导人民推翻反动阶级的统治，建立人民民主专政，就是要组织和支持人民依法管理国家和社会事务，当家作主，维护自己的利益。在中国这样一个经济文化相对落后且发展很不平衡，同时又处于社会主义现代化建设进程之中的大国，人民利益的多样性、复杂性、差异性必然要求有一个代表广大人民根本利益、集中体现和反映最广大人民意愿的坚强的政治核心，同时兼顾和协调各方面的利益，团结、凝聚各方面的力量，通过法治形式，领导、组织和支持人民掌握好国家权力，管理好国家、社会事务。如果放弃了党的领导，就是取消了社会主义民主和法治建设的领导核心。

依法治国是党领导人民治理国家的基本方略。所谓依法治国，"就是广大人民群众在党的领导下，依照宪法和法律规定，通过各种途径和形式管理国家事务，管理经济文化事业，管理社会事务，保证国家各项工作都依法进行，逐步实现社会主义民主的制度化法律化，使这种制度和法律不因领导人的改变而改变，不因领导人看法和注意力的改变而改变"[①]。依法治国与坚持党的领导是统一的，相互促进的。共产党执政的目的之一，就是领导和支持人民当家作主，党是依法治国的倡导者，又是依法治国的实践者。依法治国，是新的历史时期发展社会主义民主的必然要求，是社会文明进步的要求，是国家长治久安的重要保障。民主建设只能在法制的轨道上有计划、有步骤地推进。同时，我国的宪法和法律是在党的领导下由国家最高权力机关制定的，反映了全体人民的共同意志和社会发展的客观规律，是党的主张和人民意志相统一的体现，具有普遍的效力和至上的权

[①] 中共中央文献研究室编：《十五大以来重要文献汇编》（上），中央文献出版社2000年版，第30—31页。

威。因此，民主政治建设必须把实行依法治国作为重要目标。

人民当家作主是社会主义民主政治建设的本质要求。人民当家作主是社会主义民主政治的本质和核心，是社会主义民主根本优越性的集中体现。在我国，建设和发展社会主义民主的最终目的，就是实现人民当家作主。人民是我们的力量源泉和胜利之本。人民当家作主是中国特色社会主义事业的政治优势。共产党执政就是领导和支持人民当家作主，最广泛地动员和组织人民群众依法管理国家和社会事务，管理经济和文化事业，维护和实现人民群众的根本利益。

党的领导、人民当家作主、依法治国三者相互依赖、相互促进，既是我们的优势，也是民主建设的战略选择，只有将三者统一于社会主义政治文明建设之中，中国特色社会主义民主建设才能健康发展。

3. 积极培养全社会的民主意识

社会主义民主建设需要坚实的思想基础。民主不仅表现在制度层面，也表现在人们的意识层面，公民的民主意识应当包含和体现现代民主所提倡的价值理念和精神追求。社会主义民主建设不仅需要完善的制度和健全的法律来提供制度性的保障，而且有赖于为制度和法律提供思想引导、价值支撑和精神动力的民主意识。诚然，制度具有根本性、全局性和权威性，往往决定人的思想行为，但人是民主政治建设的主体，制度最终是由人去制定、执行和维护的，制度对于人也就必然具有很强的依赖性。因此，在完善民主的制度化建设的同时，必须重视民主意识的培养，发挥民主意识的力量。主体的民主意识和民主素质是决定民主政治发展程度的重要因素。从历史上看，在资本主义社会里，民主意识的形成是几百年历史积淀的结果，是经历了文艺复兴、资产阶级民主革命的洗礼和资本主义市场经济的长期催化而得以形成和发展的结果。中华人民共和国成立后，应当说，在很大程度上破除了专制主义的思想基础。但由于我国是从半殖民地半封建社会直接进入社会主义社会的，缺乏民主的传统。加之我国两千多年的封建专制统治所遗留下来的封建皇权思想、专制意识、家长制作风、特权思想、宗法观念、草民观念、臣民文化等并没有随着社会制度的跨越而自然消除，有的仍然根深蒂固地存在于人们的头脑中，形成了巨大的思维惯性，成为中国现代民主意识培育和发展的巨大障碍。十一届三中全会以来，党充分认识到发展社会主义民主，不仅需要有坚实的物质基础，而且需要有相应的科学文化知识、思想道德素养和民主法治意识。改革开放后，我国的科教文化事业有了相当的发展，民主建设取得了显著成就，但我国在公民民主意识的培养方面仍然相对滞后，严重阻碍了中国民主政治的发展。因此，我们必须在全面推进社会主义现代化建设，创造极大物质文明的同时，坚持推进社会主义精神文明建设，不断提高全民族的思想道德和科学文化素质；深入开展社会主义民主法制的宣传教育，不断提高人民群众，特别是领导层、司法和行政执法人员的民主意识，为社会主义民主政治发展创造精神条件。只有人民群众的科学文化水平提高了，人民群众的民主素质增强了，人民群众才能弄懂民主的含义、民主的权利；才能主动地参与民主选举、民主协商、民主决策、民主管理、民主监督；才能依法争取自己的权利和自由；才能维护和保障人权，最终推动社会主义民主建设快速而健康地发展。

4. 努力为全面建成小康社会提供政治保障

党的十九大报告指出："到建党一百年时建成经济更加发展、民主更加健全、科教更加进步、文化更加繁荣、社会更加和谐、人民生活更加殷实的小康社会，然后再奋斗三十年，到新中国成立一百年时，基本实现现代化，把我国建成社会主义现代化国家。"[①] 这一精辟论述阐明了社会主义民主建设在全面建成小康社会中的重要意义。在全面建成小康社会时，民主更加健全、社会更加和谐。因此，社会主义民主不仅是社会主义和谐社会的应有之义，而且是社会主义和谐社会建设的政治保障。党的十六届六中全会做出的《关于构建社会主义和谐社会若干重大问题的决定》，将"加强社会主义民主政治建设"作为构建社会主义和谐社会的一个重要原则确立下来，更加突出了民主政治建设在构建社会主义和谐社会中的重要地位和作用。"要按照民主法治、公平正义、诚信友爱、充满活力、安定有序、人与自然和谐相处的要求，科学把握和谐社会建设和经济建设、政治建设、文化建设的关系，通过经济建设为和谐社会建设提供物质基础，

---

① 习近平：《决胜全面建成小康社会 夺取新时代中国特色社会主义伟大胜利》，人民出版社2017年版，第27页。

二　坚持特色，不断推进：改革开放以来的社会主义民主建设　　215

又通过政治建设、文化建设为和谐社会建设提供政治保障和智力支持，推动和谐社会建设不断取得新的进展。"① 在错综复杂的社会矛盾中，要构建社会主义和谐社会，就要抓住和解决主要矛盾，选择好准确的切入点和突破口，不然就很难整合不同的利益群体，就会引发新的矛盾。历史的经验和教训告诉我们，在利益群体多元化的状态下依靠单纯的行政手段和强制的社会整合方式并不能调动所有群体的积极性和主动性，在现代社会，唯有发展民主，真正实现人民当家作主才是最积极、最有效的手段。

首先，社会主义民主建设有助于解决我国社会所面临的复杂问题，也为人们之间的诚信友爱创造了良好的社会环境。改革开放的中国，是一个快速发展的中国。一个发展的社会往往又是一个充满矛盾与冲突的社会，那么，如何解决诸多复杂的矛盾，使各式各样的冲突得以妥善处理，进而实现社会和谐？诚然，矛盾无时无刻都存在着，矛盾是社会发展的动力，但社会矛盾对社会发展的推动，也必须以促进各种社会矛盾之间保持相对平衡为前提，过度的矛盾冲突必将导致社会的无序与动荡。而民主政治的发展则有利于社会秩序的稳定；民主政治是包括一系列相应的制度、原则和范畴的组织管理体系，成为化解社会矛盾冲突的有效方式。现代社会的发展经验证明，民主能够推动社会的和谐发展，是恰当而稳妥地解决各种社会矛盾的可靠机制。

其次，民主有利于促进社会正义，实现社会和谐。在社会主义条件下，无论在理论上、政治活动中，还是在法律上都规定了人民政治上一律平等的基本原则，从根本上否定了剥削社会人与人之间的等级差别等政治关系。然而，一方面，由于我国尚处于社会主义初级阶段，城乡差别、贫富差别、民族差别、受教育程度的差别、社会分工的差别等现象的客观存在，在社会经济文化发展比较落后或者发展不平衡的时候，往往造成人们的政治关系在某些方面、某些领域出现事实上不平等的现象。而民主所具有的一项功能，就是以其特有的运行机制，为不同利益群体提供反映其要求、表达其愿望的有效途径和渠道。另一方面，人民通过民主运行机制，有效地约束和监督执政党和政府，确保其以人民群众的根本利益为出发点，依法公正而负责地解决社会中已存在的损害人民利益的不公正现象和

---

① 胡锦涛：《全面贯彻落实科学发展观 推动经济社会又快又好发展》，《求是》2006 年第 1 期。

问题。同时，通过民主制度的形式确认和维护劳动者的经济利益和创造成果，调动劳动者的积极性和主动性，发挥各方面的创造活力，鼓励人们形成不断创新的良好氛围，营造平等自由和谐发展的社会环境。

5. 健全民主制度，丰富民主形式，拓宽民主渠道

人民当家作主是社会主义民主政治的本质和核心。社会主义民主政治是一个不断发展、不断完善的过程。社会主义愈发展，民主也愈发展。为了发展社会主义民主政治，党的十九大报告指出要"扩大人民有序政治参与，保证人民依法实行民主选举、民主协商、民主决策、民主管理、民主监督"①。

中国特色社会主义政治发展道路，为发展人民民主，保障人民当家作主奠定了坚实基础，确立了正确方向，开辟了广阔空间。发展社会主义民主政治的重要途径，就是大力加强民主制度建设，从各个层次各个领域扩大公民有序政治参与，推进社会主义民主政治制度化、规范化、程序化，保证人民当家作主，重点要从以下几方面做出努力：一是坚持和完善人民代表大会制度。人民代表大会制度是我国的根本政治制度，是我国人民当家作主的重要途径和最高实现形式，是我国社会主义政治文明的重要载体。人民代表大会制度的先进性和生命力，在于它深深地植根于人民群众之中。要保证各级人民代表大会由民主选举产生、对人民负责、受人民监督；保证人民依照法律规定，通过各种途径和形式，管理国家事务和社会事务，管理经济和文化事业；支持各级人大及其常委会依法履行职能，加强人大常委会制度建设，便于使党的主张和人民的意志相统一并通过法定程序成为国家意志；完善选举制度，保障人大代表的立法、决策、执行、监督等工作更好地体现人民的意志，维护人民的利益。二是坚持和完善中国共产党领导的多党合作和政治协商制度。共产党领导的多党合作和政治协商制度是我国的一项基本政治制度，是具有中国特色的社会主义政党制度，其既有利于实现社会各界广泛的民主参与，又有利于集中统一、统筹兼顾各方利益。这一制度的显著特征是共产党的领导、多党合作，共产党执政、多党派参政。要贯彻长期共存、相互监督、肝胆相照、荣辱与共的

---

① 习近平：《决胜全面建成小康社会 夺取新时代中国特色社会主义伟大胜利》，人民出版社2017年版，第37页。

方针；加强同民主党派合作共事，支持民主党派和无党派人士更好地履行参政议政、民主监督职能；扩大各界人士有序政治参与，拓宽社会利益表达渠道，促进社会和谐发展；支持人民政协围绕团结和民主两大主题履行职能，推进政治协商、民主监督、参政议政制度建设，加强政协自身建设，发挥协调关系、汇集力量、建言献策、服务大局的重要作用。三是坚持和完善民族区域自治制度。民族区域自治制度是富有中国特色的实现民族平等、保障少数民族权利的一项基本政治制度。实行民族区域自治，有利于把国家的集中、统一与各民族的自主、平等结合起来，有利于把党和国家总的路线方针政策与民族自治的具体实际、特殊情况结合起来。要坚持各民族一律平等，全面贯彻实施民族区域自治法，保证民族自治地方依法行使自治权，保障少数民族合法权益；牢牢把握各民族共同团结奋斗、共同繁荣发展的主体，加快少数民族和民族区域自治地方发展，巩固和发展平等、团结、互助、和谐的社会主义民族关系；大力发展少数民族文化、教育和医疗卫生事业，加强民族自治地方人才资源开发和少数民族干部队伍建设，使民族关系更加和谐、民族团结更加紧密。四是坚持和完善基层群众自治制度。实行基层群众自治，发展基层直接民主，保障人民依法直接行使民主权利，是中国特色社会主义民主政治制度的重要组成部分，是人民当家作主最有效、最广泛的途径，必须作为发展社会主义民主政治的基础性工程重点推进。要保障人民依法直接行使民主权利，管理基层公共事务和公益事业，实行自我管理、自我服务、自我教育、自我监督；健全基层党组织领导的充满活力的基层群众自治机制，扩大基层群众自治范围，完善民主管理制度，把城乡社会建设成为管理有序、服务完善、文明祥和的社会生活共同体；全心全意依靠工人阶级，完善以职工代表大会为基本形式的企事业单位民主管理制度，推进厂务公开，支持职工参与管理，维护职工合法权益；加强基层政权建设，完善政务公开、村务公开等制度，实现政府行政管理与基层群众自治有效衔接和良性互动；发挥社会组织在扩大群众参与、反映群众诉求方面的积极作用，增强社会自治功能。五是推进决策科学化、民主化。决策的科学化、民主化是社会主义民主政治建设的重要任务，是实行民主集中制的重要环节，是人民当家作主的必然要求。要完善重大决策的规则和程序，通过多种渠道和形式广泛集中民智，使决策真正建立在科学、民主的基础上。要建立健全信息公开制度，增强决策的透明度和公众参与度；把政治参与同群众切身利益紧密结合起来，制定与群众利益密切相关的法律法规和公共政策原则上要公开听取意见；完善决策信息和智力支持系统，推进决策咨询制度；健全决策协商和协商机制，认真进行专家论证、技术咨询和决策评估；畅通社情民意的反映渠道，加强意见和建议的收集整理、分析研究和反向互动工作，接受社会监督。[1]

（执笔人：王冠群、仝晓）

---

[1] 参见《十七大报告学习辅导百问》，学习出版社、党建读物出版社2007年版，第124—126页。

三 逐渐推进，顽强攻关：改革开放以来的政治体制改革

党的十一届三中全会在我们党和国家发展的历史上具有转折点的意义。以这次全会为起点，政治体制改革开始了自己的探索之路。回顾中国政治体制改革的轨迹，从理论和实践的结合上总结政治体制改革的经验，对于实现国家治理体系和治理能力现代化，实现党的十九大提出的政治体制改革的目标具有重大的理论价值和现实意义。

（一）改革开放以来中国政治体制改革的历程

中国的政治体制改革是从党的十一届三中全会开始的，到目前为止，40年的政治体制改革大致可以划分为以下七个阶段。

1. **第一阶段：政治体制改革的起步恢复阶段**

这一阶段从20世纪70年代末到80年代初，即从1978年党的十一届三中全会到1982年党的十二大召开之前。

经历了"文化大革命"，中国的政治体制遭到了严重的破坏，政治制度的运行失去了形式、机制和依托。因此，恢复原有的政治体制就成为首要的任务。党的十一届三中全会后，中央书记处、中央组织部、中央统战部、中央宣传部、中央政法小组（1980年改为中央政法委员会）、中央财经小组先后恢复工作，中央和地方重新设置了纪律检查组织，恢复了党内监督机制。

新通过的第三部《中华人民共和国宪法》，对全国人大和地方各级人

大的组成及其职权，代表的选举、撤换和质询权等做了明确的规定。全国人大及其常委会恢复了正常工作，开始全面行使职权。从1979年起，人民代表大会恢复对国民经济计划和预、决算，以及人民法院、人民检察院工作报告的审议，标志着人民代表大会职权的进一步恢复。各省、自治区、直辖市先后召开了各级人民代表大会，选举了各级人大常委会主任和省长、自治区主席及市长，并将地方各级革命委员会改为各级人民政府。至此，中央和地方各级权力机关和行政机关基本上得到恢复。在"文化大革命"中被破坏的公、检、法等司法机关开始恢复，重新明确了最高人民法院和最高人民检察院的地位和职责，对各级法院和检察院的设立、工作规则和上下级之间的关系以组织法的形式进行了明确的规定。司法部在第五届人大常委会十一次会议后得以恢复，各级司法行政机构也基本恢复。重建了律师制度，律师辩护制度也得到恢复。《中国人民政治协商会议章程》的通过，标志着人民政协的恢复。政协委员开始列席人大会议，听取报告并参与讨论，积极发挥参政议政的作用。政治体制的恢复，为开启政治体制改革奠定了基础，提供了条件。

"文化大革命"十年给党和国家所带来的重创，使一些老一辈无产阶级革命家和广大人民群众不同程度地感到造成这场浩劫的原因，并非仅仅在于某些个人所存在的问题，其根本问题是我们党和国家领导体制存在着重大的弊端。十一届三中全会论述了政治改革的必要性。全会公报指出："实现四个现代化，要求大幅度地提高生产力，也就必然要求多方面地改变同生产力发展不相适应的生产关系和上层建筑，改变一切不适应的管理方式、活动方式和思想方式。"在对原有的政治体制予以恢复的基础上，开始对政治体制进行初步改革。

（1）采取措施改变权力过分集中的现象

十一届三中全会认识到了政治体制中权力过分集中的弊端，并提出要解决这一问题。之后邓小平在《党和国家领导体制的改革》中对权力过于集中的问题做了系统、深入的分析："权力过分集中的现象就是在加强党的一元化领导的口号下，不适当地、不加分析地把一切权力集中于党委，党委的权力又往往集中于几个书记，特别是集中于第一书记，什么事都第一书记挂帅、拍板。党的一元化领导，往往因此而变成了个人领导。全国各级都不同程度地存在这个问题。权力过分集中于个人或少数人手里，多数办事的人无权决定，少数有权的人负担过重，必然造成官僚主义，必然要犯各种错误，必然要损害各级党和政府的民主生活、集体领导、民主集中制、个人分工负责制等等。"① 因此，在解决权力过于集中问题上，首先在党的领导层设立中央书记处，使党中央形成了中央书记处、中央政治局和中央政治局常委会三个层次的领导体制。随后对国务院部分领导成员进行调整，结束了党、政、军的最高职务集于一身的状况，从1981年开始出现了党、政、军三大权力的合理分工。1980年2月，党的十一届五中全会讨论通过了《关于党内政治生活的若干准则》，为发展党内民主的制度安排和组织人事安排做出重要决定。政治体制改革在探索中展开。

（2）废除实际上存在的干部职务终身制

干部制度是政治体制的重要组成部分，干部制度的状况直接影响政治生活的正常运作。邓小平明确指出，干部领导职务终身制是政治体制的弊端之一。他认为："干部领导职务终身制现象的形成，同封建主义的影响有一定关系，同我们党一直没有妥善的退休解职办法也有关系。关键是要健全干部的选举、招考、任免、考核、弹劾、轮换制度，对各级各类领导干部（包括选举产生、委任和聘用的）职务的任期，以及离休、退休，要按照不同情况，作出适当的、明确的规定。任何领导干部的任职都不能是无限期的。"② 为了消除领导职务终身制，逐步采取了一些改革措施。1980年4月，中央政治局根据十一届五中全会的精神，讨论通过了《关于十二大代表选举工作的意见》和《关于丧失工作能力的老同志不当十二大代表和中央委员会候选人的决定》。这两个文件为废除实际上存在的领导干部职务终身制和逐步更新领导班子奠定了基础。1980年10月7日，国务院颁布了《关于老干部离职休养的暂行规定》。1982年2月20日，中共中央做出了《关于建立老干部退休制度的决定》。同年4月10日，国务院发布了《关于老干部离职休养的几项规定》。这些文件的出台，虽然尚处于

---

① 《邓小平文选（1975—1982年）》，人民出版社1983年版，第288—289页。
② 《邓小平文选》第2卷，人民出版社1994年版，第331—332页。

干部职务终身制的"破"的阶段,但为干部人事制度的"立"打下了良好的基础,使干部人事制度改革有了一个良好的开端。

(3) 改革国务院领导体制和政府机构

为了建立强有力的政府工作系统,加强国务院的领导体制,五届全国人大常委会十二次会议批准对国务院的领导体制和领导方法进行改革。国务院增设了国务委员,减少了副总理人数,由国务院总理、副总理、国务委员和秘书长组成国务院常务会议,并对国务委员、副总理和国务院常务会议的职责进行了明确的规定。

由于原有的与计划经济相适应的高度集中统一的管理体制,再加上政治体制恢复阶段大批干部恢复工作,从1977年至1981年的5年中,国务院增设了48个机构,部委、直属机构和办公机构达到100个,有的部有正副部长几十个,的确到了难以为继的程度。"为了利于提高工作效率,认真克服官僚主义,卓有成效地领导社会主义四个现代化建设事业,并为地方各级人民政府的机构改革作出表率"①,五届人大四次会议授权全国人民代表大会常务委员会对国务院机构改革方案进行审议和决定。1982年1月11日和13日,中共中央政治局召开会议,讨论了中央机构精简问题,邓小平作的"精简机构是一场革命"的讲话指明了机构改革的必要性,并建议原则上批准中央各部委和中央国家机关的精简方案。以1982年3月8日赵紫阳在五届人大常委会二十二次会议上作《关于国务院机构问题的报告》为起点,至6月28日进行了第一阶段的改革。经过改革精简,中共中央直属单位、局级机构减少11%,工作人员总编制缩减17.3%,各部委的正副职减少15.7%。与此同时,地方行政机构的改革也逐步展开。1982年6月,党中央开始部署各省、市、自治区的政府机构改革。10月,中共中央发出了《关于省级领导班子配备的几点原则意见》,并成立了省、市、自治区机构改革领导小组,指导和推进地方和基层政府机构改革。

(4) 改革地方政权组织和选举制度

地方政权组织作为国家政权的基层组织,在中国社会发挥着十分重要

---

① 五届全国人大四次会议《关于当前的经济形势和今后的经济建设的方针》,1981年11月。

的作用。1979年7月1日，全国人大五届二次会议通过的《关于修正〈中华人民共和国宪法〉若干规定的决议》《地方各级人民代表大会和地方各级人民政府组织法》和《全国人民代表大会和地方各级人民代表大会选举法》，对地方政权组织和选举制度做了重要改革。在县级以上地方各级人民代表大会设立常务委员会。首批地方人大常委会在1979年下半年建立。到1981年底，全国2756个县级单位都建立了人大常委会；1980年省级人大常委会全部建立；市级（包括设区的市、自治州）的人大常委会基本上也都在1980年建立起来。省、自治区、直辖市人民代表大会及其常委会根据本行政区域的具体情况和实际需要，在和国家宪法、法律、政策、法令、政令不抵触的前提下，可以制定和颁布地方性法规。据统计，从1979年11月到1982年6月底，全国人大常委会共收到报送备案的地方性法规296件。

与此同时，对选举制度进行了改革，人民代表的选举实行自下而上、自上而下，充分民主地提名候选人的方法；将候选人和应选人等额选举的方法改为候选人的名额多于应选人的名额；把直接选举人民代表大会代表的范围扩大到县级；明确了地方各级人民代表大会代表有向人民代表大会和它的常委会反映群众意见和要求的权利；赋予了代表质询权和人身保障。根据选举法的要求，五届全国人大常委会十三次会议通过了《全国人民代表大会常务委员会关于县级直接选举工作问题的决定》，对逐步推行县级直选工作进行了部署。

（5）在企业和基层试行党政企分开

改革企业领导制度是改革党和国家领导体制的一个重要组成部分。党的十一届三中全会就曾提出为解决权力过分集中的现象，应该在党的一元化领导下，认真解决党政企不分，以党代政，以政代企的现象。根据《党和国家领导制度的改革》所提出的改革企业领导体制的要求，从1980年底开始，我国少数企业进行了厂长负责制和公司董事会领导下的经理负责制和改革试点工作。1981年7月，中共中央、国务院转发了《国营工业企业职工代表大会暂行条例》，并在较广泛的范围内进行了企业领导体制改革的实践。

在对企业领导体制进行改革的同时，基层组织也初步探索了党政企分开的做法。在四川进行了撤销政企合一的人民公社的试点，撤社成立乡党委、乡人民政府和乡经济组织；在原生产大队范围内成立村党支部和设立村长这一行政职务。这些改革实践为基层领导体制的进一步改革积累了有益的经验。

此外，法制建设在司法机关恢复的基础上也有所进展，人大常委会设立了全国人大常委会法制委员会，制定并施行了刑法、刑事诉讼法等一系列重要的法律、法令和条例。

2. 第二阶段：政治体制改革的推进完善阶段

这一阶段从20世纪80年代初到80年代中期，即从党的十二大召开到1986年之前。

（1）十二大明确提出继续改革和完善政治体制的任务

党的十一届三中全会以来，在党的领导和全国人民的艰苦努力下，我国逐步完成了拨乱反正的艰巨任务，经济、政治、文化和社会生活都得到了恢复和发展。在此基础上，中国共产党第十二次全国代表大会于1982年9月胜利召开。十二大坚持和发展了十一届三中全会以来的路线和方针，提出了继续改革和完善政治体制的任务。十二大报告充分说明了社会主义民主建设的长期性和艰巨性以及以往工作的不足，要求按照民主集中制原则继续改革和完善国家的政治体制和领导体制。

十二大报告和对《中国共产党章程》的修改集中体现了党的领导体制的改革。十二大报告提出要健全党的民主集中制，使党内政治生活进一步民主化；改革领导机构和干部制度，实现干部队伍的革命化、年轻化、知识化、专业化；加强党在工人、农民、知识分子中的工作，密切党同群众的联系；有计划有步骤地进行整理，使党风实现根本好转。

对《中国共产党章程》的修改将十二大报告这一指导思想贯彻其中。首先，新党章明确了党在我们国家中的领导地位和坚持党的领导的必要性和重要性。同时，新党章规定，党的领导主要是政治、思想和组织的领导，党必须保证国家的立法、司法、行政机关独立负责地、协调一致地工作；提出在中央和地方国家机构、人民团体、经济组织、文化组织或其他非党组织的领导机关成立党组，这些就为处理党同其他国家机关的关系提供了基本指南。其次，在党的组织制度方面，新党章规定设立中央顾问委员会，对中央纪律检查委员会和中央顾问委员会的职责进行了明确的说明。新党章还规定中央只设书记，不再设主席、副主席。这些措施健全了党的领导制度，有利于党的领导体制的正常、高效运转。最后，对党的民主集中制原则规定得比过去更加系统和全面。新党章明确规定，党在高度民主的基础上实行高度的集中，并以更加准确的语言重申了党员个人服从党的组织、少数服从多数、下级组织服从上级组织，全党各个组织和全体党员服从党的全国代表大会和中央委员会的原则以及过去的党章中所规定的其他类似原则。此外，新党章还吸取了过去的经验教训，规定了党的各级委员会实行集体领导和个人分工负责相结合的制度，禁止任何形式的个人崇拜，要保证党的领导人的活动处于党和人民的监督之下，同时维护一切代表党和人民利益的领导人的威信。新党章还明确规定了任何重大问题都不能由任何个人来做决定，必须经过党委民主讨论做出决定。这些规定清晰地界定了中央和地方、上级和下级组织，党员个人和组织之间的关系，为党的领导体制的正常运转提供了基本的准则。

十二大选举产生了新一届党中央领导集体，实现了党中央领导层的新老合作和交替，形成了强有力的中央领导集体，这就为政治体制的稳定发展创造了条件。

（2）宪法的修改再次吹响了政治体制改革的号角

1982年11月26日至12月10日召开的五届全国人大五次会议讨论并通过了新宪法，即1982年宪法。新宪法体现了《党和国家领导制度的改革》这个我国政治体制改革根本纲领的精神和十二大关于建设高度的社会主义民主的要求，以民主和法制精神统览全篇，对国家政治体制的改革和完善做出了一系列规定：

——国家机构和领导体制的新规定。

根据宪法规定的"中华人民共和国的国家机构实行民主集中制的原则"，对国家机构和领导体制做了许多重要的新规定，体现了政治体制改革的精神。

第一，加强全国人大常委会的工作。宪法将原来属于全国人大的一部分职权交由它的常委会行使，扩大了全国人大常委会的职权并加强了它的组织。第二，宪法恢复了在1975年宪法中取消的国家主席的建制，恢复设立国家主席和副主席。对国家主席建制的恢复符合国家体制建制上的国际惯例,有利于恢复和健全我国原有的国家体制,也比较符合全国各族人民的习惯和愿望。第三,国家设立中央军事委员会,领导全国武装力量。中央军事委员会实行主席负责制。军事委员会主席由全国人大选举,对全国人大和它的常委会负责。不仅明确了人民武装力量在国家体制中的地位,而且对中央国家领导机关分工行使国家权力,加强武装力量建设,都具有重要意义,有助于国家机构的健全和实现必要的党政分开。第四,取消实际上存在的国家领导职务终身制。规定国家主席、副主席,全国人大常委会委员长、副委员长,国务院总理、副总理等国家领导人连续任职不得超过两届。第五,将我国长期行之有效的居民委员会、村民委员会等群众性自治组织的地位和作用列入了宪法。

新宪法还将十一届三中全会以来推行的改革所取得的成果以根本大法的形式固定了下来。第一,国务院实行总理制;总理、副总理、国务委员和秘书长组成国务院常务会议;总理负责和主持国务院全体会议和国务院常委会议。各部、各委员会实行部长、主任负责制;部长、委员会主任召集和主持部务会议或者委员会会议、常务会议。为了加强对财政、财务活动的监督,国务院增设审计机关,依照法律规定独立行使审计监督权。地方各级人民政府也相应地设立审计机关。第二,加强地方政权的建设。县级以上的地方各级人大设立常委会。省、直辖市的人大和它的常委会有权制定和颁布地方性法规。地方各级人民政府分别实行省长、市长、区长、乡长、镇长负责制。第三,改变农村人民公社政社合一的体制,设立乡政权。宪法规定,乡、民族乡和镇是我国最基层的行政区域,乡镇行政区域内的行政工作由乡镇人民政府负责,乡镇人民政府实行乡长、镇长负责制。乡镇长由乡镇人民代表大会选举产生。这种变化有利于加强农村基层政权建设,也有利于集体经济的发展。

——明确界定了国家权力机关的定位及其与党的关系。

我国宪法规定,全国人民代表大会和地方各级人民代表大会是国家的权力机关;全国人大行使立法权,负责修改宪法和监督宪法的实施,省、自治区、直辖市人民代表大会可以制定和颁布地方性法规,并在本行政区内行使权力,保证宪法、法律、法令的遵守和执行。这就对国家权力机关做出了明确的定位。1982年宪法还特别做出规定：全国各族人民，一切国家机关和武装力量、各政党和各社会团体、各企业事业组织，都必须以宪法为根本的活动准则，并且负有维护宪法尊严，保证宪法实施的职责。这就以根本大法的形式明确了党与国家权力机关的关系。

此外，五届人大五次会议还根据宪法对国家机构所做的一系列新的重要规定和实践中所出现的一些新的情况和问题，对《中华人民共和国人民代表大会组织法》《中华人民共和国国务院组织法》《地方各级人民代表大会和地方各级人民政府组织法》《全国人民代表大会和地方各级人民代表大会选举法》做了相应的修改或者重新修订，并公布施行。宪法还在原则上肯定了"一国两制"的战略构想，增加了关于实行民族自治方面新内容的条款。

（3）局部推进政治体制改革

党的十二大以后，经济体制改革迅速地在全国范围内全面展开，产生了多米诺骨牌效应：农村改革在巩固的基础上进一步深入；全国改革的重点由农村逐步转向城市；城市经济改革由试点发展到全面铺开；科技、教育等领域的改革也迈出了重要步伐。在全面改革开放的推动下，政治体制也进行了一些改革。

——党的干部制度建设开始起步，积极推进党内民主。

开始进行党的干部制度的重大改革。在十一届三中全会后对废除领导职务实际上存在的终身制做了一些工作的基础上，十二大设立了中央顾问委员会。中央顾问委员会的设立，作为干部领导职务实际上存在的终身制走向退休制的一种过渡，为退休制度的建立和领导职务终身制的废除创造了条件。继而新宪法取消了实际存在的国家领导职务终身制。十二大以后，很多老同志陆续请求退出中央委员会、中央顾问委员会和中央纪律检查委员会。党的十二届四中全会又收到多位老同志请求不再担任三个委员会委员和候补委员的信。中共中央也积极指导并推动这一工作的进行，先后通过了《关于进一步实现中央领导机构成员新老交替的决定》和《关于同意一部分老同志不再担任中央三个委员会成员的请求提请全国代表会议审议的决定》。1985年前后，是老干部大规模离退休阶段。1985年党代会时，有大批老同志不再担任三个委员会的委员。1985年底和1986年底，分别有 126.8 万和 137 万名中华人民共和国成立前参加革命的老干部办理了离休手续。离退休制度逐步建成并发挥了重要作用。

在对老干部进行妥善安置的同时，改革的重点逐步转移到了干部制度的建设上。遵照邓小平"干部队伍年轻化、知识化、专业化，并且要把对于这种干部的选拔使用制度化"①的指示，党的十二大报告深化了对培养中青年干部问题的认识，正式提出干部"革命化、年轻化、知识化、专业化"的方针，并写入党章。党的十二大以后，结合中央、地方机构改革和全面整党，按照干部队伍建设的"四化"方针对中央、省、地、县各级领导班子进行了调整。经过调整，领导班子人数普遍减少，平均年龄下降，文化程度提高。

在加强干部队伍"四化"建设的同时，改革干部管理体制。首先，针对干部管理权限过于集中的问题，中共中央书记处于 1984 年 7 月做出决定，改革干部管理体制，适当下放干部管理权限，采取分级管理、层层负责的办法，缩小由中央管理的干部的范围。中央和各级党委由过去下管两级，改为原则上只管下一级的主要领导干部。其次，建立了一些诸如"人才交流中心"的社会调节机构来推动干部的交流，打破了组织部门垄断干部调配的单一模式。再次，部分实行了干部任期制和选聘合同制。最后，中央组织部在 1986 年 11 月发布了《关于调整不胜任现职干部职务几个问题的通知》，为实现干部能上能下、能下能上的调整，增强干部队伍活力提供了制度依据。

十二大之后针对干部选拔任用工作中所存在的突出问题，总结过去干部工作的经验，对干部工作的制度建设进行了探索改革。中共中央在 1986 年 1 月发布《关于严格按照党的原则选拔任用干部的通知》。该通知明确规定了选拔任用干部的程序，提高了干部任用的民主化程度，强化了组织和集体的作用，集中体现了这一时期干部人事制度建设所取得的成果。

积极推进党内民主。选举方面的民主，是党内民主的重要内容之一，这一工作进行得好坏直接影响到党的民主建设能否顺利进行。"文化大革命"期间，党内民主遭到严重破坏，党内选举极不正常。十一届三中全会

---

① 《邓小平文选》第 2 卷，人民出版社 1994 年版，第 326 页。

以来，这种状况有所改变，但仍存在着党代表大会代表的派选、指选，以及硬性规定一些附加条件、层层卡比例的现象，造成选举不能体现选举人意志、选举人对选举不热心、被选举人不能代表选举人要求的不民主现象。为了改变这一现象，1986年末1987年初，中共中央连续发出通知，要求中央一级党政机关，各省、市、自治区及各大军区、省军区等单位选举党的十三大代表时，代表人选的酝酿提名，代表候选人名单的确定以及代表的选举产生，都要充分发扬党内民主。结果，本着民主集中制的原则，党的十三大代表的产生一律实行差额选举，并要求差额的比例，从而改变了过去实际上存在的等额选举现象。这一举动收到了良好的效果，为党内选举制度的改革探索迈出了新的一步。[①]

——社会主义民主和法制建设取得进展。

加强人民代表大会制度建设。人民代表大会制度是我国的根本制度，加强人民代表大会制度建设是推动政治体制改革的根本。十二大后对人民代表大会制度的建设主要是落实新宪法对人民代表大会相关体制的规定。例如，通过了《中华人民共和国全国人民代表大会组织法》，全国人大常委会根据新宪法的规定在健全各项职能方面取得重要进展；加强了人大常委会的组织制度建设；形成了一套既有利于发扬民主，又注意提高效率的工作制度，等等。此外，1983年4月底以前，各省、市、自治区都按照新宪法的规定召开了新的一届代表大会，根据选举法实行差额选举，选出六届全国人大代表。同时，地方各级人大及其常委会的建设也相应得到了加强。

为了抓紧立法工作，全国人大常委会专门设立了法制委员会。1983年9月，六届全国人大常委会二次会议又将其改为法制工作委员会，下设民法室、刑法室、国家行政法室、经济法室等工作机构，立法步伐加快。在全国人大及其常委会抓紧立法工作的同时，中央和地方其他具有立法权的国家机构也积极开展了立法工作。

完善选举制度，丰富选举形式。选举制度的改革是完善人民代表大会制度的基础和出发点，是体现和实现人民民主的途径。1982年五届全国人

---

① 金太军：《政治体制改革》，党建读物出版社1998年版，第46页。

大五次会议和1986年12月六届人大常委会十八次会议对《全国人民代表大会和地方各级人民代表大会选举法》《地方各级人民代表大会和地方各级人民代表大会组织法》做了两次修改，进一步改革和完善了选举制度，促进了选举民主化程度的提高。

根据扩大直接选举的规定，在全国范围内继续进行了县级直接选举的实践。继1980年下半年到1981年底进行第一次县级直接选举后，从1983年底到1984年底进行了第二次选举，1986年到1987年又进行了第三次选举。在选举中，群众创造了介绍候选人的多种形式，如大会印发候选人的各种介绍材料，组织代表候选人直接同选民见面，回答选民或代表提出的问题，甚至通过电视现场直播候选人自我介绍的简短演说，等等，增进了选民和代表对候选人的了解。

建立新的立法体制。立法体制是我国政治体制的重要组成部分，我国在进行政治体制改革的过程中，逐步形成了新的立法体制，这也为政治体制改革的进一步发展提供了保障。我国传统的立法体制按照1954年宪法的规定，全国人大是行使国家立法权的唯一机关；全国人大常委会只有权制定法令；国务院只有权根据宪法、法律和法令，制定行政措施，发表决议和命令；地方各级人大是为依照法律规定的权限通过和发表决议而设立的，这套体制一直沿用到1978年以前。随着拨乱反正任务的完成和政治体制改革的不断推进，通过修改宪法和制定有关法律的形式，形成了新的立法体制的结构，这就为我国立法和法制工作的继续推进奠定了良好的基础。

新的立法体制包含五层结构：一是全国人大修改宪法，制定和修改刑事、民事、国家机构和其他的基本法律。全国人大常委会制定和修改除应由全国人大制定的法律以外的其他法律，并在闭会期间，对全国人大制定的法律进行部分补充和修改，但不得同法律的基本原则相抵触。二是国务院根据宪法和法律，制定行政措施，制定行政法规，发布决定和命令，国务院各部长可根据法律和国务院的行政法规、命令，在本部门的权限内发布命令、指示和规章。三是省、直辖市的人大及其常委会在不同宪法、法律、行政法规相抵触的前提下，制定地方性法规，报全国人大常委会备案。四是民族区域自治地方的人大有权依照当地民族的政治、经济和文化特点，制定自治条例和单行条例。其中，自治区的报全国人大常委会批准后生效；自治州、自治县的报省、自治区的人大常委会批准后生效，并报全国人大常委会和国务院备案。五是省、自治区人民政府所在地的市和国务院批准的较大的市人大常委会可以拟订本市需要的地方性法规草案，提请省、自治区的人大常委会审议制定公布，并报全国人大常委会和国务院备案。

——改革地方和基层政府机构。

地方党政机构的改革。1982年6月28日，中共中央根据上半年中央党政机关改革的工作总结，印发《中央党政机关改革第一阶段总结和下一阶段打算》，对地方机构改革进行了部署，要求各地方根据本地的实际情况，酝酿制定机构改革方案，并规定了时间表。1982年12月7日，中共中央、国务院发出《关于省市自治区党政机构改革若干问题的通知》，要求在1983年上半年开展省、市、自治区和地市一级的机构改革，下半年进行县以下各级的改革，争取在当年冬天或1984年春完成。1983年2月15日、12月1日，中共中央、国务院又先后就地市州和县级党政机关机构改革的问题发出通知。

地方各级机构改革的主要内容包括：按照规定的领导职数精简和重新配备领导班子；精简机构，减少中间层次，重叠的予以撤销，业务相近的加以合并；改革地区体制，实行地市合并，推广市管县体制；重新审定各级机关编制。

地方机构通过改革，精简调整了各级领导班子，精简撤并了一批机构，核定了各级各部门的人员编制等，取得了一定的成绩。

在农村实行政社分开。随着家庭联产承包责任制的推行，农村人民公社体制的改革成为大势所趋。根据新宪法的规定，开始落实改变农村人民公社政社合一的体制。1983年1月，党中央下达了《当前农村经济政策的若干问题》的文件，提出了改革人民公社体制的工作任务。同年10月，中共中央、国务院联合颁布《关于实行政社分开建立乡政府的通知》，规定建立乡（镇）政府作为基层政权，同时普遍成立村民委员会作为群众性自治组织。各地经过充分准备，全面安排，根据具体条件分期分批地展开了建立乡（镇）政府的工作。到1984年底，全国各地基本完成了政社分设，建立了9.1万个乡（镇）政府，92.6万个村民委员会。至此，农村人民公社制度实际上已经不复存在了。

在以城市为重点的全面经济体制改革中实行政企职责分开，企业试行党政分开。在前期改革试点成功的基础上，十二大后在基层企业试行党政分开的工作进一步推开。1984年已有300家企业实行厂长负责制试点，到1985年底试点单位达到27758个。在广泛试点的基础上，1986年9月，中共中央、国务院颁布了《全民所有制企业厂长工作条例》《中国共产党全民所有制工业企业基层组织工作条例》和《全民所有制工业企业职工代表大会条例》，同时发出通知，要求正在进行企业领导体制改革试点的企业从10月1日起认真贯彻实行这些条例。11月，中共中央、国务院又发出贯彻执行全民所有制工业企业三个条例的补充通知，要求在全民所有制工业企业中推行厂长（经理）负责制。这标志着我国企业领导体制由党委领导下的厂长负责制向厂长负责制的转变。这是企业领导体制的重大改革，逐步改变了企业中党政不分的状况，促进了政企分开，推动了基层的政治体制改革。

——认真贯彻"十六字方针"，发展共产党领导的多党合作和政治协商制度。

在总结历史经验教训的基础上，1982年召开的党的十二次全国代表大会制定了党在新的历史时期统一战线的"十六字方针"，在肯定"长期共存、互相监督"的同时，增加了"肝胆相照，荣辱与共"的内容。根据"十六字方针"的精神，政协五届五次会议通过了新的《中国人民政治协商会议章程》。1983年4月，为了更充分地发挥党外人士在政协中的作用，中共中央决定，在六届政协全国委员会的委员中，共产党员的比例减少20%，这就为民主党派人士参政议政提供了更多的空间和机会。1986年7月，中共中央就批转中央统战部《关于新时期党对民主党派工作的方针任务的报告》发出通知。通知指出：在新时期继续加强我国的多党合作，充分发挥民主党派的监督作用，对于巩固扩大最广泛的爱国统一战线，发扬社会主义民主，促进全国各族人民的大团结、大统一，实现党在新时期的总任务，具有重大意义。中央统战部在报告中强调坚持党与民主党派互相监督，是推进社会主义民主建设，进行政治体制改革的一项重要内容。此外，这一时期更多的符合条件的党外人士被提拔和推荐到人大和政府各级领导岗位上以及政治协商形式的不断扩展，都充分体现了多党合作和政治协商制度的发展。

——制定和颁布《中华人民共和国民族区域自治法》，巩固民族区域自治制度。

民族区域自治制度，是我国一项重要的政治制度。民族区域自治法的出台对巩固和发展民族区域自治制度具有重要的意义。自1980年起，全国人大民族委员会同国家民委等单位共同组成《中华人民共和国民族区域自治法》起草小组，他们经过充分调研、广泛征求意见和反复修改，拟订了草案，提请全国人大常委会进行审议和修改。根据宪法关于民族区域自治的基本原则和规定，1984年5月，全国人大六届二次会议制定了《中华人民共和国民族区域自治法》。

《中华人民共和国民族区域自治法》对民族自治地方的建立和自治机关的组成、自治机关的自治权、自治地方的人民法庭和人民检察院、自治地方内的民族关系、上级国家机关的领导和帮助等，都做了详细规定。民族自治地区和国家机关有关部门采取多种形式，对自治法进行宣传并积极开展了实施自治法的法规配套工作，到1987年10月，已有14个自治州和6个自治县的自治条例经所在省的人大常委会批准施行，同时还批准施行了一批单行条例。针对自治法在贯彻落实初期所出现的问题，例如有关部门和许多地方未能根据民族区域自治法的精神，制定出贯彻实施的具体条例、规定或措施；有些现行政策和规定，同民族区域自治法还没有很好地协调起来等，中共中央、国务院在1987年4月批转《关于民族工作几个重要问题的报告》的通知中强调指出：切实贯彻落实民族区域自治法，是法制建设的一项重要任务。此外，国务院还批准建立了31个新的民族自治地方，少数民族干部的人数也有较大的增长。

——初步下放权力。

"文化大革命"结束后，为了扭转经济上的混乱局面，进一步调整中央与地方的财政关系，首先，加强了对铁路、邮电、民航等部门的集中统一领导。其次，调整了一部分工业企业的隶属关系。把在"文化大革命"中下放的一批大型骨干企业陆续上收。虽然对中央和地方关系做了以上调整，但总体上继承了毛泽东向地方下放权力的思想。

1982年新宪法明确规定了中央和地方国家机构职能划分的总原则,即遵循在中央的统一领导下,充分发挥地方的主动性、积极性的原则,并明确规定了各地方在不与国家宪法、法律、行政法规相抵触的前提下,可制定地方性法规。《地方各级人民代表大会和地方各级人民政府组织法》明确规定了地方各级国家权力机关和各级行政机关在国家政权组织中的地位、职权以及上下级之间的关系。根据宪法和地方组织法的规定,中央调整了与地方的关系。主要措施是:扩大了省市地方政府管理经济的职能与权限,尤其是扩大了地方政府,特别是省一级的财权;中央政府对经济的管理开始向间接控制过渡;中央对地方政府的活动加强了信息和咨询指导;中央政府和各级政府加强了经济立法工作,从而使政府管理经济的活动开始走向法律化、制度化。伴随着权力的下放,实行了责任下放。在农村,政府和经济组织开始分开,在机构分设的同时,明确了乡政府机构和农村经济组织在管理经济方面的权力和责任。在城市,企业开始与国家行政机构分开,不再隶属于国务院的部或省、县政府的局。

但是,在"放权让利"的改革中,由于财政体制改革导致中央财政收入占国民生产总值比例不断下降,中央政府财力不断下降,地方财力不断扩大。中央政府的财政收入在国家财政收入总量中的比例从20世纪80年代初的60%以上下降到80年代末的30%—40%(1992年为40%),形成"弱中央、强地方"的局面。

此外,还赋予经济特区和开放城市更大的自主权,例如设立海南行政区和后来成立海南省。

3. 第三阶段:政治体制改革的全面配套阶段

这一阶段从20世纪80年代中期到80年代末期。

(1)酝酿全面配套改革方案

党的十一届三中全会以来政治体制改革在实践和理论上都取得了一些进展,整体上促进了社会主义现代化建设事业的发展和各项工作的顺利推进。但是,从经济和社会发展的客观要求,特别是经济体制改革的展开和深入对政治体制改革所提出的紧迫需求来看,政治体制改革仅仅是初步的、局部的,未能撼动政治体制中存在的根本性问题。1984年10月,党的十二届三中全会做出了《关于经济体制改革的决定》。从此,我国经济体制改革的重点从农村转向城市，由单项改革过渡到了全面改革的阶段。随着经济体制改革的不断深入和全面铺开，政治体制改革与经济体制改革不相适应的问题更加凸显，迫切需要通过政治体制的全面配套改革予以解决。

邓小平敏锐、深刻地感觉到了政治体制改革的必要性和重要性，多次将政治体制改革问题作为主要谈话内容进行阐述。1986年5月20日，邓小平会见澳大利亚总理霍克，在向客人介绍中国改革的现状和设想时说：城市改革实际上是全面的体制改革，不仅涉及经济领域，也涉及文化、科技、教育领域，更重要的是还涉及政治体制改革，政治体制改革就是要消除机构臃肿、人浮于事、官僚主义。这是他继1980年之后再次提出政治体制改革的问题。这次谈话与以往不同的是，对"最重要的是还涉及政治体制改革"强调的程度比以往明显加强，对政治体制改革的必要性和重要性有了更深刻的认识。同年6月10日，邓小平在听取中央领导同志汇报当前经济情况时指出："现在看，不搞政治体制改革不能适应形势。改革，应该包括政治体制的改革，而且应该把它作为改革向前推进的一个标志。"① "1980年就提出政治体制改革，但没有具体化，现在应该提到日程上来。不然的话，机构庞大，人浮于事，官僚主义，拖拖拉拉，互相扯皮，你这边往下放权，他那边往上收权，必然会阻碍经济体制改革，拖经济发展的后腿。"② 6月28日，邓小平在中央政治局常委会上又讲道，所有的同志，特别是书记处的同志，要考虑一下政治体制改革的问题。政治体制改革同经济体制改革应该相互依赖，相互配合。只搞经济体制改革，不搞政治体制改革，经济体制改革也搞不通。他强调指出：现在经济体制改革每前进一步，都深深感到政治体制改革的必要性。"不改革政治体制，就不能保障经济体制改革的成果，不能使经济体制改革继续前进，就会阻碍生产力的发展，阻碍四个现代化的实现。"③ 1987年，邓小平又指出："政治体制改革的问题几年前就提出来了，但过去把重点放在经济体制改

---

① 《邓小平文选》第3卷，人民出版社1993年版，第160页。
② 《邓小平文选》第3卷，人民出版社1993年版，第160页。
③ 《邓小平文选》第3卷，人民出版社1993年版，第176页。

革上。这次才把政治体制改革提到议事日程上来。"原因在于"政治体制改革涉及的问题很多，比经济体制改革复杂得多，难度也大得多"①。这些谈话基本上从经济体制改革的需要和政治体制改革滞后等方面阐述了政治体制改革的必要性和重要性。

那么政治体制改革的目标和内容究竟是什么？邓小平还多次对此予以具体论述。关于政治体制改革的内容，他指出："首先是党政分开，解决党如何领导，如何善于领导的问题。这是关键，要放在第一位。第二个内容是权力要下放，解决中央和地方的关系，同时地方各级也都有一个权力下放问题。第三个内容是精简机构，这和权力下放有关。"② 在 6 月 28 日的谈话中他首次使用了"党政分开"的概念，将其作为政治体制改革的重要内容。党政分开，在十一届三中全会以后就提出了这个问题，认为坚持党的领导，问题是党善于不善于领导。党要善于领导，不能干预太多，干预太多，搞不好倒会削弱党的领导，恐怕是这样一个道理。

关于政治体制改革的目标，9 月 13 日，邓小平在听取中央财经领导小组汇报的谈话中指出：我想政治体制改革的目的是调动群众的积极性，提高效率，克服官僚主义。9 月 29 日，邓小平在会见外宾谈到政治体制改革的目标时指出：第一，巩固社会主义制度；第二，发展社会主义社会的生产力；第三，发扬社会主义民主，调动广大人民的积极性。③ 此后，他又在一次谈话中进一步提出了政治体制改革要本着三个具体目标进行的设想。他说："第一个目标是始终保持党和国家的活力；第二个目标是克服官僚主义，提高工作效率；第三个目标是调动基层和工人、农民、知识分子的积极性。"④ 1987 年 3 月 27 日、6 月 12 日、6 月 29 日邓小平在会见喀麦隆总统比亚、南斯拉夫共产主义者联盟中央主席团委员科罗舍茨、美国前总统卡特时，又回答了中国政治体制改革后要建立什么样的体制，以及如何评价一个国家的政治体制等问题。他指出，评价一个国家的政治体

---

① 邓小平：《关于召开党的十三大的几次谈话》，《十三大以来重要文献选编》（上），人民出版社 1991 年版，第 1—2 页。
② 《邓小平文选》第 3 卷，人民出版社 1993 年版，第 177 页。
③ 《邓小平文选》第 3 卷，人民出版社 1993 年版，第 178 页。
④ 《邓小平文选》第 3 卷，人民出版社 1993 年版，第 179—180 页。

制、政治结构和政策究竟是否正确,关键看三条:第一看国家的政局是否稳定;第二看能否增进人民的团结,改善人民的生活;第三看生产力能否得到持续发展。① 政治体制改革,"总的目的是要有利于巩固社会主义制度,有利于巩固党的领导,有利于在党的领导和社会主义制度下发展生产力。对中国来说,就是要有利于贯彻执行党的十一届三中全会以来所制定的一系列路线、方针、政策"②。

关于政治体制改革的原则,邓小平在论及政治体制改革的问题时再三强调:"政治体制改革的内容现在还在讨论。这个问题太困难,每项改革涉及的人和事都很广泛,很深刻,触及许多人的利益,会遇到很多的障碍,需要审慎从事。"③ 他认为:"我们首先要确定政治体制改革的范围,弄清从哪里着手。要先从一两件事上着手,不能一下子大干,那样就乱了。国家这么大,情况太复杂,改革不容易,因此决策一定要慎重,看到成功的可能性较大以后再下决心。"④ 明确提出政治体制改革要从中国国情出发:"不能照搬西方的,不能搞自由化。过去我们那种领导体制也有一些好处,决定问题快。如果过分强调搞互相制约的体制,可能也有问题。"⑤ 同时也不能照搬苏联的,因为各国的实际情况是不相同的,我们现在提出政治体制改革,是根据我国的实际情况决定的。此外,他明确指出,政治体制改革必然要有领导、有秩序地在安定团结的条件下进行。

邓小平对政治体制改革问题的深入思考和科学阐释,为政治体制改革方案的设计奠定了基础。1986 年 9 月 28 日,中国共产党十二届六中全会通过《中共中央关于社会主义精神文明建设指导方针的决议》,首次把政治体制改革作为一项单独的任务摆到社会主义现代化建设总体布局的战略地位上。十二届六中全会指出,中央着重提出政治体制改革,就是要在坚持党的领导和人民民主专政的基础上,改革和完善党和国家的领导制度,进一步扩大社会主义民主,健全社会主义法制。把政治体制改革摆到社会

---

① 朱桂谦:《邓小平同志政治体制改革思想纲要》,浙江教育出版社 1998 年版,第 10 页。
② 《邓小平文选》第 3 卷,人民出版社 1993 年版,第 241 页。
③ 《邓小平文选》第 3 卷,人民出版社 1993 年版,第 176 页。
④ 《邓小平文选》第 3 卷,人民出版社 1993 年版,第 176—177 页。
⑤ 《邓小平文选》第 3 卷,人民出版社 1993 年版,第 178 页。

主义现代化建设总体布局的战略地位上。党中央还强调指出,这是一项非常复杂的工作,中央将经过充分调查研究,做出部署,有领导、有步骤地进行。随后,党中央着手组织调查研究,根据邓小平关于政治体制改革要有一个蓝图的建议,决定成立中央政治体制改革研讨小组,开展总体方案的酝酿设计。

中央政治体制改革研讨小组组织有关部门的实际工作者和各方面的理论工作者,设立了7个专题小组,就党政分开、党内民主、机构改革、干部人事制度改革、社会主义民主、社会主义法制建设、改革的基本原则进行专题研讨和论证。同时,中央政治体制改革研讨小组要求中共中央党校也成立研讨小组,同上述专题组并行展开研讨,在7个专题中任选专题并允许提出不同方案。中央政治体制改革研讨小组在专题小组提出的专题研讨报告和吸收理论界研究成果的基础上,逐步形成了政治体制改革总体设想的方案。这个方案对政治体制改革的总体目标、方向、内容做了确定,经中央政治局原则同意,于1987年10月提交十二届七中全会讨论。全会经过充分讨论,原则上同意了《政治体制改革总体设想》,决定将设想的基本内容写入中央委员会向十三大所作的报告中,提交代表大会讨论。

(2) 勾画推进政治体制改革的蓝图

在"全面政治体制改革提上全党日程的时机已经成熟"的正确判断和前一阶段对政治体制改革理论深入研究的基础上,1987年10月召开的中国共产党第十三次全国代表大会,依据处在社会主义初级阶段的中国的实际和社会主义现代化建设的需要,在深刻分析政治体制改革的必要性和紧迫性的基础上,阐述了改革的目标、任务和原则,勾画了我国政治体制改革的蓝图。自此,我国的政治体制改革由局部范围的改革步入了有目标、有步骤的全面配套改革阶段,从而使我国的政治体制改革站在了新的起点上。

党的十三大报告指出,政治体制改革的意义在于经济体制改革的展开和深入对政治体制改革提出了愈益紧迫的要求。发展社会主义商品经济的过程,应该是建设社会主义民主政治的过程。不进行政治体制改革,经济体制改革不可能最终取得成功。十三大报告进而阐述了改革的目标、任务和应把握的原则,提出了我国政治体制改革的蓝图。

——政治体制改革的目标。

党的十三大报告指出，政治体制和经济体制改革的总目标，都是在党的领导下和在社会主义制度下更好地发展社会生产力，充分发挥社会主义的优越性。也就是说，政治体制改革的最终目标就是在政治上创造更高更切实的民主。党的十三大报告将政治体制改革的目标分为长远目标和近期目标。十三大报告用一句话对政治体制改革的长远目标做了全面的概括，即建立高度民主、法制完备、富有效率、充满活力的社会主义政治体制。这样就勾画了未来要创建的社会主义新型政治体制的轮廓和主要特征，也指明了政治体制改革的努力方向。长远目标的核心是高度民主，这是政治体制改革的主题，是由国家的社会主义性质和党的奋斗纲领决定的。党的十三大确定的改革的近期目标，是建立有利于提高效率、增强活力和调动各方面积极性的领导体制。近期目标着眼于克服权力过分集中、官僚主义现象、封建主义影响这些明显缺陷，重点落在领导体制的改革上。

——政治体制改革的主要内容。

党的十三大规划了为实现政治体制改革近期目标而要进行的八项改革任务。

实行党政分开和党内民主制度建设。党的十三大报告指出，为了维护和巩固中国共产党的社会主义事业领导核心地位，在新的形势下，必须改善党的领导制度、领导方式和领导作风。针对长期形成的党政不分、以党代政问题，政治体制改革的关键就是党政分开。

十三大报告认为，党政分开即党政职能分开。党的领导是政治领导，即对政治原则、政治方向、重大决策的领导和向国家政权机关推荐重要干部。党对国家事务实行政治领导的主要方式是：使党的主张经过法定程序变成国家意志，通过党组织的活动和党员的模范作用带动广大人民群众实现党的路线、方针、政策。由于党和国家政权机关的性质不同、职能不同、组织形式和工作方式不同，应当改革党的领导制度，划清党组织和国家政权的职能，理顺党组织与人民代表大会、政府、司法机关、群众团体、企事业单位和其他各种社会组织之间的关系，做到各司其职，并且逐步走向制度化。

按照党政职能分开的原则，党的十三大还根据中央、地方、基层的不同情况，对它们实行党政分开的具体方式进行了规定。党中央应就内政、外交、经济、国防等各个方面的重大问题提出决策，推荐人员出任最高国家政权机关领导职务，对各方面工作实行政治领导。省、市、县地方党委应在执行中央路线和保证全国政令统一的前提下，对本地区的工作实行政治领导。它们与同级地方政权机关的关系应在实践中探索，逐步形成规范和制度。乡、镇一级的党政分开，可以在县一级关系理顺后再解决。企业党组织的作用是保证监督，支持厂长、经理负起全面领导责任。事业单位中的党组织也要随着行政首长负责制的推行，逐步转变为起保证监督作用。

为了适应党的领导方式和活动方式的转变，必须调整党的组织形式和工作机构。今后，各级党委不再设立不在政府任职但又分管政府工作的专职书记、常委。党委办事机构要少而精，与政府机构重叠对口的部门应当撤销，它们负责的行政事务应转由政府有关部门管理。政府各部门现有的党组各自向批准它成立的党委负责，不利于政府工作的统一和效能提高的部门，要逐步撤销。党的纪律检查委员会不处理法纪和政纪案件，应当集中力量管好党纪，协助党委管好党风。由上级行政部门党组织垂直领导的企事业单位的党组织，要逐步改由所在地方党委领导。

为了更好地实现党的领导，在实行党政分开的同时，党还必须加强自身的制度建设。党的十三大强调，要切实加强党的制度建设，对于党的正确路线的巩固和发展，对于党的决策的民主化和科学化，对于充分发挥各级党组织和党员的积极性、创造性十分重要。健全党的集体领导制度和民主集中制，要从中央做起，主要是：建立中央政治局常委会向中央政治局、中央政治局向中央全会定期报告工作的制度；适当增加中央全会每年开会的次数，使中央委员会更好地发挥集体决策作用；建立中央政治局、政治局常委会、中央书记处的工作规则和生活会制度，使集体领导制度化，加强对党的领导人的监督和制约。地方各级党组织也要相应建立和完善有关的议事规则、表决制度和生活会制度。要明确规定党内选举的提名程序和差额选举办法；制定保障党员权利的具体条例；疏通党内民主渠道和健全民主生活，使党员对党内事务有更多的了解和直接参与的机会。

进一步下放权力。党的十三大报告认为，权力过分集中的现象，不仅表现为行政、经济、文化组织和群众团体的权力过分集中于党委领导机关，还表现为基层的权力过分集中于上级领导机关。一方面，领导机关管了许多不该管、管不好、管不了的事，陷于事务主义而不能自拔；另一方面，基层缺乏自主权，人民群众的积极性难以充分调动。下放权力是克服这一弊端的有效途径。

下放权力的总的原则是：凡是适宜下面办的事情，都应由下面决定和执行。具体来讲，在中央和地方的关系上，要在保证全国政令统一的前提下，逐步划清中央和地方的职责，做到地方的事情地方管，中央的责任是提出大政方针和进行监督。在政府同企事业单位的关系上，要按照自主经营、自主管理的原则，将经营管理权下放到企事业单位，逐步做到各单位的事情由各单位自己管，政府的责任是按照法规政策为企业服务并进行监督。在党和政府同群众组织的关系上，要充分发挥群众团体和基层群众性自治组织的作用，逐步做到群众的事情由群众自己依法办理。地方、部门和单位都要树立全局观念，严格依照法规和政策办事。为了使企业具有充分的活力，为了更好地发挥城市在发展社会主义商品经济中的作用，下放权力必须以扩大中心城市和企事业单位的权力为重点。凡是规定下放到城市和企事业的权力，各中间层次一律不得截留。这是打破条块分割的重要措施。

此外，下放权力还涉及对许多规章制度的改革，各级各部门要结合转变职能和改革机构，进行调查研究，认真听取基层的意见，逐项做出具体规定。

改革政府工作的机构。党的十三大报告一语中的地阐明了形成官僚主义的重要原因：政府机构庞大臃肿，层次过多，职责不清，互相扯皮。建议国务院立即着手制定改革中央政府机构的方案，对政府工作机构自上而下地进行改革。

党的十三大报告强调，这次机构改革必须抓住转变职能这个关键。一方面，要按照经济体制改革和政企分开的要求，合并裁减专业管理部门和综合部门内部的专业机构，使政府对企业由直接管理为主转变到由间接管理为主。另一方面，要从机构配置的科学性和整体性出发，适当加强决策咨询和调节、监督、审计、信息部门的力量，转变综合部门的工作方式，提高政府对宏观经济活动的调节控制能力。整个机构改革要贯彻精简、统一、效能的原则，清理整顿所有行政性公司和近几年来升格的机构，撤销因人设事的机构，裁减人浮于事部门的人员。

为了保证机构改革的顺利进行，必须认真做好机构变动中的人员调整。要把人员的调整和培训密切结合起来，有计划、分步骤地将一部分人员调整到需要加强的国家机关以及经济、文化组织中。

为了巩固机构改革的成果并使行政管理走上法制化的道路，必须加强行政立法，为行政活动提供基本的规范和程序。要完善行政机关组织法，制定行政机关编制法，用法律手段和预算手段控制机构设置和人员编制。要层层建立行政责任制，提高工作质量和工作效率。要制定行政诉讼法，加强对行政工作和行政人员的监察，追究一切行政人员的失职、渎职和其他违法违纪行为。

进一步改革干部人事制度。改革开放以来，干部人事制度进行了一定程度的改革，但仍然存在一些重大缺陷，主要是："国家干部"这个概念过于笼统，缺乏科学分类；管理权限过分集中，管人与管事脱节；管理方式陈旧单一，阻碍人才成长；管理制度不健全，用人缺乏法治管理。干部人事工作长期面临两大问题：一是年轻优秀的人才难以脱颖而出；二是用人问题上的不正之风难以避免。

党的十三大报告指出，进行干部人事制度的改革，就是要对"国家干部"进行合理分解，改变集中统一管理的现状，建立科学的分类管理体制；改变用党政干部的单一模式管理所有人员的现状，形成各具特色的管理制度；改变缺乏民主法制的现状，实现干部人事的依法管理和公开监督。

党的十三大报告认为，干部人事制度改革的重点是建立国家公务员制度，即制定法律和规章，对政府中行使国家行政权力、执行国家公务的人员，依法进行科学管理。国家公务员分为政务和业务两类。政务类公务员，必须严格依照宪法和组织法进行管理，实行任期制，并接受社会的公开监督。业务类公务员按照国家公务员法进行管理，实行常任制。在建立国家公务员制度的同时，还要按照党政分开、政企分开和管人与管事既紧密结合又合理制约的原则，对各类人员实行分类管理。党组织的领导人员和机关工作人员，由各级党委管理；国家权力机关、审判机关和检察机关的领导人员和工作人员，建立类似国家公务员的制度进行管理；群众团体的领导人员和工作人员、企事业单位的管理人员，原则上由所在组织或单位依照各自的章程或条例进行管理。

所有的管理制度都要贯彻和体现注重实绩、鼓励竞争、民主监督、公开监督的原则。党内党外，都要创造使人员能合理流动、职业有选择余地的社会条件，破除论资排辈等压抑进取心和创造性的陈腐观念。

建立社会协商对话制度。正确处理和协调各种不同的社会利益和矛盾，是社会主义条件下的一个重大课题。只有使社会协商对话形成制度，才能及时地、畅通地、准确地做到下情上传，上情下达，彼此沟通，互相理解。党的十三大报告强调，建立社会协商对话制度的基本原则，是发扬"从群众中来，到群众中去"的优良传统，提高领导机关活动的开放程度，重大情况让人民知道，重大问题经人民讨论。要制定关于社会协商对话制度的若干规定，对全国性的、地方性的、基层单位内部的重大问题的协商对话，应分别在国家、地方和基层三个不同的层次上展开。另外，要进一步发挥现有协商对话渠道的作用，注意开辟新的渠道。要通过各种现代化的新闻和宣传工具，增加对政务和党务活动的报道，发挥舆论监督的作用，支持群众批评工作中的缺点错误，反对官僚主义，同各种不正之风做斗争。

完善社会主义民主政治的若干制度。党的十三大报告指出，社会主义民主政治的本质和核心，是人民当家作主，真正享有各项公民权利，享有管理国家和企事业的权力。现阶段社会主义民主政治的建设，必须着眼于实践，着眼于调动基层和群众的积极性，要从办得到的事情做起，致力于基本制度的完善。

因此，完善社会主义民主政治，一要加强人民代表大会制度的建设。二要加强政协建设和完善共产党领导的多党合作和政治协商制度。三要加强群众团体建设。四要完善选举制度。五要加强基层民主生活的制度化。六要进一步完善民族区域自治制度。

加强社会主义法制建设。党的十三大报告强调，社会主义民主和社会主义法制不可分割。没有全社会的安定团结，经济建设搞不成，经济体制改革和政治体制改革也搞不成。国家的政治生活、经济生活和社会生活的各个方面，民主和专政的各个环节，都应做到有法可依，有法必依，执法必严，违法必究。我们必须一手抓建设和改革，一手抓法制。法制建设必须贯穿于改革的全过程。一方面，应当加强立法工作，改善执法活动，保障司法机关依法独立行使职权，提高公民的法律意识；另一方面，法制建设又必须保障建设和改革的秩序，使改革的成果得以巩固。兴利除弊的事情，要尽可能用法律或制度的形式加以明确。这样才能形成政治、经济和社会生活的新规范，逐步做到党、政权组织同其他社会组织关系的制度化，国家政权组织内部活动的制度化，中央、地方、基层之间关系的制度化，人员的培养、选拔、使用和淘汰的制度化，基层民主生活的制度化，社会协商对话的制度化。总之，应当通过改革，使我国社会主义民主政治一步一步地走向制度化、法律化。

加强党的制度建设。党的十三大报告提出党的自身建设也必须进行改革，以适应改革开放的新形势。从政治体制的层面来说，要加强党的自身建设，就要切实加强党的制度建设，巩固和发展党的正确路线，推动党的决策的民主化和科学化，充分发挥各级党组织和党员的积极性、创造性。以党内民主逐步推动人民民主，是发展社会主义民主政治的一条切实可行、易于见效的途径。健全党的集体领导制度和民主集中制，要从中央做起。应当把差额选举的范围扩大到各级党代会代表，基层党组织委员、书记，地方各级党委委员、常委和中央委员会委员。要切实保障党章所规定的党员民主权利，制定保障党员权利的具体条例。要疏通党内民主渠道和健全民主生活，使党员对党内事务有更多的了解和直接参与的机会。

——进行政治体制改革应把握的原则。

保证安定团结。我们的建设和改革面临着复杂的社会矛盾，需要安定的社会政治环境，决不能搞破坏法制和社会安定的"大民主"。谋求一个稳定的社会政治环境，也是政治体制改革要实现的重要目标。

兴利除弊，保持优势。政治体制改革是要消除弊端，社会主义的基本政治制度和被实践证明是好的具体制度必须坚持和发展。人民民主专政不能削弱。人民代表大会制度，共产党领导的多党合作和政治协商制度，按照民主集中制的原则办事，是我们的特点和优势。

有领导有秩序地进行。政治体制改革是一项艰巨而复杂的工程，必须坚持坚决而又审慎的方针，在党和国家的领导下有秩序有步骤地进行。

上下结合，党做表率。有的改革需要自上而下进行，有的在中央确定的原则下，地方和基层则可以因地制宜地实践。在整个改革中，党要做表率，以自身的改革推动其他改革，以发展党内民主带动人民民主的发展。

（3）全面配套实施政治体制改革方案

党的十三大报告对政治体制改革进行了全面细致的规划，具有很强的操作性。党的十三大规划的实现近期目标所要进行的各项改革，在设计政治体制改革总体方案的过程中已分别形成初步方案，在十三大后做了进一步修改完善，大部分开始付诸实施。①

——党的领导体制的重大改革。

党政分开。根据党的十三大所提出的党政分开的要求，新选出的中央政治局于1987年11月14日举行第一次会议，讨论通过了《十三届中央政治局工作规则（试行）》《十三届中央政治局常委会工作规则（试行）》和《十三届中央书记处工作规则（试行）》。七届人大一次会议新选出的国务院，在第一次全体会议上通过了《国务院的工作规则》。党中央和国务院两套工作规则的制定，明确区分了党中央机构和中央人民政府各自的职能、工作范围和工作方式，为党中央和国家最高行政机关的关系按照党政职能分开的要求形成合理的格局，提供了初步的规范。

同时，根据党政职能分开的要求，改革了中央纪律检查委员会的领导体制和构建了新的国家监察系统。1987年11月，党的十三大通过了《中国共产党章程部分条文修正案》，取消了十二大党章中关于党的中央纪律检查委员会的第一书记必须从中央政治局常委中产生的条款，中央纪律检查委员会的领导人不再称第一书记、第二书记，而设书记、副书记。同时，鉴于1986年12月设立了国家监察部，为贯彻党政分开的原则，党的十三大报告提出：“党的纪律检查委员会不处理法纪和政纪案件，应当集中力量管好党纪，协助党委管好党风。”同时，党的十三大后逐步撤销了在国家各部门设立的监察组，对国家各部门的监察工作由国家监察部负

---

① 金太军：《政治体制改革》，党建读物出版社1998年版，第94页。

责。这是十三大以来贯彻党政分开的重要步骤。

按照十三大的要求所开展的党的中央和地方领导机构改革成果显著。1987年12月，中央书记处根据中共中央政治局第二次会议原则批准的《中央直属机构改革方案》，制定了《党中央直属机构改革实施方案》，并认真组织了实施。改革的主要做法是撤销与国务院职能部门重叠的领导小组和办事机构；合并业务相关的事业单位；明确直属工作机构的职能，精简内部人员。按照党政分开，加强和改善党的领导的原则，在1988年党中央直属机构改革后，对原有的26个直属工作机构和事业单位，撤销了8个，改建了3个，保留了15个，新组建5个。调整后的党中央直属工作机构和事业单位共23个。党中央直属机构的改革体现和巩固了党政职能的分开，也为政府机构改革积累了经验并创造了有利条件。各省、自治区、直辖市的党政领导机构，按照党政职能分开的要求相继制定了各自的有关工作规则。同时，以党中央机构改革为样板，地方党委在具体的组织形式和工作方式上进行了一系列改革。这些机构改革在一些地方已扩展到县一级。

对领导机构进行改革的同时，在干部管理体制方面也进行了初步改革。七届人大一次会议组成的国务院组建了人事部。会议通过的《关于国务院机构改革方案的说明》指出：组建人事部是为了适应党政职能分开和干部人事制度改革的要求，推行国家公务员制度，强化政府的人事管理职能。中共中央组织部逐步把一定层次的干部的管理转移给人事部。党委着重加强了对干部人事工作的路线、方针、政策的领导和宏观管理。中共中央1989年8月28日发出的《关于加强党的建设的通知》指出：党要加强对干部工作的领导，制定干部工作的方针、政策，推荐和管理好重要干部，指导干部人事制度的改革，做好对干部人事工作的宏观管理和监督。1990年1月12日，中共中央就印发《关于地方党委向地方国家机关推荐领导干部的若干规定》发出通知，要求地方党委做好推荐领导干部的工作，严格依法办事，支持国家机关依法履行人事任免职权。

按照十三大改革党的领导制度、加强党的政治领导的要求，还进行了理顺党同民主党派、群众团体的关系的工作，并制定了相应规定。

进一步加强党的制度建设。在按照党政职能分开的要求改革党政领导体制的同时，按照十三大"以党内民主推动人民民主"的精神，加强了以发展党内民主为核心的党的制度建设。

第一，促进集体领导制度化建设。十三届中央政治局制定的《中央政治局、政治局常委会、书记处的工作规则（试行）》，体现了党政职能分开的要求，也是党内民主建设的重要步骤。这个工作规则按照十三大关于健全党的领导制度和民主集中制要从中央做起的要求，在党的中央领导层次上是集体领导制度化的一个重要推进。中央政治局及其常委会与中央书记处、中央全会的关系得到进一步理顺，中央书记处成为办事机构而不再具有决策职能。中央政治局常委会向中央政治局、中央政治局向中央全会定期报告工作的制度开始形成。中央全会召开次数增加，由以往一年一次改为一年两次，使中央委员会的集体决策作用得到增强。地方党委也相应加强了集体领导制度的建设。

第二，健全党内监督机制。十三大要求加强对党的领导人的监督和制约，严肃党纪。中共中央在《关于加强党同人民群众联系的决定》中，对加强监督做了规定，要求建立和完善党内监督和党外监督，自上而下的监督和自下而上的监督的制度。

加强党内监督的一个重要进展，是党员领导干部民主生活会制度的建立。为了健全党内民主生活，加强党内监督，中共中央于1990年5月25日印发了《关于县以上党和国家机关党员领导干部民主生活会的若干规定》。此前，在1988年12月25日，中共中央已就批转中央组织部《关于建立民主评议党员制度的意见》发出通知，全国党的基层组织民主评议党员的制度逐步建立起来，对党员的教育、管理和监督得到加强。

党的十三大后，作为党内专门的执纪和监督机关的纪律检查委员会加强了建设和工作。1991年中央纪律检查委员会制定了《中国共产党纪律检查机关控告申诉工作条例（试行）》，对控告申诉工作的范围、指导思想、基本原则、处理检举、控告的程序和基本方法，受理机关的职责和工作要求，当事人的权利和义务等做了规定。

第三，改革选举制度，按照规定程序选拔任用干部。党的十三大通过的《中国共产党章程部分条文修正案》规定了差额选举办法。十三大按照中央委员、中纪委委员候选人的差额不少于5%，中央候补委员候选人的差额不少于12%的比例进行了选举。党的十三大后,差额选举在地方党委的选举中逐步推开,《关于党的省、自治区、直辖市代表大会实行差额选举的暂行办法》《中国共产党基层组织选举工作暂行条例》对此进行了规定。另外,1986年1月28日,中共中央关于严格按照党的原则选拔任用干部的通知所做的规定开始贯彻实施,按照规定程序选拔任用干部。干部交流制度和回避制度也开始建立。

第四,推进废除领导职务终身制,努力形成人才脱颖而出的机制。邓小平以自己的实际行动,为废除干部领导职务终身制做出表率。党的十三届四中全会前后,邓小平多次表示要坚决退出中央领导岗位。他反复说明,一个国家的命运建立在一两个人的威信上面,是很不健康的,是很危险的。1989年11月9日,十三届五中全会通过了《关于邓小平同志辞去中共中央军事委员会主席职务的决定》,并任命江泽民为中央军委主席。在党的十三大后的几年里,每年有近百万干部按规定离退休。与此同时,中共中央强调要增加干部工作的透明度,坚持机会均等,各级组织部门采用民主推荐、民主评议、民主考核、公开招聘、公开考试等方式,探索建立人才脱颖而出的机制。

——以转变政府职能为关键改革政府机构。

1982年的政府机构改革,由于高度集中的计划经济体制没有发生改变,是在政企没有分开、政府职能没有转变的条件下进行的,没有深入行政管理体制的层次,因此很快再度膨胀。为了转变政府职能,精简机构,按照十三大的要求和提议,国务院着手进一步设计和制定机构改革方案,1988年4月召开的七届人大一次会议审议批准了《国务院机构改革方案》。改革的基本要求是转变职能,下放权力,调整结构,精减人员。减少政府机构干预企业经营活动的职能,增强重视调控职能,初步改革机构设置不合理和行政效能低下的状况。方案确定部委一级机构撤销12个,新组建9个部委,保留32个,合起来由原来的45个调整为41个,新华社转为事业单位。此外,国务院直属机构由22个调整为19个,办事机构由4个调整为7个,由各部委归口管理的国家局从14个调整为15个,非常设机构由77个调整为44个。精减人员20%左右。1988年12月,国务院机构改革第一步任务初步完成。

国务院机构改革办公室从1988年8月开始着手进行地方政府机构改革的准备工作。但为了集中力量搞好治理整顿，暂停了省、自治区、直辖市一级的政府机构改革，继续在16个中等城市进行试点。1989年试点扩大到1个省、4个市和9个县。1991年又进一步扩大到3个省和30个市、县。经过试点，不仅试点单位本身在机构改革上取得了一定的效果，而且所积累的经验验证了地方机构改革思路的正确性，为地方机构的进一步改革奠定了基础。

另外，我国的行政复议制度开始全面建立。1990年国务院颁布行政复议条例，标志着我国行政复议制度的全面建立。行政复议制度的建立，使行政机关的行政行为又多了一道监督程序，有助于纠正违法或不当的具体行政行为，保护公民、法人和其他组织的合法权益。此后，于1999年出台了行政复议法。

——全面开展建立国家公务员制度的准备工作，推进人事制度改革。

建立国家公务员制度是党的十三大确定的干部人事制度改革的重点，公务员制度也就是法制化的政府工作人员的人事管理制度。人事部作为国家公务员的管理机构，成立后即着手为实行这一制度做准备工作。1988年10月提交了《国家公务员暂行条例》草案第15稿，条例草案共16章84条，拟订了关于业务类公务员的职位分类、考试录用、考核、奖惩、职务升降和任免、培训、转任与回避、工资福利、申诉控告、辞职辞退、退休退职等方面的管理制度和管理办法。《国家公务员暂行条例》公布后，1989年在国务院六个部委进行试点，实施了职位分类制度的实践，到1991年完成了对实行公务员制度主要环节的试验。为了探索地方推行公务员制度的经验，1991年选择哈尔滨、深圳作为推行地方公务员制度的试点城市，开展了考试录用、职位分类、考核、晋升、回避制度等环节的试点工作。

在进行国家公务员制度试点的同时，还进行了单项制度的推行工作，主要是考试录用的试行和建立培训制度。1989年1月，中央组织部、人事部印发了《关于国家行政机关补充工作人员实行考试考核方法的通知》，要求县级以上行政机关补充工作人员实行考试考核方法。

在十二大后部分实行干部任期制和选聘制度的基础上，根据十三大关于人事管理制度要贯彻和体现注重实绩、鼓励竞争、民主监督、公开监督的原则要求，企事业和乡镇的人事制度改革迈出了较大步伐。1988年5月，中央组织部、人事部制定了《关于全民所有制工业企业引入竞争机制改革干部人事制度的若干意见》，对企业干部人事制度进行了具体的规定。1991年，为了进一步解决好聘用制干部的管理问题，中央组织部、人事部印发了《全民所有制企业聘用制干部管理暂行规定》，对聘用、调动、退休、待遇等做了统一规定，使企业内部干部聘用制得到进一步完善。在乡镇，根据干部的实际情况初步实行了选聘合同制。1991年，中央组织部、人事部发布了《关于坚持乡镇干部选聘合同制和择优录用部分优秀乡镇选聘制干部的通知》，对乡镇干部选聘制进一步加以确认和完善。

——进一步加强和完善社会主义民主政治制度。

党的十三大报告指出，现阶段的社会主义民主政治建设，必须致力于基本制度的完善。因此，十三大后的政治体制改革依然将完善基本政治制度作为重要任务之一。

人民代表大会制度进一步加强和完善。作为社会主义民主政治制度的重要组成部分，党的十三大报告提出了加强人民代表大会制度建设的任务，即要继续完善人大及其常委会的各项职能，加强立法工作和法律监督；要进一步密切各级人大与群众的联系，使人大能够更好地代表人民，并受到人民的监督；要加强全国人大特别是其常委会的组织建设，在实现委员比较年轻化的同时，逐步实现委员的专职化；要完善全国人大常委会和各专门委员会的议事规则和工作程序，加强制度建设。从这些要求出发，十三大后人民代表大会制度得到进一步加强和完善：

第一，在强调行使立法权的同时加强和改进监督权的行使。一方面，加强了宪法和法律实施的监督。宪法扩大和进一步明确了各级人大及其常委会的法律监督权。依据宪法的精神，全国人大常委会在1989年3月召开的七届全国人大二次会议工作报告中明确提出，今后常委会要进一步加强对宪法和法律实施的监督；审查行政法规、地方性法规；听取国务院及其有关部门、最高人民法院和最高检察院关于法律实施情况的报告；有选择地对一些重要法律的实施情况进行检查；对于违宪违法情况，要督促有关部门认真纠正。为此，全国人大常委会在这方面做了大量工作。另一方面，加强了对行政、审判、检察机关的监督。在短短几年里全国人大和地方各级人大听取和审议"一府两院"的工作报告已经形成制度。在此基础上，七届全国人大二次会议通过的常委会工作报告进一步从程序上、制度上做出若干规定。与此同时，有关监督手段的法律规定和实际运用也有重要进展。继1987年11月六届全国人大常委会及二十三次会议通过全国人大常委会议事规则后，1989年4月，七届全国人大二次会议又审议通过了全国人大议事规则。这两个规则对质询、特定问题调查、罢免和撤职等国家权力机关的监督手段做了明确规定，对宪法和组织法做了补充。为了进一步加强监督，健全监督制度，1990年3月召开的党的十三届六中全会建议全国人大常委会拟定工作监督和法律监督的监督法。监督法的制定，必将使监督工作进一步推进。

第二，保障人大代表行使职权。这主要表现在代表视察工作形成制度和代表联系工作走上制度化轨道方面。1986年，六届全国人大常委会专题研究发挥全国人大代表的作用问题，并于1987年出台《关于全国人大常委会加强同代表联系的几点意见》，就全国人大常委会与省级人大常委会共同联系全国人大代表做出明确规定。另外，为了确保人大代表更好地依法行使职权，1992年4月召开的全国人大七届五次会议通过了《中华人民共和国全国人民代表大会和地方各级人民代表大会代表法》。

第三，加强人大常委会的工作。首先，提高了各级人大常委会委员的专职化程度，各级人大常委会成员不再担任行政机关、审批机关、检察机关的职务；其次，人大及其常委会行使职权向程序化、制度化迈进。全国人大议事规则和全国人大常委会议规则的制定是这方面的主要体现。最后，提高了人大常委会工作的开放程度，七届全国人大常委会从二次会议起，开会前都要举行新闻发布会，向中外记者介绍准备提交会议的方案草案以及会议安排的情况，通过新闻媒介向人民公开会议的有关内容，在报道委员审议议案的情况时，注意反映各种意见。委员会会议设置了旁听席，邀请工会、妇联和共青团等群众组织的人员旁听。

通过民主选举实践的发展，推动选举制度走向完善。随着选举法的出台和逐步落实，选举制度在运行过程中逐渐暴露出一些缺陷和不足，对继续增强选举的民主化程度提出了迫切要求。1986年12月，全国人大常委会十八次会议根据政治体制改革的精神对选举法和地方组织法进行了重要补充和修改。十三大之后在省级换届选举和全国人大代表选举中进行了首次实践。选举的民主程度得到了提高，规定必须实行差额选举和代表联名推荐候选人。之后，在1989年全国县乡人民代表大会换届选举时，中共中央还转发了全国人大常委会党组根据以往选举中存在的问题提出的《关于全国县乡人民代表大会换届选举工作若干问题的报告》。该报告建议党委和政府主要负责人提名为本级人大代表的候选人不宜超过3—5人；应充分保障选民提名的权利；要充分介绍候选人；强调不要轻易调动依法选出的政府领导人；要建立选举工作机构和办事机构；保证选举经费，经费应列入地方财政预算。

坚持和完善中国共产党领导的多党合作和政治协商制度。十三大报告指出，必须加强政协建设和完善共产党领导的多党合作和政治协商制度。要加强政协自身的组织建设，逐步使国家大政方针和群众生活重大问题的政治协商和民主监督经常化。要坚持"长期共存、互相监督，肝胆相照、荣辱与共"的方针，完善共产党领导下的多党合作和协商制度，进一步发挥民主党派和无党派爱国人士在国家政治生活中的作用。

这一时期，多党合作和政治协商制度的坚持和完善，首先体现在实现多种形式的政治协商，加强合作和协商上。根据中共中央的意见，政治协商的主要形式有：第一，中共中央主要领导人邀请各民主党派的主要领导人和无党派代表人士举行民主协商会，就中国共产党将要提出的大政方针问题进行协商。第二，中共中央主要领导人根据形势需要，不定期地邀请民主党派主要领导人和无党派人士举行高层次、小范围的谈心活动，就共同关心的问题自由交谈、沟通思想、征求意见。第三，由中共中央召开民主党派、无党派人士座谈会，通报或交流重要情况，传达重要文件，听取民主党派、无党派人士的政策性建议或讨论某些专题。第四，除会议协商外，各民主党派和无党派人士可就国家大政方针和社会主义现代化建设中的重大问题向中共中央提出书面的政策性建议，也可与中共中央负责人交谈。

其次，1989年制定并公布了《关于政治协商、民主监督的暂行规定》，明确了人民政协的主要职能以及政治协商、民主监督的主要内容和形式。中共中央《关于坚持和完善中国共产党领导的多党合作和政治协商制度的意见》进一步规定：政协机关要更好地为民主党派开展活动创造条件，要切实保障政协委员提出批评的自由和发表不同意见的自由。

最后，进一步发挥民主党派成员、无党派人士在政权机关中的作用。1991年，中共中央办公厅等部门又下发了《关于在国务院有关部委和直属局安排党外人士担任职务的几点意见》《关于推荐民主党派成员和无党派人士担任审判、检察机关领导职务的通知》，这一工作取得了很大进展。

此外，基层民主也取得很大的进展。《中华人民共和国村民委员会组织法（试行）》《中华人民共和国城市居民委员会组织法》两个法律的制定施行，保证了群众依法自我管理、自我教育、自我服务，使基层政权体制和边界的划分更加合理、清楚，有力地促进了城乡基层民主的发展。

——加强立法工作，完善政法体制。

党的十三大以来，在加强社会主义民主建设的同时，继续大力推进社会主义法制建设，以推进政治体制改革的进程。

政治体制改革的成果需要法律的巩固和确认，同时法制建设也能推动和保障政治体制改革的继续深化，因此必须加快与政治体制改革相关的立法进程。七届全国人大一次会议所批准的人大常委会的工作报告提出，应当根据党的十三大提出的加快和深化改革的精神，进一步加强立法工作。其中立法工作的重点之一就是继续抓紧制定适应政治体制改革，建设民主政治需要的一系列法律，特别是加强行政立法，如制定行政诉讼法、国家公务员法等。1989年4月4日，七届人大二次会议通过了《中华人民共和国行政诉讼法》，为维护和监督行政机关依法履行职能提供了法律依据。在法制建设的逐步推进过程中，起草、审议法律的具体程序也逐步形成。立法机关对立法采取了既积极又慎重的方针，积累了丰富的经验。全国人大及其常委会把立法实践中行之有效的做法加以总结提炼，逐渐形成了一套起草、审议法律的具体程序。

在实现有法可依的基础上，有法不依、执法不严、违法不究的问题更加凸显出来。政法体制不完善，是长期以来影响严肃执法的一个重要原因，也是对政治体制改革造成阻碍的因素之一。在继续完善政法体制方面，一是进一步按照党政职能分开的要求理顺党与政法机关的关系；二是理顺人大同法院、检察院的关系；三是理顺公、检、法以及司法机关的关系。

这一阶段，律师制度的改革也在进行中。各级人民法院加强了行政审判工作，例如 1986 年以后陆续建立了行政审判庭、执行庭并依法逐步执行了公开审判的制度；检察院也采取措施加强了作为国家法律监督机关的职能，各级检察机关建立了侦查与决定逮捕、起诉，分别由两个机构办理的制度，完善了内部制约机制，举报制度也得到了推广，还建立起了受理、初查、立案侦查、保护、奖励和信息反馈等一套制度并建立健全了法纪检察机构，成立了反贪污贿赂局。此外，法院和检察院还建立了严格的奖惩制度，加强了自身的廉政建设。

4. 第四阶段：政治体制改革的调整推进阶段

这一阶段从 20 世纪 80 年代末期到 90 年代中后期。

（1）对政治体制改革的反思

20 世纪 80 年代末 90 年代初，在国际上，苏联东欧发生剧变，国际共产主义运动进入低潮，西方敌对势力把目光转向了社会主义中国，希望终结社会主义，这给中国造成了很大的外部压力。在国内，党内党外一部分人背离了政治体制改革的主旨，不去探讨政治体制改革如何为经济体制改革清除障碍，而是借政治体制改革之名否定社会主义民主、否定党的领导，企图效仿西方民主，少数别有用心的人煽动学生闹事，出现了比较严重的资产阶级自由化倾向，以至发生动乱，影响了社会的稳定。

在这样内忧外患的国际国内背景下，改革的风险性和稳定的重要性凸显出来，在对以往政治体制改革的经验和造成动乱的原因进行反思的过程中，稳定成为我国社会主义改革开放和现代化建设的前提，是压倒一切的政治问题。1989 年 2 月以后，邓小平就几次强调：稳定是压倒一切的，中国不允许乱，乱了，不稳定了，什么改革也进行不下去；发展经济要有一个稳定的局势，中国搞建设不能乱。虽然强调将稳定放在第一位，但党中央并没有放弃政治体制改革。邓小平理直气壮地指出：我看来看去看不出十三大报告有什么问题，十三大报告一个字也不能改。同时，又反复提醒全党，中国改革已经进行了 10 年，是总结经验的时候了。要认真总结经验。对的坚持，不足的加点劲，错的赶快改。这期间，江泽民也在不同场合肯定了政治体制改革的必要性和重要性，并对政治体制改革进行了科学的阐释。

以邓小平为核心的中央领导集体，在冷静分析国内外形势的基础上，在坚持十一届三中全会以来的基本路线和基本政策不变的前提下，在具体思路和做法上从三个层面对政治体制改革进行了调整。第一，关于政治体制改革的地位，从过去强调政治体制改革的重要性和必要性，将它作为一项相对独立的任务进行部署，调整为积极推进政治体制改革，加强社会主义民主法制建设。第二，关于政治体制改革的内容，由原来重点解决权力过分集中，特别是领导干部个人高度集权，强调党政分开、下放权力、改革干部人事制度等，调整到进一步完善人民代表大会制度，完善共产党领导的多党合作和政治协商制度，建立和健全民主的科学决策机制，加强基层民主建设等领域。第三，关于政治体制改革的实践，由原来的政治体制改革"攻坚战"转入"外围战"。政治体制改革的整体步伐有所放缓。

（2）对政治体制改革的调整

1992年春天，邓小平南方谈话再次拉开了新一轮改革开放的序幕，政治体制改革随着经济体制改革的深入被再度提出。同时，邓小平提出的判断各项工作是非得失的"三个有利于"标准，为继续推进政治体制改革指明了方向，消除了疑惑。同年4月，江泽民在中共中央党校的讲话中较为具体地阐述了政治体制改革问题。

1992年10月12—18日，中国共产党第十四次全国代表大会举行。十四大根据深化改革、加快发展，特别是建立社会主义市场经济的迫切要求，再一次把政治体制改革的任务提到日程上来。党的十四大报告以"积极推进政治体制改革，使社会主义民主和法制建设有一个较大发展"总领对政治体制改革任务的安排和布署。当时提出的政治体制改革的各项任务包括：进一步完善人民代表大会制度，完善共产党领导的多党合作与政治协商制度，坚持和完善民族区域自治制度；加速建立一套民主的科学的决策制度，逐步完善监督制度；高度重视法制建设，加强立法工作，严格执法，加强执法监督；下决心进行行政管理体制和机构改革，切实做到转变职能、理顺关系、精兵简政、提高效率。党的十四大将政治体制改革的重点放在了法制建设和机构改革上。

大会还通过了十三届中央委员会提出的《中国共产党章程（修正案）》，将建设有中国特色社会主义的理论和党的基本路线写进党章，并删去了有关顾问委员会设置和工作任务的条文。经过党的十四大和四届人大一次会议，党和国家的最高层实现了新的交替和合作。

（3）继续推进政治体制改革

为贯彻落实党的十四大"积极推进政治体制改革"的重大决策，政治体制在以下几个方面继续进行改革：

——改进监督工作，进一步加强对法律实施的检查监督。

监督宪法和法律的实施，监督国务院、最高人民法院、最高人民检察院的工作，是宪法赋予全国人大及其常委会的重要职权。在此期间，为了使执法检查制度化、规范化，全国人大常委会制定了关于加强对法律实施情况检查监督的若干规定，对执法检查计划的制定、检查组的组成、检查的方法和步骤、执法检查报告的审议等做了较为具体的规定。在工作监督方面，全国人大常委会听取和审议国务院及其部门和最高人民法院、最高人民检察院的工作报告已经形成制度。全国人大常委会还重视总结和交流地方人大开展监督工作的经验和做法。全国人大常委会为履行宪法所赋予的各项监督职责，做出了很大的努力。

——进一步完善选举制度。

全国人大及其常委会通过制定和修改选举方面的法律，不断完善选举制度。1995年全国人大常委会通过了修改选举法和地方组织法两个决定。修改后的选举法，缩小了农村与城市每一位代表所代表的人口数的比例，规范了地方各级人大代表名额，简化了选民直接选举县、乡两级人大代表的手续；完善了差额选举和提名、确定候选人的程序等。修改后的地方组织法，进一步完善了地方各级人大选举和决定国家机关组成人员的程序；规范了地方各级人大常委会组成人员的名额；规定了乡镇人大设主席、副主席，省、自治区人大常委会可以在地区设立工作机构等。

——促进全国人大常委会工作逐步规范化、制度化。

全国人大常委会为适应日益繁重的立法、监督等工作的需要，努力加强制度建设，建立健全各项规章制度，遵循民主集中制原则，按照法律规定的程序办事，使常委会工作逐步走向规范化、制度化。第一，健全会议制度，设定了议程的确定到议案的审议程序。第二，加强自身工作制度建设，制定了全国人大常委会组成人员守则，修改了委员长会议议事规则，秘书处工作规则，秘书长办公会议议事规则。第三，加强代表工作制度建设，办理代表议案和建议的工作制度逐步完善。第四，加强信访工作制度建设。第五，坚持同地方人大联系的制度。第六，常委会重视办事机构的建设，在法制宣传、干部培训、人事管理、后勤服务等方面建立了规章制度。此外，还增设了环境与资源保护委员会。

——继续改革政府机构。

由于1988年的政府机构改革没有触动高度集中的计划经济管理体制，没有实现政府职能的转变，政府机构再度膨胀。党的十四大召开之前，国务院组成部门增至86个。省、自治区政府工作机构平均为55个，京津沪三市政府机构平均为84个，其他城市平均为55个，县级政府机构平均为37个。另外，国务院、省、地、市、县都存在过多的非常设机构。这成为建立和完善社会主义市场经济体制的主要障碍之一。

1992年10月，党的十四大做出了"下决心进行行政管理体制和机构改革"的决策，并提出从1993年开始的3年内基本完成机构改革。1993年3月，十四届二中全会举行，审议通过了《关于党政机构改革的方案》，全国人大八届一次会议批准了国务院机构改革方案。这次改革的指导思想是：依据建立社会主义市场经济体制的要求，按照政企职责分开和精简、统一、效能的原则，转变职能、理顺关系、精兵简政、提高效率。改革的重点是转变政府职能。其中引人注目的，一是综合经济部门中组建了国家经贸委，以"加强对国民经济运行中重大问题的协调"；二是专业经济部门的改革分为三类，其中一类由政府部门改为经济实体，即撤销航天工业部，组建航空工业总公司、航天工业总公司，另两类改为行业总会，即撤销轻工业部、纺织工业部，组建中国纺织总会和中国轻工总会。

从1993年开始，经过两年的时间，中央一级党政机关的改革基本完成。改革后，国务院部委和直属机构由86个减为59个；非常设机构由85个减到30个；原有机关行政编制36700人，改革后核定为29200人，精简达20%。1995年基本完成省级机构改革方案的实施工作，1996年上半年大部分地、市、县完成了机构改革的任务。

——中国共产党领导的多党合作与政治协商制度的建设有了新的发展。

按照党的十四大精神，根据政治体制改革和民主法制建设总体部署，共产党领导的多党合作和政治协商制度有了新的发展。八届人大一次会议通过的《中华人民共和国宪法修正案》在序言中增加了"中国共产党领导的多党合作和政治协商制度将长期存在和发展"。这就以根本大法的形式确认了我国现行的政党制度。1994年3月，八届政协二次会议审议通过了《中国人民政治协商会议章程（修正案）》。"政协章程修正案把参政议政列入政协的主要职能，这是政协工作的经验总结，是本次会议的重要成果。"[①] 1995年1月14日，八届全国政协常委会九次会议通过了《政协全国常委会关于政治协商、民主监督、参政议政的规定》，进一步明确了政协履行职能的主要任务和基本方法，完善和规范了政协的工作。此外，政协全国委员会还修订了《政协全国委员会常务委员会工作规则》《政协全国委员会提案工作条例》《政协全国委员会专门委员会通则》等规章制度。政治协商、民主监督、参政议政形式逐渐确定下来。确定下来的政治协商、民主监督、参政议政的形式包括：中共中央主要领导人邀请各民主党派主要领导人和无党派人士举行民主协商会，就中共中央将要提出的大政方针问题进行协商；根据形势需要，不定期地邀请民主党派主要领导人和无党派人士举行高层次、小范围的谈心活动；由中共中央召开民主党派、无党派人士座谈会，通报或交流重要情况，传达重要文件，听取民主党派、无党派人士提出政策性建议或讨论某些专题。

根据中共中央关于"对国家和地方的大政方针以及政治、经济、文化和社会生活中的重要问题，要在决策之前在政协进行协商"的要求，八届政协充分运用全委会议、常委会议、主席会议和专题协商座谈会等形式，对国家的重大事务进行协商讨论，从政治上对国家的全局工作提供有广泛民主基础的支持。

政协在履行职能方面拓展了新的领域。政协八届二次会议通过了《中国人民政治协商会议章程（修正案）》，把"参政议政"与原来的"政治

---

① 《十四大以来重要文献选编》（上），人民出版社1997年版，第749页。

协商、民主监督"并列为人民政协的主要职能，使人民政协的主要职能得到了拓展和延伸，政协工作的视野更加开阔，内容更加丰富。与此同时，人民政协还把反映社情民意作为人民政协履行职能的重要基础和关键环节，开辟了信息来源，创办了内部信息刊物，建立了包括专门工作机构和现代化处理手段的信息网络，开辟了向中央反映社情民意的新渠道，为委员参政议政提供了更为广阔的舞台。

——干部人事制度改革进一步深化。

江泽民在党的十四大报告中指出："加快人事劳动制度改革，逐步建立健全符合机关、企业和事业单位不同特点的、科学的分类管理体制和有效的激励机制。这方面的改革要同机构改革、工资改革相结合。尽快推行国家公务员制度。"在前期试点和调整的基础上，1993年8月14日李鹏总理签发了《中华人民共和国国家公务员暂行条例》，到1997年3月26日人事部出台《关于建立国家公务员申诉案件备案的通知》，历时4年的公务员制度推行工作，在全国从中央政府到省、地（市）、县、乡五级政府机关稳步展开。国务院各部门，大多数省、自治区、直辖市和地市级政府机关职位分类和人员过渡基本完成。公开、平等、竞争、择优的用人环境，能上能下、能进能出、充满活力的管理机制，法制完备、纪律严明的监督体系，正在逐步建立和形成。

这一阶段，公务员建设所取得的重要进展表现在以下方面：一是形成一个以《中华人民共和国国家公务员暂行条例》为龙头，以36个单项法规、规章和实施细则相配套的公务员管理法规体系，从而使我国公务员管理的各个环节基本上实现有法可依、有章可循；二是职位分类制度这一核心环节初步建立；三是体现"公开、平等、竞争、择优"用人原则的考试录用制度已建立；四是加强了对公务员的考核工作；五是初步形成了公务员的流动机制，公布了《国家公务人员辞职辞退暂行规定》和《国家公务员职位轮换（轮岗）暂行办法》。1994年9月，以培训高中级公务员为主要任务的国家行政学院正式成立，开始对公务员进行正规化培训工作。在党的十四大以后的5年中，特别是党的十四届四中全会以后，各地各部门采取措施，加大改革力度，加快了党政领导干部选拔任用的重要制度的改革，在扩大民主、完善考核、推进交流、加强监督等方面，取得了突破性进展。

党政领导干部选拔任用工作进一步规范化、制度化。在十四届四中全会后，中央制定颁布了《党政领导干部选拔任用工作暂行条例》。为了加大执行条例的力度，保障条例的有效实施，中央又下发了《关于对违反〈党政领导干部选拔任用工作暂行条例〉行为的处理规定》，对各种违反条例的行为做出了明确具体的惩戒规定。该条例及其配套制度的颁布实施标志着我国党政领导干部管理工作开始走上规范化、制度化的轨道。

干部工作中的民主程度和公开程度进一步提高。1992年，中组部转发了吉林省委组织部"一推双考"选拔领导干部的情况报告之后，全国大多数省、区、市先后在不同层次纷纷展开了试点工作。1996年，中组部转发了吉林省公开推荐与考试考核相结合选拔领导干部的暂行办法，自此，各地公开选拔领导干部的规模进一步扩大，工作更加规范。

党政领导干部考核工作进一步完善。在中央指导下，由中央组织部具体组织，从1995年4月到1996年10月，首次对省部级领导班子进行了届中考察，共考核近千名省部级领导干部。不少地方和部门对地厅和县处级领导干部也采取届中考察的办法进行考核。1995年，中组部制定下发了《关于加强和完善县（市）党委、政府领导班子工作实绩考核的通知》，同时在全国选择了9个地（市）进行了这项工作的试点。

干部交流工作逐步规范，规模逐步扩大。党的十四大以来，各级党委及组织人事部门按照中共中央《关于实行党和国家机关领导干部交流制度的决定》的要求，一是努力推进县以上党政领导干部易地交流工作，特别是党政"一把手"的易地交流。很多地方还对组织、纪检、监察、公检法等重点关键部门的领导干部进行了易地交流。二是不断从中央、国家机关选派干部到地方，从地方选派干部到中央、国家机关任职或挂职，从地方选派干部跨省、区、市交流，以增长干部的实践经验。三是将干部交流与扶贫、支边、支教等工作结合起来。

干部监督力度不断加大，制度逐步健全。几年来，关于干部监督工作，一是切实加强了对选拔任用领导干部工作的监督检查。自《党政领导干部选拔任用工作暂行条例》颁布以来，全国绝大多数省、区、市和中央国家机关，普遍对1993年以来选拔任用干部工作的情况进行了自查和抽查，并进一步健全了相应的措施和办法。同时，按照江泽民提出的"严格要求、严格管理、严格监督"的指示，各级党委及干部主管部门加强了对党政领导干部日常的管理和监督工作，许多地方和部门建立健全了领导干部谈话制度、诫勉制度、离任审计制度、廉政鉴定制度、对群众反映领导干部有关问题的回复制度等。

此外，国有企业领导干部管理工作走上新的轨道。1995年8月，中组部、国家经贸委、人事部发出《关于加强国有企业领导班子建设的意见》的通知。通知指出，重点是国有大中型企业，首先是抓好国务院确定的100家现代企业制度试点企业的领导班子建设，1997年初，中组部、国家经贸委、人事部、全国总工会联合下发了《关于做好国有企业领导班子考核建设工作的通知》，根据国有企业改革的进展，对企业领导班子的考核建设提出了具体要求。一些地方党委和政府，正在探索建立以资产为纽带的企业干部管理的新机制。

——法制建设步伐明显加快。

1996年2月18日，在中共中央举办的法制讲座会上，江泽民发表了《依法治国、保障国家长治久安》的讲话，明确提出依法治国是我们党和政府管理国家和社会事务的重要方针。此后，党的十四届五中全会提出的、由八届全国人大四次会议通过的《经济和社会发展"九五"计划和2010年远景目标纲要》，规定了"依法治国、建设社会主义法制国家的治国方针"，并提出了具体任务和要求。建设社会主义市场经济的紧迫要求和依法治国方针的提出，推动了法制建设步伐的加快。

党的十四大以来，各方面的立法不仅数量多，而且质量有所提高。在政治体制改革方面，也制定和修改了一批重要的法律，例如行政处罚法、行政监察法、国家赔偿法等。全国人大常委会还制定和充实了"一国两制"方针这一促进祖国统一大业的法律。随着立法工作的加快进行，全国人大常委会对法律实施的检查监督更加重视，将其摆到了与立法同等重要的位置上。实行法律监督和工作监督，听取工作报告也逐渐形成制度。各级司法机构围绕坚持严肃执法、确保司法公正进行了一系列改革。1995年7月1日法官法实施后，最高人民法院立即做出部署，组织全国法院落实法官法的各项规定。制定了法官考评委员会、法官考试、法官培训等配套实施办法，并会同中央有关部门制定了法官登记暂行规定。1995年和1997年，最高人民法院先后组织了两次初任审判员、助理审判员全国统一考试。各地检察机关也积极推进司法改革。

在法律服务业方面，建立和健全了律师工作的规章制度体系，律师制度的基本框架已初步形成，律师法于1995年5月正式颁布实施。为向贫者、弱者、残者提供法律帮助，1994年1月，司法部正式提出建立法律援助制度，经过努力，到1997年9月，已有8个省和20多个大中城市以及几十个地、市、县建立了法律援助机构。1997年5月，中国法律援助基金会正式成立。

——完善健全监督体制，加大反腐力度。

以江泽民同志为核心的党中央高度重视党风廉政建设，进一步加强了对反腐败斗争的领导，监督体制的健全也取得很大的进展。十四大后，中央决定建立党的纪律检查机构和国家监察机构合署办公的体制。在工作上，为适应社会主义市场经济建设的需要，把加强党风廉政建设和反腐败斗争作为重点。1997年9月，《中共中央纪律检查委员会向党的十五次全国代表大会的工作报告》肯定了这一体制。

1996年，中央纪委第六次全体会议按照中央对领导干部实施严格要求、严格管理、严格监督的精神，为了进一步发挥纪委对各级领导干部，特别是对省（部）级领导干部的监督职能作用，经党中央批准，在坚持现行体制的前提下，重申和建立了五项制度：巡视制度、初步核实制度、无权扣押制度、提拔任用征求纪委意见的制度、人事变动征得上级纪检监察机关同意的制度。1997年制定颁布《中华人民共和国行政监察法》。

这一时期，党风廉政建设和反腐败斗争逐渐纳入法制化轨道，《中国共产党党员领导干部廉洁从政若干准则（试行）》有力地推动了党风廉政建设。

此外，党的领导体制改革在这一阶段也取得一些成果，党的十四大特别是十四届四中全会通过《中共中央关于加强党的建设几个重大问题的决定》，之后，党的民主集中制有所加强，制度建设步伐加快。先后制定了《中国共产党地方组织选举工作条例》《中国共产党党员权利保障条例（试行）》《党政领导干部选拔任用工作暂行条例》《中国共产党地方委员会工作条例（试行）》等，开始逐步推行对领导干部实行礼品申报、收入申报、重大事项申报等制度。各级党委结合本地实际，也相应制定了一些制度、规定。这些制度的贯彻执行增进了领导班子的团结，提高了决策民主化程度，推动了党风廉政建设。

——实行分税制，调整中央和地方关系。

1992年党的十四大明确提出建立社会主义市场经济体制，为重构中央与地方权力关系提供了根本的体制基础，提出了合理划分中央与地方经济管理权限，理顺产权关系，实行政企分开，理顺国家与企业、中央与地方的分配关系等。具体举措包括：一是把维护中央权威的要求郑重地提到全党面前。1994年9月，十四届四中全会做出《中共中央关于加强党的建设几个重大问题的决定》，对维护中央权威的问题提出了强烈要求。二是强化了中央政府的宏观经济调控权。1993年11月，十四届三中全会做出《中共中央关于建立社会主义市场经济体制若干问题的决定》，强调了发挥中央政府对国民经济运行实行宏观调控的职能。三是实行了分税制改革和金融体制改革。十四届三中全会提出要积极推进财税体制改革，要求把地方财政包干制度改为在合理划分中央和地方事权基础上的分税制，建立中央税收和地方税收体系。四是注意运用法律手段规范中央和地方的关系。

与此同时，改革中央高度集权式的立法体制，变一级立法体制为中央和地方二级立法体制；颁布实施的《中华人民共和国民族区域自治法》规定民族自治地方的自治机关可根据当地的实际情况贯彻国家的政策，并在政治、经济、文化和社会事务方面，享有较一般地区更为充分的自治权。另外，1997年3月，全国人大八届五次会议通过了《关于批准设立重庆直辖市的决定》，从此我国的省级行政区又增加了一个直辖市，这是推动我国西南地区经济和社会发展的重要举措。

5. 第五阶段：政治体制改革的重点突破阶段

这一阶段从1997年党的十五大召开到2007年党的十七大召开前。

虽然，党的十四大之后的政治体制改革在实践中也有不少新进展，但是，总体来看，随着经济体制改革的日益深化并进入攻坚和体制创新阶段，政治体制改革滞后的问题日益凸显。

1997年2月19日，邓小平逝世。中国的改革怎样发展，成为亟待中国共产党第三代领导集体回答和解决的问题。在邓小平的追悼会上，江泽民指出："必须在已经取得的成就基础上，把经济体制的改革坚持深入下去，与此相适应，把政治体制和其他方面体制的改革坚持深入下去。"[①] 1997年5月，江泽民在中央党校发表讲话时再次强调，我国的政治体制改革要继续推进。这些都表明中国改革开放的决策者们清醒地认识到政治体制改革的必要性和紧迫性。

（1）党的十五大提出"建设社会主义法治国家"，对政治体制改革的认识更加清晰

1997年9月12—18日，中国共产党第十五次全国代表大会在北京顺利召开。党的十五大是我们党在世纪之交的关键时期召开的一次具有里程碑意义的历史盛会。十五大报告深刻阐述了邓小平理论的历史地位和指导意义，把邓小平理论确立为全党的指导思想并写入党章。在总结新的经验的基础上，十五大报告对政治体制改革的思路做了新的概括。对政治体制改革做了新的阐述，使政治体制改革目标更加明确，思路也更加清晰。江泽民总书记在十五大报告中明确指出："我国经济体制改革的深入和社会主义现代化跨越世纪的发展，要求我们在坚持四项基本原则的前提下，继续推进政治体制改革，进一步扩大社会主义民主，健全社会主义法制，依法治国，建设社会主义法治国家。"[②] 这说明了政治体制改革的必要性和重要性，在中国共产党的历史上第一次确认了"法治"概念，预示着未来在建设法治国家的发展道路上，势必要铲除"权力过于集中于领导者个人"的体制，根除政治体制的总病根。十五大报告规定了政治体制改革当前和今后的任务，即政治体制改革的五项内容：健全民主制度；加强法制建设；推进机构改革；完善民主监督制度，维护安定团结。虽然这些任务的内容并未触及政治体制的根本性问题，但无疑将深化政治体制改革。此外，十五大报告还专门论及"扩大基层民主，保证人民群众直接行使民主权利，依法管理自己的事情，创造自己的幸福生活，是社会主义民主最广泛的实践"。

[①] 《十四大以来重要文献选编》（下），人民出版社1999年版，第2327页。
[②] 江泽民：《在中国共产党第十五次全国代表大会上的报告》，《人民日报》1997年9月22日。

党的十五大以后，江泽民多次阐述政治体制改革问题。2000年秋召开的党的十五届五中全会公报指出：要适应经济体制改革和现代化建设的要求，继续推进政治体制改革，加强民主法制建设。要推进决策的科学化和民主化，扩大公民有序的政治参与。政治体制改革的内容增加了推进决策的科学化与民主化和扩大公民有序的政治参与等内容。

在对政治体制改革认识进一步深化的基础上，党的十五大以后的政治体制改革主要集中于：

——继续推进党的领导体制建设。

根据党的十五大和十五届二中全会关于推进机构改革的原则与总体部署，继政府机构改革之后，1999年7月，中共中央决定进行党中央部门机构改革。这次党的中央机构改革，大的部门格局维持不变，但是，为了适应形势的变化和党的中心工作的需要，要进一步理顺职能关系，精简、调整内设机构和人员编制，优化人员结构，增强机关活力。2001年2月，全国市县乡机构改革工作会议对市县乡的机构改革工作做出了部署。

在对党的机构进行改革的同时，党的人事制度改革也大幅推进。1998年，中组部发文要求省级人大常委会主任尽量安排党委书记兼任，从而形成了党委领导人大在组织人事安排上的主流格局。这项制度设计的主观意图在于提高党委领导人大工作的效率，提高人大的地位。在十五大之后的5年中，党委书记兼人大常委会主任的现象总的来说呈现出不断扩展之势。2000年9月2日，中组部印发《党政领导班子后备干部工作暂行条例》，后备干部制度建设已具雏形。另外，各地各部门按照中央有关精神，加大了选调品学兼优的应届大学毕业生到基层工作的力度，为培养选拔优秀年轻干部，加强领导班子建设及后备干部队伍建设，造就大批适应改革开放和社会主义现代化建设需要，能够深入基层、了解实际、密切联系群众的领导人才，打下了良好的基础。

党的十五大之后，围绕建立健全科学的干部选拔任用机制和管理监督机制，干部工作不断走向科学化、民主化、制度化。2002年7月，中共中央在《党政领导干部选拔任用工作暂行条例》的基础上修订下发了《党政领导干部选拔任用工作条例》，体现了"三个代表"重要思想，贯彻了中央对干部选拔任用工作的新要求，吸收了干部人事制度改革的新成果，是我们党关于党政领导干部选拔任用工作必须遵循的基本规章，也是从源头上预防和治理用人上不正之风的有力武器。

——以解决政企不分为目标的政府机构改革。

在确立社会主义市场经济的背景下，鉴于当时机构设置与社会主义市场经济发展的矛盾日益突出的现实，中央人民政府实施了2008年之前涉及面最广、改革力度最大的一次政府机构改革。1998年3月，九届人大一次会议通过的《国务院机构改革方案》提出了本次机构改革的目标，即建立办事高效、运转协调、行为规范的行政管理体系，完善国家公务员制度，建设高素质的专业化行政管理队伍，逐步建立适应社会主义市场经济体制的有中国特色的行政管理体制，政府机构改革再次启动。与前几次不同，这次机构改革提出要从根本上解决政企不分的问题。3月24日，国务院总理朱镕基主持召开新一届国务院第一次全体会议。会议讨论通过《国务院机构设置和调整国务院议事协调机构方案》。

根据改革方案，国务院不再保留的有15个部委，新组建4个部委；更名3个部委，保留22个部委行署。改革后除国务院办公厅外，国务院组成部门由原有的40个减少到29个。1998年5月，国务院机构改革中部委领导班子的组建调整工作圆满完成。

1998年6月，机构改革进入实施"三定"的攻坚阶段。按照转变政府职能、实行政企分开的要求，国务院各部门转交给企业、社会中介组织和地方的职能有200多项；在部门之间调整转移的职能有100多项；部门内部设的司局级机构减少200多个，精简了1/4；人员编制总数减少47.5%。如减去新增设的国防科工委、纺织、轻工、有色金属工业局和知识产权局这五个单位新增的编制数，则人员编制总数基本达到了精简一半的预期目标。政企不分的组织基础在很大程度上得以消除。

在中央政府机构改革基本完成后，1999年7月启动了地方政府机构改革。地方各级政府编制要达到与国务院精简的同等水平，即50%左右。人员精简不是按目前的实有数精简，而是按原定的编制数精简。

至2002年6月，经过4年半的机构改革，全国各级党政群机关共精简行政编制115万名。此外，市县乡在机构改革中还清退超编人员约43万人。经过改革，国务院组成部门由40个减少到29个，部门内设司局机构减少200多个。省级政府机构设置平均由55个左右减到40个左右，市（地）级政府机构由平均45个左右减少到35个左右，县级政府机构由平均28个左右减少到18个左右。在人员编制方面，党中央及省级党委各部门精简20%，国务院各部门精简47.5%，省级政府精简48.2%，市县乡各级党政群机关精简19.4%。结合干部人事制度改革，在精减人员、定编定岗的同时，全国普遍推行了干部竞争上岗和岗位轮换，干部队伍结构发生了较大变化，整体素质有了明显改善。

此外，行政审批制度也开始改革。从1998年开始，全国许多地方相继开展行政审批制度改革，取得了初步成效。2001年9月，国务院行政审批制度改革领导小组成立。2002年10月，国务院决定取消第一批789项行政审批项目，其中涉及经济管理事务的达560项。

——继续改革干部人事制度。

党的十五大之后，党中央高度重视干部人事制度改革。2000年6月，中央颁布了《深化干部人事制度改革纲要》，同年7月，中组部召开全国干部人事制度改革经验交流会，干部人事制度改革进入全面规划、整体推进的新阶段。2002年7月9日，中央正式颁布了《党政领导干部选拔任用工作条例》，标志着领导干部选拔工作向制度化、规范化、程序化迈进了一大步。

加强制度建设已经成为这一阶段干部人事制度改革的重要内容。《关于党政领导机关推行竞争上岗的意见》和《关于进一步做好公开选拔领导干部工作的通知》，在干部工作中引入了竞争机制。在干部交流方面，中央制定了《党政领导干部交流工作暂行规定》。培养锻炼性交流、回避性交流、任职期满交流等正在逐步规范化和制度化。在干部能上能下方面，有的地方在严格考核、民主评议的基础上实行了末位淘汰制或末位待岗制。一些地方还实行了领导职务任期制度、试用期制度、聘任制度，使干部能"下"逐步制度化。

——继续加强法制建设。

党的十五大报告提出，要加快立法速度，提高立法质量，力争到2010年形成有中国特色的社会主义法律体系，并强调要维护宪法和法律的尊严，尊重和保护人权，推进司法改革，实行公开办事制度等。

这一时期，法制建设对政治体制的调整和改革主要体现在两个方面：首先，我国立法体制进行了重大改革。第一，2000年立法法的制定和颁布施行，使我国立法制度逐步健全，并不断创新。第二，1992年、1994年和1996年，全国人大常委会分别授权深圳、厦门、珠海和汕头4个经济特区所在市的人大及其常委会制定法规，在各自的经济特区内施行。其次，司法救助制度形成。2000年3月，在九届全国人大三次会议上，最高人民法院院长肖扬做出郑重承诺：让那些合法权益受到侵犯但经济困难缴不起诉讼费的群众打得起官司，让那些确有冤情但正义难以伸张的群众打得赢官司。同年7月，最高人民法院颁布了《最高人民法院关于对经济确有困难的当事人予以司法救助的规定》。我国的司法救助制度基本成形。

——反腐败和廉政建设继续深入。

江泽民在党的十五大报告中，进一步强调要完善民主监督制度，把党内监督、法律监督、群众监督结合起来，发挥舆论监督的作用。党的十五大之后，江泽民多次就坚持不懈地开展反腐败斗争发表讲话，显示了党中央将这场斗争进行到底的坚强决心。反腐败工作在中央的领导下继续深入。

在十五大精神的指引下，村务公开制度在大部分农村初步建立，厂务公开、政务公开制度在北京、天津、辽宁、广西等地进行试点，民主评议领导干部、政府职能部门、行业作风等工作在不少地区和部门推行，舆论监督的力度不断加大。党内监督、法律监督、群众监督、人大监督、民主党派监督以及舆论监督有机结合起来，形成合力，以保证权力部门廉政勤政、全社会政通人和。

——扩大基层民主和发展民主自治。

十五大之后，我党在扩大基层民主和发展民主自治方面做了大量工作，主要是加强城乡基层政权机关和群众性自治组织建设，扩大公民有序的政治参与，引导人民依法管理自己的事情。1998年10月，党的十五届三中全会通过了《中共中央关于农业和农村工作若干重大问题的决定》，强调要发展农村基层民主，实行村民自治，搞好村级直接选举。1998年11月，九届全国人大五次会议通过了《中华人民共和国村民委员会组织法》，这是加强农村基层民主建设，实行民主选举、民主决策、民主管理、民主监督的一部重要法律，是政治体制改革、建设法治国家的重大举措。

此外，民族区域自治制度也取得重大进展。党的十五大报告把民族区域自治制度同人民代表大会制度、中国共产党领导的多党合作和政治协商制度一同列为我国三大基本政治制度，并纳入党在社会主义初级阶段的基本纲领中，这进一步说明了民族区域自治制度在我国政治生活中的重要地位。2001年2月，《中华人民共和国民族区域自治法》的修正案正式颁布，标志着我国的民族区域自治制度和民族团结进步大业进入了一个新阶段。

（2）党的十六大提出要"建设社会主义政治文明"，政治体制改革的地位更加突出

随着建立社会主义市场经济的进程不断深化，政治体制的弊端暴露得更加明显，政治体制改革再次提到重要日程上，民主和法制建设在国家建设中的地位更加凸显，这也推动了政治文明从精神文明中脱离出来，两个文明建设发展为三个文明建设。

江泽民在中央党校省部级干部进修班毕业典礼上所发表的重要讲话中第一次提出了政治文明概念。他同时指出，推进政治体制改革，要从我国国情出发，坚定不移地走自己的政治发展道路，要着重加强社会主义民主政治制度建设，实现社会主义民主政治的制度化、规范化、程序化。政治体制改革逐渐融入政治文明建设之中，成为政治文明建设伟大工程中不可或缺的重要组成部分。

2002年11月召开的党的十六大进一步体现并强化了"5·31"讲话精神，第一次提出"建设社会主义政治文明"的要求。随着"政治文明"重要概念的提出，党的十六大报告要求，继续积极稳妥地推进政治体制改革，扩大社会主义民主，健全社会主义法制，建设社会主义法治国家。江泽民在十六大报告中对政治体制改革和政治建设做了进一步论述，党的十六大对政治体制改革的目的、途径、内容阐述得更加具体深刻。十六大报告对政治体制改革的论述，标志着我国政治体制改革进入了一个全新的阶段。

关于政治体制改革的含义及进行政治体制改革的目的。江泽民指出，政治体制改革是社会主义政治制度的自我完善和发展。推进政治体制改革有利于增强党和国家的活力，发挥社会主义制度的特点和优势，充分调动

人民群众的积极性和创造性，维护国家统一、民族团结和社会稳定，促进经济发展和社会进步。

关于政治体制改革和发展社会主义民主政治的根本点。江泽民认为，最根本的是要把坚持党的领导、人民当家作主和依法治国有机统一起来。党的领导是人民当家作主和依法治国的根本保证，人民当家作主是社会主义民主政治的本质要求，依法治国是党领导人民治理国家的基本方略。问题的关键在于，如何在实践中把这三者有机地统一起来。

关于政治体制改革的原则。江泽民强调，一是要坚持从我国国情出发，总结自己的经验；二是要借鉴人类政治文明的有益成果，但不照搬西方政治制度模式；三是要加强制度建设，实现社会主义民主政治的制度化、规范化和程序化。江泽民特别提出了要借鉴人类政治文明的有益成果，建设社会主义政治文明，为推进我国的政治体制改革提供新的思路，其意义是重大而深远的。如果能够认真研究人类政治文明成果，并大胆地加以借鉴，很可能成为深化我国政治体制改革的一个突破口。

关于政治体制改革的内容，主要可概括为八个方面：坚持和完善社会主义民主制度；扩大基层民主；加强社会主义法制建设；改革和完善党的领导方式和执政方式；改革和完善决策机制，防止决策的随意性；深化干部人事制度改革；加强对权力的制约和监督，建立结构合理、配置科学、程序严密、制约有效的权力运行机制；以改革的精神，全面推进党的建设，使党成为思想上、政治上、组织上完全巩固，始终站在时代前列带领人民团结奋进的坚强领导核心。

党的十六大后进行的政治体制改革，在十五大后所取得的巨大成就的基础上，又创造了更多的成果。

——大力加强党的领导体制建设。

党的十六大后，党的领导体制建设的一大亮点就在于提出党的执政能力建设问题。2004年9月，党的十六届四中全会审议通过《中共中央关于加强党的执政能力建设的决定》，各级党组织和领导干部认真贯彻落实中央精神和决定所提出的各项要求，党的领导水平和执政能力有了新提高。在加强党的执政能力和作风建设的过程中，积极落实2004年党的十六届四中全会决议，明确提出要"规范党政机构设置，完善党委常委会的组成结构，适当扩大党政领导成员交叉任职，减少领导职数，切实解决分工重叠问题，撤并党委和政府职能相同或相近的工作部门"，在2006—2007年的换届中取得了实质性进展，并逐渐形成了"一正两副"模式。

党内民主和党的基层组织建设也取得了丰硕的成果。党的十六大以来，各级党组织以保障党员民主权利为基础，以完善党的代表大会制度和委员会制度为重点，从改革体制机制入手，建立健全充分反映党员和党组织意愿的党内民主制度。中央和地方各级党委常委会向全委会负责、报告工作和接受监督的制度，党的代表大会代表提案制度，代表提议的处理和回复机制等，逐步得到落实。2004年9月，中共中央颁布《中国共产党党员权利保障条例》，逐步扩大党务公开范围，建立和完善党内情况通报制度、党内重大决策征求意见制度等，党组织工作的透明度得到增强，广大党员对党内事务有了更多的了解和参与。按照中央的要求，一些党组织在实行党代会常任制试点、在党代会闭会期间发挥代表作用、扩大基层民主选举特别是扩大基层党组织领导班子成员直接选举的范围、扩大干部工作中的民主等方面进行积极探索，取得了成效，积累了经验。为了加强党的基层组织建设，党的十六大以来中央先后下发了《关于深入开展农村党的建设"三级联创"活动的意见》《关于进一步加强和改进街道社区党的建设工作的意见》《关于加强和改进中央企业党建工作的意见》，中央有关部门出台了加强高校党建工作和非公有制企业党建工作的意见。将非公有制企业党组织的职责、任务写入党章并得到贯彻执行，是这一时期党的基层组织建设的重大成果之一。

——进一步加强人民代表大会制度建设。

这一时期对人民代表大会制度的地位和作用有了更加深刻的认识。在首都各界纪念全国人民代表大会成立50周年大会上，胡锦涛指出，依法治国首先要依宪治国，依法执政首先要依宪执政，强调人民代表大会制度是中国人民当家作主的重要途径和最高实现形式，是中国社会主义政治文明的重要制度载体；要求我们抓住坚持和完善人民代表大会制度这个重要环节，进一步健全民主制度，丰富民主形式，扩大公民有序的政治参与。大力推进人民代表大会制度建设主要集中于以下几个方面。

注重发挥人大代表作用。2005年5月26日，中共中央转发了根据党的十六大和十六届四中全会精神制定的《中共全国人大常委会党组关于进一步发挥全国人大代表作用，加强全国人大常委会制度建设的若干意见》，提出进一步发挥全国人大代表作用的具体措施。根据该意见所提出的要求，全国人大常委会办公厅起草了13个相关工作文件，作为工作层面上贯彻落实该意见的具体办法。该意见和相关工作文件的出台，对坚持和完善人民代表大会制度，提高党的执政能力，保障人民当家作主，实施依法治国基本方略，做好新形势下人大工作，具有重大的现实意义和深远的历史意义。

人大制度的建设成就显著。2006年8月27日，《中华人民共和国各级人民代表大会常务委员会监督法》出台。该法以专门法的形式保障了全国人大（常委会）及地方各级人大（常委会）对同级政府、法院、检察院的监督权力，为人大对"一府两院"的监督提供了法律后盾，这是人大制度建设的一个里程碑。监督法创设了各级人大常委会听取和审议"一府两院"的专项工作报告制度；建立了委托执法检查制度；确立了各级人大常委会审查和撤销下级人大常委会及同级政府的决议、决定和命令的立法监督制度；建立了全国人大常委会对最高人民法院和最高人民检察院司法解释的违法审查机制；建立了各级人大常委会行使监督职权的公开制度。在人大具体工作制度建设方面，一是健全了代表工作制度。各级人大按照代表法的要求，逐步建立了代表知情权保障制度，代表议案和建议提出的处理制度，闭会期间代表活动的组织和保障制度，代表的系统培训制度等。二是健全具体监督制度。这些监督制度包括听取和审议地方国家行政、审判、检察机关工作报告的制度，审查和批准计划及其执行情况、预算及其执行情况的制度，受理申诉、控告、检举的制度，信访工作制度，询问和质询制度，特定问题调查制度，对特定违法现象发出法律监督书制度。同时，还根据新形势、新任务的要求，进一步修改和完善以前制定的加强对法律法规实施情况检查监督的规定、听取和审议国家机关工作人员述职报告制度、评议垂直管理部门制度、错案或执法过错追究制度、国家机关执法责任制、对司法机关实施个案监督办法等。此外，还健全了会议制度和机关工作制度。

人大常委会建设有新的进展。十届全国人大一次会议首次设立了10

名"专职常委"。这一"优化常委会组成人员结构"的重大举措，打破了"中国人大常委终身制"，是中国人大制度改革的亮点和中国政治文明建设的重要体现。全国人大常委会吸取了自2002年逐渐开展起来的听证会制度，于2005年首次举行听证会，标志着我国民主立法进入了一个全新的发展阶段。

民主选举也取得重大进展。这主要体现在十届全国人大常委会对选举法的修改上：将乡镇人大的任期由3年改为5年；再度在基层人大代表选举中引入预选制度；规定严惩贿选行为；让被选举人与选民见面，确保人大代表选举阳光、纯洁和公正，有效地维护了公民的选举权和被选举权。

——深化行政管理体制和政府机构改革。

加入世贸组织之后，为了进一步推动了政府职能转变，建设"行为规范、运转协调、公正透明、廉洁高效"的行政管理体制，在党的十六届二中全会通过的《关于深化行政管理体制和机构改革的意见》的基础上，十届人大一次会议通过了《国务院政府机构改革方案》，着手进行新一轮的政府机构改革。

这次国务院机构改革的主要任务是：深化国有资产管理体制改革，设立国务院国有资产监督管理委员会；完善宏观调控体系，将国家发展计划委员会改组为国家发展和改革委员会；健全金融监管体制，设立中国银行业监督管理委员会；继续推进流通管理体制改革，组建商务部；加强食品安全和安全生产监管体制建设，在国家药品监督管理局基础上组建国家食品药品监督管理局，将国家经济贸易委员会管理的国家安全生产监督管理局改为国务院直属机构；将国家计划生育委员会更名为国家人口和计划生育委员会；不再保留国家经济贸易委员会、对外贸易经济合作部。改革后除国务院办公厅外，国务院由28个部门组成。

在政府体制改革方面，党中央、国务院对推行政务公开十分重视，政务公开工作不断深化并逐渐制度化。党的十五大、十六大都明确提出要推行政务公开。2000年12月，中共中央办公厅、国务院办公厅发出《关于在全国乡镇政权机关全面推行政务公开制度的通知》，对乡（镇）政务公开做出部署，对县（市）级以上政务公开提出了要求。2004年3月，国务院印发《全面推进依法行政实施纲要》，把行政决策、行政管理和政府信息的公开作为推进依法行政的重要内容。2005年1月，党中央印发《建立健全教育、制度、监督并重的惩治和预防腐败体系实施纲要》，明确提出"健全政务公开、厂务公开、村务公开制度"。2005年4月25日，《中共中央办公厅国务院办公厅进一步推行政务公开的意见》为行政公开的进一步推行提供了指导。2007年4月，发布了《中华人民共和国政府信息公开条例》，有力地推动了政务公开，提高了政府工作的透明度。

问责制的推行也是政府体制改革的亮点之一。2003年"非典"期间，启动了问责制。"非典"过后，从中央到地方开始加快推行问责制的制度化。《中国共产党党内监督条例（试行）》、2004年《政府工作报告》《党政领导干部辞职暂行规定》、国务院印发的《全面推进依法行政实施纲要》，直至公务员法等对问责制都有具体阐述。问责制的实施有利于砥砺官员，增强其责任心，从而提高他们为公众服务的态度和质量，推动责任政府的建设。2005年官员问责制的实质性启动构成了政府体制改革的有机组成部分。

为了认真贯彻实施行政许可法，以转变政府职能、推进依法行政、建设法治政府为目标，继续推进了行政审批制度改革。在理论和政策指导方面，国务院领导小组及其办公室先后制定印发了《关于行政审批制度改革工作的实施意见》《关于贯彻行政审批制度改革的五项原则需要把握的几个问题》《关于搞好行政审批项目审核和处理工作的意见》《关于搞好已调整行政审批项目后续工作的意见》等近30个政策规定和相关文件，明确了改革的指导原则、基本思路、工作目标和方法步骤，就所涉及的重要问题提出了具体解决办法，对改革工作发挥了重要的指导和规范作用。在具体实践上，也取得了丰硕的成果。2003年3月，国务院决定第二批取消406项行政审批项目，另对82项行政审批项目做改变管理方式处理，移交行业组织或社会中介机构管理。取消的项目中涉及经济管理事务的有241项。2004年，国务院行政审批制度改革工作领导小组办公室组织国务院68个具有行政审批职能的部门和单位，对行政审批项目再次进行了全面清理。2004年5月，国务院部门第三批取消和调整审批项目495项。加上前两批已取消和调整的项目，国务院部门先后三批共取消和调整审批项目1795项，同时对涉及9部法律的11项审批项目提出了取消和调整的建议。

2004年8月28日，十届全国人大常委会十一次会议通过这9部法律的修正案。至此，国务院部门共取消和调整审批项目1806项，占总数的50.1%，实现了大幅度减少行政审批事项的目标。2007年4月，针对审批项目发生的新变化，国务院下发《关于进一步清理取消和调整行政审批项目的通知》，对国务院部门审批项目进行了新一轮清理。在党的十七大召开前，又有186项行政审批项目被取消和调整。

——逐步形成干部人事制度体系。

党的十六大之后，党中央高度重视干部人事制度改革，做出了一系列重大部署。干部人事制度改革在整体推进中不断深化，初步形成了相互配套、有机衔接、较为完备的干部人事制度体系。

干部人事制度逐步完善。根据《深化干部人事制度改革纲要》的精神，进一步加大了干部人事制度改革的力度，在科学化、民主化和制度化方面迈出坚实步伐。仅在党政干部制度改革方面，2004年2月，《2004—2008年全国党政领导班子建设规划纲要》出台；2004年4月，中央印发了公开选拔、竞争上岗等"5+1"法规性文件；2006年1月，公务员法和《干部教育培训条例》出台；2006年2月，《关于对党员领导干部进行诫勉谈话和函询的暂行办法》《关于党员领导干部述职述廉的暂行规定》出台；2006年7月，《体现科学发展观要求的地方党政领导班子和领导干部综合考核评价试行办法》印发实施；2006年8月，《党政领导干部职务任期暂行规定》《党政领导干部交流工作规定》《党政领导干部任职回避暂行规定》3个法规文件正式印发；2007年4月颁布《行政机关公务员处分条例》。这些法规文件分别对干部教育培训、管理、考评、任期、任期内或任期满的干部调动、交流以及任职、回避等问题进行了规范和富有新意的调整。这些法规文件与《深化干部人事制度改革纲要》《党政领导干部任用条例》等法规文件一起，初步形成了相互配套、有机衔接、较为完备的干部人事工作制度体系。另外，在2007年3月《地方各级人民政府机构设置和编制管理条例》和《机构编制监督检查工作暂行规定》出台之后，加上10年前出台的《国务院行政机构设置和编制管理条例》，上至中央，下至地方，再辅以监督的编制管理框架已经搭建完成，初步形成了编制管理法制化的格局，进一步完善了干部人事制度。

在干部培训方面，中央政治局带头坚持集体学习制度，全党大规模培训干部。党的十六大以来，新一届中央政治局以身作则、率先垂范，坚持集体学习制度，有力地带动和促进了全党的学习，为推进学习型政党、学习型政府、学习型社会建设做出了榜样。中央提出大规模培训干部，大幅度提高干部素质的战略任务，制定了《2006—2010年全国干部教育培训规划》，颁布《干部教育培训工作条例（试行）》。在人才工作方面，成立了中央人才工作协调小组，制定下发了《中共中央、国务院关于进一步加强人才工作的决定》，加强了对人才工作的宏观指导。

在选拔领导干部方面，进一步扩大民主、引进竞争机制，促进了群众知情权、参与权、选择权、监督权的落实和优秀人才脱颖而出。坚持把扩大民主贯穿于干部选拔任用工作的全过程。民主推荐、民主测评成为干部选拔任用的必经程序和基础环节，考察预告、任职前公示、试用期和党的地方委员会全体会议无记名投票表决重要干部等制度全面推行。一系列民主措施进一步扩大了选人视野，拓宽了选人渠道，丰富了干部选拔方式，促进了优秀人才脱颖而出。

干部考核工作在创新中不断完善，为选准、用好干部、形成正确的用人导向发挥了重要的基础性作用。中央组织部在试点基础上，研究制定的《体现科学发展观要求的地方党政领导班子和领导干部综合考核评价试行办法》，在地方领导班子换届考察中被普遍运用，实现了考核评价制度的重要突破，既进一步扩大了民主，又体现了正确的用人导向，发现和选拔了一大批善于领导的优秀干部。同时，党政工作部门领导班子和领导干部综合考核评价办法也在抓紧试点。各地还普遍加强了对干部的平时考核和定期考核。2007年1月出台了《国家公务员考核规定（试行）》，对公务员考核的基本原则、内容和标准、程序、结果的使用以及相关事宜做出了全面规定。

此外，国有企业领导人员分层管理体制初步建立；以推行聘用制度和岗位管理制度为重点，事业单位人事制度改革取得了积极进展。

——继续推进法制建设。

党的十六大之后，根据建设社会主义政治文明的要求，我国继续推进法制建设进程。十届全国人大二次会议通过《中华人民共和国宪法修正案》。"三个代表"重要思想这一当代中国马克思主义发展的最新成果载入了宪法,"公民的合法的私有财产不受侵犯""尊重和保障人权"等直接关系到中国政治发展宗旨和方向的重大问题终于以根本大法的方式确立下来。

同时,对"依法治国"也有了更深入的认识并得以贯彻执行。胡锦涛在纪念宪法公布施行20周年大会上提出,"党要依法执政,各级党委和领导干部必须增强法制观念",要"在全社会进一步树立宪法意识和宪法权威,确实保证宪法的贯彻实施"。"必须健全宪法保障制度,抓紧研究和健全宪法监督机制,进一步明确宪法监督程序,使一切违反宪法的行为都能及时得到纠正。"2003年3月22日,国务院印发《全面推进依法行政实施纲要》,要求经过10年左右坚持不懈的努力,基本实现建设法治政府的目标;2004年7月1日,《中华人民共和国行政许可法》正式施行,从而使公共权力的授予和行使进一步受到法制化的规范,科学执政、民主执政、依法执政从理念开始走向现实。

在司法建设方面,最显著的就是违宪审查机制的启动。2004年5月,全国人大常委会成立了法规备案审查室,这是我国启动违宪审查机制的一个信号,表达出我国最高权力机关对违宪违法的审查进入操作层面。继而,十届全国人大常委会四十次委员长会议通过了《司法解释备案审查工作程序》,规定国务院等国家机关和其他单位及公民认为法规、司法解释同宪法或者法律相抵触,均可向全国人大常委会书面提出审查要求或审查建议。这是中国建立违宪审查机制的重要一步,标志着中国已经启动了真正意义上的违宪审查制度,它是中国宪政史上的一个重要里程碑。另外,2006年5月3日,中共中央做出《关于进一步加强人民法院、人民检察院工作的决定》。

——继续加强监督体制的完善,坚决反对腐败。

在党中央的坚强领导下,在反腐败和廉政制度建设方面采取了许多重大举措,也取得了很多成果,有效地预防和遏制了腐败,得到了人民群众的广泛认同和称赞。

加强党内监督,建立巡视制度。2004年2月,中央颁布《中国共产党党内监督条例(试行)》,要求建立和完善集体领导和分工负责、重要情况通报和报告、述职述廉、领导推荐负责、民主生活会、巡视、谈话和诫勉、询问和质询等监督制度。此后,《中国共产党纪律处分条例》《中国共产党党员权利保障条例》两部重要党内法规相继颁布实施。同时,中央纪委及时组织专门力量,认真开展"关于建立健全惩治和预防腐败体系"的课题调研,形成了《关于建立健全惩治和预防腐败实施纲要》,并正式颁布实行。

为了进一步加强巡视制度建设,中央纪委、中央组织部正式成立巡视工作办公室并建立5个巡视组,对省级领导班子及其成员进行监督。在稳步推进全国巡视工作的同时,中央纪委、中央组织部进一步加强巡视工作的制度化和规范化,制定下发《关于中共中央纪委、中共中央组织部巡视工作的暂行规定》,规范了巡视工作档案管理,强化了巡视情况反馈、巡视成果运用等工作。

改革纪检监察体制。2004年中央做出重大部署,为加强对权力的监督,在总结试点经验的基础上,中央纪委、监察部要全面实行对派驻机构的统一管理,将派驻机构的领导体制由中央纪委、监察部与驻在部门双重领导改为由中央纪委、监察部直接领导。2006年,中央加强对省级纪委书记的任职管理,把省级纪委书记的提名权由地方党委收归中央,在一定程度上弱化了省级纪委受同级党委制约的程度。经中共中央批准,中国四大直辖市的纪委书记完全由中央"空降"。这种省纪委书记从中央调任的模式,将有益于中央加强对地方的垂直监督。许多省的省纪委书记开始异地交流,这样有利于监督的客观公正。除此之外,在借鉴国际反腐经验的基础上,设立国家预防腐败局。

加强基层党风廉政建设。2006年11月13日,《中共中央办公厅国务院办公厅关于加强农村基层党风廉政建设的意见》出台。该意见要求,大力开展农村基层反腐倡廉教育,增强教育的针对性和时效性,完善农村基层党员、干部行为规范。

此外,这一时期的多党合作和政治协商制度继续在政治协商、民主监督、参政议政和合作共事方面向纵深发展。要着重指出的是,中共中央发出了对多党合作和政治协商制度具有指导和推进意义的三个文件:一是《关于进一步加强中国共产党领导的多党合作和政治协商制度建设的意见》。该意见虽然没有全文公开发表，但以内部规范的方式对中国共产党和各民主党派与无党派人士的参政议政和民主监督作用等方面做了全面的规范。二是《中共中央关于加强人民政协工作的意见》。它全面阐述了中国共产党对于政协工作的一系列新思想和新要求，规范了政协履行职能的程序和机制，明确了政协在中国政治发展进程中的地位，也为政协作用的进一步发挥提供了更为广泛的制度保障。三是《中共中央关于巩固和壮大新世纪新阶段关于加强统一战线工作的意见》。另外，两位党外人士担任科技部部长和卫生部部长，结束了35年来没有民主党派成员担任国家正部长职领导职务的历史，结束了29年来没有无党派人士担任国家正部长职领导职务的历史。以此为标志，开创了选拔和推荐更多优秀党外干部担任领导职务的新局面。

6. 第六阶段：政治体制改革的全面深化阶段

这一阶段从党的十七大召开之后至十九大召开之前。

在过去的几年里，虽然政治体制改革不断推进，取得了很多的成就，但是，政治体制改革的根本性问题尚未得到彻底解决，政治体制改革的紧迫性和重要性越来越突出。自2005年开始的全社会改革大讨论，以及政治体制改革实践探索经验的积累，使党中央对政治体制改革的认识从适应经济体制改革的需要，提升到适应人民政治参与需要的高度，实现了认识上的提高和指导思想上的飞跃。2007年6月25日，胡锦涛在中央党校省部级干部进修班发表重要讲话时指出："中国政治体制改革必须坚持正确的政治方向，必须随着经济社会发展不断推进，努力与中国人民政治参与的积极性不断提高相适应。"

（1）党的十七大提出政治体制改革与"经济社会发展"以及"政治参与积极性"相适应，拓展了政治体制改革的深度与范围

事实上，政治体制的弊端已经不仅限于对经济体制改革所形成的障碍，而且对社会产生了诸多不利影响，引发了不少社会矛盾。以党的十七大精神为指导，中国的政治体制改革必将向纵深方向继续发展。十七大报告强调，深化政治体制改革，必须坚持正确政治方向，以保证人民当家作主为根本，以增强党和国家活力，调动人民积极性为目标，扩大社会主义民主，建设社会主义法治国家，发展社会主义政治文明。要坚持党总揽全

局、协调各方的领导核心作用,提高党科学执政、民主执政、依法执政水平,保证党领导人民有效治理国家;坚持国家一切权力属于人民,从各个层次、各个领域扩大公民有序政治参与,最广泛地动员和组织人民依法管理国家事务和社会事务、管理经济和文化事业;坚持依法治国基本方略,树立社会主义法治理念,实现国家各项工作法治化,保障公民合法权益;坚持社会主义政治制度的特点和优势,推进社会主义民主政治制度化、规范化、程序化,为党和国家长治久安提供政治和法律制度保障。

十七大报告从六个方面对未来政治体制改革任务进行了部署:扩大人民民主,保证人民当家作主;发展基层民主,保障人民享有更多更切实的民主权利;全面落实依法治国基本方略,加快建设社会主义法治国家;壮大爱国统一战线,团结一切可以团结的力量;加快行政管理体制改革,建设服务型政府;完善制约和监督机制,保证人民赋予的权力始终用来为人民谋利益以及"以改革创新精神全面推进党的建设新的伟大工程"。这些构成了全面推进深化政治体制改革建设的宏伟蓝图。具体来看,党的十七大以后中国政治体制改革的主要亮点包括以下方面。

——党的建设制度化水平更高。

事实上,在党的十七大代表的选举和十七大召开过程中,制度化的改革精神就得到了充分体现,各地选举产生的十七大代表由主要媒体公布,这在党史上尚属首次;建立健全了中央政治局向中央委员会全体会议、地方各级党委常委会向委员会全体会议定期报告工作并接受监督的制度;改革了党内选举制度,改进了候选人提名制度和选举方式等,更加注重对基层干部、年轻干部、女干部等群体的选拔与培养。这一次地方党委换届后,在新提名的省(区、市)党委常委中,从基层成长起来的占61.6%;在市、县党委领导班子成员中,具有基层工作经历的分别占51.7%、66.1%。加强年轻干部、女干部、少数民族干部和党外干部的培养选拔,在2789名县(市、区、旗)党委书记中,40岁以下的由上次换届的82名增加到130名,增加58.5%;省(区、市)党委班子共配备女干部37名,比上次换届增加12.1%;市、县党委班子配备女干部474名,比上次换届增加3.3%。此外,这一时期党的建设尤其注重基层党组织的覆盖和作用的发挥。

党的作风建设和廉政建设制度加强。胡锦涛总书记2007年6月提出"在坚决惩治腐败的同时,更加注重治本,更加注重预防,更加注重制度建设"的重要思想;党的十七大第一次把"反腐倡廉建设"纳入党的建设总体布局中,强调将其"放在更加突出的位置",明确了反腐倡廉建设在党建工作中的战略定位;颁布《建立健全教育、制度、监督并重的惩治和预防腐败体系实施纲要》,成立预防腐败机构,大力加强巡视工作,深入推进党务公开、政务公开,积极推进行政审批、财政管理、干部人事等制度改革;2010年1月新修订的《中国共产党党员领导干部廉洁从政若干准则》颁布,详细规定了从政中"禁止""不准"的行为;2010年5月,《关于领导干部报告个人有关事项的规定》和《关于对配偶子女均已移居国(境)外的国家工作人员加强管理的暂行规定》相继出台;2011年开始,在集中换届中突出治理跑官要官、买官卖官、拉票贿选和突击提拔干部等不正之风。在党中央的坚强领导下,各级党委和纪检监察机关保持了惩治腐败的强劲势头,坚决查处了一批重大违纪违法案件。仅从2007年11月至2012年6月,全国纪检监察机关共立案64万多件,涉嫌犯罪被移送司法机关处理的有2.4万多人。

需要注意的是,这一时期党的教育和学习制度也逐步完善。以胡锦涛为总书记的党中央,将中央政治局集体学习确立为一项重要制度,长期坚持;2008年9月,深入学习实践科学发展观活动正式启动,370多万个党组织得到锤炼,7500多万名党员经受洗礼;2010年4月以来,创先争优活动使党员干部的作风得到磨砺,党群关系进一步密切;这一时期,史上罕见的干部培训在全国大规模展开,一批批省部级领导干部陆续走进党校,县委书记、县长一次次端坐在课桌前。

——社会主义民主制度化进程,法治化程度日益加强。

人民代表大会制度进一步得到坚持和完善。十一届人大代表结构进一步优化,领导干部代表减少,一线工农代表增加。这是改革开放以来中国经济社会的巨变在政治制度层面的反映,也是进一步通过人大制度体现人民当家作主的具体实践。人大常委会组成人员候选名单的差额比例从上届的5%提高到7%,对候选人的酝酿由各代表团充分发表意见,更加充分体现了民主原则。选举产生的全国人大常委会,平均年龄降低,知识结构更为优化，在对促进经济社会生活中涉及群众切身利益问题的进一步解决方面，国家最高权力机关将发挥更大的作用。自 2007 年起实施的《中华人民共和国各级人民代表大会常务委员会监督法》，作为各级人大常委会开展监督工作的直接法律依据，对各级人大及其常委会行使监督权的方式起到了重要的指导和规范作用。在此期间制定、修改的《中华人民共和国全国人民代表大会和地方各级人民代表大会代表法》进一步明确人大代表的权利和义务，进一步细化人大代表的履职规范，进一步加强了对人大代表履职的保障，进一步强化了对人大代表的监督。人民代表大会及其常委会依法履行职责，组成人员的年龄结构和专业素质不断优化，适应了社会发展与胜任工作的需要。人民代表大会及其常委会的议事程序和工作制度逐渐制度化、法制化、规范化，从机制建设上为有效行使法律规定的相关权力提供了保障。2010 年对选举法进行了重要修改和补充，实现了城乡"同票同权"，确立了城乡按照相同人口比例选举人大代表的原则，推进了社会主义民主政治更加健康和有序发展；形成了多层次、多位阶、多形式的立法体制，各级人大及其常委会制定的法律文件在数量和质量上都取得长足进展，以宪法为核心的社会主义法律体系已初步形成。

中国共产党领导的多党合作和政治协商制度展示了更大的活力。在十一届全国政协会议上产生了 4000 多份提案，几百次大会发言，平均每个人就有两件以上的提案和发言，而且大部分有问题、有分析、有建议。[①] 2007 年 11 月 15 日，国务院新闻办公室发表《中国的政党制度》白皮书。该白皮书全文近 1.5 万字，分前言、中国社会历史发展的必然选择、中国的一项基本政治制度、社会主义民主的重要体现、多党合作制度中的政治协商、多党合作制度与国家政权建设、多党合作制度与人民政协、多党合作制度与现代化建设、结束语、附录等部分。该白皮书的发表，可以让国际社会了解中国政党制度的确立和发展是中国社会历史发展的必然选择，了解中国政党制度是一种崭新的、具有中国特色的社会主义政党制度，了解中国的政党制度在中国革命、建设和改革事业中的重要作用、巨大优越性和强大生命力。总体上看，中国共产党各级党委同民主党派的政治协商

---

① 《两会透露出中国进一步发展民主政治的诚意》，人民网，2008 年 3 月 15 日。

有力地推进了决策的科学化、民主化。越来越多的民主党派成员和无党派人士在国家机构中担任职务，各民主党派在政协的各种会议上以本党派名义发表意见，开展视察、提出议案、举报、反映社情民意以及参与调查和检查的权利得到充分尊重和保障。

民族区域自治制度在 10 年间继续巩固和发展。党的十七大报告强调"坚持各民族一律平等，保证民族自治地方依法行使自治权"。2010 年 1 月中央西藏工作座谈会、2010 年 5 月的中央新疆工作座谈会及部分省市民族地区工作会议的不断召开，民族区域自治制度的发展进入一个新的历史时期。

基层群众自治制度进一步细化和完善。2008 年《关于认真做好村党组织和村民委员会换届工作的通知》、2009 年《关于开展村务公开和民主管理"难点村"治理工作的若干意见》等一系列法律、法规、通知、办法的出台推动着我国村民自治迈向更高的台阶。尤其是 2010 年 10 月 28 日第十一届全国人民代表大会常务委员会十七次会议对《中华人民共和国村民委员会组织法》进行了修订，新修订的村委会组织法基本吸收了 20 多年村委会选举实践过程中总结出的良好经验，并以法律的形式确定下来。以宪法为根据、以村民委员会组织法为核心、以地方法规为支撑、以村民自治章程为补充的法律法规和制度体系基本形成。在新的村民委员会组织法的指导下，各地虽然陆续对选举办法进行修订，虽然其中不乏亮点和创新，但是从总体上看，各地"选举办法"中的相关规定呈现出"趋同化"的趋势，各地之间的相互学习、相互借鉴促使中国村民委员会选举制度更加规范与统一。此外，城市居民委员会选举制度也逐步完善。2010 年 11 月 9 日，中共中央办公厅、国务院办公厅印发《关于加强和改进城市社区居民委员会建设工作的意见》，对加强和改进城市社区居民委员会建设工作的指导思想、基本原则和目标任务，以及城市社区居民委员会的主要职责和建设路径进行了详细的论述。对于城市社区居民委员会选举工作，该意见明确指出，"进一步规范社区民主选举程序，稳步扩大社区居民委员会直接选举覆盖面。"

党内民主继续深化。2007 年党的十七大报告提出了尊重党员的主体地位的理念和实行决策权、执行权、监督权相互制约的权力监督体制。2008

年,《中国共产党全国代表大会和地方各级代表大会代表任期制暂行条例》奠定了充分发挥各级党代表大会代表作用的制度基础。党的代表大会制度是党的基本民主制度,是发扬党内民主,实现党员参与党内事务、坚持集体领导的一项根本的组织制度。2009年9月,党的十七届四中全会通过了《中共中央关于加强和改进新形势下党的建设若干重大问题的决定》,提出"以改革创新的精神推进党的建设新的伟大工程",并就怎样推进党内民主,提出要"以保障党员民主权利为根本,以加强党内基层民主建设为基础,切实推进党内民主",要"完善党代表大会制度和党内选举制度,完善党内民主决策机制"[①]。

社会团体越来越成为解决社会问题必不可少的组织机制,社会团体运行更加规范;政治表达日益自由普遍,发展更加有序的信访活动已成为最主要的政治表达形式,并被视为公民政治参与的一种重要形式。公民通过向报刊、电视、电台投诉,借助这些新闻媒体的力量监督政府、影响决策,成为当前比较有效的一种政治参与形式。互联网也为民主政治的发展提供了新的方式和渠道。两会期间,亿万中国人通过网络和手机,发出自己的建议和主张,民众的意志得到表达,掀起了全民政治参与的高潮。

——政府机构改革继续推进,探索实行大部门体制。

行政管理体制改革是深化改革的重要环节,是政治体制改革的重要内容,也是完善社会主义市场经济体制的必然要求。2007年2月27日,中国共产党第十七届中央委员会二次全体会议通过《关于深化行政管理体制改革的意见》和《国务院机构改革方案(草案)》。这两个文件要求推进政府机构改革,探索实行职能有机统一的大部门体制,完善行政运行机制。2008年3月15日,十一届全国人大一次会议举行第五次全体会议,表决通过了《第十一届全国人民代表大会第一次会议关于国务院机构改革方案的决定(草案)》。按照国务院机构改革方案,国务院将新组建工业和信息化部、交通运输部、人力资源和社会保障部、环境保护部、住房和城乡建设部。改革后,除国务院办公厅外,国务院组成部门设置为27个。在国务院大部门制改革完成以后,各省级地方政府又相继推动了地方层面

---

① 许耀桐:《党内民主60年:渐入佳境》,《人民论坛》总第267期。

的大部门制改革，在机构设置上因地制宜，根据自身特点裁撤并设立了有关机构。相关改革进一步向县级扩展。

纵向府际关系的改革也有新动向。2009年7月9日，国家财政部发布了《关于推进省直接管理县财政改革的意见》，提出在2012年底前，力争全国除民族自治地区外全面推进省直接管理县财政改革。与之前的原则性意见不同的是，这次财政部公布的意见对改革时限做出了比较明确的规定，从而使"省管县"改革进入了中央推动的阶段，对于加快我国的省直管改革进程有着积极的意义。

行政体制透明化改革稳步推进。2007年1月17日，国务院第165次常务会议通过《政府信息公开条例》，标志着我国的阳光政府建设走向法治化。"三公"经费公开是打造阳光政府的重要一环，中央政府自2011年起开始启动中央部门的"三公"经费公开。在中央政府的推动下，当年共有92个中央部门向社会公布了"三公"经费开支。2012年"三公"经费公开的科目更加详细，有的部门甚至将支出细化至项级科目。

依法行政成为行政体制改革的重点。2008年国务院又做出了《关于加强市县政府依法行政的决定》，提出加强市县依法行政工作是建设法治政府的基础，从七个方面对市县依法行政工作做出了部署。2010年为了进一步推进法治政府建设，《国务院关于加强法治政府建设的意见》发布，明确了当前和今后一个时期推进依法行政等方面的任务。从2004年国务院颁布《全面推进依法行政实施纲要》开始，国家层面相继出台《中华人民共和国行政许可法》《中华人民共和国公务员法》《中华人民共和国行政强制法》《中华人民共和国政府信息公开条例》，各个省级行政区域也相继制定与依法行政相关的实施细则、发展规划等，法治政府发展迈向了新的阶段。

——"依法治国"成为社会主义民主政治的基本要求。

2007年，党的十七大提出要坚定不移地发展社会主义民主政治，必须坚持党的领导、人民当家作主、依法治国的有机统一，需要树立社会主义民主法治理念，首次以党的报告形式确认了"依法治国是社会主义民主政治的基本要求"。2008年，《中国的法治建设》白皮书正式宣示："以依法治国为核心内容、以执法为民为本质要求、以公平正义为价值追求、以服务大局为重要使命、以中国共产党的领导为根本保证。"

依法执政、依法监督得到进一步落实。胡锦涛在纪念宪法颁布实施20周年的大会上郑重指出："全面贯彻实施宪法，必须坚持党的领导，党的各级组织和全体党员都要模范地遵守宪法，严格按照宪法办事。"宪法和法律在国家政治生活中的地位和作用越发重要，人民利益、党的主张和国家意志越发体现在党的依法执政的活动中，党组织和党员个人严格依法办事，更加自觉地接受宪法和法律的监督和制约，做到了带头维护宪法和法律的权威。此外，依法监督进一步得到落实，实现了将党内监督同依法监督的有机结合，先后出台《建立健全惩治和预防腐败体系2008—2012年工作规划》《加强对配偶子女均已移居国（境）外的公职人员管理的决定》《关于领导干部报告个人有关事项的规定》，依法完善了惩治和预防腐败的制度体系。

中国特色社会主义法律体系形成。这一时期围绕宪法，中国的立法工作迈上了新的台阶，中国特色社会主义法律体系形成。具体来看，首先，在保障和促进社会主义民主政治方面，制定了监督法、行政许可法、公务员法，修改了选举法、地方组织法、村民委员会组织法、国家赔偿法等。其次，在保护公民民事权利、保障和促进社会主义市场经济发展方面，制定了物权法、侵权责任法、涉外民事关系法律适用法、企业破产法、反垄断法、反洗钱法、企业所得税法、农民专业合作社法、企业国有资产法、银行业监督管理法等，修改了公司法、中国人民银行法、商业银行法、合伙企业法、证券法、保险法、专利法等。更加注重和着力加强社会领域立法，制定了社会保险法、劳动合同法、就业促进法、人民调解法、劳动争议调解仲裁法、食品安全法，修改了防震减灾法、义务教育法、妇女权益保障法、未成年人保护法等。再次，为深入贯彻节约资源和保护环境的基本国策，促进资源节约型、环境友好型社会建设，制定了可再生能源法、循环经济促进法、海岛保护法，修改了节约能源法等。最后，还制定和修改了一大批加强社会管理、维护社会秩序、打击刑事犯罪方面的法律。与此同时，国务院抓紧制定与法律相配套的行政法规和其他行政管理方面的行政法规；有立法权的地方人大及其常委会以保障法律、行政法规实施为重点，抓紧制定实施性、配套性的地方性法规，同时做好先行先试性和自主性立法。此间，全国人大常委会、国务院和有立法权的地方人大常委会先后开展了法律、行政法规和地方性法规的清理工作，基本解决了现行法律法规中所存在的明显不适应、不一致、不协调等问题，使法律体系更加科学和谐统一。

——人权事业取得长足进步。

人的全面发展是社会主义的本质，正如马克思和恩格斯在《共产党宣言》中所指出的"每个人的自由的全面发展是一切人自由全面发展的条件"。中国共产党始终将该理念作为奋斗的重要目标。2003年胡锦涛就提出"科学发展观"，并将之概括为"坚持以人为本，树立全面、协调、可持续的发展，促进经济社会和人的全面发展"，其中"以人为本"被放在了第一位。"以人为本"不仅停留在理念上，而且落实在政治体制改革的过程中。

这一时期，中国政府制定的以人权为主题的国家规划——《国家人权行动计划（2009—2010年）》，明确提出实现充分的人权是人类长期追求的理想，也是中国人民和中国政府为之长期奋斗的目标。作为中国政府促进和保障人权的阶段性政策文件，其内容覆盖政治、经济、社会、文化等各个领域，囊括了工作权利、基本生活水准权利、社会保障权利、健康权利、受教育权利、文化权利、环境权利、农民权益的保障、四川汶川特大地震灾后重建中的人权保障、人身权利被羁押者的权利、获得公正审判的权利、宗教信仰自由、知情权、参与权、表达权、监督权、少数民族权利、妇女权利、儿童权利、老年人权利、残疾人权利、人权教育、国际人权义务的履行及国际人权领域交流与合作。

为了落实这些权利，党的十七大正式将尊重和保障人权作为一项政治原则确立下来，写入了党的章程，以此"保障人民的知情权、参与权、表达权、监督权"。在很大程度上，这是中国人权事业取得突破性进展的重要标志之一。在此基础上，中国已经形成了以宪法规范为根本、以基本法为主干、以部门法主要内容和专门法（条例）为补充的人权法律体系。通过修订或完善刑法、民法通则、妇女权益保障法、选举法、物权法、侵权责任法、未成年保护法、义务教育法、政府信息公开条例、信访工作若干规定、城市生活无着的流浪乞讨人员救助管理办法等法律，不断完善关于公民的生命权、人身自由、人格尊严、平等权、政治权利、宗教信仰自由等方面的基本规定，充分保护人民群众的基本权益，扩大了政治参与的合法途径，有效维护和拓展了公民在经济、社会、文化等方面的基本权利。与之相适应，中国进一步完善人权的司法保障体系，执法、司法中的人权保障，比如，2009年，最高人民法院发布《最高人民法院关于司法公开的六项规定》，进一步落实审判公开、规范裁判文书上网和庭审直播、公开司法过程和结果，实行新闻发布例会制度，拓展司法公开的广度和深度。

尤其值得注意的是，中国始终将"发展权"作为核心人权，重视保障人民的经济、社会和文化权利。截至2011年，中国国内生产总值的增长率连续10年超过8%，经济总量占世界的份额显著提升，位居世界第二；农村居民人均纯收入增加到6977元，城镇居民人均可支配收入增加到21810元，年均增长8.4%；电话、手机持有率急速提升，网络使用普及率不断扩大，汽车拥有量迅速提升。为了保障劳动者权利，国家先后制定实施劳动合同法、就业促进法、安全生产法、工伤保险条例、劳动保障监察条例等一系列法律法规，进一步完善了对劳动者权利的法律保障；为了保障人民生活，国家于2007年全面启动建立农村最低生活保障制度，农村低保制度覆盖面不断扩大，城镇建立多种社区服务设施。为解决低收入家庭的住房问题，国家建立健全了各项住房保障制度（廉租房制度、经济适用房、住房公积金制度）。

（2）党的十八大提出"坚持走中国特色社会主义政治发展道路"，坚定了中国政治体制改革的方向

经过40年的发展，中国的政治体制改革在正确理论的指导下，在实践的探索中，逐步形成了自己的特色，探索出一条"中国特色社会主义政治发展道路"。沿着这条道路，中国的民主制度更加健全，民主形式更加丰富，党的建设更加完善，依法治国基本方略全面落实，法治政府基本建成，司法公信力不断提高，人权得到切实尊重和保障，重大的政治关系稳定协调。中国政治体制改革也有了坚定的方向，那就是"必须坚持党的领导、人民当家作主、依法治国有机统一，以保证人民当家作主为根本，以增强党和国家活力、调动人民积极性为目标，扩大社会主义民主，加快建设社会主义法治国家，发展社会主义政治文明"。

沿着这个方向，党的十八大报告进一步提出了未来中国政治体制改革的重要任务：一是要支持和保证人民通过人民代表大会行使国家权力；二是要健全社会主义协商民主制度；三是要完善基层民主制度；四是要全面推进依法治国；五是要深化行政体制改革；六是要建立健全权力运行制约和监督体系；七是要巩固和发展最广泛的爱国统一战线。围绕这些基本任务，党的十八大之后的5年中国政治体制改革迈上了新的台阶。

——推进国家治理体系和治理能力现代化。

党的十八届三中全会提出："全面深化改革的总目标是完善和发展中国特色社会主义制度，推进国家治理体系和治理能力现代化。"这一理念的提出为全面深化改革确定了总目标，也为政治体制改革设定了基本的逻辑与方向。

首先，推进国家治理体系和治理能力现代化，要求政治体制改革作为全面深化改革的一环，发挥重要作用。正如习近平总书记所说的：国家治理体系和治理能力是一个国家制度和制度执行能力的集中体现……国家治理体系是在党领导下管理国家的制度体系，包括经济、政治、文化、社会、生态文明和党的建设等各领域体制机制、法律法规安排，也就是一整套紧密相连、相互协调的国家制度。换言之，中国的改革在很长一段时间里都是"摸着石头过河"。改革过程中不可避免地出现各个机构和部门职责不清，机构重叠、臃肿等问题，极大地影响了改革的实际效果。为此，未来要从国家治理的宏观角度进行思考，增强改革的协同性，减少不同改革之间的内耗。以党的十八大以后的反腐为例，党的十八届三中全会通过的《中共中央关于全面深化改革若干重大问题的决定》明确规定：健全反腐倡廉法规制度体系，完善惩治和预防腐败、防控廉政风险、防止利益冲突、领导干部报告个人有关事项、任职回避等方面的法律法规，推行新提任领导干部有关事项公开制度试点。这项改革措施所包含的政治、经济、法律、文化等方面的措施，这种协同性的改革可以极大地发挥反腐制度的作用。政治体制作为国家治理的重要一环，只有放在上述大背景下才能充分发挥作用。

其次，推进国家治理体系和治理能力现代化要求政治体制改革自身要具有体系化的特征，进行顶层设计。与整体改革的协同性要求相类似，政治体制改革也要放在国家治理的大背景下设计和实施，避免改革与改革之间的内耗。党的十八届三中全会公报明确提出：要紧紧围绕坚持党的领导、人民当家作主、依法治国有机统一深化政治体制改革，加快推进社会主义民主政治制度化、规范化、程序化，建设社会主义法治国家，发展更加广泛、更加充分、更加健全的人民民主；并进一步提出政治体制改革的具体内容：加快转变政府职能，健全宏观调控体系，全面正确履行政府职能，优化政府组织结构；加强社会主义民主政治制度建设，推动人民代表大会制度与时俱进，推进协商民主广泛多层制度化发展，发展基层民主；推进法治中国建设，维护宪法的法律权威、深化行政执法体制改革，确保依法独立公正行使审判权、检察权，健全司法权力运行机制，完善人权司法保障制度；强化权力运行制约和监督体系，形成科学有效的权力制约和协调机制，加强反腐败体制机制创新和制度保障，健全改进作风常态化制度；加强和改善党对全面深化改革的领导，全党同志要把思想和行动统一到中央关于全面深化改革重大决策部署上来，正确处理中央和地方、全局和局部、当前和长远的关系，正确对待利益格局调整，充分发扬党内民主，坚决维护中央权威，保证政令畅通，坚定不移地实现中央改革决策部署。

再次，推进国家治理体系和治理能力现代化要求政治体制改革应该注重改革的时效性，充分发挥政治制度的效能。正如习近平总书记所说的：国家治理体系和治理能力是一个相辅相成的有机整体，有了好的国家治理体系，才能真正提高治理能力，只有提高国家治理能力，才能充分发挥国家治理体系的效能。作为治理体系核心内容的制度，其作用具有根本性、全局性、长远性，但是没有有效的治理能力，再好的制度和制度体系也难以发挥作用。换言之，国家治理体系是为了更好地发挥作用而建立的。这就需要国家治理能力的现代化。国家治理能力就是运用国家制度管理社会各方面事务的能力，包括改革发展稳定、内政外交国防、治党治国治军等各个方面。它要求改革应该具有实效性。治理必须依靠其解决问题的能力来彰显其价值，这就需要对治理活动及其结果进行科学的绩效评估。

最后，推进国家治理体系和治理能力现代化要求政治体制改革坚定地走中国特色的道路，同时吸收各国先进经验。从理论上讲，治理体系与治理能力是构成特定治理模式的"骨骼"与"血肉"。治理体系与特定国家的政治制度密切联系,治理体系从根本上体现了国家治理的属性和类型。作为一种根本的国家制度,它在特定历史时期、在社会阶级结构没有发生质变的情况下具有相对稳定性,治理体系规定着治理机制的价值取向和服务目标,决定着具体的治理机制的发展空间以及治理能力的实际效果。而治理能力的建设属于治理体系发挥作用的途径和方法,具有一定的从属性和灵活性。在国家治理体系建设的进程中,如果没有健全的治理能力,治理体系难以真正发挥作用,极有可能成为空中楼阁。治理能力建设虽然是治理体系的衍生物和具体实现形式,但在实践中又往往不是被动地决定于或适应于治理体系,而是有机地融入发展过程之中,能动地为治理体系发挥作用提供渠道、途径和方法。总而言之,治理体系具有独特性和稳定性,它与一个国家的基本国情和政治制度相联系,在世界范围内并不存在普遍适用或者唯一的制度模式,大量发展中国家的案例说明,照搬、照抄脱离实际的治理体系往往会使治理失败;具体的治理机制与治理能力建设具有工具性和灵活性,针对特定问题,由不同国家创造的治理方法可以被其他治理体系所借鉴和应用。这就要求特定国家在坚持和发展自身特有的治理体系的基础上,开放性地借鉴人类创造的一切有益的治理方式,切实发挥治理体系的功能。

——全面从严治党成为治国理政的最大亮点。

随着中国特色社会主义事业的不断推进,以及内外部环境的重大变化,包括政治发展在内的中国发展面临新的机遇和挑战。正如习近平总书记所指出的:"新的历史条件下,我们要更好进行具有许多新的历史特点的伟大斗争,推进中国特色社会主义伟大事业,就必须以更大力度推进党的建设新的伟大工程,坚定不移推进全面从严治党,切实把党建设好、管理好,保持党的先进性和纯洁性,增强党的创造力凝聚力战斗力,提高党的领导水平和执政水平,确保党始终成为中国特色社会主义事业的坚强领导核心。"全面从严治党被放在伟大斗争、伟大事业、伟大工程这个更加宏大的视野中去理解和践行,因而也呈现出很多新的亮点。

围绕党内政治生活,构建完善的制度框架。为了使党内生活更加规范化、程序化,使党内民主制度体系更加完善,使权力运行受到更加有效的制约和监督，依照《中国共产党章程》《中国共产党党内法规制定条例》的有关规定，中共中央颁布《中央党内法规制定工作五年规划纲要（2013—2017年）》，对中央党内法规制定工作进行统筹安排，提出了指导思想、工作目标、基本要求、主要任务和落实要求等。随后，通过落实和修订实施《关于新形势下党内政治生活的若干准则》《县以上党和国家机关党员领导干部民主生活会若干规定》《中国共产党发展党员工作细则》《中国共产党地方委员会工作条例》《中国共产党党组工作条例（试行）》，规范了党内政治生活制度，严肃了组织纪律，严格了组织程序。

突出干部人事，强化管理和监督。修订落实《党政领导干部选拔任用工作条例》，破除人事制度存在的唯票取人、唯分取人、唯GDP取人、唯年龄取人现象，大力培养和选拔党和人民需要的好干部；制定实施《关于加强和改进优秀年轻干部培养选拔工作的意见》，拓展优秀干部的选拔来源，完善优秀干部的选拔程序；修订实施《干部教育培训工作条例》，不仅要选好干部，而且要将干部培训融入干部的成长生涯中，有效发挥教育补钙壮骨、固根守本的作用；改进政绩考核机制，避免乱作为，力戒不作为；改进完善干部实践锻炼机制，平级择优选派干部援藏援疆援青，开展中央单位干部定点扶贫挂职，推进东西部扶贫协作干部人才选派工作，改进西部地区和其他少数民族地区干部挂职锻炼工作，组织开展中央单位和省区市中青年干部双向交流，进一步优化干部成长路径。

坚持问题导向，实现重点制度的突破。围绕干部"带病选拔"的问题，出台《关于防止干部"带病提拔"的意见》，制定党委书记和纪委书记"双签字"制度，完善档案的审查制度，个人事项报告制度、纪委的"凡提必审"制度，违规的"负面清单"制度等，提高选拔的民主性、透明性和候选人"质量"。围绕干部的"能上不能下"问题，制定实施《推进领导干部能上能下若干规定（试行）》，有效地解决干部工作中责任推诿、尸位素餐等问题，为优秀干部的晋升拓宽了渠道。制定实施《关于县以下机关建立公务员职务与职级并行制度的意见》，为基层干部的晋升破除了瓶颈，增强了基层干部的工作积极性。修订实施《领导干部报告个人有关事项规定》《领导干部个人有关事项报告查核结果处理办法》，完善和规范个人事项申报的程序、标准，补上反腐倡廉制度的漏洞。为了落实

"脸红出汗",制定《关于组织人事部门对领导干部进行提醒、函询和诫勉的实施细则》,将问题消灭在苗头之中。

坚持反腐正风,维护党内良好政治生态。严格执行"八项规定",严厉整治"形式主义、官僚主义、享乐主义、奢靡之风",坚持"打虎""拍蝇""猎狐"同时进行,注重"将权力关在制度的笼子里"。在上述原则的基础上出台了一系列详细的制度,比如完善《中国共产党巡视工作条例(修订)》《中国共产党党员领导干部廉洁从政若干准则》《中国共产党纪律处分条例》等核心制度,使反腐行动有制可依。出台用公款出国(境)旅游及相关违纪行为适用《中国共产党纪律处分条例》若干问题的解释,违反《国有企业领导人员廉洁从业若干规定》行为适用《中国共产党纪律处分条例》的解释,违规发放津贴补贴行为适用《中国共产党纪律处分条例》若干问题的解释,关于设立"小金库"和使用"小金库"款项违纪行为适用《中国共产党纪律处分条例》若干问题的解释,《关于严禁元旦春节期间公款购买赠送烟花爆竹等年货节礼的通知》《关于严禁公款购买印制寄送贺年卡等物品的通知》《关于领导干部带头在公共场所禁烟有关事项的通知》等一系列详细的规定,增强制度的可操作性,注重制度的实效性。

强调思想建党,与制度建党同时发力。组织全党深入学习贯彻习近平总书记系列重要讲话精神和治国理政的新理念新思想新战略,组织开展党的群众路线教育实践活动、"三严三实"专题教育和"两学一做"学习教育。教育引导广大党员干部弘扬艰苦奋斗、勤俭节约的优良作风,抵制和克服享乐主义、奢侈浪费的不良风气;弘扬批评和自我批评的作风,克服好人主义、一团和气的风气;弘扬焦裕禄精神,模范履行党的根本宗旨。通过一步一个脚印的学习实践互动,不仅增强了党员以及领导干部的思想认识,也为上述制度的有效实行创造了良好的环境与氛围。

——充分发挥人民代表大会制度的根本政治制度作用。

在庆祝全国人民代表大会成立 60 周年大会上,习近平总书记明确指出:"在中国,发展社会主义民主政治,保证人民当家作主,保证国家政治生活既充满活力又安定有序,关键是要坚持党的领导、人民当家作主、依法治国有机统一。人民代表大会制度是坚持党的领导、人民当家作主、依法治国有机统一的根本制度安排。"这一论断更加明确了人民代表大会制度的地位、功能以及改革方向。

明确人民代表大会"根本政治制度"的新定位。首先，人民代表大会制度是坚持党的领导、人民当家作主、依法治国有机统一的根本制度安排。作为根本政治制度，人民代表大会制度的改革和发展必须毫不动摇坚持中国共产党的领导，必须保证和发展人民当家作主，必须全面推进依法治国，必须坚持民主集中制。其次，人民代表大会制度是中国特色社会主义制度的重要组成部分，也是支撑中国国家治理体系和治理能力的根本政治制度。作为根本政治制度，人民代表大会制度的改革和发展还须加强和改进立法工作，加强和改进法律实施工作，加强和改进监督工作，加强同人大代表和人民群众的联系，加强和改进人大工作。

优化人大常委会和专门委员会的人员结构，提高专门委员的比例。党的十八大报告指出，健全国家权力机关组织制度，优化常委会、专委会组成人员知识和年龄结构，提高专职委员比例，增强依法履职能力。在全国人民代表大会成立60周年大会上习近平总书记进一步指出，要优化人大常委会、专门委员会组成人员结构。党的十八届四中全会明确提出："增加有法治实践经验的专职常委比例。"这一改革极大地增强了人大工作的效率和专业性。

优化人大代表的比例。逐步减少领导干部的比例，增加妇女、一线工人、农民等群体代表的比例。仅以十三届人大为例，在选出的代表中，少数民族代表为438名，占代表总数的14.70%，全国55个少数民族都有本民族的代表。与十二届人大相比，妇女代表为742名，占代表总数的24.90%，提高了1.5个百分点；一线工人、农民代表为468名，占代表总数的15.70%，提高了2.28个百分点；党政领导干部代表为1011名，占代表总数的33.93%，降低了0.95个百分点。

加强人大的立法工作。习近平总书记指出：我们要加强重要领域的立法，确保国家发展、重大改革于法有据，把发展改革决策同立法决策更好地结合起来。要坚持问题导向，提高立法的针对性、及时性、系统性、可操作性，发挥立法的引领和推动作用。要抓住提高立法质量这个关键，深入推进科学立法、民主立法，完善立法体制和程序，努力使每一项立法都符合宪法精神，反映人民意愿，得到人民拥护。2016年，《关于建立健全全国人大专门委员会、常委会工作机构组织起草重要法律草案制度的实施意见》出台，增强了立法工作的规范性。截至2017年9月1日，新制定法律22件，修改法律110件次，通过有关法律问题和重大问题的决定决议37件，做出9项法律解释。其中尤其需要注意的是民法总则。全国人大常委会先后3次审议民法总则草案，并3次公开征求意见，于2017年3月通过。这为民法典的制定夯实了基础。

加强人大的宪法、法律和预决算监督工作。首先，建立宪法宣誓制度，全国人大常委会通过了关于实行宪法宣誓制度的决定，各级人大及其常委会选举或者决定任命的国家工作人员，以及各级人民政府、人民法院、人民检察院任命的国家工作人员，在就职时应当公开进行宪法宣誓。5年来，共检查26部法律和1件决定的实施情况、听取审议"一府两院"81个工作报告、开展15次专题询问。其次，建立了选题、组织、报告、审议、整改、反馈6个环节的"全链条"执法检查流程。最后，修改预算法，充实加强人大预算决算审查监督的法律规定；改进审计查出的突出问题的整改情况向全国人大常委会报告机制，书面报告变成口头报告，并连续3年听取审议国务院整改情况报告。

设立代表联络机构，完善代表联系群众制度。党的十八大报告首次提出"在人大设立代表联络机构，完善代表联系群众制度"。党的十八届三中全会又进一步明确要"通过建立健全代表联络机构、网络平台等形式密切代表同人民群众的联系"。在上述精神的指引下，各地、各部门开始广泛探索人大代表联络制度，很多地方人大常委会在基层设立了若干个基层立法联络点，专门用于收集公民的立法意见；也有地方在基层设立若干人大代表联络室、人大代表工作室等场所。最高人民检察院和最高人民法院还分别设立专门的全国人大代表全国政协委员联络网站，方便人大代表进行司法监督。

——健全社会主义协商民主制度。

党的十八大报告首次提出"健全社会主义协商民主制度"，明确将社会主义协商民主作为我国人民民主的重要形式，并对完善协商民主制度和工作机制，丰富协商民主的形式和内容，推进协商民主发展做出全面阐述，这标志着我们党自觉地把协商民主作为推进中国特色社会主义民主政治发展的重要方向，对推进中国特色社会主义民主政治建设具有重大而深远的意义。党的十八届三中全会将"协商民主"定位为"我国社会主义民主政治的特有形式和独特优势，是党的群众路线在政治领域的重要体现"，并要求在党的领导下，以经济社会发展重大问题和涉及群众切身利益的实际问题为内容，在全社会开展广泛协商，坚持协商于决策之前和决策实施之中。中国的协商民主发展由此迈入了一个全新的历史进程。2015年12月10日，中共中央办公厅印发《关于加强政党协商的实施意见》。该意见主要分政党协商的指导思想和重要意义、政党协商的内容、政党协商的形式、政党协商的程序、政党协商的保障机制、加强和完善党对政党协商的领导六部分对协商民主的发展做出指导。

协商民主作为中国特色社会主义民主制度的重要组成部分，得到执政党、国家权力机关、行政机关以及基层自治组织的制度支持。尤其是人民政协作为协商民主的重要渠道，为协商民主的发展提供了全方位的组织和资源支持。从组织层级看，不但在中央设立中国人民政治协商会议全国委员会，而且在省、自治区、直辖市设立中国人民政治协商会议的省、自治区、直辖市委员会；自治州，设区的市、县、自治县，不设区的市和市辖区，凡有条件的地方，均可设立中国人民政治协商会议各地方的地方委员会。尤其需要指出的是，随着国家对政协工作的重视，乡镇（街道）政协联络处、联络组、工作委员会等县市区政协派出机构逐步恢复和强化职能，在紧密联系群众，深入体察民情，充分反映民意，广泛集中民智等方面起到重要的作用。从组织机构看，人民政协全国委员会和地方委员会一般都设立常务委员会主持会务，常务委员会由委员会主席、副主席、秘书长和常务委员组成，负责会议召集主持、决议执行、重要议案审议等一系列工作，从而可以从组织上保障人民政协充分发挥协商民主功能。从组织构成看，人民政协全国委员会和地方委员会一般由中国共产党、各民主党派、无党派人士、人民团体、各少数民族和各界的代表，香港特别行政区同胞、澳门特别行政区同胞、台湾同胞和归国侨胞的代表以及特别邀请的人士所组成，比如政协第十二届全国委员会由34个界别组成。上述界别的设置能够有效保障协商过程的代表性和协商结果的专业性及有效性。此外，各级政协的活动经费一般由各级财政支持，从而能够有效保障政协的会议经费、政协委员的活动经费以及政协提案的落实经费，为政协的民主功能提供了有力的组织、经费和相关资源支撑。

——行政体制改革进一步深化。

行政体制改革一直是中国政治体制改革的重要组成部分。党的十八届三中全会公报进一步将行政体制改革作为国家治理体系与治理能力现代化的重要环节，明确提出科学的宏观调控，有效的政府治理，是发挥社会主义市场经济体制优势的内在要求。必须切实转变政府职能，深化行政体制改革，创新行政管理方式，增强政府公信力和执行力，建设法治政府和服务型政府。

深化行政审批制度，继续简政放权。据《中国人权法治化保障的新进展》的统计，党的十八大以来，国务院部门累计取消行政审批事项618项，彻底撤销非行政许可审批；截至2016年，全国31个省级政府部门均已颁布权力清单。国家加强对标准性文件的监视治理，行政机关规范性文件不得设定行政允许、行政处分、行政强迫，各类行政法规、规章与规范性文件都已纳入存案审查范畴，实现"有件必备，有备必审，有错必究"。行政审批制度的改革推动政府职能向创造良好发展环境、提供优质公共服务、维护社会公平正义转变。2013年，上海自贸区探索仅限定企业"不能做什么"的"负面清单"管理模式，显示出政府减少过度行政干预，将更多的主动权、决定权交给企业，交给市场的决心。

推动政府机构改革。依据十八大报告，党的十八届二中全会审议通过了《国务院机构改革和职能转变方案》。在此次改革中，实行铁路政企分开，完善综合交通运输体系，将铁道部拟订铁路发展规划和政策的行政职责划入交通运输部，中国铁路总公司统一调度指挥铁路运输；组建国家卫生和计划生育委员会，提高出生人口素质和人民健康水平；组建国家食品药品监督管理总局，提高食品药品安全质量水平；组建国家新闻出版广播电影电视总局，促进新闻出版广播影视业繁荣发展；重新组建国家海洋局，推进海上统一执法；重新组建国家能源局，完善能源监督管理体制。在这次改革中，国务院正部级机构减少4个，其中组成部门减少2个，副部级机构增减相抵，数量不变。改革后，除国务院办公厅外，国务院设置组成部门25个。之后，2013年8月，中央政治局会议审议通过了《关于地方政府职能转变和机构改革的意见》，启动新一轮地方政府改革。

转变政府职能。政府职能转变的具体内容包括：其一，充分发挥市场在资源配置中的基础性作用，减少投资项目审批，减少生产经营活动审批事项，减少资质资格许可，减少行政事业性收费，逐步改革工商登记制度，将"先证后照"改为"先照后证"。其二，更好地发挥社会力量在管理社会事务中的作用，逐步推进行业协会商会与行政机关脱钩，重点培育、优先发展行业协会商会类、科技类、公益慈善类、城乡社区服务类社会组织，坚持一手抓积极引导发展，一手抓严格依法管理，建立健全统一登记、各司其职、协调配合、分级负责、依法监管的社会组织管理体制。其三，充分发挥中央和地方两个积极性，下放投资审批事项，下放生产经营活动审批事项，减少专项转移支付。其四，优化职能配置，按照同一件事由一个部门负责的原则，整合房屋登记、林地登记、草原登记、土地登记的职责，整合城镇职工基本医疗保险、城镇居民基本医疗保险、新型农村合作医疗的职责等，分别由一个部门承担；整合业务相同或相近的检验、检测、认证机构，解决这些机构过于分散、活力不强的问题；整合建立统一规范的公共资源交易平台、信用信息平台，推动资源共享、提高效能。其五，改善和加强宏观管理，强化发展规划制订、经济发展趋势研判、制度机制设计、全局性事项统筹管理、体制改革统筹协调等职能；加强社会管理能力建设，创新社会管理方式；国务院各部门必须加强自身改革，大力推进本系统改革。其六，加强制度建设和依法行政，宪法和法律是政府工作的根本准则。

7. 第七阶段：政治体制改革进入了"新时代"

党的十八大以来的5年，是中国政治发展进程中极不平凡的5年。在这5年中，以习近平为核心的党中央以高瞻远瞩的战略眼光系统推进各项改革事业。党中央召开七次全会，分别就政府机构改革和职能转变、全面深化改革、全面推进依法治国、制定"十三五"规划、全面从严治党等重大问题做出决定和部署。每项部署都对政治体制改革有极大的推动作用，并呈现出全方位、开创性、深层次、根本性的特征。这为中国未来的政治

发展夯实了坚实的基础

（1）党的十九大报告对政治体制改革所做的新部署

经过长期的努力，党的十九大报告对中国发展的历史方位进行了新的判断，"中国特色社会主义进入了新时代"。

——政治体制改革新的历史方位。

党的十九大报告对"新时代"进行了详细的阐释：其一，"是承前启后、继往开来，在新的历史条件下继续夺取中国特色社会主义伟大胜利的时代"，这明确了中国政治体制改革的旗帜问题，即必须坚定地走中国特色社会主义政治发展道路。其二，"是决胜全面建成小康社会、进而全面建设社会主义现代化强国的时代"，这明确了政治体制改革的历史任务，要服务于全面建成小康社会和社会主义现代化强国。其三，"是全国各族人民团结奋斗、不断创造美好生活、逐步实现全体人民共同富裕的时代"，这明确了政治体制改革的具体任务，即为实现中国人民的美好生活而服务。其四，"是全体中华儿女戮力同心、奋力实现中华民族伟大复兴中国梦的时代"，这表明政治体制改革应该具有的精神气质。其五，"是我国日益走近世界舞台中央、不断为人类作出更大贡献的时代"，这阐明了中国政治体制改革的伟大抱负，中国的政治改革要为世界的政治发展做出自己的贡献。

——政治体制改革新的社会背景。

中国特色社会主义进入新时代，我国社会主要矛盾也发生了变化，由"人民日益增长的物质文化需要同落后的社会生产之间的矛盾""已经转化为人民日益增长的美好生活需要和不平衡不充分的发展之间的矛盾"。这一重大判断直接影响着新时代政治体制改革的征程。从"物质文化需要"到"美好生活需要"，从提高"落后的社会生产"方式到解决"不平衡不充分的发展"问题，这不仅表明中国发展取得了阶段性的成果，而且指明了未来的改革要着手解决不平衡不充分发展的问题，主要服务于人民群众多层次的美好生活需要。就学理而言，美好生活不应该仅仅包含物质和文化生活，还应该包括美好的公共生活。为了定义美好的公共生活，公平、正义、民主、自由、人权、尊严等价值追求的真正科学内涵是什么，如何享有这些权利，如何有能力享有这些权利等问题都需要从政治体制角度予以回应；为了保障美好的公共生活，根本的政治制度如何发展，中观的政治体制如何改革，微观的政治机制如何创新，国家治理体系与治理能力现代化如何统筹推进等问题都是政治体制改革的应有之义。为了实现美好的公共生活，执政党如何实现思想建党和制度治党同向发力以引领良好的政治生态，政府如何深化机构和行政体制改革以建设人民满意的服务型政府，中央与地方关系如何协调以在强化中央政府宏观调控能力的同时调动地方政府的积极性等难题都需要政治体制改革予以保障；为了使人民更好地感受美好公共生活，如何强化民众的民主意识和民主能力，如何提升公众政治参与能力和效能感，如何继续推动协商民主建设来实现人民在日常政治生活中有广泛持续的深入参与，如何强化公民的政治认知和政治认同等难题都需要政治体制改革提出方案。

——政治体制改革新的阶段性任务。

政治体制改革是一个连续的工程。根据不同的发展阶段，制定阶段性任务，朝着一个目标不断奋斗，正是中国改革的经验，也是政治体制改革的经验。党的十九大将未来中国的改革和发展分为三个阶段，每个阶段的不同任务也对政治体制改革提出了新的要求。

第一个阶段，到 2020 年全面建成小康社会。因此，从党的十九大到 2020 年的 3 年是决胜全面建成小康社会的重要阶段。这一阶段，除了继续坚定实施科教兴国战略、人才强国战略、创新驱动发展战略、乡村振兴战略、区域协调发展战略、可持续发展战略、军民融合发展战略等战略之外，党的十九大报告还明确提出三项核心任务，即坚决打好防范化解重大风险、精准脱贫、污染防治的攻坚战。要完成这三项任务，政治体制改革无疑是重要的支撑力量。

第二阶段，从 2020 年到 2035 年，在全面建成小康社会的基础上再奋斗 15 年，基本实现社会主义现代化。这一安排将基本实现社会主义现代化的目标提前了 15 年。这无疑增加了目标实现的紧迫感。除了经济发展等目标外，党的十九大报告明确提出：人民平等参与、平等发展权利得到充分保障，法治国家、法治政府、法治社会基本建成，各方面制度更加完善，国家治理体系和治理能力现代化基本实现；社会文明程度达到新的高度，国家文化软实力显著增强，中华文化影响更加广泛深入。上述具体目标对政治体制改革提出了新的直接要求。

第三阶段，从2035年到21世纪中叶，在基本实现现代化的基础上，再奋斗15年，把我国建成富强、民主、文明、和谐、美丽的社会主义现代化强国。党的十九大报告这一提法有两个新意：一是加上了"美丽"两个字，与"五位一体"总体布局相统一相对应；二是将原来的"国家"改成了"强国"，这样就提升了第二个百年奋斗目标的内在要求。物质文明、政治文明、精神文明、社会文明、生态文明、国家治理体系和治理能力现代化、综合国力和国际影响力领先、全体人民共同富裕基本实现这样的具体而又宏大的目标，都要求政治体制改革的配合。

——政治体制改革新的重点任务。

对于政治体制改革，党的十九大报告也提出了具体的要求：要长期坚持、不断发展我国社会主义民主政治，积极稳妥推进政治体制改革，推进社会主义民主政治制度化、规范化、法治化、程序化，保证人民依法通过各种途径和形式管理国家事务，管理经济文化事业，管理社会事务，巩固和发展生动活泼、安定团结的政治局面。在此基础上，党的十九大报告又进一步提出：坚持党的领导、人民当家作主、依法治国有机统一；加强人民当家作主制度保障；发挥社会主义协商民主的重要作用；深化依法治国实践；深化机构和行政体制改革；巩固和发展爱国统一战线。尤其需要注意的是，在十九大报告提出的十四条治国方略中，第一条是"坚持党对一切工作的领导"，更加明确了中国政治体制改革的引领力量。第十四条提出："坚持全面从严治党。勇于自我革命，从严管党治党，是我们党最鲜明的品格"，更加明确了政治体制改革的抓手和着力点。尤其是对"全面从严治党"的论述，达4100字，可见分量之重。

对于政治体制改革，党的十九大报告中有许多新的具体措施，这也为之后的改革指明了重点。其一，在新时代坚持和发展中国特色社会主义的十四条基本方略中，摆在第一条的是坚持党对一切工作的领导。十九大报告重申，"党政军民学，东西南北中，党是领导一切的"，这指明了中国政治体制改革的前提和领导力量。其二，十九大报告提出，赋予自由贸易试验区更大的改革自主权，探索建设自由贸易港。自由贸易港（区）的建设无疑需要从行政管理体制方面进行全方位的改革。其三，十九大报告提出，成立中央全面依法治国领导小组，加强对法治中国建设的统一领导。这一提法将全面依法治国提到更高的地位，有助于相关制度建设和改革措施实现新的突破。其四，十九大报告提出，加强宪法实施和监督，推进合宪性审查工作，维护宪法权威。这一提法对继续完善中国特色社会主义法律体系和全面推进依法治国有重大意义。其五，十九大报告提出，深化机构和行政体制改革。赋予省级及以下政府更多的自主权，在省市县对职能相近的党政机关探索合并设立或合署办公。这一提法对优化政府间权力配置，合理精简政府规模有重要的指导意义。其六，十九大报告提出，加强互联网内容建设，建立网络综合治理体系，营造清朗的网络空间。这一提法对信息时代中国政治体制改革提出了新的要求。其七，十九大报告提出，加强社会心理服务体系建设，培育自尊自信、理性平和、积极向上的社会心态。这也需要相应的行政体制改革予以配合。

（2）党的十九大之后中国的政治体制改革新实践

中国特色社会主义进入了新时代。中国政治体制改革也按照党的十九大的部署迅速展开。2018年，中共中央印发了《深化党和国家机构改革方案》，对政治体制改革做出部署。从规模和程度上看，此次政治体制改革呈现出系统性、整体性、重构性变革的特点。

——深化党中央机构改革。

1）组建国家监察委员会，不再保留国家监察部、国家预防腐败局。国家监察委员会同中央纪律检查委员会合署办公，履行纪检、监察两项职责，实行一套工作机构、两个机关名称。

2）组建中央全面依法治国委员会。中央全面依法治国委员会办公室设在司法部。

3）组建中央审计委员会。中央审计委员会办公室设在审计署。

4）中央全面深化改革领导小组、中央网络安全和信息化领导小组、中央财经领导小组、中央外事工作领导小组改为委员会。4个委员会的办事机构分别为中央全面深化改革委员会办公室、中央网络安全和信息化委员会办公室、中央财经委员会办公室、中央外事工作委员会办公室。

5）组建中央教育工作领导小组。中央教育工作领导小组秘书组设在教育部。

6）组建中央和国家机关工作委员会，不再保留中央直属机关工作委员会、中央国家机关工作委员会。

7）组建新的中央党校（国家行政学院）。一个机构两块牌子，作为党中央直属事业单位。

8）组建中央党史和文献研究院。不再保留中央党史研究室、中央文献研究室、中央编译局。

9）中央组织部统一管理中央机构编制委员会办公室。

10）中央组织部统一管理公务员工作，不再保留单设的国家公务员局。中央组织部对外保留国家公务员局牌子。

11）中央宣传部统一管理新闻出版工作。国家新闻出版广电总局的新闻出版管理职责划入中央宣传部。中央宣传部对外加挂国家新闻出版署（国家版权局）牌子。

12）中央宣传部统一管理电影工作。国家新闻出版广电总局的电影管理职责划入中央宣传部。中央宣传部对外加挂国家电影局牌子。

13）中央统战部统一领导国家民族事务委员会。国家民族事务委员会仍作为国务院组成部门。

14）中央统战部统一管理宗教工作。国家宗教事务局并入中央统战部。中央统战部对外保留国家宗教事务局牌子。

15）中央统战部统一管理侨务工作。将国务院侨务办公室并入中央统战部，中央统战部对外保留国务院侨务办公室牌子。

16）优化中央网络安全和信息化委员会办公室职责。将国家计算机网络与信息安全管理中心由工业和信息化部管理调整为由中央网络安全和信息化委员会办公室管理。

17）不再设立中央维护海洋权益工作领导小组。有关职责交由中央外事工作委员会及其办公室承担，在中央外事工作委员会办公室内设维护海洋权益工作办公室。

18）不再设立中央社会治安综合治理委员会及其办公室。有关职责交由中央政法委员会承担。

19）不再设立中央维护稳定工作领导小组及其办公室，有关职责交由中央政法委员会承担。

20）将中央防范和处理邪教问题领导小组及其办公室的职责划归中央政法委员会、公安部。

——深化全国人大机构改革。

21）组建全国人大社会建设委员会，整合全国人大内务司法委员会、财政经济委员会、教育科学文化卫生委员会的相关职责。

22）全国人大内务司法委员会更名为全国人大监察和司法委员会。

23）全国人大法律委员会更名为全国人大宪法和法律委员会。

——深化国务院机构改革。

24）组建自然资源部，对外保留国家海洋局牌子，不再保留国土资源部、国家海洋局、国家测绘地理信息局。

25）组建生态环境部，不再保留环境保护部。

26）组建农业农村部，不再保留农业部。

27）组建文化和旅游部，将文化部、国家旅游局的职责整合，不再保留文化部、国家旅游局。

28）组建国家卫生健康委员会，不再保留国家卫生和计划生育委员会，不再设立国务院深化医药卫生体制改革领导小组办公室。

29）组建退役军人事务部。

30）组建应急管理部。中国地震局、国家煤矿安全监察局由应急管理部管理，不再保留国家安全生产监督管理总局。

31）重新组建科学技术部，对外保留国家外国专家局牌子，国家自然科学基金委员会改由科学技术部管理，不再保留单设的国家外国专家局。

32）重新组建司法部，不再保留国务院法制办公室。

33）优化审计署职责，不再设立国有重点大型企业监事会。

34）组建国家市场监督管理总局，不再保留国家工商行政管理总局、国家质量监督检验检疫总局、国家食品药品监督管理总局。

35）组建国家广播电视总局，不再保留国家新闻出版广电总局。

36）组建中央广播电视总台，撤销中央电视台（中国国际电视台）、中央人民广播电台、中国国际广播电台建制。对内保留原呼号，对外统一称为"中国之声"

37）组建中国银行保险监督管理委员会，不再保留中国银行业监督管理委员会、中国保险监督管理委员会。

38）组建国家国际发展合作署。

39）组建国家医疗保障局。

40）组建国家粮食和物资储备局，不再保留国家粮食局。

41）组建国家移民管理局。

42）组建国家林业和草原局，由自然资源部管理，国家林业和草原局加挂国家公园管理局牌子，不再保留国家林业局。

43）重新组建国家知识产权局，由国家市场监督管理总局管理。

44）国务院三峡工程建设委员会及其办公室、国务院南水北调工程建设委员会及其办公室并入水利部，不再保留国务院三峡工程建设委员会及其办公室、国务院南水北调工程建设委员会及其办公室。

45）调整全国社会保障基金理事会隶属关系，将全国社会保障基金理事会由国务院管理调整为由财政部管理，不再明确行政级别。

46）改革国税地税征管体制，将省级和省级以下国税地税机构合并，实行以国家税务总局为主与省（自治区、直辖市）政府双重领导的管理体制。

——深化全国政协机构改革。

47）组建全国政协农业和农村委员会。

48）全国政协文史和学习委员会更名为全国政协文化文史和学习委员会。

49）全国政协教科文卫体委员会更名为全国政协教科卫体委员会。

——深化行政执法体制改革。

50）整合组建市场监管综合执法队伍。整合工商、质检、食品、药品、物价、商标、专利等执法职责和队伍，组建市场监管综合执法队伍，由国家市场监督管理总局指导。

51）整合组建生态环境保护综合执法队伍。整合环境保护和国土、农业、水利、海洋等部门相关污染防治和生态保护执法职责、队伍，统一实行生态环境保护执法。由生态环境部指导。

52）整合组建文化市场综合执法队伍。将旅游市场执法职责和队伍整合划入文化市场综合执法队伍，统一行使文化、文物、出版广播电视、电影、旅游市场等行政执法职责，由文化和旅游部指导。

53）整合组建交通运输综合执法队伍。整合交通运输系统内路政、运政等涉及交通运输的执法职责、队伍，实行统一执法。由交通运输部指导。

54）整合组建农业综合执法队伍。将农业系统内兽医兽药、生猪屠宰、种子、化肥、农药、农机、农产品质量等执法队伍整合，实行统一执法。由农业农村部指导。

——深化跨军地改革。

55）公安边防部队改制。公安边防部队不再列武警部队序列，全部退出现役。公安边防部队转到地方后，成建制地划归公安机关，并结合新组建的国家移民管理局进行适当调整配合。现役编制全部转为人民警察编制。

56）公安消防部队改制。公安消防部队不再列武警部队序列，全部退出现役。公安消防部队转到地方后，现役编制全部转为行政编制，成建制地划归应急管理部，承担灭火救援和其他应急救援工作，充分发挥应急救援主力军和国家队的作用。

57）公安警卫部队改制。公安警卫部队不再列武警部队序列，全部退出现役。公安警卫部队转到地方后，警卫局（处）由同级公安机关管理的体制不变，承担规定的警卫任务，现役编制全部转为人民警察编制。

58）海警队伍转隶武警部队。按照先移交、后整编的方式，将国家海洋局（中国海警局）领导管理的海警队伍及相关职能全部划归武警部队。

59）武警部队不再领导管理武警黄金、森林、水电部队。按照先移交、后整编的方式，将武警黄金、森林、水电部队整体移交国家有关职能部门，官兵集体转业改编为非现役专业队伍。

60）武警部队不再承担海关执勤任务。参与海关执勤的兵力一次性整体撤收，归建武警部队。

——深化群团组织改革。

坚持眼睛向下，面向基层，将力量配备、服务资源向基层倾斜，更好地适应基层和群众的需要。促进党政机构同群团组织功能的有机衔接，支持和鼓励群团组织承接适合由群团组织承担的公共服务职能，增强群团组织团结教育、维护权益、服务群众的功能，充分发挥党和政府联系人民群众的桥梁纽带作用。

——深化地方机构改革。

赋予省级及以下机构更多的自主权，突出不同层级的职责特点，允许地方根据本地区经济社会发展的实际，在规定限额内因地制宜地设置机构和配置职能。

统筹设置党政群机构，在省市县对职能相近的党政机关探索合并设立或合署办公，市县要加大党政机关合并设立或合署办公力度。构建简约高效的基层管理体制。

加强各级党政机构限额管理，将地方各级党委机构限额与同级政府机构限额统一计算。

强化机构编制管理刚性约束，坚持总量控制，严禁超编进入、超额设置机构、超职数配备领导干部。

（二）改革开放以来中国政治体制改革的巨大成就

纵观改革开放以来的政治体制改革历程，我国的政治体制改革在以下几方面取得了很大的进展。

1. 中国共产党执政方式得到转变，执政能力不断提高，党领导人民有效治理国家的能力不断增强

中华人民共和国成立后，中国共产党逐渐从革命党转为执政党。对中国共产党来说，如何作为执政党领导国家的建设在中华人民共和国成立之初毫无经验。也正因为如此，由于沿袭了战争时期的某些做法，给国家、人民和党自身都带来了诸多困难。所幸的是，中国共产党深刻地认识到了自身在执政方式上所存在的问题和政治体制改革的重要性，党的十一届三中全会毅然做出了许多适应社会主义现代化市场经济发展需要的改革举措，转变了执政方式，使执政能力得到了提高和增强。

第一，执政理念的变化，为执政方式的转变提供了思想指导。党的十二大报告指出:"党不是向群众发号施令的权力组织,也不是行政组织和生产组织。党的领导主要是思想政治和方针政策的领导,不应当等同于政府和企业的行政工作和生产指挥。"[①] 党的十三大更是明确提出了"应当改革党的领导制度,划清党组织和国家政权的职能,理顺党组织与人民代表大会、政府、司法机关、群众团体、企事业单位和其他各种社会组织之间的关系,做到各司其职,并且逐步走向制度化"[②],从而确立了执政党领导职能改革和转变的总体原则与方向。这一原则的落实使党的十三大做出了重大的政治体制改革举措,即实行"党政分开"。应该说,对党政职能分开的认识和改革尝试,是我党在探索党政关系问题上的重大进步。1992年党的十四大从建立社会主义市场经济体制的需要出发,重新思考和把握党政关系这一重大问题。正是在领导社会主义市场经济建设的历史进程中,党的十五大提出了依法治国的新的治国方略,将党政关系放在执政党的执政方式这样一个全新的视角深入考察。从党的十五大提出改革和完善党的领导方式和执政方式,到党的十六大提出实现党的领导、依法治国与人民当家作主的有机统一,以及党的十七大"按照科学执政、民主执政、依法执政的要求,改进领导班子思想作风,提高领导干部执政本领,改善领导方式和执政方式",体现了党在执政方式转变认识上的新突破。党的十八大报告提出"要更加注重改进党的领导方式和执政方式,保证党领导人民有效治理国家"。党的地位和作用得到进一步突出,党的领导更加注重"贵在落实,崇尚实干"。这一提法在党的十九大报告中得到确认。

第二,执政方式实现了向"科学执政"的转变。政治和其他任何事物一样,有其自身的发展逻辑,有其固有的、不以任何人的意志为转移的客观规律。遵循政治的发展逻辑和客观规律,是对执政党执政所提出的基本要求。做到科学执政,就要坚持以马克思主义的科学理论为指导,不断探索和遵循共产党执政规律、社会主义建设规律、人类社会发展规律,以科学的思想、科学的制度、科学的方式组织和带领人民共同建设中国特色社会主义。要科学制定和实施党的理论和路线、方针、政策,科学设计、组

[①] 《十二大以来重要文献选编》(上),人民出版社1986年版,第51页。
[②] 《十三大以来重要文献选编》(上),人民出版社1991年版,第37页。

织、开展各项执政活动。实际上,"科学执政"的实践并不是最近才付诸实施的,它蕴涵在改革开放以来的政治体制改革之中。

早在我们党对以往革命和国家建设的历史经验进行总结时,就深刻认识到了党的方针、政策若受教条主义和主观主义影响较大,违背社会经济发展规律,就会给党、民族、国家和人民带来重大的损失。因此,改革开放以来,党始终按照经济建设和社会发展规律执政,积极探索中国共产党执政规律,社会主义现代化建设事业得到蓬勃发展,中国共产党对执政规律的认识不断深化。

在科学的思想上,中国共产党始终依据中国的具体国情,以中国化的马克思主义——毛泽东思想、邓小平理论、"三个代表"重要思想、科学发展观、习近平新时代中国特色社会主义思想作为长期坚持的指导思想,任何社会主义现代化建设重大决策的做出都要依据中国化马克思主义的要求,根据中国的现实状况,这就为决策的正确和可行提供了科学的思想保证。"三个有利于""三个代表""党的执政能力建设""全面从严治党"等概念的提出也都是关于中国共产党执政规律认识的阶段性成果,是邓小平、江泽民、胡锦涛、习近平四代党的领导集体对改革开放以来执政经验的科学总结,创新了科学的执政理论。

在科学的制度上,政治体制改革中任何制度建设成果都必然有科学性的因素。党的一切执政活动能否有序进行及效率、效果如何,取决于制度和体制的设计是否科学、合理,这个制度和体制运转得是否灵活、高效。所以推进科学执政,提高党的执政能力,在很大程度上取决于党的执政制度的科学性和合理性。我国的政治体制改革能取得今天的成就,重要原因就在于党的领导制度和人大制度、多党合作和政治协商制度、民族区域自治制度、基层民主制度等国家基本制度在发展和完善过程中,将符合科学规律的党领导人民当家作主的经验以制度的形式固定并坚持下来,规范了人们的行为,推动了国家的稳定和发展。政治体制改革对政治体制的改革和完善实际上也都是科学执政的集中体现。

在科学的方式上,对政治体制的改革和完善直接体现了决策科学化的原则,杜绝了凭经验、"拍脑袋"决策的方式。首先,在规范决策程序方面,注重把握划分决策范围、明确决策权限、制定议事规则,科学地界定了党与人大、政府、政协、检察院和法院以及人民团体之间的关系，对党和国家权力机关各自的职责权限进行了更加明确的划分，并制定和完善了日益科学的党组织和国家权力机关的议事规则。其次，在健全决策组织方面，在党内改革和完善了党的领导体制和工作机制，在中央形成了科学的三层次领导体制，实行了党、政、军三大权力的合理分工，提高了党组织总揽全局、协调各方的能力。各级委员会实行集体领导和个人分工负责相结合，贯彻了民主集中制的原则，强化了监督，有利于推动决策的科学化，巩固了科学的决策机制。再次，在完善决策制度方面，建立和完善了多种决策、公众参与和重大事项集体决策制度、社情民意反映制度、专家咨询制度、公示听证制度和决策责任追究制度。最后，在决策手段方面，探索运用了现代决策理论和科学方法，借助信息技术等高技术手段，建立了多种形式的决策信息支持系统。党的十九大还提出了继续推进决策科学化的任务，"健全依法决策机制，构建决策科学、执行坚决、监督有力的权力运行机制"，这必将进一步推动决策科学化的发展。

第三，执政方式实现了向"民主执政"的转变。中国共产党是中国工人阶级的先锋队，是中国特色社会主义事业的领导核心，它始终代表着中国最广大人民群众的根本利益，将实现和保障人民当家作主的权利作为自己不懈的奋斗目标。因此，民主执政自始至终就是中国共产党执政方式中的题中之义。改革开放以来，随着对民主执政认识的加深，民主执政的重要性日益凸显，被重视程度也逐步提高，并落实到了政治体制改革步骤之中。

在政治体制改革过程中，对转变"民主执政"方式的贯彻主要体现在党内民主和人民民主两大方面。

以发展党内民主带动人民民主的发展，是中国共产党民主执政的重要内容。在党内民主方面所取得的成果很多。在党的领导体制方面，集体领导的制度化水平不断提高，实行了常委会集体决策，加强了党的委员会全体会议的作用，注重发挥集体智慧，听取各方意见。在党内民主生活方面，颁布了《党内政治生活的若干原则》《中国共产党党员权利保障条例》《中国共产党党内监督条例》等，建立健全保障党员民主权利的机制，推进了党内民主政治生活的制度化、规范化，同时完善了党内情况通报制度、党内重大决策征求意见制度等党内民主机制,党组织工作的透明度得到增强。在党的组织建设方面,健全和完善了党的代表大会制度,中国共产党在县以上各级党组织设立党的代表大会制度,实行了党代表大会常任制的试点工作;重视发挥党的委员会全体会议的作用,努力健全完善党委内部的议事和决策机制,重点加强各级党委全体会议的作用。在党内选举制度方面,不断健全和完善党内选举候选人提名方式,扩大了差额选举的比例和直选的范围,丰富了选举的形式。在干部人事制度中的民主方面,规定了选拔任用干部的程序,建立健全了科学的干部选拔任用和监督管理机制,推行公开选拔和竞争上岗制度,提高了干部任用的民主化程度。此外,在加强对权力的监督和制约方面,中国共产党初步探索出一套适合中国国情的制约和监督权力,反腐倡廉的制度、机制和办法。这些举措的施行及其成果为以党内民主带动人民民主的实现奠定了良好的基础。

人民民主是社会主义的生命,社会主义制度建立和巩固的过程,就是社会主义民主不断发展和健全的过程。在社会主义制度发展和完善过程中,党领导和支持人民当家作主更是有目共睹。人民代表大会制度、多党合作和政治协商制度、民族区域自治制度和基层民主制度等的健全和完善都体现了"民主执政"的基本原则。通过对人民代表大会制度的健全和完善,特别是通过选举制度的完善,共产党支持人民通过民主选举选举出自己满意和信任的代表来行使管理国家的权力。中国共产党通过多党合作和政治协商制度与民主党派、无党派人士精诚合作,充分发挥他们参政议政的作用。民族区域自治法是中国共产党保障各族人民行使各项民主权利的制度创新,充分尊重了各民族人民的意愿。以村民委员会的直接选举、村民议事、村务公开等为主要内容的农村基层民主和以职工代表大会为基本形式的企事业民主管理制度,是人民当家作主的直接体现,是在中国共产党领导和推动下所取得的人民民主建设的重大成果。此外,严格贯彻公民在法律面前人人平等的原则,以保证公民享有事实上广泛的民主权利,尊重和保障人权,维护公平和正义。[①] 总之,中国共产党将"民主执政"的

---

① 张荣华、王宝林、赵金鹏:《中国共产党建立民主执政运行机制的路径选择》,《山东社会科学》2008年第3期。

理念贯彻到了各项基本政治制度及其运行当中，使人民当家作主原则得到了充分的体现和全面的贯彻。

第四，执政方式实现了向"依法执政"的转变。一般而言，政党执政的方式通常有三种形式：第一种是党凌驾于法律之上，由党决策，再由国家权力机关执行；第二种是党直接执行国家行政机关的职能，以党代政；第三种是执政党在宪法、法律范围内活动，党的路线、方针、政策经过法定程序，变为国家意志，由政府执行。① 以往由于传统政治体制的限制，党的领导往往是通过前两种方式实现的。最初是以党代政为主，由党直接管理国家的政治生活。随着社会矛盾的转移和发展经济的需要，以党代政所存在的问题和弊端日益显现，法律在国家政治生活中扮演着越来越重要的角色，但党仍然有很大的权威，国家权力机关只是党的附属。

"依法执政"方式的转变不是一蹴而就的，它是通过政治体制改革逐步实现的。"依法执政"方式的转变首先体现在党内生活的"法治化"上。针对党在执政过程中所出现的新情况和新问题，逐渐将政治体制改革的成果、经验和教训写进党章、规章中，以此形成规范党组织和党员行为的制度。自1978年以来，除了对党章进行了多次修改外，还先后出台并修订了《关于党内政治生活的若干准则》《中国共产党地方组织选举工作条例》《中国共产党地方委员会工作条例》《中国共产党党员权利保障条例》《党政领导干部选拔任用工作暂行条例》《中国共产党党内监督条例》等，从选举、干部任用以及党内生活等方面对党组织的运作进行了规定，制定了许多规范，基本做到了有法可依。其次，在处理党委与人大、党委与政府、党委与政协以及与人民团体的关系时，也严格贯彻依法执政的原则。支持人大依法履行国家权力机关的职能，经过法定程序，使党的主张成为国家意志，使党组织推荐的人选成为国家政权机关的领导人员，并对他们进行监督；支持政府依法行政，充分履行好管理经济和社会事务的职能，并通过党内监督渠道和法定监督渠道，督促其尽职尽责地履行职责；支持政协围绕团结和民主两大主题搞好民主协商、参政议政；支持工会、

---

① 马奔：《关于党与人大在国家中地位的理性分析》，http://www.rdyj.com.cn/2005/rdqk-9-11.html。

共青团和妇联等人民团体，依照法律和各自章程开展工作，成为党联系广大人民群众的桥梁和纽带。最后，加强社会主义法制建设，领导制定了一系列法律、法规，社会主义法制体系基本形成。

改革开放以来，通过全面整党、"两个务必"、先进性教育、党的群众路线教育实践活动、"三严三实""两学一做"等重要活动，对党的作风、组织建设进行了整顿，使得全党在思想、作风、纪律、组织建设等方面得到了加强。党的执政能力得到了增强，领导核心地位不断巩固。

2. 社会主义的各项制度不断完善，优越性得到充分发挥

中华人民共和国是中国共产党领导的，以工农联盟为基础的人民民主专政的社会主义国家。为了实现人民当家作主，中华人民共和国成立之初就建立了基本的政治制度，即以人民代表大会制度、共产党领导的多党合作和政治协商制度、民族区域自治制度和基层民主制度等共同构成了我国社会主义基本制度体系。但是由于各项制度的不成熟及其运行机制的不健全，制度建立的初衷没有得到完全表达，优越性也有待于进一步发挥。因此，40年政治体制改革的出发点就是实现社会主义政治制度的健全和完善。40年政治体制改革的实践经验证明，有中国特色的社会主义各项政治制度逐步完善，优越性得到了发挥。

（1）恢复和完善了人民代表大会制度，人民当家作主有了更加健全的制度保障

人民代表大会制度是坚持党的领导、人民当家作主、依法治国有机统一的根本制度安排。人民代表大会制度是适合我国国情的根本政治制度，是我国人民有效行使当家作主权利的可靠保证，是具有中国特色的社会主义民主的组织形式。改革开放之后，人大制度建设步入正常发展的轨道并不断取得重大成就。

在人民代表大会的组织建设上，进一步健全和加强了人大常委会的组织。1982年通过的宪法加强了常委会的组织建设，主要是人大常委会组成人员不得担任国家行政机关、审判机关和检察机关的职务，这样就可以使绝大多数人大常委会组成人员不兼任其他职务，是专职的；1979年修改地方组织法时规定县级以上地方各级人大设立常委会；为了加强人大工作，按照1982年宪法的规定，全国人民代表大会陆续增设了有关的专门委员

会，有民族委员会、法律委员会、内务司法委员会、财政经济委员会、教育科学文化卫生委员会、外事委员会、华侨委员会、环境与资源委员会、农业与农村委员会九个专门委员会。这些专门委员会在全国人大及其常委会的领导下，研究、审议和拟订有关议案。

在人民代表大会的制度建设上，形成了一系列制度规范，使人大工作进一步制度化、规范化。例如，为了使人民代表大会及其常委会在审议、决定问题时，能够充分发扬民主，更好地实行民主集中制的原则，便利代表、委员履行职权，在总结经验的基础上，制定了全国人大议事规则和全国人大常委会议事规则，规定了会议次数、召开的日期和程序。为了使代表和委员在开会前能够对会议审议的问题做好准备，以便更好地发扬民主，进行审议，要求在一定期限前将会议讨论的主要事项、法律草案告诉代表和委员。常委会审议法律草案一般实行三审制，重要法律草案向社会公布，征求意见。大会和常委会审议工作报告时，国务院和有关部门、法院、检察院要派人参加会议，听取意见，回答询问。常委会在举行会议时，应邀请各省、自治区、直辖市的人大常委会主任或副主任列席会议，以便反映各地的意见，等等。通过完善民主程序，更好地发扬民主，使人大和常委会通过的议案，可以更好地反映人民的意志，代表人民的利益。2005年5月26日，中共中央转发了根据党的十六大和十六届四中全会精神制定的《中共全国人大常委会党组关于进一步发挥全国人大代表作用，加强全国人大常委会制度建设的若干意见》，就加强全国人大常委会的制度建设做了明确规定，进一步推动了人大工作的制度化建设。

2014年9月5日，习近平总书记在庆祝全国人民代表大会成立60周年大会上的讲话中进一步提出人民代表大会制度是中国特色社会主义制度的重要组成部分，也是支撑中国国家治理体系和治理能力的根本政治制度。在新形势下，我们要毫不动摇地坚持人民代表大会制度，也要与时俱进地完善人民代表大会制度。此外，还具体指出了人大制度未来发展的方向：加强和改进立法工作，加强和改进法律实施工作，加强和改进监督工作，加强同人大代表和人民群众的联系，加强和改进人大工作。

（2）选举制度得到完善和发展，人民民主权利充分实现

改革开放以来对选举制度的改革和完善使选举的民主程度和效率显著

提高，为人民代表大会制度的运行提供了坚实的基础。1979年通过了新的选举法和地方组织法，选举法又经过1982年、1986年、1995年和2004年四次重要修改和补充，我国的选举制度得到完善，也做到了选举活动的有法可依。在选举活动的具体实施方面，其发展主要表现在这些方面：首先，扩大了直接选举的范围。1979年修改选举法时，把直接选举代表的范围由乡、镇一级，扩大到在县一级的范围内直接选举人民代表。扩大直接选举的范围是选举制度的一项重大改革，对于发扬社会主义民主有着十分重要的意义。县级直选也得到了顺利推行。改革和完善选举制度的另一个重大措施，是实行差额选举。1979年修改选举法时，确立了差额选举的原则。各级人大代表候选人的名额应多于应选代表的名额。在直接选举中，应当多于应选代表名额1/3至1倍；在间接选举中，应当多于应选代表名额的1/5至1/2。差额选举可以更好、更充分地反映人民的意志，保证人民群众充分行使民主权利，选出他们认为真正能够代表他们意志和利益的人。党的十七大之后，实行城乡按相同人口比例选举人大代表的举措，这推动了选举制度和社会主义民主的进一步发展。

（3）进一步完善共产党领导的多党合作与政治协商制度，调动了各方面的力量，发展了协商民主

共产党领导的多党合作和政治协商制度是中国民主政治制度的重要组成部分。在党的十一届三中全会以来，多党合作和政治协商制度得到了很大巩固和加强。

首先，多党合作和政治协商制度逐步制度化、规范化。1982年，统一战线的指导方针由"长期共存，互相监督"，增加了"肝胆相照，荣辱与共"的内容，这一方针在以后的统一战线工作中得到了充分的贯彻执行。1989年底，中共中央经与各民主党派充分协商制定了《中共中央关于坚持和完善中国共产党领导的多党合作和政治协商制度的意见》。1993年第八届全国人大一次会议通过的宪法修正案把"中国共产党领导的多党合作和政治协商制度将长期存在和发展"载入宪法，成为国家意志，使其以根本大法的形式得到了确认。后经历届中国共产党全国人民代表大会的确认，民主党派、无党派人士政治协商、民主监督、参政议政的活动日益制度化、规范化，"参政党"的作用得以充分发挥。

其次，加强了与民主党派的合作和协商，实现了对大政方针、重要问题多渠道、多形式的沟通和探讨。中共中央在做出重大决策之前，一般都邀请民主党派主要领导人和无党派代表人士召开民主协商会、小范围谈心会、座谈会，通报情况，听取意见，共商国是。除会议协商外，民主党派中央可向中共中央提出书面建议。协商的主要内容包括中国共产党全国代表大会、中共中央委员会的重要文件，宪法和重要法律的修改建议，国家领导人的建议人选，关于推进改革开放的重要决定，国民经济和社会发展的中长期规划，关系国家全局的一些重大问题，通报重要文件和重要情况并听取意见，以及其他需要同民主党派协商的重要问题等。

再次，进一步发挥了民主党派、无党派人士在政权机关中的作用，扩大了民主党派、无党派人士任职的比例，提高了任职的层级。民主党派成员和无党派人士在全国人大代表、全国人大常委会及专门委员会中，均占适当比例。通过在人民代表大会中的活动，他们反映民意，参与国家重大决策，制定法律，监督政府。民主党派成员和无党派人士担任各级政府和司法机关的领导职务。他们与中国共产党干部互相支持，在国家机关中发挥重要作用。此外，各民主党派和各界代表人士通过参加人民政协，发表意见，提出议案和建议案，开展参政议政工作。民主党派成员和无党派人士在各级政协委员、常委和领导人中有较大比例。民主党派和无党派人士通过多渠道、多形式对执政党的工作实行民主监督。监督的主要内容有国家宪法和法律法规的实施情况，中国共产党和政府重要方针政策的制定和贯彻执行情况，中国共产党组织及党员领导干部履行职责、为政清廉等方面的情况。近年来，政府部门和司法机关通过聘请民主党派成员、无党派人士担任特约人员，吸收和组织民主党派和无党派人士参加党风廉政建设情况的检查、其他专项检查和执法监督工作，使民主监督的渠道进一步拓宽，监督工作不断加强。

最后，社会主义协商民主发挥了重要作用。有事好商量，众人的事情由众人商量，是人民民主的真谛。协商民主是实现党的领导的重要方式，是我国社会主义民主政治的特有形式和独特优势。党的十八大报告首次明确提出健全社会主义协商民主制度。党的十八届三中全会对协商民主做出更清晰的定位：协商民主是我国社会主义民主政治的特有形式和独特优势。2015年2月9日，中共中央印发了《关于加强社会主义协商民主建设的意见》，明确了社会主义协商民主的本质属性和基本内涵，阐述了加强社会主义协商民主建设的重要意义、指导思想、基本原则和渠道程序，对新形势下开展政党协商、人大协商、政府协商、政协协商、人民团体协商、基层协商、社会组织协商等做出全面部署。社会主义协商民主制度更加完善，并在增进共识、促进团结，加强人民政协民主监督方面发挥了重要作用。

（4）基层民主制度有较明显发展，推进了基层社会自治

基层民主制度的发展是改革开放以来中国政治体制改革的一大亮点。中国已经建立了以农村村民委员会、城市居民委员会和企业职工代表大会为主要内容的基层民主自治体系。广大人民在城乡基层群众性自治组织中，依法直接行使民主选举、民主决策、民主管理和民主监督的权利，对所在基层组织的公共事务和公益事业实行民主自治，已经成为当代中国最直接、最广泛的民主实践。

更为可喜的是基层民主已经逐步实现了制度化、法制化。中国的经济体制改革发端于农村，农村自然成为中国政治体制改革的前沿阵地之一。从撤社建乡推动在基层组织实行党政分开，到《中华人民共和国村民委员会组织法》于1998年正式通过，我国农村基层民主的制度化、法制化建设稳步推进。在实践上，很多地方已初步建立了村民民主自治制度，对村干部实行"海选"、直选，村务实行公开，这是中国民主化进程中一个可喜的开端。在此基础上，2010年10月28日，第十一届全国人民代表大会常务委员会十七次会议对《中华人民共和国村民委员会组织法》进行修订，中国村民委员会选举制度发展迈向新的台阶。新修订的村民委员会组织法基本吸收了20多年来村民委员会选举实践过程中总结出的良好经验，将其以法律的形式确定下来。以宪法为根据、以村民委员会组织法为核心、以地方法规为支撑、以村民自治章程为补充的法律法规和制度体系基本形成。

为了完善城镇居民自治组织和推进依法自我管理的基层民主，1989年12月，全国人大常委会制定了城市居民委员会组织法，进一步明确居民委员会是居民自我管理、自我教育、自我服务的基层群众性自治组织；

增加了居民委员会的选举、居民的选举权和被选举权、居民会议的组成、居民会议的召开、居民会议对居民委员会的监督等规定，对促进城市基层社会主义民主，使居民委员会的活动走向规范化、法制化的轨道，发挥了重要的作用。2000年11月2日，中央政治局常委会专题研究了社区建设工作，并一致通过了民政部的意见。2000年11月19日，中共中央办公厅、国务院办公厅转发《民政部关于在全国推进城市社区建设的意见》，该意见明确了社区建设的内涵、方向、内容以及路径等，为在全国范围内开展社区建设提供了重要的政策支持和保障。2010年11月9日，中共中央办公厅、国务院办公厅印发《关于加强和改进城市社区居民委员会建设工作的意见》，对加强和改进城市社区居民委员会建设工作的指导思想、基本原则和目标任务，以及城市社区居民委员会的主要职责和建设路径进行了详细的论述。对于城市社区居民委员会选举工作，该意见明确指出要"进一步规范社区民主选举程序，稳步扩大社区居民委员会直接选举覆盖面"。

对于全民所有制企业和乡镇企业的民主自治制度，也通过相关的法律予以确认和保护。1988年4月，全国人大通过的全民所有制工业企业法，规定职工有参加民主管理的权利，确立了职工代表大会制度是职工实行民主管理的基本形式，职工代表大会有权审议有关企业的经营方针、长远规划、年度计划等企业生产经营的重大事项以及涉及职工的工资、福利、劳动保护等与职工切身利益相关的事项；评议、监督企业各级领导干部，提出奖惩和任免的建议；在一定条件下通过民主选举厂长。1996年10月，全国人大常委会通过的乡镇企业法，规定乡镇企业依法实行民主管理，乡镇企业的投资者在确定企业经营管理制度和企业负责人，做出重大经营决策和决定职工工资、生活福利、劳动保护、劳动安全等重大问题时，应当听取本企业工会或职工的意见，实施情况要定期向职工公布，接受职工的监督。

（5）民族区域自治制度进一步健全和完善，少数民族权利得到保障

民族区域自治制度是中国共产党解决国内民族问题，实现各族人民当家作主的基本政策，也是我国的一项基本政治制度。民族区域自治制度在"文化大革命"中也曾遭到严重的破坏，民族区域自治机关基本被取消。

改革开放以来，中国共产党积极恢复和发展民族区域自治制度，使这一适合我国国情的基本制度重新焕发了青春。在拨乱反正、实行改革开放的新的历史时期，以邓小平为核心的党的第二代领导集体总结了中华人民共和国成立以来实行民族区域自治的历史经验和"文化大革命"的沉痛教训，提出坚持实行民族区域自治，并适应发展社会主义民主和健全社会主义法制的要求，于1984年5月颁布了《中华人民共和国民族区域自治法》，使我国民族区域自治走上了法制化的轨道，民族区域自治制度建设走向了一个新的阶段。在改革开放和现代化建设的重要历史时期，以江泽民为核心的党的第三代领导集体，将民族区域自治制度作为建设有中国特色社会主义民主政治的重要内容。为了进一步坚持和完善民族区域自治制度，于2001年2月对民族区域自治法做了修改。修改后的民族区域自治法将民族区域自治制度表述为国家的一项基本政治制度，强调要继续坚持和完善民族区域自治制度，使其在国家和社会主义现代化进程中发挥更大的作用。不仅进一步保障了少数民族的各项权利，而且促进了少数民族地区经济社会的发展。2014年在中央民族工作会议上，习近平指出：民族区域自治制度是我国的一项基本政治制度，是中国特色解决民族问题的正确道路的重要内容。要坚持统一和自治相结合、民族因素和区域因素相结合，把宪法和民族区域自治法的规定落实好，关键是帮助自治地方发展经济、改善民生。这一新的论断充分体现了以习近平总书记为核心的党中央以人民为中心的发展思想，这对进一步落实和完善民族区域自治制度，加快民族地区发展，促进各民族共同繁荣，推动实现"中华民族一家亲，同心共筑中国梦"，将会起到重大的作用。

3. 人民的民主权利得到保障，政治参与的形式不断丰富，参政议政途径不断发展

社会主义民主的本质是人民当家作主，国家一切权力属于人民。人民群众依法享有管理国家和社会事务的民主权利。保障人民的民主权利是人民当家作主的内在要求，是社会主义民主的根本体现。改革开放以来，我国的政治体制改革始终致力于对人民的民主权利的保障。通过对人民代表大会制度的健全和完善，特别是通过选举制度的完善，例如直接选举扩大到县，实行差额选举等，全国人民参与国家事务管理的权利得到了保障和发展。"长期共存、互相监督,肝胆相照、荣辱与共"方针贯彻到多党合作和政治协商制度当中,使各阶层及各界人士参政议政的民主权利得到实现。《中华人民共和国民族区域自治法》的出台则为各族人民参与国家和民族事务的管理、行使各项民主权利提供了保障。在农村,逐步完善的以村民委员会直接选举、村民议事、村务公开等为主要内容的农村基层民主,保证了农民直接行使民主权利。而在城镇,以职工代表大会为基本形式的企事业民主管理制度,组织职工参与改革和管理,发挥工会和职工代表大会的积极作用,以切实维护职工的合法权益,保障了职工的民主权利。此外,我国对人权的保障,也为人民民主权利的保障奠定了良好的基础。

从公民享有的具体权利而言,通过政治体制改革,人民真正享有了宪法规定的各种权利,如选举权,被选举权,对国家机关和国家工作人员的批评权、建议权、罢免权、申诉权、控告权、检举权等。知情权也随之扩大,人民的监督权因监察制度的完善而得到了增强。

公民对政治的广泛参与是政治发展的显著特征,投票、选举、协商、对话等是公民政治参与较为普遍的形式。通过政治体制的改革,我国公民政治参与的形式不断丰富。人民代表大会制度、中国共产党领导的多党合作和政治协商制度、民族区域自治制度和基层群众自治制度是我国的基本政治制度,既是扩大公民有序政治参与的制度保障,也是扩大公民有序政治参与的制度载体,这些制度都得到了完善和发展。在此基础上,我们建立和完善了公民政治参与的具体制度,如投票制度、选举制度、信访制度、听证制度、旁听制度、建议制度、批评制度、测评制度、公示制度、决策咨询制度、信息公开制度、民意调查制度等。这些制度的建立、健全和贯彻落实,使得公民政治参与的形式逐渐丰富。

此外,公民参政议政的途径不断拓展。这一成果在多党合作和政治协商制度的发展中体现得最明显。当前,民主党派和无党派人士履行参政议政职能的途径有:(1)中共中央主要领导人邀请各民主党派的主要领导人和无党派的代表人士举行民主协商会,就中国共产党将要提出的大政方针问题进行协商。(2)中共中央主要领导人根据形势需要,不定期地邀请民主党派主要领导人和无党派人士举行高层次、小范围的谈心活动,就共同关心的问题自由交谈、沟通思想、征求意见。(3)由中国共产党召开民主党派、无党派人士座谈会，通报或交流重要情况，传达重要文件，听取民主党派、无党派人士提出的政策性建议或讨论某些专题。(4) 除会议协商外，各民主党派和无党派人士可就国家大政方针和社会主义现代化建设中的重大问题向中共中央提出书面的政策性建议，也可邀请中共中央负责人交谈。

4. 权力结构日趋合理，机构设置科学，运转逐渐高效、富有活力

实现中国社会稳定、经济发展、政治昌明、文化繁荣的首要前提是权力结构的优化配置。权力结构的优化配置是指在党的政治领导下，国家组织及其他各种组织，都能各明其权，各司其职，使各方面的积极性都得到充分发挥。[①] 以往我国实行的是高度集权的政治体制，权力结构极其不合理，存在诸多问题。经过40年的改革和调整，现在的权力结构已经日趋合理，主要表现为：在党的内部关系上，健全了党的组织机构，实现了中共中央内部的适度分权，党员的民主权利也有了相应的制度保障；在党和国家政权的关系上，权力由原来过分集中转为在国家宪法和法律的范围内活动；在国家政权的内部关系上，权力机关与行政机关的关系进一步理顺，权力机关与行政机关之间权力的授予与被授予关系更加明确，行政机关向权力机关负责并报告工作的制度已经形成，行政机关的工作效率通过几次机构改革也得到了相应的提高；在中央和地方的关系上，经过多次权力的下放与调整，形成了中央与地方之间合理的权力分配关系，既维护了中央的权威，地方的自主性也得到了发挥；在政府和社会组织的关系上，政府将管理权适当下放给了各种经济组织和社会组织，加强了政府对社会事务的宏观调控，各种经济组织和社会组织有了自主权，增强了活力。

更为突出的是建立健全了国家和党的权力监督制约机制。纪律检查监督机构逐步完善，恢复了党的各级纪律检查机关，成立了国家的监察部，并将党的纪律检查机关和国家监察机关合署办公，还成立了国家预防腐败局，为反腐败提供了组织机构保障。2018年3月，组建国家监察委员会，加强党对反腐败工作的集中统一领导，实现党内监督和国家机关监督、党的纪律检查和国家监察有机统一，实现对所有行使公权力的公职人员监察

---

① 迟福林等：《政治体制改革基本问题探讨》，春秋出版社1988年版，第43页。

全覆盖，将监察部、国家预防腐败局的职责，最高人民检察院查处贪污贿赂、失职渎职以及预防职务犯罪等反腐败相关职责加以整合，组建国家监察委员会，同中央纪律检查委员会合署办公，履行纪检、监察两项职责。

建立健全了反腐倡廉基本制度，夺取反腐败斗争的压倒性胜利。随着反腐倡廉的不断深入，反腐败要靠法制的思想深入人心，各级党委、政府法制观念明显增强，各级纪检监察机关和广大纪检监察干部进一步强化了法制意识，严格依法执纪、依法监察的能力不断增强。党中央确立了标本兼治、综合治理、惩防并举、注重预防的反腐倡廉战略方针，致力于建立健全惩治与预防腐败体系，反腐倡廉法规制度建设摆到了更加突出的位置上。随着这些年反腐败斗争的深入，行政许可法、反洗钱法，党内监督条例（试行）、纪律处分条例、党员权利保障条例、行政监察法实施条例、行政机关公务员处分条例等一系列基础性法规制度相继制定和修订，反腐倡廉法规制度建设取得了突破性进展，不仅立法数量多，而且立法质量明显提高，使反腐倡廉工作基本上实现了有法可依，初步形成了以宪法和党章为依据，适应新时期反腐倡廉形势和任务的需要，由若干党风廉政法规制度共同组成相互联系的反腐倡廉法规制度体系。查办大案要案的力度持续加大，惩处了一批贪污腐败的官员，涉案官员的级别甚至高达国家级，体现了党中央和国家反腐的力度，深得民心。部门和行业不正之风在一定程度上得到了纠正，政治生态逐步好转。

同时，改革开放以来的政治体制改革使党政机关精简机构工作不断推进，各级政府职能进一步转变，运转逐渐高效、富有活力。政府机构经历了 1982 年、1988 年、1993 年、1998 年、2003 年、2013 年、2018 年的改革，尽管遇到过种种困难，甚至出现过反复，但总的来说，得到了精简，国务院部门已经从 1982 年的 100 个减少为 2018 年的 26 个，职能也得以转变，政企不分的现象有所改善，政府工作人员的素质得到了提高。

当然，政府机构改革的目的不仅仅在于数字上的减少，即量的变化。推动量的变化的目标就在于实现其职能的转变。以前我国政府机构的设置是服务于计划经济体制要求的，政府机构要管理全国上下方方面面的事情，即政府是与计划经济相适应的政府。随着政府机构改革的进行，政府的职能也得以转变，这也是适应建设社会主义市场经济和发展社会生产力的必然要求。通过对国务院一些经济部门的撤并和改编，政府已由全能型成为服务型，即政府要适应市场经济发展的需要，强化宏观调控职能，强化市场监管等执法职能，强化公共服务职能。特别是党的十七大以后进行的"大部门制"行政管理体制改革，以及党的十八大之后围绕"国家治理体系与治理能力现代化"进行的机构改革，进一步推动了机构的调整和职能的转变。地方政府机构改革继1982年政府机构改革后也逐步铺开，经过多次改革，地方政府精简了机构，转变了职能，减少了中间层次，实现了与中央机构的衔接。

党中央部门的机构改革成果集中体现在党政军民学，东西南北中，党领导一切上。深化党中央机构改革，要着眼于健全党的全面领导的制度，优化党的组织机构，建立健全党对重大工作的领导体制机制，更好地发挥党的职能部门作用，推进职责相近的党政机关合并设立或合署办公，优化部门职责，提高党把方向、谋大局、定政策、促改革的能力和定力，确保党的领导全覆盖，确保党的领导更加坚强有力。

5. 利益关系得到优化，社会稳定、和谐

改革本质上是利益关系的调整，政治体制改革所针对的也是在政治的发展运行中所存在的矛盾和冲突以及不利于政治系统正常运转的利益关系。改革开放以前，在计划经济体制下，始终强调利益的单一性和整体性。随着改革开放进程的加快，原有的利益关系逐渐从帷幕下显露出来，被人们所认识和承认。利益关系在改革开放和经济发展过程中呈现出复杂性和多样性，向政治体制改革提出了新的要求。40年对政治体制的改革和完善也主要是围绕协调政治利益关系这个中心问题展开的。

政治体制改革使党政关系进一步明确，党政分开工作取得一定的成效。针对存在已久的"党政不分""以党代政"和"权力过分集中"等弊端，经过反复探索和酝酿，1987年党的十三大正式提出逐步实行"党政分开"的改革原则和思路。党的十八大以来，以习近平为核心的党中央明确提出，全面深化改革的总目标是完善和发展中国特色社会主义制度，推进国家治理体系和治理能力现代化。在实践中的主要做法是：第一，坚持党的全面领导，党的全面领导是深化党和国家机构改革的根本保证；在企业中，要逐步实行厂长（经理）责任制，党委对经营活动和负责干部的工作给予保障、监督。政府领导人、企业事业单位负责人，按照一定的规则独立开展工作，负具体的领导责任。第二，党领导立法工作，但党在宪法和法律的范围内活动，通过对人民代表大会的领导和在人民代表大会中的稳定多数，使自己所代表的人民意志经过立法程序上升为法律，成为整个国家具有强制约束力的行为规范。第三，党管干部，我国的政治体制改革坚持了在国家领导体制中党管干部的原则，但尊重人民代表大会及其常委会的任免权并实行分类管理。党依照法律程序，向国家机关推荐社会上的优秀分子担任重要的领导职务，同时注意广泛听取群众意见，通过人大的法律程序进行正式任命。对党的干部、国家公务员、企业管理人员、人民团体的干部等，实行分类管理。第四，党的纪律检查部门与政府中的监察部门合署办公，集中查处党风、党纪、政纪问题，不处理法律方面的问题。实行"党政分开"，使我国权力结构和领导体制中的党政关系规范化，为全面协调好当代中国的各种政治关系创造了良好的前提条件。

政治体制改革过程中对中央与地方关系的调整，包括财权与事权从中央向地方下放。这种关系的调整前后经历了三个阶段：第一阶段是纵向的权力下放。第二阶段重点是进行财权关系的调整，包括调整财税关系、产权关系、资源配置关系和社会事业管理权限。但是，中央权力下放也带来了一些负面效应，最显著的特征是中央宏观调控经济的能力弱化，中央财力下降。在这种背景下，以分税制为主要内容的中央与地方关系改革被提上议事日程，改革进入第三阶段。分税制从制度上明确了中央和地方在财权与事权方面的权限。通过三个阶段的中央和地方关系的调整，既维护和巩固了中央的权威和领导力，也增强了地方的自主性，调动了中央和地方两个积极性，焕发了国家的生机。中央和地方关系的调整还体现在立法权限的改变上，由原来中央高度集权的一级立法体制，变为中央和地方二级立法体制；颁布民族区域自治法，规定民族自治地方的自治机关可根据当地的实际情况贯彻国家的政策，并在政治、经济、文化和社会事务方面，享有较一般地区更为充分的自治权。

通过民族区域自治制度的完善协调了民族关系，各民族团结、和睦，共同为国家的富强而奋斗。民族区域自治制度是中国共产党根据中国统一、多民族国家的国情而逐步建立和完善的基本政治制度。在40年的政治体制改革过程中，民族区域自治制度的发展和完善主要体现在民族区域自治法的出台和对它的修改上。首先，民族区域自治法对少数民族在国家政治生活中的地位进行了明确规定，使少数民族的政治地位有了法律保障，推动各族人民以国家主人翁的姿态积极参与国家事务的管理。其次，几经修改的民族区域自治法，对各个民族的参政议政权利、宗教信仰权利、自由使用语言文字权利等均做了详细的规定，赋予少数民族更多的权利和政治、宗教自由，尊重少数民族的习俗，为少数民族的发展和壮大提供了更好的空间和机会。改革开放以来，正是因为坚持和完善了民族区域自治制度，汉族与少数民族、少数民族与少数民族以及各民族内部之间的关系融洽，少数民族和民族地区的发展速度加快，各民族在祖国大家庭里和睦相处、和衷共济、和谐发展。

通过党风廉政建设改善了党群关系、干群关系，巩固了党和人民的鱼水深情。建设和谐社会中非常重要、非常关键的问题，就是党群关系、干群关系。党群关系、干群关系解决不好，就谈不上社会和谐。而影响党群、干群关系的一个重要问题就是腐败问题，群众对腐败现象可以说是深恶痛绝。改革开放以来，中国共产党始终将党风廉政建设放在重要的位置上，不断加强对党组织和党员自身的党风廉政思想的培养，并通过组织建设、制度建设、法制建设以及采取的许多重大措施对腐败问题做出制度上和体制上的预防和严惩。通过中国共产党在党风廉政建设方面所表现出的坚定决心和取得的良好成效，有力地消除了腐败现象给国家和社会所带来的负面影响，树立了党和国家清正廉明的形象，得到了广大人民群众的广泛认同和称赞，进一步密切和改善了党群关系，推动了国家和社会的发展。

通过共产党领导的多党合作与政治协商制度的健全和完善协调了党际关系，形成了领导与合作、执政与参政、互相监督、共同进步的关系。40年的政治体制改革史也是中国共产党与各民主党派联系更加密切，合作关系更加融洽，执政和参政议政良性互动的过程。中华人民共和国成立后，在"长期共存、互相监督"的原则指导下，中国共产党领导下的合作型政党关系就已经形成并得到巩固。改革开放以来，在深刻总结经验教训的基础上，我国处理党际关系的准则进一步发展，提出了"长期共存，互相监督，肝胆相照，荣辱与共"的方针。改革开放以来，民主党派、无党派人士政治协商、民主监督、参政议政的活动日益制度化、规范化，实现了对大政方针、重要问题多渠道、多形式的沟通和探讨，并且进一步发挥了民主党派、多党合作制度的作用，使党际和谐在更加稳固和可靠的基础上迅速发展，成果卓著。

政治体制改革对于国家与社会关系的调整和改善主要体现在对个人和社会团体参与国家政治生活的调整上。作为国家政治生活参与者的社会人被赋予了更多的权利，参与到国家管理和政治决策的各个环节当中。人民代表大会制度、选举制度和基层民主制度的改革都使人民享有了更多、更切实的民主。从基层到地方，再到全国，人民群众都可以通过直接选举和间接选举的方式选出代表来表达自己的政治意愿，参与到政治决策之中，也能发挥政治监督的作用。人民的民主权利、社会团体、中介组织在国家政治生活中的地位得到了确认和重视。《中共中央关于加强和改善党对工会、共青团和妇联工作领导的通知》理顺了党同群众团体的关系，为发挥群众团体在国家和社会事务管理中的民主参与、监督作用提供了制度保障。党的十九大报告进一步指出：增强群众工作本领，创新群众工作体制机制和方式方法，推动工会、共青团、妇联等群团组织增强政治性、先进性、群众性，发挥联系群众的桥梁纽带作用，组织动员广大人民群众坚定不移地跟党走。这明确了群众组织的功能和未来发展方向。

正是由于正确处理和协调了各种利益关系，我们才能够保障国家的政治稳定和社会的和谐发展。自从"文化大革命"结束以来，保持政治稳定就是我们一以贯之的基本方针。政治体制改革的推进始终以政治稳定为重要前提。除了以上分析的各种利益关系的调整对国家政治稳定的保障和推动作用外，政治体制改革吸取"文化大革命"的教训，通过健全和完善决策制度，实现决策的科学化、民主化，减少决策失误，避免了因决策失误而带来的混乱，同时领导干部更替的制度化避免了由此产生的动荡，全方位地保障着国家的政治稳定。通过40年的政治体制改革协调了国家内部的利益冲突，为国家和人民争得了安定团结的政治局面，为市场经济的发展和社会生产力的提高提供了保障。

40年的党政关系、中央与地方关系、民族关系、党群关系和干群关系、党际关系以及国家和社会关系的调整，使得政治生活日益协调。国家和社会将以一个稳健的姿态迈向全面小康社会，实现中华民族的伟大复兴。

（三）改革开放以来中国政治体制改革的经验

改革开放以来的政治体制改革，积累了十分丰富的经验，概括起来，主要体现在以下几个方面。

1. 方向正确——始终坚持改革的社会主义方向

政治体制改革作为一种政治行为和政治活动，应当有明确的价值取向，况且历史提供给人们的可能性并不是唯一的，因而方向问题尤其重要。我国的政治体制改革必须坚持社会主义方向，这是由我们国家的性质决定的。我国是以工人阶级为领导的，以工农联盟为基础的人民民主专政的社会主义国家，这就决定了我们的政治、经济和社会管理制度都是社会主义性质的。而我们进行的改革只是改革政治体制中所存在的弊端，使社会主义制度的优越性更好地发挥出来，因此政治体制改革只能是社会主义政治制度的自我完善。

自中华人民共和国成立起，经过近70年的恢复和建设，形成了工人阶级领导的、以工农联盟为基础的人民民主专政的国体，人民代表大会制度的政体，作为我国政党制度的共产党领导的多党合作和政治协商制度，以及实现和维护我国各民族平等、团结、互助关系的民族区域自治制度等组成的社会主义基本政治制度体系。基本政治制度体系的社会主义性质是不容动摇和改变的。如果政治体制改革改变了政治制度的社会主义方向，抛弃了社会主义，也就抛弃了中国发展和强大的唯一出路，后果不堪设想。

我国的基本政治制度是好的，代表和反映了广大人民群众的根本利益以及历史发展的方向。但是，党和国家现行的一些具体领导制度、组织形式和工作方式却存在着一些弊端。邓小平明确指出，我国政治体制改革的性质是使社会主义政治制度"一天天完善起来""成为世界上最好的制度"[①]。政治体制改革的性质是社会主义制度的自我完善和发展，完善和发

---

① 《邓小平文选》第2卷，人民出版社1994年版，第337页。

展的过程就是克服这些逆社会主义方向而行的弊端，保持社会主义制度的社会主义方向和良好运行的过程。政治体制改革的根本目标是兴利除弊，以利于发挥社会主义的优越性，更好地发展社会主义事业。

从改革开放以来所取得的成就中可以看出，其重要保障之一就是我们党成功地排除了"左"和"右"的错误思想的干扰，坚持了政治体制改革的社会主义性质。坚持改革的社会主义方向是我们党一以贯之强调和坚持的原则。党的十一届三中全会后，邓小平在谈到我国政治体制改革的主要任务时指出，要"发展社会主义民主，健全社会主义法制"。党的十二大提出，建设高度的社会主义民主，是我们的根本目标和根本任务之一。社会主义民主的建设必须同社会主义法制的建设紧密地结合起来，使社会主义民主制度化、法律化。党的十三大提出，进行政治体制改革，就是要兴利除弊，建设有中国特色的社会主义民主政治。政治体制改革的长远目标是建立高度民主、法制完备、富有效率、充满活力的社会主义政治体制。近期目标是建立有利于提高效率、增强活力和调动各方面积极性的领导体制。党的十四大提出，要积极推进政治体制改革，使社会主义民主和法制建设有一个较大的发展。要下决心进行行政管理体制和机构改革，切实做到转变职能、理顺关系、精兵简政、提高效率。党的十五大提出，在坚持四项基本原则的前提下，继续推进政治体制改革，进一步扩大社会主义民主，健全社会主义法制，依法治国，建设社会主义法治国家。党的十六大提出，发展社会主义民主政治，建设社会主义政治文明，是全面建设小康社会的重要目标。党的十七大报告强调，深化政治体制改革，必须坚持正确的政治方向，以保证人民当家作主为根本，以增强党和国家活力，调动人民积极性为目标，扩大社会主义民主，建设社会主义法治国家，发展社会主义政治文明。党的十八大报告提出：坚持走中国特色社会主义政治发展道路和推进政治体制改革。党的十九大报告强调：全面深化改革总目标是完善和发展中国特色社会主义制度、推进国家治理体系和治理能力现代化。可见，任何对政治体制改革的重大阐述都始终未脱离社会主义这一根本方向。正是在这些原则和方针的指引下，坚持社会主义道路，坚持四项基本原则，我们才能在与西方敌对势力对我国实施西化、分化的政治斗争中取得胜利，我国的政治体制改革才能得以健康顺利的发展。

2. 目的明确——以人民当家作主为根本，寻找和开辟人民当家作主的途径和形式，以增强党和国家的活力、调动人民的积极性为宗旨

我国是人民民主专政的社会主义国家，人民当家作主是我国社会主义民主的本质。人民当家作主就是广大人民群众在党的领导下，依照宪法和法律的规定，通过各种途径和形式，充分行使管理国家事务，管理经济文化事业，管理社会事务的权利。我们所进行的政治体制改革，从根本上说，是为了进一步实现好、维护好、发展好人民群众当家作主的民主权利和根本利益，就是以人民当家作主为根本。邓小平在改革开放之初就明确指出："没有民主就没有社会主义，就没有社会主义的现代化。"

政治体制改革就是要坚持和完善社会主义民主制度，包括坚持和完善人民代表大会制度、共产党领导的多党合作和政治协商制度、民族区域自治制度以及基层群众自治制度等。这些制度始终围绕实现人民当家作主的目的而运转和完善，是为这一目的服务的。人民代表大会制度是我国的根本政治制度，是我国人民当家作主的重要途径和最高实现形式；共产党领导的多党合作和政治协商制度支持民主党派和无党派人士更好地履行参政议政、民主监督的职能；民族区域自治制度保证民族自治地方依法行使自治权，保障少数民族人民参与国家管理的权利；基层群众自治制度扩大各界人士有序政治参与，拓宽社会利益表达渠道，保障人民依法直接行使民主权利，保障人民对基层政治生活的知情权、参与权、表达权、监督权，是人民当家作主最有效、最广泛的途径。这些民主制度都是为人民当家作主这一中心目标服务的。40年的政治体制改革实践使这些民主制度随着社会主义现代化建设的发展而不断完善，随着人民群众政治参与需求的提高而不断创新，推动了政治体制改革的发展。

党的十一届三中全会以来，我们始终将实现人民当家作主作为政治体制改革的根本目的，除从基本制度上进行改革和完善之外，还努力构建人民民主的实现体系，为人民群众提供更广泛、更多形式的政治参与机会。通过政治体制的改革，我国形成了多层次、全方位、多途径的人民民主体制，拓展了人民当家作主的渠道和形式。从纵向上看，"人民通过自己选出的代表组成全国人大和地方各级人大，行使管理国家事务、管理经济和文化事业、管理社会事务的权力，同时在基层实行群众自治等形式的直接民主"①。这就保证了人民当家作主从上到下都得以贯彻执行。从横向上看，党、人大、政府、政协、两院等形成了实现人民政治参与的机制，党内民主、人民民主、选举民主、协商民主等共同发展，遍及国家政治生活的各个领域，具有广泛性。从民主实现的途径上看，政治体制改革对我国民主选举、民主决策、民主管理、民主监督等的制度规定进行了完善和发展。正因为始终以人民当家作主为根本，寻找和开辟了人民当家作主的途径和形式，才吸引了更多的人民群众参与到政治体制改革和国家的政治建设中来，使党和国家更具活力，形成了巨大的推动力，促进了改革的发展。

如同习近平总书记在党的十九大报告中所指出的：要长期坚持、不断发展我国社会主义民主政治，积极稳妥推进政治体制改革，推进社会主义民主政治制度化、规范化、法治化、程序化，保证人民依法通过各种途径和形式管理国家事务，管理经济文化事业，管理社会事务，巩固和发展生动活泼、安定团结的政治局面。这正是对40年政治体制改革经验的最好总结。

3. 保障有力——改革的成果及时制度化、法制化

政治制度化是一个国家的政治走向成熟的标志。在对"文化大革命"的深刻反思中得出的重要经验之一就是忽视了制度建设。要防止类似悲剧的再度上演，维护安定团结的局面，就必须加强制度建设，使民主政治制度化、规范化和程序化，"使这种制度和法律不因领导人的改变而改变，不因领导人的看法和注意力的改变而改变"②。这一重要经验在政治体制改革过程中得到了充分体现——政治体制改革的成果基本上及时地以制度或法制的形式固定下来。

早在1980年，邓小平就指出："制度问题更带有根本性、全局性、稳定性和长期性。"③ 政治体制改革40年，成果众多，这些成果既有对以往经验、教训的总结，也有在实践中的摸索创新。把这些成果通过制度化、

---

① 《胡锦涛在11月30日下午主持中共中央政治局第三十六次集体学习时的讲话》，新华网，2006年12月1日。
② 《邓小平文选》第2卷，人民出版社1994年版，第146页。
③ 《邓小平文选》第2卷，人民出版社1994年版，第333页。

法制化的形式累积起来，构成一个牢不可破的体系，对于巩固和发展改革成果，具有十分重要的意义，也为政治体制改革的进一步深化铺平了道路。

正是由于改革成果的及时制度化，党的领导体制建设、人民代表大会制度建设、中国共产党领导的多党合作和政治协商制度与干部人事制度的改革等才得到逐步健全和完善，我国初步形成了党的制度体系、有中国特色社会主义的法律体系框架和干部人事工作法规体系等。为了将改革的成果制度化、法制化，还及时以法律的形式予以了确认，提高其权威性和普遍约束力。诸如在党与法律的关系上，党的十二大在党章中写入了"党必须在宪法和法律的范围内活动"[①]。1982年12月通过的第四部宪法第五条规定："一切国家机关和武装力量、各政党和各社会团体、各企业事业组织都必须遵守宪法和法律。一切违反宪法和法律的行为，必须予以追究。任何组织或者个人都不得有超越宪法和法律的特权。"1997年党的十五大报告明确提出实行"依法治国，建设社会主义法治国家"，并在1999年宪法修正案第五条中得到确认，在党的十六大党章修正案中，也把这一内容写进党章的总纲部分。2018年宪法修正案将宪法序言中"健全社会主义法制"修改为"健全社会主义法治"。这样的修改有利于推进全面依法治国，建设中国特色社会主义法治体系，加快实现国家治理体系和治理能力现代化，为党和国家事业的发展提供根本性、全局性、稳定性、长期性的制度保障。

对政治体制改革成果的制度化、法制化具有全面和系统的特点，其全面表现在政治体制改革的各个方面和各个环节都得到了贯彻，对党的领导体制、人大制度、选举制度、共产党领导的多党合作和政治协商制度、民族区域自治制度、基层民主制度以及中央和地方关系的改革与完善都以制度或法律的形式确定下来，既巩固了改革成果，避免了因领导人的改变而改变，因领导人注意力的改变而改变，减少了随意性，又推动了政治生活的制度化、法制化，促进了社会主义政治文明建设和社会主义政治现代化

[①] 《十一届三中全会以来党的历次全国代表大会中央全会重要文件选编》，中央文献出版社1997年版，第289页。

的发展。以人大制度为例，其政治体制改革成果制度化、法制化的全面性体现得更为明显。通过改革，人民代表大会的组织建设有组织法，代表选举有选举法，代表职能的行使有代表法，人大的监督职能有监督法等。人大常委会的工作也有一系列的会议制度、工作制度、代表工作制度、信访工作制度、同地方人大联系的制度和机构工作制度予以保障。系统性体现在对每个体制的具体环节做出规定方面，做到有法可依。从干部人事制度体系的形成和发展过程就可见端倪。现有的干部人事制度体系就对公务员的职位分类、考试录用、考核、奖惩、职务升迁和任免、培训、转任与回避、工资福利、申诉控告、辞职辞退、退休退职等各个环节做了系统的制度安排。此外，制度化、法制化还有很强的规范性。依据立法体制的规定，五个立法层级严格按照其立法和制定规章制度的权限制定相应的法律、法规、地方性法规、自治条例和单行条例等，不得与上级法规、制度相抵触；对制度和法律的制定过程，也有一个严格的程序；对经验成果进行总结、起草、修改、试行（暂行）到颁布实施，都有一个很长的从实践中来到实践中去的验证过程；即使在施行后，因为客观环境的变化和新情况、新问题的出现还有一个不断修改和完善的过程，足见其具有很强的科学性。

4. 积极稳妥——从大局上处理好改革、发展和稳定的关系

改革和发展需要稳定的环境，稳定是改革和发展的重要支撑点。然而发展和改革是稳定的基础和动力，不改革就没有出路；发展才是硬道理；稳定压倒一切。这一经验同样适用于对改革开放以来政治体制改革的经验总结。在改革和发展的过程中，中国共产党逐步摸索出从大局上协调改革、发展和稳定关系的基本原则，即把改革的力度、发展的速度和社会可以承受的程度统一起来，在社会政治稳定中推进改革、发展，在改革、发展中实现社会政治稳定。①

邓小平认为，评价一个国家的政治体制、政治结构和政策是否正确的条件之一就是国家的政局是否稳定，政局的稳定是一个国家政治、经济、

---

① 江泽民：《高举邓小平同志理论伟大旗帜，把建设有中国特色社会主义事业全面推向二十一世纪》，《人民日报》1995 年 10 月 9 日。

社会生活正常运转的大前提。江泽民指出："没有稳定的政治和社会环境，一切无从谈起，多么好的规划、方案都将难以实现。"[①] 在 40 年的政治体制改革过程中，我们党始终强调稳定的重要性，坚持"稳定压倒一切"。十一届三中全会以后，邓小平吸取了中华人民共和国成立以来，特别是"文化大革命"十年内乱的历史教训，坚决反对一切社会动乱，反复强调稳定压倒一切。在改革的推进过程中，始终坚持贯彻稳定的大前提，党中央对领导体制的改革和领导层的交接班，始终以保障党的领导集体的稳定，进而保障国家政局的稳定为中心，其他各项改革措施也始终将谋求社会政治环境的稳定，保证安定团结作为重要的目标。邓小平曾多次强调稳定的重要性，并在多次讲话中论述了政治稳定的重要性。党的十三大后，为了保障国家的政局稳定，政治体制改革进入调整阶段，党和国家采取了很多措施保持国家的稳定，进而为继续推进政治体制改革创造了条件。后来，随着改革的不断深化，一些深层次矛盾继续暴露出来，而且来自外部和内部的颠覆势力依然会破坏改革，因此，要始终坚持国家政治稳定的前提不能变，没有稳定的环境，什么事情都做不成，已经取得的改革和发展成果也会失去。因此，党的十九大报告进一步明确指出，要积极稳妥地推进政治体制改革。

强调政治稳定，并不是抛弃政治体制改革，而要坚持和深化政治体制改革，政治体制改革是实现国家政治稳定和发展的保障与必然出路。党和国家现行的一些具体领导制度、组织形式、工作方式和运行机制存在着一些弊端。这些弊端的存在和扩大会降低党和国家在人民群众中的公信力，妨碍社会主义制度优越性的发挥，进而威胁国家的政治稳定和发展。特别是随着社会主义市场经济体制的建立和发展，以及经济全球化、政治多极化和文化多元化进程的加快，国内经济结构的变更，社会的价值取向日趋复杂，思维方式日益活跃，利益需求呈现多样性，各种利益主体的利益矛盾不断凸显，尤其是绝大多数社会成员在解决温饱问题之后，对参与政治过程萌发了新的要求，迫切要求改革政治体制，开辟新的参与渠道和形

---

① 江泽民：《高举邓小平同志理论伟大旗帜，把建设有中国特色社会主义事业全面推向二十一世纪》，《人民日报》1995 年 10 月 9 日。

式，协调处理好各种矛盾和冲突，为社会的稳定奠定广泛的群众基础，保持安定团结的大好局面，使国家和社会发展走上正常的轨道。在国际社会，在国家之间、区域之间不断加强合作与交流的同时，以综合国力竞争为主要内容的竞争正在全面展开。在和平因素不断增长，进步力量谋发展谋和平的同时，霸权主义依然存在，西化、分化我国的图谋不但没有改变，而且在某种意义上有所增强。为了充分发挥社会主义政治制度的优越性，提高抵御各种风险的能力，保证我国能够长治久安，就必须适应时代特征和社会发展的需要，在坚持社会主义原则的前提下，大力推进政治体制改革。

虽然为了保障政治稳定，政治体制改革一度进入调整时期，由攻坚战转为外围战，但改革的决心不减，政治体制改革也取得了一定的成绩。党的十四大以后，随着国家政治经济形势的发展，政治体制改革由调整逐步突破，党的十五大提出了"建设社会主义法治国家"，党的十六大提出"建设社会主义政治文明"，并明确强调要继续推进政治体制改革，党的十七大在提出政治体制改革时，增加了"深化"两个字，表明了推进政治体制改革的决心、信心和对政治体制改革的深度思考。党的十八大提出政治体制改革是我国全面改革的重要组成部分。党的十九大强调实现国家治理体系与治理能力现代化。这些都表明政治体制改革始终是国家大政方针中不可或缺的重要组成部分。

5. 策略恰当——在党的领导下有秩序、有步骤地循序渐进，逐步推进

改革开放以来的政治体制改革经验告诉我们，要保持国家政治稳定，政治体制改革就要坚持在党的领导下有秩序、有步骤地推进，这样才能成功地消除不稳定倾向。可以说，坚持在党的领导下有秩序、有步骤地推进政治体制改革是正确处理政治体制改革与政治稳定关系的关键。

我们现在所进行的政治体制改革，是我们党提出的，它必须而且只能在党的领导下进行。从中国共产党自身的性质和地位来说，中国共产党是中国的执政党，是中国社会主义现代化建设事业的领导核心。在中国，离开了中国共产党的领导，就没有一个稳定的政治中心，不仅改革搞不下去，而且可能导致社会失序。因此，邓小平反复强调政治体制改革必须在党的领导下有秩序地进行。他指出："改革党和国家的领导制度，不是要削弱党的领导，涣散党的纪律，而正是为了坚持和加强党的领导，坚持和加强党的纪律。在中国这样的大国，要把几亿人口的思想和力量统一起来建设社会主义，没有一个由具有高度觉悟性、纪律性和自我牺牲精神的党员组成的能够真正代表和团结人民群众的党，没有这样一个党的统一领导，是不可设想的，那就只会四分五裂，一事无成。这是全国各族人民在长期的奋斗实践中深刻认识到的真理。我们人民的团结，社会的安定，民主的发展，国家的统一，都要靠党的领导。"[1] 党的十九大报告进一步指出：党要团结带领人民进行伟大斗争，推进伟大事业，实现伟大梦想，必须毫不动摇地坚持和完善党的领导，毫不动摇地把党建设得更加坚强有力。40年的实践经验也证明，任何一项政治体制改革的新实践都是在中国共产党的领导和推动下进行的，改革的成果也是在党的领导下取得并固定下来的。正是在中国共产党的领导和努力推动下，我们的政治体制改革才取得了现有的成绩。

政治体制改革的艰巨性和复杂性，决定了只有在中国共产党的领导下才能保证政治体制改革的社会主义方向，保证政治体制改革在国家和社会稳定的前提下有秩序地进行。其一，政治体制改革并没有先例可循，我国的政治体制改革的实践也是"摸着石头过河"。马克思主义的经典著作没有给我们提供现成的理论参考，以往的社会主义国家政治体制改革的实践只给我们提供了反面的教材，仅能说明哪条路不能走。而我国政治体制改革开始的时间不长，经验也不多，这就需要我们以巨大的理论勇气和实践胆略，努力摸索出一条中国特色的政治体制改革道路。探索新路的艰巨任务需要强大的开拓领导者，这就是中国共产党。其二，政治体制改革很复杂，"每一措施都涉及千千万万人的利益"[2]，也就是说，它涉及社会利益的重新分配，这必然会引起或带来一些新的矛盾、问题，也就必然要遇到来自各方面的阻力。正如邓小平关于政治体制改革所指出的："这个问题太困难，每项改革涉及的人和事都很广泛，很深刻，触及许多人的利益，

---

[1] 《邓小平文选》第2卷，人民出版社1994年版，第341—342页。
[2] 《邓小平文选》第3卷，人民出版社1993年版，第252页。

会遇到很多的阻碍。"① 这种复杂性要求政治体制改革必须依靠强有力的党的领导来推动。坚持党的领导，高举邓小平理论的伟大旗帜，解放思想，实事求是，我们就一定能在政治体制改革中找到一条成功的道路。

在党的领导下，政治体制改革还必须有秩序、有步骤地渐进推行。邓小平说，我们必须有秩序地进行改革，"所谓秩序，就是既大胆又慎重，要及时总结经验，稳步前进。如果没有秩序，遇到这样那样的干扰，把我们的精力都消耗在那上面，改革就搞不成了"②。以江泽民为核心的领导集体继承和发展了邓小平关于渐进式政治体制改革的思想，提出政治体制改革必须有步骤、有秩序地进行。党的十九大报告同样提出：要长期坚持、不断发展我国社会主义民主政治，积极稳妥地推进政治体制改革。苏联政治体制改革的教训和我国政治体制改革以来所取得的成果都说明了这一点。在具体的策略上要做到由易到难，就是选择外围阻力比较小或者大家已经形成共识的那些部分先改起，然后逐步深入；以小带大，对有些绕不过去、必须触及的难题，从小范围、小区域开始起步，再逐渐扩展到大范围、大区域。③ 在此基础上，加强顶层设计，全面深化改革，在一些重要领域和关键环节取得重大进展，进而增强改革的系统性、整体性、协同性。

6. 协调发展——政治体制改革必须与经济体制改革相互协调，相互配合，共同促进

从我国改革的实践进程中，我们也可以清楚地看到经济体制改革与政治体制改革始终保持相互协调、相互配合和共同促进的关系。我国改革开放的总设计师邓小平早就明确指出：我们提出改革时，就包括政治体制改革；政治体制改革同经济体制改革应该相互依赖，相互配合；我们所有的改革最终能不能成功，还是决定于政治体制的改革。江泽民也明确指出，我们在实行经济体制改革的同时，积极稳妥地推进政治体制改革，努力建设有中国特色的社会主义民主政治。胡锦涛在 2006 年访美期间深刻地指

---

① 《邓小平文选》第 3 卷，人民出版社 1993 年版，第 176 页。
② 《邓小平文选》第 3 卷，人民出版社 1993 年版，第 199 页。
③ 许耀桐：《中国政治体制改革的发展及启示》，《新中国政治学的回顾与展望》，世界出版社 2000 年版，第 222—240 页。

出，从1978年以来，中国进行了包括经济体制改革、政治体制改革、文化体制改革等在内的全面改革。党的十九大报告在总结之前改革经验的基础上明确提出：全面深化改革的总目标是完善和发展中国特色社会主义制度，推进国家治理体系和治理能力现代化。

政治体制改革是经济体制改革发展的必然要求。我国的政治体制改革在很大程度上就是出于经济发展的需要而提出的，并且随着经济体制改革的深入而不断深化。当十一届三中全会拉开中国改革的序幕后，经济体制改革率先从农村到城市逐渐展开，一路过关斩将、披荆斩棘，随着改革的不断深化，政治体制改革的滞后性便日益凸显，政府职能没有转变，政企没有分开等一些体制问题严重束缚了企业的活力和积极性的有效发挥。当时，经济体制改革每前进一步，都深深感到进行政治体制改革的必要性。因此，每一次重大的政治体制改革决策，似乎都是响应经济体制改革的号召而提出的。党的十二大后所进行的政治体制改革是以经济体制改革在全国铺开为背景的，党的十三大对政治体制改革的全面部署是经济体制改革的展开和深入对政治体制改革提出的紧迫要求，党的十四大、十五大、十六大、十七大、十八大、十九大也都是随着经济的逐步深入发展，政治体制改革是对相应的经济体制改革的保驾护航。在从有计划的商品经济到以计划为主、市场为辅再到社会主义市场经济的经济体制改革过程中，我们党不失时机地提出了相应的政治体制改革任务与目标。党的十四大在提出建立社会主义市场经济体制目标的同时，建议修改宪法，把社会主义市场经济载入国家根本法，从而使经济体制改革的成果得到法律上的确认，为经济体制改革开辟了广阔的空间。随着市场经济体制的发展，其法治经济的特征初现，因而党的十五大又做出了"依法治国，建立社会主义法治国家"的决定，为市场经济走向成熟和完善奠定了法治基础。党的十九大报告更是进一步提出，市场在资源配置中起决定性作用。这些任务和目标的提出保障了经济体制改革的成果，推动了经济体制改革的继续向前发展，推动了生产力的发展。

改革开放以来的政治体制改革实践，也正是因为正确处理了政治体制改革与经济体制改革之间的相互关系，适应了经济体制改革的要求，才使我们的政治体制改革能够不断推进整个社会的发展。

（四）继续深化政治体制改革的方向

党的十九大提出要积极稳妥地推进政治体制改革。为了不辱使命，应当从以下几个方面做出不懈努力。

1. 不断提高对坚定不移深化政治体制改革的认识

要完成党的十九大提出的政治体制改革的任务，必须解放思想，提高对深化政治体制改革必要性和紧迫性的认识。尽管改革开放以来的政治体制改革卓有成效，但市场化、全球化、民主化和信息化的发展，将政治体制改革推到了风口浪尖上，可谓逆水行舟，不进则退。因此，必须继续坚定不移地深化政治体制改革。

市场化的发展对政治体制改革所产生的挑战主要体现在政治与经济相互作用的关系上。从市场化对政治体制改革的要求而言，它需要政治体制尊重其运行的独立性，即随着市场化的发展，市场化程度越高，要求市场对资源配置的主导性作用就越强，排除政治体制对市场经济的非正常渗透和对市场正常运转的干扰，诸如机构庞大臃肿、政企不分、官僚主义严重以及腐败现象。同时，从政治体制改革对市场化的意义和价值方面而言，市场化还需要政治体制改革为其提供保障。既需要政治体制改革为市场释放出更多的运行空间，又需要政治体制改革为市场的正常运行提供制度和法律保障，使社会主义市场独立处理市场化过程中所出现的经济问题，同时政治系统能有效调节和处理经济加速发展过程中所出现的各种社会矛盾，保障政治和经济的共同发展。此外，市场化对经济关系的调整还会带来社会阶层结构的深刻变更。一些在经济上占有一定地位的新兴阶层，必然要求在政治上表达自己的利益，在政治体制上得到承认和保障，这些新兴阶层的产生所带来的新的矛盾，也需要通过政治体制改革予以解决。

经济全球化作为不可阻挡的历史潮流，给中国和中国的政治体制既带来机遇又带来挑战。经济全球化为中国的政治体制改革提供了更多学习和交流的机会。经济全球化意味着开放和融合，随着全球化的发展，各国经济的融合日益紧密，这也带来了政治上交往的加强。经济的全球化促使各个国家承认、维护和促进世界政治体系的共同标准,例如民主、平等、自由、人权等,也要求各个民族、国家把自己的政治发展纳入全球化的轨道。中国不得不调整自身的政治体制与法律制度,以推动与世界各国的交流和合作。同时,在与世界上其他国家交往的过程中,也使中国有机会了解并学习世界上其他国家比较科学、先进的政治体制构建和运转经验,学习并汲取其他国家进行政治体制改革的经验和教训,以便少走弯路,更好、更快地达到政治体制改革的目标。经济全球化带给中国政治发展机遇的同时,它所带来的挑战也是不容忽视的。从国内的状况看,随着中国融入全球化进程的加快,特别是加入世贸组织后,我国经济发展速度的加快是有目共睹的。然而,这也向政府和政治体制的运行提出了更高的要求。全球化浪潮为西方国家推行西化、分化政策提供了条件,西方国家特别是美国希望借助全球化对社会主义国家进行"和平演变",力图推动中国政治的多元化和多党化。为了抵制这一企图,我们必须改革政治体制,推进民主政治建设,以捍卫社会主义政治制度。

深化政治体制改革也是为了适应民主化进程的加快。经过40年的改革开放和社会全面发展,人民群众的生活水平和文化水平得到了显著的提高。相应地,人民群众的民主观念、法治观念、自主意识、权力意识和参政意识也伴随着我国经济、政治、文化的发展而发展,并且在各种民主制度的逐步完善中得到巩固,利益诉求和参与需求不断提高。人民群众不再仅仅满足于温饱,对参与政治和国家事务管理的要求也日益强烈。要顺应民主化程度提高的现实需求,我们就必须进行政治体制改革,为人民群众参与政治,实现人民民主提供更多的渠道和保障。

此外,信息化对政治体制改革的深化提出了挑战。一方面,20世纪80年代以来,以信息技术为主导的新一轮科学技术革命浪潮席卷全球,信息化网络的影响超越国界的限制,深深渗透到各国政治、经济生活乃至个人生活的方方面面,织就了前所未有的信息交流网络。信息化的益处自不必说,互联网上能够传递政治、经济、社会等各方面的信息并且有很强的互动性,为人民群众的参与权和知情权的扩大奠定了物质基础,也增强了人民的监督能力。另一方面,世界各国各地区之间的政治、经济、文化等交流也因信息化的发展进一步提高,使我们有了更多吸收和借鉴经验的机会，拓宽了获取信息的渠道。另外，在某种程度上信息化、网络化还为政治体制改革提供了更宽阔的宣传和交流平台，成为政治体制改革的助推器。与此同时，由于信息网络的国际性和无国界性，再加上网络信息的不易控制性，它成为西方国家"西化"的重要工具。由于公众的信息来源和渠道日益多样化，很容易使人民群众被误导，对政治制度产生误解。最为重要的是，由于我国的政治体制还存在需要改进之处，在信息化的推动下，被利用和误导的"政治参与"，可能会超出政治体制的承受范围，造成政局动荡。因此，只有深化政治体制改革，才能满足人民群众的现实需求，应对信息化的挑战。

2. 政治体制改革要有利于坚持和完善党的领导，推进国家治理体系和治理能力现代化

（1）政治体制改革要有利于坚持和加强党的全面领导

中国共产党是中国的执政党，是中国社会主义事业的领导核心。党政军民学，东西南北中，党是领导一切的。中国共产党的领导地位是在带领中国人民争取民族独立和国家富强的过程中获得并逐步巩固的。中国共产党有能力而且只有在中国共产党的带领下才能实现建设社会主义现代化的宏伟目标。政治体制改革作为社会主义现代化建设的重要组成部分，同样也需要中国共产党的领导并为其指引方向。而这种领导又不是一成不变的，或者说，这种领导本身就是变化发展的，是需要在政治体制改革的推动下逐步完善和加强的。因此，改善和加强党的领导是社会主义现代化事业和政治体制改革本身的需要。

坚持和完善党的领导是政治体制改革的重要内容，是政治体制改革的题中之义和重要目标。在我国，党的领导体制和国家的政治体制是紧密结合在一起的，党的领导制度的改革是政治体制改革的重要环节，而且对政治体制改革的成败具有决定性的影响。因此，推进政治体制改革的过程与改善和加强党的领导是分不开的。只有改善和加强党的领导，才能保证政治体制改革的顺利进行并取得最后胜利。

政治体制改革对党的领导体制的改革不是要取消或否定党的领导，而是要在坚持共产党领导的前提下，改善和加强党的领导。因此，继续深化政治体制改革要消除那些有可能削弱党的领导的弊端。早在1980年，邓小平就鲜明地指出，我国党和国家的领导体制中存在党政不分、以党代政等问题和官僚主义、权力过分集中等现象。经过40年的政治体制改革，这种状况虽然有所改善，但从现实情况来看，在党的领导方式和执政方式上确实存在着不少需要改革的问题，如一些领域党的机构设置和职能配置还不够健全有力，保障党的全面领导，推进全面从严治党的体制机制有待完善；一些领域党政机构重叠、职责交叉、权责脱节问题比较突出。未来的政治体制改革就要继续针对这些弊端进行改革和完善，以改善和加强党的领导，从而提高党的执政能力。改革党的执政方式和领导方式，提高党的领导水平和执政水平，保持党和国家的活力，使社会主义民主制度的完善同党的执政方式的转变同步推进，坚持科学执政、民主执政、依法执政，保证党领导人民有效治理国家。正如习近平总书记所总结的："从机构设置上充分发挥党领导一切工作的体制优势，提高党把方向、谋大局、定政策、促改革的能力和定力，把党的领导贯彻落实到党和国家机关履行职责的各方面各环节。"

（2）政治体制改革要服务于国家治理体系与治理能力现代化

随着中国改革开放进程的深入，中国特色社会主义的发展进入新时代。新时代并不意味着政治体制改革已经成形，可以仅进行局部的微调。恰恰相反，横亘在中国现代化面前的问题还有很多，且日益复杂。比如，发展的效率和效益不够高，国家的创新能力有待进一步加强，全面依法治国目标仍然任重道远，社会公共服务体系还不健全，与人民美好生活切实相关的民生领域还有诸多短板，生态保护仍然面临严峻的考验，国际格局发生重大变化，等等。正如习近平总书记所强调的："这些问题同国家治理体系和治理能力直接或间接相关，要从根本上加以解决，就必须对体制机制和机构进行调整完善，推动经济、政治、文化、社会、生态文明领域改革持续深化，加快构建系统完备、科学规范、运行有效的党和国家机构职能体系。"换言之，新时代中国国家治理体系与治理能力现代化能够从全局上解决这些问题，必须为实现第一个百年奋斗目标，抓重点、补短板、强弱项、防风险；必须为实现第二个百年奋斗目标，重视打基础、立支柱、定架构，解决事关长远的体制机制问题；必须具有系统性、协同性、灵活性、实效性。政治体制改革作为国家治理体系与治理能力现代化中的一环，也应该具有上述特征。

首先，未来政治体制改革应该具有系统性。从2018年3月《深化党和国家机构改革方案》中可以清晰地看到这种趋势。这次改革涉及中央、国家机关部门以及直属单位80多个，改革的广度前所未有。改革方案中大量使用"组建""重新组建""优化""不再设立"等关键词，改革的力度前所未有。这次改革表明了未来的改革不再是修修补补或者被动应对问题，而是围绕国家治理体系与治理能力现代化这一核心，从系统的角度对改革的目标、方法、步骤等进行详细的规划，从而为解决当前以及长远的问题"顶梁架柱"，提供坚实的制度保障。

其次，未来的政治体制改革应该着重优化协同高效。纵观以往的多轮政治体制改革，改革的目标呈现出从组织精简到职能转变，再到服务型政府的变化。在上述改革的基础上，党的十九大之后的政治体制改革突出强调"优化、协同、高效"。换言之，在现阶段，组织的规模并不是问题的症结所在，关键在于如何做到权力与责任协同、效果与效率协同，避免出现"九龙治水"、多头管理、权责不清、推诿扯皮、效率低下等问题。因此，习近平指出，不应该为了精简而精简，为了加强而加强，应该围绕"优化、协同、高效"这一目标展开具有问题意识的改革。具体而言，"优化就是要科学合理、权责一致，协同就是要有统有分、有主有次，高效就是要履职到位、流程通畅"。这一论断为未来政治体制改革指明了方向。

再次，未来的政治体制改革应该具有灵活性。从理论上讲，制度往往滞后于现实，或者超前于现实，往往无法与现实问题完美契合。因此，制度的改革不应该本着完美主义或者空想主义的态度，强行要求整齐划一或者上下一致，而是应该根据实际的问题预留一定的灵活性。《中共中央关于深化党和国家机构改革的决定》明确规定，上级机关要优化对基层的领导方式，既允许"一对多"，由一个基层机构承接多个上级机构的任务；也允许"多对一"，由基层不同机构向同一个上级机构请示汇报。同样，在中央与地方、地方与基层、政府与市场、宏观与微观等不同维度的改革中，都应该在坚持原则的基础上，保证具体措施的灵活性，进而提升制度的弹性和适用性，减少制度性的交易成本，提升整个社会运行的效率。

最后，未来的政治体制改革应该具有实效性。"一分部署，九分落实""世间事做于细成于严""空谈误国，实干兴邦"。党的十八大以来的各项改革无不围绕着"落实"这一核心要求展开。在各项改革方案中，不仅指明改革的内容，而且对改革的方法、责任主体、时间节点等都做出明确的规定。中央和国家机关机构改革要在2018年底前落实到位，省级党政机构改革要在2018年底前基本调整到位，地方党政机构改革任务要在2019年3月底前基本完成，上述具体的时间节点无不反映出改革成功的关键在于落实。除了改革的落实外，改革效果的评估也成为重点。改革不仅应该有科学的顶层设计，而且应该有明确的评价标准。习近平总书记在2016年2月中央全面深化改革领导小组第二十一次会议上明确指出："把是否促进经济社会发展、是否给人民群众带来实实在在的获得感，作为改革成效的评价标准。"这为改革效果的评价提出了清晰的标准。

3. 大胆借鉴其他国家或地区的经验教训，但要从本国国情出发，从中国现阶段的国情出发，走适合本国国情的道路，绝对不能照抄照搬

中国的政治体制改革没有先例可循，从一开始就是"摸着石头过河"，改革过程中既积累了许多经验，也有不少教训。世界范围内的政治体制改革也是如此。因此，深化政治体制改革同样需要借鉴别的国家政治体制改革的经验和教训。

作为社会主义国家的政治体制改革，苏联、东欧的政治体制改革最终以全盘演变为资本主义的失败而告终。其失败的经验教训就在于政治体制改革的长期滞后，政治体制改革迟迟不动。而在进行改革时，又采取了"休克疗法"，即激进式的改革方式，放弃了社会主义原则和共产党的领导，造成了政局的动荡，共产党最终丧失了国家政权。因此，今后仍然要进一步加深对苏联、东欧国家政治体制改革经验教训的分析和研究，以便为深化政治体制改革提供借鉴和参考。充分认识到政治体制改革的重要性、复杂性和艰巨性，坚持政治体制改革的正确方向，采用渐进的变革方式，在政治体制改革的过程中维护政治稳定，在政治稳定的前提下推进改革。

在推动深化政治体制改革的过程中，必须大胆解放思想。借用邓小平的说法，"市场经济没有姓资姓社之分"，有些政治体制诸如一些组织形式、运行机制等也可以说是没有姓资姓社之分的。重要的是看其为什么样的政治制度服务。政治体制改革是人类政治文明发展的重要环节之一，中国积极推进政治体制改革的同时，世界上许多国家也在积极开展政治体制的有益尝试并已取得一定的成果。而且有的国家特别是西方国家所进行的政治体制改革比我们的时间长、经验多，其中不乏一些比较科学和有益的做法。因此，其他国家政治体制改革的经验，作为人类文明的共同成果，我国的政治体制改革也可以"取其精华，去其糟粕"，为我所用，为中国的政治体制改革注入新的活力。

当然，大胆吸收和借鉴西方国家对于政治体制改革的经验和政治体制方面的成果，并不意味着照抄照搬，搞东施效颦，而是要立足于本国的历史和国情。西方国家的政治体制模式植根于这些国家特定的政治经济环境和社会土壤，生搬硬套西方模式只会导致失败和混乱。远如拉美国家移植西方政治体制所带来的政权更迭，军事政变频繁，导致经济始终低增长与负增长；近如非洲国家效仿西方国家政治体制所引起的混乱和冲突，给非洲各民族带来了深重的灾难，这些足以让我们警醒。

深化中国的政治体制改革，其成效如何从根本上讲取决于是否从中国的国情出发。邓小平曾反复强调，中国的政治体制改革，决不能照搬西方的民主制度。"西方的民主就是三权分立，多党竞选，等等。我们并不反对西方国家这样搞，但是我们中国大陆不搞多党竞选，不搞三权分立、两院制。"① 江泽民在党的十六大报告中也再一次强调，我国政治体制改革"要坚持从我国国情出发，总结自己的实践经验，同时借鉴人类政治文明的有益成果，绝不照搬西方政治制度的模式"②。胡锦涛也同样强调指出，我们要借鉴人类政治文明的有益成果，但绝不能照搬西方政治制度的模式。探索具有中国特色的民主政治发展道路，就要从中国自身的实际出发，走适合本国国情的道路，绝不照搬照抄。习近平在党的十九大报告中明确提出：坚决破除一切不合时宜的思想观念和体制机制弊端，突破利益固化的藩篱，吸收人类文明的有益成果，构建系统完备、科学规范、运行

---

① 《邓小平文选》第 3 卷，人民出版社 1993 年版，第 220 页。
② 江泽民：《全面建设小康社会，开创中国特色社会主义事业新局面》，《人民日报》2002 年 11 月 18 日。

有效的制度体系。这是总结中国历史经验和分析中国具体国情而得出的科学结论，有着很强的现实针对性。

4. 以人民当家作主为根本，寻找和开辟人民当家作主的途径和形式，满足人民过上美好生活的新期待

党的十九大报告指出："人民当家作主是社会主义民主政治的本质特征。"40年的政治体制改革始终坚持以人民当家作主为根本，寻找和开辟人民当家作主的途径和形式，以增强党和国家的活力，调动人民的积极性为宗旨。未来的政治体制改革将一如既往，而且会更加坚定地沿着这一方向走下去。

党的十九大后，人民当家作主的制度和体制保障更加完备。第一，坚持和完善人民代表大会制度，支持人民代表大会依法履行职能，善于使党的主张通过法定程序成为国家意志；保障人大代表依法行使职权，密切人大代表同人民的联系；完善人大代表的选举制度和加强人大常委会制度建设，优化组成人员知识结构和年龄结构，以进一步提高履行职责的能力。重要的一点是有望逐步实行城乡按相同人口比例选举人大代表。第二，坚持和完善中国共产党领导的多党合作和政治协商制度，支持人民政协围绕团结和民主两大主题履行职能，推进政治协商、民主监督、参政议政制度建设；把政治协商纳入决策程序，完善民主监督机制，提高参政议政实效；加强政协自身建设，发挥协调关系、汇聚力量、建言献策、服务大局的重要作用。第三，坚持和完善民族区域自治制度，坚持各民族一律平等，保证民族自治地方依法行使自治权，牢牢把握各民族团结奋斗、共同繁荣发展的主题，保障少数民族合法权益，巩固和发展平等、团结、互助、和谐的社会主义民族关系。第四，坚持和完善基层群众自治制度，一要健全基层党组织领导的充满活力的基层群众自治机制，扩大基层群众自治范围，完善民主管理制度，健全村委会、居委会的职能，把城乡社区建设成为管理有序、服务完善、文明祥和的社会生活共同体；二要全心全意依靠工人阶级，完善以职工代表大会为基本形式的企事业单位民主管理制度，推进厂务公开，支持职工参与管理，维护职工合法权益；三要深化乡镇机构改革，加强基层政权建设，完善政务公开、村务公开等制度，实现政府行政管理与基层群众自治有效衔接和良性互动。第四，完善民主决策制度。国家机关要完善政务公开等各类公开办事制度，及时发布公共信息，完善决策信息和智力支持系统，增强决策透明度和公众参与度，制定和群众利益密切相关的法律法规与公共政策原则上要公开听取意见，使各项决策能够真正体现最广大人民的根本利益。第五，完善民主监督制度，要坚持用制度管权、管事、管人，建立健全决策权、执行权、监督权既相互制约又相互协调的权力结构和运行机制；要健全组织法制和程序规则，保证国家机关按照法定权限和程序行使权力、履行职责；要重点加强对领导干部特别是主要领导干部、人财物的管理使用、关键岗位的监督，做到有权必有责，用权受监督，违法要追究；要保障广大人民对国家工作人员违法违纪行为的申诉、控告、检举的权利；要落实党内监督条例，加强民主监督，发挥好舆论监督作用，增强监督合力和实效。第六，加强法制建设，全面落实依法治国基本方略，加快建设社会主义法治国家将为人民当家作主提供坚实的法律保证。依法治国是社会主义民主政治的基本要求，是党领导人民治理国家的基本方略。依法治国不仅从制度上、法律上保证人民当家作主，而且从制度上、法律上保证党的执政地位。这些制度的保障不仅会开拓人民当家作主的途径和形式，而且对党和国家的领导体制进行调整，增强党和国家的活力。

此外，要真正实现人民当家作主的民主权利，还应当满足人民过上美好生活的新期待。即一要坚持公民在法律面前一律平等，促进权利平等。统筹城乡发展，在教育、就业等方面平等对待城乡社会成员，依法保证全体社会成员平等参与、平等发展的权利。二要健全社会保障制度，促进社会公平。要加快建立覆盖城乡居民的社会保障体系，完善基本养老、基本医疗、最低生活保障制度，保障人民的基本生活。要普及和巩固义务教育，促进教育公平。要积极扩大就业，完善最低生活保障制度，保障人民基本生活。要普及和巩固义务教育，促进教育公平。要积极扩大就业，完善最低工资标准制度，依法维护劳动者权益，建立和发展和谐劳动关系，进而真正保障广大人民群众当家作主，坚定不移地走中国特色社会主义政治发展道路，推进中国特色社会主义的全面建设和全面发展。

（执笔人：李猛）

四　当家作主，制度保障：改革开放以来人民代表大会制度的健全与完善

改革开放以来，人民代表大会制度不断得到巩固和与时俱进，展现出蓬勃的生机与活力。人民代表大会的实践充分证明，人民代表大会制度是符合中国国情和实际的、体现社会主义国家性质、保证人民当家作主、保障实现中华民族伟大复兴的好制度。

（一）党对人大制度建设更加重视，对人大工作的领导不断加强

改革开放以来，党和国家领导人多次对人大制度的内涵进行新的阐述，中共中央相应出台了一系列加强人大工作的制度，这些都是发挥人大制度优势，开展好人大工作的重要理论指导和实践遵循。

习近平在庆祝全国人民代表大会成立60周年大会上的讲话中提出："在中国，发展社会主义民主政治，保证人民当家作主，保证国家政治生活既充满活力又安定有序，关键是要坚持党的领导、人民当家作主、依法治国有机统一。人民代表大会制度是坚持党的领导、人民当家作主、依法治国有机统一的根本制度安排。"2017年6月19日，张德江在推进县乡人大工作和建设经验交流会上的讲话中指出："习近平总书记就坚持和完善人民代表大会制度、加强社会主义民主政治建设提出一系列新思想新举措新要求，拓展了人民代表大会制度和我国社会主义民主政治的科学内涵、基本特征和本质要求，提升了人民代表大会制度的核心理念和核心价值，

确立了人民代表大会制度的时代新定位新境界，成为党中央治国理政新理念新思想新战略的重要组成部分，为在新的历史条件下长期坚持、全面贯彻、不断发展人民代表大会制度，推进社会主义民主政治建设，提供了科学理论指导和行动指南。"党的十九大报告提出："党的领导是人民当家作主和依法治国的根本保证，人民当家作主是社会主义民主政治的本质特征，依法治国是党领导人民治理国家的基本方式，三者统一于我国社会主义民主政治伟大实践。"

对于人民代表大会制度，早在 1987 年 4 月，邓小平在会见香港特别行政区基本法起草委员会委员时指出："我们实行的就是全国人民代表大会一院制，这最符合中国实际。如果政策正确，方向正确，这种体制益处很大，很有助于国家的兴旺发达，避免很多牵扯。"① 1990 年 3 月，江泽民在参加七届全国人大三次会议、七届全国政协三次会议的党员负责同志会议上所发表的讲话中指出："建设社会主义民主政治，最重要的是坚持和完善人民代表大会制度。人民代表大会制度，是我国的根本政治制度。它是我们党长期进行人民政权建设的经验总结，也是我们党对国家事务实施领导的一大特色和优势。"② 江泽民在 1997 年全国政法工作会议上的讲话中指出："依法治国是在党的领导下进行的。坚持党的领导同发扬人民民主、严格依法办事是统一的。"③ 2002 年，胡锦涛在纪念 1982 年宪法施行 20 周年的讲话中指出："发展社会主义民主政治，最根本的是要把坚持党的领导、人民当家作主和依法治国有机统一起来。"④ 2004 年 9 月，胡锦涛在首都各界纪念人民代表大会成立 50 周年大会上的讲话中指出："人民代表大会制度是中国人民当家作主的重要途径和最高实现形式，是中国社会主义政治文明的重要制度载体。人民代表大会制度的先进性和生命力

---

① 全国人大常委会办公厅研究室编：《人民代表大会制度重要论述》，中国民主法制出版社 2018 年版，第 231 页。

② 全国人大常委会办公厅研究室编：《人民代表大会制度重要论述》，中国民主法制出版社 2018 年版，第 257 页。

③ 全国人大常委会办公厅研究室编：《人民代表大会制度重要论述》，中国民主法制出版社 2018 年版，第 271 页。

④ 《在首都各界纪念中华人民共和国宪法公布施行 20 周年大会上的讲话》，《人民日报》2002 年 12 月 5 日。

在于它深深植根于人民群众之中。"①

　　习近平在庆祝全国人民代表大会成立 60 周年大会上的讲话中指出："人民代表大会制度是中国特色社会主义制度的重要组成部分，也是支撑中国国家治理体系和治理能力的根本制度。"治理与统治、管理的最大不同就是政府机构、经济社会机构和公民个人之间的关系在解决公共事务方面的去等级化。通过开放的途径，人人参与制定能够体现公平正义的法律和制度，以真正实现法律面前人人平等，从而达到在解决社会公共事务方面协同一致。治理崇尚协商、合作、妥协、包容、共建的共治共享。也就是说，从治理体系和治理能力现代化的维度出发，可以更好地发挥人民代表大会的制度优势。

　　2005 年 5 月，中共中央转发《中共全国人民代表大会常委会党组关于进一步发挥全国人民代表大会代表作用，加强全国人民代表大会常委会制度建设的若干意见》。2015 年 6 月，中共中央转发《中共全国人大常委会党组关于加强县乡人大工作和建设的若干意见》。2016 年 2 月，中共中央印发《关于加强党领导立法工作的意见》。2017 年，中共中央办公厅印发了《关于健全人大讨论决定重大事项制度、各级政府重大决策出台前向本级人大报告的实施意见》。2018 年 3 月，中共中央办公厅印发了《关于人大预算审查监督重点向支出预算和政策拓展的指导意见》。全国人大常委会委员长张德江 2018 年 3 月 11 日向十三届全国人大一次会议作《全国人民代表大会常务委员会工作报告》，指出："全国人大常委会党组五年来，共向党中央请示报告 202 件次。加强对常委会机关党组的领导，在各专门委员会设立分党组。习近平总书记连续 4 年主持中央政治局常委会会议听取全国人大常委会党组工作汇报，多次研究人大工作中的重大问题和重要事项。"

（二）选举制度逐步完善，选举工作不断加强

　　人民代表大会制度是以民主选举产生的人民代表大会为基础的整个政

---

① 《在首都各界纪念全国人民代表大会成立 50 周年大会上的讲话》，《人民日报》2004 年 9 月 16 日。

权体系和组织制度。选举是否公正、合法，直接关系着公民选举权与被选举权的实现，关系着人大代表作用的发挥，关系着人民代表大会制度优越性的充分体现，关系着国家长治久安和兴旺发达。

1. 选举制度逐步完善

1979年制定的《中华人民共和国人民代表大会和地方各级人民代表大会选举法》《中华人民共和国地方各级人民代表大会和地方各级人民政府组织法》确立了我国新时期选举制度的基本框架，奠定了选举实践发展的基本遵循。选举法经过六次修改和补充，地方组织法经过五次修改，使我国的选举制度得到逐步完善。

1986年修改后的选举法和地方组织法规定：各政党、各人民团体，可以联合，或者单独推荐代表候选人。选民或代表10人以上联名也可以推荐代表候选人。不论是选民联名推荐的候选人，还是政党、团体推荐的候选人，不论是代表联名推荐的候选人，还是大会主席团提名的候选人，都具有同等的法律地位。这充分体现了人大代表选举的平等性、公正性和广泛性。

1979年选举法对通过直接选举和间接选举确定正式代表候选人规定了预选的方式："如果所提候选人名额过多，可以进行预选，根据较多数选民（或代表）的意见，确定正式代表候选人名单。"1986年修改选举法时，规定由选民小组（或全体代表）反复酝酿、讨论、协商，根据较多数选民（或代表）的意见，确定正式代表候选人名单。考虑到在一些地方选民集中起来比较困难，搞预选会增加选举的工作量，于是删去了预选的规定。"我们的选举之所以高票通过，是因为在选举前都经过了充分协商。"[①]

1995年修改后的选举法规定：选民或者代表联名推荐的候选人与政党、人民团体推荐的候选人，要在民主协商的基础上确定为正式候选人。1995年修改选举法时恢复了预选的规定，明确规定在间接选举中，如果所提候选人的人数超过法定的最高差额比例，"进行预选，根据预选时得票多少的顺序，按照本级人民代表大会的选举办法根据本法确定的具体差额

[①] 《吴邦国论人大工作》（下），人民出版社2017年版，第339页。

比例，确定正式代表候选人名单，进行投票选举"。

2004年修改的选举法规定：在直接选举中，"如果所提候选人名额过多，经选民小组反复讨论、协商，仍不能对正式代表候选人形成较为一致意见的，可以进行预选"。2004年修改后的选举法规定选举委员会可以组织代表候选人与选民见面，回答选民的问题。

2010年3月14日，第十一届全国人大三次会议第五次修改《选举法》。按照党的十七大的要求，总结实践经验，完善选举制度，实行城乡按相同人口比例选举人大代表，更好地体现了人人平等、地区平等和民族平等原则。新修改的选举法还增加了一系列的新规定，如人大代表应当有适当数量的基层代表，特别是工人、农民和知识分子代表；公民不得同时担任两个以上无隶属关系的行政区域的人大代表。这样更好地体现了民主的广泛性和公正性。

2015年新修订的选举法增加了一条，即第三十四条："公民参加各级人民代表大会代表的选举，不得直接或者间接接受境外机构、组织、个人提供的与选举有关的任何形式的资助。"违反前款规定的，不列入代表候选人名单；已经列入代表候选人名单的，从名单中除名；已经当选的，其当选无效。选举法的本次修改重点从法律上解决了人大代表选举中所存在的突出问题。这次是部分修改，不是全面修改，重点内容是把好人大代表"入口关"，严把"审查关"。

2. 选举工作不断加强

改革开放以来，在换届选举工作中，坚持党的集中统一领导，坚持法治思维和法治方式，同时，最广泛地动员人民群众参加选举。

代表结构不断优化，代表的广泛性和代表性进一步得到体现。如2011年是首次进行的有数亿选民参加的"同票同权"的县乡两级人大换届选举。根据全国人大常委会办公厅有关部门对北京、山西、黑龙江、江西、广西、甘肃、青海、新疆8个省市区代表选举结果的统计，在选出的县级人大代表中，工人、农民的比例平均为44.5%，比上届提高5.5%；在选出的乡级人大代表中，工人、农民的比例平均为70%，比上届提高2.3%；在选出的县级人大代表中，妇女的比例平均为40.5%，比上届提高1%，领导干部的比例平均为19.8%，比上届减少0.3%；在选出的县乡两级代表中，少数民族、归侨人数得到保证。[1] 从 2016 年开始，全国新一轮县乡两级人大换届选举陆续展开，有 9 亿多选民参加选举，直接选举产生 250 多万名县乡两级人大代表。这是全国人民政治生活中的一件大事，是社会主义民主政治建设的一次重要实践。北京各区、乡镇选举委员会根据较多数选民的意见和法律规定的差额比例，依法确定了区、乡镇人大代表的正式候选人，其中选民 10 人以上联名推荐的比例分别为 87.5%和 92.7%。为保证选民更好地了解代表候选人，全市 1167 个选区组织了 3112 名正式代表候选人与选民见面。[2]

合理化选举委员会组成人员。选举法关于"选举委员会的组成人员为代表候选人的，应当辞去选举委员会的职务"的规定，是我国选举制度的重要发展和完善，有利于充分发扬民主，改进选举工作。但这项规定给实际操作带来一些困难。对此，一些地方人大的做法是：成立选举委员会成员时，由党委领导、领导岗位上退下来的老同志和相关部门领导组成，尽量不安排可能会被选举为人大代表的领导进入选举委员会。选举委员会成员被提名为正式代表候选人后再辞去选举委员会的职务，及时调整选举委员会成员。这一细节之变，扩大了民主的因素，为代表选举工作注入了活力，调动了他们参与代表选举的积极性，也有利于增加代表选举工作的透明度。[3]

多途径进行选民登记。选民登记是指按照选举法的规定对依法享有选举权和被选举权的公民进行登记，确认其选民资格的一项法律程序，是选举工作的前提和基础。针对改革开放以来经济社会和城市建设快速发展，经济形式和社会组织、就业方式和劳动关系、生活方式和居住方式日趋多样化的新情况，各地选举机构通过入户上门，到工作单位对选民进行登记核对；对"人户分离"的选民，现居住地的选举工作机构主动做好登记工作；对因行政村整体拆迁而暂未回迁的选民，原居住地选举工作机构负责选民的登记参选工作；通过电视、广播和网络等现代通信手段，发动选民

---

[1] 庄永康：《全国十余省份县乡人大换届选举已完成传递民主足音》，《检察日报》2012 年 1 月 4 日。

[2] 张磊、姜裕：《2016 年北京市区、乡镇人大代表换届选举工作综述》，《北京人大》2016 年第 11 期。

[3] 曾庆辉：《新一轮县乡换届选举中的几个问题》，《法治与社会》2011 年第 8 期。

自行主动登记。流动人口原则上在户籍所在地参加选举,各单位和选举工作机构能积极为流动人口回户籍地参加选举或委托投票提供便利条件。

(三) 立法职能不断增强,法律体系逐步完善

2000年3月15日,九届全国人大三次会议通过《中华人民共和国立法法》。2014年8月25日,十二届全国人大常委会十次会议在北京举行。这次会议的议程之一就是初次审议立法法修正案草案。修正案草案一审稿共28条。一审后草案全文公布,征求社会公众的意见。2014年10月,党的十八届四中全会召开。根据党的十八届四中全会的精神,全国人大法律委员会对立法法修正案草案进行逐条审议、修改,形成草案二审稿。二审后草案全文公布,再次征求社会公众意见。2014年12月22日,草案提交全国人大常委会十二次会议审议。二审草案稿由28条增至35条。2015年2月12日,习近平总书记主持召开中央政治局常委会会议,听取了全国人大常委会党组《关于〈中华人民共和国立法法修正案(草案)〉几个主要问题的请示》的汇报,就进一步修改完善立法法修正案草案做出重要指示。会后,修正案草案经过进一步修改完善,形成了提请大会审议的立法法修正案草案。2015年3月15日第十二届全国人民代表大会三次会议通过了《关于修改〈中华人民共和国立法法〉的决定》。立法法对我国立法权限的划分、立法程序、法律解释等做了基本规定,增加法律通过前评估、法律清理、立法后评估等程序。通过修改立法法,完善立法体制,做到立法决策和改革决策相统一、相衔接,重大改革于法有据,立法主动适应改革需要,改革和法治同步推进。[①] 这标志着中国特色的社会主义立法制度的基本建立,从此立法工作逐步进入民主化和科学化轨道。

1. 立法职能不断增强

立法工作包括立项、起草、审议、修改、表决等环节。全国人民代表大会及其常委会和有立法权的地方人民代表大会及其常委会,不断更新立法观念、不断改进立法方式,形成了多层次、多位阶、多形式的立法体制

[①] 张力:《正确理解和把握民主法治建设的新要求》,《山东人大工作》2017年第12期。

并逐渐完善，成为新时期人民代表大会制度发展的一个重要体现。修改后的立法法将"税收"专设一项作为第六项，明确"税种的设立、税率的确定和税收征收管理等税收基本制度"只能由法律规定。这意味着，今后政府收什么税，向谁收，收多少，怎么收等问题，都要通过人大立法决定。修改后的立法法规定，部门规章所规定的事项应当属于执行法律或者国务院的行政法规、决定、命令的事项。没有法律或者国务院的行政法规、决定、命令的依据，部门规章不得设定减损公民、法人和其他组织权利或者增加其义务的规范，不得增加本部门的权力或者减少本部门的法定职责。

改进法律法规的提案制度。法律规定，特定机关和人民代表大会代表、人民代表大会常委会组成人员都可以向本级人民代表大会或它的常务委员会提出属于人民代表大会或人民代表大会常委会职权范围内的立法案。特别是人民代表大会代表和人民代表大会常委会组成人员提出议案的法定人数逐步规范。[①]

完善法律起草制度。实施法律案通过前评估制度，使立法更加科学缜密，确保法律规定立得住、行得通、真管用。实行法规草案的委托起草制度。自20世纪90年代开始，逐步打破了以往法律法规草案由政府部门起草的单一格局，有的由人民代表大会有关委员会、法制工作机构和政府的法制工作机构直接组织起草，有的委托大专院校、科研单位和社会团体以及有关专家、学者起草，拓宽了法案的起草渠道。重视立法工作者、实际工作者和理论工作者的作用。这对加快立法步伐，防止和克服立法中的部门利益倾向起到了积极作用。[②]

建立立法咨询和立法听证制度。通过聘请一定数量的法律方面的专家学者，利用他们的专业优势，充分发挥其参谋咨询作用。湖北省人民代表大会常委会于1998年聘请有关法学专家成立了立法顾问组。安徽省人民代表大会常委会也设立了由立法咨询员组成的立法咨询委员会。这些立法咨询组织，不仅为立法机关审议和修改法规草案提出建议，有的还参与法

---

① 徐晓林、王亚平：《人民代表大会制度建设20年来的回顾与新世纪的展望》，《政治学研究》2001年第5期。

② 徐晓林、王亚平：《人民代表大会制度建设20年来的回顾与新世纪的展望》，《政治学研究》2001年第5期。

规起草的调研、论证工作，对提高立法质量起到了重要的参谋作用。立法工作必须走群众路线，要通过组织立法听证会、论证会、座谈会等多种形式广泛征求社会各方面对有关法律草案的意见。对于调整重要社会关系的立法项目，地方人民代表大会常委会经常召开听证会，让不同利害关系方发表意见。广东省人民代表大会常委会于1999年9月在国内首次举行立法听证会、开门立法，15位社会各界人士就《广东省建设工程招标投标管理条例（修订草案）》的修订发表了意见。[1] 广东省广州市人大常委会分别于2012年在大洋网上成功举行了《广州市社会医疗保险条例》网上立法听证会，将过去电视直播的现场听证会搬到互联网门户网站上举行，首开网上立法听证先河，受到社会各界的广泛关注，吸引了众多网友的参与，大大拓展了立法听证的社会影响和公众参与度。[2] 2005年9月27日，全国人民代表大会举行首次立法听证会，就修改个人所得税法所涉及的工薪所得减除费用标准问题，直接听取公众和有关方面的意见。

2015年12月16日，陕西省十二届人大常委会七十七次主任会议讨论并原则通过了《陕西省人大常委会立法协商工作规定》。该规定细化了协商的工作方式方法，明确了陕西省人大各专门委员会和省人大常委会各工作委员会在法规起草和审议过程中，要把立法协商作为一个重要环节，公开向社会征求立法意见，拓宽公民有序参与立法途径，确保立法协商活动有序、务实、高效，推进科学立法、民主立法。[3] 此前，北京市人大常委会已就立法协商做了较为深入的探索。

2017年底，经十九届中央全面深化改革领导小组第一次会议审议通过，全国人大常委会办公厅发布了《关于立法中涉及的重大利益调整论证咨询的工作规范》《关于争议较大的重要立法事项引入第三方评估的工作规范》，旨在畅通多种立法诉求表达和反映渠道，发挥人大在立法工作中的主导作用。

---

[1] 徐晓林、王亚平：《人民代表大会制度建设20年来的回顾与新世纪的展望》，《政治学研究》2001年第5期。

[2] 罗艾桦·贺林平：《广州试水立法网上听证》，《人民日报》2012年12月7日。

[3] 耿薇：《陕西省人大常委会出台立法协商制度》，http://www.sxdaily.com.cn/n/2015/1217/c266-5773724.html。

实行"审次"制度。全国人民代表大会常委会的立法一般实行三审，对涉及面广，情况复杂的法规草案实行三审制或三次以上审议制度。监督法、行政许可法、劳动合同法、居民身份证法等法律草案都经过4次审议。关于物权法草案召开了上百次座谈会，还召开立法论证会，面向全社会公布物权法草案，直接听取群众意见。共收到各方面的意见1万多件。先后审议了8次，这在我国立法史上是空前的。地方人民代表大会对法规草案的审议一般坚持二审制。

建立公开征求意见制度。1982年以来，全国人民代表大会及其常委会在制定包括宪法修正案、婚姻法修改草案、合同法草案、物权法草案在内的多项关系到人民切身利益的重要法律草案过程中，都把草案向全民公布以征求意见。全国人大常委会明确要求将其初次审议和继续审议的法律草案及时向社会公布以征求意见。人民群众直接参与法律的制定，不仅提高了立法质量，使法律能够充分体现人民的意愿和要求，而且增强了全社会的法律意识，法律在通过后也能比较顺利地得到执行。通过邀请代表参与立法调研、论证、审议、评估等工作，充分发挥了代表在立法工作中的作用。2015年，全国人大常委会制定《向社会公布法律草案征求意见工作规范》，明确会议初次审议和再次审议的法律草案都应当及时向社会公布，从而健全法律草案公布机制，法律草案公布实现常态化。

实施法律案通过前评估制度，使立法更加科学缜密，确保法律条规立得住、行得通、真管用。2016年，出台《关于建立健全全国人大专门委员会、常委会工作机构组织起草重要法律草案制度的实施意见》。开展立法后评估试点，建立立法后评估工作机制。全国人大常委会选择科学技术进步法、残疾人保障法等6部法律，通过问卷调查、实地调研、案例分析等多种形式，对法律制度的科学性、法律规定的可操作性、法律执行的有效性等做出客观评价，为修改完善法律提供重要依据。农业技术推广法的修改，就吸收了立法后评估报告所提出的明确农业技术推广机构的公益性质、强化公益性农业技术推广服务等意见，进一步增强了法律的针对性和可操作性。[①]

[①] 《全国人民代表大会常务委员会工作报告——2013年3月8日在第十二届全国人民代表大会第一次会议上》，www.doc88.com/p-0824646154753.html。

十二届全国人大三次会议通过关于修改立法法的决定，依法赋予设区的市地方立法权，明确地方立法权限和范围，享有地方立法权的主体在原有31个省（自治区、直辖市）和49个较大的市的基础上，又增加274个，包括240个设区的市、30个自治州和4个未设区的地级市，进一步完善了我国立法体制。① 截至2017年12月，新赋予地方立法权的274个设区的市、自治州中，已经批准可以制定地方性法规的有272个，占99.3%。这些地方注重体现地方特色，坚持依法立法，已经制定出595件地方性法规，对本地区城乡建设与管理、环境保护、历史文化保护以及地方立法程序进行了规范，为加强和创新地方治理提供了有力的法治支撑。②

2. 法律体系逐步完善

中国特色社会主义法律体系，是社会主义制度和社会主义价值观的重要载体，体现了党的主张和人民意志的有机统一，反映了我国现代化建设的历史进程，总结了改革开放以来的最新成果。③

改革开放以来，全国人民代表大会制定宪法和基本法律，全国人民代表大会常委会制定法律，国务院制定行政法规，省、直辖市人民代表大会及其常委会制定地方性法规，民族自治地方自治机关制定自治条例和单行条例，国务院各部门制定部门规章，省、直辖市人民政府制定政府规章，较大的市（省会城市、经济特区所在地市、国务院批准的较大的市）人民代表大会及其常委会、人民政府制定地方性法规、规章以及设区市可以对城乡建设与管理、环境保护、历史文化保护等方面的事项制定地方性法规。以宪法为统帅，以宪法相关法、民法商法、行政法、经济法、社会法、刑法、诉讼与非诉讼程序法等多个部门法律为主干，由法律、行政法规、地方性法规三个层次的法律规范构成的中国特色社会主义法律体系在2010年如期形成，社会主义经济建设、政治建设、文化建设、社会建设、生态文明建设实现有法可依。之后，各级人大把更多的精力放到法律的修

---

① 张维炜：《人大制度建设步入重大发展时期》，《中国人大》2018年第2期。
② 《地方立法权下放决策落地生根结硕果》，《法制日报》2018年2月27日。
③ 《吴邦国论人大工作》（下），人民出版社2017年版，第436页。

改完善上，放到推动法律配套法规的制定修改上，同时为适应经济社会发展的需要制定了一些新的法律，不断完善中国特色社会主义法律体系。截至 2017 年 6 月，我国现行有效法律 259 部，行政法规 752 部，地方性法规 10500 部左右，中国特色社会主义法律体系进一步完善。①

近年来，调整建立了新的立法格局，即在立法中发挥党的领导作用的前提下，充分发挥人大在立法中的主导作用，加强立法工作的组织协调，不仅体现在人大依法审议通过法律案上，还包括制定立法规划计划，加强组织协调，推动解决立法难点问题，以及由人大有关委员会牵头起草法律草案等。发挥政府的基础作用，发挥部门的协调作用，发挥专家学者的支撑作用，发挥代表和市民的主体作用。

北京市人大积极落实代表大会立法权，保证人民参与立法的权利。2014 年 1 月，北京市人大常委会经三次审议，在组织人大代表广泛参与讨论后，将实施代表法办法、代表建议办理条例和大气污染防治条例三项法规草案，提请市人代会审议通过。三项法规在人代会获得高票通过，立法过程也受到了媒体和市民的高度关注，对于人民代表大会制度和法规内容起到了很好的宣传效果。②

河北省邯郸市人大常委会发挥人大在立法工作中的主导作用，加强人大在各环节上的组织协调，实施全程"领跑"。在实践中，通过建立立法联席会制度，改变了过去那种由政府起草部门、政府法制办、人大专门委员会和法工委等各管一段的"接力式"工作模式，形成了由上述部门共同组成的"长跑队"，在不同阶段由人大相关专门委员会或常委会工作机构负责"领跑"，牢牢把握立法工作主动权，最大限度地抑制执法机关自身的利益驱动，克服地方和部门保护主义。山西省大同市人大常委会改变由法规起草部门、政府法制办、人大专门委员会、人大常委会法工委各管一段的"接力"工作模式，逐步形成由上述部门相关工作人员组成工作班子，全程参与立法各个环节的工作，在不同阶段由相关责任部门负责"领

---

① 《中共全国人大常委会机关党组：在新的历史起点上坚持和完善人民代表大会制度》，《求是》2017 年第 17 期。

② 任佩文：《用制度汇聚首都改革发展力量——市人大常委会 2015 工作亮点》，《北京人大》2016 年第 1 期。

跑"。这种工作模式便于全程相互配合、协调沟通,有利于防止和克服部门利益倾向。黑龙江省人大常委会在立法起步环节下足工夫,在立法项目安排上体现人大立法主张,把立法引领和推动作用体现在立法源头上。正确处理好立法机关与提案主体的关系,发挥人大的主导作用,积极引导社会力量参与立法。

3. 党的立法思想不断创新

党的十五大明确将依法治国确立为治理国家的基本方略,把建设社会主义法治国家确定为社会主义现代化建设的重要目标。党的十六大提出,发展社会主义民主政治,最根本的是把坚持党的领导、人民当家作主和依法治国有机统一起来。党的十七大提出,依法治国是社会主义民主政治的基本要求,强调全面落实依法治国基本方略,加快建设社会主义法治国家。2014年,党的十八届四中全会通过了《关于全面推进依法治国若干重大问题的决定》,明确提出全面推进依法治国,加快建设法治中国,开启了中国特色社会主义法治建设的新征程。2017年,党的十九大明确提出,全面依法治国是中国特色社会主义的本质要求和重要保障,必须把党的领导贯彻落实到依法治国全过程和各方面,坚定不移地走中国特色社会主义法治道路。

(四)监督职能不断增强,监督方式不断改进

监督权是宪法赋予人民代表大会及其常委会的一项重要职权。监督权的行使,需要相应的法律使之规范化、程序化。

1. 监督职能不断增强

在监督法实施之前,"宪法和法律赋予了人民代表大会及其常委会的监督权,但对实施监督可以采取的形式,尚未作出具体的规定,只能在实践中探索和完善。"[1] 在这种情况下,地方人民代表大会在行使监督职权中,大胆探索和创造了一些行之有效的监督形式和做法。这些监督形式和做法主要有:组织代表评议"一府两院"的工作,对人民代表大会及其常

---

[1] 徐军熠:《提高监督实效的有益探索》,《上海人大月刊》2006年第6期。

委会选举和任命的工作人员进行述职评议；对司法机关办理的重大典型案件进行监督；督促行政执法机关和司法机关实行执法责任制和冤案、错案责任追究制；改进计划预算监督；完善听取和审议"一府两院"工作报告制度；发出法律监督书，等等。[①]

为了保证人民代表大会依法加强监督工作，自1987年到2006年，历次全国人民代表大会会议共收到222件关于制定监督法的代表议案，参与提出议案的代表有4044人次。2006年8月27日，十届全国人民代表大会常委会二十三次会议审议通过了《中华人民共和国各级人民代表大会常务委员会监督法》，于2007年1月1日起施行。该监督法强调，按照民主集中制原则，集体行使监督职权。该监督法突出监督重点、监督实效，对人民代表大会常委会监督工作的经验和做法进行了总结和规范，对各级人民代表大会及其常委会行使监督权的方式起到了重要的指导和规范作用，使人大常委会在行使监督权时既要做到不失职，又要做到不越权。

执法检查作为人大常委会法定的监督形式，一是可以有效推动法律的正确实施，促进各级政府及其有关部门依法行政，促进人民法院和人民检察院公正司法；二是进行法制宣传教育；三是可以发现法律本身不够完善的地方，通过修订和完善有关法律、提高立法质量，使法律更加切合实际，更具有可操作性，促进我国法律制度更加完备。[②] 2003年，全国人大常委会在建筑法执法检查中发现拖欠农民工工资问题相当严重，而拖欠农民工工资背后是拖欠工程款，要求各级政府及有关部门采取切实措施加以解决，并持续几年对拖欠工程款和农民工工资问题实施跟踪监督，还与国务院有关部门组成联合督查组，到地方进行跟踪督办。经过各方面的共同努力，到2006年6月，各地政府和企业累计偿还拖欠工程款1753亿元，占已清理出的2003年以前拖欠工程款的94%以上；累计偿还2003年以前拖欠的农民工工资336亿元，占拖欠农民工工资总额的99%以上，维护了农民工的合法权益。[③]

---

① 参见曹志为《地方人民代表大会监督工作探索·序》，《地方人民代表大会监督工作探索》，中国民主法制出版社1997年版。
② 《吴邦国论人大工作》（上），人民出版社2017年版，第106页。
③ 《吴邦国论人大工作》（上），人民出版社2017年版，第323页。

为了进一步增强监督实效,有的地方人大在人民代表大会上开展监督工作。例如,2015年1月,在北京市人民代表大会十四届三次会议上,安排听取了《北京市大气污染防治条例》实施情况的书面报告,由城建环保委员会起草对此报告的审议意见,经主席团讨论通过后交政府办理,并向人大常委会报告。2016年1月,在人民代表大会会议上再次安排听取和审议了《北京市居家养老服务条例》实施情况的报告。

1994年,八届全国人民代表大会二次会议通过了《中华人民共和国预算法》,这部法律是我国实施依法治财、依法理财的重要法律依据,使我国预算法制建设向前迈出了历史性的一大步。1998年,全国人民代表大会常委会成立了预算工作委员会,全国人大常委会1999年做出《关于加强中央预算审查监督的决定》,2000年做出《关于加强经济工作监督的决定》。财政监督在各种监督方式中的地位逐步上升。全国人大及其常委会对国债的监督是财政预算监督的一项重要内容,过去一直采取审批当年发债规模的办法,很难对当年发债规模的合理性做出评价,也很难对国债规模的安全性做出判断,难以对国债实施有效监督。据此,许多人大代表和常委会委员建议,应当实行国债余额管理。国务院根据全国人大代表和常委会组成人员的建议,提出了从2006年开始实行国债余额管理的报告,委员长会议同意了这个报告。从审批当年发债规模到实行国债余额管理,是财政预算监督工作的一大进步,对科学控制国债规模、优化国债期限、降低国债筹资成本、提高财政管理透明度、防范财政风险具有重要意义。[①]新预算法从2015年1月1日起实施。新预算法体现了党的十八大和十八届三中全会关于加强对政府全口径预算决算的审查和监督的要求,对预算决算审查监督的范围、审查的程序和重点内容、监督的主体和责任、建立问责机制等,都做出了新规定,提出了新要求。其中,跨年度预算平衡机制的确立成为预算管理的一个重大突破,使预算编制、审查监督和执行方式发生重大的变化。

2. 监督方式不断改进

监督宪法和法律的实施,是全国人民代表大会及其常委会行使监督权

---

① 《吴邦国论人大工作》(上),人民出版社2017年版,第323页。

的主要内容。这种监督的基本形式是法规备案审查、执法检查。全国人大探索形成了包括选题、组织、报告、审议、整改、反馈6个环节的"全链条"执法检查工作流程。执法检查已成为人大常委会最常规、最稳定、最有影响的监督手段。

在工作监督方面,询问和质询是人大对"一府两院"实施监督的法定形式。2010年6月,十一届全国人大常委会十五次会议结合听取中央决算报告和审计工作报告首次开展专题询问。全国人大常委会开展专题询问后,上海、湖北、安徽3个省级人大常委会当年就组织了专题询问,2011年有21个省级人大常委会针对26项议题开展了专题询问,2012年有24个省级人大常委会针对30项议题开展或计划开展专题询问。2014年7月,江苏省十二届人大常委会十一次会议专题审议全省新型农业经营主体发展情况,在分组审议的基础上举行联组会议,与政府13个部门负责人开展面对面专题询问。这次询问实现了"三个首次":首次请省政府分管副省长到会报告工作、参加询问活动;首次通过视频录像,把基层代表和群众的声音带到常委会议事厅;首次通过广播电视对会议实况进行同步直播。[①]此外,云南、河北、湖南等省级人大常委会在制定监督法实施办法中,对专题询问这一监督方式做出了具体规定。一些市县级人大常委会也相继开展了专题询问。[②] 近年来,专题询问从尝试探索到全面展开,从逐步完善到形成机制。

监督工作机制和方式方法不断完善。2009年,为了督促9080亿元中央政府公共投资计划的有效实施,全国人大常委会选择了保障性住房建设等四个题目,主动开展了为期近3个月的专题调研;会议听取审议国务院关于当年中央政府投资安排及实施情况报告的同时,还安排听取审议常委会专题调研组关于部分重大公共投资项目实施情况的调研报告。在同一次常委会会议上,针对同一个问题,将国务院专项工作报告和人大调研报告放在一起审议,这还是第一次。[③]

---

① 曹远剑、卢福纯、赵晓明:《江苏省人大工作十大亮点》,《新华日报》2015年1月29日。
② 《人大新势》,《人民之友》2012年第10期。
③ 《吴邦国论人大工作》(下),人民出版社2017年版,第499页。

广州市人大常委会积极探索创新人大监督的方式方法。2015 年市人代会前常委会组织全体市人大代表参加部门预算编制预先审查工作，并在代表大会前将财经委初审意见及政府处理情况印发全体代表。2014 年人代会安排每个代表团专题审查 1 个部门预算和 1 个政府投资重点项目预算；2015 年安排各代表团专题审查 1 个部门预算，共同审查 18 个政府投资重点项目预算。广州市人大常委会积极探索推进预决算细化。2015 年要求将一般公共预算支出按功能分类编列到项，部门预算基本支出按经济性质分类编列到款，并专门编制政府投资重大项目计划和预算草案。对政府工作报告和计划、预算报告实行"三合一"审议，促使计划项目与预算安排相衔接。①

开展工作评议、满意度测评是广东省韶关市人大常委会近几年来开展人大监督工作的一大特色。评议前，调查组通过新闻媒体公布评议单位和评议内容，广泛征求社会各界的意见和建议。评议时，测评结果现场公布。评议后，根据评议结果，"基本满意"的单位应进行专项工作整改；"不满意"的单位责成其进行整改，并对其整改情况进行"满意度"测评，测评仍为"不满意"的单位，将报告市委或其上级主管部门进行问责处理。②

2015 年全国人大常委会研究提出《关于改进审计查出突出问题整改情况向全国人大常委会报告机制的意见》，当年 12 月首次听取审议了国务院关于审计查出问题整改情况的报告，并结合审议进行了专题询问。地方人大常委会也陆续开展了这项工作。2016 年完善预算审查前听取人大代表和社会各界意见建议机制，2017 年建立国务院向全国人大常委会报告国有资产管理情况制度，提出人大预算审查监督重点向支出预算和政策拓展的指导意见，明确了国务院向全国人大常委会报告国有资产管理情况和全国人大常委会审议报告的方式和重点，明确了人大对支出预算和政策开展全口径审查和全过程监管的主要内容、主要程序和方法。此外，推进人大预算联网监督，截至 2017 年底，全国 31 个省级人大当年实现了预算联网查

---

① 《"点"到"点"的说服力——全省各市人大监督工作亮点直击》，《人民之声》2015 年第 11 期。
② 《"点"到"点"的说服力——全省各市人大监督工作亮点直击》，《人民之声》2015 年第 11 期。

询，全国人大预算联网监督系统（一期）也开始上线试运行，初步实现对预算决算的全口径审查和对预算执行全过程的实时在线监督。综合运用执法检查、听取审议专项报告、专题询问、专题调研、跟踪监督等多种方式，一系列组合拳让现阶段人大监督的力度和广度得到极大拓展，推动监督工作规范化、制度化，督促"一府两院"切实解决工作中所存在的问题与不足，取得了明显成效。①

3. 党的人大监督思想不断创新

吴邦国委员长在十届全国人大常委会二十三次会议闭幕会上的讲话中明确指出："人大监督的目的，在于确保宪法和法律得到正确实施，确保行政权、审判权、检察权得到正确行使，确保公民、法人和其他组织的合法权益得到尊重和维护。人大监督工作涉及我国政治制度和国家体制，政治性很强。"胡锦涛指出："人民代表大会及其常务委员会作为国家权力机关的监督，是代表国家和人民进行的具有法律效力的监督。"江泽民强调说："在我们国家生活的各种监督中，人大作为国家权力机关的监督是最高层次的监督，监督'一府两院'的工作是人大及其常委会的一项重要职责。这种监督，既是一种制约，又是支持和促进。""人大既要敢于监督，又要善于监督，只有把两者很好地结合起来，才能达到监督的目的。"习近平总书记指出："各级人大及其常委会要担负起宪法法律赋予的监督职责，维护国家法制统一、尊严、权威，加强对'一府两院'执法、司法工作的监督，确保法律法规得到有效实施，确保行政权、审判权、检察权得到正确行使。"

（五）人民代表大会常委会建设逐步加强，代表工作不断创新

人大代表是人民代表大会的主体，人民代表大会常委会是人民代表大会的常设机关，为了发挥好人大代表的作用，必须加强人大常委会建设，做好代表工作。

---

① 朱宁宁：《人大监督制度逐步走向制度化》，《法制日报》2014年9月15日。

1. 人民代表大会常委会建设逐步加强

在地方县级以上设立人民代表大会常委会是人民代表大会制度的一项重要改革。1979年通过的《关于修正〈中华人民共和国宪法〉若干规定的决议》规定：县和县级以上地方各级人民代表大会设立常委会，它是本级人民代表大会的常设机关，对本级人民代表大会负责并报告工作，它的组织和职权由法律规定。《中华人民共和国地方各级人民代表大会和地方各级人民政府组织法》（1979）第二条规定：县级以上的地方各级人民代表大会设立常务委员会。第七条赋予其监督权、人事任免权和重大事项决定权。

1979年下半年，各省、自治区、直辖市在66个县、自治县、不设区的市和市辖区进行了直接选举的试点，第一批县级人民代表大会常委会在此基础上产生。省级人民代表大会常委会的设立也是从1979年下半年开始的，到1979年底，有21个省、自治区、直辖市的人民代表大会设立了常委会，其他省级人民代表大会则在1980年设立了常委会。设区的市、自治州的人民代表大会常委会基本上也都在1980年设立。到1981年底，随着县级直接选举工作的全面铺开，全国2000多个县级人民代表大会都设立了常委会，全国的选举工作全部结束。

扩大全国人民代表大会常委会的权力是人民代表大会制度的又一项重要改革，其实质是对国家政权体制进行重组。1982年宪法第六十七条规定：全国人民代表大会常委会有权制定和修改除应当由全国人民代表大会制定的法律以外的其他法律；在全国人民代表大会闭会期间，对全国人民代表大会制定的法律进行部分补充和修改；监督宪法的实施；在全国人民代表大会闭会期间，审查和批准国家计划、预算在执行中必须做的部分调整方案；在全国人民代表大会闭会期间根据国务院总理的提名，可以决定国务院各部部长、各委员会主任等。

2005年5月，中共中央转发了《中共全国人民代表大会常委会党组关于进一步发挥全国人民代表大会代表作用，加强全国人民代表大会常委会制度建设的若干意见》，提出了进一步发挥全国人民代表大会代表作用的具体措施，还就加强全国人民代表大会常委会的制度建设做了明确规定。

2. 代表工作不断创新

参加会前活动，出席人民代表大会会议，审议和表决各项议案、报告和其他议题，是人大代表参加行使国家权力的主要形式。提出议案和建议是人大代表依法履职的重要内容，办理代表议案和建议是国家机关的法定职责。1985年全国人民代表大会常委会提出了《关于改进全国人民代表大会代表视察办法的意见》，对视察形式、视察内容的确定、视察时间的安排等问题做了改进。1987年六届全国人民代表大会二十一次会议通过了《关于全国人民代表大会常委会加强同代表联系的几点意见》，代表活动开始走向制度化。1992年4月，七届全国人民代表大会五次会议通过了代表法，对全国人民代表大会和地方各级人民代表大会代表的性质、地位、权利、义务、工作方式、对代表在闭会期间的活动等做了具体规定，使代表活动进一步走向规范化、法制化，做到了有法可依。随着代表法的实施，我国人民代表大会代表的工作和活动出现了新的局面。随着代表法的实施，我国人民代表大会代表的工作和活动出现了一个新的局面。全国地方各级人民代表大会常委会积极探索，制定了《代表法实施办法》《代表建议、批评和意见办理条例》《代表议案办理办法》《代表视察工作办法》《保障代表执行职务的若干规定》《人民代表大会代表述职办法》《代表活动日制度》《代表公示制度》[①] 等代表工作制度。2010年10月28日，第十一届全国人民代表大会常务委员会十七次会议对《中华人民共和国全国人民代表大会和地方各级人民代表大会代表法》做了修订。修订后的代表法进一步明确了人大代表的权利和义务，进一步细化了人大代表的履职规范，进一步加强了对人大代表履职的保障，进一步强化了对人大代表的监督。近年来，各级人大常委会在制定立法规划和年度立法、监督工作计划时，认真研究代表议案和建议反映集中的突出问题，并作为确定立法和监督项目的重要依据。在开展立法、监督工作的过程中，邀请相关领域和熟悉情况的代表参与立法调研、专题调研和执法检查，邀请代表列席常委会会议和专门委员会会议。

近年来，全国人大加强和改进代表联络服务工作，在省级人大常委会

---

① 徐振光等：《新时期人民代表大会制度的发展》，《上海党史党建》2006年第11期。

设立全国人大代表联络处，支持代表通过多种形式听取和反映群众意见。各级人大常委会推动建立代表联系人民群众的工作平台和网络平台，健全代表意见建议处理反馈机制，努力做到民有所呼、我有所应。实现代表参与常委会、专门委员会工作常态化，代表参加管理国家事务的作用得到进一步发挥。近年来，为了充分保证代表知情知政，各级人大常委会及时向代表提供经济社会发展情况等材料，举办形势报告会，组织代表开展集中视察和专题学习，帮助代表了解党和国家及地方重大决策以及有关工作进展情况，为代表审议议案和报告创造条件。

党的十八大提出"完善代表联系群众制度"。党的十八届三中全会指出："加强人大常委会同人大代表的联系，充分发挥代表作用。通过建立健全代表联络机构、网络平台等形式密切代表同人民群众联系。"习近平总书记在庆祝全国人民代表大会成立60周年大会上的讲话中强调："各级国家机关加强同人大代表的联系、加强同人民群众的联系，是实行人民代表大会制度的内在要求，是人民对自己选举和委派代表的基本要求。"这些要求将成为今后人大代表工作的理论指导和根本遵循。

（六）人大及其常委会会议质量不断提高专门委员会建设不断加强

会议制度是我国人民代表大会制度的重要组成部分，是人民代表大会及其常委会明确工作关系、确定工作要求、规范工作程序、增强工作实效的基础性工程。健全我国人民代表大会及其常委会的会议制度，对我国各级人民代表大会及其常委会切实行使宪法和法律所赋予的职权具有重要意义。

1. 人大及其常委会会议质量不断提高

人民代表大会及其常委会是集体行使职权、集体决定问题，因此为了依照民主的、法定的程序行使职权，提高议事的效率和质量，加强人民代表大会工作的制度化、程序化建设，就须建立完备的议事规则。全国人民代表大会和地方人民代表大会及其常委会陆续制定和完善了各自的会议制度，从而使各级人民代表大会及其常委会工作逐步走上了制度化、程序化的轨道。

1987年11月24日,第六届全国人民代表大会常委会二十三次会议通过了《中华人民共和国全国人民代表大会常务委员会议事规则》。1989年4月4日,第七届全国人民代表大会二次会议通过了《中华人民共和国全国人民代表大会议事规则》。这两项议事规则对全国人民代表大会及其常委会所召开会议的次数和日期,关于议案和工作报告的提出、听取和审议程序、质询、人民代表大会代表的发言和表决等做出了系统、切实可行的具体规定,最高权力机关的工作逐步走上了制度化、程序化轨道。全国人民代表大会及其常委会的工作程序日趋规范、科学和民主。从第七届全国人民代表大会开始,全国人民代表大会代表可以列席常委会会议。

就地方人民代表大会来说,早在1983年1月7日,云南省第五届人民代表大会五次会议就通过了《关于云南省人民代表大会及其常务委员会组织和工作程序若干问题的暂行规定》,成为地方人民代表大会及其常委会会议制度的雏形。1987年11月22日,河南省第六届人民代表大会常委会三十一次会议通过了《河南省人民代表大会常务委员会议事规则》,河南省由此成为全国率先通过立法并且以"议事规则"的形式来规范人民代表大会常委会会议制度的省级人民代表大会常委会。1987年至1990年,全国包括河南省在内共有27个省、自治区、直辖市的人民代表大会常委会制定本级人民代表大会常委会议事规则。在这27件议事规则中,仅1988年制定的就有24件。与此同时,人民代表大会的议事规则也陆续出台。继云南、广东两省的省七届人民代表大会二次会议于1989年3月9日分别通过《云南省人民代表大会议事规则》和《广东省人民代表大会议事规则(试行)》之后,到1991年底,全国共有20个省级人民代表大会制定了自己的议事规则。[1] 许多地方的人民代表大会常委会还制定了常委会组成人员守则。有的省市通过地方立法,规范人民代表大会代表、政府组成人员和"两院"领导人员列席地方人民代表大会及其常委会会议的制度,建立了旁听地方人民代表大会及其常委会会议的制度。

---

[1] 参见徐晓林、王亚平《人民代表大会制度建设20年来的回顾与新世纪的展望》,《政治学研究》2001年第5期。

四　当家作主，制度保障：改革开放以来人民代表大会制度的健全与完善　　369

近年来，北京市人大进一步明确了人民代表大会制度与人大及其常委会、人大工作者的关系，把制度、机构和人员的内在联系说得既明白又具体，同时也指出了人大是坚持和完善人民代表大会制度的执行者和操持者，指明了人民代表大会在坚持完善人民代表大会制度，发挥人民代表大会制度优势过程中所肩负的职责和使命。北京市人大在坚持和完善人民代表大会制度，提高人民代表大会会议质量和实效方面做了很多理论创新和实践探索，取得了重大进展。

（1）理念认识体现新境界

北京市十三届人大常委会在深刻理解和把握人民代表大会制度的本质特征基础上，对人民代表大会会议的地位、功能和作用有了全新的认识，把人民代表大会会议的召集、召开提高到一个前所未有的高度来认识和部署。

一是提出把开好人代会作为保证人民当家作主权利的首要途径来抓。人民代表大会制度是实现党的领导、人民当家作主、依法治国有机统一的制度载体。一年一度的人民代表大会会议是把党的主张和人民意愿统一起来，转化为国家意志的重要途径。北京市人大非常重视和充分发挥人民代表大会在动员、组织人民群众方面的特殊优势，调动一切可以调动的积极因素，凝聚一切可以凝聚的智慧和力量，形成保障人民当家作主、齐心协力共发展的强大合力。近几年来的市人大常委会工作报告都把"召集开好人民代表大会、保证人民当家作主权利"作为人大常委会报告的第一大部分内容。自市十三届人大起，北京电视台每年都对人代会常委会工作报告进行电视直播，并专门安排半天播出审议人大常委会工作报告的情况。这些做法体现了人大常委会的认识，凸显了人民代表大会会议的重要地位。

二是提出人民代表大会会议要决定的重大事项。人民代表大会会议要认真贯彻党委的决策部署，在会议主席团的主持下，人大代表听取和审议市人大常委会、人民政府、高级人民法院和人民检察院的工作报告，审查批准市国民经济和社会发展规划及年度计划的报告、财政预算及执行情况的报告，依法对重大事项做出相关决议，确定首都改革发展稳定的大政方针。北京市人大常委会党组认为，将关系到首都经济社会发展和改革发展稳定，以及人民群众关切的重大事项，提交人民代表大会会议进行讨论、审议，更能体现党的领导、人民当家作主和依法治国的有机统一，更能体现人民代表大会制度的内在优势和作用，更能增强公共决策的合法性和民主性，也为顺利实施公共决策提供了民意基础。人大常委会要将一些关系全局、社会关注度比较高的地方性法规，安排在人代会上审议通过。《北京市实施〈中华人民共和国全国人民代表大会和地方各级人民代表大会代表法〉办法（草案）》《北京市人民代表大会代表建议、批评和意见办理条例（草案）》和《北京市大气污染防治条例（草案）》就提请2014年初召开的北京市十四届人大二次会议审议并通过。这充分说明人民代表大会会议的功能可以发挥得更加充分。

三是提出"会议质量在会前，会议实效抓会后"。北京市人大常委会党组不仅认识到了人民代表大会会议的重要性，而且从技术层面明确了提高会议质量和实效的措施，创造性地提出了"会议的质量在会前，会议的实效抓会后"，明确了会前、会中、会后三个环节在提高人民代表大会会议质量的实效过程中的作用，并在具体做法和措施上做了积极的探索，取得了明显效果。理念是先导，这些理论创新为提高人民代表大会会议的质量和实效奠定了重要的思想基础。

（2）做法措施体现新动力

正是基于认识的升华和理念的转变，自北京市十三届人大以来，人大常委会在提高人民代表大会会议质量和实效方面做了大量工作。

一是改进会前的服务保障工作。第一，不断创新代表视察方式。为增强人民代表大会会前代表视察的针对性，前几年由人大常委会统一组织，把代表在原选举单位的视察与专题视察结合起来，丰富专题内容。为增强代表视察的深入性，改变代表视察"大拨轰"的情况，由代表自己选择视察重点，小型、分散、多样地开展视察活动，增强代表视察的实效。同时，还组织代表与"一府两院"负责人座谈，面对面的交流情况，沟通意见。第二，延伸代表分团活动的功能。探索利用代表分团活动，将代表对提交给人民代表大会会议审议的各项文件的意见建议，提前发表出来，交给"一府两院"修改完善，发挥代表分团活动的预审功能。此举使代表意见提前进入各项文件，有效改变了代表对人民代表大会各项文件提出意见后修改难度较大的情况。第三，明确各项报告的定位和写法。进一步明确了"一府两院"不是向人民代表大会做"工作报告"，而是"报告工作"。所以，对"一府两院"提交人民代表大会会议审议的各项报告提出明确要求，即增加可审议性，淡化动员部署性特点，各项报告要做到内容客观真实、信息公开透明、数据翔实具体，要便于大会审查和批准，便于代表跟踪监督。特别是对政府工作报告提出了改进的意见建议，使其有别于一般的工作报告：不是对政府工作的罗列，而是内容充实、重点突出，对上一年度人民代表大会的决议有所回应。

二是改进会中的组织服务工作。其一，提高会议组织的规范化水平。认真执行《北京市人民代表大会议事规则》《北京市人民代表大会会议工作程序》。2008年以来，北京市人大的各专门委员会向市人民代表大会会议提交书面报告，并在格式、内容、篇幅上做了规范，体现了人民代表大会对专门委员会的领导，也增强了人大代表对各专门委员会工作的监督。其二，将"一府两院"接受代表现场咨询的形式，改为网上咨询和现场咨询相结合。升级人民代表大会会议系统，增强会议系统报到、表决、统计等相关功能，对提高会议出席率、保障会议效果的法定效力起到了积极的促进作用。其三，将部分政府部门预算印发市人民代表大会，供代表在审议计划、预算报告时参考，并逐步增加公开预算的政府部门数量，推进了政务公开、预算监督，进一步推动政府加强预算绩效管理和建立预算绩效管理制度。

三是抓好会后对决议的落实工作。北京市十三届人大高度重视人民代表大会与常委会职能工作的衔接，自北京市十三届人大以来，每年年初人民代表大会会议结束后，增加一次常委会会议，着重审议以人民代表大会批准的常委会工作报告为依据所制定的市人大常委会全年工作安排，并印发人大常委会关于全年各次会议时间和议题的初步安排、年度立法工作计划和监督工作计划。这样的做法既回应了人民代表大会所批准的常委会工作报告及相关决议，又为大会决议的落实做好了筹划安排。

（3）质量和实效体现新气象

北京市十三届人大提高人民代表大会会议质量和实效的措施在实践中得到了积极回应。一是得到社会各界的积极评价。北京市委、全国人大有关部门、其他省市人大、区县人大、媒体对北京市人大的探索都给予了充分肯定。二是通过办理和督办代表议案，推动城市科学发展和城市模式转型中重点难点问题的解决。由于北京市人大将人民代表大会与常委会的工作职能进行了有机对接，在人民代表大会前积极做好代表的视察工作，使代表在人民代表大会期间提出议案的积极性和针对性都有了明显提高。在北京市十三届人大的5年履职期间，其代表在人民代表大会上共提出1151件议案，内容涉及"吃上放心的菜，住上安居的房，喝上干净的水，呼吸新鲜的空气，找上合适的工作，出行更加方便，过上城乡一体化的新生活"。对这些代表所提的议案，北京市十三届人大从实际出发，坚持"少而精、求实效"，将149件监督类议案合并为17项，包括首都环境保护、区域协调发展和城乡统筹发展、保障和改善民生以及文化软实力建设五个方面，并将其交由市政府办理，同时授权市人大常委会听取和审议议案办理情况的报告。对于人民代表大会交付的代表议案，北京市政府高度重视，加以认真办理。通过对这些议案的办理和督办，推动了首都民主法治建设，推动了城南建设和城市西部地区转型，推动了北运河和潮白河流域水系治理、垃圾收集处理、大气污染治理等关系首都科学发展的重大问题的解决，推动了学前教育、食品安全、保障房建设、劳动就业、养老服务和保障等一系列关系人民群众切身利益问题的解决，推进全国文化中心建设，促进首都经济发展方式转变和城市发展模式转型。这些议案的办理以及在议案办理过程中，北京市人大提出的关于城市发展的思路和建议，都具有很强的现实意义和深远的历史意义。三是注重宣传，使人民代表大会会议精神深入人心。近几年来，北京市人大注重对人大新闻的宣传，运用电视、网络、平面媒体以及新闻发布会等形式，全方位、立体化地宣传人民代表大会会议和人大代表，以及人民代表大会、人大代表所关注的问题，使人民群众感受到人大代表关注和人民代表大会会议讨论的问题，正是其关心的问题，拉近了人民群众与人民代表大会之间的距离，使人民群众对人民代表大会更加亲近和信任。

目前，各级人民代表大会和人民代表大会常委会严格按照议事规则的规定，每年召开一次全体会议，每两个月至少召开一次常委会会议。国家权力机关的工作逐步走上了制度化、程序化的轨道。

2. 专门委员会建设不断加强

人大专门委员会虽然是人民代表大会的常设工作机构，但其在人民代表大会闭会期间在人大常委会的领导下继续开展工作，而且其组成人员都是人大代表。因而从一定意义上说，专门委员会的工作是人民代表大会工作的延续，在一定程度上解决了人民代表大会在闭会期间的职权虚置问题。《全国人民代表大会组织法》第三十七条规定："专门委员会审议全国人民代表大会主席团或者全国人民代表大会常务委员会交付的议案；向全国人民代表大会主席团或者全国人民代表大会常务委员会提出属于全国人民代表大会或者全国人民代表大会常务委员会职权范围内同本委员会有关的议案；审议全国人民代表大会常务委员会交付的被认为同宪法、法律相抵触的国务院的行政法规、决定和命令，国务院各部、各委员会的命令、指示和规章，省、自治区、直辖市的人民代表大会和它的常务委员会的地方性法规和决议，以及省、自治区、直辖市的人民政府的决定、命令和规章，提出报告；审议全国人民代表大会主席团或者全国人民代表大会常务委员会交付的质询案，听取受质询机关对质询案的答复，必要的时候向全国人民代表大会主席团或者全国人民代表大会常务委员会提出报告；对属于全国人民代表大会或者全国人民代表大会常务委员会职权范围内同本委员会有关的问题，进行调查研究，提出建议。"地方组织法第三十条规定："各专门委员会在本级人民代表大会领导下，研究和拟定有关议案；对属于本级人民代表大会及其常委会范围内同本委员会有关的问题，进行调查研究，提出建议。"这些规定都表明：各级人民代表大会专门委员会是依法设立的，是在权力机关领导下完成某种专门任务的担负者，虽是常设机构，但没有实体性权力，不具有权力机关的性质。[①] 专门委员会主要通过对各项议案的研究、审议和拟定，对属于本级人民代表大会及其常委会范围内同本委员会有关的事项进行调查研究，为人大及其常委会的工作提供理论论证、事实支撑、资料分析等意见和建议，从而实现对人大及其常委会工作的支持。实际上，专门委员会在研究、审议和拟定法律草案和其他议案，听取有关部门工作汇报，进行专题调研方面做了大量工作。对

[①] 崇连山：《关于地方人大专门委员会的性质、特点等探讨》，《人大研究》2013年第3期。

此，李鹏委员长在九届全国人大常委会三次会议上指出："专门委员会的工作十分重要，对全国人大及其常委会有效地行使宪法和法律赋予的各项职权，起着不可替代的作用"，"改进和加强专门委员会的工作，对做好人大工作有着十分重要的意义"①。人大常委会的会议相对而言都具有会议周期长、会期短、会议议程多、处理事项杂的特征，这就对会议议程的事先筹备和议案的论证提出了较高的要求，而这些议案往往要经过专门委员会的审议之后再交由人大常委会审议并做出决定，并最终交由负责机关和部门具体实施办理。由此可见，专门委员会对人大常委会交付议案的审议已成为人大常委会监督工作运行的基础和重要一步。因此，完善专门委员会组织机构和工作机制，加强各专门委员会之间工作和信息方面的协调沟通，克服工作的孤立性和分散性，有助于人大常委会监督工作的运行，是增强监督实效的重要途径。

"1954年宪法规定，全国人民代表大会设立了4个委员会，但预算委员会和代表资格审查委员会只在大会期间进行工作，大会结束后就没有什么活动了。所以，实际上只有民族委员会和法案委员会两个委员会。"② 民族委员会和法案委员会具有专门委员会的某些性质，但没有专门的工作机构，和现行的全国人民代表大会专门委员会还有一定的区别。《中华人民共和国全国人民代表大会组织法》（1982年）第三十五条规定：全国人民代表大会设立民族委员会、法律委员会、财政经济委员会、教育科学文化卫生委员会、外事委员会、华侨委员会和全国人民代表大会认为需要设立的其他专门委员会。各专门委员会受全国人民代表大会的领导；在全国人民代表大会闭会期间，受全国人民代表大会常务委员会的领导。1983年第六届全国人民代表大会设立了6个专门委员会，即民族、法律、财政经济、教育科学文化卫生、外事和华侨委员会。各专门委员会为发展社会主义民主，健全社会主义法制服务，协助全国人民代表大会及其常委会行使职权。根据宪法和全国人民代表大会组织法的规定，专门委员会在本级人民代表大会及其常委会领导下，研究、审议和拟订有关议案；协助全国人

---

① 王建瑞、冼朝暾：《关于专门委员会的监督权问题的探讨》，《楚天主人》2000年第3期。
② 徐振光等：《新时期人民代表大会制度的发展》，《上海党史党建》2006年第11期。

民代表大会常委会行使监督权，对法律和有关法律问题的决议、决定贯彻实施的情况进行检查监督。民族委员会还要审议报请全国人民代表大会常委会批准的五个自治区的自治条例和单行条例，向全国人民代表大会常委会提出报告。并对加强民族团结问题进行调查研究，提出建议。法律委员会统一审议向全国人民代表大会或者全国人民代表大会常委会提出的法律案；其他专门委员会就有关的法律案进行审议，向法律委员会提出意见，并印发全国人民代表大会会议或者常委会会议。专门委员会不仅可以经常开会，而且专业人员多，对于人民代表大会及其常委会的科学决策发挥了重要作用。1986年9月，彭冲副委员长经过8个月的调研，提出了《关于健全全国人民代表大会机关工作和机构的报告》，该报告指出："专门委员会目前存在的主要问题是：办事机构不健全，工作人员少，还不能担负起法律赋予的任务。"1987年6月16日，经委员长会议原则批准，这个报告成为全国人民代表大会常委会加强机构建设的重要文件，发挥了很大作用。第七届全国人民代表大会增设了内务司法委员会。1993年八届全国人大一次会议增设了环境与资源保护委员会（原环境保护委员会）。1998年3月，九届全国人大一次会议又增设了农业和农村工作委员会。2018年，十三届全国人大一次会议决定增设社会建设委员会，至此，全国人大共设立了10个专门委员会。其中原有的法律委员会更名为宪法和法律委员会，内务司法委员会更名为监察和司法委员会。

根据1982年宪法和有关法律的规定，在省、自治区、直辖市和自治州、设区的市的人民代表大会，建立法制（政法）、财经经济、教育科学文化卫生等专门委员会。2015年6月，中共中央转发《中共全国人大常委会党组关于加强县乡人大工作和建设的若干意见》，明确提出"县级人大可以设立法制、财政经济等专门委员会"。同年8月，全国人大常委会通过地方组织法、代表法、选举法修正案，赋予县级人大设立专门委员会职权。

我国的乡（含民族乡）、镇的人民代表大会从来不设常务委员会，人民代表大会的常务工作由本级人民政府承担。1986年修改地方组织法，规定乡镇人民代表大会会议的召集由上一次人民代表大会会议的主席团负责。1995年再次修改地方组织法，规定乡、民族乡、镇人民代表大会设主席及副主席1—2人，由本级人民代表大会从代表中选举产生，在本级人民代表大会闭会期间,负责行使联系代表、组织代表开展活动、反映代表及群众建议和意见、召集本级人民代表大会会议等职能。主席、副主席亦是人民代表大会会议主席团的成员。这些措施加强了乡镇人民代表大会的工作。2015年修改后的地方组织法第十五条规定:主席团在本级人民代表大会闭会期间,每年选择若干关系本地区群众切身利益和社会普遍关注的问题,有计划地安排代表听取和讨论本级人民政府的专项工作报告,对法律、法规实施情况进行检查,开展视察、调研等活动;听取和反映代表和群众对本级人民政府工作的建议、批评和意见。主席团在闭会期间的工作,向本级人民代表大会报告。

党的十九大报告明确提出:"完善人大专门委员会设置,优化人大常委会和专门委员会组成人员结构。"改革开放以来,各级人民代表大会和常委会注重提高代表和委员的素质,逐步改善他们的知识结构,不断增强他们的议政能力。全国人民代表大会常委会组成人员的产生,过去一直实行等额选举,从七届全国人民代表大会一次会议开始,常委会委员由差额选举产生。为了加强全国人民代表大会常委会经常性的工作,提高议案的审议质量,九届全国人民代表大会常委会组成人员增加了19名年龄较轻、富于业务专长的委员。[①] 在十届全国人民代表大会代表中有九成受过高等教育,拥有硕士或博士学位的不在少数。一批具有专业背景的年轻委员进入人民代表大会常委会,为人民代表大会常委会注入了青春活力,对提高全国人民代表大会的立法质量和监督水平起到了促进作用。[②] 从全国人民代表大会常委会的情况来看,人民代表大会常委会组成人员的专职化程度逐届有所提高,据统计,六届为63%,七届为74%,八届则上升为78%,以后各界的比例更高。[③]

一些地方人民代表大会在优化常委会组成人员结构方面进行了有益探

[①] 张春生:《关于全国人民代表大会常委会的组织制度和议事制度》,人大新闻网(npc. people. com. cn),2003年7月8日。

[②] 《追寻人民民主的足迹:人民代表大会50年十大标志性事件》。www.XINHUANET.com,2004年9月15日。

[③] 参见王叔文《人民代表大会制度的理论和实践》,《中国社会科学院研究生院学报》1995年第1期。

索和尝试。如北京市海淀区人民代表大会常委会通过设立人民代表大会常委会专职委员，提高了常委会审议质量。海淀区人大常委会设立专职委员始于2002年。2007年至2011年底，北京市海淀区十四届人大常委会中的专职委员达到7名，占常委会组成人员的20%。在召开常委会会议时，兼职委员过多的最大弊端就是会前准备不充分、发言针对性不强。设立专职委员以来，海淀区人民代表大会常委会审议质量有了明显改善和提高，发生了三个转变：一是发言的人多了。专职委员在每次常委会上均踊跃发言，并促进和带动了兼职委员的发言积极性，使审议场面十分热烈。二是发言质量提高了。由于专职委员在每次常委会会议之前都做了充分的准备，写出了有理论、有分析、有见解、有建议的书面发言稿，在常委会会议上积极、主动发言，提高了常委会会议的审议质量。三是发言时顾虑少了。专职委员除了专事常委会委员工作外，不再兼任其他任何职务，没有顾虑和包袱，能够牢记自己的使命和责任，切实依法履行职责，在发言时敢于直言，畅所欲言。

北京市海淀区人民代表大会常委会通过设立专职委员，对"一府两院"工作的监督更为有力。专职委员的共同特点就是敢于直言，敢于监督。在主任会议上，专职委员积极发言，要求海淀区法院强化司法为民意识，重视对人民代表大会信访案件的办理，促使海淀区法院出台"信访联办例会"制度，提高了信访办结率。此外，专职委员还参与有关专门委员会的工作，共同呼吁并促使全区通过召开"公共卫生大会"，解决了公共卫生"一个机制，四个体系"的问题。

北京市海淀区人民代表大会常委会通过设立专委，提高了人民代表大会及其常委会的地位和威望。专职委员的设立，可以使他们在思想上增强责任感和使命感，提高履职积极性；在时间上能够从原来的工作岗位上解脱出来，不再受兼职时烦琐事务的困扰，可以全身心地投入工作；在能力上有充足的时间加强学习、调研和思考，提高行使职权的水平，有效地发挥了代表作用；在工作上也使他们有足够时间深入基层，联系选民，了解社情民意，听取人民群众的建议和意见，更好地代表人民行使管理国家和社会事务的权利，督促人民代表大会及其常委会形成的决议、决定和审议意见得到很好的落实，从而提升人民代表大会整体工作质量，更好地发挥人民代表大会常委会作为国家权力机关的作用，在实践中提高人民代表大会及其常委会的地位和威望。[①] 中共中央转发《中共全国人大委员会党组关于加强县乡人大工作和建设的若干意见》明确提出要"优化委员会组成人员结构，逐步将专职组成人员比例提高到60%以上"。目前，地方人大常委会设立专职委员已经成为普遍现象，不断助力提高人大常委会的工作能力和水平。

（七）推进人民代表大会制度理论和实践创新，促使人大工作提高水平

回顾改革开放以来人民代表大会制度建设和人民代表大会工作发展的历程，人民代表大会制度显示出强大的生命力和巨大的优越性。不过，人民代表大会制度的新定位与实际运作还有一定的差距。一部分人对人民代表大会制度还不了解、不关注。为了真正实现党的领导、人民当家作主和依法治国的有机统一，我们还需要推进人民代表大会制度理论和实践创新，推动人大工作提高水平，把人民代表大会制度的内在优势变为现实的功效。

1. 完善民主选举制度，保障人民当家作主

民众诉求的充分表达、有序整合、有效实现，是政治稳定、社会充满活力的体现，也是政治稳定、社会发展的条件。民主选举制度是实现这一目标的制度基础，也是体现人民当家作主的政治基础。改革开放以来，我国公众政治参与的愿望日益增长，必须有序引导这种时代潮流，并发挥其积极作用。为此，应进一步畅通制度化的参与人大工作的渠道，引导公众有序参与人大工作，在人大制度平台上释放参与能量，以避免非制度化的或无序的参与，或积聚成对制度和秩序的负能量。虽然公民的广泛参与是政治社会稳定和充满活力的必要条件，但参与并不必然带来稳定和谐，无序的政治参与可能危及稳定和谐；撇开现有的制度框架、制度渠道探讨有序的政治参与无异于缘木求鱼，而离开人民代表大会制度寻求制度化参与也只能是舍本逐末。人民代表大会制度是选举民主和协商民主的有机统一，带有竞争性和广泛参与性。从应然的角度来看，人民代表大会为公众

[①] 参见席文启、胡桂枝主编《海淀人民代表大会现象》，人民出版社2005年版，第7—9页。

广泛有序的参与提供了根本渠道,为利益诉求的表达和博弈提供了制度化的平台,为不同利益的有机整合提供了法治保障,为共同利益的确定和实现提供了必然性和可能性。因此,完善公众利益表达与整合机制,实现公众有序政治参与,最重要和最主要的必须立足于完善人民代表大会制度,尤其是选举制度和代表制度。

影响公众参与人民代表大会代表选举的兴趣与参与广度和深度的主要因素,既有制度设计和机制上的,也有技术上和观念上的。如公众对人民代表大会制度内涵的认识有待进一步提高;公众对选举真谛的认识有待提高;人民代表大会代表为人民代言、反映民众利益的责任意识和履职的素质有待提高。改进民主选举制度,完善选举机制和技术,坚定不移地坚持新发展理念。要树立长远的、根本的、全局的政治观,要放在坚持和发展中国特色社会主义的大背景下,与时俱进地观察问题和解决问题。从发展的观点看,统筹城乡发展的要求和城乡一体化进程的加快,农村劳动力大量转移,"农民"职业身份和劳动性质的巨大变化,户籍制度改革的深入和城乡户籍差别的逐步取消,贫富差距日益缩小,经济条件不同对于不公平竞争的影响逐步减弱。要根据客观发展需要创新民主选举机制和选举工作,但也要注意任何旨在推进民主选举制度的探索,必须在党的领导和法律与制度框架下进行。损害了法律和制度的权威也就损害了民主本身的法律和制度保障。在选举实践中,要维护宪法法律的尊严,这是维护人民主权权威和民主政治的基石。

2. 通过科学立法,改进立法工作

改革开放初期,面对落后的经济社会面貌,发展自然成为硬道理,成为第一要务,经济建设成为社会主旋律,成为各项事业必须紧紧围绕的中心任务。我国的法制建设也必然围绕这个中心,"为经济建设保驾护航",经济立法成为重点,为经济发展提供了必要的法制基础。经济发展也为缓和、调整、化解各类社会矛盾,为社会的全面进步和快速发展提供了必要的物质基础。随着经济建设的迅速发展,我国以经济立法为主要特征的立法步伐越来越快,地方人民代表大会关于经济立法的积极性较高,除了全国人民代表大会及其常委会制定不少经济方面的法律外,有立法权的地方人民代表大会也制定了大量的地方性经济法规。但是经济立法的快速增加影响了立法的均衡协调。因此，应当重塑立法理念，今后的立法要更加注重科学立法，即均衡立法、协调立法，以推动经济与社会全面发展、人与自然协调发展和生态文明建设。一是要统筹经济发展与环境资源保护。就过去的经济立法领域而言，经济发展与环境资源保护是不均衡的。我国立法长期偏重开发、发展而忽视了环境保护和生态建设、能源和资源的节约和合理利用、可持续发展和永续开发。科学发展观与构建和谐社会的提出，使这一不平衡的立法状态开始扭转。但由于立法的滞后性，环境生态资源保护立法的供给仍然不足；而执法效能的滞后性，使得环境资源立法也不可能起到立竿见影的效果。法律修改和完善要更加关注节能降耗减排，提高资源利用效率；更加关注资源开采、生产消耗、废弃物利用和社会消费等环节资源的综合利用和循环利用；更加关注矿产资源开发的秩序规范、资源开发利用补偿机制和生态环境恢复机制；进一步鼓励节约能源资源的生产方式和消费方式；更加关注水污染防治、工业和城市污染治理、农产品生产地污染治理、饮用水地保护等；更加关注天然林保护和草原建设、风沙源和水土流失治理立法，流域水资源的调控、分配和利用等。二是要进一步统筹经济发展与社会发展。近年来，社会类立法案的逐渐增多和对社会类立法越来越强的呼声，反映了科学立法的内在要求。社会立法涉及劳动关系、社会保障和社会福利关系的调整，是保障劳动者、失业者、丧失劳动能力的人和其他需要扶助的人的权益的法律，包括社会组织、社会救济、特殊保障、社会保险、劳动用工、劳动保护、工资福利等方面。这类法律最能体现社会主义法律"以人为本"的属性和法治社会的要求，也最能体现社会主义法律对公民平等劳动权、救济权等基本权利的保护和保障，最能体现和促进社会的安定有序和公平正义。社会类立法的滞后对推进国家治理体系和能力现代化有消极影响。近年来，国家和地方社会立法的速度明显加快，地方立法面临的任务依然是：通过制定实施性地方性法规，结合本地实际进一步细化、落实国家关于社会组织、社会救济、特殊保障、社会保险、劳动用工、劳动保护、工资福利等社会类法律的规定；通过先行立法，就这些事项中国家尚未做出法律规定的，制定符合实际的操作性强的规范；就本地区特有的社会类事项，还可以做出创制性的规定。

3. 通过民主立法规范行政权力，保护公民权益

转型期的中国社会利益分化加剧，新的社会阶层出现，各种社会矛盾交织。"立法就是在矛盾焦点上砍一刀。"共同富裕的社会必定是不同利益的彼此宽容共处，彼此渗透交融，通过公平博弈达致彼此妥协，而不是彼此分割隔离，彼此对立冲突。人民代表大会就是要在立法层面上最大限度地发扬民主，调动公众充分参与、广泛参与，为不同方面不同阶层不同利益诉求的充分表达和公正博弈提供平台。通过立法来对经济社会利益关系进行调节、整合、确认、保障。广大普通民众对立法的参与，对避免部门利益法制化和利益集团对立法的不当影响，最为必要。立法必须广泛吸纳民意，充分反映民主，因而必须建立、完善各项民主立法制度，立法法也反映了这样的价值取向。有人认为，公民地方立法参与权主要是知情权、建议权、意见陈述权、质疑辩论权和立法监督权。[①] 当然，公民对立法的参与最重要的还是立足于代议制度本身，最根本的仍然在于完善代表制度和代表选举制度，让深刻了解民意、乐于为民代言、能充分表达民众意志和要求、受公众信赖的公民成为人民代表大会代表和常委会组成人员，使立法更准确更充分地反映民意，反映方方面面的利益诉求，而不仅仅局限于立法制度和立法技术的创新、完善上。这并不是说健全民主立法制度，创新立法技术不重要；相反，民主立法制度和技术是必不可少的，尤其是在代表制度还有待进一步完善的情况下更是如此。以往人民代表大会在民主立法方面做了很多的探索，主要有立法计划征求民意、立法调研、立法草案委托起草、立法座谈和立法论证、立法听证、对有争议条款的单项表决、公民旁听常委会法规草案审议、立法评估等制度和措施，其中地方立法听证制度最引人瞩目，对公正表达各方面利益诉求，提高立法质量，反映地方特色，增强法规的可操作性，提高地方立法调整经济社会关系的效能起到了推动作用。从推进国家治理体系和治理能力现代化来看，一是仍然需要将这些民主立法的措施、经验通过立法进一步制度化、规范化、经常化，避免因人而异、因事而异、因时而异的随意性。二是要把这些制度

[①] 参见黄红星等《公民的立法参与权》，《人民代表大会研究文萃》第3卷，中国法制出版社2004年版，第71—73页。

和措施切实作为广泛吸纳民意、提高立法质量的措施，要切实解决问题，在民众普遍关心关注的重大问题上，切实起到平衡各方、协调利益、消弭冲突、化解矛盾的作用，而不是刻意表现"民主"或表现"政绩"的作秀，要关注其实际效果而不是宣传效应。三是要进一步调动公众参与的热情、扩大参与的范围，让普通公众了解和感受到参与的价值和效果，通过制度机制创新提高参与的公平性，尤其是要降低参与成本，激励、保障弱势群体的参与。四是切实通过广泛参与遏止部门利益和集团利益对立法的不当影响，如通过人大主导立法防止部门利益法制化，通过立法听证机制的设计等克服强势利益集团的过度影响。五是更加重视和利用好现代传媒手段，了解民意、吸纳民意，利用互联网就立法计划征求公众意见，网上征求公众的立法建议和草案，开通网上互动平台就立法听证的问题让公众参与讨论，等等。除了这些开门立法制度外，近年来，各地方人民代表大会常委会通过自身的一些制度建设，动员、吸纳公民有序参与，如常委会会议议题向社会公开，新闻媒体直播会议实况，公民旁听会议等，可以看作对立法参与的补充，也都是对民主立法有积极意义的探索，尤其是进一步落实人民代表大会的立法权尤为重要。

公平公正均衡地配置权力与权利、权力与责任、权利与义务，是公平合理地规范执法主体（主要是行政主体）行为，平衡执法主体与相对人权利义务，从而保护公民权益不受侵犯的法治前提。为此，一是必须认真执行民主立法的各项制度，比如在法规起草中发挥地方人民代表大会常委会的主导性，立法信息要公开，立法过程要透明，要为公众参与提供便利。二是人民代表大会常委会的法工委或法制委对部门起草法案可以提前介入，做好沟通协调和把关工作，发挥统一审议的作用；这对立法工作人员的素质、专业水平和技术技巧提出了很高的要求，地方人民代表大会须下决心充实立法队伍，提高人员的业务素质。进一步完善法律法规草案的起草机制，形成多渠道起草法案的体制，如实行招标或委托起草法案等，从开始阶段就限制部门利益的影响。三是完善立法听证程序和机制设计，注意倾听和吸纳普通民众和弱势群体的诉求。

4. 发挥法规备案审查的作用，维护国家法制统一

法律是对一定经济、政治、社会关系和秩序的调节、整合、确认、保

护，法律法规之间是否协调统一，在一定程度上反映的是社会关系和谐与否。法律法规不平衡、不统一、不协调，甚至相互冲突、打架，在某种程度上反映出社会（利益）关系的不和谐，不仅影响社会主义法制的统一，同时也使其调整社会关系的作用大打折扣。唯有法律法规内部位阶分明、排列有序、效力明确、协调统一，才能有效发挥其调整社会关系，促进社会和谐的最大效能。在新时期法制建设开始起步时，处于不断转型和发展中的中国社会对法制的需求愈益强烈，而法制供给却严重不足，许多法律领域一片空白，基本上无法可依。有法可依成为当时法制建设所追求的主要目标。改革开放以来，我国的立法速度很快，立法成果显著，为经济社会的进一步发展，为保障民生与社会和谐提供了法律支持。但是，快速立法给法律之间的协调统一带来了一些隐忧：制定法律法规的速度很快，但对法律法规的清理、修改或废止还有待进一步加快，而中国改革开放以来的经济政治社会状况和体制机制不断发生变化，制定法律法规所依据的经济社会基础和所调整的经济社会关系已发生巨大变化；多层次、多位阶的立法体制，增加了法律法规保持和谐统一的难度，增大了法律法规冲突的可能性；部门利益、地方利益对立法的过度影响，进一步放大了这种可能性。党的十八大以来，随着合宪性审查力度的加大，这方面的情况已经有了很大的改进。今后需要进一步完善法律规定，明确备案审查的程序要求，重点是建立备案回执制，实行备案审查机关的分级负责制，建立备案审查机关工作答复制，赋予审查机关和具体负责备案审查工作的相关机构一定的处理权，扩大处理机关的处理权限，充实备案专门机构人员；在此基础上有立法权的地方人民代表大会常委会要根据形势变化和现实需要，立改废结合，及时对法规做出清理、废止或修改。

5. 强化执法检查，保证法律法规的正确实施

经过多年的立法努力，以宪法为核心的中国特色社会主义法律体系逐步完善，做到了有法可依。但是，徒法不足以自行，只有法律法规的正确实施和有效实施，才能实现立法之调整社会关系的功能，这是社会主义法治建设的重要环节。即使法律法规在本质上体现了"公意"或者说是人民的整体意志，也是静态的；而现实却是动态的，是一个变化的过程，不是"理想状态"的。二者之间不是简单的单项对应或一一对应的关系。由于其复杂性，法律实施的问题越来越多地凸显出来，有法不依、有法难依、执法不严、司法不公、违法行政，甚至执法违法、执法扰民，侵害相对人权利和普通公民合法权益的问题时有发生，甚至由此导致局部矛盾激化，影响了社会的生机与活力。保证宪法和法律法规在本行政区域内得到贯彻执行，是宪法法律赋予各级人民代表大会及其常委会的职权。各级人民代表大会、人民政府、监察委员会、人民法院和人民检察院是各级权力机关、行政机关、监察机关、审判机关和检察机关，它们的职权有明确的划分，但行政机关、监察机关、审判机关和检察机关均由同级人民代表大会产生，向同级人民代表大会负责并报告工作，受同级人民代表大会监督。人民代表大会与"一府两院一委"之间的权力配置、分工和制约是地方人民代表大会对"一府两院一委"法律法规实施情况和其他方面进行监督的基础。它体现了宪法体制的内在协调，这是政治与社会和谐的基石，也是人大执法检查的制度基础。执法检查本是地方人民代表大会常委会在实践中探索出来并逐渐规范、使用比较得心应手且实践效果比较理想的法律和工作监督形式。执法检查对于保证法律法规的正确实施和有效实施，维护法律法规的权威和尊严，发现和纠正执法中的问题，进一步修改完善法律起到了很好的作用，但多年来由于缺少法律制度的有力支撑，以及体制和整个社会法治环境的制约，其权威性明显不足；个别地方人民代表大会常委会执法检查有流于形式的趋势。2007年1月1日正式实施的监督法对人民代表大会常委会监督"一府两院"尤其是行政机关正确实施法律法规做了进一步的明确和程序上的细化。监督法对执法检查的确认和程序规定，对于执法检查的法制化、制度化、规范化，增强执法检查的权威和实施效果，无疑是很重要的。法律法规的数量太多，人大很难对之执行情况一一进行监督检查。一是人大执法检查要从突出的问题入手，抓住重点，抓住关系改革稳定发展大局，关系人民切身利益、社会普遍关注的重大问题，比如"三农"问题、义务教育、医疗卫生、环境保护、安全生产、社会保障、征用拆迁补偿等群众反映强烈的带有共性的问题。从问题入手，可以有的放矢地发现法律法规执行中的情况和问题，以便突出重点抓住关键，起到牵一发而动全身的作用。从问题入手，并不意味着人大仅仅停留在对问题的关注或者越俎代庖地直接处理具体问题。二是要从人大常委会的监督职能出发，检查执法部门的执法行为和执法工作。重要的是通过执法检查发现或找到"一府两院"及其部门在法律法规实施、执行中所存在的问题和漏洞，诸如有法不依、执法不严、违法不究以及执法不作为、乱作为，争权力、重利益、乱罚款、疏管理、避责任、轻服务等问题。如安全生产事故中反映出来的安全生产管理和监督、劳动保护、监察和司法等部门执法不力、以罚款和收费代替管理和监督、消极作为甚至不作为的问题，黑窑黑矿中发生的强迫劳动、虐待伤害、限制人身自由、使用童工等违法犯罪现象所反映出的有关部门、机构执法不严、监管缺位、地方保护以至于执法腐败等问题，长时间大范围的环境违法事件和大面积的流域污染所反映出的环保等部门执法无力和部门利益、地方利益对执法的干扰以及政府的不当政绩导向等问题，土地征用、拆迁补偿等工作中所反映出的政府部门在公正执法、公平执法、执法为民方面存在的问题，等等。大范围出现的问题往往有管理体制的原因，反复出现的问题往往有运行机制的原因。特别是要通过检查发现那些关键性的、带有共性特点的执法中的问题。发现执法司法中的问题是为了监督、促进"一府两院"改进执法工作，保证法律法规的正确有效实施。三是要对法律法规实施情况进行评价，提出改进工作的建议，监督"一府两院"解决所存在的问题，并进行跟踪监督，或者就存在的问题采取进一步的监督手段。人民代表大会代表和人民群众的积极参与是发挥执法检查效能的必要条件。四是要坚持公开原则，按照监督法的规定，执法检查组的组成人员，除了从本级人民代表大会常委会组成人员以及本级人民代表大会有关专门委员会组成人员中确定外，还可以邀请本级人民代表大会代表参加；常委会的执法检查报告及审议意见，"一府两院"对其研究处理情况的报告，应向本级人民代表大会代表通报并向全社会公布。

6. 加强规范性文件备案审查，促进依法行政、执政为民

权力机关对"一府两院一委"的监督，确保了公共权力的正确运行，保证执政为民和依法行政、公正执法，这是"人民主权"理论的必然要求，也是建设法治政府、有限政府、责任政府和透明政府，促进社会安定有序、高质量发展的必要条件。对"非立法性"规范性文件的备案审查，是地方人民代表大会常委会急需开展的工作。宪法和地方组织法赋予人民代表大会（及其常委会）撤销本级人民政府及下级人民代表大会（及其常委会）的不当决议、决定、命令的职权，监督法对县级以上地方各级人民代表大会常委会的这一职权做了进一步的规定，经审查认为超越法定权限，限制或者剥夺公民、法人及其他组织的合法权利，或者增加公民、法人和其组织义务的，同法律法规规定相抵触的，以及有其他不适当的情形的，有权予以撤销。行政机关和司法机关（主要是行政机关）做出的涉及公民、法人和其他组织权利义务的具有普遍效力的规范性文件越来越多，这是贯彻执行法律法规和行政运行、管理的需要。由于这些俗称"红头文件"的规范性文件是抽象行政行为，其规范对象是不特定的人，在本行政区域具有普遍的约束力，所以不适当的规范性文件所产生的消极后果和影响往往是大面积大范围的，比不当具体行政行为所带来的损害更大。近年来，不适当的地方性行政规范性文件所带来的问题越来越引起人们的关注：或者与法律法规相抵触，在执行中引起矛盾和冲突，影响法制统一和法律法规的有效实施；或者不适当地扩张行政权力，固化审批、收费、管理权限，随意设定许可权、收费权、罚没权，规避行政责任，权力与责任不对称；或者强化部门利益和地方利益，搞土政策，与民争利，损害整体利益和长远利益，显失公平公正；或者限制相对人权益，过多设定义务性条款，权利与权力、权利与义务不对称；或者内容欠缺、自由裁量弹性较大，导致执行的随意；或者违法违规搞变通，甚至有的僭越立法权设定的事项，等等。由于行政权的行使相对灵活，实行首长负责制，并且政府及其部门均有权制定规范性文件，所以这些不适当的规范性文件的制定往往缺乏必要的民主和监督程序，很少采用听证、公开征求意见等方式，甚至有的未经集体讨论。可以制定规范性文件的主体几乎包括了所有的国家机关（权力机关、行政机关、审判机关、检察机关）及其各职能部门，制定主体广泛、内容繁杂、量大而宽。监督法的出台为发挥权力机关规范性文件审查的职能提供了一个很好的契机。在这样的前提下，落实人民代表大会规范性文件审查职权已是现实的需要。一是要进一步明确备案审查的范围，国家机关及其部门、具有行政管理职能的单位或组织制定的，涉及公民、法人或其他组织的权利和义务，在本行政区域具有普遍约束的决议、决定、命令等各类规范性文件，均应纳入审查范围。事实上规范性文件不限于决定、命令，还包括各类指示、公告、通告、通知、通报、报告、请示、批复、函、会议纪要，以及意见、方案、简报等，只要其内容涉及公民、法人或其他组织的权利和义务，规范对象不是特定的人，在本行政区域普遍适用，具有普遍效力就应该判断为规范性文件。二是建立健全人大常委会承担规范性文件审查的专门机构，充实人员力量。三是完善规范性文件备案审查的受理、启动、审查、处理等一系列程序和时限规定，明确审查原则和标准。四是完善对不适当的规范性文件进行纠正或撤销的机制，保证规范性文件备案审查的权威和落实。五是建立责任追究和权利救济机制。[①] 目前亟须激活或启动非立法性规范性文件的备案审查程序，尽管人民代表大会不可能对所有的规范性文件进行一一审查，但只要真正启动起来，纠正或撤销若干件不适当的规范性文件，实施责任追究，就可树立起备案审查的权威，起到四两拨千斤的效用，行政机关再制定规范性文件时就可能会严格严谨严密，会考虑其合法性和合理性。

7. 改进审议专项工作报告，促进社会公平正义

向人民代表大会报告工作是"一府两院一委"的宪法义务。政府的工作与民生息息相关，改善和发展民生、提升人民生活水平和生活质量是人民代表大会监督政府的一个导向。政府工作中的"三农"问题、义务教育、医疗卫生、资源环境、安全生产、社会保障、拆迁补偿等应该纳入审议专项工作的范围；公正司法、依法保护人民群众的生命、尊严和财产，保护政治经济社会权益，促进互助友爱、安定有序、和睦共处的人际、层际关系是全面建成小康社会，提升人民生活质量的内容和条件。"两院"工作中的执行难、告状难、赔偿难、超期羁押、错案不纠、司法不公等问题应该受到人民代表大会司法监督的关注。但目前来看，由于人民代表大会一年一次，代表人数众多，会期较短且议题很多，加之代表构成、素质诸方面的原因，虽然审议"一府两院一委"的工作报告是人民代表大会最主要的议题，但审议往往面面俱到，审不深、议不透，这种状况越是基层表现得就越突出。有时候，人民代表大会仅仅是完成程序性的任务，很难

[①] 参见易峥嵘《如何完善地方人民代表大会常委会规范性文件备案审查制度》，《人民代表大会研究》2007年第6期。

产生理想的监督效果。尽管在辽宁沈阳、湖南麻阳等地出现过法院工作报告或政府预算报告未获通过现象,海南临高、甘肃夏河和金昌、湖北荆州等地出现过检察院或政府部门专项工作报告未获得通过的事件。人民代表大会所具有的广泛代表性是政权合法性和政治权威存在的基础。而人大常委会作为本级人民代表大会的常设机关,有较经常的会期(每两月至少一次),人员较少且更专业,有工作机构和办事机构的辅助,更便于有效行使职权。因此,加强人大常委会制度建设,发挥人大常委会监督"一府两院一委"工作的职能成为比较现实的选择。但多年来,由于法律和工作方式上的原因,人民代表大会常委会的监督力度和效果都有待提高,或者因对问题缺乏深层次的了解而泛泛议论,针对性不强,未产生理想的监督效应,而"一府两院一委"对人民代表大会常委会的审议意见有时也重视不够,办理不力。由于人们对人民代表大会在民主法治建设、监督行政和司法、维护社会主义公平与正义方面寄予厚望,因此,各级人民代表大会常委会也一直进行着提高监督力度、增强监督效果的探索。20世纪八九十年代,地方人民代表大会常委会创造了许多新的监督方式,但这种缺乏明确法律规定的探索在理论界和实践中产生了一些争议,因而其效果不一定都是积极的,也不一定都有利于地方国家各机关之间协调配合和协同运转。而且随着实践的发展,其效用呈递减趋势。其中"个案监督"和"述职评议"争议最大。现在回过头来看,一度在地方人民代表大会上盛行的"个案监督",虽然基于对司法腐败、司法不公和监督不力的不满以及对人民代表大会司法监督的期望,姑且不论这种追求个案公正的做法是否科学,以及企盼通过追求个案公正来达到司法公正的努力是否可能,单就宪法法律对权力机关与司法机关的明确分工而言,人民代表大会"个案监督"似有"越界"之嫌,这就有可能使权力体系的结构、功能发生倾斜,从而改变国家机关分工制约的协同状态。事实上,个案的"公正"并未发生如人们预想的那样强烈的传导效应,却支付了过大的制度成本,结果很可能与初衷相左。因此,追求司法公正目标,应该把重点放在体制内国家权力架构下思考,制度建设更重要(但是在目前情况下,如何做到既不介入司法"个案"又能有效监督司法,仍是需要继续探索的难点)。监督法对此并未认可,但监督法的出台也是一个契机,监督法对地方人民代表大会常委会审议监督"一府两院一委"的专项工作报告做了重点规定。按照监督法的规定，各级人民代表大会常委会每年选择若干关系改革发展稳定大局和群众切身利益、社会普遍关注的重大问题，有计划地安排听取审议"一府两院一委"专项工作报告。对"两院"专项工作报告的审议监督，可以理解为"类案"的监督而非"个案"的监督；对政府及其部门专项工作报告的监督，也非类似"个人信任表决"式的监督。为此，一是要建立完善的议题收集、筛选、评价机制，使确定的议题真正体现民意、符合民愿。审议议题根据人民代表大会常委会在执法检查中所发现的突出问题，常委会组成人员所提出的比较集中的问题，专门委员会和常委会工作机构在调研中所发现的突出问题，人民来信来访集中反映的问题，以及社会普遍关注的其他问题来确定。统筹城乡发展，统筹经济社会发展，统筹人与自然发展的重大问题，如事关改善民生、关系人民群众生活保障和发展的重大问题，调整利益关系、事关社会活力的重要举措，区域内人民群众普遍关心的热点问题和社会发展中的难点问题，执法司法中突出的有较大影响、受广泛关注的倾向性问题，都应成为监督的重点。二是在确定议题后，要围绕议题认真准备，组织常委会组成人员和人民代表大会代表，对有关工作进行视察或专题调研，安排参加视察和专题调研的代表列席会议，听取报告和提出意见；常委会办事机构应当将各方面对该项工作的意见加以汇总，交"一府两院一委"研究并在专项工作报告中做出回应。三是要坚持公正公开原则，审议专项工作报告的年度计划、会议审议的议题、专项工作报告及审议意见、"一府两院一委"对审议意见研究处理情况或执行决议情况，向全社会公布；常委会审议专项工作报告的会议，可以允许公民旁听。四是要有相应的处置措施，审议意见交由"一府两院一委"研究处理，其研究处理情况由其办事机构送交人民代表大会有关专门委员会或常委会工作机构征求意见后，向常委会提出书面报告；常委会还可以在必要时对专项工作报告做出决议，"一府两院一委"应当在决议规定的期限内将执行决议的情况向常委会做出报告。五是对专项工作报告不通过的情况，应该有相关的处置措施和后续监督程序，有关部门和人员须承担相应责任。监督法对此未做规定的，地方人民代表大会常委会可以做进一步的探索与完善。

8. 加强预算监督，确保公共财政的社会保障功能和社会服务功能

"公共服务体系更加完备"是全面建成小康社会的目标任务之一。从中国国情出发，完善公共财政功能，坚持公共化、均等化、规范化，解决收入分配失衡，缩小区域和城乡发展差距，促进社会公平公正，确保人民共享改革发展成果是全面建成小康社会的要求。目前，城乡区域发展的不平衡以及就业、社会保障、收入分配、教育、医疗、住房等与民生相关的影响中国社会文明进步的问题，多与公共财政体系的不甚完备有关，也与国家权力机关的监督缺位有关。如果管不住钱袋子，那就难以提高治理能力和水平。监督法规定，地方全面建成小康社会财经监督主要是审查和批准决算，审议国民经济和社会发展计划、预算执行情况报告，听取和审议审计工作报告。预算监督是财经监督最主要的内容，但人民代表大会及其常委会预算监督的力度和效果都很不理想，有时流于形式、流于程序。公共财政公平化均等化的努力，主要体现在政府和政府财经部门，这一方面表明人民代表大会及其常委会财经监督的缺位，另一方面因为人民代表大会及其常委会监督的不足而使这种努力很难达到事半功倍的效果。广州、深圳等地建立部门预算和细化预算，浙江温岭实行公众参与式公共预算改革，采取"阳光预算"措施，以加强人民代表大会及其常委会预算监督的方向是值得肯定的，这表明只要充分行使财经监督职权，是能够为人民管好钱袋子的。实现公共财政的公平均等，体现人民总体利益和长远利益，有赖于人民代表大会及其常委会的监督。目前来看，人民代表大会及其常委会财经监督要关注调整和优化财政支出结构，加强经济社会发展的薄弱环节：财政支出要统筹城乡发展，进一步向农业和农村倾斜；统筹经济社会发展，向教育、科学、文化和社会保障等事业倾斜；统筹人与自然和谐发展，向生态保护和环境建设倾斜。从全国来看，统筹区域发展的任务主要在于提高中央财政向困难地区倾斜和转移支付的力度，但在同一行政区域内也有区域不平衡的问题，仍需要监督地方财政尤其是省级财政向困难地方倾斜，力求满足县乡贫困群众最基本的公共服务需求。值得注意的是，突出人民代表大会及其常委会财经监督的这些重点，向政府和全社会传递了明确的信号，即财政分配从效率优先向公平和效率并重的转变。加强能源、交通、生态和环保、公共设施等基础建设，也是公共财政的功能

之一，对涉及面广、影响深远、投资巨大的建设项目，应当由人民代表大会审议决定并接受人民代表大会及其常委会的监督。一些"形象工程""政绩工程""面子工程"的出现，一般来说是规避了人民代表大会及其常委会监督的：或者未经人民代表大会及其常委会审议，或者这种审议流于形式，或者未列入预算从而使人民代表大会及其常委会根本监督不到。未经公开、透明、充分的博弈、论证，其决策失误难以避免。这种片面追求"政绩"而置公共利益和民生于不顾的错位的政绩观，是政府未向人民负责的表现。同样，热衷建设超标准、超规模、超预算的豪华办公楼和"培训中心"，以及曾经弥漫的奢靡浪费之风，也反映出公共财政理念的缺失和财经监督的盲区。人民代表大会是最能广泛反映民众诉求、体察公众利益的机关，只有发挥好人民代表大会的作用，才能遏止这种不切实际的劳民伤财的"形象工程""政绩工程"以及由此带来的不良后果。必须确立公共财政理念和体制，把财政支出置于人民代表大会监督之下。

现行预算编制的时限不科学，各地人民代表大会的时间有先有后，但一般都是预算年度开始后尚在编制本级预算，事实上是预算先执行，后编制，再审批，财政在较长时间里无预算运行，既降低了预算的实际约束力，也使人民代表大会无法给予监督；而且编制项目不细，预算报表所列科目级次太少，只列到"类级"，或者至多到"款级"，没有关于"项""目"的具体内容，所列内容太粗，科目规模太大，透明度低，如果未实行绩效预算管理，导致"外行看不懂、内行看不清"，人大代表很难进行实质性审查。特别是财政困难的县级预算，上级专项补贴、税收返还等不确定因素的影响更大，预算的准确性低，对其实施有效监督较难。尤其是地方人民代表大会会期很短，即便是省级人民代表大会一般也只能安排一天左右时间审议预算草案，而且往往同政府工作报告、计划和预算报告一并审议，而人民代表大会审议议题主要集中在政府工作报告上，代表无暇深入了解和研究预算草案内容，况且代表的专业知识和技能也未必胜任这么专业的审议；预算草案一次性表决一揽子通过的方式，即使有代表对预算内容有异议，或提出了很好的建议意见，也很难对预算产生实质性的影响。预算在执行中变化大，调整频繁，尤其是超收及一些有专门用途的资金使用监督难度大；而且仍存在应纳入预算而未纳入的资金，以及超预算、无预算项目。对决算的审查和监督有时流于形式。提高人民代表大会预算审议效能，在目前情况下，首要的制约因素在于会期限制和代表专业能力限制。从技术上说，要保证充足的时间编制预算，编制部门预算，细化预算科目，提高预算的透明度，同时尽量保证人民代表大会审议时间，发挥好人民代表大会专门的预算审查机构的作用，提高预算执行的约束性和严肃性，强化预算编制执行中的法律责任，加强执法检查，为预算的严格执行创造好的法治环境。深圳、广州等地的实践表明，在现有体制下加强人民代表大会预算审批监督职能，仍有很大的空间，重要的是人民代表大会要善于作为。按照监督法的规定，预算经人民代表大会批准后，在执行过程中需要做部分调整的，本级人民政府应当将调整方案提请本级人民代表大会常委会的审查和批准；要严格控制不同预算科目之间的资金调整，预算安排的农业、教育、科技、文化、卫生、社会保障等资金需要增减的，人民政府应当提请本级人民代表大会常委会的审查和批准。政府有关主管部门应当在本级人民代表大会常委会举行会议审查和批准预算调整方案的一个月前，将调整初步方案送交本级人民代表大会财经委进行初步审查或常委会有关工作机构征求意见。常委会对预算执行情况应重点审查预算收支平衡情况、重点支出的安排和资金到位情况、预算超收收入的安排和使用情况、部门预算制度建立和执行情况、向下级财政转移支付情况、本级人民代表大会关于批准预算的决议的执行情况以及上级财政补助资金的安排和使用情况。地方人民政府要努力把这些规定落到实处，这也是全面建成小康社会的需要。

9. 充分发挥人大代表的作用，完善民众利益诉求的制度表达机制

按照代表制理论，人民代表大会代表是国家权力的直接行使者，也是人民权力的受托者和人民意志的表达者。法律规定，人民代表大会代表由选民或选举单位选举产生，受选区选民或原选举单位监督，人民代表大会代表要同选区选民和原选举单位保持密切联系，听取和反映他们的意见和要求。要重视这一参与渠道和形式，"充分发挥代表作用，建立健全代表依法履行职责的各项具体制度，进一步增强代表工作的实效"，这也是2005年中央"九号文件"的要求。

首先，要加强代表与公众的联系、沟通。就直接选举产生的代表而

言，建立代表与选民通畅的联系渠道和联系选民的激励机制，是基础性的工作。兼职代表制的优点是代表生活在人民群众中间，更能了解和体会人民群众的冷暖和所求所愿，更便于与人民群众及时沟通；人民代表大会代表来自方方面面，具有广泛的代表性，便于"深入了解民情，充分反映民意，广泛集中民智"。但事实上，一些人民代表大会代表与人民群众常处于隔离状态，沟通和联系渠道不畅，人民代表大会部分代表缺少向选民负责的意识和主动联系选民的积极性；一些民众也不知道自己的代表是谁，某些民众（代表）选出的代表在干什么和如何行使权力，也不向代表反映建议和意见，对这些代表的监督自然也就无从谈起。按照2005年中央"九号文件"的要求，"代表应通过多种渠道保持与人民群众的密切联系，自觉接受人民群众的监督。代表可以通过由代表小组、召开座谈会、代表电子信箱和人民代表大会网站等多种方式，听取和反映原选举单位和人民群众的意见和要求"。近年来，一个很好的趋势是不仅许多地方努力创造代表与选民、选举单位联系沟通的条件，创新联系沟通的平台，很多人民代表大会代表和选民也努力疏通沟通渠道。代表向选民（向原选举单位）述职的工作在全国各地较普遍地开展起来，向着制度化、规范化的方向发展。还有人民代表大会的一些代表通过报刊媒体主动征求议案、建议，建立代表网站或博客与选民互动，公开个人电话、电子信箱等以便于选民联系，建立代表工作室、工作站及聘请助理、联络员，经常性地深入选区选民以及自费进行视察、调研等，均透射出一种十分积极的信号。所有这些努力对了解民情、反映民意、吸纳民智，疏通化解矛盾冲突，协调利益诉求的积极意义是不言而喻的；但仅仅是自发的或凭个人自觉是不够的，需要建立激励约束机制。从我国现阶段特殊国情出发，有必要强调代表"联系群众要讲求实效，求真务实，不搞形式主义"，防止"作秀"、炒作或成为广告宣传，避免引起适得其反的效果。

其次，充分发挥代表的作用。代表充分履行人民赋予的权力，积极为民代言，为国计民生建言献策，发挥参政议政的作用，是人民代表大会充分发挥作用的基础。愈是利益分化和多元化，就愈是需要政府与民众、民意之间进行有效的沟通，舆情沟通，下情上传，上情下达，防止信息隔绝或传递失真；就愈是需要优质、有效的整合平台，使不同群体不同利益诉求实现充分表达，使其公平博弈、有机调适、妥协共处。代议制度赋予人民代表大会代表不可替代的"代"和"议"的职责。一般认为，影响人民代表大会代表发挥职能作用的因素较多，如人代会会期短、代表人数多、兼职代表的参政技能受时间和精力的限制。传统上我国的人大理论强调代表的"广泛性"和"人民性"，所以，很难精简代表数量和实现代表专职化。因此，要努力提高代表素质和能力，除了完善选举制度、把好代表"入口关"外，在现有基本制度框架内发挥代表作用，成了代表工作的重点。按照2005年中央"九号文件"的要求，一是保障代表的知情权，提高代表审议议案、报告的水平和效能；二是改进代表议案工作，提高议案提出和处理的质量；三是完善有关工作制度，提高代表建议、批评和意见提出及处理的质量；四是加强和规范代表在大会闭会期间的活动，增强代表活动的实效；五是为代表在大会闭会期间的活动提供必要的条件和保障。近年来，各地方人民代表大会常委会重视和突出代表培训，就是根据这一精神所做的努力。

人民代表大会代表还可以在社会纠纷解决机制上发挥更大的作用。转型期社会矛盾的增多和复杂化，在某些环节某些方面不和谐因素的存在，突出反映在"信访问题"上。国家和政府付出了多方面的努力，但仅靠"拓宽信访渠道，营造和谐信访环境，创新工作思路"很难从根本上解决这一问题。应该把重点放在通过制度创新建立社会纠纷解决机制上，而充分发挥人民代表大会代表在信访中的作用，是一个成本低、效用显、经济可行的选择。解决社会纠纷的关键还是要放在制度机制建设上，如果不能通过制度机制解决矛盾纠纷，而是通过非制度化的方式加以解决，其示范效应可能是弱化制度权威，使更多的人寻找非制度化的解决途径。目前的信访困境多少与此有关。要化解这一难题，应根据我国人民民主的特点尤其是代表制度的特点和优点，构建适合我国国情的纠纷解决机制、人民代表大会（代表）信访机制。除了完善转办督办制度和加强对"一府两院一委"信访工作的监督外，一是可以建立人民代表大会代表和常委会组成人员联系选民机制。当前信访数量大、信访人数多、涉及面广、情况错综复杂，单靠设在党政司部门有限的信访机构和人员，无论怎样努力总显得力不从心、疲于应付。而我国人民代表大会代表人数众多，五级人民代大会代表分布面广、各行各业各阶层各地方各方面都有人民代表大会代表，他们生活在人民群众之中，便于群众联系。建立代表接访制度，将会使集中在党政部门的信访大军分散开来，大大减轻现有信访部门的压力。二是可以充分发挥人民代表大会代表在调解矛盾纠纷中的独特作用。人民代表大会代表与人民群众有着天然联系，他们更了解、熟悉所代表的群体，对自己身边的、基层的事情更有发言权，人民代表大会代表有持证视察、调查研究、走访选民、约见"一府两院一委"领导人员、提出批评建议意见、参与监督"一府两院一委"等的权利，有较充分的信息渠道和沟通渠道，有参与的物质和法律保障，因此，代表的调节、说服、沟通，特别是与行政机关、司法机关的沟通、协调，可以化解一部分矛盾纠纷，减少信访量。如果进一步完善代表联系选民、向选民负责的机制，代表参与信访化解矛盾纠纷的热情就会被焕发、被激励。当然，代表的作用应仅限于调解、沟通与说服，绝不能干涉"一府两院一委"依法办案，也不能越俎代庖直接处理法律范围的事务。三是可以就信访中发现的或人民代表大会代表反映集中的、社会影响大的、人民群众关注的、普通性倾向性的问题，人民代表大会常委会可进行分析归纳、总结，进行调查研究、视察检查，向"一府两院"提出有针对性的意见建议，并监督其整改；还可以进行执法检查或要求"一府两院"做专项工作报告，甚至可以做特定问题调查，采取质询、询问等监督手段。

（执笔人：王维国、谢蒲定）

五 风雨同舟，荣辱与共：改革开放以来中国共产党领导的多党合作和政治协商制度的发展

我国是人民民主专政的社会主义国家，同这种国体相适应的政权组织形式是人民代表大会制度，同这种国体相适应的政党制度是中国共产党领导的多党合作和政治协商制度。中国共产党领导的多党合作和政治协商制度，是中国社会历史发展的必然选择，是中国共产党和中国人民政治智慧的结晶。它既不同于西方国家的两党或多党制，也有别于有的国家所实行的一党制，是一种崭新的、具有中国特色的社会主义政党制度。十一届三中全会以来，共产党领导的多党合作事业蓬勃发展，在促进我国改革开放和社会主义现代化建设，推动祖国统一大业中发挥了重大作用。在新的历史条件下，发展社会主义民主政治、建设社会主义政治文明中的一个重要方面就是坚持和完善中国共产党领导的多党合作和政治协商制度。中国共产党领导的多党合作和政治协商制度是我国社会主义民主政治的一个特点和优点，体现了我国政党制度的政治优势，保持了国家政局的稳定和社会的安定团结，促进了社会生产力的持续发展和社会的全面进步，有效地实现和发展了人民民主，最大限度地实现和维护了最广大人民的根本利益。总结改革开放以来中国共产党领导的多党合作和政治协商制度发展成就与经验，科学认识我国政党制度的优点和优势，对于进一步坚定中国共产党领导的多党合作和政治协商制度建设具有重大的理论与现实意义。

（一）改革开放以来我国多党合作和政治协商制度的发展历程

改革开放以来，共产党领导的多党合作和政治协商制度，根据形势和任务的变化，不断得到发展和完善。党的十一届三中全会以来，中国共产党领导的多党合作和政治协商制度的发展历程，总体上可以划分为三个重要的发展阶段，分别为恢复与发展时期、制度化建设时期和新世纪发展时期。

1. 恢复与发展时期（1978—1988）

中国人民政治协商会议第一届全体会议于1949年9月21—30日在北平顺利召开，标志着中国共产党领导的多党合作和政治协商制度正式建立。在中国共产党的领导下，各民主党派积极投身于中国的建设事业，多党合作得到顺利发展。从1957年下半年反右派斗争开始，中国共产党领导的多党合作和政治协商制度遇到了挫折。"文化大革命"期间，多党合作遭到了严重破坏，以至全面瘫痪。直至1976年"四人帮"反革命集团被粉碎，党和国家的思想路线和组织路线拨乱反正之后，我国多党合作工作才开始复苏。1978年，十一届三中全会的胜利召开，拉开了中国共产党领导的多党合作和政治协商制度恢复和发展的序幕。

（1）党和国家思想路线和组织路线的拨乱反正

"解放思想，实事求是"思想路线的恢复确立，开创了我国社会主义建设的新时期。"实事求是"是中国共产党长期革命和建设中的正确思想路线，毛泽东1938年10月第一次直接使用"实事求是"一词来表述党的作风。1941年5月，毛泽东在《改造我们的学习》中对实事求是的含义做了科学的表述："实事"就是客观存在着的一切事物，"是"就是客观事物的内部联系，即规律性，"求"就是我们去研究，我们要从国内外、省内外、县内外、区内外的实际情况出发，从中引出其固有的而不是臆造的规律性，即找出周围事物的内部联系，作为我们行动的向导。在以毛泽东为核心的党的第一代领导集体的大力倡导下，实事求是的思想路线牢固树立起来，实事求是的作风日益深入人心。但是，在社会主义革命和建设的很长一段时间内，党和国家偏离了这条思想路线，特别是"文化大革命"期间完全背离了实事求是的思想路线，给我国社会主义事业造成了严重的损失。为了冲破"左"倾僵化思想禁锢，邓小平在粉碎"四人帮"后不久，热情支持了关于"真理标准问题"的讨论，并高度评价了这场讨论的重大意义。他指出："只有解放思想，坚持实事求是，一切从实际出发，理论联系实际，我们的社会主义现代化建设才能顺利进行，我们党的马列主义、毛泽东思想的理论也才能顺利发展。从这个意义上说，关于真理标准问题的争论，的确是个思想路线问题，是个政治问题，是个关系到党和国家前途和命运的问题。"[①] 在邓小平正确思想的指导下，全国很快形成了一场规模宏大的思想解放运动。党的十一届三中全会的召开，实现了中华人民共和国成立以来我党历史上具有深远意义的伟大转折。全会全面认真地纠正"文化大革命"中及其以前的"左"倾错误，坚决批判了"两个凡是"的错误方针，高度评价了关于真理标准问题的讨论，确定了"解放思想、实事求是、团结一致向前看"的指导方针，果断放弃了"以阶级斗争为纲"这个不适用于社会主义社会的口号，做出了把工作重点转移到社会主义现代化建设上来的战略决策，着重提出了健全社会主义民主和加强社会主义法制的任务，审查和解决了党的历史上一批重大冤假错案和一些重要领导人的功过是非问题。十一届三中全会恢复和确定了党的马克思主义思想路线，实现了指导思想的拨乱反正，从而为恢复和重建中国共产党领导的多党合作和政治协商制度奠定了思想基础。

为了彻底纠正"左"的思想错误，把全党和全国的思想统一到十一届三中全会的路线上来，中共中央于1981年6月召开了十一届六中全会，及时对中华人民共和国成立以来的历史进行总结，通过了《关于建国以来党的若干历史问题的决议》，用马克思主义的辩证唯物论和历史唯物论做指南，实事求是地总结了中华人民共和国成立以来党的基本经验和教训，科学地阐明了毛泽东的历史地位和毛泽东思想，进一步指明了适合我国国情的社会主义现代化建设的正确道路，对于贯彻执行十一届三中全会以来党的正确路线、方针、政策，具有非常重大的意义。为了正确地贯彻实事

---

① 《邓小平文选》第2卷，人民出版社1994年版，第143页。

求是、解放思想的方针,经过大量切实的调查研究,全国复查和平反了大量的冤假错案,为遭受冤屈的党和国家领导人、各族各界的领袖人物恢复了名誉,改正了错划右派分子的案件,宣布原工商业者已改造成为劳动者,把原为劳动者的小商小贩、手工业者从原资产阶级工商业者中区别出来,为现已改造成为劳动者的绝大多数原地主、富农分子改订了成分,这一系列工作妥善地解决了大量党内和人民内部的矛盾,有力地推动了我国多党合作和政治协商制度的恢复重建工作。

组织路线是思想路线和政治路线实现的保障。邓小平在1979年7月29日接见中共海军委员会扩大会议全体同志时的讲话指出:"通过实践是检验真理唯一标准和'两个凡是'的争论,已经比较明确地解决了我们的思想路线问题,重新恢复和发展了毛泽东同志倡导的实事求是、理论联系实际、一切从实际出发的思想路线。""组织路线是保证政治路线贯彻落实的。解决组织路线问题已经提到我们议事日程上来了。""解决组织路线问题,最大的问题,也是最难、最迫切的问题,是选好接班人。当然,组织路线方面还有其他的问题,如机关臃肿怎么解决,退休制度问题怎么解决等等。"[1] 党的十一届三中全会初步指出了我国政治体制改革的基本思路:"实现四个现代化,要求大幅度地提高生产力,也就必然要求多方面地改变同生产力发展不相适应的生产关系和上层建筑,改变一切不适应的管理方式、活动方式和思想方式,因而是一场广泛、深刻的革命。""现在我国经济管理体制的一个严重缺点是权力过分集中,应该有领导地大胆下放……认真解决党政企不分,以党代政、以政代企的现象。"[2] 为了充分发挥社会主义制度的优越性,加速现代化建设事业的发展,解决党和国家在领导制度、干部制度方面所存在的官僚主义现象、权力过分集中现象、家长制现象、干部领导职务终身制现象和形形色色的特权现象问题,1980年8月18—28日中共中央在北京召开了政治局扩大会议,邓小平在会上做了题为"党和国家领导制度的改革"的讲话,全面阐述了党和国家领导体制和干部制度的改革问题,明确了我国政治体制改革的目标和内容,成为指

---

[1] 《邓小平文选》第2卷,人民出版社1994年版,第190、193、192页。
[2] 《三中全会以来重要文献选编》(上),人民出版社1982年版,第4—7页。

导党和国家政治体制改革的纲领性文件。该文件强调了制度建设对于推进组织路线建设的重要性，"我们过去发生的各种错误，固然与某些领导人的思想、作风有关，但是组织制度、工作制度方面的问题更重要"；"领导制度、组织制度问题更带有根本性、全局性、稳定性和长期性"①。中国共产党正确组织路线的恢复和发展，推动了我国经济改革和各项工作的顺利进行，为促进多党合作事业恢复和发展提供了有效的保障。

（2）多党合作和政治协商事业的恢复重建

"文化大革命"结束后，为迅速克服长期以来"左"倾错误思想的影响，尤其是"文化大革命"10年给我国多党合作事业所造成的灾难性后果，中国共产党团结全国各族人民、各民主党派和民主人士，积极纠正关于多党合作和政治协商问题上的错误思想和认识，想方设法从多方面恢复重建中国共产党领导的多党合作和政治协商制度。

恢复人民政协的活动，对多党合作和政治协商制度的重建具有十分重大的意义。1977年12月，在第四届全国政协常委会七次扩大会议上，中共中央副主席、全国政协副主席叶剑英做了重要讲话，他分析了粉碎"四人帮"后的国内外形势，强调恢复和发展统一战线的重要性，充分肯定了民主党派的历史功绩和积极作用，代表中共中央重申继续与各民主党派"长期共存、互相监督"的工作方针，号召各民主党派工作起来，调动广大成员为社会主义建设服务的积极性。会议讨论通过了中共中央提出的在召开第五届全国人民代表大会的同时，召开第五届全国政协会议的建议。这次会议为顺利召开"文化大革命"后第一次全国政协会议做出了重要的准备。1978年2月，第五届全国政协一次会议在北京举行。出席会议的全国政协委员有1988人，其中民主党派成员、无党派人士共1016人，占委员总数的51.1%。会议通过了人民政协的第二部章程，选举了政协全国委员会，邓小平当选为全国政协主席。会议主要就今后如何发挥政协和各民主党派的作用进行了讨论。会议指出，要进一步清除"四人帮"的流毒和影响，发扬社会主义民主，调动一切积极因素，发展革命统一战线。邓小平在会议闭幕式上做了重要讲话，希望各民主党派"再接再厉，继续前

---

① 《邓小平文选》第2卷，人民出版社1994年版，第333页。

进"，共同为实现社会主义四个现代化的伟大事业贡献力量。自1964年以来，中断十多年之久的人民政协会议恢复召开，标志着中国共产党领导的多党合作和政治协商制度进入了一个正常的发展时期。1978年12月，中国共产党召开了十一届三中全会，开始全面、认真地纠正"文化大革命"的"左"倾错误，做出了把工作重点转移到社会主义现代化建设上来的战略决策，使中国进入了新的历史发展阶段。在三中全会路线指引下，共产党领导的多党合作和政治协商制度在经历了一场空前浩劫之后逐步恢复发展，各项制度、政策开始得到落实。

　　进一步肃清"左"的思想影响，统一全党认识，加强落实统战工作的方针、政策，有力地推动了共产党领导的多党合作和政治协商制度的恢复建设。1979年6月，邓小平在第五届政协二次会议上的讲话为新时期的统一战线工作指明了方向，成为指导新时期统战工作的纲领性文件。他指出，由于社会阶级状况发生了根本变化，我国已进入了实现四个现代化为中心任务的历史时期，统一战线的任务就是要调动一切积极因素，努力化消极因素为积极因素，团结一切可以团结的力量，同心同德，群策群力，维护和发展安定团结的政治局面，为把我国建设成为现代化的社会主义强国而奋斗。1979年8月，第十四次全国统战工作会议在北京开幕。这是从1963年起相隔了16年之后召开的一次全国规模的统战工作会议，也是"文化大革命"结束，特别是党的十一届三中全会以后，我国进入新的历史时期召开的一次具有重要历史意义的统战工作会议。会议确定现阶段统一战线应是革命的爱国统一战线，明确了新时期革命的爱国统一战线是一个全体社会主义劳动者和一切爱国者（包括拥护社会主义的爱国者和拥护祖国统一的爱国者）的非常广泛的联盟；明确了新时期统一战线担负着为四个现代化和统一祖国服务的双重任务，重新确定了统战部门要管理知识分子的工作。邓小平在听取这次会议的汇报时明确要求，关于知识分子问题，知识分子的安排、待遇，包括政治的、生活的，统战部要集中反映并解决这个问题，单靠政治不行，还要有物质方面的保证，要有好多制度，包括学位、职称等，把知识分子团结起来。会议还确定要认真贯彻对党外人士的安排使用政策，搞好党与非党的合作共事关系，是党的一项永远不变的政策，应根据四化建设的需要在全国范围内选拔技术、业务上确有真才实学的、称职的党外人士到各级领导岗位上来。统一战线在经历了一场空前的浩劫之后逐步恢复工作，各项统战政策开始得到落实，为我国多党合作和政治协商制度的恢复建设提供了重要的指导作用。

恢复和建设各民主党派的组织及其活动，是我国多党合作和政治协商工作走上正轨的必要条件。1977年5月，中央统战部向中共中央报送了《关于爱国民主党派开展活动问题的请示报告》，提出加强党对民主党派的领导，发展统一战线，有利于调动积极因素为建设社会主义服务。提议各民主党派由于"十年动乱"长期停止活动，封闭了机关组织，可以先组织临时领导机构开展工作，然后逐步健全和整顿组织机构。10月，中央统战部分别召开了全国各省、自治区、直辖市党委组织部部长、统战部部长会议，以及各民主党派、工商联负责人会议，专门研究民主党派恢复活动的问题。10月15日，中共中央批转了中央统战部的上述请示报告，指出党对当前民主党派工作的方针是"长期共存、互相监督"，民主党派可以逐步调整组织，健全领导机构。于是中央统战部召集各民主党派、工商联领导人开会，乌兰夫宣布了中共中央的决定，撤销"文化大革命"中成立的各民主党派中央联合领导小组，成立各民主党派、工商联的临时领导机构。临时领导机构在新一届代表大会召开之前，负责各民主党派的全面工作。各省市地方也相继成立了临时领导小组，整顿和重建了一些基层组织。1979年10月，在中国共产党的积极帮助下，民革、民盟、民建、民进、农工党、致公党、九三学社、台盟相继召开全国代表大会。会议修改了各自的章程，选举了各自的中央领导机构和主要领导成员，明确将工作重心转移到为社会主义现代化建设服务上来。全国政协会议和各民主党派全国代表大会的召开为新时期多党合作工作的顺利开展奠定了重要的组织基础。

（3）多党合作和政治协商的巩固和发展

纠正阶级斗争扩大化的"左"倾错误，平反冤假错案是推动多党合作和政治协商工作前进的必要环节。有着20年历史的有关错误路线，制造了大批冤假错案。民主党派中有许多人，在历次政治运动中遭受了打击、诬陷和迫害。他们背负着沉重的政治和精神压力，迫切希望得到平反。同时民主党派组织的活动也受到了严重冲击，难以独立自主地开展工作。如果不帮助民主党派解决这些实际问题，就难以调动各方面的积极因素，把工作重心转移到为四化建设服务上来。1979年2月，中央统战部向中共中央报送了《关于建议为全国统战、民族、宗教工作部门摘掉"执行投降主义路线"帽子的请示报告》。中共中央批准了这个报告。3月16日，中央统战部部长乌兰夫在各民主党派中央负责人参加的统战系统干部大会上指出，在全国统战、民族、宗教工作部门，包括李维汉本人都不存在执行一条所谓"投降主义、修正主义路线"的问题。这一平反不仅使统战干部从沉重的精神压力下解放出来，而且使所有包括民主党派在内的统战对象也从阶级斗争扩大化的阴影中解放出来。这一时期，中共中央批转了《上海市委关于落实资产阶级政策的若干问题的请示报告》《关于落实对国民党起义、投诚人员政策的请示报告》《中共中央统战部等六部门关于把原工商业者中的劳动者区别出来问题的请示报告》《关于爱国人士中的右派复查问题的请示报告》等。在短短几年中，中国共产党的中央和地方部门会同民主党派各级机关做了大量艰苦细致的工作，平反了大量的冤假错案，处理了一大批历史遗留问题。到1982年底，全国大规模地平反冤假错案工作基本结束，包括民主党派成员在内的大量遭受诬陷以及无辜受株连的干部和群众在政治上得到了解脱，陆续落实了各项有关政策。中国共产党和各民主党派等其他爱国人士的关系逐步得到修复，多党合作和政治协商工作不断得到巩固。

随着社会主义现代化建设新局面的不断开创，多党合作和政治协商制度得到逐步发展。1980年8月，全国政协主席邓小平在政协五届三次会议的开幕词中指出：我国革命的爱国的统一战线具有空前的广泛性，它在社会主义和爱国主义的基础上更加巩固和发展了。为了有利于更广泛地团结一切可以团结的力量，党的十一届六中全会在《关于建国以来党的若干历史问题的决议》中，把"革命的爱国的统一战线"的提法改为"爱国统一战线"。1982年9月，在中国共产党第十二次全国代表大会上，邓小平代表中共中央强调了共产党与民主党派长期合作的基本立场。他指出，我国的各民主党派在民主革命时期同我们党共同奋斗，在社会主义时期同我们党一道前进，一道经受考验，在今后的建设中，我们党还要同所有的爱国民主党派和爱国民主人士长期合作。同年底，五届全国人大五次会议通过的《中华人民共和国宪法》，第一次以根本大法的形式肯定了爱国统一战线和人民政协的性质、地位和作用。同时举行的五届全国政协五次会议通过了新的《中国人民政治协商会议章程》。这是继1954年、1978年两部章程之后的第三部章程。这部章程规定了新时期人民政协的性质、作用、任务和组织原则，为健全政治协商制度，开创政协工作新局面发挥了重要的指导作用。1983年6月六届全国政协一次会议决议指出，各民主党派和无党派民主人士在长期同中国共产党的合作中，为我国的革命和建设事业做出了重要贡献。近年来又在为社会主义现代化建设服务的工作中创出了新路子，取得了显著的成绩。要大力支持各民主党派和有关人民团体的积极性和首创精神，进一步开展经济、文化、教育、科学技术等多方面的咨询和服务活动，共同把我们国家的事情办好。1983年11月至12月，中国民主建国会第四次全国代表大会、中华全国工商业联合会第五次会员代表大会、中国民主促进会第五次全国代表大会、台湾民主自治同盟第三次全盟代表大会、中国农工民主党第九次全国代表大会、中国致公党第八次全国代表大会、九三学社第四次全国社员代表大会、中国民主同盟第五次全国代表大会、中国国民党革命委员会第六次全国代表大会相继举行。各民主党派和工商联代表大会各自讨论通过了新时期的工作报告，根据新形势发展对各自的章程进行了修改，各自选举新的中央领导机构，讨论了在新的历史条件下各自的工作任务，为进一步推动多党合作和政治协商工作做出了充分的准备。1985年3月，六届全国政协三次会议指出，人民政协在对政协委员落实政策方面所取得的显著成绩，产生了很好的影响，各级人民政协要进一步发挥政治协商、民主监督的作用，围绕经济体制改革这个中心，充分发挥人才优势，团结各方面力量，积极为四化建设献计出力，进一步开创人民政协工作的新局面。

（4）多党合作和政治协商的新阶段

随着我党在指导思想上完成了拨乱反正的艰巨任务，在其他各条战线的实际工作也取得了重大胜利。围绕经济建设这个中心，坚定不移地进行经济体制改革、政治体制改革和加强精神文明建设，而且这几方面互相配合，形成了互相促进的社会主义现代化建设的总局面。改革、开放、搞活，集中力量发展社会生产力，已经成为我国社会主义现代化建设的总方针、总政策。继中共中央在十二大上提出多党合作,实行"长期共存,互相监督""肝胆相照,荣辱与共"的方针之后,多党合作和政治协商工作在指导思想上完成了拨乱反正,而且在落实各项统战政策、知识分子政策、侨务政策、民族政策和宗教政策的工作方面,都取得了很大的成绩。1986年4月,中央统战部根据新时期党和民主党派合作关系在理论上、实践上的发展,制定了《关于新时期党对民主党派工作的方针任务的报告》。该报告全面总结了中华人民共和国成立以来,共产党对各民主党派工作的历史经验,系统阐述了中国共产党与民主党派的关系。该报告指出:"各民主党派接受共产党的领导,以宪法为根本的活动准则,以党和国家在不同历史时期的总任务为共同的政治纲领,参加国家政治生活中重大问题的协商和决定,他们的领导人和许多成员都参加了国家政权工作。因此,各民主党派都不是在野党,更不是反对党,而是同我党通力合作的共同致力于社会主义事业的亲密友党。"7月16日,中共中央批转了这一报告,并发出通知指出,中国共产党领导下的多党派长期合作,是马克思主义基本原理同中国革命和建设实际相结合的一个创造,是建设具有中国特色的社会主义的一个重要特征。该报告明确共产党和各民主党派的关系"实质上是工人阶级先锋队同一部分社会主义劳动者政党的关系","发展和完善多党合作的政治制度,充分发挥民主党派的监督作用,是我国政治体制改革的重要内容之一"。

多党合作和政治协商制度作为我国政治体制改革与建设的一项重要内容,在我国社会主义民主政治建设过程中,越来越占据显著的地位。1987年,邓小平在审阅党的十三大报告时批示,要把"中国共产党领导下的多党合作与政治协商制度"写进报告中。根据邓小平的批示,党的十三大报告提出了"完善共产党领导下的多党合作与政治协商制度"。这样以党中央文件的权威形式,从社会主义政治体制建设的高度,进一步明确了共产党领导下的多党合作与政治协商制度,显示了共产党领导下的多党合作与政治协商制度在我国社会主义建设事业中的重要地位。1987年10月,党的十三大政治报告提出了我国社会主义初级阶段的基本路线,强调了人民代表大会制度、中国共产党领导的多党合作与政治协商制度、按民主集中制原则办事,是我们的特点和优势,绝不能丢掉这些特点和优势,照搬西方的"三权分立"和多党轮流执政是行不通的。党的十三大在确定政治体制改革目标时，把坚持按照"长期共存、互相监督、肝胆相照、荣辱与共"的方针完善中国共产党领导的多党合作与政治协商制度，以及完善人大、政协制度一起列入议事日程。把共产党领导的多党合作与政治协商制度作为我国基本政治制度的主要内容，是党的十三大做出的一个重要贡献，在我国政治发展中具有十分重要的意义。1988年3月，政协主席李先念在七届全国政协一次会议上指出，社会主义初级阶段的基本路线符合全国各族人民的要求和利益，要充分发挥民主党派和无党派爱国人士在国家政治生活中的重要作用，改善和加强共产党的领导，实现重大决策的民主化、科学化。同时，七届全国政协一次会议的政治决议着重提出要贯彻党的十三大精神，进一步完善共产党领导的多党合作与政治协商制度，建立与完善各种必要的制度和规则，逐步实现对国家大政方针和群众生活重大问题的政治协商和民主监督经常化、制度化。从此，中国共产党领导的多党合作与政治协商制度的制度化要求被提上了重要议程。

2. 制度化建设时期（1989—2000）

我国共产党领导的多党合作和政治协商制度自十一届三中全会后恢复重建以来，尽管取得了多党合作与政治协商的很大成绩和丰富经验，但是在很多方面仍然受到人为因素的严重干扰。邓小平曾经指出："领导制度、组织制度问题更带有根本性、全局性、稳定性和长期性。这种制度问题，关系到党和国家是否改变颜色，必须引起全党的高度重视。"[1] 为了继续保持国内局势的稳定，进一步推进治理整顿和深化改革，使国民经济和社会发展逐步走上持续、稳定、协调发展的道路。中共中央坚定不移地贯彻社会主义初级阶段的基本路线和党的十三大的正确决策，继续抓住经济建设这个中心，坚持四项基本原则，坚持改革开放，采取一系列重大措施，领导和团结全国各族人民，克服种种困难，并经受住严峻的考验，实现了社会稳定、政治稳定和经济发展。在多党合作方面，继续坚持和完善共产党领导的多党合作和政治协商制度，推进政治协商、民主监督、参政议政的规范化和制度化，充分发挥各民主党派、无党派人士在多党合作和政治协

---

[1] 《邓小平文选》第2卷，人民出版社1994年版，第333页。

商中的重要作用,是这段时期我国多党合作事业发展的主要内容。1989年,中共中央制定了《关于坚持与完善中国共产党领导的多党合作和政治协商制度的意见》,标志着我国多党合作和政治协商制度进入了制度化建设轨道。在20世纪90年代,随着一系列相关制度与规范的出台及实施,多党合作和政治协商的指导思想更加明确,职能内容与形式更加制度化,多党合作形式更加规范化,我国共产党领导的多党合作和政治协商的制度化水平越来越高。

(1) 制度化发展的标志:《中共中央关于坚持与完善中国共产党领导的多党合作和政治协商制度的意见》出台

为了彻底纠正20世纪80年代后期以来在多党合作问题上的一些错误倾向和思想,总结改革开放以来中国共产党领导的多党合作与政治协商的优良传统和经验,进一步规范民主党派参政议政和民主监督的途径与方式,1989年1月2日,邓小平在一位民主党派成员向中共中央提出关于共产党领导多党合作规范化问题的建议上批示:"可组织一个专门小组(成员要有民主党派的),专门拟定民主党派参政和履行监督职责的方案,并在一年内完成,明年开始实行。"[①] 根据邓小平的这一批示,1989年1月中旬组成了由民革的朱学范、民盟的费孝通、民进的雷洁琼、农工党的卢嘉锡、致公党的杨纪珂、九三学社的周培源、台盟的蔡子民、工商联的荣毅仁、无党派人士程思远等民主党派领导人和无党派人士以及全国人大常委会、国务院、全国政协、中央组织部、中央宣传部、中央统战部等有关部门负责人参加的专门小组。经过多次广泛的调查研讨,由中央统战部代表中共中央综合各方面的意见,于1989年5月起草了《中共中央关于坚持与完善中国共产党领导的多党合作和政治协商制度的意见》文件初稿。

为了应对国内外局势的变化,党的十三届四中全会于1989年6月召开,对中共中央领导机构的成员进行了必要的调整,选举江泽民为中央委员会总书记,增选了中央政治局常委,改组了中央书记处,形成了新的一届中央领导集体。江泽民在中共中央举行的党外人士座谈会上指出:

[①] 《邓小平文选》第2卷,人民出版社1994年版,第432页。

"要继续坚持共产党领导的多党合作制和政治协商制度,更好地发挥人民政协、各民主党派、各人民团体在国家政治生活中的作用。大家知道,邓小平同志一直主张更好地发挥民主党派成员的参政议政和监督作用。这是我国政治体制改革的一项重要内容。要继续为民主党派参政议政和实行民主监督进一步提供条件。"根据党的十三届四中全会精神和随后召开的五中全会精神以及江泽民的意见,专门小组对文件初稿又进行了几次重要修改,更加明确了坚持和完善中国共产党领导的多党合作和政治协商制度的指导思想和基本原则。在此过程中,中共中央有关部门和各民主党派参加起草工作的同志提出了许多建议和意见,经过中共中央讨论,于1989年12月中旬开始征求各民主党派的意见。同年12月26日,由中共中央政治局常委李瑞环主持、政治局候补委员丁关根出席、中共中央邀请各民主党派和全国工商联负责人以及无党派代表人士参加的座谈会,正式就《中共中央关于坚持与完善中国共产党领导的多党合作和政治协商制度的意见》文件稿征求意见。12月30日,中共中央总书记江泽民亲自主持,中共中央邀请各民主党派和全国工商联主要负责人以及无党派代表人士(包括屈武、费孝通、孙晓村、雷洁琼、卢嘉锡、杨纪珂、严济慈、蔡子民、荣毅仁、程思远、阿沛·阿旺晋美等)召开座谈会,认真听取大家的意见。会上大家一致对《中共中央关于坚持与完善中国共产党领导的多党合作和政治协商制度的意见》文件稿表示赞同和拥护。随后,中共中央将此稿作为"中发〔1989〕14号"文件发出。第一次将我国的这项基本政治制度比较全面系统地以中共中央文件的形式确定和规范下来,为新时期共产党领导的多党合作和政治协商的制度建设指明了方向。1990年2月7日,新华社和《人民日报》全文公布了《中共中央关于坚持与完善中国共产党领导的多党合作和政治协商制度的意见》,在社会上引起了很大的反响。

《中共中央关于坚持与完善中国共产党领导的多党合作和政治协商制度的意见》是中国共产党同各民主党派集体智慧的结晶,体现了我国特色的政党体制的内容,显示了中国共产党对我国多党合作事业的高度重视。它科学地阐述了中国共产党领导的多党合作和政治协商制度是我国的一项基本政治制度,是我国政治制度的特点和优点,它根本不同于西方资本主义国家的多党制或两党制，也有别于一些社会主义国家实行的一党制。这种政党体制是马克思列宁主义同中国革命与建设相结合的一个创造，是符合中国国情的社会主义政党制度。坚持和完善这项制度，是我国政治体制改革的一项重要内容，对巩固扩大爱国统一战线，发扬社会主义民主，促进全国各族人民大团结，实现党和国家的总任务具有重要意义。该意见明确了我国多党合作的基本理论和政治原则，确定了共产党同各民主党派、无党派人士合作共事共同遵守的准则，系统地提出了坚持和完善多党合作的方针政策和重要措施，体现了共产党和各民主党派、无党派人士的共同意志，促进了我国多党合作事业在新时期的进一步发展，标志着中国共产党领导的多党合作制度走上了制度化和规范化的道路，我国多党合作事业迎来了政治发展的新天地。

（2）制度化发展的不断完善：系列配套政策措施的实施

为了进一步贯彻落实《中共中央关于坚持与完善中国共产党领导的多党合作和政治协商制度的意见》精神和内容，中共中央、全国政协、各民主党派中央领导机构陆续建立和完善了一系列制度和措施，将多党合作的制度化进一步向前推进。在20世纪90年代，中国共产党先后制定颁发了《中共中央关于加强统一战线工作的通知》（1990年7月）、《九十年代统一战线部门工作纲要》（1992年5月）、《关于广交深交党外朋友的意见》（1994年2月）、《关于进一步做好培养选拔党外干部担任政府和司法机关领导职务工作的意见》（1995年6月）等重要文件。1994年3月，八届全国政协二次会议修订了《中国人民政治协商会议章程》。1995年1月，八届全国政协常委会九次会议通过了《政协全国委员会关于政治协商、民主监督、参政议政的规定》，对人民政协的主要职能及履行主要职能的目的、内容、形式、基本程序做了明确的规定。此后，全国政协还修订了《政协全国委员会常务委员会工作规则》《政协全国委员会提案工作条例》《政协全国委员会专门委员会通则》等规章制度。各民主党派也分别于1996年5月和1999年5月，协商制定了《关于民主党派组织发展若干问题座谈会纪要》《各民主党派中央关于加强自身建设若干问题座谈会纪要》等加强民主党派搞好自身建设的文件，有力地推进了民主党派自身建设的制度化发展。2000年12月，《中共中央关于加强统一战线工作的决定》下发，为21世纪继续坚持、完善和落实共产党领导的多党合作和政治协商制度提供了重要的理论政策依据。

为了加强党内一些同志对新时期统一战线、多党合作的重要性、必要性和长期性的认识，消除其在执行政策上的某些疑虑和党外一些朋友对1989年"政治风波"后党的统一战线政策会变的担心，中共中央认为，有必要召开一次全国统战工作会议，以提高全党对统一战线工作重要性的认识，总结经验，明确今后统一战线工作的方针和任务，更好地发挥统一战线的优势，最大限度地团结一切可以团结的力量，为实现党的中心任务而奋斗。1990年6月11日，第十七次全国统战工作会议在人民大会堂隆重开幕。这是以江泽民为核心的中共中央第三代领导集体召开的第一次全国统战工作会议。此次会议的主题是总结近几年来统一战线工作的经验，讨论《中共中央关于加强统一战线工作的决定》，明确今后的方针任务。江泽民总书记在会上做了题为"努力发展最广泛的爱国统一战线"的重要讲话。江泽民讲话总结了党的统战工作的历史经验，阐明了统一战线的重要性、必要性和长期性，明确了新时期统一战线工作的重大方针政策。他指出，统一战线历来是党的总路线总政策的组成部分。在社会主义现代化建设时期，统一战线在我们党的事业中同样具有重要的战略地位。要建设有中国特色的社会主义，实现祖国统一，振兴中华，挫败国内外敌对势力的颠覆、渗透与和平演变战略，没有一个包括中华民族绝大多数人在内的最广泛的爱国统一战线，是不可能的。他强调指出，今后统一战线不但不能收缩，而且要加强。巩固和发展最广泛的爱国统一战线是我们坚定不移的战略方针，这个方针决不会改变。江泽民强调，发展爱国统一战线，必须着眼于扩大和加强团结；必须抓紧举荐非中共人士在政府和司法机关担任实职工作；人大、政协的党外人士安排，也一定要保证有适当的或一定的比例；要帮助民主党派加强自身建设，希望民主党派也要注意提高成员的素质。

1993年，第八届全国人大一次会议召开前夕，孙起孟代表中国民主建国会致信中共中央，建议把共产党领导的多党合作和政治协商制度写入宪法。中共中央经认真研究后赞同并采纳了这一建议，在征求各民主党派人士的意见后，决定交由全国人大常委会在代表中广泛征求意见后，提交人大代表充分酝酿和讨论。八届全国人大一次会议审议通过了《中华人民共和国宪法修正案》，在序言部分第十自然段增加了"中国共产党领导的多党合作和政治协商制度将长期存在和发展"这一重要内容。把我国多党合作和政治协商的内容载入我国的根本大法，从而把多党合作制度上升为国家意志，为多党合作制度提供了强有力的法律保障。为了认真研究和明确当前统一战线工作所面临的形势和任务，明确新时期统战工作的政策思想和原则，切实加强新形势下统战部门的自身建设，巩固和发展最广泛的爱国统一战线，1993年11月3—7日，中共中央在北京召开了第十八次全国统战工作会议。与会代表一致认为，八届全国人大会议，应把"中国共产党领导的多党合作和政治协商制度将长期存在和发展"写入宪法，这对推动社会主义民主政治建设必将产生重大而深远的影响，重要的是能更好地落实中央的要求，进一步完善共产党领导的多党合作和政治协商制度。这对加强党的领导、抵制西方多党制影响关系极大，所以一定要下工夫做好三件事：协助民主党派培养接班人，加强对民主党派、无党派代表人士的培养、选拔工作；广交、深交党外朋友；切实帮助民主党派解决一些实际问题。

人民政协是我国多党合作和政治协商的重要机构，《中国人民政治协商会议章程》的完善是多党合作制度化的重要保障。1982年修订的全国政协章程为开创人民政协工作的新局面发挥了十分重要的作用。章程修改12年来，我国社会主义现代化建设取得了巨大成就，国家面貌发生了深刻变化，特别是邓小平视察南方发表谈话和党的十四大召开以来，宪法、中国共产党和各民主党派的章程都已相应做了必要的修改，我国的改革开放和社会主义现代化建设进入新的发展阶段。鉴于此，政协章程也需要进行必要的修改。第八届全国政协常委会二次会议通过了《关于建议部分修改中国人民政治协商会议章程的决定》，并成立了以李瑞环为组长，叶选平、吴学谦、胡绳为副组长的修改章程工作小组。经过半年多的工作，在征求各民主党派、工商联负责人、地方政协和中央有关单位意见的基础上，形成了政协章程修正案，并在1994年3月第八届全国政协二次会议上审议通过。这个修正案主要是在一些重要提法上同宪法修正案相衔接，突出建设有中国特色社会主义的理论、社会主义初级阶段的基本路线、共产党领导的多党合作和政治协商制度及社会主义市场经济体制等，并吸收党的十一届三中全会以来我国社会主义民主政治建设和政协工作的新经验、新成果，对人民政协履行政治协商、民主监督职能的有关条款予以充实。修改建议案明确提出："中国人民政治协商会议全国委员会和地方委员会的主要职能是政治协商和民主监督，组织参加本会的各党派、团体和各族各界人士参政议政""政治协商是对国家和地方的大政方针以及政治、经济、文化和社会生活中的重要问题在决策之前进行协商和就决策执行过程中的重要问题进行协商"。这两处和其他有关条文的修改，比较具体地规定了政协的主要职责，进一步推动了共产党领导的多党合作和政治协商的制度化进程。

随着我国社会主义民主政治建设的发展，为了逐步建立和完善我国多党合作的各项制度，使多党合作和政治协商切实走上规范化、制度化轨道，1989年1月，第七届全国政协常委会四次会议审议并通过了《政协全国委员会关于政治协商、民主监督的暂行规定》，对政治协商和民主监督的目的、主要内容、主要形式和基本程序做出明确规定。此外，还陆续制定了政协常务委员会工作规则、专门委员会组织通则及各专门委员会工作简则、委员视察简则、提案工作条例、秘书长副秘书长工作规则、全国政协京外委员参加本会及地方政协有关活动的办法、加强与港澳委员联系的办法等一系列工作制度，对各种会议的协商议事规则和具体工作程序予以明确和规范。这些制度的制定和实施，使政治协商、民主监督及其他各项工作开始走上规范化、制度化的轨道。为了适应20世纪90年代形势的发展，总结了坚持和完善中国共产党领导的多党合作和政治协商制度的实践经验，以邓小平建设有中国特色社会主义理论为指导，以宪法和政协章程为依据，以历届全国政协有关文件为基础，1995年1月，八届全国政协常委会九次会议制定和通过了《政协全国委员会关于政治协商、民主监督、参政议政的规定》，明确规定了人民政协履行主要职能的内容、形式、方法和步骤。这一指导性文件的颁布实施，是坚持和完善中国共产党领导的多党合作和政治协商制度，切实推进社会主义民主政治建设的重要步骤。它充分发挥了民主党派、无党派民主人士、人民团体和各族各界代表人士在政协中的作用，加强了人民政协作为多党合作和政治协商重要机构的作用，密切沟通了参加政协的各民主党派、无党派民主人士的联系，有效反映了他们的意见与要求。认真听取参加全国政协主席会议、秘书长会议的民主党派、无党派民主人士和工商联负责人的意见，倾听他们的批评建议；邀请民主党派领导人和各界别代表人士举行座谈会，沟通思想，交流情况；组织有关民主党派、人民团体和各界别委员就共同关心的课题开展联合调研；切实办好民主党派和人民团体的提案；坚持"委员活动日"等制度。这些是中共中央对人民政协作为多党合作和政治协商重要机构一贯提出的明确要求。中共中央为此向各级党委发出通知，要求各地区、各部门在开展政治协商、民主监督工作中认真贯彻执行，并强调对国家和地方的大政方针以及政治、经济、文化和社会生活中的重要问题，决策之前要在政协进行协商，为政协开展工作创造积极条件。《政协全国委员会关于政治协商、民主监督、参政议政的规定》对于推进政协切实履行职能，加强我国多党合作的法制化建设，产生了广泛而深刻的影响。

遵照政协章程、《中共中央关于坚持与完善中国共产党领导的多党合作和政治协商制度的意见》和《政协全国委员会关于政治协商、民主监督和参政议政的规定》精神，结合近几年来政协提案工作的实践和经验，克服提案工作中所存在的主要问题，进一步改进和加强提案工作，更好地发挥政协提案在多党合作与政治协商中的作用，使政协提案在推动政协工作规范化中做出更大贡献，第八届全国政协常委会八次会议审议通过了《中国人民政治协商会议全国委员会提案工作条例》。该条例要求做好提案的提出、审查立案、交办、催办等各个环节的工作；促进提案工作的制度化、规范化，并做好党派、团体提案的联系服务工作；组织专题调查，协助充实和完善提案内容，提高质量；加强对提案办理的检查、督促，更好地组织承办单位与提案人的协商座谈，促进提案的办理和落实；密切与各承办单位的联系，交流信息，促进办好提案工作；采取多种形式向委员、各民主党派、有关人民团体通报提案工作进展情况，听取意见，改进工作；加强与地方政协的联系，组织调查组进行考察或派员参加部分省、自治区、直辖市的提案工作座谈会，了解和研究各地政协贯彻提案工作条例的情况，及时总结经验，不断推动和改进提案工作。新修订的条例围绕提高提案工作质量，细化了相关条目，对指导思想、审查立案标准、办理工作等方面做了更加明确的规定，增强了条例的可操作性，有利于调动提案人和提案承办单位的积极性，从制度上保障和促进了提案工作质量的进一步提高，使提案工作走上了制度化和规范化的轨道。1996年6月，第八届全国政协常委会十七次会议通过了《中国人民政治协商会议全国委员会常务委员会工作规则（修正案）》，更好地促进了政协履行政治协商、民主监督、参政议政的职能，进一步提高了政协工作的制度化和规范化水平。

随着20世纪末国际国内形势的发展，统一战线工作也出现了许多新情况和新问题。中共中央认为很有必要召开一次全国统战工作会议，以便更好地指导21世纪统一战线工作的开展。2000年12月，第十九次全国统战工作会议在北京召开。会议讨论了《中共中央关于加强统一战线工作的决定》。该决定主要有四个特点：一是围绕中心、服务大局，突出和贯穿了大团结大联合的主题；二是既保持了党的统一战线理论政策的稳定性和连续性，又做到了有所创新、有所发展；三是既坚持了邓小平新时期统一战线理论，又充分体现了以江泽民为核心的第三代中央领导集体关于统一战线工作的重要思想和观点；四是广泛吸收了近年来各地出台的有关统一战线文件和调研成果，是集体智慧的结晶。这次全国统战工作会议在统一战线理论观点和政策思想方面有许多新的发展。在坚持和完善我国的多党合作制度方面，主要概括了"共产党领导、多党派合作，共产党执政、多党派参政"是我国多党合作制度的显著特征，提出了衡量我国政党制度的"四条标准"，明确了保持宽松稳定、团结和谐政治环境是多党合作的重要原则，广纳群言、以收众益是党的各级领导干部的座右铭，澄清了党内外一些人在政党制度上所存在的模糊认识，使全党对我国政党制度优越性和合理性的认识达到了新的高度，为21世纪继续坚持、完善、落实共产党领导的多党合作和政治协商制度提供了重要的理论政策依据。

3. 21世纪发展时期（2001—2018）

21世纪以来，我国共产党领导的多党合作和政治协商制度面临着新形势新任务，获得了新发展，进入了新阶段。党的十六大召开以后，中国共产党从建设社会主义政治文明的高度，先后制定与颁布了《中共中央关于加强党的执政能力建设的决定》《中共中央关于进一步加强中国共产党领导的多党合作和政治协商制度建设的意见》《中国的民主政治建设》《中共中央关于加强人民政协工作的意见》《中共中央关于巩固和壮大新世纪新阶段统一战线的意见》《中国的政党制度》等系列文件和白皮书，进一步推动了我国多党合作制度的制度化、规范化、程序化建设进程。党的十七大的召开为我国多党合作事业再次注入了新的内容，我国多党合作制度得到了巩固和发展，在国家政治和社会生活中发挥着越来越重要的作用。

　　进一步推进我国社会主义民主政治建设和政治体制改革，是21世纪我国政治发展的重要内容。2002年2月18日，江泽民在《关于十六大报告起草工作的批示》中指出，"要继续推进政治建设和政治体制改革，坚持发展社会主义民主政治，建设社会主义法治国家""要紧密结合经济和社会其他方面发展的需要，找准政治体制改革的重要环节，提出切实有效的措施，积极推进。这个问题我们不回避，也回避不了"①。2002年11月8日，江泽民在党的十六大上所作的《全面建设小康社会 开创中国特色社会主义事业新局面》的报告中，把坚持中国共产党的领导，巩固和完善人民民主专政的国体和人民代表大会制度的政体，坚持与完善共产党领导的多党合作和政治协商制度以及民族区域自治制度作为党领导人民建设中国特色社会主义必须坚持的基本经验确定下来。把发展社会主义民主，建设社会主义政治文明作为全面建设小康社会的重要目标。坚持和完善共产党领导的多党合作和政治协商制度是建设社会主义政治文明的一项重要内容。该报告强调要继续积极稳妥地推进我国政治体制改革，"坚持和完善共产党领导的多党合作和政治协商制度"，坚持"长期共存、互相监督，肝胆相照、荣辱与共"的方针，加强同民主党派合作共事，更好地发挥我国社会主义政党制度的特点和优势。②党的十六大以来，中共中央以邓小平理论和"三个代表"重要思想为指导，在建设中国特色社会主义的过程中，把社会主义政治文明建设放在一个十分重要的位置上，进一步推进了共产党领导的多党合作和政治协商制度的制度化、规范化、程序化进程。胡锦涛在党的十六届二中全会上明确指出，发展社会主义民主政治，建设社会主义政治文明，最重要的是坚持和完善人民代表大会制度，坚持和完

---

① 《江泽民文选》第3卷，人民出版社2006年版，第440页。
② 《江泽民文选》第3卷，人民出版社2006年版，第554页。

善中国共产党领导的多党合作和政治协商制度，要把包括中国政党制度在内的各项政治制度发展好、完善好、落实好。在不断完善多党合作制度的过程中，把实践证明行之有效的参政议政，民主监督的内容、程序、方法和途径用更加科学合理的制度和机制固定下来，使之进一步制度化、规范化和程序化，是社会主义政治文明建设的重要内容。

进一步提高党的执政能力，巩固党的执政地位，是全党面临的一项重大而紧迫的战略课题。2002年11月，党的十六大第一次把"加强党的执政能力建设"的任务正式摆在全党面前。2003年11月24日，中共中央政治局会议决定，成立党的十六届四中全会文件起草组，负责《中共中央关于加强党的执政能力建设的决定》起草工作。在中央政治局常委会的直接领导下，经过近10个月的起草、讨论、修改、审议，2004年9月16—19日，中国共产党第十六届中央委员会四次全体会议通过了《中共中央关于加强党的执政能力建设的决定》。该决定在加强党的领导、人民当家作主和依法治国的有机统一，不断提高发展社会主义民主政治的能力方面着力强调：要坚持与完善中国共产党领导的多党合作和政治协商制度，巩固和发展最广泛的爱国统一战线，贯彻长期共存、互相监督，肝胆相照、荣辱与共的方针，加强同民主党派合作共事，健全有关重大问题决策前协商的制度，真诚接受民主党派监督，巩固同党外人士的联盟。选拔和推荐更多优秀党外干部担任领导职务。支持人民政协围绕团结和民主两大主题，履行政治协商、民主监督、参政议政的职能。该决定把坚持和完善中国共产党领导的多党合作和政治协商制度，作为提高中国共产党执政能力建设的一项重要内容，全面加强和改进党的建设，使党的执政方略更加完善，执政体制更加健全，执政方式更加科学，执政基础更加巩固。党的执政能力建设直接关系着中国社会主义事业的兴衰成败，关系着中华民族的前途命运，关系着党的生死存亡和国家的长治久安。《中共中央关于加强党的执政能力建设的决定》是中国共产党对治国理政的战略性思考，对中华民族的伟大复兴和兴旺发达具有十分重大的意义，同时直接推动了我国多党合作制度建设的快速健康发展。

在21世纪新阶段，国际国内形势发生了复杂而深刻的变化，出现了许多新情况新问题，对我国多党合作和政治协商制度提出了新的要求。从全局性的战略高度，认真总结中国共产党领导的多党合作和政治协商制度的实践经验和成功做法，2005年2月18日，《中共中央关于进一步加强中国共产党领导的多党合作和政治协商制度建设的意见》颁布，它是在我国进入21世纪全面建设小康社会的新阶段背景下制定的，成为指导21世纪新阶段我国多党合作事业的纲领性文件。继1989年《中共中央关于坚持与完善中国共产党领导的多党合作和政治协商制度的意见》颁布以来，我国多党合作和政治协商制度不断完善，共产党同民主党、无党派人士团结合作的基础进一步巩固，合作渠道进一步拓宽，多党合作事业取得了丰硕的成果。这一纲领性文件的公布，是以胡锦涛为总书记的党中央继往开来，与时俱进，对多党合作事业的发展做出的新的部署。早在2004年初中共中央举行的党外人士迎春座谈会上，为了回应民主党派中央领导人关于出台多党合作新文件的愿望，胡锦涛指出，要认真总结多党合作实践的好经验、好做法，着眼于加强社会主义政治文明建设，进一步推进中国共产党领导的多党合作和政治协商的制度化、规范化、程序化建设，扎扎实实把我国多党合作事业推向前进。根据胡锦涛这一指示精神，中央统战部着手进行多党合作新文件代拟稿的起草工作，并将重点确定为推进多党合作和政治协商的制度化、规范化、程序化建设。从2004年3月起，中央统战部、各民主党派中央、各地统战部分别对《中共中央关于坚持与完善中国共产党领导的多党合作和政治协商制度的意见》贯彻落实情况和多党合作实践的新情况新问题进行了深入的调查研究、座谈、研讨，并与有关部门进行沟通协调，不断对文件稿进行修改。2005年2月4日，胡锦涛主持召开党外人士座谈会，进一步听取各民主党派中央、全国工商联和无党派人士的意见。2月18日中共中央以"中发〔2005〕5号"文件的形式下发了《中共中央关于进一步加强中国共产党领导的多党合作和政治协商制度建设的意见》。该意见适应了新形势新任务的要求，体现了共产党和各民主党派、无党派人士的共同意愿，是历史经验的总结，是共产党与各民主党派团结合作的体现，是集体智慧的结晶，有力地推进了我国多党合作和政治协商制度的制度化、规范化和程序化建设。

21世纪以来，我国特色社会主义民主政治建设与时俱进，不断呈现出蓬勃生机和旺盛活力。2005年10月19日，国务院新闻办公室发表了《中国的民主政治建设》白皮书。该白皮书指出，自20世纪70年代末实行改革开放政策以来，中国在深化经济体制改革的同时，坚定不移地推进政治体制改革，中国的民主制度不断健全，民主形式日益丰富。中国的政党制度既不同于西方国家的两党或多党竞争制，也有别于一些国家实行的一党制，而是中国共产党领导的多党合作和政治协商制度。中国共产党领导的多党合作和政治协商制度的政治优势在于既能实现广泛的民主参与，又能实现集中统一、统筹兼顾；既能避免一党执政缺乏监督的弊端，又可避免多党纷争、互相倾轧所造成的政治混乱和社会不安定团结。该白皮书全面总结中国政党制度的显著特征，即中国共产党领导、多党派合作，中国共产党执政、多党派参政；强调了中国共产党与各民主党派合作的基本方针是"长期共存、互相监督，肝胆相照、荣辱与共"。中国人民政治协商会议是中国人民爱国统一战线的组织，是中国共产党领导的多党合作和政治协商的重要机构，也是中国政治生活中发扬民主的重要形式。中国共产党领导的多党合作和政治协商制度在国家政治和社会生活中的重要性不断增强，中国共产党与各民主党派、无党派人士的政治协商逐步制度化和规范化，民主党派成员、无党派人士在人民代表大会、中国人民政治协商会议中发挥着重要作用，担任各级政府和司法机关的领导职务。民主党派和无党派人士通过多渠道、多形式对执政党的工作实行民主监督，积极参与改革开放和现代化建设事业，为推动祖国统一大业和社会全面进步不断建言献策。该白皮书强调了2005年2月中国共产党颁发的《中共中央关于进一步加强中国共产党领导的多党合作和政治协商制度建设的意见》为健全完善中国特色社会主义政党制度指明了方向。

为了进一步贯彻中共中央加强人民政协工作的精神，全面总结人民政协成立半个多世纪以来的实践经验，阐明新形势下人民政协工作的重要性和必要性，有效地指导21世纪新阶段人民政协事业的发展，2006年2月8日，中共中央发布了《中共中央关于加强人民政协工作的意见》，该意见强调了中国人民政治协商会议是中国人民爱国统一战线的组织，是中国共产党领导的多党合作和政治协商的重要机构，是我国政治生活中发扬社会主义民主的重要形式；重申了中国共产党领导的多党合作和政治协商制度是我国的一项基本政治制度；要坚持走中国特色社会主义政治发展道路，立足我国国情，总结实践经验，借鉴人类政治文明的有益成果，绝不照搬西方政治制度模式；人民政协是实行中国共产党领导的多党合作和政治协商制度的重要政治形式和组织形式；要认真贯彻中国共产党同各民主党派和无党派人士长期共存、互相监督，肝胆相照、荣辱与共的方针，促进参加人民政协的各党派和无党派人士的团结合作，充分体现和发挥我国社会主义政党制度的特点和优势。同时，该意见指出要充分发挥人民政协作为中国共产党领导的多党合作和政治协商的重要机构的作用，支持各民主党派和无党派人士参与国家重大方针政策的讨论协商及其履行职责的各种活动；尊重和保障各民主党派在政协的各种会议上以本党派名义发表意见的权利，开展视察、提出议案、举报、反映社情民意以及参与调查和检查活动的权利。该意见指出要保证民主党派成员和无党派人士在政协委员、常务委员和政协领导成员中占有较大比例，政协各专门委员会要有民主党派和无党派人士参加，政协机关中应有一定数量的民主党派和无党派人士担任专职领导职务，并做到有职、有权、有责。此外，《中共中央关于加强人民政协工作的意见》阐明了人民政协的性质、地位和作用，规定了21世纪新阶段人民政协所肩负的历史任务和工作原则，规范了人民政协履行职能的程序和机制，明确了搞好人民政协自身建设的任务，提出了加强和改善党对人民政协领导的要求，为21世纪我国人民政协在多党合作中发挥重要作用指明了方向。

为了进一步认识21世纪新阶段巩固和壮大统一战线的重大意义，充分发挥统一战线的优势和作用，为构建社会主义和谐社会做出更大贡献，中共中央于2006年7月召开了第二十届全国统战工作会议。7月24日，《中共中央关于巩固和壮大新世纪新阶段统一战线的意见》颁发。该意见在多党合作方面指出，要认真贯彻落实《中共中央关于进一步加强中国共产党领导的多党合作和政治协商制度建设的意见》和《中共中央关于加强人民政协工作的意见》精神，不断推进多党合作和政治协商的制度化、规范化、程序化。要加强党外代表人士队伍建设，建设一支素质优良、结构合理、数量充足的党外代表人士及其后备队伍，直接关系到我党与党外人士合作的水平，关系到中国共产党领导的多党合作和政治协商制度的坚持和完善，关系到统一战线的持续发展。要努力提高党外代表人士的综合素质,提高他们的政治把握能力、组织协调能力、参政议政能力、合作共事能力。要加强党外代表人士后备队伍建设,按照干部队伍建设的基本要求和党外人才成长规律,把党外代表人士后备队伍建设工作纳入人才和干部队伍建设的总体规划中。通过建立健全党外干部的培养选拔任用机制和监督管理机制,不断推进党外代表人士的新老交替和政治交接。该意见是进入 21 世纪以来党中央颁发的关于加强统一战线工作的综合性文件,具有很强的理论指导性和现实操作性,成为指导 21 世纪新阶段统一战线工作的纲领性文件。

党的十六大以来,我们党对社会和谐的认识不断深化,明确构建社会主义和谐社会在中国特色社会主义事业总体布局中的地位,做出一系列决策部署,推动和谐社会建设取得新的成效。2006 年 10 月 11 日,中国共产党第十六届中央委员会六次全体会议经过充分讨论,审议通过《中共中央关于构建社会主义和谐社会若干重大问题的决定》。该决定开门见山地指出,社会和谐是中国特色社会主义的本质属性。社会公平正义是社会和谐的基本条件,制度是社会公平正义的根本保证。必须加紧建设对保障社会公平正义具有重大作用的制度。坚持与完善中国共产党领导的多党合作和政治协商制度是完善民主权利、巩固人民当家作主政治地位的一项重要保障制度。社会主义和谐社会既是充满活力的社会,也是团结和睦的社会。促进政党关系和谐是激发社会活力,巩固全国各族人民大团结的一个重要方面。要巩固和壮大最广泛的爱国统一战线,充分调动各方面的积极性。高举爱国主义和社会主义伟大旗帜,发挥统一战线在促进社会和谐中的独特优势,支持人民政协围绕团结和民主两大主题履行政治协商、民主监督、参政议政的职能,发挥协调关系、汇集力量、建言献策、服务大局的作用,加强各党派、各团体、各民族、各阶层、各界人士的团结和谐。贯彻长期共存、互相监督、肝胆相照、荣辱与共的方针,加强同民主党派和无党派人士合作共事,不断发展我国社会主义多党合作事业。该决定从中国特色社会主义事业总体布局和全面建设小康社会全局出发,明确提出了当前和今后一个时期构建社会主义和谐社会的指导思想、目标任务、工作原则和重大部署,是指导社会主义和谐社会建设的纲领性文件,标志着中国共产党对共产党执政规律、社会主义建设规律、人类社会发展规律的认识达到了一个新的高度。

近现代政治发展的历史和实践证明，我国的政党制度建设必须从我国的基本国情出发，盲目照搬别国政党制度模式，是不可能成功的。2007年11月15日，国务院新闻办公室首次专门就政党制度发表了《中国的政党制度》白皮书。这是继2005年《中国的民主政治建设》白皮书之后，又一次以政府文告的形式阐述中国的政治文明建设，引起了海内外的广泛关注。该白皮书对中国政党制度的基本内涵和框架的概括是：中国共产党处于领导和执政地位，各民主党派是参政党，共产党与各民主党派形成了团结合作的新型政党关系。中国共产党与各民主党派的合作具有丰富的内容，并互相监督。我国多党合作制度有着独特的结构功能和运行机制，其价值和功能主要体现在政治参与、利益表达、社会整合、民主监督和维护稳定方面。该白皮书详细介绍了中国共产党与各民主党派、无党派人士政治协商的内容、形式和主要程序。民主党派作为致力于中国特色社会主义事业的参政党，无党派人士作为我国政治生活中的一支重要力量，坚持把促进发展作为团结奋斗的第一要务，紧紧围绕国家的中心工作，认真履行参政议政、民主监督的职能，在中国特色社会主义建设中发挥着不可替代的作用。《中国的政党制度》白皮书的发表，使国际社会了解了我国政党制度的确立和发展是中国社会历史发展的必然选择，中国政党制度是一种崭新的、具有中国特色的社会主义政党制度，我国的政党制度在革命、建设和改革事业中发挥了重要作用，具有巨大优越性和强大生命力。

围绕全面建设小康社会的奋斗目标，为了进一步推进改革开放和社会主义现代化建设，开创中国特色社会主义事业新局面，开拓马克思主义中国化新境界，胡锦涛在2007年10月党的十七大上所作的《高举中国特色社会主义伟大旗帜 为夺取全面建设小康社会新胜利而奋斗》报告，根据世情、国情、党情的新变化，鲜明地回答了关系党和国家事业的一系列重大理论与实践问题，对今后一段时期经济、政治、文化、社会等各项建设做出了全面部署。该报告指出，人民民主是社会主义的生命。发展社会主义民主政治是我们党始终不渝的奋斗目标。坚持中国共产党领导的多党合作和政治协商制度，是推进社会主义政治制度自我完善和发展的一项重要内容。促进政党关系、民族关系、宗教关系、阶层关系、海内外同胞关系的和谐，对于增进团结、凝聚力量具有不可替代的作用。对于如何保持和促进这五大关系的和谐，该报告提出了明确要求。建立和谐政党关系是十七大报告关于政党关系的一个新提法，是马克思主义政党理论的一个新创造。政党关系是现代国家民主政治制度的重要组成部分。增进团结、凝聚力量，从政党关系层面说，就是要增进中国共产党同民主党派和无党派人士的团结，凝聚各民主党派和无党派人士的力量。在促进政党关系和谐方面，"要贯彻长期共存、互相监督，肝胆相照、荣辱与共的方针，加强同民主党派合作共事，支持民主党派和无党派人士更好地履行参政议政、民主监督职能，选拔和推荐更多优秀党外干部担任领导职务"。在中国共产党党代会上明确提出选拔和推荐更多优秀党外干部担任领导职务，这一重大举措引起海内外的高度关注。人民政协是我国爱国统一战线组织，是共产党领导的多党合作和政治协商的重要机构。"支持人民政协围绕团结和民主两大主题履行职能，推进政治协商、民主监督、参政议政制度建设，把政治协商纳入决策程序，完善民主监督机制，提高参政议政实效，加强政协自身建设，发挥协调关系、汇聚力量、建言献策、服务大局的重要作用。"中国共产党制定重大政策、做出重大人事安排，要建立在人民政协同各民主党派充分协商、听取意见的基础之上，从而进一步推进政治协商、民主监督、参政议政逐步制度化、规范化、程序化。胡锦涛强调，巩固和发展我国社会主义政党关系，实现我国政党关系长期和谐，根本在于坚持走中国特色社会主义政治发展道路，关键在于坚持和完善中国共产党领导的多党合作和政治协商制度。"政治体制改革要坚持社会主义方向，推进社会主义政治制度自我完善和发展，不是要改变社会主义的根本制度。因此，决不能照搬西方议会民主、三权分立、多党制那一套。"党的十七大报告为我国多党合作拓展了新的空间，指明了共产党领导的多党合作和政治协商制度在 21 世纪的发展方向。2008 年元旦，胡锦涛在全国政协新年茶话会上的讲话中指出，党的十七大科学地回答了党在改革发展关键阶段举什么旗、走什么路、以什么样的精神状态、朝着什么样的发展目标继续前进等重大问题，提出了实现全面建设小康社会奋斗目标的新要求，对推进中国特色社会主义伟大事业和党的建设新的伟大工程做出全面部署。在我国多党合作建设上，要坚持和完善中国共产党领导的多党合作和政治协商制度，团结全体社会主义劳动者、社会主义事业的建设者、拥护社会主义的爱国者、拥护祖国统一的爱国者，不断促进政党关系、民族关系、宗教关系、阶层关系、海内外同胞关系的和谐，为建设中国特色社会主义服务。按照党的十七大的有关部署，紧紧围绕党和国家工作大局，保持和发扬优良传统，积极开展政治协商，完善民主监督机制，提高参政议政实效，推进履行职能的制度化、规范化、程序化，才能为全面建设小康社会、加快推进社会主义现代化做出新的更大贡献。

面对日益繁重的现代化建设任务和日趋复杂的国际环境，要完成各方面的任务，应对变化多端的国际和国内局势，"必须依靠包括各党派、各团体、各民族、各阶层、各界人士在内的全国人民团结奋斗。希望各民主党派、工商联和无党派人士积极履行参政议政、民主监督职能，不断提高建言献策水平，继续为全面建设小康社会、加快推进社会主义现代化贡献智慧和力量"①。2009年9月20日，胡锦涛在庆祝中国人民政治协商会议成立60周年大会上强调指出：当前，我国正处在改革发展的关键阶段，机遇前所未有，挑战也前所未有，机遇大于挑战。② 人民政协这一中国特色的政治组织和民主形式，是我国社会主义民主政治建设的伟大创造，既顺应世界民主发展潮流，又体现中国共产党和中国人民的政治智慧，具有强大的生命力和远大前程。在新的历史条件下，人民政协要高举中国特色社会主义伟大旗帜，以邓小平理论和"三个代表"重要思想为指导，深入贯彻落实科学发展观，继承和发扬人民政协优良传统和宝贵经验，牢牢把握团结和民主两大主题，紧紧围绕党和国家工作大局，继续扎实有效地履行政治协商、民主监督、参政议政职能，切实发挥协调关系、汇聚力量、建言献策、服务大局的重要作用，为推进改革开放和社会主义现代化建设，推进祖国和平统一大业，维护世界和平与促进共同发展做出新的贡献。人民政协这一中国特色的政治组织和民主形式在我国社会主义民主政治建设中起着重大作用，我们要长期坚持。尤其是在新的社会环境下，要

---

① 胡锦涛：《中共中央举行党外人士迎春座谈会》，《人民日报》2009年1月23日。

② 胡锦涛：《首都各界隆重庆祝中国人民政治协商会议成立60周年》，《人民日报》2009年9月21日。

以发展的理论为指导，不断完善中国共产党领导的多党合作和政治协商制度，持续增强人民政协的各项功能与作用，从而为全面建设小康社会，加快推进社会主义现代化做出新贡献。进入21世纪以来，我国现代化建设任务日益繁重，主要表现为改革开放和社会主义现代化建设任务繁重，推动科学发展、促进社会和谐任务繁重，保障和改善民生、维护社会稳定任务繁重。面对诸多挑战，坚持和完善中国共产党领导的多党合作和政治协商制度，巩固和壮大最广泛的爱国统一战线，充分调动各民族的积极性、主动性、创造性，把各方面智慧和力量凝聚到党和国家事业中来，是全面推进经济建设、政治建设、文化建设和社会建设，全面建设小康社会，加快推进社会主义现代化，发展中国特色社会主义的基本途径。实践已经充分证明，中国共产党领导的多党合作和政治协商制度，体现了社会主义民主政治的本质要求，显示出巨大的优越性和强大的生命力。我们要从建设社会主义政治文明的高度，认识并总结中国共产党同各民主党派长期团结合作的宝贵经验，着眼于适应新形势、完成新任务，继续把中国共产党领导的多党合作和政治协商制度坚持好、完善好、发展好。

"团结一致，众志成城"是中国共产党领导的多党合作和政治协商的行动基石，为全面建设小康社会，加快推进社会主义现代化提供了不竭的精神动力。2011年初，胡锦涛在中共中央召开的党外人士迎春座谈会上指出："中国共产党成立以来90年波澜壮阔的历史和实践充分证明，思想上同心同德、目标上同心同向、行动上同心同行，是中国共产党领导的多党合作和政治协商制度最鲜明的特质，是我们不断夺取革命、建设、改革事业胜利的有力保证。"[①] 这一论断既明确指出了中国共产党领导的多党合作和政治协商制度的特征与本质，也总结了该制度的成功经验。一是思想上同心同德，即各民主党派同中国共产党保持思想统一、信念一致。只有保证坚定的思想信念，各民主党派才能坚决拥护中国共产党的领导，经受住种种考验，保持积极主动性。二是目标上同心同向，即各民主党派和中国共产党拥有共同的目标方向。目标方向是各党派思想信念的延伸，也是其实践行动的指引，因而同心同向是各民主党派能在各个时期始终与中国共

---

① 胡锦涛：《中共中央举行党外人士迎春座谈会》，《人民日报》2011年1月31日。

产党肝胆相照、荣辱与共的关键所在。三是同心同行，即各民主党派与中国共产党在行动中相依相助，共同前进。正是由于行动上的同心同行，各民主党派才能激发社会活力，并与中国共产党形成合力，进而推动各项工作落到实处。这种关于中国共产党领导的多党合作和政治协商制度最鲜明特质的论断，是新时期总结政党制度成功经验，丰富政党制度理论，指导多党合作和政治协商制度实践的真正奥义，具有十分重要的理论意义和现实意义。胡锦涛在庆祝中国共产党成立90周年大会上的讲话中进一步强调："我们坚持和完善中国共产党领导的多党合作，深入开展政治协商、民主监督、参政议政，发展最广泛的爱国统一战线。"[1] 中国共产党领导的多党合作和政治协商制度符合我国国情，顺应时代潮流，并且与人民代表大会这一根本政治制度高度契合。在我国长期处于社会主义初级阶段的特殊国情下，有利于保持党和国家的活力，充分调动社会各方面的积极性、主动性、创造性；有利于推动经济加速发展，维护社会公平正义和团结稳定；有利于集中力量办大事，在社会主义前进的道路上攻坚克难。战胜重大自然灾害，有效应对国际金融危机的冲击，成功举办北京奥运会和上海世博会等重大事件，充分体现了我国社会主义制度能够集中力量办大事的巨大优势，展现了参加人民政协的各党派团体和各界人士，为党和国家应对各种风险挑战，维护社会稳定与发展汇聚的强大合力。

党的十八大在肯定和坚持多党合作与政治协商制度的基础上，首次提出"健全社会主义协商民主制度"。十八大报告表明，健全社会主义协商民主制度是我国政治体制改革的重要一环。十八大报告指出："社会主义协商民主是我国人民民主的重要形式。"[2] 在我国，人民民主是社会主义的生命。只有让广大人民群众充分享有民主权利，在实质上当家作主，才能保证我国在社会主义的道路上稳步前进。当前，我国人民民主的主要表现形式为票决民主和协商民主。与票决民主这种间接民主不同，社会主义协商民主，是双方或多方就某一利益争端展开直接性的谈判，当事人以平等

---

[1] 胡锦涛：《庆祝中国共产党成立90周年大会讲话》，《人民日报》2011年7月2日。
[2] 胡锦涛：《坚定不移沿着中国特色社会主义道路前进 为全面建成小康社会而奋斗》，《人民日报》2012年11月18日。

的政治地位自由发表意见，并在相互理解的基础上逐步达成共识，这种民主是我国社会主义民主政治的特有形式。当前党和政府的工作就是要进一步完善协商民主制度和工作机制，不断推进协商民主更广泛、多层次和制度化发展。关于政治协商的渠道和协商讨论的内容，十八大报告明确指出："通过国家政权机关、政协组织、党派团体等渠道，就经济社会发展重大问题和涉及群众切身利益的实际问题广泛协商，广纳群言、广集民智、增进共识、增强合力。"① 也就是说，政治协商要通过政权机关、政协组织和党派团体等渠道，以公共政治事务、经济事务、社会事务为协商的重点内容，充分展现其广泛性。在此基础上，广泛开展立法协商、行政协商、民主协商、参政协商、社会协商，通过协商达成共识。这就要求党和政府充分发挥人民政协作为协商民主的重要渠道作用，在围绕团结和民主两大主题的前提下，进一步推进政治协商、民主监督、参政议政制度建设，从而更好地协调关系、汇聚力量、建言献策、服务大局。十八大报告还特别强调要加强同民主党派的政治协商，要求党和政府始终坚持并不断完善中国共产党领导的多党合作与政治协商制度，在重视各民主党派参政议政、民主监督和政治协商重要作用的前提下，进一步加强中国共产党同各民主党派的政治协商。在实际工作中，为保证政治协商发挥实质性作用，党和政府应把政治协商纳入决策程序过程中，坚持协商于决策之前和决策之中。此外，深入进行专题协商、对口协商、界别协商、提案办理协商，以及积极开展基层民主协商，是确保政治协商时效性的关键。十八大报告进一步指出："统一战线是凝聚各方面力量，促进政党关系、民族关系、宗教关系、阶层关系、海内外同胞关系和谐，夺取中国特色社会主义新胜利的重要法宝。要高举爱国主义、社会主义旗帜，巩固统一战线的思想政治基础，正确处理一致性和多样性的关系。坚持长期共存、互相监督、肝胆相照、荣辱与共的方针，加强同民主党派和无党派人士团结合作，促进思想上同心同德、目标上同心同向、行动上同心同行，加强党外代表人士队伍建设，选拔和推荐更多优秀党外人士担任各级国家机关领导

---

① 胡锦涛：《坚定不移沿着中国特色社会主义道路前进 为全面建成小康社会而奋斗》，《人民日报》2012 年 11 月 18 日。

职务。"①

2013年3月3日,中国人民政治协商会议全国委员会常务委员会工作报告对过去5年的工作成果进行总结:"各民主党派中央、全国工商联五年共提出提案1347件,反映社情民意信息19992篇,提交大会发言310篇,人民政协作为中国共产党领导的多党合作和政治协商重要机构的作用进一步发挥。"② 这些数字直观地体现出各民主党派和全国工商联在服务社会主义建设事业,履行政治协商、民主监督和参政议政各项职能上的突出贡献。特别是在为广大人民群众开辟畅通的利益表达渠道,帮助人民群众有效参与政治生活等方面起到了极其重要的推动作用。该报告强调要更加尊重、重视和保障各民主党派以及无党派人士的各项权利,大力支持他们围绕国家各项事务展开民主、平等、自由的协商议政,是保证各民主党派和无党派人士持续发挥作用,提高工作质量的基础。针对未来5年的工作规划,该报告进一步指出,要"加强调研工作创新,协调各民主党派、工商联、无党派人士、专门委员会、界别和地方政协等方面力量,提高对策建议的质量"③。也就是说,各方面力量应奉行实事求是原则,重视调研工作,不断完善调研方法,深入开展调研工作,进而才能厘清事物矛盾各方,抓住事物本质,以此更好地建言献策。继中国共产党十八届全国代表大会首次提出"健全社会主义协商民主制度"后,2013年11月,党的十八届三中全会再一次强调:"协商民主是我国社会主义民主政治的特有形式和独特优势,是党的群众路线在政治领域的重要体现。"这是对协商民主的准确定位,也进一步说明了协商民主在政治领域践行群众路线的本质,因而具有鲜明的独创性和优越性。2014年9月21日,习近平在庆祝中国人民政治协商会议成立65周年大会上明确指出:"社会主义协商民主,应该是实实在在的、而不是做样子的,应该是全方位的、而不是局限

---

① 胡锦涛:《坚定不移沿着中国特色社会主义道路前进 为全面建成小康社会而奋斗》,《人民日报》2012年11月18日。
② 贾庆林:《中国人民政治协商会议全国委员会常务委员会工作报告》,《人民日报》2013年3月13日。
③ 贾庆林:《中国人民政治协商会议全国委员会常务委员会工作报告》,《人民日报》2013年3月13日。

在某个方面的，应该是全国上上下下都要做的、而不是局限在某一级的。"① 这句话充分表明社会主义协商民主应当全面体现出实效性和广泛性。进而言之，社会主义协商民主全方位覆盖了政治、经济、文化、生态和社会等各个领域，尤其是涉及广大人民群众利益的事务或方面；需要从中央到基层充分开展，协商民主工作，尤其是对各级之间的协商工作需要加倍重视。为了保障社会主义协商民主制度有效运行，会议强调："必须构建程序合理、环节完整的社会主义协商民主体系，确保协商民主有制可依、有规可守、有章可循、有序可遵。"此外必须加以重视的是，加强与群众的联系、对群众进行引导，是各民主党派及无党派人士参加多党合作与政治协商的行动基础与重要功能。2014年12月1日，习近平在中共中央召开的党外人士座谈会上强调："各民主党派、工商联和无党派人士要积极引导所联系的广大成员，把思想和行动统一到中共中央决策部署上来，既要理解改革、支持改革、参与改革，也要树立法治思维、运用法治方式、依法参政议政，共同为全面建成小康社会奋斗目标做出贡献。"② 为了能够更好地发挥联系群众、引导群众的重要功能作用，各民主党派、工商联和无党派人士应当在确保身体力行的基础上，有力引导广大人民群众围绕中共中央的决策部署，形成改革意识和法治思维，积极参与到全面深化改革和全面依法治国的实践中去。

2015年是中国共产党领导的多党合作与政治协商制度取得丰硕成果的一年。2月，中共中央印发了《关于加强社会主义协商民主建设的意见》。该意见是对我国民主协商的规范阐释和现实指向，极大地丰富了多党合作与政治协商制度的理论内涵和实践基础。它清晰地阐明了社会主义协商民主的本质属性和基本内涵，并着重论述了社会主义协商民主建设的重要意义、指导思想、基本原则和渠道程序。具体地说，"政党协商是中国共产党同民主党派基于共同的政治目标，就党和国家重大方针政策和重要事务，在决策之前和决策实施之中，直接进行政治协商的重要民主形式。进

---

① 习近平：《推进人民政协理论创新制度创新工作创新 推进社会主义协商民主广泛多层制度化发展》，《人民日报》2014年9月22日。

② 习近平：《中共中央党外人士座谈会》，《人民日报》2014年12月6日。

一步明确政党协商的主要内容：中共全国代表大会、中共中央委员会的有关重要文件；宪法的修改建议，有关重要法律的制定、修改建议；国家领导人建议人选；国民经济和社会发展的中长期规划以及年度经济社会发展情况；关系改革发展稳定等重要问题；统一战线和多党合作的重大问题；其他需要协商的重要问题。进一步明确政党协商的主要形式：会议协商，约谈协商，书面协商。进一步明确政党协商的程序、保障机制等"[1]。该意见全面总结了我国多党合作与政治协商制度的成功经验，并着眼于当前我国深化政治体制改革，推进国家治理体系和治理能力现代化的新形势，深刻回答了什么是协商民主，为什么要加强协商民主建设，怎样加强协商民主建设等一系列重大理论和实践问题，对下一步开展政党协商、人大协商、政府协商、政协协商、基层协商、社会协商等做出全面部署。作为社会主义协商民主建设的理论指导和行动纲领，该意见极大地推动了协商民主的制度化发展。2月11日，习近平在与各民主党派中央、全国工商联负责人和无党派人士共迎新春时强调指出："搞好政党协商，需要中国共产党和各民主党派共同努力。民主党派在提高政党协商水平中担负着重要责任，但中国共产党担负着首要责任，因为我们是执政党，应该更加自觉地做到虚怀若谷、集思广益。""要着力推动政党协商深入开展，希望大家加强自身建设，不断提高参政议政能力和水平，参政参到要点上，议政议到关键处，为政党协商深入开展打下坚实基础。"[2] 从革命到中华人民共和国成立，再到改革开放、国家现代化建设以来的实践证明，国家和社会的前进，需要各党派团体和各界人士齐心努力。特别是中国共产党提出推进"四个全面"战略布局和实现"两个一百年"奋斗目标，需要最大限度地达成共识、凝聚合力，把广大民主党派和无党派人士的智慧与力量汇集起来，紧密团结在中国共产党的周围，共同奋斗，努力实现中华民族伟大复兴的中国梦。同年5月18—20日，中央统战工作会议在北京召开。习近平在会上指出："要支持民主党派加强思想、组织、制度特别是领导班子建设，提高政治把握能力、参政议政能力、组织领导能力、合作共事能

---

[1] 中共中央：《关于加强社会主义协商民主建设的意见》，《人民日报》2015年2月10日。
[2] 徐隽：《习近平同党外人士共迎新春》，《人民日报》2015年2月13日。

力、解决自身问题能力。"[1] 指出了我国多党合作事业中所存在的突出问题，即民主党派的思想、组织、制度和能力问题，进而提出要支持民主党派加强自身建设，着力提升民主党参政议政、政治协商、民主监督的能力和水平，对民主党派反映的履行职能等方面所遇到的一些问题，要积极创造条件，重视研究解决。5月18日，《中国共产党统一战线工作条例（试行）》正式施行。该条例是中国共产党关于统一战线工作的第一部制度性法规，明确了统一战线服务"四个全面"战略布局和实现"两个一百年"奋斗目标的方向原则，系统规范了全国范围内的各项统战工作，是推进统战工作制度化、规范化、程序化建设的重要里程碑。自十八届四中全会中国共产党提出全面依法治国以来，将党内法律纳入中国特色社会主义法律体系中已成为国家法治的必然趋势，该条例为党员干部开展工作提供了刚性约束和制度依据，也为多党合作与政治协商提供了必要的制度保障。6月，中共中央办公厅印发《关于加强人民政协协商民主建设的实施意见》，详细阐明了加强人民政协协商民主的重要意义、指导思想、重要原则、内容和形式。即"在人民内部各方面广泛商量的过程，就是发扬民主、集思广益的过程，就是统一思想、凝聚共识的过程，就是科学决策、民主决策的过程，就是实现人民当家作主的过程"[2]。该意见是对年初《关于加强社会主义协商民主建设的意见》新精神的贯彻落实与细化，是对以往正确经验的总结，其主要特点是突出操作性，对于推进协商民主的广泛多层制度化发展具有示范性意义。12月，中共中央办公厅印发《关于加强政党协商的实施意见》，具体规定了政党协商的指导思想和重要意义、内容、形式、程序、保障机制，主要解决了在制度规范不足、工作机制不健全、程序要求缺陷等方面的问题，以此推进政党协商制度化、规范化、程序化建设进程。

2016年是全面建成小康社会决胜阶段的开局之年，也是全面贯彻中共中央关于统一战线与多党合作一系列重大决策部署的关键之年。《关于加

---

[1] 习近平：《巩固发展最广泛的爱国统一战线 为实现中国梦提供广泛力量支持》，《人民日报》2015年5月21日。
[2] 中共中央办公厅：《关于加强人民政协协商民主建设的实施意见》，《人民日报》2015年6月26日。

强政党协商的实施意见》《中国共产党统一战线工作条例（试行）》的颁布实施，给多党合作与政治协商工作注入了强劲动力。在年初召开的党外人士迎春座谈会上，习近平强调："完善政党协商制度，要做到言之有据、言之有理、言之有度、言之有物，真诚协商、务实协商，道实情、建良言，参政参到要点上，议政议到关键处，努力在会协商、善议政上取得实效，不断提高政党协商能力和水平。"① 协商民主是党的十八大以来我国民主政治的重大发展，从中央到地方均依据上述实施意见与条例，出台了与各自社会环境相适应的具体实施意见，制定了年度协商计划，扎实推进政党协商。另外，各民主党派和无党派人士也积极响应党中央号召，大力提升政治把握、参政议政、组织领导、合作共事"四个能力"，从而大幅提高协商水平。党外干部数量是国家机关加大对党外干部使用力度的直观体现。2016 年，国土部、住建部、环保部、水利部、审计署等中央政府机关的领导班子中已配备了 20 余名党外干部，另选派一部分党外干部到全国党外代表人士实践锻炼基地进行锻炼。此外，地方政府部门中党外干部人数和比例都在不断增大，据不完全统计，截至 2016 年底，31 个省（自治区、直辖市）的政府组成部门中党外正职有 30 多位。在此基础上，各党派以及无党派人士要在思想、目标、行动上形成统一，为"十三五"发展凝聚同心、汇聚力量。正如习近平所指出的："人心向背、力量对比决定事业成败。我们提出坚持正确处理一致性和多样性关系的方针，就是着眼于形成最大公约数，画出最大的同心圆""要用好政党协商这个民主形式和制度渠道，有事多商量、有事好商量、有事会商量，通过协商凝聚共识、凝聚智慧、凝聚力量"②。人民政协则要充分发挥作为专门协商机构的平台作用，把协商民主贯穿履行职能的全过程，推进政治协商、民主监督、参政议政制度建设，不断提高人民政协协商民主制度化、规范化、程序化水平，更好地协调关系、汇聚力量、建言献策、服务大局。此外，必须重视的是，中国政党制度的完善必然需要与其相适应的话语体系。构建中国多党合作与政治协商话语体系就是要立足国情，坚持马克思主义思

---

① 习近平：《同党外人士共迎新春》，《人民日报》2016 年 1 月 31 日。
② 习近平：《同党外人士共迎新春》，《人民日报》2016 年 1 月 31 日。

想，形成系统完备的理论体系，建立主动、有效、多渠道的传播体系，强化多党合作与政治协商制度的保障体系。只有三者协同共建，构建出与我国政党制度相适应的话语体系，才能不断增强中国共产党领导的多党合作与政治协商制度的制度自信，增加社会认同，真正掌握国家话语权。

2017年党的十九大胜利召开，十九大报告明确指出："经过长期努力，中国特色社会主义进入了新时代，这是我国发展新的历史方位。"习近平在全国政协新年茶话会上进一步指出："人民政协要把新时代中国特色社会主义思想作为统揽各项工作的总纲，把坚持和发展中国特色社会主义作为巩固共同思想政治基础的主轴，把为决胜全面建成小康社会、夺取新时代中国特色社会主义伟大胜利献计出力作为工作主线，充分发挥作为社会主义协商民主的重要渠道和专门协商机构作用，携手新时代、贯彻新理念、聚焦新目标、落实新部署，促进各党派团体、各族各界人士的大团结大联合，共同为实现中共十九大确定的目标任务而奋斗。"[①] 多党合作与政治协商制度要充分发挥其协商民主的功能，促使各党派团体、各族各界人士借助这一适合中国国情、具有鲜明中国特色的重要民主形式，认真履行职能，着力做好思想引导、汇聚力量、议政建言、服务大局的各项工作，共助国家和社会健康稳定发展。十九大报告强调要"发挥社会主义协商民主重要作用"，把社会主义协商民主纳入新时代中国特色社会主义基本方略中。十九大报告指出："发展社会主义协商民主，健全民主制度，丰富民主形式，拓宽民主渠道，保证人民当家作主落实到国家政治生活和社会生活之中。"[②] 协商民主进入基本方略中，进一步彰显了协商民主在中国特色社会主义中的战略地位，明确了社会主义协商民主的前进方向，坚定了多党合作和政治协商的发展道路。"有事好商量，众人的事情由众人商量，是人民民主的真谛。"习近平在庆祝人民政协成立65周年大会上的讲话中对"人民民主的真谛"做了深刻阐述：一是人民当家作主是人民民主的本质和核心，这不是一句口号，必须落实到现实政治生活之中。协商

---

① 习近平：《在全国政协新年茶话会上的讲话》，《人民日报》2017年12月30日。
② 习近平：《决胜全面建成小康社会 夺取新时代中国特色社会主义伟大胜利》，《人民日报》2017年10月28日。

民主就是人民当家作主的重要实践形式。二是检验人民是否真正享有民主权利,这不仅是指投票的权利,更重要的是看人民在日常政治生活中是否有持续参与的权利,而且包括人民进行民主决策、民主管理、民主监督的权利。我们要推动参加人民政协的各党派团体和各族各界人士不断增强对中国共产党和中国特色社会主义的政治认同、思想认同、理论认同、情感认同。我们要牢固树立"四个意识",坚定"四个自信",自觉接受中国共产党的领导,自觉维护习近平总书记的核心地位,自觉维护中共中央权威和集中统一领导,在事关道路、制度、旗帜、方向等根本问题上统一思想、统一意志、统一步调,确保人民政协事业正确的政治方向。可以说,现实中协商民主建设的基本框架已经形成,但要达到党的十九大报告所要求的"形成完整的制度程序和参与实践",仍有大量的工作要做。此外,党的十九大报告还指出:"人民政协是具有中国特色的制度安排,是社会主义协商民主的重要渠道和专门协商机构。"这都是第一次出现在党代会的报告中,是对人民政协组织性质的权威定位。十九大报告进一步部署了人民政协的三项任务:一是要把协商民主贯穿政治协商、民主监督、参政议政全过程,重点在于对内容、形式、程序、成效等的大力发展。二是加强人民政协民主监督,主要监督党和国家重大方针政策和重要决策部署的贯彻落实。三是增强人民政协界别的代表性,加强委员队伍建设,不断提高委员的政治把握能力、调查研究能力、联系群众能力、合作共事能力。

2018年全国"两会"期间,习近平在看望参加全国政协会议的民盟、致公党、无党派人士、侨联界委员时发表讲话指出:"中国共产党领导的多党合作和政治协商制度作为我国一项基本政治制度,是中国共产党、中国人民和各民主党派、无党派人士的伟大政治创造,是从中国土壤中生长出来的新型政党制度。"[①] 他还进一步用"三个新"详细阐释了新型政党制度的特点:"新就新在它是马克思主义政党理论同中国实际相结合的产物,能够真实、广泛、持久代表和实现最广大人民根本利益、全国各族各界根本利益,有效避免了旧式政党制度代表少数人、少数利益集团的弊

---

① 习近平:《坚持多党合作发展社会主义民主政治 为决胜全面建成小康社会而团结奋斗》,《人民日报》2018年3月5日。

端；新就新在它把各个政党和无党派人士紧密团结起来、为着共同目标而奋斗，有效避免了一党执政缺乏监督或者多党轮流坐庄、恶性竞争的弊端；新就新在它通过制度化、程序化、规范化的安排集中各种意见和建议、推动决策科学化民主化，有效避免了旧式政党制度囿于党派利益、阶级利益、区域和集团利益决策施政导致社会撕裂的弊端。它不仅符合当代中国实际，而且符合中华民族一贯倡导的天下为公、兼容并蓄、求同存异等优秀传统文化，是对人类政治文明的重大贡献。"① 多党合作与政治协商制度是从中国土壤中生长出来的新型政党制度，具有坚实的马克思主义理论根基和深厚的历史根基与文化根基。它为世界政党制度贡献了中国智慧，为世界政党政治发展提供了中国方案，尤其是以合作协商代替对立争斗，有效规避了由政党之间不良竞争所造成的政局不稳，极大地保持了政治稳定与社会和谐。自1948年"五一口号"发布后，各民主党派和无党派人士积极响应和拥护，"愿在中国共产党领导下，献其绵薄，贯彻始终，以冀中国人民民主革命之迅速成功，独立、自由、和平、幸福的新中国之早日实现"，从此拉开了中国多党合作与政治协商的序幕。从"五一口号"到新型政党制度的提出，"我们应该不忘多党合作建立之初心，坚定不移走中国特色社会主义政治发展道路，把我国社会主义政党制度坚持好、发展好、完善好"。当前中国特色社会主义进入新时代，我们要继承发扬和衷共济的优良传统，不忘合作初心，进一步巩固和发展新型政党制度，为人类对更好社会制度的探索提供中国方案，就务必坚持共产党的领导作为发展根基，将加强党派建设作为实践路径，将规范运行机制作为重要抓手，将弘扬制度自信作为长远目标。

（二）改革开放以来我国多党合作和政治协商制度发展的成就

经过"文化大革命"后的拨乱反正，我国多党合作事业进入了新的历

---

① 习近平：《坚持多党合作发展社会主义民主政治 为决胜全面建成小康社会而团结奋斗》，《人民日报》2018年3月5日。

史发展阶段，政治协商制度不断得到完善。中国共产党关于多党合作理论有了重大发展，民主党派的性质和作用得到科学认识，共产党与民主党派的多党合作关系进一步规范，多党合作的指导方针日益完整和丰富，多党合作和政治协商的职能与形式不断健全与完善，多党合作建设进一步制度化和规范化，各民主党派在国家政治生活中的地位逐渐提高，自身建设逐步得到加强和巩固。21世纪以来，我国多党合作制度不断取得发展和超越，在全面建成小康社会、实现"两个一百年"发展目标的过程中发挥着日益重要的作用。

1. 科学认识民主党派的性质和作用，进一步规范共产党与民主党派的多党合作关系

中共中央在1956年底党的八大政治报告中，曾经对社会主义时期民主党派的性质做出了明确的阐述："中国各民主党派的社会基础是民族资产阶级、上层小资产阶级和他们的知识分子。在社会主义改造完成以后，民族资产阶级和上层小资产阶级的成员将变成社会主义的劳动者的一部分。各民主党派就将变成这部分劳动者的政党。"[①] 然而在1957年反右斗争扩大化后，由于指导思想上出现的"左"倾错误，尤其在"文化大革命"的过程中，在我国的政治生活中已经把民主党派看成"资产阶级政党"，多党合作的路线遭到了扭曲，多党合作制度受到了严重的破坏。

十一届三中全会以后，中国共产党对于民主党派性质的认识实现了拨乱反正。在中华人民共和国成立到党的十一届三中全会这30年中，我国的社会阶级状况发生了根本的变化。工人阶级的地位已经大大加强，农民已经成为新时期的集体农民。工农联盟在社会主义现代化建设的基础上更加巩固和发展，广大的知识分子，包括从旧社会过来的老知识分子中的绝大多数已经成为工人阶级的一部分，正在努力自觉地为社会主义事业服务。资本家阶级原来占有的生产资料早已转到国家手中，作为一个阶级已不复存在。他们中有劳动能力的绝大多数人已经改造成为社会主义社会中自食其力的劳动者，正在为社会主义现代化事业贡献力量。我国社会阶级

[①] 《刘少奇选集》（下集），人民出版社1985年版，第246页。

状况的根本变化以及民主党派长期接受共产党领导、走社会主义道路的历史表现，使得我党对于民主党派性质的认识也发生了根本性变化。1979年6月15日，邓小平在五届全国政协二次会议上所作的《新时期的统一战线和人民政协的任务》开幕词指出："我国各民主党派在民主革命中有过光荣的历史，在社会主义改造中也作出了重要的贡献。这些都是中国人民所不会忘记的。现在他们都已经成为各自所联系的一部分社会主义劳动者和一部分拥护社会主义的爱国者的政治联盟，都是在中国共产党领导下为社会主义服务的政治力量。"[①] 邓小平从发展的角度，肯定了民主党派的历史进步性，指出了民主党派的政治联盟性质，对民主党派的性质、地位和作用做出了新的判断，澄清了存在于共产党内和社会上的一些模糊认识，为中国共产党在社会主义新时期与民主党派发展关系确立了新的原则，为新时期巩固和发展多党合作制度提供了理论依据。这也是十一届三中全会以后，我们党对新时期民主党派性质作用首次做出明确的科学界定。这个界定在继承党的八大的正确认识基础上有了新的发展，由过去认为民主党派主要是代表民族资产阶级和上层小资产阶级利益要求的政党，转变为民主党派是代表一部分社会主义劳动者和爱国者的利益要求的具有社会主义性质的政党。

民主党派所具有的性质的根本变化，使共产党同民主党派之间进一步形成了新型的社会主义政党关系，彼此之间的社会主义一致性更加增强，为多党合作奠定了坚实的基础。1979年8月，第十四次全国统战工作会议在北京召开，与会的中共中央各部门及各省、自治区、直辖市党委统战部负责人经过深入讨论和研究，明确了新时期统战工作的性质、任务、方针和基本政策等问题。在民主党派工作方面，会议重申要认真贯彻执行党同民主党派"长期共存、互相监督"的方针，并且提出要尊重民主党派组织的独立性，发挥民主党派的监督作用，要恢复共产党和民主党派的民主协商。这次会议以十一届三中全会和邓小平讲话精神为指导，分清了统战工作的理论是非、路线是非和政策是非，明确了新时期多党合作的方针和任务。中共中央于10月14日批转了由第十四次全国统战工作会议通过的

---

① 《邓小平选集》第2卷，人民出版社1994年版，第186页。

《新的历史时期统一战线的方针任务》,明确指出:"我国各民主党派原来的社会基础,是民族资产阶级、城市上层小资产阶级和他们的知识分子。三十年来,他们的社会基础和政治面貌都发生了根本变化。各民主党派都已经成为各自所联系的一部分社会主义劳动者和一部分社会主义的爱国者的政治联盟,都是在中国共产党领导下为社会主义服务的政治力量。"这种新的认识从根本上纠正了在"左"的思想影响下把民主党派当作资产阶级性质政党的错误,赋予了民主党派新的政治生命,极大地调动了各民主党派建设社会主义的积极性。

邓小平对新时期民主党派的性质和作用做出了进一步的明确阐述。在1979年10月19日全国政协、中央统战部宴请出席各民主党派和全国工商联代表大会代表的招待会上,邓小平指出,在我国新的历史时期,我们的革命的爱国的统一战线也进入了一个新的历史发展阶段。统一战线仍然是一个重要法宝,不是可以削弱,而是应该加强,不是可以缩小,而是应该扩大。各民主党派和工商联,都是我国革命的爱国的统一战线的重要组成部分。各民主党派和工商联同我们党有过长期合作、共同战斗的历史,是我们党的亲密朋友。在争取新民主主义革命胜利和建设中华人民共和国的斗争中,各民主党派都发挥了重要的作用。新中国成立以后,各民主党派和工商联推动和帮助各自的成员以及所联系的人们,接受社会主义改造,参加社会主义建设,参加反对国内外敌人的斗争,也都做出了宝贵的贡献,成为进一步为社会主义服务的政治力量。建设和发展社会主义事业,已成为各民主党派、工商联和我们党的共同利益和共同愿望。在新的历史时期中,各民主党派和工商联仍然具有重要的地位和不可忽视的作用。我们相信,各民主党派和工商联一定能够在巩固和发展安定团结的局面,促进社会主义现代化建设,发扬民主,加强法制,进行自我教育和促进祖国统一等方面,做出新的更大的贡献。[①] 新时期民主党派性质的转变得到了广泛的承认,澄清了徘徊在多党合作工作中"左"的思想残余。1982年12月11日,五届全国政协五次会议通过的《中国人民政治协商会议章程》在总纲里做出了明确的规定:我国各族人民,在中国共产党的领导

---

① 《邓小平文选》第2卷,人民出版社1994年版,第203—204页。

下，消灭了剥削制度，建立了社会主义制度。我国社会阶级状况发生了根本的变化。工农联盟更加巩固。知识分子同工人、农民一样是社会主义事业的依靠力量。原来属于剥削阶级的人，绝大多数已经成为自食其力的劳动者。在人民革命和建设事业中同中国共产党一道前进、一道经受考验并做出重要贡献的各民主党派，已经成为各自所联系的一部分社会主义劳动者和拥护社会主义的爱国者的政治联盟，日益发挥其重要作用。

随着我国拨乱反正工作和社会主义现代化建设事业顺利开展，共产党与各民主党派的多党合作和政治协商事业也在迅速前进，各民主党派与共产党的关系不仅得到圆满恢复，而且日益亲密地发展。1986年4月，中央统战部《关于新时期党对民主党派工作的方针任务的报告》指出："各民主党派都不是在野党，更不是反对党，而是同我党通力合作的共同致力于社会主义事业的亲密友党。"1986年7月16日，中共中央批转了中央统战部的这个报告，进一步重申和明确了邓小平对新时期民主党派性质和作用的科学界定，强调民主党派是我国统一战线的重要组成部分，强调一定要充分认识民主党派的根本变化，正确把握民主党派的特点。指出我国民主党派原来的社会基础是民族资产阶级、城市小资产阶级、同这些阶级相联系的知识分子以及其他爱国知识分子。这些阶级、阶层在反对帝国主义、封建主义、官僚资本主义，争取民族独立、国家富强、政治民主等方面，同我们党有着共同的要求。各民主党派情况不同，但从来都不是单纯的资产阶级政党，而是具有或带有阶级联盟和统一战线的性质。随着我国社会主义改造的基本完成和国内阶级状况的根本变化，各民主党派的社会基础也发生了根本变化。在新的历史时期，民主党派原来所联系的阶级、阶层的人们，绝大多数已经成为工人阶级知识分子和其他社会主义劳动者，还有一部分是拥护社会主义的爱国者，同时已经有一大批新中国成立后成长起来的知识分子参加了民主党派。各民主党派已经成为各自所联系的一部分社会主义劳动者和一部分拥护社会主义的爱国者的政治联盟，都是在中国共产党领导下，以社会主义劳动者为主体的，为社会主义服务的政党。该报告同时指出，新时期的民主党派作为一种政治联盟具有很大的广泛性。这种广泛性是它们的一个特点，也正是它们历史作用之所在。如果忽视了这种广泛政治联盟的特点，势必把本来应团结和争取的人拒于民主党

五　风雨同舟，荣辱与共：改革开放以来中国共产党领导的多党合作和……　　439

派的门外，就会失掉民主党派所应有的重要作用。因此，我们应该积极支持民主党派保持和巩固这种广泛的政治联盟，以便发展最广泛的爱国统一战线。1987年10月党的十三大报告，对于我国多党合作制度的提法先为"中国共产党领导下的多党合作和政治协商制度"，后经过充分的协商讨论，在行文中去掉了"下"字。在以后的政治报告和中共中央其他有关文件中都不再使用"下"字，而使用"中国共产党领导的多党合作和政治协商制度"。这一字之差意义非同一般，表明了中国共产党和各民主党派不是上下级关系，而是平等协商的政治联盟关系，充分表现了中国共产党对于各民主党派政治上的承认和尊重，突出了各民主党派在我国多党合作制度中的重要地位。

　　参政党概念的提出，规范了各民主党派在我国多党合作事业中的位置，充分肯定了民主党派在我国特色政党制度中的重要地位。《关于坚持与完善中国共产党领导的多党合作和政治协商制度的意见》指出，各民主党派是各自所联系的一部分社会主义劳动者和一部分拥护社会主义的爱国者的政治联盟，是接受中国共产党领导的，同中国共产党通力合作、共同致力于社会主义事业的亲密友党，是参政党。中国共产党是社会主义事业的领导核心，是执政党。各民主党派是接受中国共产党领导的参政党。这一马克思主义的精辟论述，不仅明确了中国共产党、各民主党派在国家政治生活中的地位，而且对加强和改善中国共产党的领导，坚持和完善中国共产党领导的多党合作和政治协商制度，有着极其深远的理论意义和实践意义。中国共产党在国家政治生活中，在多党合作和政治协商制度方面的领导地位，是我国长期历史形成的，是适合我国国情的。中国共产党对各民主党派的领导是政治领导，即政治原则、政治方向和重大方针政策的领导。1997年9月12日，江泽民在党的十五大报告中指出，共产党执政就是领导和支持人民掌握管理国家的权力，实行民主选举、民主决策、民主管理和民主监督，保证人民依法享有广泛的权利和自由，尊重和保障人权。[①] 各民主党派和共产党是亲密友党的关系，各民主党派在国家政治生活中是参政党，这一关系的提出突破了以往政党之间针锋相对的机械思维

---

① 《江泽民文选》第2卷，人民出版社2006年版，第29页。

定势，否定了只要有执政党就只能存在反对党、在野党的僵化认识。各民主党派接受中国共产党的政治领导，积极参与国家政治生活，各政党没有在朝在野之分，只有参政执政之别，都以宪法为根本活动准则，共同致力于社会主义建设事业。在民主革命时期，各民主党派同中国共产党长期合作，共同奋斗，为争取新民主主义革命胜利和建立中华人民共和国做出了重要贡献。中华人民共和国成立后，各民主党派参加了人民政权和人民政协的工作，在巩固人民民主专政，顺利实现社会主义改造和促进社会主义事业的发展，推进改革开放，进行社会主义现代化建设中，发挥了重要作用。实践证明，各民主党派是同中国共产党长期风雨同舟、患难与共的亲密战友，是我国爱国统一战线的一支重要力量，也是维护我国安定团结、促进社会主义现代化建设和祖国统一的一支重要力量。在2000年召开的第十九次全国统战工作会议上，江泽民同志概括中国政党制度的显著特征是"共产党领导、多党派合作，共产党执政、多党派参政"[①]。各民主党派不是在野党和反对党，而是同共产党亲密合作的友党和参政党。共产党和各民主党派在国家重大问题上进行民主协商、科学决策，集中力量办大事。共产党与各民主党派互相监督，促进共产党领导的改善和民主党派参政党建设的加强。这样既避免了多党竞争、相互倾轧所造成的政治动荡，又避免了一党专制、缺少监督所导致的种种弊端。我国政党制度的巨大优势就在这里，同国外一党制和多党制的根本区别也在这里。各民主党派在国家政治生活中的参政党地位的确定，对于加强和完善共产党领导的多党合作和政治协商制度有着深远的实践意义。2005年《中共中央关于进一步加强中国共产党领导的多党合作和政治协商制度建设的意见》进一步强调各民主党派同中国共产党长期风雨同舟、患难与共，为中国革命、建设、改革事业做出了重要贡献。在21世纪新阶段，民主党派是各自所联系的一部分社会主义劳动者、社会主义事业建设者和拥护社会主义爱国者的政治联盟，是接受中国共产党领导、同中国共产党通力合作的亲密友党，是进步性与广泛性相统一、致力于中国特色社会主义事业的参政党。民主党派组织各自成员积极参与社会主义现代化建设，反映和代表各自所

[①] 《江泽民文选》第3卷，人民出版社2006年版，第143页。

联系群众的具体利益和要求，同港、澳、台同胞和海外侨胞有着广泛联系，是发展先进生产力、社会主义民主政治、社会主义先进文化和构建社会主义和谐社会的一支重要力量，也是实现祖国统一、民族振兴的一支重要力量。

21世纪以来，中国共产党与民主党派在构建社会主义和谐社会过程中不断成功合作，从合作共事到和谐发展，逐步致力于形成一种和谐政党关系。党的十六大把"社会更加和谐"作为全面建设小康社会的重要目标之一。党的十六届四中全会把"提高构建社会主义和谐社会的能力"作为党执政能力的一个重要方面，并把坚持和完善中国共产党领导的多党合作和政治协商制度，作为提高中国共产党的执政能力建设的一项重要内容。2006年10月，党的十六届六中全会做出了"构建社会主义和谐社会"的决定，指出了坚持和完善中国共产党领导的多党合作和政治协商制度是构建社会主义和谐社会的一项重要保障制度。2007年10月胡锦涛在党的十七大报告中提出促进政党关系和谐，对于增进团结、凝聚力量具有不可替代的作用。"和谐政党关系"概念的提出，是党的十七大在多党合作制度建设方面的一个伟大创造。我国共产党与各民主党派的多党合作一直体现着团结合作、民主协商、和谐共事的精神，而以"和谐政党关系"来概括我国多党合作的发展关系，在我国政党制度发展史上还是第一次。

政党和谐是我国政党制度的显著特点和独特优势。这是一条与西方不同的政党发展道路，也是西方不能体悟与理解的政党关系。在西方政党制度中，政党之间是一种激烈的竞争关系，每个政党存在的目的都是能够夺取对国家政权的控制或联合控制。执政党与在野党之间，由于各自政治信念与阶级利益不同，即使在合法反对原则下竞争，也难以避免明争暗斗、尔虞我诈的倾轧结果。而在我国政党制度中，共产党领导、多党派合作，共产党执政、多党派参政，围绕社会主义建设不同时期的中心任务，各政党保持着亲密合作、和谐发展的关系，共同服务于中国特色社会主义事业的建设。《中国的政党制度》白皮书指出："在中国多党合作制度中，中国共产党与各民主党派长期共存、互相监督、肝胆相照、荣辱与共，共同致力于建设中国特色社会主义，形成了'共产党领导、多党派合作，共产党执政、多党派参政'的基本特征。""长期共存、互相监督，肝胆相照、荣辱与共"是共产党与民主党派团结合作的方针政策。这一基本方针充分体现了中国共产党与民主党派真诚合作的指导思想和严肃的政治态度，也向世人昭示了中国共产党的执政理念和我国政党关系的和谐程度。"十六字方针"是正确处理共产党与民主党派关系的指导方针和原则基础。"长期合作"表明中国共产党与各民主党派的合作关系是长期的，不是短期的存在，更不是权宜之计，共产党存在多久，民主党派就存在多久。"互相监督"体现了共产党与民主党派是平等的，是相互检查督促、互相约束的关系。共产党可以监督民主党派，民主党派也可以监督共产党；由于共产党居于领导、执政地位，主要是民主党派监督共产党。"肝胆相照，荣辱与共"则进一步体现出共产党与民主党派相互合作的真诚性和可靠性，体现了彼此信任、真诚合作的态度与诚意，充分表达了一种共同承担历史使命的愿望与精神。这一基本方针进一步促成了共产党与民主党派友好共处、和谐共事的良好政治氛围。这种"和谐政党关系"是一种新型的政党关系，是中国特色的党际关系模式，是马克思主义政党学说在中国实践发展中的又一创造。

中国特色的社会主义政党制度体现了中华民族和而不同、兼容并蓄的优秀文化传统，具有鲜明的中国特色。2007年12月，胡锦涛在中南海同各民主党派中央、全国工商联新老主要领导人座谈的讲话中指出，中国共产党领导的多党合作和政治协商制度，体现了我国社会主义民主政治的本质要求，符合中国特色社会主义事业的发展要求。我们要坚定不移地坚持长期共存、互相监督，肝胆相照、荣辱与共的方针，巩固共产党领导、多党派合作，共产党执政、多党派参政的多党合作的良好政治格局，发展我国各政党民主团结、生动活泼的和谐政治关系，同心同德坚持和发展中国特色社会主义。2008年元旦在全国政协新年茶话会上，胡锦涛又强调指出，在前进道路上，我们要巩固和壮大最广泛的爱国统一战线，坚持和完善中国共产党领导的多党合作和政治协商制度，团结全体社会主义劳动者、社会主义事业的建设者、拥护社会主义的爱国者、拥护祖国统一的爱国者，不断促进政党关系、民族关系、宗教关系、阶层关系、海内外同胞关系的和谐，为建设中国特色社会主义服务。和谐政党关系不仅是对我国多党合作过程中政党关系的一种概括，而且是我国政党制度发展的一个要求与目标。只有高举中国特色社会主义伟大旗帜，切实发扬改革创新、求真务实、团结奋进的精神和作风，才能真正实现政党和谐。

中国特色的社会主义政党制度在新的国际和国内形势下，呈现出极强的适应能力和自我发展特质。胡锦涛在庆祝中国人民政治协商会议成立60周年大会上指出，我国正处在改革发展的关键阶段，机遇和挑战并存，机遇大于挑战。历史充分证明，人民政协是我国社会主义民主政治建设的特色政治组织和民主形式，既顺应世界民主发展潮流，又体现了中国共产党和中国人民的政治智慧，具有强大生命力和远大前程，值得我们倍加珍惜、长期坚持。尤其是在新的社会环境下，中国共产党领导的多党合作和政治协商制度以发展的理论为指导，不断进行自我完善，持续增强人民政协的各项功能与作用，进而为全面建设小康社会、加快推进社会主义现代化做出突出贡献。具体来说，就是在认真总结中国共产党同各民主党派长期团结合作的宝贵经验的基础上，着眼于适应新形势、完成新任务，继续把中国共产党领导的多党合作和政治协商制度坚持好、完善好、发展好。胡锦涛在庆祝中国共产党成立90周年大会上进一步强调，中国共产党领导的多党合作和政治协商制度的特征和本质是思想上同心同德、目标上同心同向、行动上同心同行。只有如此，才能突显我国社会主义制度集中力量办大事的特有优势，才能展现各党派团体和各界人士为国家和社会的稳定与发展汇聚的强大合力。

党和国家高度重视并不断推进社会主义协商民主。党的十八大报告首次提出，健全社会主义协商民主制度是我国政治体制改革的重要一环，十八届三中全会强调协商民主是我国社会主义民主政治的特有形式和独特优势，要不断完善协商民主制度和工作机制，推进协商民主广泛、多层、制度化发展。人民民主是社会主义的生命，而社会主义协商民主是我国人民民主的重要形式，也是我国社会主义民主政治的特有形式。与票决民主这种间接民主不同，社会主义协商民主，实质上就是双方或多方就某一利益争端展开直接性的谈判，当事人以平等的政治地位自由发表意见，并在相互理解的基础上逐步达成共识。在具体实践中，政治协商就是要通过政权机关、政协组织和党派团体等渠道，以公共政治事务、经济事务、社会事务为协商的重点内容，充分展现其广泛性。在此基础上，广泛开展立法协商、行政协商、民主协商、参政协商、社会协商，通过协商达成共识。其中，人民政协充分发挥了重要渠道作用，不断推进政治协商、民主监督、参政议政制度建设，以此更好地协调关系、汇聚力量、建言献策、服务大局。2015年，中共中央办公厅印发《关于加强政党协商的实施意见》，该意见是对以往好的经验的总结，其主要特点是突出操作性与示范性，为开展政党协商、基层协商、社会协商等各种协商做出全面部署，有力地推动了政党协商的深入开展。与此同时，该意见大大促进了各协商主体的协商能力和水平的提升，提高了他们的政治把握能力、参政议政能力、组织领导能力、合作共事能力、解决自身问题能力，使其参政参到要点上，议政议到关键处，从而为政党协商的深入开展打下了坚实基础。同年，中共中央印发《中国共产党统一战线工作条例（试行）》，该条例为党员干部开展工作提供了刚性约束和制度依据，也为多党合作与政治协商提供了必要的制度保障。从中央到地方，均依据该意见与条例制定了相应的年度协商计划，把协商民主贯穿于履行职能全过程，以此推进政治协商、民主监督、参政议政制度建设，不断提高人民政协协商民主制度化、规范化、程序化水平。坚持协商民主，就是着眼于形成最大公约数，画出最大政治协商同心圆，稳步构建出与我国政党制度相适应的话语体系。党的十九大报告进一步将协商民主上升到国家治理基本方略的高度。这在很大程度上推动了各党派以及无党派人士在思想、目标、行动上形成统一，打开了协商民主新局面，为推进"四个全面"战略布局，实现"两个一百年"奋斗目标，以及"十三五"发展凝聚同心、汇聚力量。习近平在2018年"两会"期间提出"新型政党制度"的科学论断，与当今世界各国现行的一党制、两党制和多党制相比，能够有效规避各个政党竞争执政权所带来的选举丑闻、政治恶斗、权力掣肘和相互攻讦诸多困境，道出了多党合作与政治协商这一新型政党制度各党派协商民主、共同奋斗的真谛。

2. 多党合作的方针政策日益完整与丰富

中华人民共和国成立初期，在多党合作和政治协商事业建设上，我党曾经制定了一系列正确的方针政策。1951年1月，第二次全国统战工作会议提出了对民主党派态度问题的十条原则：要从政策、路线、原则、方针这些方面去做工作，不要小辫子抓得很紧；帮助他们训练干部，以此作为民主党派巩固与发展的关键；要照顾他们的困难，不要把这些当成小事，要设身处地为他们着想；要依靠骨干，采取各种办法积极地帮助教育他们；要多方面的接触，利用各种形式经常向他们做工作；对民主党派要依靠经常工作，不依靠临时突击；对民主党派要彻底诚恳坦白；要以理服人，以德服人，不要靠组织控制；要尊重朋友，并互相尊重，不应有轻视蔑视的态度；不要自以为是，要听取人家的批评、埋怨，甚至于发牢骚。[①]这些原则在当时妥善地处理了共产党和民主党派合作上所出现的一些问题，有利于营建共产党和民主党派的融洽关系。1956年4月，毛泽东在《论十大关系》中提出了中国共产党同民主党派实行"长期共存，互相监督"的方针。他指出："究竟是一个党好，还是几个党好？现在看来，恐怕是几个党好。不但过去如此，而且将来也可以如此，就是长期共存，互相监督。"1957年2月，在《关于正确处理人们内部矛盾的问题》中，毛泽东认为："'长期共存、互相监督'这个口号，也是我国具体的历史条件的产物。这个口号并不是突然提出来的，它已经经过了好几年的酝酿。长期共存的思想已经存在很久了。到去年，社会主义制度已基本建立，这些口号就明确地提出来了。"[②] 从此，"长期共存，互相监督"就成为中国共产党与各民主党派在多党合作事业建设方面的基本方针。"八字方针"的提出与确立，为共产党与各民主党派进行多党合作提供了原则和政策，为我国多党合作制度的健全与发展指明了方向。

从1957年下半年反右派斗争到"文化大革命"结束，我国多党合作事业在曲折中前进，遭遇了严重的挫折，留下了惨痛的教训。1976年10月，"四人帮"反革命集团的粉碎，标志着"十年内乱"的结束，我国多党合作事业也进入了一个新的历史发展时期。1976年12月26日，中共中央重新公开发表毛泽东的《论十大关系》，从事实上表明了中国共产党坚持多党合作的政治路线，重申了"长期共存，互相监督"多党合作的指导方针。1978年五届全国政协一次会议修改的《中国人民政治协商会议章

---

① 中共中央统战部研究室编：《历次全国统战工作会议概况和文献》，档案出版社1988年版，第71—72页。

② 《毛泽东文集》第7卷，人民出版社1999年版，第234—235页。

程》指出:"我们对爱国民主党派要继续贯彻长期共存、互相监督的方针,把他们的积极性调动起来为社会主义服务。要团结、教育、改造知识分子,充分发挥他们在社会主义革命和建设中的积极作用,为实现四个现代化多做贡献。"为了适应新形势和新任务的需要,中央统战部于1981年12月21日在北京举行全国统战工作会议。此次会议在强调要坚决贯彻同民主党派"长期共存,互相监督"方针的同时,还首次提出"我们一定要同党外朋友真正建立起肝胆相照、荣辱与共的关系。"1982年2月,中共中央在《关于转发〈全国统战工作会议纪要〉的通知》中明确"各级党委和统战部门要认真总结经验,狠抓各项统战政策的落实,同党外朋友真正建立起肝胆相照、荣辱与共的关系"①。1982年9月,党的十二大报告把"长期共存、互相监督,肝胆相照、荣辱与共"作为新时期中国共产党领导的多党合作制度的基本方针正式明确下来。十二大报告指出:"我们党要继续坚持'长期共存、互相监督,肝胆相照、荣辱与共'的方针,加强同各民主党派、无党派民主人士、少数民族人士和宗教界爱国人士的合作。"从而第一次将"长期共存、互相监督"同"肝胆相照、荣辱与共"联系在一起,形成新时期中国共产党领导的多党合作制度的"十六字方针",并且首次以中共中央正式文件的权威形式进行确认。1987年9月,党的十三大报告再次强调了这一"十六字方针"。"十六字方针"的完整提出,为新时期中国共产党与各民主党派的真诚合作提供了基本方针和准则。

中国共产党与各民主党派进行多党合作的基本方针与准则,从先前的"八字方针"到"十六字方针",历经中华人民共和国成立后我国多党合作的不同历史时期,内涵不断得到发展和丰富。毛泽东在《论十大关系》中提出"长期共存,互相监督"的方针时,同时指出:"一切善意地向我们提意见的民主人士,我们都要团结""就是那些骂我们的,象龙云、梁漱溟、彭一湖之类,我们也要养起来,让他们骂,骂得无理我们反驳,骂得有理,我们接受。这对党对人民,对社会主义比较有利。"②毛泽东在

---

① 《三中全会以来重要文献选编》(下),人民出版社1982年版,第1150页。
② 《毛泽东文集》第7卷,人民出版社1999年版,第34页。

《关于正确处理人们内部矛盾的问题》中阐述"长期共存"就是"共产党同各民主党派长期共存,这是我们的愿望,也是我们的方针""所谓互相监督,当然不是单方面的,共产党可以监督民主党派,民主党派也可以监督共产党。为什么要让民主党派监督共产党呢?这是因为一个党同一个人一样耳边很需要听到不同的声音"。周恩来于1957年4月24日指出:"长期共存,互相监督,主要是讲中国共产党跟其他民主党派的关系。""我们党的寿命有多长,民主党派的寿命就有多长,一直要共存到将来社会的发展不需要政党的时候为止。""互相监督,首先应该由共产党请人家监督""整个党的工作,也还要其他党派来监督。同样,每个党员也要其他民主党派监督。因为,多一个监督,做起事来总要小心一点,谨慎一点"。"当然,反过来,民主党派也应该愿意接受共产党的监督""长期共存,互相监督的方针,实际上是扩大民主"[1]。1979年10月19日,邓小平在全国政协、中央统战部宴请出席各民主党派和全国工商联代表大会代表的招待会上指出:"长期共存,互相监督是中国共产党与各民主党派合作的一项长期不变的方针。由于我们党的执政党的地位,一些同志很容易沾染上主观主义、官僚主义和宗派主义的习气,因此,更加需要听取来自各个方面包括民主党派的不同意见,需要接受各个方面的批评和监督,以利于集思广益,取长补短,克服缺点,减少错误。"[2] 1982年11月24日,邓小平在五届全国政协五次会议开幕式上强调:"我们一定要坚持'长期共存、互相监督,肝胆相照、荣辱与共'的方针,加强同各民主党派、无党派民主人士和一切爱国的党外朋友们的合作,为开创我国社会主义现代化建设的新局面,为开创爱国统一战线的新局面,为开创人民政协工作的新局面而共同奋斗。"[3] 1984年5月12日,邓颖超在六届全国政协二次会议上的讲话中指出:"我们一定要进一步解放思想,克服'左'的残余,坚定不移地贯彻执行'长期共存,互相监督','肝胆相照,荣辱与共'的方针,继续落实各项政策,大力支持和发扬各方面人士勇于改革、开拓新局面的

---

[1] 《周恩来统一战线文选》,人民出版社1984年版,第350—352页。
[2] 《邓小平文选》第2卷,人民出版社1994年版,第205页。
[3] 《邓小平论统一战线》,中央文献出版社1991年版,第250页。

创造精神，把统一战线各个方面的积极性和聪明才智，充分发挥出来。特别是要落实好对知识分子的政策，充分发挥他们在四化建设中的作用，使他们人尽其才，才尽其用。"①"十六字方针"是对中国共产党与各民主党派长期合作经验的科学概括和总结，也是多党合作方针在新的历史条件下的发展和深化。长期共存，表达了中国共产党与各民主党派长期合作的坚定决心，一起致力于从事社会主义现代化事业建设的美好愿望；互相监督，是指各党派可以相互提出意见，相互批评帮助，在监督激励中共同奋斗与前进；肝胆相照，形象地描绘了共产党与各民主党派赤诚相见的亲密合作关系；荣辱与共，体现了共产党与各民主党派在社会主义建设道路上共同的前程与命运。"十六字方针"体现了新时期中国共产党与各民主党派在根本利益上的一致性，表明了共产党与各民主党派长期合作的愿望与决心。中国共产党的多党合作与政治协商"十六字方针"的提出与完善标志着中国共产党与各民主党派的合作关系已经发展到了一个新的历史阶段。改革开放以来，"十六字方针"始终是指导共产党和各民主党派亲密合作共事的方针和准则。1989年《中共中央关于坚持与完善中国共产党领导的多党合作和政治协商制度的意见》再次以纲领性文件的地位指出，"长期共存、互相监督，肝胆相照、荣辱与共"，是中国共产党同各民主党派合作的基本方针。共产党处于执政党的地位，领导着拥有11亿人口的国家政权，非常需要听到各种意见和批评，接受广大人民群众的监督。各民主党派是反映人民群众意见、发挥监督作用的一条重要渠道。充分发挥和加强民主党派参政和监督的作用，对于加强和改善共产党的领导，推进社会主义民主政治建设，保持国家长治久安，促进改革开放和现代化建设事业的发展，具有重要的意义。2005年《中共中央关于进一步加强中国共产党领导的多党合作和政治协商制度建设的意见》强调，"长期共存、互相监督，肝胆相照、荣辱与共"的基本方针，是中国共产党和各民主党派在多党合作和政治协商的长期实践中所形成的重要政治准则，要求全党必须认真坚持和遵循。党的十八大报告指出，坚持"长期共存、互相监督，肝胆相照、荣辱与共"的方针，是凝聚各方面力量，促进政党关系和

---

① 邓颖超：《全国政协第六届二次会议上的讲话》，《人民日报》1984年5月13日。

谐，夺取中国特色社会主义新胜利的重要准则，要求全党加强同民主党派和无党派人士的团结合作，促进思想上同心同德、目标上同心同向、行动上同心同行。2015年《关于加强政党协商的实施意见》进一步强调，坚持"十六字方针"，发挥我国政党制度优势，巩固发展和谐政党关系。党的十九大报告在"十六字方针"基础上，提出要支持民主党派按照中国特色社会主义参政党要求更好地履行职能，就是要从战略高度认识、保障和完善参政议政、民主监督的有效形式，支持民主党派加强自身建设，强调提高其政治把握能力、参政议政能力、组织领导能力、合作共事能力和解决自身问题能力。

3. 多党合作与政治协商的内容与形式不断健全与完善

党的十一届三中全会以来，各民主党派坚持中国共产党的领导，积极发扬与共产党通力合作的优良传统，深入动员广大成员和所联系的爱国人士，集中精力支持社会主义现代化建设，广泛参与国家大政方针的协商，在国家政治生活中发挥了非常重要的作用。新时期，在中国共产党的领导下，我国多党合作与政治协商的内容与形式不断健全与完善。

早在中华人民共和国成立初期，我国在多党合作中就建立了"最高国务会议""双周座谈会""协商座谈会"等具体制度，采取多种形式加强中国共产党与各民主党派、无党派人士之间的沟通与协商，发挥各民主党派、无党派人士在我国政治生活中的重要作用。"最高国务会议"是依据我国1954年宪法设立的。1954年宪法第四十三条规定："中华人民共和国主席在必要的时候召开最高国务会议，并担任最高国务会议主席。"参加最高国务会议的成员在1957年以前是国家领导人、政府各部委主要领导人等，其中不少是民主党派成员。在1957年以后，最高国务会议的参加人扩大到各民主党派、全国工商联、无党派人士、民族、宗教、华侨界等人士。会议主要采取听取报告和座谈会的形式，围绕国内外形势、国家重大事务和主要法规政策问题等进行。"双周座谈会"是全国政协委员会于1950年设立的。主要针对时事政治问题进行座谈，每两周举行一次。参加会议的有中国共产党、各民主党派、无党派人士、人民团体等代表人士。"协商座谈会"是中华人民共和国成立初期设立的，是中共中央领导人就党的重大决策、国家大事、国内外形势、党派重大问题等同各民主党派、无党派人士进行协商沟通的不定期会议。会议形式、内容、参加人不固定,而是根据形势需要决定。此外,还有谈心活动、书面建议等形式。这些多党合作的良好形式由于历史进程的曲折和挫折而遭到削弱或停止。

在粉碎"四人帮"之后,中国共产党进一步加强了与各民主党派之间的协商与沟通,密切了共产党与各民主党派的合作关系,扩大了社会主义民主的范围。1979年6月,中共中央正式恢复了在"文化大革命"期间中断的民主协商会。此后,一般每年一次,中共中央主要领导人邀请各民主党派主要领导人、无党派代表人士举行民主协商会,就中共中央的大政方针问题进行民主座谈。另外,中共中央还通过两月一次的同各民主党派、无党派人士的座谈会,以及各种情况通报会、小范围谈心会等多种形式,听取各民主党派、无党派人士的意见和建议。尤其是在中共全国代表大会、中央全会、全国人大、全国政协等重要会议召开之前,就中央的重大决策、重大人事调整、重要文件起草制定等重要问题,通过各种民主协商形式征求各民主党派、无党派人士的意见,取得了多党合作的良好效果。例如,1976年6月,中共中央邀请各民主党派负责人和无党派人士隆重举行"文化大革命"后的第一次民主协商会,就增补和调整全国人大常委会副委员长、国务院副总理和政协全国委员会副主席的人选等问题进行了民主协商。1980年2月24—27日就修改党章和为刘少奇平反的决定召开协商会征求意见。1981年6月22—25日就《中国共产党中央委员会关于建国以来党的若干历史问题的决议》召开座谈会征求意见。1984年10月12—19日就《关于经济体制改革的决定(草案)》召开座谈会征求意见。1986年9月1—6日就《中共中央关于社会主义精神文明建设指导方针的决议稿》征求意见。1987年8月29日至9月5日就党的十三大工作报告稿进行民主协商征求意见,等等。除此之外,中国共产党还通过向各民主党派、无党派人士通报或交流重要会议、重大活动情况等形式加强多党合作与政治协商建设。各民主党派、无党派人士就国家大政方针政策和现代化建设中的重大问题也向共产党提出书面政策性建议,或邀请中共中央负责人进行交谈。新时期以来,中国共产党与各民主党派、无党派人士在长期多党合作过程中形成了多种有效协商形式,共同为建设中国特色的社会主义做出了重要贡献。

多党合作和政治协商的基本内容、原则和方式的日益明确化、具体化是我国多党合作和政治协商制度制度化的明显标志。《关于坚持与完善中国共产党领导的多党合作和政治协商制度的意见》指出，我国各民主党派参政的基本点是：参加国家政权，参与国家大政方针和国家领导人选的协商，参与国家事务的管理，参与国家方针、政策、法律、法规的制定执行。我国多党合作的"一个参加、三个参与"准确概括了各民主党派的政治活动内容。这些活动内容表现为：各民主党派成员在全国和各级人民代表、人大常务委员会委员和人大各常设专门委员会委员中要占适当的比例，选配各民主党派成员、无党派人士担任国务院及其有关部委和县以上地方政府及其有关部门的领导职务；在中共中央和国家做出重大决策之前要通过各种形式与民主党派和无党派人士进行讨论磋商，征求他们的意见，避免和减少失误；参与国家经济文化社会事务等方面的管理工作，除了通过各级人大行使管理国家权力外，还可以直接参与管理，具有不同程度和不同形式的管理权；在制定方针、政策、法律、法规的过程中，要深入调查研究，听取民主党派的意见。在发挥民主党派监督作用的总原则上，《关于坚持与完善中国共产党领导的多党合作和政治协商制度的意见》指出，要在坚持四项基本原则的基础上，发扬民主，广开言路，鼓励和支持民主党派与无党派人士对党和国家的方针政策、各项工作提出意见、批评、建议，做到知无不言，言无不尽，并且勇于坚持正确的意见。1990年6月11日，江泽民在《努力发展最广泛的爱国统一战线》的讲话中进一步强调，要在坚持四项基本原则的前提下，在统一战线中努力创造团结、民主、和谐的气氛，广开言路，使大家的意见、要求、批评和建议能够充分反映出来。凡是合理的批评意见，就要虚心接受，努力改正；一时办不到的，要加以解释，取得谅解；不合理的，就去做工作，讲明道理。[①]"长期共存、互相监督，肝胆相照、荣辱与共"，是中国共产党同各民主党派长期合作共事的基本方针。2000年12月4日，江泽民在第十九次全国统战工作会议上的讲话中指出，坚持"长期共存、互相监督，肝胆相照、荣辱与共"的方针，主要是民主党派监督共产党。要鼓励各民主党派当我们

---

① 《十三大以来重要文献选编》（中册），人民出版社1991年版，第1132—1133页。

的诤友,能够说心里话,敢于讲不同意见。各级党委和领导干部要主动接受民主党派的监督,要闻过则喜,从善如流,特别要听得进逆耳之言,容得下尖锐批评,有则改之,无则加勉,广纳群言,以收众益,这应该成为我们党的各级领导干部的座右铭。[①]

中国共产党同民主党派不断加强规范政治协商的内容与形式,是中国共产党领导的多党合作和政治协商制度逐步完善的一项重要内容。《关于坚持与完善中国共产党领导的多党合作和政治协商制度的意见》总结了中华人民共和国成立以来行之有效的共产党同民主党派政治协商的经验,明确地、具体地规定了以下几种协商形式:中共中央主要领导人邀请各民主党派主要领导人和无党派的代表人士举行民主协商会,就中共中央将要提出的大政方针问题进行协商。这种会议一般每年举行一次。中共中央主要领导人根据形势需要,不定期地邀请民主党派主要领导人和无党派的代表人士举行高层次、小范围的谈心活动,就共同关心的问题自由交谈、沟通思想、征求意见。由共产党召开民主党派、无党派人士座谈会,通报或交流重要情况,传达重要文件,听取民主党派、无党派人士提出的政策性建议或讨论某些专题。这种会议大体每两月举行一次,重大事件随时通报。有的座谈会亦可委托中国共产党全国政协党组举行。除会议协商以外,各民主党派和无党派人士可就国家大政方针和现代化建设中的重大问题向中共中央提出书面的政策性建议,也可约请中共中央负责人交谈。而且明确规定共产党地方党委和民主党派地方组织之间的协商活动,原则上也要采取上述各种协商形式。1993年8月,江泽民在中共中央向党外人士通报情况会上的讲话指出,经常就我们党的重要决策和重大国事听取民主党派和无党派代表人士的意见,是坚持和完善我们党领导的多党合作和政治协商制度的需要,是推进社会主义民主政治建设的需要,也是我们党的优良传统。各民主党派中央领导人和无党派代表人士,每每利用这种机会,出以公心,坦诚进言,反映情况,畅谈建议,包括对一些现象进行批评。这对我们改进工作,提高决策的民主化和科学化水平,减少和避免工作中的失

---

① 《江泽民文选》第3卷,人民出版社2006年版,第146—147页。

五　风雨同舟，荣辱与共：改革开放以来中国共产党领导的多党合作和……　　453

误，有着重要的积极的意义。①

同民主党派保持密切联系，经常召开各种形式的座谈会，认真听取民主党派的意见，加强与民主党派的团结与协作，是我国多党合作制度化快速发展的明显体现。据统计，仅从党的十三届四中全会以江泽民为核心的中央领导集体形成到 1993 年，中共中央邀请各民主党派领导人和无党派代表人士举行民主协商会、座谈会、通报情况会、谈心会达 37 次。到 2000 年，总次数更是多达 152 次，年均 14 次，中共中央总书记江泽民亲自参加的就有 42 次，大大超过以前各个时期。协商、座谈的内容主要是国家的大政方针和重大事件。在 1990 年至 2000 年这 10 年中，民主党派向中共中央和国务院有关方面提出重大建议达 110 多项，许多建议被采纳并取得重大成效。② 2000 年 10 月 12 日，中共中央在中南海怀仁堂举行座谈会，征求各民主党派、工商联和无党派人士对《中共中央关于制定国民经济和社会发展第十个五年计划的建议（征求意见稿）》的意见。中共中央总书记、国家主席江泽民主持座谈会并发表重要讲话。他强调，中国共产党领导的多党合作和政治协商制度，是我国的一项基本政治制度，是我国社会主义民主制度的重要形式。我们党有一个好传统，就是在做出重大决策时，充分听取各民主党派、工商联和无党派人士的意见与建议。充分发扬民主，提高决策的科学性，这是保证决策正确的一条经验。

总结长期以来行之有效的经验，2005 年 2 月，中共中央颁布的《中共中央关于进一步加强中国共产党领导的多党合作和政治协商制度建设的意见》，在社会主义政治文明建设中，就加强和完善中国共产党同民主党派政治协商的内容、形式、程序等进一步做出了明确规定，充分发挥了民主党派和无党派人士民主监督的作用，加强了中国共产党同党外人士的合作共事。把政治协商纳入决策程序，就重大问题在决策前和决策执行中进行协商，是政治协商的重要原则。2007 年 11 月 15 日，国务院新闻办公室发表的《中国的政党制度》白皮书进一步明确了我国多党合作中政治协商的

---

① 江泽民：《中共中央向党外人士通报情况会讲话》，《人民日报》1993 年 8 月 23 日。
② 《人民政协报》2000 年 12 月 6 日。

具体内容、形式和程序，为多党合作中的政治协商活动提供了理论依据和实践方法。该白皮书强调了政治协商是中国多党合作制度的重要内容。中国共产党就国家重大方针政策和重要事务在决策前和决策执行过程中与各民主党派、无党派人士进行协商，是实行科学决策、民主决策的重要环节，是中国共产党提高执政能力的重要途径。在我国长期多党合作发展的实践中，政治协商形成了两种基本方式：一是中国共产党同各民主党派的协商；二是中国共产党在人民政协同各民主党派和各界代表人士的协商。该白皮书指出了中共中央同各民主党派中央政治协商的内容，主要有中国共产党全国代表大会、中央委员会的重要文件；宪法和重要法律的修改建议；国家领导人的建议人选；关于推进改革开放的重要决定；国民经济和社会发展的中长期规划；关系国家全局的一些重大问题；通报重要文件和重要情况并听取意见以及其他需要协商的重要问题等。政治协商的主要形式是中共中央邀请各民主党派领导人举行民主协商会，就中共中央将要提出的大政方针进行协商；中共中央主要领导人根据形势需要，不定期邀请民主党派领导人举行高层次、小范围的谈心活动，沟通思想，交换意见；中共中央或中共中央委托有关方面召开民主党派和无党派代表人士座谈会，通报或交流重要情况，听取民主党派提出的政策性建议，或讨论某些专题；除会议协商外，民主党派中央还可就国家大政方针及其他重大问题向中共中央提出书面建议。据统计，十几年来，中共中央、国务院及委托有关部门召开的协商会、座谈会、情况通报会达180多次，其中2003年、2004年各召开18次，2004年中共中央总书记胡锦涛亲自主持召开了7次协商座谈会。[①] 协商内容涉及《中共中央关于加强党的执政能力建设的决定》《中共中央关于构建社会主义和谐社会若干重大问题的决定》《中共中央关于进一步加强中国共产党领导的多党合作和政治协商制度建设的意见》等许多重要文件的征求意见，全国人大、全国政协领导人选，宪法修改以及立法法、反分裂国家法、监督法、物权法等多部法律文件草案，《中华人民共和国国民经济和社会发展第十一个五年规划纲要》等国民经济和社会发展的中长期规划，社会主义新农村建设、国家金融体制改革、

[①] 张卫江主编：《中国特色社会主义政党制度》，中央编译出版社2007年版，第96页。

卫生体制改革和教育体制改革等关系国计民生的重大问题，提出意见和建议，其中许多被中共中央、国务院及有关部门所采纳。各级地方党委就地方重大问题同地方各级民主党派组织负责人进行协商也已形成制度。21世纪以来，中国共产党同各民主党派的政治协商，内容不断充实，程序逐步规范。

中国共产党在人民政协同各民主党派、无党派人士和各界代表人士的协商，是政治协商的另一重要方式。加强中国共产党在人民政协同各民主党派、无党派人士和各界代表人士的政治协商，是发展社会主义民主政治、建设社会主义政治文明的重要内容。2006年2月8日，《中共中央关于加强人民政协工作的意见》发布，规定人民政协的政治协商是中国共产党领导的多党合作的重要体现，是党和国家实行科学民主决策的重要环节，是党提高执政能力的重要途径。把政治协商纳入决策程序，就国家和地方的重要问题在决策之前和决策执行过程中进行协商，是政治协商的重要原则。各级党委要高度重视人民政协的政治协商作用，统一部署和协调，并认真组织实施。人民政协政治协商的主要内容包括：国家和地方的大政方针以及政治、经济、文化和社会生活中的重要问题；各党派参加人民政协工作的共同性事务，政协内部的重要事务以及有关爱国统一战线的其他重要问题。人民政协政治协商的主要形式有政协全体会议，常务委员会会议，主席会议，常务委员专题协商会，政协党组受党委委托召开的座谈会，秘书长会议，各专门委员会会议，根据需要召开由政协各组成单位和各界代表人士参加的内部协商会议。把人民政协的政治协商纳入了国家和地方的决策程序，并成为政治协商的一项具体制度和做法，进一步推进了多党合作和政治协商制度的制度化、规范化进程。

在我国，人民民主是社会主义的生命，协商民主是人民民主的重要形式。自党的十八大首次提出"健全社会主义协商民主制度"后，协商民主便成为近年来多党合作与政治协商工作的重点。党的十九大更是将协商民主上升为党的执政方式。具体来说，就是通过政权机关、政协组织和党派团体等多种协商渠道，以公共事务为协商的重点内容，广泛开展立法协商、行政协商、民主协商、参政协商、社会协商，通过协商达成共识。其中，需要特别注意的是，要加强同民主党派的政治协商，始终坚持并不断完善中国共产党领导的多党合作与政治协商制度，在重视各民主党派参政议政、民主监督和政治协商重要作用的前提下，进一步加强中国共产党同各民主党派的政治协商。习近平在庆祝中国人民政治协商会议成立65周年大会上明确指出，社会主义协商民主应当落到实处，真正实现协商的全方位覆盖，形成全国上下层层联动的协商民主。中共中央印发《关于加强政党协商的实施意见》，具体规定了政党协商的指导思想和重要意义、内容、形式、程序、保障机制。它清晰地阐明了社会主义协商民主的本质属性和基本内涵，详述了社会主义协商民主建设的重要意义、指导思想、基本原则和渠道程序，对下一步开展政党协商、人大协商、政府协商、政协协商、基层协商、社会协商等做出全面部署，解决了我们制度规范不足、工作机制不健全、程序要求有缺陷等问题。

4. 多党合作和政治协商建设不断制度化、规范化

从1989年《中共中央关于坚持与完善中国共产党领导的多党合作和政治协商制度的意见》颁布以来，我国多党合作事业日益走上制度化建设的进程。1993年，这项基本政治制度写入了宪法。1997年党的十五大又把坚持与完善中国共产党领导的多党合作和政治协商制度纳入我党在社会主义初级阶段的基本纲领中。2002年党的十六大把坚持与完善中国共产党领导的多党合作和政治协商制度作为社会主义政治文明建设的重要内容。共产党领导的多党合作和政治协商事业日益蓬勃发展，多党合作工作进一步制度化，多党合作关系日益规范化，多党合作和政治协商制度化、规范化建设取得了巨大的成就。

《中共中央关于坚持与完善中国共产党领导的多党合作和政治协商制度的意见》这一在我国多党合作历史上具有重大宪法意义的规范性文件，第一次集中、明确和完整地规定了独具中国特色的政党制度。它开门见山地指出，"中国共产党领导的多党合作和政治协商制度是我国一项基本政治制度"，第一次把中国共产党领导的多党合作制度作为我国的基本政治制度确定下来。在以后关于我国多党合作的文件和讲话中，共产党领导的多党合作和政治协商制度都明确作为一项基本政治制度而出现。如江泽民在征求党外人士对十五大报告的意见座谈会上的讲话中指出，中国共产党领导的多党合作和政治协商制度，是我国的一项基本政治制度，是我国政治制度的一大特色，是我国社会主义民主政治的重要形式。① 但在出台《中共中央关于坚持与完善中国共产党领导的多党合作和政治协商制度的意见》文件以前，共产党领导的多党合作和政治协商制度仅是作为一般意义上统一战线的范畴而存在的。现在，该意见把共产党领导的多党合作和政治协商制度上升到我国的一项政治制度的高度而提出来，使我国多党合作和政治协商事业发生了划时代的变化，也使《中共中央关于坚持与完善中国共产党领导的多党合作和政治协商制度的意见》这个文件成为我国多党合作制度化具有里程碑意义的标志性、纲领性文件。《中共中央关于坚持与完善中国共产党领导的多党合作和政治协商制度的意见》系统地论述了在新的历史时期，我党领导的多党合作工作的方针政策、任务、目的、内容和形式，具有较强的系统性、条理性、现实针对性和可操作性，使我国多党合作工作有了制度上的保证，也成为我党和各民主党派的共同行动准则，为加强我国的民主法制建设指明了方向。

中国共产党领导的多党合作和政治协商制度作为我国政治体制改革的一项重要内容，继党的十三大提出之后，在党的十四大上得到了重申和强调。1992年10月12日，江泽民在中国共产党第十四次全国代表大会的报告中指出，坚持与完善中国共产党领导的多党合作和政治协商制度是建设有中国特色社会主义理论的主要内容之一，必须按照民主化和法制化紧密结合的要求，积极推进政治体制改革。我们的政治体制改革的目标是建设有中国特色的社会主义民主政治，绝不是搞西方的多党制和议会制。应完善共产党领导的多党合作和政治协商制度，巩固和发展新时期爱国统一战线，充分发挥人民政协在政治协商和民主监督中的作用。坚持"长期共存、互相监督，肝胆相照、荣辱与共"的方针，加强同民主党派协商议事，支持民主党派和无党派人士在国家机关担任领导职务，进一步巩固我们党同党外人士的联盟。② 这是党在20世纪90年代改革和建设的主要任务之一。我们党之所以能够取得这样的胜利，根本原因是在过去的伟大实践中，坚持把马克思主义基本原理同中国具体实际相结合，逐步形成和发

---

① 江泽民：《征求党外人士对十五大报告的意见座谈会讲话》，《人民日报》1997年8月29日。
② 《江泽民文选》第1卷，人民出版社2006年版，第235—236页。

展了建设有中国特色社会主义的理论。把完善共产党领导的多党合作和政治协商制度作为建设有中国特色社会主义理论的一项重要内容，是用新的思想、观点继承和发展了马克思主义，是实现社会主义初级阶段基本路线的重要保障。

　　1993年3月，第八届全国人大第一次会议把"中国共产党领导的多党合作和政治协商制度将长期存在和发展"这一内容写入了我国宪法序言中。这一举措使中国共产党领导的多党合作和政治协商制度，从中国共产党的方针政策，变成了国家的意志和人民的意志，为坚持、完善和发展中国共产党领导的多党合作和政治协商制度提供了法律基础，为多党合作长期存在和发展提供了强大的权威保障，健全了我国的政治体制和运行机制，增强了我国政治制度的活力。党的十五大把坚持与完善中国共产党领导的多党合作和政治协商制度，纳入党在社会主义初级阶段的基本纲领中，使党的多党合作思想得到进一步的丰富和发展。1997年9月12日，江泽民在中国共产党第十五次全国代表大会报告"社会主义初级阶段的基本路线和纲领"一节中指出：建设有中国特色社会主义的政治，就是在中国共产党领导下，在人民当家作主的基础上，依法治国，发展社会主义民主政治。这就要坚持与完善工人阶级领导的、以工农联盟为基础的人民民主专政；坚持和完善人民代表大会制度和共产党领导的多党合作、政治协商制度以及民族区域自治制度；发展民主，健全法制，建设社会主义法治国家。他还指出，坚持和完善共产党领导的多党合作和政治协商制度，坚持"长期共存、互相监督，肝胆相照、荣辱与共"的方针，加强同民主党派合作共事，巩固我们党同党外人士的联盟；继续推进人民政协政治协商、民主监督、参政议政的规范化、制度化，使之成为党团结各界的重要渠道，巩固和发展广泛的爱国统一战线。①

　　中国共产党领导的多党合作和政治协商制度化建设的一个重要内容就是加强民主党派和无党派人士在人大、政协、政府机关和司法机关中发挥参政议政作用，并使之逐步制度化、规范化。毛泽东早在1941年就指出："国事是国家的公事，不是一党一派的私事，共产党员只有对党外人士实

---

① 《江泽民文选》第2卷，人民出版社2006年版，第17、30页。

行民主合作的义务，而无排斥别人、垄断一切的权利。"①《中共中央关于坚持与完善中国共产党领导的多党合作和政治协商制度的意见》与其他系列文件的出台对于各民主党派、无党派人士在国家权力机关、人民政协、政府及司法机关中的参政议政做出了明确详细的规定，有力地推动了我国多党合作和政治协商制度化、规范化的建设。

人民代表大会是我国人民行使国家权力的机关，也是民主党派成员、无党派人士制度化参政议政和发挥监督作用的重要机构。《中共中央关于坚持与完善中国共产党领导的多党合作和政治协商制度的意见》规定，民主党派成员、无党派人士中的人大代表在人大中以人民代表的身份，依照宪法及《全国人民代表大会组织法》《全国人民代表大会议事规则》等法律进行活动。中国共产党人大党组成员应与担任人大领导职务的民主党派和无党派人士经常交流情况，沟通思想，交换意见。人大、人大常委会在组织关于特定问题的调查委员会，人大各专门委员会在组织有关问题的调查研究时，吸收人大代表中的民主党派成员和无党派人士参加，并可聘请民主党派、无党派专家加入。据统计，1993年召开的第八届全国人民代表大会，党外代表有572名，占19%。在155名人大常委中，民主党派、无党派人士有49人，占31.6%。在20名人大副委员长中，民主党派、无党派人士有9名，占45.0%。1998年召开的第九届全国人民代表大会，党外代表有460名，占15.0%。在155名人大常委中，民主党派、无党派人士有50人，占32.3%。在20名人大副委员长中，民主党派、无党派人士有9名，占45.0%。②民主党派成员在人大中占有适当比例，在组织上为民主党派实现参政议政的职能提供了途径和保障。

选配民主党派和无党派人士在各级政府和司法机关担任适当的领导职务，是坚持与完善多党合作和政治协商制度化建设的一个重要举措。《中共中央关于坚持与完善中国共产党领导的多党合作和政治协商制度的意见》从两个方面深入加强了政府及司法机关的多党合作工作。一方面是采取切实措施，选配民主党派成员、无党派人士担任国务院及其有关部委和

---

① 《毛泽东选集》第3卷，人民出版社1991年版，第767页。
② 李学明：《邓小平多党合作理论研究》，四川人民出版社1998年版，第346页。

县以上地方政府及其有关部门的领导职务。该意见指出，民主党派成员和无党派人士担任国家和政府的领导职务，是实现共产党领导的多党合作的一项重要内容。选配民主党派成员和无党派人士担任政府领导职务，要坚持德才兼备原则和干部"四化"方针。考虑到实际情况，对民主党派成员、无党派人士的年龄要求和任职资历可适当放宽。中国共产党各级党委统战部门、组织部门和政府人事部门要对民主党派推荐的适合任职条件的人选，做好考察和培养工作。为了贯彻《中共中央关于坚持与完善中国共产党领导的多党合作和政治协商制度的意见》的精神，中央组织部、中央统战部制定了《关于举荐选拔党外人士担任政府领导职务的通知》《关于推荐民主党派成员和无党派人士担任审判、检察机关领导职务的通知》和《关于改善和加强党同党外人士合作共事的意见》等一系列文件。1990年6月，江泽民指出，不断发现、考察、培养各方面的代表人物是全党的一件大事，要积极举荐符合干部"四化"条件、德才兼备的党外干部，在各级政府和司法机关担任适当的领导职务，支持他们的工作，发挥他们的专长，保证有权有责。1992年10月，江泽民在党的十四大报告中指出："支持民主党派和无党派人士在国家机关担任领导职务，进一步巩固我们党同党外人士的联盟。"[1] 在中央精神的指导下，1995年4月，中央组织部、中央统战部联合召开了中华人民共和国成立以来第一次全国培养、选拔党外干部工作座谈会，进一步明确了培养、选拔党外干部的指导思想、工作方针和具体目标，并规定到1998年全国各省、自治区、市政府基本配齐党外副省长、副市长。到1994年底，国务院各部委、直属局共有各民主党派和无党派人士领导干部12名；各省、区、市副省长、副主席、副市长18人，比1990年增加了59.2%。[2] 另一方面，该意见规定国务院和各级地方政府召开全体会议和有关会议讨论工作时，可视需要邀请有关民主党派和无党派人士列席。政府及有关部门可聘请民主党派成员和无党派人士兼职、任顾问或参加咨询机构，也可就某些专题，请民主党派进行调查

---

[1]《江泽民论有中国特色社会主义》（专题摘编），中央文献出版社2002年版，第309、312、347页。

[2] 王兆国：《蓬勃发展的新时期爱国统一战线》，《诤友》1996年第2期。

研究，提出建议。政府有关部门可就专业性问题同民主党派进行对口协商，在决定某些重大政策措施前，组织有关民主党派座谈，征求意见。注意在政府参事室中适当安排民主党派成员和无党派人士，发挥他们的咨询作用。推举符合条件的民主党派成员和无党派人士担任检察、审判机关的领导职务。聘请一批符合条件和有专门知识的民主党派成员、无党派人士担任特约监察员、检察员、审计员和教育督导员等。政府监察、审计、工商等部门组织的重大案件调查以及税收等检查，可吸收民主党派成员、无党派人士参加。

为了切实推进在政府和司法机关中多党合作制度化建设工作，1994年2月，中央统战部制定了《关于广交深交党外朋友的意见》，1995年6月1日，中央组织部、中央统战部制定了《关于进一步做好培养选拔党外干部担任政府和司法机关领导职务工作的意见》。在2000年召开的第十九次全国统战工作会议上讨论通过的《中共中央关于加强统一战线工作的决定》指出，在党同党外人士合作共事方面，规定担任人大、政协领导职务的党外人士与担任同级职务的党内干部享受同等待遇。同时对在各级人大、政府、政协和司法机关中安排党外干部做出了明确规定。在加强党对统一战线工作的领导方面，明确了省及省以下党委统战部部长，由于工作需要又有条件的要由同级党委常委担任，规定建立健全由党委统战部负责协调的机制，要求全党全社会都要重视统战工作，强调加强基层统战工作，明确了21世纪合格统战干部的"四条标准"，即坚定的立场、民主的作风、广博的知识、创新的精神；指出统战工作的方式实质上是协商的方式，统战干部的工作作风必须是民主的作风。《中共中央关于加强统一战线工作的决定》有效地推动了选配民主党派成员、无党派人士担任政府及其有关部门领导职务的工作。据统计，1993年，在国务院41个部委中，民主党派成员和无党派人士有9人担任副部级职务，1人担任最高人民法院副院长，1人担任最高人民检察院副检察长；在国务院各直属司和归口局中，有8人担任副局长；在30个省、自治区、直辖市中，民主党派成员和无党派人士有18人担任副省（市）长、自治区副主席；在6个计划单列市中，民主党派人士有5人担任副市长；在各省正副厅、局长中，有民主党派成员和无党派人士115人；在各地区（市、州、区）中，民主党派成员和无党派人士有 152 人担任正副专员、正副市长、州长；全国担任副县（区）长的民主党派成员和无党派人士有 1312 人。截止到 1999 年，在全国 23 个省、5 个自治区、4 个直辖市中，非共产党人士担任地方县（处）级以上人民政府及司法机关领导职务的已达 8000 多人。①

21 世纪以来，我国多党合作制度为各民主党派的参政议政开辟了制度化渠道，把民主党派、无党派人士纳入政治体制内，巩固和扩大了人民民主专政国家政权的基础，对调动一切可以团结的力量，推动执政党和政府决策的科学化、民主化，推进社会主义民主稳步发展具有重大意义。2005 年 2 月颁布的《中共中央关于进一步加强中国共产党领导的多党合作和政治协商制度建设的意见》规定，在我国多党合作制度中，"民主党派参政的基本点是：参加国家政权，参与国家大政方针和国家领导人选的协商，参与国家事务的管理，参与国家方针、政策、法律、法规的制定执行。""要保证民主党派成员、无党派人士在全国人大代表、人大常委会委员和人大常设专门委员会委员中占有适当比例，并可聘请有相应专长的民主党派成员、无党派人士担任专门委员会顾问。在省、自治区、直辖市的人大中应保证民主党派成员、无党派人士占适当比例。在市、州、县人大中应保证无党派人士占适当比例。在有民主党派组织的市、州、县应保证民主党派成员在人大中占适当比例。""要保证民主党派和无党派人士在政协常委和政协领导成员中占有一定比例。政协各专门委员会要有民主党派和无党派人士参加，政协机关中应有一定数量的民主党派和无党派人士担任专职领导干部，并真正做到有职、有责。"2003 年，在第十届全国人民代表大会 2985 名代表中有非共产党人士 806 人，在 159 名常委中有非共产党人士 50 人，在 15 位副委员长中有非共产党人士 7 人。在十届全国政协 2294 名委员中有非共产党人士 1371 人，在 295 名常委中有非共产党人士 192 人，在 27 名副主席中有非共产党人士 16 人。在全国各级人大代表中，共有非共产党人士 17 万多人，在全国各级政协委员中，共有非共产党人士 33 万多人。② 民主党派成员履行人民代表的职责，参与宪法、法律和地

---

① 转引自姚植传《毛泽东多党合作思想探析》，安徽大学出版社 2004 年版，第 232—233 页。
② 张卫江主编：《中国特色社会主义政党制度》，中央编译出版社 2007 年版，第 96 页。

方性法规的制定和修改，参与选举、决定和罢免国家和政府领导人，参与审查和批准国民经济与社会发展计划及计划执行情况的报告、国家预算和预算执行情况的报告，反映人民意愿，提出议案和质询案，参与视察和执法检查工作，发挥了重要作用。民主党派成员担任政府和司法机关领导职务，是实现中国共产党领导的多党合作的一项重要内容。《中共中央关于进一步加强中国共产党领导的多党合作和政治协商制度建设的意见》指出："应采取切实措施，选配民主党派成员、无党派人士担任国务院及其有关部委和县以上地方政府及其有关部门的领导职务。"截至2006年底，担任县处级以上职务的民主党派成员、无党派人士共有3.1万人，其中在最高人民法院、最高人民检察院和国务院部委办、直属局担任领导职务副职的有18人；在全国31个省、自治区、直辖市中，有副省长、副主席、副市长24人；在全国397个市（州、盟、区）人民政府中有356人担任副市（州、盟、区）长；有35人担任省级法院副院长和检察院副检察长，有141人担任地市级法院副院长和检察院副检察长。还有许多民主党派成员、无党派人士在高等院校、人民团体、科研院所和国有企业中担任领导职务，如在中国科学院所属93个研究所中有69人，在教育部直属72所高等院校中有38人。2007年，有两名民主党派成员、无党派人士分别担任国务院科技部、卫生部部长职务。[①] 2018年，国务院机构改革后，在26个国务院组成部门中，有8个组成部门的领导班子副职中配备了党外干部，其中民主党派成员7人，无党派人士1人。此外，地方政府部门中党外干部人数和比例都不断增加。根据统计数据，截至2017年底，在31个省（自治区、直辖市）政府组成部门中，担任行政正职的党外人士有37名。

国务院和地方各级人民政府充分加强与民主党派的联系，为民主党派发挥参政议政职能创造了规范化的形式。《中国的政党制度》白皮书指出，这些形式主要有国务院召开有民主党派负责人参加的座谈会，就拟提交全国人民代表大会审议的政府工作报告、有关重大政策措施征求意见，通报国民经济和社会发展的有关情况；根据需要邀请民主党派负责

---

① 参见《中国的政党制度》白皮书，2007年11月15日。

人列席政府全体会议和有关会议；政府组织有关廉政建设、社会治安综合治理和规范市场经济秩序等检查工作，邀请民主党派成员参加；政府有关部门根据工作业务范围同相关民主党派建立和加强联系，重要专业性会议和重要政策、规划的制定，根据需要邀请相关的民主党派负责人参加。政府有关部门和司法机关聘请民主党派成员担任特约人员，是发挥民主党派参政议政作用的一项重要举措和制度安排。特约人员通过参加有关执法检查和执法监督工作，参与有关法律法规制定的研究，参加对重大案情的调查，充分发挥参谋咨询作用和联系人民群众的桥梁纽带作用。提高提案质量和提案办理质量，近5年共收到提案2.9万件，立案2.4万件，办复率达99%。

人民政协是实现中国共产党领导的多党合作与政治协商这一基本政治制度的重要组织形式，在社会主义民主建设中发挥着积极作用。我国实行的人民代表大会制度和共产党领导的多党合作与政治协商制度，是符合我国国情的一种新型的民主制度。在这种制度下，人民在通过选举、表决行使民主权利的同时，还可以就重大问题进行充分协商；在实行法律监督的同时，还可以实行广泛的民主监督。人民政协所实行的民主协商方式，有助于充分吸纳各民主党派的意见，使共产党的领导作用和民主党派的参政议政作用同时得到发挥；这种民主协商方式，是我国民主政治建设的一大创造，也是我国社会主义民主制度的一大特色与优势。1999年9月22日，江泽民在庆祝中国人民政治协商会议成立50周年大会上的重要讲话中指出，中国共产党领导的多党合作，是适合中国国情、具有中国特色的社会主义新型政党制度。人民政协是我国社会主义民主政治的重要形式，它人才集聚，联系广泛，具有广泛的代表性和包容性，实行以协商讨论和批评建议为主要形式的民主监督，具有自己独特的优势和作用。《中共中央关于坚持与完善中国共产党领导的多党合作和政治协商制度的意见》以执政党权威文件的形式确定了人民政协是我国爱国统一战线组织，也是共产党领导的多党合作和政治协商的一种重要组织形式；并指出人民政协应当成为各党派、各人民团体、各界代表人物团结合作、参政议政的重要场所。在政协的各种会议上，要切实保障政协委员提出批评的自由和发表不同意见的自由，民主党派可以本党派名义发言、提出提案。要保证民主党派和无党派人士在政协常委和政协领导成员中占有一定比例。政协各专门委员会要有民主党派和无党派人士参加，政协机关中应有一定数量的民主党派和无党派人士担任专职领导干部，并真正做到有职、有权、有责。政协机关要更好地为民主党派开展活动创造条件。注意安排民主党派和无党派人士参加有关的出国访问和国际活动。尊重民主党派和无党派政协委员的视察、举报及参与调查和检查活动的权利，对他们的提案和举报，有关部门应认真研究处理，及时答复。中国共产党和政府有关部门应同政协及其有关专门委员会建立联系，发挥他们在决策咨询中的作用。参政议政成为政协的主要职能之一，有力地推动了政协工作中多党合作活动。1994年3月19日，李瑞环在八届全国政协二次会议闭幕式上的讲话中指出，刚通过的政协章程修正案把参政议政列为政协的主要职能，是对政协工作的经验总结，是本次会议的重要成果。参政议政与政治协商、民主监督是一致的。人民政协参政议政的主要内容和基本特征就是政治协商、民主监督。参政议政不能简单地等同于政治协商、民主监督，而是它的拓展和延伸。一般说来，政治协商、民主监督以国家和地方的大政方针、重大问题为中心议题，以各级领导机关为具体对象，以会议为主要形式，并依据一定的程序和规则进行。参政议政则不完全受上述条件的局限，对象更加广泛，内容更加丰富，形式更加多样，方法更加灵活。把参政议政列为政协的主要职能，拓宽了政协工作的渠道和领域，为各民主党派、无党派人士及其所联系的各界人士参与国事、发挥专长提供了更多的机会。以全国政协章程的形式把参政议政这一职能固定下来，有力地推动了多党合作制度化地向前发展。

为了进一步促进政治协商、民主监督制度化建设，1995年1月，第八届全国政协委员会常务委员会九次会议通过了《政协全国委员会关于政治协商、民主监督、参政议政的规定》，对政治协商、民主监督和参政议政的目的、内容、形式和程序做出了具体规定。该规定明确了政治协商、民主监督和参政议政是为了发扬社会主义民主，反映社会各方面的意见和要求，为参加人民政协的各民主党派、无党派民主人士、人民团体、少数民族人士和各界爱国人士发挥作用提供了畅通的渠道，集思广益，促进国家重大决策的科学化和民主化，协调社会各方面的关系，促进各方面的相互沟通和理解，加强中国共产党领导的各党派的团结合作；规定了政治协商、民主监督和参政议政的内容和形式。例如，政治协商的内容包括国家重要方针政策及重要部署，政府工作报告，国家财政预算、发展规划、重大事项、重要法律草案、领导人人选、外交方针政策等重要问题。政治协商的主要形式有政协全体委员会议，常务委员会议，主席会议，常务委员专题座谈会，各专门委员会会议，根据需要召开的各党派、无党派民主人士、人民团体、少数民族人士和各界爱国人士的代表参加的协商座谈会等。民主监督的主要内容包括国家宪法与法律、法规的实施情况，重要方针政策的贯彻执行情况等。民主监督的主要形式有向中共中央、国务院提出建议案，建议和有关报告，视察、提案、举报或以其他形式提出的批评和建议，参加调查和检查等活动。参政议政的内容与形式除了政治协商、民主监督的有关规定外，还包括有条件进行的课题调查和研究，提出意见，通过多种形式为改革开放和社会主义现代化建设献计献策等。

不断完善政协制度建设，形成科学的制度与规范，是保障民主党派、无党派人士参政议政的有力措施，是加强多党合作和政治协商制度化建设的一项重要内容。人民政协作为共产党领导的多党合作和政治协商的一种主要组织形式，是各党派、各人民团体、各界代表人物团结合作、参政议政的主要场所，是发扬社会主义民主的重要形式和重要渠道。把制度建设放到重要位置，是十届全国政协的一个显著特点。修改政协章程不仅是关系到坚持与完善共产党领导的多党合作和政治协商制度，巩固和发展爱国统一战线的一件大事，也是人民政协加强自身建设的一件大事。在制度化、规范化和程序化思想的指导下，2004年3月12日，十届全国政协二次全体会议审议通过的《〈中国人民政治协商会议章程〉修正案的决议》，更加符合中国特色社会主义事业发展的要求，更加适应人民政协事业发展的需要。新修订的政协章程进一步确立了人民政协的指导思想，规范了人民政协性质和职能的表述，增加了参政议政的具体内容，确定了团结和民主是人民政协的两大主题，进一步明确了政协委员的条件、义务和产生程序，并对一些重要的工作程序进行了规范，使政协工作在制度化、规范化和程序化上提升到一个新的水平。2003年5月十届全国政协四次主席会议通过了《政协全国委员会主席会议规则（试行）》后，相继出台了《关于建立外出参加会议和活动报告相关情况制度的意见〈试行〉》《关于政协全国委员会常务委员会会议请假的规定〈试行〉》；全国政协办公厅出台了《关于秘书长和驻会副秘书长参加活动的安排办法》《关于进一步发挥全国政协委员尤其是京外委员作用的意见〈试行〉》以及《关于进一步改进全国政协会议和领导同志活动新闻报道的实施办法》。2015年以来，《政协常务委员会议事规则》《政协全国委员会专题协商会工作办法》《中国人民政治协商会议全国委员会提案办理协商办法》《关于加强政党协商的实施意见》《中国共产党统一战线工作条例（试行）》《中国人民政治协商会议全国委员会双周协商座谈会工作规则》《中国人民政治协商会议全国委员会委员履职工作规则（试行）》相继印发，为我国民主协商提供了规范阐释、现实指向、刚性约束和制度保障，系统规范了全国范围内的各项统战工作，给多党合作与政治协商工作注入了强劲动力。随着时代变迁和社会的不断发展，相关规章制度的不断修改、制定与完善为推进政协工作制度化、规范化、程序化建设起到了良好的促进作用。

科学地提出政党制度的衡量标准是我国多党合作和政治协商制度化建设不断完善的又一重要标志。坚持科学的政党制度衡量标准，是正确认识一国政党制度先进与否的关键。世界各国的历史传统、经济文化水平和社会制度不同，其政治制度和政党制度也必然不同。世界是丰富多彩的，没有也不可能有一种放之四海而皆准的政治制度模式。在政党制度的选择和价值判断上，历来存在着不同的标准。早在1987年3月27日，邓小平在会见喀麦隆总统比亚时指出："我们评价一个国家的政治体制、政治结构和政策是否正确，关键看三条：第一是看国家的政局是否稳定；第二是看能否增进人民的团结，改善人民的生活；第三是看生产力能否得到持续发展。"[1] 世界上没有固定的政治体制评价模式，西方的那一套多党轮流执政和三权分立的模式，照搬到我国是不能用的。2000年12月4日，江泽民在第十九次全国统战工作会议上的讲话中指出，衡量中国的政治制度和政党制度，最根本的是要从中国国情出发，从中国革命、建设

---

[1] 《邓小平文选》第3卷，人民出版社1993年版，第213页。

和改革实践的效果着眼，一是看能否促进社会生产力的持续发展和社会全面进步；二是看能否实现和发展人民民主，增强党和国家的活力，保持和发挥社会主义制度的特点与优势；三是看能否保持国家政局的稳定和社会安定团结；四是看能否实现和维护最广大人民的根本利益。新中国成立50多年来，我国社会生产力持续发展，社会主义民主不断发展，人民物质文化生活水平显著提高，保持了国家统一、民族团结、社会安定。这充分说明，中国共产党领导的多党合作和政治协商制度是符合中国国情、经得起实践检验的正确有效的政党制度。[①] 2005年《中共中央关于进一步加强中国共产党领导的多党合作和政治协商制度建设的意见》再次强调，衡量我国的政治制度和政党制度，最根本的是要从我国的国情出发，以能否促进社会生产力持续发展和社会全面进步，能否保持和发挥社会主义制度的特点和优势，能否实现和发展人民民主、增强党和国家的活力，能否保持国家政局的稳定和社会安定团结，能否实现和维护最广大人民的根本利益为标准。坚持和完善我国的政党制度，要借鉴人类政治文明的有益成果，但绝不能照抄照搬别国政治制度的模式。用什么样的标准来衡量我国的政治制度和政党制度，是坚持与完善我国政治制度和政党制度的基本问题，也是事关中国特色社会主义政治发展道路的重大理论和实践问题。从我国国情出发，提出判断我国政治制度和政党制度的科学衡量标准，是我国政治制度和政党制度发展过程中的重要任务，也是坚持中国特色社会主义政治制度和政党制度的根本保障。2015年12月，中共中央办公厅印发《关于加强政党协商的实施意见》，具体规定了政党协商的指导思想和重要意义、内容、形式、程序、保障机制。2018年3月15日，中国人民政治协商会议第十三届全国委员会第一次会议通过的《中国人民政治协商会议章程修正案》对《中国人民政治协商会议章程》进行了修订，详细规定了政治协商、民主监督、参政议政在经济、政治、文化、社会、生态各个领域的具体工作准则，以及全国委员会和地方委员会组织准则，是衡量我国政党制度最新的科学标准。

---

① 《江泽民文选》第3卷，人民出版社2006年版，第144—145页。

5. 民主党派自身建设得到不断加强

改革开放以来，在各民主党派自身建设工作中，拨乱反正、落实政策是首要的任务。党的十一届三中全会以后，本着实事求是、有错必究的精神，中国共产党领导加快落实各项政策的进程，各民主党派协同有关部门，广泛深入调查了解、反映情况，提出各种意见和建议，在平反大批冤假错案、妥善处理许多历史遗留问题的过程中，发挥了重要的作用。对被错划为右派的民主党派、无党派人士给予复查平反，对被迫害致死的民主党派成员和党外知名人士，召开平反昭雪大会，恢复其政治名誉，在国家财力十分困难的情况下，拿出 10 亿元来落实民族资产阶级政策，归还被查抄的巨额存款、被占用的住房、被扣减的工资及其他贵重私人财产等。到 1981 年底，改划错划右派的工作基本完成。在各民主党派中，民革被划为右派的党员全部得到了改正，民盟的 5583 名盟员得到改正，占 97%，民建的 3109 名会员得到改正，农工党员被划为右派的 1255 人中的 99.9% 得到改正，九三学社社员中的 234 名被划为右派的人除储安平外全部得到改正。到 1982 年底，平反冤假错案的工作基本结束，300 多万名干部的冤假错案得到了平反，受到打击、诬陷、迫害的民主党派、无党派人士得到了昭雪。在中共中央的重视下，由政府出面，在政协、民主党派协助以及各个方面的共同努力下，不断落实知识分子政策，原国民党起义、投诚人员政策，对台湾同胞、去台人员家属政策，归国华侨和侨属政策，民族和宗教政策，原工商业者政策等。在党的十三大召开前，落实政策的任务基本完成。[①] 一系列政策和措施的落实，解除了各民主党派等人员的精神枷锁，受到各民主党派和无党派人士的热烈拥护，各民主党派逐步积极恢复和健全组织，开展活动，把工作重点向社会主义现代化建设转移，共产党领导的多党合作迎来了一个新的历史阶段。

根据社会主义现代化建设的新形势，为了进一步确立新时期各民主党派的总任务与政治纲领，明确共产党和民主党派合作的共同奋斗目标，1979 年 10 月 11 日至 22 日，八个民主党派和工商联分别在北京召开各自的全国代表大会，出席会议的代表共有 2500 余人。各民主党派在会议上

---

① 李金河主编：《多党合作的历史与现实》，中央编译出版社 2007 年版，第 174—177 页。

回顾了在中国共产党领导下走过的光辉和曲折历程，总结了与中国共产党长期合作的基本经验，纷纷确定了"为社会主义现代化建设贡献一切力量"的奋斗目标，号召广大成员及所联系的群众为实现社会主义现代化和祖国统一大业做出新的贡献。会议修改了各自的章程，明确了新时期各自党派的性质。通过各自会议的正式选举，改选了新的中央领导成员：民革主席朱蕴山、民盟主席史良、民建主任委员胡厥文、民进主席周建人、农工党主席季方、致公党主席黄鼎臣、九三学社主席许德珩、台盟主席蔡啸。各民主党派将自身的工作同中共中央和国家在新时期的历史任务紧密结合起来，极大地调动了各自成员和所联系的人士服务现代化建设的积极性、主动性、创造性，使多党合作获得了新的生机和活力。1983年11月到12月，各民主党派和工商联先后召开了新一届全国代表大会。各民主党派纷纷表示以中国共产党十二大精神为指导，贯彻"长期共存、互相监督，肝胆相照、荣辱与共"的方针和任务。民革提出"要积极参加国家政治生活，维护安定团结的政治局面，发展社会主义民主，健全社会主义法制，对国家大政方针和群众生活的重要方面进行政治协商，并通过建议和批评，发挥民主监督作用"。民盟表示要"充分发挥民盟作为一个为社会主义服务的政党的作用"。民建提出要"进一步发挥民建在政治生活和社会主义现代化建设中的积极作用"，尽到"作为一个民主党派应有的政治责任"。民进要求会员"一定要以国家主人翁的精神，同共产党肝胆相照、荣辱与共，当好党的助手，共同把国家事情办好"。农工民主党表示要"积极参与有关国家大政方针、地方重大事务、统一战线内部关系以及群众生活等方面的民主协商，积极提出建议或批评，及时反映成员和所联系的群众的意见和要求，为促进改革，协调关系，贯彻政策，改进工作，发挥民主监督作用"。致公党表示要"积极参加政治生活，发挥作为中国共产党的助手和诤友的作用"。九三学社要求社员"积极参加国家政治生活，参加政治协商，发挥民主监督作用"。台盟表示要"与党同心同德""参加国家大事的政治协商，积极献计献策，发挥民主监督作用"[①]。各民主党派都提出了在新时期的政治任务，表明了在共产党领导下齐心协力建设社

---

① 杨爱珍：《当代中国政党制度研究》，学林出版社2004年版，第136—137页。

会主义大厦的共同志向。民主党派自身建设的目标是参政党建设中的一个关键性的问题。随着社会主义事业的不断发展，八大民主党派根据新时期社会主义现代化建设的新形势，不断调整和修改各自章程，按照坚持中国共产党领导，发扬社会主义民主，体现政治联盟特点，体现进步性和广泛性相统一的原则，以思想建设为核心，组织建设为基础，制度建设为保障，不断提高自身的建设水平，把中国共产党领导的多党合作与政治协商事业进一步推向前进。2002年11月至12月，各民主党派相继召开代表大会，正式规范了参政党建设的目标，并在各自章程中得到明确。各民主党派关于自身建设的目标表述虽不尽一致，但总的概括起来就是要建设成为同中国共产党长期亲密合作、致力于中国特色社会主义事业的参政党。

改革开放以来，中国共产党十分强调各民主党派自身组织建设，积极帮助民主党派独立开展工作，发展成员，健全组织，完善领导班子，改善学习与工作条件。1980年2月，中共中央做出了在各民主党派各级组织中，一般不再发展中国共产党党员的规定。1982年10月15日，中共中央批转了统战部《关于民主党派撤出我党人员问题的报告》，决定在中华人民共和国成立后派进民主党派的中国共产党党员原则上必须撤出。各党派组织及成员队伍残缺不全的局面得到不断改善。1979年八大民主党派恢复活动重新登记时成员总计6.5万人左右。1979年10月，中共中央向各民主党派建议，在重点分工的范围内适当发展一些成员。于是从1979年至1982年，八大民主党派发展新成员3.5万多人，党派成员总数达到近10万人，拥有地方组织700多个，基层支部4000多个。1983年11月，各民主党派经过多次协商形成了《关于民主党派组织发展问题座谈会纪要》，由各民主党派中央分别下发各自的地方组织贯彻执行。该纪要重申了各民主党派的发展应以大中城市为主（一般不在县级地区发展），以中上层有一定代表性的人士为主，不在军事、公安、情报、外事等部门和中国共产党党员、共青团员、工人、农民、在校学生中发展成员，坚持以重点分工的原则加强组织建设。其重点分工为：民革为原国民党和与国民党有历史联系的人士，适应形势的变化，可在去台人员家属中的中上层知识分子和对台工作有一定作用的人士等特定范围适当发展成员；民盟为文教界（重点高等院校）人士；民建原为发展代表性较大的原工商业者，现可在同民建有密切联系的工商企业和其他从事经济工作的人士中适当发展成员；民进为中小学教师、师范院校和文化出版界人士；农工党为医药卫生界人士；致公党为归国华侨和侨眷人士；九三学社为科学技术界人士；台盟为居住在大陆的台湾省籍人士。这些原则对于各民主党派的健康发展起到了积极的作用。到 1987 年 10 月为止，各民主党派成员的总数达到 23 万多人，大约是 1979 年成员总数的 4 倍。各民主党派的省级组织达 164 个，市级组织 688 个，县级组织 182 个，基层组织 1200 多个，形成了相当规模的组织体系。[①] 加强民主党派组织建设，着眼于多党合作事业的长远发展，要提高领导班子成员的政治把握能力、参政议政能力、组织领导能力和合作共事能力。解决各民主党派领导成员老龄化严重的问题是改革开放以来民主党派自身建设中的重要事情。1979 年 10 月，各党派中央负责人大多数年事已高：民革主席朱蕴山 92 岁、民盟主席史良 79 岁、民建主任委员胡厥文 84 岁、民进主席周建人 91 岁、农工党主席季方 89 岁、致公党主席黄鼎臣 78 岁、九三学社主席许德珩 89 岁，最年轻的台盟主席蔡啸 60 岁。其中有的民主党派中央领导人体弱多病，不能坚持处理正常事务，影响了各民主党派的参政议政、服务现代化工作。领导层新老交替的任务被提到了重要日程。随着 1983 年、1988 年各民主党派两届全国代表大会的换届选举，一批年富力强的新的领导人走上岗位，迈出了民主党派中央领导人新老交替的重要步伐。在 1988 年 11 月至 1989 年 1 月各民主党派的全国代表大会上，朱学范、费孝通、孙起孟、雷洁琼、卢嘉锡、董寅初、周培源、苏子蘅分别当选为民革、民盟、民建、民进、农工党、致公党、九三学社、台盟中央的主席。年事已高的老一辈领导人不再担任领导职务，进入各民主党派在中央设立的类似顾问委员会的中央荣誉机构，例如中央监察委员会、中央参议委员会、中央咨议委员会等。同时，为了解决老一代民主党派成员的待遇问题，免除他们的一些顾虑与担忧，1985 年 1 月，中央组织部、中央统战部提出了《关于确定建国前民主党派成员参加革命工作时间和享受离休待遇的有关规定》，明确了在 1949 年政协第一届全体会议召开之前加入民主党派的成员，并坚持革命工作的，参加工作时

---

① 参见《人民日报》1987 年 10 月 24 日。

间从1949年9月21日算起，并享受离休待遇。21世纪以来，在共产党的重视、支持和帮助下，经过各民主党派的积极努力，民主党派的自身建设得到很大发展。各民主党派不断适应新形势新任务的要求，顺利完成了各级领导班子新老交替的历史性任务，民主党派组织也得到了快速发展。2007年12月，中国国民党革命委员会、中国民主同盟、中国民主建国会、中国民主促进会、中国农工民主党、中国致公党、九三学社和台湾民主自治同盟相继召开了各自的全国代表大会。大会以中国共产党十七大精神为指导，制定了适应新形势要求的工作目标和任务，通过了各自新的章程（修正案），选举产生新一届中央领导成员（民革中央主席周铁农、民盟中央主席蒋树声、民建中央主席陈昌智、民进中央主席严隽琪、农工党中央主席桑国卫、致公党中央主席万钢、九三学社中央主席韩启德、台盟中央主席林文漪）。通过换届，民主党派领导人进一步年轻化，年龄方面的优势明显增强。各民主党派积极开展以坚持走中国特色社会主义政治发展道路为主题的政治交接教育活动，在思想建设、组织建设和制度建设等方面迈出坚实的步伐，不断提高参政议政、民主监督的能力和水平，成为构建社会主义和谐社会的一支重要力量。

　　为帮助各民主党派加强思想理论建设，提高成员的政治素质和思想道德水平，增强对建设中国特色社会主义的认识，提高贯彻基本路线和基本纲领的自觉性，深化对参政党地位、性质和历史使命的认识，为巩固和发展同中国共产党的团结合作奠定坚实的思想基础，中共中央和各级统战部门非常重视中央和地方各级社会主义学院的建设。改革开放初期，根据民主党派的需要，中共中央转发了中央统战部起草的《关于恢复各省、市、自治区政治学校的请示》。各级社会主义学院是民主党派、无党派人士的联合党校，它们的恢复是加强民主党派自身建设的重要措施。邓小平亲自为中央社会主义学院题写了校名。1996年，中央社会主义学院建院40周年之际，江泽民、李鹏、乔石、李瑞环、荣毅仁等党和国家领导人分别题词，江泽民题词为"坚持正确的政治方向，办好社会主义学院"。从1983年建院至1996年6月中央社会主义学院办班105期，培训人员达4000多名。21世纪以来，中央和地方各级社会主义学院获得很大发展，全国有各级社会主义学院150多所，在培养民主党派干部，加强多党合作理论研究和民主党派自身建设方面发挥着越来越大的作用。仅 2016 年一年,中央统战部举办培训班 58 期,培训 4698 人。其中,党外代表人士班 28 期,培训 1037 人;统战干部班 26 期,培训 3492 人;党政领导干部班 4 期,培训 169 人。全国省级统战部(含新疆生产建设兵团)举办培训班 887 期,培训 53328 人次。其中,党外代表人士班 573 期,培训 33245 人次;统战干部班 264 期,培训 16797 人次;党政领导干部班 50 期,培训 3286 人次。此外,各民主党派创办了一大批报纸、刊物,如民革的《团结报》和《团结》杂志,民盟的《群言》和《中央盟讯》,民建的《民讯》和《经济界》,民进的《民主》,农工党的《前进论坛》,致公党的《中国致公》和《中国发展》,九三学社的《民主与科学》和《九三中央社讯》,台盟的《台盟》等刊物。各民主党派还编写出版了各自的党(盟、会)史、文献史料和主要人物传记等。这对于团结教育民主党派成员及所联系的广大群众起到了重要作用。民主党派机关是民主党派组织的重要组成部分,直接关系到民主党派工作的正常运行,加强机关建设是各民主党派自身建设的一项主要内容。《中共中央关于进一步加强中国共产党领导的多党合作和政治协商制度建设的意见》强调,要切实为民主党派和无党派人士履行职能、发挥作用创造条件。要把民主党派的办公经费和考察调研、教育培训等专项经费列入同级财政预算。根据民主党派组织发展和开展工作的需要,不断改善民主党派机关办公条件。随着社会主义现代化建设的发展,各民主党派本着精简高效的原则,从提高人员素质、增强服务意识、改进工作作风、健全规章制度、加强规范管理入手,在机关建设过程中不断建立健全管理机制,极大地提高了工作效率和工作水平。2012 年 2 月,中共中央、国务院颁发了《关于加强新形势下党外代表人士队伍建设的意见》,把"政治坚定、业绩突出、群众认同"作为党外代表人士的基本标准,提出了坚持德才兼备、以德为先的用人标准和党外代表人士队伍建设的总体要求。党的十九大报告特别指出,"支持民主党派按照中国特色社会主义参政党要求更好履行职能",就是要支持民主党派加强自身能力建设。各民主党派和无党派人士积极响应党中央号召,努力提升自身的政治把握能力、参政议政能力、组织领导能力、合作共事能力和解决自身问题能力;自觉锤炼政治品格,努力提高建言质量,切实履行领导职责,善于搞好合作共事，以此细化和完善具体操作环节，不断提高自身参政议政、政治协商与民主监督水平。

（三）改革开放以来我国多党合作和政治协商制度发展的基本经验

我国多党合作和政治协商制度自党的十一届三中全会以来，得到恢复、巩固和快速发展。改革开放以来，各民主党派在中国共产党的领导下，积极参与社会主义现代化建设，围绕党和国家的中心任务，踊跃参政议政，广泛进行民主监督，在维护社会稳定、促进经济发展和实现祖国统一等方面做出了重大贡献，我国多党合作和政治协商事业呈现出生机勃勃的局面。新时期，中国共产党与各民主党派的关系得到融洽的发展，多党合作和政治协商制度化、规范化、程序化进程不断向前推进。这些都依赖于我国多党合作和政治协商事业走出了一条新路，取得了制度建设的成功经验。

1. 坚定不移地坚持共产党的领导，是我国多党合作与政治协商健康发展的基本前提和政治基础

中国共产党领导的多党合作和政治协商制度是我国的一项基本政治制度，是具有中国特色的社会主义政党制度，是中国社会主义民主政治的重要组成部分。它根本不同于西方资本主义国家的多党制或两党制，也有别于一些国家实行的一党制。它的基本特征是"共产党领导、多党派合作，共产党执政、多党派参政"。在这一政党制度中，中国共产党是领导者，处于核心地位。坚定不移地坚持中国共产党的领导，是我国多党合作和政治协商制度健康发展的基本前提和政治基础。

在我国多党合作的政治格局中，中国共产党处于领导地位。共产党对多党合作的领导，主要依据宪法和法律，通过政治协商实行政治领导，即政治方向、政治原则和重大方针政策的领导，而不是直接的行政性领导。民主党派在政治上接受中国共产党的领导，在法律地位上则是平等的、独立的政党。中国共产党与各民主党派的关系，不是西方国家政党之间相互倾轧、排挤、胁迫及收买的关系，而是亲密团结、相互尊重、友好合作的友党关系。我国多党合作的历史和现实证明，只有坚持共产党的领导，才能使多党合作与政治协商事业不断取得历史性进步，才能使共产党与各民主党派同心协力地把共同事业推向前进。民主党派与共产党长期合作、共同奋斗，逐步取得了一致的认识，坚持中国共产党的领导，是发展和完善多党合作制度必须遵循的一项基本原则。中国共产党同各民主党派的合作是新时期爱国统一战线的重要内容，是中国特色社会主义发展必须坚持的重要方针。中国特色社会主义条件下多党合作的存在、发展和巩固，是以共产党的领导为前提与保证的。中国共产党对爱国统一战线实行正确的领导，也是长期以来我国统一战线得以发挥重大作用的根本保证。1947年12月，毛泽东在总结中国革命的历史经验时就指出："中国新民主主义的革命要胜利，没有一个包括全民族绝大多数人口的最广泛的统一战线，是不可能的。不但如此，这个统一战线还必须是在中国共产党的坚强的领导之下。没有中国共产党的坚强的领导，任何革命统一战线也是不能胜利的。"[1] 新时期只有坚持共产党的领导，多党合作事业才能拥有正确的方向、蓬勃的生机和光明的前途。邓小平多次指出，"从根本上说，没有党的领导，就没有现代中国的一切""我们不能照搬资本主义国家那一套，不能搞资产阶级自由化。比如共产党的领导，这个丢不得，一丢就是动乱局面，或者是不稳定状态。一旦不稳定甚至动乱，什么建设也搞不成"[2]。2005年2月5日，胡锦涛在中共中央举行的党外人士迎春座谈会上，提出了加强中国共产党领导的多党合作和政治协商制度建设的"五个坚持"，即要坚持走中国特色社会主义政治发展道路；要坚持中国共产党的领导，充分发扬社会主义民主；要坚持把发展作为多党合作和政治协商的根本任务；要坚持推进多党合作和政治协商的制度化、规范化、程序化；要坚持执政党建设和参政党建设互相促进。"五个坚持"方针原则上再次强调了共产党在多党合作中的领导地位，对于推进多党合作和政治协商制度的发展，保证多党合作沿着正确的方向前进，具有重大的理论和实践意义。习近平在庆祝中国人民政治协商会议成立65周年大会上的讲话进一步指出，中国共产党的领导是包括各民主党派、各团体、各民族、各阶层、各界人

---

[1]《毛泽东选集》第4卷，人民出版社1991年版，第1257页。
[2]《邓小平文选》第3卷，人民出版社1993年版，第252页。

士在内的全体中国人民的共同选择,是中国特色社会主义最本质的特征,也是人民政协事业发展进步的根本保证。人民政协事业要沿着正确方向发展,就必须毫不动摇地坚持中国共产党的领导。

中国共产党领导的多党合作和政治协商制度,是共产党和各民主党派智慧的结晶,它符合当代中国的国情和中国革命、建设、改革的实际,符合中国特色社会主义民主政治的本质要求,是中国共产党和全中国人民长期探索民主政治制度建设的伟大创举。这一崭新的具有中国特色的社会主义政党制度在社会主义建设和改革事业中具有重要的作用、巨大的优越性和强大的生命力。我国实行的共产党领导的多党合作政党体制是我国政治制度的特点和优点。只有中国共产党才能掌握正确的理论指导中国的发展,才能以广泛的影响和崇高的威信凝聚人心团结人民共同奋斗,才能领导中国人民实现民族的伟大复兴和祖国的完全统一。1989年12月29日,江泽民在党建理论研究班上的讲话指出,中国共产党领导的多党合作和政治协商制度,是长期历史形成的,适合我国国情。它确定了共产党在国家政治生活中的领导地位,而不是各党派轮流执政;民主党派在国家政权中处于同共产党合作共事和参政议政的地位,而不是在野党、反对党。中国的政局要稳定,就必须稳定这个格局。对这方面的工作,中央将发出一个文件。可以相信,中国共产党同各民主党派的关系,在"长期共存、互相监督、肝胆相照、荣辱与共"的方针指导下,会越来越亲密。一些人企图在中国搞西方的多党制、两党制,这不符合我国的历史和现实情况,违背民主党派的章程与广大人民群众的意志和利益,是绝对行不通的。[①] 因此,走中国特色社会主义政治发展道路,坚定不移地坚持中国共产党的领导,是国家富强、民族振兴、人民幸福、社会和谐的根本政治保证。加强共产党领导的多党合作和政治协商制度建设,必须牢牢把握这一正确的政治方向,坚持走中国特色的社会主义发展道路。

改革开放以来,各民主党派与共产党在长期的社会主义现代化建设中,形成了多党合作和政治协商的重要政治准则,就是坚持以马克思列宁主义、毛泽东思想、邓小平理论和"三个代表"重要思想、科学发展观为

[①] 《江泽民文选》第1卷,人民出版社2006年版,第93页。

指导，坚持中国共产党的领导，坚持社会主义初级阶段的基本路线、基本纲领和基本经验，坚持"长期共存、互相监督，肝胆相照、荣辱与共"的基本方针，保持宽松稳定、团结和谐的政治环境。党的十九大强调，在我国政治生活中，党是居于领导地位的。中国共产党和各民主党派都必须以宪法为根本活动准则，负有维护宪法尊严、保证宪法实施的职责。这些重要政治准则是共产党与各民主党派在团结合作中达成的政治共识，是我国多党合作和政治协商制度保持强大生命力的根本所在，是21世纪新阶段多党合作健康发展的根本保证。当前，"四个全面"战略布局，实现"两个一百年"的伟大目标是非常复杂艰巨的伟大工程。在人口众多、经济文化落后、多民族多党派的国情条件下，只有中国共产党才能凝聚、动员和组织全国人民的力量，始终保持社会稳定发展，创造生动活泼的政治局面，为建设有中国特色社会主义的共同目标而奋斗，这也是各党派、各民族和社会各界人士的共同愿望和共同利益。

2. 坚持"十六字方针"，妥善协调同民主党派的关系，是我国多党合作与政治协商事业稳步发展的保障

"长期共存、互相监督，肝胆相照、荣辱与共"是中国共产党同各民主党派合作的基本方针。坚持这个"十六字方针"，妥善协调同民主党派的关系，对于加强和改善共产党的领导，推进多党合作和政治协商制度建设，保持国家长治久安，促进改革开放和现代化建设事业的发展具有非常重要的意义。中国共产党领导的多党合作作为我国的政党制度，是由我国具体历史情况和现实条件所决定的，是在长期的革命、建设和改革实践中形成的。中国共产党处于执政党地位，面临着领导社会主义现代化建设的艰巨任务，非常需要听到各种意见和批评，接受广大人民群众的监督。各民主党派是反映人民群众意见、发挥监督作用的一条重要渠道。实践证明，在21世纪新阶段，各民主党派是接受中国共产党领导、同中国共产党长期风雨同舟、患难与共、通力合作的亲密战友，是进步性与广泛性相统一、致力于中国特色社会主义事业的参政党。民主党派作为各自所联系的一部分社会主义劳动者、社会主义事业建设者和拥护社会主义爱国者的政治联盟，是我国爱国统一战线中的一支重要力量，是维护我国安定团结，促进社会主义现代化建设和祖国统一的一支重要力量，将同中国共产党一起，坚持社会主义初级阶段的基本路线，为把我国建设成为富强、民主、文明的社会主义现代化国家而共同奋斗。

"长期共存、互相监督，肝胆相照、荣辱与共"的"十六字方针"是中国共产党与各民主党派长期团结合作、协商共事过程中形成的关系写照，也是中国共产党发展多党合作事业的原则方针。1956年，毛泽东针对中华人民共和国成立后党内一部分同志在统一战线问题上所存在的"左"倾关门主义、宗派主义倾向，提出了共产党要和民主党派长期共存、互相监督的思想。1956年6月，李维汉在第一届全国人民代表大会三次会议上第一次公开披露了毛泽东提出的"长期共存、互相监督"的方针。改革开放之后，这一方针作为指导共产党和民主党派友好合作的关系准则不断得到发扬和拓展。1982年1月，胡耀邦在第十五次全国统战工作会议上的讲话指出，我们应当鲜明地向全党同志提出，同时也告诉党外朋友，在新的历史时期，我们一定要同党外朋友真正建立起"肝胆相照、荣辱与共"的关系。同年9月，党的十二大报告把"长期共存、互相监督，肝胆相照、荣辱与共"作为我们党继续坚持的方针和政策，要求共产党进一步加强同民主党派、无党派民主人士、少数民族人士和宗教界爱国人士的合作。"十六字方针"的确立，表明了中国共产党与各民主党派的党际关系已由过去的阶级关系，转变为建立在劳动人民利益根本一致基础上的团结合作关系，并预示着这种亲密友党关系在新的历史时期将得到进一步延续和发展。1997年9月，江泽民在党的十五大上所作的《高举邓小平理论伟大旗帜 把建设有中国特色社会主义事业全面推向二十一世纪》政治报告中，又进一步强调要坚持"长期共存、互相监督，肝胆相照、荣辱与共"的方针，加强同民主党派合作共事，巩固中国共产党同党外人士的联盟。党的十五大把坚持与完善共产党领导的多党合作和政治协商制度提到了作为社会主义初级阶段的基本路线和纲领的高度，标志着我国自十一届三中全会以来逐步发展完善的中国共产党领导的新型政党制度又进入了一个新的发展时期。

改革开放之后，中国共产党与各民主党派的关系迅速得到调整并日益亲密。妥善处理中国共产党与各民主党派之间的关系是加强和完善我国多党合作制度的有效途径。1957年反右运动扩大化之后与"文化大革命"

期间，曾一度改变了对民主党派性质的正确分析，简单地把它们认定为"资产阶级政党"和"改造对象"，各民主党派在国家政治生活和社会生活中的地位和作用大大降低。党的十一届三中全会的胜利召开，标志着我国多党合作和政治协商制度开始恢复与重建。1979年10月19日，邓小平在全国政协和中央统战部举行的招待会上指出，各民主党派和工商联都是我国革命的爱国的统一战线的重要组成部分。各民主党派和工商联同我们党有过长期合作、共同战斗的历史，是我们党的亲密朋友。在争取新民主主义革命胜利和建立中华人民共和国的斗争中，各民主党派都发挥了重要的作用。中华人民共和国成立以后，各民主党派和工商联推动和帮助各自的成员以及所联系的人们，接受社会主义改造，参加社会主义建设，参加反对国内外敌人的斗争，并做出了重大的贡献。现在，各民主党派和工商联已经成为各自联系的一部分社会主义劳动者和拥护社会主义爱国者的政治联盟和人民团体，成为进一步为社会主义服务的政治力量。建设和发展社会主义事业，已成为各民主党派、工商联和我们党的共同利益与共同愿望。在新的历史时期，各民主党派和工商联仍然具有重要的地位和不容忽视的作用。[①] 1986年7月，中共中央批转了统战部《关于新时期党对民主党派工作的方针任务的报告》。该报告指出，各民主党派"既不是在野党，更不是反对党，而是同我党通力合作的共同致力于社会主义事业的亲密友党"。共产党与各民主党派形成了团结合作的新型政党关系。共产党的基本理论、基本路线、基本纲领、基本经验得到了各民主党派的认同，建设中国特色社会主义成为各政党的共同目标。各民主党派在政治上自觉拥护并接受中国共产党的领导，不仅在国家的政治生活和经济生活中发挥了巨大作用，而且对于加强和改善中国共产党的领导，完善国家的民主政治，产生了不可忽视的积极影响。各民主党派、无党派人士围绕党和国家的中心任务，积极参政议政，实行民主监督，努力为社会主义现代化建设服务，成为维护社会稳定，促进现代化建设和祖国统一的重要力量。

"参政党"概念的提出明确了民主党派在国家政治生活中的地位和作用，进一步深化了民主党派和共产党的亲密合作关系，有效地推动了我国

---

① 《邓小平文选》第2卷，人民出版社1994年版，第203—204页。

多党合作事业的发展。1989年《中共中央关于坚持与完善中国共产党领导的多党合作和政治协商制度的意见》指出："我国是人民民主专政的社会主义国家。中国共产党是社会主义事业的领导核心，是执政党。各民主党派是各自所联系的一部分社会主义劳动者和一部分拥护社会主义的爱国者的政治联盟，是接受中国共产党领导的，同中共通力合作、共同致力于社会主义事业的亲密友党，是参政党。"这一论断不仅指明了新时期各民主党派的性质，而且规范了中国共产党与各民主党派在国家政治生活中的地位和作用，为妥善处理和理顺中国共产党与各民主党派之间的关系指明了方向，为进一步推进我国多党合作事业奠定了坚实的基础。我国的民主党派同西方国家的资产阶级政党有着根本的区别，它们不是在野党，更不是反对党，而是接受共产党领导的、以社会主义劳动者为主体的、为社会主义服务的参政党。民主党派参政党地位的确立，将更有利于民主党派加强同共产党的合作，为建设有中国特色的社会主义，实现祖国统一大业发挥重大作用。2005年2月，中国共产党颁发了《中共中央关于进一步加强中国共产党领导的多党合作和政治协商制度建设的意见》，适应新形势新任务的要求，完善了对我国民主党派性质的表述。该意见指出，在21世纪新阶段，民主党派是各自所联系的一部分社会主义劳动者、社会主义事业建设者和拥护社会主义爱国者的政治联盟，是接受中国共产党领导、同中国共产党通力合作的亲密友党，是进步性与广泛性相统一、致力于中国特色社会主义事业的参政党。这一表述进一步拓展了民主党派的包容性和政治基础，有利于更加广泛地团结一切可以团结的力量，为建设中国特色社会主义事业而努力奋斗。

发展社会主义民主政治，建设社会主义政治文明，是新形势下坚持和发展我国多党合作与政治协商制度的重要环节。2006年7月，胡锦涛在第二十次全国统战工作会议上指出："正确认识和处理中国共产党和民主党派的关系，保持和促进我国政党关系和谐，是发展社会主义民主政治、建设社会主义政治文明的重要内容，也是构建社会主义和谐社会的重要内容。"为此，胡锦涛在此次会议上提出了巩固和发展我国社会主义政党关系的"四个既要又要"原则，即"既要坚持中国共产党的领导，又要促进多党派团结合作；既要提高党的执政能力，又要发挥民主党派参政议政的作用；既要重视做好民主党派的思想引导工作，又要真诚接受他们的民主监督；既要全面推进党的建设新的伟大工程，又要积极支持民主党派加强自身建设，使执政党建设与参政党建设相互促进，更好地统一于多党合作、共创伟业的历史进程中"。这一原则是新时期正确处理共产党同民主党派关系、发展多党合作事业必须坚持的重要原则。2015年《关于加强政党协商的实施意见》再次强调要壮大爱国统一战线，促进多党合作与政治协商，顺应国内外形势的发展变化，更好地运用统一战线这一重要法宝，最大限度地调动一切积极因素，发展社会主义民主政治、建设社会主义政治文明。习近平在2018年全国"两会"期间提出的新型政党制度是对我国多党合作与政治协商制度的又一次升华，从理论、历史、现实、制度等多个角度阐释了新型政党制度从中国土壤中发展起来的制度优越性，有助于巩固和发展中国共产党执政，各民主党派共同参政的政党制度。它不仅符合我国国情，而且符合天下为公、兼容并蓄、求同存异等中国传统优秀文化精髓，是对人类政治文明的重大贡献。

3. 充分发挥民主党派作用，发扬群策群力的优良传统，是我国多党合作与政治协商制度建设的重要内容

改革开放以来，各民主党派积极响应和贯彻中国共产党关于实行改革开放，建设有中国特色社会主义的号召，逐步把工作重点转移到社会主义现代化建设上来，发挥其社会联系广泛的特点，创造性地开展多种形式的活动，与共产党同心协力密切合作，广泛参加国家政治生活，不断拓宽参政议政渠道，切实履行民主监督职能，在促进经济和社会的发展，维护社会安定团结，推进祖国统一大业和构建社会主义和谐社会的过程中做出了积极贡献。充分发挥民主党派的作用，开辟民主党派政治参与的制度化渠道，把各种社会力量纳入政治体制，促进政治资源的优化配置，调动各方面积极性，有效反映社会各方面的利益、愿望和诉求，畅通和拓宽社会利益表达渠道，协调各方面利益关系，有效化解各种社会矛盾和冲突，保持政治稳定，促进社会和谐发展，是新时期新形势下我国多党合作和政治协商制度建设的重要内容。1979年10月，邓小平曾指出："各民主党派和工商联的成员以及他们所联系的人们中，有大量的知识分子，其中不少同志有较高的文化科学水平，有丰富的实践经验，不少同志是学有专长的专门家，他们都是现代化建设中不可缺少的重要力量。"[①] 因此，在共产党的领导下，充分发挥民主党派的优势和特点，积极发扬民主党派群策群力的优良传统，也是我国多党合作与政治协商制度不断健全和完善的一条重要经验。

政治协商是共产党和各民主党派的优良传统，是我国民主政治中充分发挥民主党派作用的重要形式之一，也是中国共产党领导多党合作与政治协商制度的基本内容和参政党的基本职能。改革开放以来，共产党同各民主党派的政治协商实现了从内容、形式到程序的进一步制度化和规范化。在政治协商的重要原则上，形成了把政治协商纳入决策程序，就重大问题在决策前和决策执行中进行协商的制度规定。共产党就国家重大方针政策和重要事务在决策前和决策执行过程中与各民主党派、无党派人士进行协商，是实行科学决策、民主决策的重要环节，是中国共产党提高执政能力的重要途径。经过实践，我国多党合作制度中的政治协商形成了两种基本方式，即"中国共产党同各民主党派的政治协商"和"中国共产党在人民政协同各民主党派和各界代表人士的协商"。中共中央与民主党派通过民主协商会、高层次小范围谈心活动、座谈会等多种形式，就中共中央将要提出的大政方针问题、国家领导人的建议人选以及关系国家全局的一些重大问题沟通思想、交换意见、通报交流重要情况、听取建议等。除会议协商外，民主党派中央可向中共中央提出书面建议等党与党之间的协商活动。各民主党派充分运用人民政协的各种协商方式，如政协全体会议、常务委员会会议、主席会议、常务委员专题座谈会、各专门委员会会议等形式，对国家和地方的大政方针以及政治、经济、文化和社会生活中的重要问题，对各民主党派的共同性事务、政协内部的重要事务以及有关爱国统一战线的其他重要问题，进行平等讨论协商，提出意见和建议。中国共产党同各民主党派政治协商的制度化和程序化有利于体现和发挥社会主义政治制度和政党制度的特点与优势，巩固和发展了民主团结、生动活泼、安定和谐的政治局面。

加强民主党派的民主监督，是坚持和完善中国共产党领导的多党合作

[①] 《邓小平文选》第2卷，人民出版社1994年版，第204页。

和政治协商制度的重要内容。民主监督的实质是中国共产党与民主党派实行互相监督。这种监督是在坚持四项基本原则的基础上，通过提出意见、批评、建议的方式进行的政治监督，是我国社会主义监督体系的重要组成部分。由于中国共产党处于领导和执政地位，民主监督主要是共产党接受民主党派的监督。发挥民主党派监督作用的总原则是在四项基本原则的基础上，发扬民主，广开言路，鼓励和支持民主党派与无党派人士对党和国家的方针政策、各项工作提出意见、批评、建议，做到知无不言，言无不尽，并且勇于坚持正确的意见。改革开放以来，我国多党合作制度不断得到健全和完善，民主党派民主监督的性质、内容和形式得到了进一步明确。民主监督的渠道不断拓宽，民主监督机制不断完善，民主监督力度逐步加大。民主党派主要针对国家宪法和法律法规的实施情况，中国共产党和政府重要方针政策的制定和贯彻执行情况，中国共产党各级党委的工作和中国共产党党员领导干部履行职责、为政清廉等方面的情况等实施监督职能。国务院和各级地方政府召开全体会议和有关会议讨论工作时，可视需要邀请有关民主党派和无党派人士列席。政府及其有关部门可聘请民主党派成员和无党派人士兼职，任顾问或参加咨询机构，也可就某些专题，请民主党派进行调查研究，提出建议。政府有关部门可就专业性问题同民主党派对口协商，在决定某些重大政策措施前，组织有关民主党派座谈，征求意见。民主党派成员应邀担任司法机关和政府部门的特约人员发挥监督作用。民主党派在人民政协中对国家大政方针、地方重要事务、政策法令的贯彻、群众生活和统一战线中的重大问题实行民主监督。在政协的各种会议上，民主党派和政协委员有提出批评的自由和发表不同意见的自由。民主党派可以本党派名义在政协会议上发言、提出提案。民主党派和政协委员拥有视察、举报及参与调查和检查活动的权利，对他们的提案和举报，有关部门必须认真研究处理，及时答复。改革开放以来，各民主党派作为参政党认真履行民主监督职责，充分发扬社会主义民主，促进决策的科学化、民主化，推动了共产党执政方式的改进和完善，在我国社会主义现代化建设中起着不可替代的作用。

参政议政是充分发挥民主党派作用的一项重要职能。我国特色的政党制度为各民主党派、无党派人士参政议政提供了制度保证。改革开放以来，各民主党派、工商联和无党派人士围绕中心，服务大局，积极参加国家政权，参与国家大政方针和国家领导人选的协商，参与国家事务的管理，参与国家方针政策、法律法规的制定和执行。通过共产党和各民主党派的政治协商，民主党派和无党派人士在各级人大、政协及其常委会、专门委员会委员中占有适当比例，举荐民主党派成员、无党派人士担任各级政府和司法机关的领导职务等多种渠道，民主党派和无党派人士广泛参加国家政治生活，进一步发挥了民主党派、无党派人士的作用，有效地保证了我国民主政治生活的顺畅进行。人民代表大会是人民行使国家权力的机关，也是民主党派成员发挥作用的重要机构。民主党派成员在我国各级人大代表、人大常委会委员及专门委员会委员中，均占有一定数量。民主党派成员、无党派人士通过在人民代表大会中的活动，参与国家法律和重大决策的制定，选举、监督政府及其人员，行使人民代表各项权利，履行了参政党在国家政治生活中的重要职能。民主党派成员担任政府和司法机关领导职务，是实现参政议政职能的一项重要体现。近年来，政府职能部门党外人士的选配力度不断加大，重点在涉及行政执法监督、与群众利益密切相关、紧密联系知识分子、专业技术性强的政府部门领导班子中选配民主党派成员、无党派人士担任领导职务，符合条件的担任了正职。各级法院、检察院逐步选配符合任职条件的民主党派成员和无党派人士担任领导职务，并带动了市、县两级法院、检察院的选配工作。除做好人大、政府、政协及司法机关党外干部的选配工作外，高等院校、人民团体、科研院所和国有企业领导班子中也注重配备民主党派成员和无党派人士担任领导职务等，并坚持民主集中制原则，健全集体领导和个人分工负责相结合的制度，保证了党外领导干部对其分管的工作享有行政管理的指挥权、处理问题的决定权和人事任免的建议权。这些做法加强了国家有关部门与民主党派的联系，积极为民主党派和无党派人士发挥作用创造了条件。

4. 积极支持与帮助民主党派的自身建设，是坚持与完善共产党领导的多党合作和政治协商制度的重要举措

中国共产党一直非常重视民主党派的自身建设问题，并积极支持和帮助民主党派加强自身建设和组织发展。为了坚持与不断完善中国共产党领导的多党合作和政治协商制度，民主党派需要加强思想建设和组织建设，首先是民主党派各级领导班子的建设。民主党派的老一辈领导人为国家做出了重要贡献，要继续发挥他们的影响和作用。同时，要积极培养一批拥护四项基本原则，拥护改革开放，有一定群众基础和组织领导能力的中青年，逐步将其充实到领导班子里。中国共产党各级党委和有关部门要协助各民主党派做好这项工作。各民主党派要注意提高成员的素质。吸收新成员时要注意政治质量，德才并重。发展组织要坚持已协商确定的范围和对象，坚持以大中城市、有一定代表性的人士为主。各民主党派之间在发展组织成员上遇有交叉时，应在尊重本人自愿的基础上，由有关党派相互协商解决。民主党派应发扬自我教育的优良传统，对成员加强思想政治工作，深入进行坚持四项基本原则和反对资产阶级自由化的教育、爱国主义和社会主义的教育、国情教育以及民主党派同中国共产党长期合作的优良传统教育。采取有效措施加强民主党派机关建设，提高机关干部的政治素质和业务水平，并根据国家的干部政策、人事制度和有关规定，加强对机关干部任免、调动的管理。办好中央和省一级社会主义学院，作为民主党派和无党派人士的联合党校，政府应从师资和经费上给予切实支持。

为了进一步促进民主党派健康快速的发展，在中国共产党的支持和帮助下，各民主党派就自身建设和组织发展问题进行协商出台了1996年《关于民主党派组织发展若干问题座谈会纪要》，1999年《各民主党派中央关于加强自身建设若干问题座谈会纪要》，2004年《关于进一步做好民主党派组织发展工作座谈会纪要》，2015年《关于加强政党协商的实施意见》和《中国共产党统一战线工作条例（试行）》。这些文件是各民主党派在协商一致基础上形成的，其基本精神已写入各自的章程。实践证明，这些文件所提出的组织发展的指导思想、基本方针和政策是正确的，反映了民主党派组织发展工作的基本规律，具有长期的指导作用。各民主党派充分认识到它们是接受中国共产党领导的，同中国共产党通力合作、共同致力于社会主义事业的参政党，在建设有中国特色社会主义的宏伟事业中，负有重要的历史责任。进一步加强自身建设，是坚持与完善中国共产党领导的多党合作和政治协商制度的需要；是适应当前形势与任务要求，更好地履行参政党职能的需要；是各级领导班子在新老交替基础上搞好政治交接，巩固和发展民主党派同中国共产党在21世纪长期合作的需要。自身建设要以邓小平理论为指导，高举爱国主义和社会主义两面旗帜，坚持中国共产党领导和发扬社会主义民主的原则，坚持进步性与广泛性相统一的原则，从参政党性质、地位、特点和发挥参政党作用的要求出发，确定自身建设的目标和基本任务。要以搞好政治交接为主线，以思想建设为核心，以组织建设为基础，以制度建设为保障，努力把自身建设提高到新的水平。思想建设的根本任务是学习邓小平理论，提高成员的政治素质和思想道德水平，增加对建设有中国特色社会主义的认识，提高接受中国共产党的领导、贯彻基本路线和基本纲领的自觉性，深化对参政党地位、性质和历史使命的认识，在重大问题上分清是非，自觉地保持坚定正确的政治方向，为巩固和发展同中国共产党的团结合作，奠定坚实的思想基础。组织建设的任务以邓小平理论为指导，加强领导班子建设；在总结经验的基础上，推进基层组织建设；以注重政治素质为重点，做好组织发展和成员的教育管理工作，加强后备干部队伍建设；增强组织功能，为更好地履行参政议政、民主监督职能和健全内部管理机制，提供组织保证。认真做好组织发展工作，统一各级组织和成员的思想认识，坚持标准，保证质量，加强对组织发展工作的领导和宏观把握。继续坚持"发展是为了工作"和"在工作中发展"的原则，认真贯彻"坚持三个为主（即以协商确定的范围和对象为主，以大中城市为主，以有代表性人士为主），注重政治素质，发展与巩固相结合，有计划地稳步发展"的方针，正确处理质量与数量、发展与巩固、重点与非重点、发展骨干成员与发展一般成员的关系。要把发展的重点放在发展骨干成员，发展高素质的后备干部上来。机关建设的总体思路是抓思想、作风和队伍，抓制度建设、目标管理和基础工作，建设一个高效、文明、团结、务实的机关，建设一支高素质的机关干部队伍。加强基层组织建设，建设团结向上的基层领导班子，制定切实可行的制度措施，丰富基层组织的活动内容，采取生动多样的活动形式，发挥基层组织的作用，使提高成员总体素质的任务落到实处。加强制度建设，根据民主党派性质和任务的要求，逐步建立一套适合自身特点的、适应组织运行需要的制度，并与建立健全参政党的工作机制有机结合起来，使参政党的工作逐步科学化、规范化、程序化。2015年5月，习近平在中央统战工作会议上强调指出："要支持民主党派加强思想、组织、制度特别是领导班子建设，提高政治把握能力、参政议政能力、组织领导能力、合作共事能力、解决自身问题能力。"① 就是要支持民主党派加强自身建设，着力提升民主党参政议政、政治协商、民主监督的能力和水平，对民主党派反映的履行职能等方面所遇到的一些问题，要重视研究解决，积极创造条件。党的十九大报告在强调"十六字方针"后特别指出"支持民主党派按照中国特色社会主义参政党要求更好履行职能"，这就意味着中国共产党积极支持和帮助民主党派加强自身建设，期望通过提升各民主党派和无党派人士的政治把握能力、参政议政能力、组织领导能力、合作共事能力和解决自身问题能力，不断提高参政议政、政治协商与民主监督水平。

（四）新型政党制度未来发展的思考

改革开放以来，中国共产党领导的多党合作和政治协商制度蓬勃发展，在促进我国改革开放和社会主义现代化建设、推动祖国统一大业中发挥了重大作用。中国共产党领导的多党合作和政治协商制度反映了人民当家作主的社会主义民主的本质，体现了我国政治制度的特点和优势。在当前新的历史条件下，为适应国际国内形势的深刻变化，进一步扩大社会各界人士有序的政治参与，拓宽社会利益表达渠道，促进社会和谐发展，实现中国共产党的领导、人民当家作主和依法治国的有机统一，进而深入发展社会主义民主政治，建设社会主义政治文明，推进中国特色社会主义伟大事业快速发展，必须进一步加强我国共产党领导的多党合作和政治协商制度建设。进一步坚持、巩固、发展和完善这个具有中国特色的社会主义政党制度，不可避免地要考虑如何进一步加强和完善中国共产党的执政与领导方式，促进我国多党合作制度健康快速发展？如何进一步推进我国多党合作和政治协商的制度化、规范化和程序化建设，健全和完善这一基本政治制度的内容与形式？如何进一步拓宽政治协商、民主监督、参政议政的渠道，充分发挥民主党派参政党职能，为构建社会主义和谐社会贡献更

---

① 习近平：《巩固发展最广泛的爱国统一战线为实现中国梦提供广泛力量支持》，《人民日报》2015年5月21日。

大力量？等等。

1. 进一步加强和完善共产党的执政与领导方式，促进我国新型政党制度健康快速发展

坚持中国共产党的领导是我国多党合作的首要前提和根本保证。党的十九大报告指出，党是领导一切的。因此要从提高党的执政能力、发展社会主义政治文明，构建社会主义和谐社会，推进改革开放和现代化建设胜利发展的战略高度，进一步加强和改善中国共产党对多党合作和政治协商的领导。共产党成为执政党，成为多党合作中的领导者，是中国近现代历史发展的必然选择。但是，党的执政地位不是与生俱来的，也不是一劳永逸的。必须居安思危，增强忧患意识，深刻汲取世界上一些执政党兴衰成败的经验教训，更加自觉地加强执政党建设，进一步抓住机遇、锐意进取，在构建社会主义和谐社会进程中把共产党领导的多党合作和政治协商制度提高到一个新的水平。中国共产党是多党合作中的领导力量，进一步完善我国多党合作制度必须加强和改善中国共产党的领导方式和领导水平。中国共产党对民主党派的领导是政治领导，即政治原则、政治方向和重大方针、政策的领导。中国共产党要依靠正确的路线、方针、政策和思想政治工作、共产党员的先锋模范作用，坚持团结—批评—团结的方式，在重大是非、重大原则问题上，做好政治引导工作，坚持正确的政治方向，善于通过广泛深入的协商和讨论，使中国共产党的主张成为各民主党派的共识。还要进一步健全制度与机制，把多党合作和民主党派工作纳入共产党的重要议事内容中，定期研究多党合作的方针、政策、贯彻落实情况和民主党派工作中的重要问题，并把多党合作工作纳入领导干部考核体系里，同时高度重视共产党党内民主制度的发展和建设，以保障党员的民主权利为基础，以完善党的代表大会制度和党的委员会制度为重点，从改革体制和机制入手，建立健全党内民主制度，逐步实现党内生活的民主化、制度化、科学化，保证共产党在我国多党合作制度发展进程中始终成为坚强的领导核心。当前中国特色社会主义进入新时代，社会利益关系更为复杂，新情况新问题层出不穷。在机遇和挑战并存的国内外条件下，如何进一步加强和完善共产党的执政与领导方式，促进我国政党制度健康快速发展，是一项需要解决的重大战略课题。习近平在2018年全国"两会"

期间关于"新型政党制度"的论断给出了答案。他认为,"新型政党制度"把马克思主义政党理论同中国实际相结合,持久代表和实现最广大人民根本利益;把各个政党和无党派人士紧密团结起来为共同目标而奋斗;把各种意见和建议制度化、程序化、规范化,推动决策科学化民主化。坚持共产党的领导,加强各个党派建设,不断规范运行机制,有利于促进我国新型政党制度快速健康发展。

2. 进一步推进多党合作和政治协商的制度化、规范化和程序化建设

中国共产党领导的多党合作和政治协商制度是我国的一项基本政治制度。坚持这一制度,重点是加强多党合作和政治协商制度化、规范化、程序化建设,实质是推进社会主义政治文明建设,核心是走中国特色政治发展道路。改革开放以来,根据形势和任务的变化,中国共产党明确了多党合作是中国政治制度的一个特点和优势,确立了中国共产党与各民主党派"长期共存、互相监督,肝胆相照、荣辱与共"的"十六字方针",提出了一整套关于多党合作和政治协商的理论和政策,使坚持和完善多党合作制度成为中国特色社会主义理论和实践的重要组成部分。1989年,中国共产党制定了坚持与完善中国共产党领导的多党合作和政治协商制度的意见,多党合作和政治协商走上了制度化轨道。1993年第八届全国人民代表大会一次会议,把"中国共产党领导的多党合作和政治协商制度将长期存在和发展"载入宪法,中国多党合作制度有了明确的宪法依据。党的十八大以来,从建设社会主义政治文明的高度,中国共产党先后制定了进一步加强中国共产党领导的多党合作和政治协商制度建设的意见以及加强人民政协工作的意见,使多党合作制度进一步规范化和程序化。切实加强中国共产党领导的多党合作和政治协商的制度化、规范化、程序化建设,对于发展社会主义民主政治,建设社会主义政治文明,对于加快全面建成小康社会进程,对于维护社会政治稳定,构建社会主义和谐社会,对于发挥我国政党制度的特点和优势,抵御国际敌对势力西化分化的图谋,产生了巨大的推动作用。如何从政治的、战略的高度进一步提高认识,从体制和机制上提高可操作性,扎扎实实地把我国多党合作事业的制度化、规范化、程序化建设推向前进,是当前共产党领导的多党合作和政治协商制度发展难以回避的问题。党的十八届四中全会通过的《中共中央关于全面推进依法治国若干重大问题的决定》提出全面依法治国战略，并提出建设社会主义法治国家，推进社会主义民主政治法治化。多党合作与政治协商作为社会主义民主政治的重要组成部分，其法治化无疑是全面依法治国战略的重要一环。然而，关于政党及相关问题的规定在我国法律中体现甚少，仅在宪法中以国家根本大法的形式予以明确规定：中国共产党领导的多党合作和政治协商制度将长期存在和发展。其他关于多党合作与政治协商的章程、工作条例等仍属于规范性的文件和章程，虽然在一定程度上起到了法律法规的规范指引作用，但不具有法律最根本的强制作用，因而尚未达到该决定所规定的社会主义民主政治法治化的要求，没有形成明确的法律规范体系，需要进一步推进其制度化、规范化和程序化。

3. 拓宽政治协商、民主监督、参政议政渠道，充分发挥民主党派参政党职能，为建设新时代中国特色社会主义社会贡献更大力量

建设新时代特色社会主义社会已经成为21世纪新时代的最强音，成为深入全国人民心中的政治理想。建设新时代中国特色社会主义社会，必须在新的国内外环境下，贯彻新发展理念，建设现代化经济体系；掌握社会主要矛盾的转变，坚持以人民为中心的发展思想，把人民对美好生活的向往作为奋斗目标；坚持全面深化改革，靠改革激发新动力、释放新活力；坚持党对一切工作的领导，确保党始终总揽全局、协调各方。我国新型政党制度在推动社会发展过程中所显示出的强大生命力，势必能在建设新时代中国特色社会主义社会中发挥更大作用。"共产党领导、多党派合作，共产党执政、多党派参政"，为全面建设小康社会的共同目标而不懈奋斗。在中国共产党领导下，各民主党派同共产党"长期共存、互相监督、肝胆相照、荣辱与共"，呈现出执政党和参政党关系的高度和谐。21世纪，发展是中国共产党执政兴国的第一要务，也是各民主党派参政议政的第一要务。多党合作和政治协商要始终把促进发展作为根本任务，牢固树立和全面落实科学发展观，紧紧围绕经济建设这个中心，自觉服务于改革发展稳定的大局，把各方面的智慧和力量凝聚到决胜全面建成小康社会，夺取新时代中国特色社会主义伟大胜利，实现中华民族伟大复兴的中国梦的奋斗目标上来，促进社会主义物质文明、政治文明、精神文明、社会文明、生态文明的协调发展和人的全面发展，实现中华民族的伟大复兴。在发展过程中，必须坚持发挥各民主党派、无党派人士的积极作用。当前，民主党派已经是各自所联系的一部分社会主义劳动者、社会主义事业建设者和拥护社会主义爱国者的政治联盟，是接受中国共产党领导、同中国共产党通力合作的亲密友党，是进步性与广泛性相统一，致力于中国特色社会主义事业的参政党，是发展先进生产力、社会主义民主政治、社会主义先进文化和构建社会主义和谐社会的重要力量，也是实现祖国统一、民族振兴的一支重要力量。充分发挥它们在政治协商、民主监督、参政议政中的作用，是推进我国社会主义民主政治建设的重要任务。进一步完善政治协商的内容、形式和程序，把政治协商纳入决策程序，就国家重大方针政策和重要事务在决策前和决策执行过程中，通过采取民主协商会、谈心会、座谈会、通报会等形式和在人民政协同各民主党派和各界代表人士协商，促进政治决策的科学化和民主化。充分发挥民主党派的民主监督作用，在坚持四项基本原则的基础上，就国家宪法和法律法规的实施情况、中国共产党和政府重要方针政策的制定和贯彻执行情况、党委依法执政及党员领导干部履行职责、为政清廉等方面的情况，通过提出意见、批评、建议的方式进行政治监督，完善我国社会主义监督体系的内容。充分发挥民主党派和无党派人士的参政议政作用，通过他们担任各级人大代表、政协委员，在政府和司法机关等部门担任领导职务，实现参加国家政权，参与国家大政方针和国家领导人选的协商，参与国家事务的管理，参与国家方针政策、法律法规的制定和执行。党的十九大描绘了决胜全面建成小康社会，夺取新时代中国特色社会主义伟大胜利的宏伟蓝图，进一步指明了党和国家事业的前进方向。各个党派和无党派人士需要深入学习贯彻习近平新时代中国特色社会主义思想，聚焦决胜全面建成小康社会，夺取新时代中国特色社会主义伟大胜利等重大问题，充分发挥协商民主在新型政党制度中的作用，切实加强自身建设，强化责任意识。牢牢坚持团结和民主两大主题，贯彻新发展理念，围绕"五位一体"总体布局，协调推进"四个全面"战略布局，认真履行政治协商、民主监督、参政议政职能，为全面建成小康社会、全面建设社会主义现代化国家做出新的贡献。

（执笔人：王义保、黄杨森）

六　转变职能，重塑政府：改革开放以来的行政体制改革

自从1978年启动改革以来，中国已发生了翻天覆地的变化，政治、经济、社会都经历了前所未有的变革。作为这场变革的一部分，行政体制同样也经历了变革，无论是政府职能、政府机构构成，还是政府运作形式、政府管理手段、行政体制改革的内涵都发生了深刻的变化。这种变化一方面是政治、经济和社会变革的结果，另一方面行政体制的变革也推动和服务着政治、经济和社会的变革。系统回顾改革开放以来我国行政体制改革所走过的历程，总结改革的经验和教训，对于进一步深化我国的行政体制改革，践行习近平新时代中国特色社会主义思想，推进我国治理能力和治理体系现代化建设，实现党的十九大所提出的宏伟蓝图有着重要的意义和价值。

何谓"行政体制改革"？张国庆认为，行政体制的概念有广义和狭义之分。从广义上说，行政体制涉及与国家公共行政管理相关联的诸方面的法权主体及其相互关系，并以这些法权主体相互关系的改变或调整为体制改革的核心内容。在我国，这些法权主体包括最高权力机关人民代表大会及其与政府地位相若的人民法院、人民检察院等国家机关，包括执政党，也包括政治协商会议等准国家机关。与此相联系，广义的行政体制改革实际上包括了一切与国家公共行政权力的归属及其行使相联系的改革。从狭义上说，行政体制改革特指以狭义政府即国家行政机关为中心的国家行政系统的改革。在这一体制中，国家行政机关是主要的或唯一的权力、行为

和责任主体。[1]

陈泰锋认为,行政体制的内涵为"行政系统内部围绕权力的划分和运行所形成的一种制度化的关系模式,是行政责任划分、行政组织结构、行政管理制度和方式、行政运行机制的总和"[2]。对此的理解包括四个方面:行政权力的划分和配置是行政体制的核心;行政组织机构和行政管理制度是行政体制的外在表现形式;行政体制是政治体制的重要组成部分;行政体制的形成与发展受到社会基础体制的制约和影响。而行政体制改革的实质就是"探索如何科学、合理地设计、建立和完善这套制度,以实现行政管理的科学化、现代化、合理化和高效化的过程"[3]。其基本要素包括五个方面:一是行政职能转变;二是行政组织结构调整和变革;三是行政运行机制改革,其中包括协调机制、激励机制、适应机制和制约机制改革;四是行政人事体制改革;五是行政财务体制改革。

颜廷锐认为,行政体制是制度化的行政关系及其相关的政治关系,是有关行政的"体"(行政主体、行政客体和有关政治主体及其基本关系)和"制"(相关基本制度)的总和。所谓行政体制改革就是有意识地对相关行政体制进行改革,以适应时代的要求和挑战,从而达到增强行政组织效能的活动。[4]

任晓认为,行政改革的含义是"行政组织和行政人员的改革,是有意识地改变行政组织的结构、功能和行政人员的行为方式,增强行政效能,以适应环境变化和要求的活动"[5]。

谢庆奎、燕继荣和赵成根认为:"行政改革就是指在政府行政管理范围内,为提高行政效率、改变旧的和建立新的行政制度和方法所采取的有计划的行政行为,它包括行政机构改革,行政职能的转变和合理配置,管理方式和原则的改革,人事制度的改革,中央和地方关

---

[1] 张国庆主编:《行政管理概论》,北京大学出版社2008年版,第599—600页。
[2] 陈泰锋:《WTO与新一轮行政体制改革》,人民出版社2006年版,第1页。
[3] 陈泰锋:《WTO与新一轮行政体制改革》,人民出版社2006年版,第3页。
[4] 颜廷锐:《中国行政体制改革问题报告:问题·现状·挑战·对策》,中国发展出版社2004年版,第10页。
[5] 任晓:《中国行政改革》,浙江人民出版社1998年版,第16页。

系的调整等。"①

笔者认为，对于行政体制改革内涵的界定需要从理论和实践两个角度考虑。

从理论的角度考虑，是指其含义必须符合一般的理论设定，对于不属于行政体制范畴的内容就不应纳入研究的范畴。现在很多研究行政体制改革的学者对于行政体制改革内涵的认识比较混乱。首先是对概念认识的混乱，有一部分学者称之为"行政体制改革"或"行政管理体制改革"，另有一部分学者称之为"行政改革"，还有一部分学者称之为"政府改革"。笔者认为，"行政体制改革"属于一种比较规范的称呼，它是一个和"经济体制改革""政治体制改革"相对应的叫法，称之为"行政体制改革"较为符合语言习惯。另外，党的十四大报告首次提出了"行政体制改革"这一概念，并在各种正式文件中沿用下来。其次是内容认识上的混乱。很多学者有一种泛行政化的倾向，把我国对于各种社会事务的管理改革都纳入行政体制改革的范畴，如社会保障改革、教育卫生改革。当然从行政职能的角度来看，这些都属于行政职能的改革范畴。但笔者认为，行政体制改革应有其自身的研究范畴，不应将其过分泛化，其内容包括五个方面：行政机构的改革、行政人事的变革、行政关系的调整、行政职能的转变和行政效能的提高。所谓行政机构改革是指各级行政机关为了更好地进行功能输出而对自身进行的改革，主要包括机构和人员的精简与调整。所谓行政人事的变革是指对行政人员的选拔、录用、考核、奖惩、辞退等制度的变革，在我国主要表现为公务员制度的变革。行政关系的调整主要指各级行政机构和行政组织相互之间权力和职能关系的调整，包括中央和地方权力关系的调整、各级政府部门间关系的调整。行政职能的转变是指行政机构对外承担的职责和对外输出的功能转变，行政系统作为整个社会大系统的一个子系统，其职能的转变应当适应和服从于外部系统环境的变化，就我国当前而言，主要是适应经济体制和政治体制改革的变化，其主要表现为政企分开、政资分开、政事分开、政社分开以及党政职能分开。行政效

---

① 谢庆奎、燕继荣、赵成根：《中国政府体制分析》，中国广播电视出版社1998年版，第274—275页。

能的提高是指通过行政管理方式的变革以提高行政机构对社会要求的回应性。以上五个方面的内容不是相互孤立，而是相互联系的。其中行政职能转变和行政效能提高是根本，行政机构改革、行政人事变革和行政关系调整是外在表现形式，这五个方面在实践中是相互促进的，没有行政职能的转变，行政机构改革就很难成功，同样，没有行政机构改革的推进，行政职能也很难发生转变，我国的行政体制改革进程一再证明了这一点。

从实践的角度考虑，是指对行政体制改革的研究必须考虑我国的行政体制改革实践。虽然有很多内容不属于严格理论意义上的行政体制改革，但是考虑到我国行政改革实践中的特殊性，必须将其放在研究范围内。笔者在10年前回顾行政体制改革30年成果时就提出要把党政群团改革进行统筹考虑，统一纳入我国的行政体制改革进程中。我国的行政体制改革实践应当服务于我国的改革开放进程，而不是自我设限，把改革局限在行政体制自身相对狭窄的领域里。因为如果只考虑行政体制改革而不考虑党政群团改革的话，那就不是一个完整和全面的改革。研究者如果只研究行政体制改革而不顾及其他的话，那么也就不是全面的研究。因此应当充分发挥我国的政治制度优势，从更高的层面统筹设计我国的党政群团一体化改革，高屋建瓴地进行顶层设计，这样，我国的行政体制改革成果才能更全面、完整，而不至于出现上下左右掣肘的情形。笔者欣喜地看到，在党的十九大上，党中央提出要把党政群团机构改革进行统筹考虑，将编制打通使用，充分挖掘编制资源。同时国家还出台了具体的党政群团改革方案并予以实施，真正实现了广义上的行政体制改革，使行政体制能够更好地服务于政治、经济和社会发展。

（一）改革开放以来行政体制改革的历程

以时间为轴线可把行政体制改革历程划分为六个阶段。每次改革基本上是以国务院启动的大规模机构改革为标志，每一阶段都形成了各自的重点和特征。第一阶段的改革以1982年五届人大二十二次常务委员会通过的《关于国务院机构改革问题的报告》为标志。在其后的每届人大一次会

六 转变职能，重塑政府：改革开放以来的行政体制改革 497

议上，国务院都会提出新一轮以政府机构改革为重点的行政体制改革方案，每一次改革的重点各有不同。1982年第一轮行政体制改革的重点是精简机构。1988年行政体制改革则是第一次提出了转变政府职能，从而大大丰富了行政体制改革的内容。1993年启动的第三轮行政体制改革则是在社会主义市场经济背景下开展的第一次行政体制改革，再次提出了以政企分开为核心内容的政府职能转变任务。但由于社会主义市场经济体制初步确立，各种配套机制还很不完善，这一次行政体制改革力度不是很大，是一次具有过渡性质的改革。1998年启动的第四轮行政体制改革是改革开放以来力度最大的一次改革，在这次改革中撤并了一大批专业经济管理机构，同时启动了行政审批制度改革和地方公共行政综合改革试点，使政府职能进一步转变，为推动市场经济的进一步发展提供了坚实的基础。2003年启动的第五轮行政体制改革则是在我国加入WTO这个大背景下进行的，这次改革的重点在于理顺关系、强化监管，进一步转变政府职能，打造服务型政府，提高政府效能。2008年政府机构改革是2003年改革的进一步深化，重点是"探索实行职能有机统一的大部门制，健全部门间协调配合机制"[①]。2013年在深化大部门制改革的基础上，以审批制度改革为核心，进一步转变政府职能，提出审批的"负面清单"制度，大力简政放权。2018年启动的第六轮改革则呈现出全新的面貌，引入了全新的改革思路，试图从根本上解决困扰我国行政体制改革顺利推进的深层次问题。这次改革所涉及的范围之广，改革的力度之大都是前所未有的。这次改革的成果必将为我国进一步发展提供强大的体制动力。

笔者在行文时基本上是按照时间顺序展开的，按照每一个阶段的改革主题进行论述，力图把该阶段所启动的重大改革事项纳入进来。需要说明的是，某些阶段所启动的行政体制改革事项并不一定会在当阶段结束，为了保证论述的完整性，在就每一个阶段的相关主题进行论述时会跨越该阶段。比如我国在第一阶段所启动的市管县改革一直持续到2000年，但主要改革事项是在第一阶段部署的，在叙述时就放在了第一阶段中。

---

① 胡锦涛：《高举中国特色社会主义伟大旗帜 为夺取全面建设小康社会新胜利而奋斗——在中国共产党第十七次全国代表大会上的报告》，人民出版社2007年版。

1. 第一阶段：1982年改革——重点是精简机构

在党的十一届三中全会以前，为了恢复和发展国民经济，根据当时的历史条件和客观环境，中国实行的是权力高度集中的行政管理体制。这种行政管理体制在当时的政治经济社会条件下曾发挥了积极的作用，有力地促进了经济建设的发展。其间虽然也进行了多次行政管理体制方面的探索，并且实施过多次政府机构调整，但从整体上看，没有突破当时的政治体制和经济体制的限制。在党的十一届三中全会以后，情况发生了历史性的变化，尤其是经济体制改革的推行，使行政体制日益暴露出一系列缺陷，促使党中央把我国的行政体制改革提上了议事日程。

（1）改革的背景

1982年改革的背景是"文化大革命"结束后政府中所存在的机构臃肿、人员增多和人员老化等现象。在1977年到1981年的短短5年中，国务院先后恢复和增设了48个行政机构，其中1978年和1979年两年增设得最多，达到38个。到1981年底，国务院设部委52个，直属机构43个，办事机构5个，共计100个行政机构，行政机构数达到了中华人民共和国成立以来的最高峰，行政人员数也达到5.1万人。这个时期中央政府机构变化呈现出以下几个特点：

第一，机构剧增。以1978年为例，从国家计划委员会中分设出国家经济委员会和国家统计局，从农林部又分设出国家林业总局、国家农垦总局、国家水产总局，从第四机械工业部分设出国家广播电视工业总局，从轻工业部分设出纺织工业部，从商业部分设出中央工商管理总局，从石油化学工业部分设为石油工业部和化学工业部，国家标准计量局分设为国家标准总局和国家计量总局。

第二，行政层次增加。在国务院和各部委之间，又增设了若干协调委员会。1979年3月，在国务院下设立财政经济委员会，由于1980年中央财经领导小组成立，1981年该委员会又被撤销。1979年2月，五届全国人大常委会同意设立国家农业委员会，同年5月，中共中央、国务院发出《关于国家农业委员会的任务和机构的通知》，确定国家农业委员会是国务院指导农业建设的职能机构，其主要任务之一是协调农业部门之间、农业与其他部门之间、中央农业部门和地方之间的配合。这样在农业部、国家农垦总局、农业机械部与国务院之间又多出了一个行政层次。1980年2月，国务院设立机械工业委员会，同年12月又更名为中华人民共和国机械工业委员会，成为国务院正式组成机构，统一管理一机部（包括国家仪器仪表工业总局）、四机部（包括代管的国家广播电视工业总局、国家电子计算机工业总局）、六机部、农机部的工作。机械工业委员会的职能为统一规划和协调国务院其他部门管理的民用机械制造工业和各省、市、自治区管理的民用机械工业。与此相似的机构还有1980年设立的国家能源委员会。

第三，人员冗余。各个部委都大量设置副职，其中冶金部设有19个副部长，创下了历史纪录，为此很多部委不得不在副职中增设第一副部长和第一副主任。

第四，人员严重老化。一大批老干部在平反之后被恢复或重新安排工作，在这些老干部中，相当一部分处于60—70岁乃至70岁以上。

中央政府机构在这个时期剧增，主要出于以下几个原因：

首先是政治上的原因。一大批干部的平反是促使机构剧增的一大推动力。1977年8月召开的党的十一大决定对过去审查干部中遗留下来的问题进行认真的处理，可以分配工作而没有分配工作的，要尽快分配工作。1978年12月党的十一届三中全会召开以后，加快了平反工作的步伐。"已经得到平反的，据不完全的统计，总数已经有二百九十万人。没有立案审查而得到平反的，比这个数字还要大得多。"[1] 这些人中很多属于中高级干部，为给他们恢复职务，必然要因人设事，因人设岗。

其次是经济建设的原因。"十年动乱"结束以后，中国的国民经济走到了崩溃的边缘，百废待兴，如何整顿国民经济以扭转局面就成了当务之急。强化集中管理作为我国一贯使用的手段必然会被拿出来应急，因此恢复在"文化大革命"中被撤销的机构就成了一个必然的选择。在1977年至1981年增加的48个机构中，属于恢复和增设的，大致各占一半。

最后是行政机构设置法制化的缺乏。由于缺乏必要的法制化程序，往

---

[1] 《邓小平文选》第2卷，人民出版社1994年版，第243页。

往是领导人的一个意见,一个批示就决定了一个机构的设置。这就导致机构设置的随意性太大,对机构设置的必要性和负面后果难以进行深入的思考。

(2) 改革的决策历程

改革开放3年的机构剧增和人员膨胀给国家改革开放事业的进行带来了很大的负面影响。邓小平和中央决策层对这一问题也早有察觉,邓小平在《精简机构是一场革命》的讲话中曾指出:"如果不进行这场革命,不论党和政府的整个方针、政策怎样正确,工作怎样有成绩,我们却只能眼睁睁地看着党和政府的机构这样地缺少朝气、缺少效率,正确的方针、政策不能充分贯彻,工作不能得到更大的成绩,我们怎么能够得到人民的谅解,我们自己又怎样能安心?"[①] 1977年12月,他在中央军委会议上说:"现在一提出要解决什么问题,就要增加机构,增加人,这不行。"[②] 1978年12月,他在中共中央工作会议闭幕会上又提到这个问题,他说:"现在我们的经济管理工作,机构臃肿,层次重叠,手续繁杂,效率极低。"[③] 1979年,他又针对人员老化问题发表了意见:"现在各级领导班子岁数太大,精力不够……庙只有那么大,菩萨只能要那么多,老的不退出来,新的进不去,这是很简单的道理。"[④] 1980年8月,邓小平在中央政治局扩大会议上做了《党和国家领导制度的改革》的讲话,指出当前官僚主义的种种表现,"高高在上,滥用权力,脱离实际,脱离群众,好摆门面,好说空话,思想僵化,墨守成规,机构臃肿,人浮于事,办事拖拉,不讲效率,不负责任,不守信用,公文旅行,互相推诿"[⑤]。同时,他也分析了产生的原因,指出"它同我们长期认为社会主义制度和计划管理制度必须对经济、政治、文化、社会都实行中央高度集权的管理体制有密切关系。我们的各级领导机关,都管了很多不该管、管不好、管不了的事"[⑥]。1982

[①] 《邓小平文选》第2卷,人民出版社1994年版,第397页。
[②] 《邓小平文选》第2卷,人民出版社1994年版,第76页。
[③] 《邓小平文选》第2卷,人民出版社1994年版,第150页。
[④] 《邓小平文选》第2卷,人民出版社1994年版,第191—193页。
[⑤] 《邓小平文选》第2卷,人民出版社1994年版,第327页。
[⑥] 《邓小平文选》第2卷,人民出版社1994年版,第328页。

年邓小平在中央政治局讨论机构改革会议上针对政府机构改革又发表了一个重要谈话。在这次谈话中,他针对这次改革的重要性、实现的途径等问题做出了部署。他指出,这次"精简机构是一场革命……这不是对人的革命,而是对体制的革命"[1],在这次精简机构中全国要涉及几百万人,如何安置这几百万人,邓小平也提出了他的设想,即采取岗位轮训的办法,"一部分在岗位上工作,其他的人抽出来轮训,学习考试合格以后,到岗位上工作,再让现在岗位上的人去接受轮训"。[2]

根据中共中央的建议,从1981年下半年开始,国务院对政府机构中存在的若干问题进行了若干次讨论,决定对国务院各部门进行改革。五届人大四次会议《政府工作报告》就对行政改革进行了专门论述:"国务院根据中共中央的建议,对克服官僚主义的问题又进行了多次研究和讨论,决心采取果断措施,坚决改变部门林立、机构臃肿、层次繁多、互相扯皮、人浮于事、副职虚职过多、工作效率很低这类不能容忍的状况,以便有效地领导现代化建设工作。国务院决定,从国务院各部门首先做起,进行机构改革,限期完成。……在政府机构的改革中,国务院各部门将作较大的裁减或合并,人员将尽量精简,领导干部将有较大的变动……在精简机构的同时,要用行政立法明确规定国务院和地方各级政府的各部门的职责权限,以及各个行政机构内部的各个组织和工作人员的职责范围。要建立国家工作人员的严格考核制度和奖惩制度。坚决纠正相互推诿、办事拖拉、对工作极不负责的恶劣习气,坚决扫除热衷于搞文牍旅行而不解决实际问题的衙门作风。在精简机构的过程中,要有计划地把思想政治好、有业务知识和实践经验、有领导才能的优秀中青年干部,提拔到各级领导岗位上来,努力实现领导人员的革命化、知识化、专业化、年轻化。"[3]

国务院总理根据中央政治局会议的决议和五届人大四次会议所提出的机构改革目标,于1982年3月2日向第五届全国人大常务委员会二十二次会议提交了《关于国务院机构改革问题的报告》,该报告于1982年3月

---

[1] 《邓小平文选》第2卷,人民出版社1994年版,第397页。
[2] 《邓小平文选》第2卷,人民出版社1994年版,第397页。
[3] 《中华人民共和国第五届全国人民代表大会第四次会议文件》,人民出版社1981年版,第51页。

8日得到批准,同时人大常委会还决定于1983年展开省、市、自治区的政府改革工作。

在党的十二大上,党中央进一步深化了对行政改革的认识,提出了党政分工的改革目标,即在坚持党的领导的前提下,对党和政府的工作、企事业单位中党的工作和行政、生产工作进行适当分工。"党的工作和政府的工作,企事业单位中党的工作和行政、生产工作,必须适当分工。党不是向群众发号施令的权力组织,也不是行政组织和生产组织。党当然要对各方面的工作和各项生产建设事业进行领导,而这种领导要充分有效,就必须熟悉业务,结合业务进行。但是党的领导主要是思想政治和方针政策的领导,是对于干部的选拔、分配、考核和监督,不应当等同于政府和企业的行政工作和生产指挥。党不应当包办代替他们的工作。只有这样,党才能保证政府和企业独立地、有效地进行工作,自己也才能精力集中研究制定重要的政策,检查政策的执行,加强对党内外干部和群众的思想政治工作……当然,在强调党政分工的时候,有关政府工作和经济工作的重大问题仍然必须由党作出决策,一切在政府机关和企事业单位工作的共产党员都必须坚决服从党的领导和执行党的政策。"[①]

(3) 国务院机构改革

1982年3月9日,第五届全国人大常委会二十二次会议通过了《全国人民代表大会常务委员会关于国务院机构改革问题的决议》。根据党中央和国务院的部署,第一批改革的有12个单位:电力工业部、水利部、商业部、全国供销合作总社、粮食部、国家进出口管理委员会、对外贸易部、对外经济联络部、国家外国投资管理委员会、化学工业部、煤炭工业部和纺织工业部。之后其他部门的改革陆续确定了方案,付诸实施。具体而言,这次改革包括以下举措:[②]

——改革国务院领导体制。

国务院副总理由原来的13人减少为2人,同时设置了相当于副总理

[①]《中共中央文件汇编》,中共中央党校出版社1994年版,第234—236页。
[②] 本部分内容参考自《关于国务院机构改革问题报告——一九八二年三月二日在第五届全国人民代表大会常务委员会第二十二次会议上》,《新华月报》1982年第6期;任晓《中国行政改革》,浙江人民出版社1998年版,第182—186页。

级的国务委员，这些国务委员一部分兼任部长或委员会主任，一部分为专职委员，他们受总理或国务院常委会议委托负责某些方面的工作或重要的专项任务，在对外事务中可代表总理进行重要活动。由国务院总理、副总理、国务委员、国务院秘书长组成国务院常务会议。

——精简机构。

国务院工作机构总数由原来的100个减少到61个，其中国务院部委由52个裁并为42个，直属机构由42个裁并为15个，办公机构由5个裁并为3个，同时增设了国家经济体制改革委员会，主任由总理兼任。在司局级层面上，据38个部委统计，原司局级机构有720个，现在减少32%，中央直属单位局级干部减少11%，处级单位减少10%。具体包括以下内容：

一是重新组建国家经济委员会，扩大其职权和范围。扩大的职权范围包括：国民经济年度计划执行情况的督促检查，农业、工业、基本建设、铁路交通、财政金融、内外贸易各部门当年经济活动中需要组织协调的事项；国家当年的经济体制改革工作；国家机械工业委员会、国家能源委员会和国务院财贸小组原主管的一部分职能；原建筑材料工业部改成的建筑材料工业局，国务院直属的标准局、计量局、专利局、医药管理局均直属于新组建的国家经济委员会，同时为了对外交往的需要，这五个局的名称前面可加注"中国"或"国家"字样；撤销国家基本建设委员会，将其所属的综合局、设计局、重工业局、燃料动力局、化工轻工局、交通局、国防军工局和施工局的一部分并入国家经委；国家科委的生产技术工作划归国家经委。

二是国土局并入国家计委。

三是设立城乡建设环境保护部，该部由原来的国家城市建设总局、国家建设工程总局、国务院环境保护领导小组办公室、国家测绘总局、设备材料局、建筑工程机械局和国家基本建设委员会一部分合并而成。其中原国家测绘总局并入该部后，称国家测绘局。

四是将进出口管理委员会、外国投资管理委员会、对外经济联络部和对外贸易部合并，设立对外经济贸易部，进出口商品检验局由国务院直属改为由对外经济贸易部直属。同时，该局还可在名称前加注"国家"字样，以利于对外交往。

五是农业部、农垦部和国家水产总局合并,设立农牧渔业部。

六是设立电子工业部,该部由原第四机械工业部、原国家广播电视工业总局、原国家电子计算机工业总局合并而成。

七是原第二机械工业部改为核工业部,原第三机械工业部改为航空工业部,原第五机械工业部改为兵器工业部,原第七机械工业部改为航天工业部。

八是撤销第六机械工业部,将原第六机械工业部和交通部的直属船舶工业企业合组为船舶工业总公司。

九是将商业部、全国供销合作总社和粮食部合并,组建新的商业部。其中全国供销合作总社同商业部合并后,保留名称,作为群众组织,对内外开展必要活动。

十是设立机械工业部,该部由原第一机械工业部、原农业机械部、原国家仪器仪表工业总局、原国家机械设备成套总局合并而成。

十一是设立文化部,该部由原文化部、原对外文化联络委员会、原国家出版事业管理局、原国家文物事业管理局、原外文出版发行事业局合并而成。

——减少领导干部职数。

规定部委正副职数3—5人(计委、经委、外交部除外),部属司、局正副职数2—3人。改革后的43个部委领导班子由540多人减为180多人,减少了65%,司局长减少了43%,同时具有大学水平的领导由37%提高到52%,一大批年富力强、具有较高文化程度和专业知识水平的干部进入领导岗位。

——废除实际存在的领导干部终身制,建立干部离退休制度。

1982年2月20日,中共中央颁发的《关于建立老干部退休制度的决定》明确规定:担任中央机关部长的干部退休年龄一般不超过65岁,副部长、司局长和相当一级的干部一般不超过60岁。在实际改革中,最终部委干部平均年龄由64岁降到60岁,司局级干部平均年龄由58岁降到54岁。其中一大批老干部退出了第一线,1982年全国有3万多老干部办理了离职休养的手续,其中中央机关部长一级干部有145人,占部级应离休人数的64%;司局级干部2273人,占司局级应离休人数的88%。

——精减人员。

规定将当时国务院及其所属部门51000名机关人员精减25%。在人员编制方面，国务院各部门从原来的5.1万人减为3万人；同时考虑到精减人员安置的难度，在紧缩编制的同时实行了"定编不定人"的改革政策，对富余人员进行在职培训。不定谁是编内，谁是编外。只要有条件进行学习的，都要轮流组织他们学习文化知识。学习一段时间再去工作，工作一段时间再去学习，在学习和工作中分别进行考核，从中选拔优秀干部到更适当的岗位上去。

(4) 地方行政体制改革

——地方行政机构改革。

1982年，中央一级党政机构改革基本完成，随后省、市、自治区政府和地市州党政机关于1983年展开了大规模的改革。中共中央、国务院于1982年12月7日发出了《关于省、市、自治区党政机关机构改革的若干问题的通知》，提出改革的目标是调整和加强各级领导核心，精简庞大臃肿的机构，选拔大批优秀中青年干部，轮训在职干部，克服官僚主义，大大提高工作效能。其后于1983年2月15日又颁发了《关于地市州党政机构改革若干问题的通知》。综合而言，内容包括以下几点：①

一是领导配备。在本次行政体制改革前，省级政府领导干部老化现象非常严重，领导职数空前膨胀。当时29个省、直辖市和自治区政府中，副省长（副市长、副主席）数超过10人的有19个，最多的是山西和广西，副省长（副主席）达15人之多，西藏为14人，广东为13人，河北、吉林、新疆、四川、北京各12人。现在中央要求按照精简干部的原则和革命化、年轻化、知识化、专业化的方针选拔一批德才兼备、年富力强、能够开创新局面的干部进入领导班子。省级政府领导人员的配备，设省长（主席、市长）1人，副省长（副主席、副市长）3—5人，个别省市不超过6人。政府委、厅的局级领导干部正副职配备为2—4人。地区行署专员设1正2副，个别地区确因工作需要，可多配副专员1人。州政府领导职数参照地区规定，可增加1—2人，部门领导职数为2—3人。县政府县

---

① 参见中国社会调查所《中国国情报告》，辽宁人民出版社1998年版，第697—699页。

长 1 人，副县长 2—4 人，部门职数为 2—3 人。

二是机构设置。中央要求必须大力缩减经济管理部门，加强和完善经济综合管理部门、统计监督部门、立法执法部门。机构设置上不必与中央完全对口，各省市间不必相互看齐。机构层次上宜少不宜多。省、直辖市、自治区政府直接领导各委、厅、局，不要再设中间领导层次。临时性机构要进行清理，大部分要撤销，有些必须保留的应改为协调性组织。同时中央还对省、直辖市、自治区党委和政府工作部门设置数做了规定：省、市（地）、县各级政府机构一般精减 25% 左右。省、自治区政府工作部门从 50—60 个减为 35—40 个，小的省、自治区可以少于 35 个，大的省可以多于 40 个，直辖市政府机构稍多于省政府工作部门；城市政府机构从 50—60 个减为 45 个左右；行署办事机构从 40 个左右减为 30 个左右，县政府部门从 40 多个减为 25 个左右。

三是人员编制。省和自治区一级根据人口多少、面积大小、行政区划单位多少和政治经济文化发展的不同情况，按照大中小分类确定编制，一般为 3000—5000 人，人口特多、经济文化事业发达的省可以多于 5000 人，反之，应少于 3000 人。直辖市党政群机关的人员编制按城市人口（不含市辖县的人口）的 3‰ 到 4‰ 核定，郊区人口所占比重过大的，编制比例适当降低。地区党政群机关人员编制一般不超过 300 人。县级机关人员编制在原来（截至 1982 年底）全国 143 万余人（不包括公安、检察院、法院、司法行政机关人员）的基础上精简 20%，基数大的应当多精简，精简比例在 25% 以上；基数小的可适当少减。最终省、自治区、直辖市党政机关人员应从 18 万人减为 12 万余人。市县机关工作人员约减 20%；地区机关精简幅度更大一些。

——地方行政关系的调整：实行市领导县体制。

市领导县的体制最早发生于 1958 年，当时河北省撤销天津地区，将其所辖的武清、静海等 12 个县划归省辖市的天津市领导。此后辽宁省撤销了全部专区及专员公署，由 10 个地级市领导 43 个县和 1 个县级市。但在 1961 年以后，随着经济调整和整顿的开始，大量县市又恢复了原有体制。

1982 年 2 月 15 日，中共中央、国务院发出《关于地市州党政机关机构改革若干问题的通知》。该通知第一条就是要求积极试行地市合并，提出"在进行地、市改革时，指导思想上必须明确，以经济发达的城市为中心，以广大农村为基础，逐步实行市领导县的体制，使城市和农村紧密地结合起来，充分发挥两方面的优势，互相支援，统一领导，促进城乡经济、文化事业的发展，这是我们改革的要求。"该通知认为，现行地区管理体制的弊端日益明显，主要表现为：（1）机构重叠。在政治、经济紧密相连的一个地区和城市内，往往存在地、市、县、镇几套领导机构，层次重叠，部门林立，行政人员日益增多。（2）人为地造成城乡分割、条块分割的局面，工作中相互矛盾，抵消力量。（3）严重阻碍经济文化事业的协调发展。该通知同时要求将地区改名为名副其实的派出机关，由实变虚，每个地区的编制由当时的1500人左右压缩至300人。[1]

1982年3月，国务院批准江苏在全省实行地市合并，以11个地级市领导全省62个县。1982年12月，中共中央、国务院发出《改革地区体制、实行市领导县体制的通知》，肯定了辽宁省实行市领导县的经验，并决定推广市领导县行政体制，将实行地市合并或地改市作为1983年地方政府改革的一项重要内容。由此市领导县的体制在全国推行。

市领导县的改革在实践中表现为三种基本模式：

一是地市合并式：指地区行政公署与地级市政府实行机构合并而领导周围各县的模式。地市机关合二为一，由市政府领导周围各县的改革，从城乡分治走向城乡合治。至1986年底，全国已撤销52个地区行政公署，占原有170个地区行署的30.5%，其中大部分采用了这种模式。

二是划县入市式：指地级市政府并没有与地区行政公署实行机构合并，而是从周围地区划入一定数量的县划归其领导的模式。江苏的南京、无锡、常州、连云港等市均属这种模式。如常州市原属地级市，但不领导县，1983年3月，江苏从已撤销的苏州、镇江地区划入武进、金坛和溧阳三县归其领导。

三是建市领县式：指的是某个地区原来并没有一个地级市建制，而为了实现市领导县的体制，新设了一个地级市和市政府，并由它来领导周围

---

[1] 萧斌：《中国城市的历史发展与政府体制》，中国政法大学出版社1993年版，第347页。

各县的模式。具体表现为三种形式：第一种是将原县级市升格为地级市领导各县。第二种是将县改市升格为地级市、地区行署机关改为市政府机关而领导各县。如江苏省原盐城地区行政公署，机关设在一个县属镇上，1983年江苏撤销盐城地区和盐城县，设立盐城市，将建湖、大丰等7县划归盐城市管辖。第三种是将地区行署机关直接改为地级市机关，新设市建制而领导县。1987年，浙江省撤销舟山地区，设立地级舟山市，原该地区定海、普陀二县成为舟山市的定海区和普陀区，同时还领导岱山等县。

由于中央要求地区由实变虚，各地实行市领导县体制的积极性很高。据民政部统计，仅1984年3—4月就有14个省、自治区要求撤销33个地区，38个县级市升格为地级市，市领导的县由66个增加到427个，并将7个县级市委托地级市代管。针对各地实行市领导县的热潮，1983年6月14日，中共中央办公厅、国务院办公厅在《关于地、市、州机构改革中应注意的几个问题的通知》中指出："实行地市合并、由市领导县的体制，目前在全国范围内仍处于试点阶段。除了条件确已具备，合并后有把握促进城乡密切结合、经济文化事业发展的地方可以试行以外，不宜多搞，更不可单纯从安排干部出发，在条件不具备的地方匆忙推行地市合并。……已经正式实行了地市合并、市领导县的体制的地方，也不要再作新的变动。并且要及时总结经验，切实加强领导，努力把它办好。如果有的市带的农村太多，可以适当划出一部分。有些地市虽然原已拟定合并，并经中央批准，但如果认为条件还不是十分具备，而且还没有正式宣布合并的地方，就不要急急忙忙合并，待总结试点经验以后再定。"[①] 尽管中央发出通知，截至1983年底，仍有126个市领导517个县、5个自治县、9个旗、3个特区，代管8个县级市，平均每个市领导4.3个县。[②]

市领导县的机构改革在1985年、1988年、1994年前后形成了数次小高潮，领导县的市数增加较多，1985年有19个、1988年和1994年有12个，市领导的县数增加较多，1985年有101个、1993年和1994年有103个。继江苏省之后，辽宁省在1984年、广东省在1988年、河北省在1996

---

① 参见中国劳动咨询网，http://www.51labour.com/LawCenter/lawshow-40362.html。
② 浦善新：《中国行政区划改革研究》，商务印书馆2006年版，第68页。

年先后全面推行市领导县体制。1998年底，全国共有219个市领导876个县、49个自治区、10个旗、1个特区，代管292个县级市。1999年中共中央、国务院在《关于地方政府机构改革的意见》中指出："要调整地区建制，减少行政层次，避免重复建设。与地级市并存一地的地区，实行地市合并；与县级市并存一地的地区、所在市县达到地级市标准的，撤销地区建制，设立地级市，实行市领导县体制；其余地区建制也要逐步撤销，原地区所辖县改由附近地级市领导或省辖，县级市由省委托地级市代管。各自治区调整派出机构——地区的建制，要结合民族自治的特点区别对待。盟的建制原则上不动。"[①] 为落实中央精神，民政部也于当年11月22日发布了《关于调整地区有关建制的通知》，适当调整了地改市的标准："地区所在的县级市从事非农产业的人口不低于15万人（人口密度50人/平方公里以下的不低于12万人），市政府驻地具有非农业户口的人口不低于12万人（人口密度50人/平方公里以下的不低于10万人）；国内生产总值不低于25亿元，其中第三产业产值在国内生产总值中的比重不低于30%。财政总收入不低于1.5亿元。"[②] 于是2000年又形成了一次地改市的高潮，当年撤销地区21个，领导县的市、市领导的县分别增加23个和156个，其中浙江、安徽、江西、河南、山东五个省全面推行市领导县体制。截至2004年底，共有18个省、自治区、直辖市全面实行市领导县体制。就全国而言，领导县的市占287个地级市（直辖市）的95.1%，市领导的县占县总数（不包括县级市、市辖区）的77.3%，代管的县级市占374个县级市的83.4%。加上市辖区和代管的县级市，市领导的县级行政区达2429个，占2862个县级行政区的84.9%。[③]

对于市领导县体制的认识，随着年代的发展，也是逐渐变化的。在90年代之前，大部分人的评价是积极的。丁荣生认为，实行市领导县的体制在当时是一种必然要求，有着深厚的社会历史基础。第一，城乡化大趋势呼唤城乡一体化大战略；第二，经济体制改革提出了城乡开通的体制要

---

① 《十五大以来重要文献选编》（上），人民出版社2000年版，第707页。
② 参见法律快车网，http://law.lawtime.cn/d458088463182.html。
③ 浦善新：《中国行政区划改革研究》，商务印书馆2006年版，第68页。

求；第三，省与县之间缺少一级行政体制。但同时他也认为，很多经济不发达的市领导县之后，很难把城市功能辐射到县级行政区域，也就很难实行城乡一体化战略。① 还有人认为，实行城乡一体化并不构成我国实行市领导县的理由，城乡一体化是我国地方行政体制历史发展的趋势。从我国地方行政体制历史发展的演变看，以县为基础的地方政府三级制是主流。我国很多省的面积过大，人口过多，如果省直接管理县则管理幅度过大，这样客观上要求在省与县之间增设一级管理机构。但市不应该承担起城乡一体化的功能，地级市应具有双重性质，对市区来讲，它是城市地区的行政建制，同市辖区一起承担对市区的具体管理；对辖县来讲，它是一般地方行政建制中县的上级行政单位，监督县的行政政务但不直接承担具体管理。只有明确这两种关系，才不会对市提出过高要求。②

但是，随着市领导县体制的发展，学界对市领导县体制的评价逐渐趋向两极，形成了针锋相对的两种意见。浦善新在其《中国行政区划改革研究》中对此做了一个概括。在争论中，赞成的一方认为，试行市领导县体制是探索符合中国国情的城市化道路的有益尝试，实践中出现的问题是前进中的问题，改革的重点是如何进一步完善这种体制，搞好配套改革。而反对的一方则认为，市领导县体制从根本上说是失败的，市领导县的结果不是市帮县，而是变成了"市吃县"，市领导县不仅没有缩小城乡差别，反而从体制上加剧了城市剥削农村、农业反哺工业的不合理状况。③ 暴景升在其《当代中国县政改革研究》中对我国的县改市模式进行了评价分析，他认为，虽然县改市对于促进城乡经济的发展起到了一定的作用，但是从总体上看弊大于利：第一，县改市模式缺乏科学的论证，市与原来的县并无多大差别。第二，从心理和文化上看，县是形成地域文化及心理的基础。第三，造成了中国行政建制上的混乱。在我国存在着四个级别的市级建制，客观上给行政管理、资源开发利用以及城乡关系等方面带来了极大的不便。第四，县改市以后，还形成了"市管市"的体制，使体制更加

---

① 丁荣生：《论市领导县行政体制的社会历史基础》，《复旦学报》（社会科学版）1989 年第 6 期。
② 田穗生：《市管县对地方行政体制的影响》，《政治学研究》1987 年第 1 期。
③ 浦善新：《中国行政区划改革研究》，商务印书馆 2006 年版，第 68 页。

不顺。第五，县改市的内在动机是政府权力扩张，对于原来县区内的农民没有带来多少利益。第六，由县改市是引发"市县"矛盾的行政区划根源。县改成的市是一种广域型建制，其上级——地级市也是广域型建制，必然会在各自谋求发展的问题上发生矛盾。第七，县改市加剧了市乡之间的矛盾。在改市之后，政府将工作重心转移到工商业上，主要财力也用于非农产业，削弱了农业的基础地位。①

——乡镇体制改革：改革政社合一的体制，建立乡政府。

1958年乡政府被人民公社所取代，实行"政社合一"的体制，1982年制定新宪法，改变政社合一体制，建立乡人民政府。1983年10月12日印发《中共中央、国务院关于实行政社分开建立乡政府的通知》，要求各地有步骤有秩序地做好政社分开、建立乡政府的工作，对具有一定条件的集镇，也可以成立镇政府。② 乡政府按照地方组织法规定行使职能，主要是领导本乡的经济、文化和各项社会建设，做好公安、民政、司法、文教卫生、计划生育等工作。乡政府管理经济的主要职责是：制定本行政区域内的经济、社会发展规划并组织实施；协调本行政区域内各村、各经济组织间的关系；监督各经济组织和个体户认真执行国家的法律、法规和政策；保障各经济组织和个体户的合法经济权益，取缔违法经营，打击经济犯罪活动；管理乡级财政，指导和监督合作经济组织，做好财务会计、经济统计和其他经济管理工作，管理推广科学技术成果。乡镇人员的编制按农村人口密度确定，农村人口密度每平方公里管理在300人以上的，编制控制在人口的1‰左右，最高不得超过1.3‰；在200人以上不足300人的，编制最高不得超过1.5‰；在100人以上不足200人的，编制最高不得超过1.7‰；在50人以上不足100人的，编制最高不得超过2‰；不足50人的，编制不得超过2.5‰。乡镇人员分工不宜过细，机构上不与上级部门对口设置，可根据乡镇大小设置一些小组进行综合管理。乡镇政府一般设正副乡长各一人，较大的乡镇增加副职1人。③

---

① 暴景升：《当代中国县政改革研究》，天津人民出版社2007年版，第95—101页。
② 参见中国共产党新闻网，http://cpc.people.com.cn/GB/64184/64186/66701/4495412.html。
③ 中国行政管理学会编：《新中国行政管理简史（1949—2000）》，人民出版社2002年版，第410页。

作为县派出机构的区，除边缘山区、交通不便的地区和管辖范围过大、乡镇数量过多的地区外，一般不再设置乡政府。设镇的地方，由镇管村，不再设乡政府。

(5) 中央地方关系的改革

——中央与省之间财政关系的变革：实行"分灶吃饭"的财政体制。

1980年，中国选取财政分配体制作为政府管理体制改革的突破口，向地方下放财权，改变"收支挂钩，总额分成，一年一变"的财政体制，按照经济管理体制规定的隶属关系，明确划分中央财政和地方财政的收支范围，实行"划分收支、分级包干"的财政管理体制，简称"分灶吃饭"体制。这是传统体制开始向新体制渐变的财政分水岭。除北京、上海、天津三个直辖市外，对不同的地区实行了形式不同的"分灶吃饭"体制。

第一种是对四川、陕西、甘肃、河南、湖北、湖南、江西、安徽、山东、山西、河北、辽宁、黑龙江、吉林、浙江等省份实行"划分收支，分级包干"的办法，规定5年不变。所谓"划分收支，分级包干"是指按照隶属关系，明确划分中央与地方的财政收支范围。在包干的5年中，自行安排预算，自求收支平衡。

第二种是对广东"划分收支，定额上缴"和对福建"划分收支，定额补助"的特殊政策，使作为改革试验区的广东、福建两省能获得较高的地方收入，尽快发展本地区经济。在财政收入方面，除中央直属企业、事业单位的收入和关税归中央外，其余收入均归为地方收入。

第三种是对内蒙古、新疆、西藏、宁夏、广西五个自治区和云南、青海、贵州三个少数民族较多的省，仍实行民族自治地区的财政体制。除保留原来各项照顾措施外，还确定未来5年地方收入增长的部分全部留给地方，中央对这些地方的补助数额每年递增10%。

第四种是对江苏省继续实行固定比例包干的办法，上缴和留用的比例定为上缴61%，留用39%。

1985年，在第二步利改税基础上，将"分灶吃饭"的具体形式改为"划分税种，核定收支，分级包干"，即按照税种和企业隶属关系，确定中央、地方各自的固定收入，另有共享收入；支出仍按隶属关系划分。这时已有"分税制"的概念和讨论，但体制的实质仍是渐进过程中的财政包干制。

1988 年，在 1985 年体制的基础上，对收入比重较大的 17 个省、直辖市和计划单列市，实行"收入递增包干"和"总额分成加增长分成"等几种不同形式的包干办法，简称"地方包干"。企业包干加上财政包干形成了包干制的"鼎盛时期"。

实行"分灶吃饭"之后，财政体制改革取得了以下几个方面的进展：第一，调整国家与企业分配关系，扩大企业留利和更新改造资金规模。经过 20 世纪 80 年代初的利润留成，1983 年和 1984 年的两步"利改税"，1987 年后实行企业承包经营责任制的探索以及 90 年代后逐步树立"税利分流"方向，形成建立现代企业制度的大思路和国有经济战略性改组方针，在扩大企业财权之后，又将生产经营者的法人主体和市场竞争主体地位逐渐引上轨道。第二，改革税制。初步形成了复合税制，适应市场取向改革和国民经济发展与对外开放的要求，使税收在筹集财政收入和调节经济生活方面的作用大大加强。第三，改革基本建设资金管理办法。20 世纪 80 年代曾有"拨改贷"的探索，并在一些建设项目中试行投资包干办法和对工程进行招标、投标承包的经济责任制。从 1988 年开始，对中央级基本建设投资实行基金制办法。20 世纪 90 年代，形成了与市场经济的国际惯例接轨、与现代企业制度相合的企业注册资本金制度。第四，改革行政事业单位管理体制与财务制度，强化支出约束机制。从 1980 年开始，对行政事业单位实行预算包干办法，对有条件的事业单位实行企业化管理；对有收入和经济偿还能力的文教科研事业单位实行周转金制度，并建立科技成果有偿转让制度。

普遍实行的"分灶吃饭"框架内的财政包干制，尽管有以上的进展，但直至实行"分税制"改革前，都没能跳出传统体制把企业禁锢于"条块分割"的行政隶属关系之中的基本格局，也未找到处理中央、地方关系的比较合理、稳定、规范的形式，因而难以适应社会主义市场经济发展的客观要求。如果停留于这种体制，深化改革将遇到无法逾越的阻碍，因此必须跳出行政性分权思路，寻求实质性推进改革的新方向。

——中央与大城市之间权限关系的变革：实行计划单列市。

所谓"计划单列市"就是将这些城市的国民经济和社会发展计划，在国家计划中单列出户头，国家计委和国务院其他有关部门，将单列市视同省一级计划单位,将单列市的计划直接纳入全国计划进行平衡。国家之所以要对一些城市实行计划单列,主要是为了打破城乡分割、条块分割的管理体制,建立以中心城市为依托的经济区域,更好地发挥中心城市在组织生产和流通方面的作用。实行计划单列的原则条件是:历史上长期形成的中心城市地位;具有雄厚的工商业基础和科学技术力量;拥有100万以上的市区人口;150亿元左右的产值;具有"对外开放,对内搞活"的重要战略地位;在全国经济发展中具有某种特殊作用的大城市或特大城市。

从1983年到1989年先后有三批城市实行了计划单列,第一批是重庆、武汉、沈阳、大连、广州、西安、哈尔滨七个城市;第二批是为了实施沿海发展战略,对青岛、宁波、厦门、深圳四个城市实行计划单列;第三批是在1989年开始的治理整顿期间,为了平衡协调各个方面的关系,将南京、成都、长春列为计划单列市。

计划单列市的城市体制改革为这些城市的发展提供了有力的支持,初步发挥了中心城市的效应。据统计,1991年全国14个计划单列市国民生产总值为2583.45亿元,占全国的13.2%,进出口贸易总额达519.61亿元,占全国的38.3%。其中最集中反映城市综合服务功能的经济指标——第三产业在国民生产总值中所占比重达32.9%,超过全国平均水平5.7个百分点。[①]

在实践过程中,计划单列市的体制也遭遇到诸多困境:一是省级经济利益矛盾使计划单列市难以全面实施;二是省辖市的行政地位同省级经济管理权限在实际运作中反差较大,难以协调;三是计划单列市的外部环境未得到根本改善,人们对所期望的实惠有失落感。造成这些困境的原因主要有以下几个方面:第一,对中心城市特别是计划单列市在国民经济发展和宏观调控体中的地位和作用,在指导思想上还没有达成共识。第二,中央、省和单列市的事权、财权和经济调控权没有得到明确的划分和合理配置。第三,计划单列事项不全面,综合发展难。第四,大城市、小财政,城市改革和产业结构调整难。第五,在省区经济运行的机制中,城市经济

[①] 王保畬、孙学光:《社会转型期的计划单列市:功能、困境与出路》,《社会主义研究》1992年第4期。

受到裹胁和掣肘。①

由于上述诸多矛盾，1993年中央政府开始逐步取消计划单列市，并于1994年决定将原有的14个计划单列市以及杭州、济南升格为副省级城市。②

（6）政府职能的初步改革：政企分开

1982年启动的行政体制改革还没有明确提出转变政府职能的概念，但"这一时期对转变职能的认识已经有了许多符合市场取向改革的萌芽，譬如经济管理部门的弱化……但总的来说，还是朦胧的，不规范的"③。党的十二届三中全会对于政府职能转变提出了初步的要求，那就是政企分开。

党的十二届三中全会通过的《中共中央关于经济体制改革的决定》指出："按照政企职责分开、简政放权的原则进行改革，是搞活企业和整个国民经济的迫切需要。……但就政府和企业的关系来说，今后各级部门原则上不再直接经营管理企业。至于少数由国家赋予直接经营管理企业责任的政府经济部门，也必须按照简政放权的精神，正确处理同所属企业的关系，以增强企业和基层自主经营的活动，避免由于高度集中可能带来的弊端。全国性和地区性的公司，是在国民经济发展的需要和企业互有需要的基础上建立的联合经济组织，它们必须是企业而不是行政机构，不能因袭过去的一套办法，而必须学会现代科学管理方法。"④

这个阶段的政企分开改革主要表现为两个方面：

第一，改变政府对企业的管理方式，改直接管理为间接管理，改微观管理为宏观管理。这项改革在实践中遭到很大的阻力，在传统计划经济体制下，企业成为政府的附属物，政府成为一个"全能政府"，现在明确提出"政企分开"意味着政府管理企业的职能要被收回。在传统体制下，这种职能包括项目审批、人事任免、产品鉴定、物资计划分配、税收征收和减免、企业等级、商标注册、工程发包等一系列职能，而这些职能的消除

---

① 萧斌主编：《中国城市的历史发展与政府体制》，中国政法大学出版社1993年版，第310—315页。
② 陶学荣编著：《公共行政管理学导论》，清华大学出版社2005年版，第97页。
③ 夏海：《政府的自我革命——中国政府机构改革研究》，中国法制出版社2004年版，第87页。
④ 《中共中央文件汇编》，中共中央党校出版社1994年版，第281—283页。

往往意味着利益的丧失，掌握这些权力的部门不愿意放弃权力。尽管中央政府颁布很多文件、规定、条例，各地也制定了一系列办法，而且经常组织检查组进行检查，但收效依然不大。中央部门本来想放给企业的自主权也往往被地方政府所截留。

　　第二，改革行政性公司。行政性公司是政府机构与企业之间的一个中间管理层次，它一方面代表政府管理企业，另一方面又以企业的面目与其他企业争权夺利。这些企业在许多方面截留了应由其他企业获得的权力。1987年，国家经委、国家体改委、财政部、劳动人事部发出了《关于撤销行政性公司若干问题的意见的报告》，该报告提出：一是清理、撤销行政性公司是为了适应经济体制改革的需要，也是实行政企职责分开、简政放权的一个重要步骤。二是公司不是行政机构，不能承担政府部门的行政管理职能。除经国务院批准赋予其行政管理职能的个别全国性公司以外，凡属承担政府部门行政管理职能的行政性公司都应该清理、撤销。对既承担政府部门行政管理职能又兼有企业经营活动的政企合一性的公司也要按政企分开的原则进行清理、整顿，使这类企业不再兼有政府行政管理职能。三是经过清理，各部门继续保留的企业性公司，各主管部门应保障这些公司具有国家赋予企业的经营自主权。今后，根据体制改革的进展和国家的统一部署，将逐步与各部门脱钩。四是在行政性公司撤销的同时，各地区、各部门应组织好政府行政管理机构和有关综合部门的配套改革，及时转变工作职能，转变工作方式，调整工作渠道，并制定、修订相应的政策和规定。五是国务院各部门设在各地的行政公司也由各部门统一负责清理、撤销。

　　真正提出"转变职能"概念是在1986年。当年，经国务院同意，国家体改委、劳动人事部共同确定辽宁丹东，山东潍坊，江苏苏州，无锡，常州，安徽马鞍山，福建厦门，浙江绍兴，河南安阳，洛阳，湖北黄石，湖南衡阳，四川自贡，陕西宝鸡，甘肃天水，广东江门16个中等城市开展行政体制改革试点，为全国的机构改革探索道路。[①] 同年5月，在江门

---

　　① 中国行政管理学会编：《新中国行政管理简史（1949—2000）》，人民出版社2002年版，第407页。

市召开了全国第一次中等城市机构改革试点工作座谈会,这次会议提出:以转变政府经济管理职能为主要内容的机构改革是"七五"期间党中央、国务院做出的一项重大决策,是经济体制改革的组成部分,也是从组织上促进和保证各项改革的重要条件。这次会议要求将综合经济管理部门的职能转变为制定长远规划、搞好综合平衡、加强宏观控制,充分发挥计划对商品经济的指导和协调作用。要逐步创造条件,不再由专业局和行政性公司直接管理企业,而由综合管理部门和经济调节、监督部门主要运用经济和法律手段对企业进行监督和管理,并根据新的职能要求提高人员素质。①

(7) 本阶段改革的结果:陷入精简—再膨胀的怪圈

这次改革是一次有益的探索,加快了干部队伍的年轻化,但由于没有触动高度集中的计划经济管理体制,没有真正实现政府职能的转变,已经精简的机构又膨胀起来。在1982年实施机构改革之后的5年中,国务院又增设和调整了多个机构,到1987年底,机构总数达72个。其中增设的机构包括审计署、监察部、国家安全部、国务院法制局、国家空中交通管制局、国家土地管理局、国家烟草专卖局、国家新闻出版署、国家中医管理局、国务院特区办公室、国务院经济调节办公室,其中恢复了国家建筑材料工业局为国务院直属机构,将机械工业部与兵器工业部合并成立了国家机械工业委员会,将教育部改为国家教育委员会,将广播电视部调整为广播电影电视部,将中国文字改革委员会改为国家语言文字工作委员会。同时又成立了12个部委归口管理的机构,增设了一批非常设机构、政企不分的公司、政事不分的事业单位等。这种机构增设、扩大编制的趋势在某些地方政府中表现得更为严重。1986年底,劳动人事部部长赵东宛发表谈话,认为1982年行政体制改革后国务院系统出现了五个增多:②

一是正式机构增多。部委机构从1982年的61个又扩展到71个,司局级机构从828个又发展到963个,处级机构比1982年增加了1230个。

二是变相机构、临时机构增多。从1982年的30个增加到65个,且有继续膨胀的趋势。

---

① 劳动人事部政研室编:《人事工作文件选编》,劳动人事出版社1987年版,第388—395页。
② 任晓:《中国行政改革》,浙江人民出版社1998年版,第186页。

三是人员增多，按1982年核定的编制，国务院系统人员超编4000—5000人。

四是官员职数增多。增加了很多巡视员、调研员，国务院处级干部与一般干部之比为1∶12。

五是事业单位，尤其是中心、协会、学会增多，中央各部全国性事业单位的工作人员达200万人，其中北京就有40万人，并以每年100多个机构，2万人左右的速度递增。

面对这种局面，中央陆续采取了一些措施，试图控制这一势头的蔓延。1983年9月29日，中央组织部和劳动人事部发出《关于严格控制机构膨胀的通知》，该通知规定：第一，各级党政机关的机构设置，必须严格遵照中共中央和国务院的有关规定并报上一级党委和政府批准，不得以任何理由随意批准增设机构；确实需要增设的，必须报上一级党委和政府批准。第二，不准借机构改革之际，随意将机构升格，也不得因上级机关下放领导干部到下属单位任职，就以干部个人的级别待遇为依据，使机构升格。个别机构需升格的，必须事先报请上一级党委和政府批准。国务院各部直属单位需升格的，应报国务院审批。凡未经上级批准自行升格的，应立即予以纠正。第三，各级各部门领导班子人数，必须严格按照上级党委和政府的规定进行配备，任何单位和个人都不得随意增加，超过规定的人数，要坚决压缩。第四，编制就是法规。机构设置和人员编制经上一级审定，就要坚决遵守，任何单位都不得随意增加或变相增加。

1985年3月24日，中共中央办公厅、国务院办公厅再次发出《关于制止党政机关擅自增设机构和扩大编制的通知》，该通知指出，各级党政机关和群众团体不得随意增设机构、提高机构级别，增加机构层次，扩大人员编制，不得超越规定任命副职，更不得增设虚职。可以根据工作需要，撤销或合并机构，允许在不增加编制的前提下，人员合理流动。各地区、各部门要按照党和国家的有关规定，对本地区、本部门的机构设置、人员编制、干部任命等情况进行一次认真的检查清理，凡不符合规定的，要坚决采取措施予以纠正。

1987年4月，中共中央、国务院又发出了《关于制止机构、编制和干部队伍膨胀的通知》，该通知规定：第一，严格限制机构编制的增加，从现在起，在中央统一部署机构改革之前，各级党政机关和群众团体，一般不再增设新的机构；第二，严格控制干部队伍人数，今后各部门、各单位需要吸收录用干部，必须在编制总额内向组织人事部门提出计划、逐级上报，由劳动人事部会同中央组织部审核、平衡，经国务院批准后，下达年度计划指标；第三，坚决按照规定的领导职数配备干部；第四，严格机构、编制的审批程序；第五，对现有机构编制和领导职数进行检查清理。

2. 第二阶段：1988年改革——首次提出转变政府职能

上一轮行政体制改革尤其是政府机构改革并没有取得预期的效果，因此，党的十三大报告提出要抓住转变政府职能这个关键，"按照经济体制改革和政企分开的要求，合并裁减专业经济管理部门和综合部门内部的专业机构，使政府对企业管理由直接管理为主转变到间接管理为主。要从机构配置的科学性和整体性出发，适当加强决策咨询和调节、监督、审计、信息部门，转变综合部门的工作方式，提高政府对宏观经济活动的调节控制能力。要贯彻精简、统一、效能的原则，清理整顿所有行政性公司和近几年升格的机构，撤销因人设事的机构，裁减人浮于事部门的人员"。

党的十三大报告同时还对本轮行政体制改革的其他事项做出部署。对于本轮改革的人员安排，十三大报告提出，"从总体上说，这次机构改革在人员问题上要解决的，主要是调整结构，提高素质。要把人员的调整和培训密切结合起来，有计划分步骤地将一部分人员调整到需要加强的国家机关以及经济、文化组织。"对于这次改革，党中央还提出了法制化的要求，要求用法制化的形式对改革的成果加以保障。十三大报告指出："为了巩固机构改革的成果并使行政管理走向法制化的道路，必须加强行政立法，为行政活动提供基本的规范和程序。要完善行政机关组织法，制定行政机关编制法，用法律手段和预算手段控制机构设置和人员编制。要层层建立行政责任制，提高工作质量和工作效率。要制定行政诉讼法，加强对行政工作和行政人员的监察，追求一切行政人员的失职、渎职和其他违法违纪行为。"

对于中央和地方的关系问题，十三大报告提出："在中央和地方的关系上，要在保证全国政令统一的前提下，逐步划清中央和地方的职责，做到地方的事情地方管，中央的责任是提出大政方针和进行监督。在政府同企事业单位的关系上,要按照自主经营、自主管理的原则,将经营管理权下放到企事业单位,逐步做到各单位的事情由各单位自己管,政府的责任是按照法规政策为企业服务并进行监督。"

十三大报告着重阐述了党政分开的问题,对此进行了大篇幅的论述。十三大报告指出:"党政分开即党政职能分开。党领导人民制定了宪法和法律,党应当在宪法和法律的范围内活动。党领导人民建立了国家政权。群众团体和各种经济文化组织,党应当保证政权组织充分发挥职能,应当充分尊重而不是包办群众团体以及企事业单位的工作。党的领导是政治领导,即政治原则、政治方向、重大决策的领导和向国家政权机关推荐重要干部。……党和国家政权机关的性质不同,职能不同,组织形式和工作方式不同。应当改革党的领导制度,划清党组织和国家政权的职能,理顺党组织和人民代表大会、政府、司法机关、群众团体、企事业单位和其他各种社会组织之间的关系,做到各司其职,并且逐步走向制度化。"

"省市县地方党委,应在执行中央路线和保证全国政令统一的前提下,对本地区的工作实行政治领导。……它们与同级地方政权机关的关系,应在实践中探索,逐步形成规范和制度。乡镇一级的党政分开,可以在县一级关系理顺后再解决。企业党组织的作用是保证监督,不再对本单位实行一元化领导,而应该支持厂长、经理负起全面领导责任。事业单位中的党组织,也要随着行政首长负责制的推行,逐步转变为起保证监督作用。"

为适应党政分开,十三大报告提出,要对党的组织形式和工作机构进行改革,提出:"各级党委不再设立不在政府任职但又分管政府工作的专职书记、常委。党委办事机构要少而精,与政府机构重叠对口的部门应当撤销,它们现在管理的行政事务应转由政府有关部门管理。政府各部门现有的党组织各自向批准它成立的党委负责,不利于政府工作的统一和效能,要逐步撤销。党的纪律检查委员会不处理法纪和政纪案件,应当集中力量管好党纪,协助党委管好党风。现在由上级行政部门党组织垂直领导的企事业单位的党组织,要逐步由所在地方党委领导。"[①]

[①] 本部分关于十三大报告的引述参见《中共中央文件选编》,中共中央党校出版社1994年版,第355—414页。

（1）国务院行政体制改革

在1988年3月28日召开的七届全国人大一次会议上，国务委员宋平就《国务院机构改革方案》做了说明，他说："政府机构改革是政治体制改革的重要组成部分。国务院机构改革方案，是在中共中央领导下，经过一年多时间的调查研究、反复讨论、听取各方面意见后，逐步形成的。1986年9月，中央政治体制改革研讨小组成立后，组成专门小组研究了政府机构改革的基本思路和初步设想，经党的十二届七中全会讨论并得到原则同意。党的十三大以后国务院立即着手国务院机构改革具体实施方案的设计工作，并召集国务院30多个部、委、局的70多位新老领导同志座谈，对初步方案又作了较大修改。国务院于1987年12月30日召开全体会议，对国务院机构改革方案进行了讨论。会后，就机构改革重点部门定职能、定机构、定人员编制的'三定'方案与有关方面进行对话，最后形成了现在提交大会审议的方案。"

——改革的必要性。

党的十一届三中全会以来，由于经济体制改革的全面展开，机构的弊端愈益突出，主要表现在：政企不分，结构不合理，在职能上微观管得过多，宏观调控不力；机构臃肿、层次过多，职责不清、相互扯皮，工作效率不高；政府工作人员的素质和结构不适应经济的、法律的间接管理方式，等等。经济体制改革的进一步深化和政治体制改革的展开，要求相应地转变政府机构的职能和管理方式，调整机构设置的总体格局及其职责权限。机构不改革，经济体制改革就难以深化，已经取得的成果就难以巩固，政治体制改革的许多措施也难以落实。所以，必须下决心对政府机构自上而下地进行改革。

——改革的目标和要求。

李鹏总理在七届人大一次会议上所作的《政府工作报告》提出了本次行政体制改革的目标：机构改革的长远目标，是要建立一个符合现代化管理要求，具有中国特色的功能齐全、结构合理、运转协调、灵活高效的行政管理体系。要达到这个目标，需要经过长期的努力。今后5年机构改革的目标是，理顺关系、转变职能，精干机构、精减人员，提高行政效率，克服官僚主义，增强机构活力。要创造条件，逐步理顺政府同企事业单位和人民团体的关系、政府各部门之间的关系以及中央政府同地方政府的关系。

改革的基本要求是：转变职能、下放权力，调整结构、精减人员，减少政府机构干预企业经营活动的职能，增强宏观调控职能，初步改变机构设置不合理和行政效率低下的状况。裁减一些专业管理部门，完善或新建一些综合和行业管理机构，对保留的机构也要按上述基本要求进行改革。

——本次改革的特征。

与1982年行政体制改革相比，本轮行政体制改革最大的不同点就在于这次改革是按照政治体制、经济体制改革进程的要求，以转变政府管理职能为关键，与政府内部的制度化建设相配套，并结合推行国家公务员制度进行的。所以，这次机构改革不是搞简单的撤减、合并，而是转变职能，按政企分开的原则，把直接管理企业的职能转移出去，把直接管钱、管物的职能放下去，把决策、咨询、调节、监督和信息等职能加强起来，使政府对企业由直接管理为主逐步转到以间接管理为主。同时，把原来行政机关的部分职能转移到各种协会中去。根据对各部门具体职能的分解和转移，按新的职能设置相应的机构。把承担相同业务或相近业务的部门予以撤销，其业务由一个部门承担；综合经济部门一般不设对口专业机构，行业管理工作由主管部门承担；部委内部只设司、处两级，以减少部门内部管理工作的层次。对政法、文教、社会事务等部门，目前不做大的变动，但要按这次改革的总要求，转变职能，下放权力，调整内部结构，精减人员。

——国务院组成部门的改革方案。

一是组建新的国家计划委员会。原来的国家计划委员会、国家经济委员会在职能上重复交叉比较严重，而且承担了许多应该由其他部门管理，甚至企业经营的具体事务。拟撤销国家计划委员会、国家经济委员会，组建新的国家计划委员会。新组建的国家计划委员会不是原国家计划委员会、国家经济委员会的简单合并。新机构是国务院管理国民经济和社会发展的综合部门，不再承担微观管理与行业管理的职能，是一个高层次的宏观管理机构。其主要职能是：制定国民经济与社会发展战略；编制中长期国民经济和社会发展规划与年度计划；研究重大的资源配置政策、产业政策、分配政策和技术经济政策；调整国民经济重大比例关系，加强宏观调控，综合运用经济调节手段，搞好社会总供给与总需求的平衡，以及经济活动和生产建设中的重要协调工作等。

二是组建人事部。为了适应党政职能分开和干部人事制度改革的要求，推行国家公务员制度，强化政府的人事管理职能，组建人事部。其主要职能是，建立和推行国家公务员制度，加强对国家人事行政和政府机构、编制的法制管理，综合协调各行业专业技术人员的分类管理，并承担有关国家机关工作人员的管理职能和原国家科学技术委员会科技干部局的职能等。

三是组建劳动部。由于人事部的设立，原劳动人事部的有关人事管理职能将转移，因而撤销劳动人事部，组建劳动部。其主要职能是，研究拟定全国劳动、就业、工资、保险、福利、工人技术培训、劳动保护以及安全监察工作的方针、政策和法规，指导和推动劳动制度、工资制度和保险福利制度的改革，并搞好综合管理、监督检查和协调服务等工作。

四是组建物资部。为了适应物资体制改革的要求，加强物资的综合管理，发展和完善生产资料市场，全面规划城乡物资流通网络，搞活物资流通，组织好重点生产建设单位的物资供应，撤销国家物资局，组建物资部。其主要职能是，拟订物资管理的方针、政策、法规和体制改革方案，并组织贯彻和监督执行；根据国民经济和社会发展计划，编制指令性计划物资的分配计划；组织国家指令性计划分配物资的订货，监督检查订货合同执行情况，组织重要物资的调度；规划全国物资市场网络，指导、协调和监督各类物资市场，制订物资市场的管理办法，组织推动物资协作；负责物资统计和市场价格、供需信息的汇集和反馈，为企业的生产和经营服务。

五是组建能源部。为了统筹管理和开发能源，对能源工业实行全行业管理，调整能源结构，加快能源建设，撤销煤炭工业部、石油工业部、核工业部，组建能源部。原水利电力部中的电力部分划归该部。石油部撤销后，拟组建中国石油天然气总公司，保留中国海洋石油总公司；煤炭部撤销后，除东北内古煤矿公司外，拟将其他统配矿组成中国统配煤矿总公司；核工业部撤销后，组建中国核工业总公司。这些新组建的公司，由能源部归口管理。新组建的能源部是国务院统管全国能源工业的职能部门。其主要职能是，拟订能源工业的方针政策和战略布局，搞好综合平衡和宏观决策；促进能源的合理利用和开发；拟订有关的法规、条例和经济调节政策，监督、协调生产建设，提高经济效益；拟订技术政策；协同国家计委推动社会节能和能源的综合利用。

六是组建建设部。为了加强对全国建设工作的综合管理，撤销城乡建设环境保护部，组建建设部。其主要职能是，对全国各行业工程建设的标准定额、勘察设计、建筑施工进行综合管理和监督；规划和指导全国城市建设和村镇建设；归口管理全国建筑业和房地产的开发经营。

七是组建机械电子工业部。为了加强机械、电子工业全行业的统筹规划和宏观管理，撤销机械工业委员会、电子工业部，组建机械电子工业部。其主要职能是，研究拟订行业发展战略、产业政策、技术政策，加速电子信息产业的发展，促进机械、电子工业的有机结合，提高机械电子工业的科技水平，提供国民经济现代化的技术装备。

八是组建航空航天工业部。为了适应高技术产业的特点，统筹技术力量，促进军民结合，加强对航空航天工业的行业管理，撤销航空工业部、航天工业部，组建航空航天工业部。其主要职能是，研究拟订行业发展战略、产业政策、技术政策，组织和指导航空航天重大系统工程的实施，对新产品进行技术经济论证。

九是组建水利部。鉴于水利对国民经济建设有重大影响，在撤销水利电力部的同时，组建水利部，作为国务院的水行政主管部门，并负责全国水利行业管理。其主要职能是，负责全国水资源的统一管理和水资源保护，促进其开发利用，负责大江大河的综合治理，以及对以防洪、灌溉、供水为主的水力发电和农村小水电的建设和管理，主管全国水土保持工作。

此外，新华通讯社是国家通讯社，本身的职能是开展新闻业务工作，并不具有政府行政管理职能，所以将新华社改为国务院直属的事业单位，不再列入国务院行政机构序列。

由于农牧渔业部的职能需要扩大，并照顾到国内外的习惯叫法，将其更名为农业部。

——改革后的国务院机构组成情况。

一是拟撤销的部、委12个：中华人民共和国国家计划委员会（后面略去"中华人民共和国"）、国家经济委员会、劳动人事部、煤炭工业部、石油工业部、核工业部、城乡建设环境保护部、航空工业部、航天工业部、水利电力部、国家机械工业委员会、电子工业部。

二是新组建的部、委9个：国家计划委员会、人事部、劳动部、物资部、能源部、建设部、航空航天工业部、水利部、机械电子工业部。

三是保留的部、委、行、署32个：外交部、国防部、国家经济体制改革委员会、国家教育委员会、国家科学技术委员会、国防科学技术工业委员会、国家民族事务委员会、公安部、国家安全部、监察部、民政部、司法部、财政部、地质矿产部、冶金工业部、化学工业部、轻工业部、纺织工业部、铁道部、交通部、邮电部、农业部、林业部、商业部、对外经济贸易部、文化部、广播电影电视部、卫生部、国家体育运动委员会、国家计划生育委员会、中国人民银行、审计署。

四是转为事业单位的1个：新华通讯社。

——国务院直属机构、办事机构的改革方案。

国务院直属机构与办事机构的设置，是国务院职责范围内的事。国务院在对组成部委进行改革的同时，也对原有的直属机构与办事机构的职能与机构进行了调整。国务院原有直属机构22个，在改革方案中撤销了2个，转为部委归口管理的有3个，改为办事机构的有1个，新组建的1个，改为国务院直属机构的有2个，改革后的直属机构共有19个。国务院原有办事机构4个，改革方案中撤销1个，由直属机构改为办事机构的1个，新组建的有3个，改革后的办事机构为7个。同时，国务院非常设机构由原来的77个减为44个。具体改革内容如下：

为了适应商品经济发展，加强技术监督，克服技术监督工作分散管理、重复低效和缺乏权威的弊病，设立国家技术监督局。同时撤销隶属于国家经委的国家计量局和国家标准局，将原国家经委质量局并入国家技术监督局。

为有利于环境污染的综合治理和加强环境保护工作的管理与监督，将隶属于原城乡建设环境保护部的国家环保局改为国务院直属机构。

国家医药局改为国务院直属机构。国务院法制局由直属机构改为办事机构。

为适应对外开放的需要，强化海关的监督检查功能，国务院直属机构海关总署不再由外经贸部代管。

国家地震局作为国务院直属机构，不再由中国科学院代管。

撤销国家空中交通管制局。

国家烟草专卖局改为由轻工部归口管理。

国家中医局改为国家中医药管理局，由卫生部归口管理。

为强化税收工作，保证财政收入稳定增长，有效发挥税收在经济调节方面的作用，并为下一步税制改革创造条件，将财政部的税务总局改为国家税务局，由财政部归口管理。

为适应国有企业承包经营责任制的实行，加强对国有资产的管理，设立国家国有资产管理局，由财政部归口管理。

在国务院办事机构中，撤销了国务院经济调节办公室，国务院法制局由直属局改为办事机构，新组建国务院外事办公室、国务院台湾事务办公室和国务院研究室。

——实施情况与初步成效。

根据国务院的安排，本次国务院机构改革的实施工作共用了9个月时间。1988年4月至6月，重点抓了9个新组建的部委的定职能、定机构、定编制的"三定"工作。国务院先对新组建的部委分别组成了筹备组，由他们研究新建部门的"三定"方案，最后由总理办公会逐个审定。到1988年7月，新组建的9个部委已经全部投入正常运转。从1988年6月之后，"三定"工作扩展到其他部门，各部门在主要负责同志的主持下，研究本部门的"三定"工作，最后由总理办公会议和国家机构编制委员会逐个进行审定。到1988年12月10日，国务院各部门的"三定"方案全部审定完毕，各部门相继按"三定"方案转入正常运转。

国务院行政体制改革的实施工作和初步成效，可以归纳为五个方面：

其一，以政企分开、政事分开为核心，转变政府职能。

一是由微观管理转向宏观管理；二是由直接管理转向间接管理；三是由部门管理转向行业管理；四是由"管"企事业单位转向为企事业单位服务；五是由机关办社会转向机关后勤服务社会化。比如国家计委就明确管理的重点转向制定经济和社会发展战略，制定产业政策，通过运用各种经济杠杆，促进产业政策的实现，保持社会总需求与总供给的大体平衡，着重抓好对国民经济高层次的宏观管理，把行业管理职能交给各专业部门，缩小指令性计划，改变计划调拨制度，把计划工作建立在商品交换与价值规律的基础上。国家计委不再直接管理项目投资，把中央掌握的固定资产切块分给国家各专业投资公司，由投资公司根据国家的产业政策和有关部门批准的项目，负责资金的经营；把基本建设的涉及、施工和标准定额管理职能转给建设部。

其二，通过职能分解，落实职能转变。

在这次行政体制改革中，各部都按照转变职能的要求，做了大量职能分解的工作。通过职能分解，具体明确了哪些职能属于企事业单位，应该下放；哪些可以转让给社会团体；哪些真正属于政府职能，应予保留，在保留的职能当中，哪些应该强化，哪些应该弱化。比如轻工部通过职能分解，把原有的职能归纳为170项，经分析可以下放给地方的职能有9项，能转移给行业协会的有37项，应下放给企事业单位的职能有15项，需保留的职能有109项。轻工部还对专业局的撤留进行了分析，经分析，专业局大体可分为两大类：一类是与综合性司局交叉重复的职能，应转移给综合司局；另一类是组织行业性活动的职能，可以交给行业组织来承担。轻工部通过职能分解，落实了职能转变，明确了部门管理应转向行业管理。

其三，通过职能转变，合理设置机构，确定编制。

这次行政体制改革并非像过去那样单纯地裁并机构、裁减人员，而是通过职能转变，按职能定机构、定编制、定人员。根据各部门的"三定"方案统计，在使用行政编制的部门当中，有半数以上部门削减了行政编制，如商业部原有编制2090人，实有2673人，这次定编1100人，按编制减少990人，按实有人数减少1573人。原机械委员会和电子部共有编制2256人，实有2840人，这次新组建的机械电子部定编1430人，按编制减少826人，按实有人数减少了1410人。轻工部原有编制936人，这次定编627人，减编309人。

根据职能配置和职能转变的总体要求，在这次改革中监督部门的机构和编制得到了加强，如监察部在国务院46个部门设立了监察局或监察专员办公室，派出机构的人员编制达到585人；审计署在41个部门设立了派出机构，人员编制共为471人。宏观经济调节部门的机构与编制得到加强，如中国人民银行原有编制 581 人，这次定编 1250 人，增编 669 人；财政部原有编制 713 人，这次定编 1240 人，增加编制 527 人。[①]

其四，解决了一批部门之间职能交叉重复问题。

国务院各部门之间职能交叉、重复，是多年没有解决的顽疾，尤其是综合部门与专业部门之间职能的交叉重复尤为严重。这些部门的职能大部分在这次"三定"方案中得到明确，这也是这次国务院行政体制改革的重要成果。比如国家计委与各专业部之间，分工不清，职能重复。组建新计委后，撤销了原有的专业局，明确了计委是国务院管理国民经济与社会发展的最有权威的综合部门与宏观管理部门，把行业管理职能交给各专业部门，同时专业部门不能局限于本部门与本系统，而是在向企业下放权力的基础上，面向全行业。在中长期规划、计划方面，计委要从全国统一平衡的角度，编制国民经济与社会发展的中长期规划与计划，各专业部门则应组织编制全行业的中长期规划和计划，经计委综合平衡后纳入国民经济总体规划与计划。

国家计委、财政部、人民银行是相互关联的宏观经济管理机构。国家计委是综合部门，财政计划、信贷计划在财政部、人民银行制定后，应经计委综合平衡后纳入国家总体计划。要充分发挥财政、银行对宏观经济的调控、产业结构的调整和资金流通的引导等方面的作用，同时要由计委协调以发挥综合运用经济杠杆的作用。为此，拟定了国家计委、财政部、人民银行在宏观经济管理方面的意见，经编委会讨论后颁发了相应文件。

林业部和国家环保总局在野生动物和自然保护区的管理方面，职责分工一直不明确，多年来虽然反复协调，仍然没有解决。在这次改革中，经过调查研究，依据野生动物和自然保护区的自身特点，提出了关于野生动物和自然保护区管理体制问题的协调意见，并经国家机构编制委员会讨论通过，解决了这个难题。

其五，进行了深化机构改革的试点。

在这次机构改革中，为了使职能转变得到落实，并为人事行政改革进

---

① 顾家麒：《从机构改革到行政体制改革的实践与思考》，中国发展出版社 1997 年版，第 36—37 页。

行探索，进行了两轮改革试点。

第一轮是在轻工部和建材局，进行了通过职能分解落实职能转变的试点。在职能分解中，划清需要取消或保留的政府职能，需要加强或下放转移的职能，使职能转变具体化。

第二轮是在国家环保局进行了职位分析的试点，取得经验后又扩展到建材局、交通部、轻工部、审计署、科委等部门。职位分析主要是把职能分解进一步细化到每个职位，使职能合理地配置到每个机构和层次，最后通过编写职位说明书，确定了每个职位的职责和权限、办事程序、任职资格和条件。国家环保局通过职位分析明确了四方面内容：一是职能转变进一步落实，不仅每个机构明确了任务，而且使每个职位明确了任务；二是职位说明书的编制使编制管理变成了职位管理，使机构定员有了比较科学的根据；三是通过职位分析，为职位分类打下了基础，为下一步推行公务员制度的考试录用、奖惩升降、工资待遇提供了条件；四是职位分析中明确了办事程序，为行政管理运行机制的再造与完善打下了基础。

（2）地方行政体制改革：搞好试点，为全面改革做准备

按照党中央、国务院原定部署，1988年中央党政机构改革以后，就要逐步自上而下地进行地方党政机构改革。但李鹏总理在1989年《政府工作报告》中提出"为了集中力量搞好治理整顿，原定今年开始的省、直辖市、自治区一级的政府机构改革决定暂缓进行"。中央同时要求各地结合治理整顿，认真抓好地方机构改革的准备工作。

为了给下一步全面展开地方行政机构改革提供经验，做好准备，中央确定地方行政机构改革先搞试点。根据中央精神，中编办确定在河北进行省级机构改革试点，在哈尔滨、武汉、青岛、深圳4市进行计划单列市机构改革试点，在卓资、藁城、原平、邛崃、滑县、华容、上虞、定西、宝安9个县进行县级机构改革试点。各省、自治区、直辖市也可根据各自的实际情况与需要，选择一两个条件比较成熟的市或县进行试点。[1]

---

[1] 中央机构编制委员会办公室地方组编：《党政机关和事业单位机构改革指导》，人民日报出版社1993年版，第112页。

——河北省省级行政体制改革试点。

河北省省级党政机构改革的准备工作,经过思想动员,统一认识,调查研究,反复研讨,然后在进行职能分解,反复论证,广泛听取意见的基础上,经省委省政府多次讨论修改,形成了《河北省省级机构改革方案》,由国家机构编制委员会审议,报党中央、国务院批准,并组织实施。河北省根据中央的方针与本省的实际情况,确定了省级党政机构改革的五条原则:

一是坚持与经济体制改革、政治体制改革的进程相适应,特别注意适应治理整顿与深化改革的需要。

二是坚持实事求是,一切从实际出发,既与中央的机构改革相衔接,又充分体现河北省党政工作的特点与需要。不强求上下对口,不与兄弟省市攀比,但要理顺上下左右的关系。

三是坚持适当集中和下放权力相结合,省原则上不管企业,在保证全国政令统一和省级调控权的基础上,向省以下政府及企事业单位放权,充分调动各方面积极性。

四是坚持精简、统一、效能的原则和科学化、规范化、法制化的精神,省政府与下属各部门之间不设中间层次,厅局内部只设处室一级。

五是坚持与干部人事制度改革相配套,使机构与人员同步优化,调整结构,提高素质。

根据以上原则,河北省在制定改革方案时,注意加强了宏观调控职能,强化综合、协调职能,逐步减少事务性管理工作。通过职能分解,把职能配置与调整的原则具体化,据23个部门统计,需保留、完善的职能有526个,占66.5%,需加强的职能有67个,占8.5%,宜下放和转移的职能有140个,占17.7%,待进一步研究的职能有58个,占7.3%。[①]

——计划单列市行政体制改革试点。

在四个计划单列市的机构改革中,哈尔滨市走在最前面,1989年确定改革方案,1990年组织实施。哈尔滨市级机构改革,是以转变职能为核

[①] 顾家麒:《从机构改革到行政体制改革的实践与思考》,中国发展出版社1997年版,第124页。

心,采取"三位一体"的办法实施,把理顺市委、市政府机构设置,转变市直机关的职能和干部人事制度有机结合起来,通盘考虑,配套进行。其具体做法如下:

一是按照政企职责分开、党政职能分开的要求,合并裁减专业管理部门,加强、改善综合经济部门,从科学性和整体性出发,对市委、市政府的机构进行调整。

二是把转变职能作为机构改革的核心内容,从职能分解入手,搞清需要下放和转移的权力,确认应该强化和弱化的权力。在此基础上明确各部门的基本职能、任务和过渡性的职能、任务,按照权责一致的原则,协调职能,理顺纵横关系,包括理顺市与区的关系,厅局之间的关系,管企业和管行业的关系。

三是按照国家的统一要求,规范机构设置,包括规范机构名称,规范机构类别、级别,规范机构层次。

四是按照廉政建设、勤政建设与提高行政效率的要求,改变工作方式、方法和作风,公开办事制度,公开办事结果。

——县级行政体制改革试点。

我国的县级行政体制改革是从试点县市开始的,除中编办确定的试点县外,各省、自治区也陆续确定了一批试点县。自1988年开始,在本阶段改革中共有200多个县进行了县级综合改革试点,摸索出一套比较成功的经验,在全国各地形成了各具特色的改革模式。李鹏总理在七届人大五次会议上所作的《政府工作报告》中曾提出"湖南省华容县、山西省隰县等县级政府,已经在实践中取得了精简机构、改善服务的宝贵经验,要认真加以总结和推广"。1992年9月21日,在北京举办了全国县级机构改革试点座谈会,会议总结交流了全国县级机构改革试点经验,研究了试点工作中遇到的问题及解决办法,并征求了对《县级机构改革试点方案》的修改意见。1992年11月23日,李鹏总理就县级机构改革答《瞭望》周刊记者问时,全面总结了县级机构改革的经验,他认为:"县级机构改革,总的方向是走'小机关、大服务'的路子,减少领导机关、部门对基层经济工作的行政干预,进一步发展服务体系;县级机构改革总的目标是转变职能、精简机构、促进生产力的发展。"①

1）县级行政体制改革试点的主要经验②

第一，机构改革和经济建设紧密结合，改变过去单纯精简机构和人员的做法，走"小机构"和大服务的路子。例如，内蒙古自治区乌盟15个旗县的改革，把精兵简政寓于经济开发和服务之中，围绕建立服务化体系创办实体，围绕扩大社会功能创办实体，围绕资源开发创办实体，压缩机构，分流人员，实现了增收节支，促进了经济发展。

第二，适应经济发展和经济体制改革的需要，搞好职能转变、强化服务功能。顺德市通过简政放权，组建企业集团，进一步落实企业的生产经营自主权，实现了政企分开。政府由微观管理转为宏观管理，主要任务是搞好政策约束、产权约束、分配约束和审计监督。

第三，遵循行政管理自身监督的原则，理顺党政部门之间的关系、政府各部门之间以及县与乡镇之间的关系，重点是理顺县与乡镇之间的关系。上虞等试点县根据党的十三届八中全会的有关精神，将农机、农技、林业、经营管理、畜牧、兽医、水利、文化、广播等县直部门派驻到乡镇的机构和人员下放给乡镇管理，以健全乡镇职能。

第四，坚持精兵简政的原则，精简撤并专业经济管理部门和职能不分、任务单一的机构，促进机关富余人员走向生产、服务和基层第一线。山东省各试点县，通过改革减少行政事业机构2410个，试点的乡镇减少行政事业机构7483个；行政事业人员减少51006人，其中转入实体的43487人，充实基层和企业的7179人，停薪留职53人，辞职287人。

第五，结合县级党政机关的改革，配套进行机关后勤体制、事业单位及乡镇机关改革。辽宁省建昌县对党、政、群各部门的房产、车辆、办公用品、打字印刷等各项后勤工作实行统一管理，实施有偿服务，每年可节约经费100多万元。山西原平县按社会化、企业化的路子改革事业单位，将107个事业机构精简撤并为79个。改革后的事业单位不再比照行政机

---

① 辛向阳：《新政府论——市场经济·政府职能·机构改革》，中国工人出版社1994年版，第123页。

② 《全国县级机构改革试点工作座谈会综述》，刘仁甫、陈嘉陵主编：《县级机构改革的理论与实践》，湖北人民出版社1993年版，第153—155页。

关确定级别。

第六，从实际出发，因地制宜，探索具有各自不同特点的改革路子。山东在县级改革试点中探索了独具特色的改革路子：一是以简政放权、健全乡镇政权功能为突破口；二是以政府经济管理部门转变职能为突破口；三是县乡机构改革同步配套；四是先改乡镇，后改县级机构。

2）县级行政体制改革试点遇到的问题[①]

第一，关于党政机关兴办实体问题。一方面党中央要求党政机关不许经商办企业，另一方面又要积极支持行政人员从机关分离出去兴办各种经济实体或服务实体。两者之间存在一定的冲突。

第二，关于涉农、涉工、涉商等专业部门转为经济实体的问题。有些地方这些机构转为实体后，采取了"一个机构、两块牌子、三种职能"的做法，在实体上加挂政府牌子的做法，在实体的经营和服务职能之外还保留行政职能。这带来了新的政企不分，容易出现以企代政的现象。

第三，关于干部分流的待遇问题。机关人员分流后需要制定一些优惠政策加以鼓励，一是允许在一定时间内停薪留职，在档案中保留身份和待遇，但不能以干部身份经商办企业；二是不能两头领工资，但可享受企业的奖金待遇；三是经济不发达地区或边远地区的鼓励政策可优惠一些，经济发达地区不可过于优惠；四是要注意政策的衔接配套，避免相互抵触。

第四，关于乡镇党、政、企关系问题。有些乡镇在改革中自行撤销乡镇党委和政府，建立农工商总公司，实行党政企一体化的管理体制，这是不符合宪法和相关法律规定的，也不符合乡镇改革的方向。

第五，关于配套改革的问题。试点县只改革了党政机关，没有对人大、政协、法院、检察院等进行改革，也没有实施相应的干部人事制度改革，改革成果难以巩固。

第六，关于部门干预问题。许多上级业务主管部门，通过投资、立项、发文、领导讲话等多种途径对试点县的机构改革施加影响，干预地方的机构设置和人员配备。

---

① 《全国县级机构改革试点工作座谈会综述》，刘仁甫、陈嘉陵主编：《县级机构改革的理论与实践》，湖北人民出版社1993年版，第153—158页。

第七，关于上下级机构同步进行改革的问题。很多试点县担心只有下级改革而上级没有改革的话，会越改越被动。

第八，关于全面展开县级机构改革的时机问题。县级改革的试点时间比较长，经验比较成熟，上下认识比较一致，全面推进县级机构改革的条件已经具备。

3）试点县的改革实践①

湖南华容县

湖南省华容县1985年被确定为全国县级机构改革试点县，机构改革是按照"专业部门实体化、党政管理综合化、群团组织群众化、后勤服务社会化"的思路进行的。

所谓"专业部门实体化"是指对直接干预企业和农村生产经营活动的专业经济技术部门，大幅度削减行政管理职能，大力加强经营服务和技术服务职能。将农业、林业、畜牧、水产、农机、水利6个局改为工作站，使它们由行政机关变为提供服务的事业单位，其行政管理职能交由农委行使，鼓励它们兴办经济实体。同时将商业、粮食、物资、外贸、供销等部门改为企业集团性质的总公司，它们的行政管理职能交给县财贸办行使，要求它们直接组织和参与经营，发挥规模经营优势。将二轻局、工业局撤销，其行政管理职能交给县经委，同时组建纺织、化工、机械、矿产、食品5个跨所有制、跨部门的行业公司，这些公司为县属企业服务，又将产品、人才、技术、信息等扩散到乡镇企业和非工业部门。

"党政管理综合化"即对管理职能交叉、业务相近的部门实行撤并。比如将体委并入文化局；将环保局、规划办并入建委；将编制办、县直机关党委并入组织部。1991年下半年又将县委与政研室、组织部与人事局、县纪委与监察局、计委与统计局、财政局与税务局分别合并。经过改革，华容县机构减为27个，其中县委机构4个，县政府23个。同时撤并党政部门内设机构103个，精简30%，撤销非常设机构81个，精简83.5%。

---

① 本部分参考了刘仁甫、陈嘉陵主编的《县级机构改革的理论与实践》（湖北人民出版社1993年版）第162—187页的内容以及辛向阳的《红墙决策——中国政府机构改革深层起因》（中国经济出版社1998年版）第308—314页的内容。

"群团组织群众化",即对工会、共青团、妇联、文联、工商联、科协、体协等群团组织实行管理自主,活动自定,经费自理。让它们按各自组织的章程办事,减少党政领导不必要的直接干预,支持它们按自己的特点开展活动,并鼓励其兴办各种有偿服务实体,逐步减少财政拨款。

"后勤服务社会化"是指改变行政事业单位后勤服务"小而全"的格局。在改革中,将食堂、打字文印、小车等从机关分离出来,实行集中管理,或将原单位转为实体,其人员取消行政编制,对内进行有偿服务,对外进行经营服务。

山西隰县

隰县是山西省贫困县之一,1988年被山西省确定为"脱贫致富,综合改革试点县"。隰县机构改革的思路是:坚持以经济建设为中心,以群众脱贫、财政摘帽和机构消肿为目标,把发展经济与县级机构改革紧密结合起来。从开发利用当地资源出发,围绕发展主导产业,转变政府部门职能,按产业建立社会化专业服务体系。

改革的第一步是依托涉农部门相继组建了农技、林业、牧工商、农田建设、人畜饮水等10个开发服务中心。各中心坚持以服务为宗旨,坚持低偿、方便、互惠的原则,向农民提供资金、技术、人才、物资、信息等产供销系列化服务。同时各服务中心大搞开发性生产,通过联营、租赁、承包等多种形式,积极共办自营创收基地,努力增强自我发展能力。各服务实体与相应的业务局实行财务单列,收支两条线,加强对服务实体的财务审计监督。

1991年开始改革乡镇管理体制。首先是下放权力,增强乡镇政府的宏观调控能力。将县直部门设在乡镇的农机站、财政所等8个分支机构及人员全部下放给乡镇。对乡镇信用社、供销社等实行县、乡两级管理。同时着手建立乡一级的经济开发服务实体,把农业社会化服务体系延伸到乡村。全县乡一级开发服务实体共分流党政机关干部职工661名。乡镇开发服务公司与县财政签订创收合同,经费开支分年度递减,逐步做到同财政脱钩。

福建石狮

福建省石狮市是著名侨乡,人口27万余人。1987年12月被批准为县级市，在被确定为试点县以来，按照"体制更活一点、机构设置更小一点、经济管理权限更大一点、干部素质更强一点"的要求进行了综合改革。其改革的核心是政企分开，把国有企业的生产和经营权全部还给企业，使政府与企业形成一种新型关系，"你投资我欢迎，你赚钱我收税，你违法我查处，你倒闭我同情"。在这一基础上，石狮市政府着手精兵简政。市政府只设经济局、国土建设局、侨台外事局、内务局、科卫文体局等18个工作部门，机构数量相当于同级县市的1/3。其中经济局就相当于其他市县的经委、计委、农委、财委、物委及其下属的27个单位。按照标准，石狮可配780个编制，省里只给332个，但实际配置只有276人。

河南新郑

新郑县机构改革始于1988年，其改革基本思路为：先分流干部、转变职能，然后再改革机构，让新体制分步到位。为了实现这一思路，新郑县设计了三条人员分流的通道：第一，鼓励机关富余人员领办、创办企业或其他实体，以利益为动力促进群体转移。对于愿意创办企业者，政府给予资金、项目和技术方面的支持。第二，让有意"独创天下"的机关干部有偿离岗。第三，让年迈体弱的老同志内部退养。通过这三条措施的实施，全县先后分流干部1900多名，占机关干部的44%，分流干部创办企业186个，累计实现产值8000多万元。在人员分流之后，新郑县一方面重新界定和规范党政机构职能，削弱直接控制职能，强化宏观管理和服务职能；另一方面撤并和精简机构，共撤销科技机构13个，削减内设机构66个。

（3）建立海南省人民政府："小政府、大社会"模式

1988年5月，七届人大一次会议决定设立海南省，建立海南省人民政府。之前，海南长期隶属于广东省，但其在广东省的地位一直比较特殊，具有相对独立性。1951年成立广东省人民政府海南行政公署，属于省的派出机构，但按丁级省的级别确定机构编制、配备干部。党的十一届三中全会以后，国务院和广东省赋予海南较多的自主权。1984年六届人大二次会议决定成立海南行政区人民政府，1986年国务院批准海南行政区实行计划单列，享受副省级行政待遇。

——海南省机构设置。

经党中央、国务院批准，海南省人民政府设立办公厅、计划厅（内设

口岸管理办公室、统计办公室)、教育厅(内设专利办公室)、民族宗教办公室、公安厅、安全厅、监察厅、民政厅、司法厅、财政税务厅、人事劳动厅(保留省机构编制委员会的名义)、建设厅、资源环境厅、运输厅、贸易工业厅、经济合作厅、农业厅、文化体育厅、卫生厅(保留爱国卫生运动委员会名义)、人民银行、经济监察厅、审计局、工商行政管理局、外事办公室、侨务办公室、法制局,共计26个。

——海南省级机关人员编制。

海南省一级党政群机关的人员编制总数定为3500人(不含公安、安全、检察、司法行政机关的编制)。在这个编制总数内,由海南省政府根据各部门的工作任务具体安排。

——海南省行政管理体制的特点:小政府、大社会。

1)在管理体制上:撤销地、州,不再设立地区一级中间管理层次。

全省19个县和3个市由省政府直接领导。省政府设立26个厅、局和一个事业单位。为使党政分开,省委不再设立与政府重叠对口的部门。为使政企分开,将原来的11个经济主管局和8个行政性公司全部转轨为经济实体,并使这些实体直接进入市场。省级机关人员编制比过去作为行政区时期减少近300人,比内地同类型省(区)的人员减少1/3。

2)在政府职能上:放权给企业和社会。

从建省起海南省就明确规定政府部门必须将企事业单位的人事和劳动管理权、物资管理权、财务管理权、生产计划权等权力交给企事业单位,政府不再设置负责上述工作的机构,也不再直接管理企事业单位的党群工作和社会工作。政府各部门主要履行规划、指导、协调、监督和服务等宏观管理职能,从而为企事业单位行使自主经营、自我管理和自由发展留下了很大的空间。

海南省政府还注意扩大社会自治功能,将群团机关从国家机关中分离出来,不再使用机关编制,逐步实行领导人自选,工作人员自聘,经费自筹,活动自主的管理制度。对传统的社会保障制度进行大胆创新,实行国家、企业和个人三方负担的新方法。积极建立和发展律师事务所、会计事务所、职业介绍所等社会中介机构,为社会和企业实体提供专项服务。

3. 第三阶段：1993 年改革——市场经济体制下的过渡性改革

这次改革最大的背景在于它是在党的十四大确立社会主义市场体制之后所进行的一次改革，它把适应社会主义市场经济发展要求作为改革的目标。但由于市场经济体制刚刚确立，外部环境还不具备，对于如何建立适应社会主义市场体制的行政体制还不甚明了，因此这次改革不免带有过渡的性质。罗干在 1993 年八届人大一次会议上所作的《关于国务院机构改革方案的说明》也明确了这一点，他说："现在，建立社会主义市场经济体制的改革还在进行过程中，行政管理体制改革也正在进行之中，相应的机构改革也需要有个过程，行政机构的设置难以一下子定型。从经济体制改革和机构改革的长过程来说，目前这个方案还带有一定的过渡性，有的还带有试点性质。"

尽管如此，由于这次改革是我国在确立市场经济体制后的第一次行政体制改革，其重要性是不言而喻的。党的十四大对这次改革的重点和方向做出了纲领性的指导。

对于转变行政职能，党的十四大报告指出，这是关乎社会主义市场经济体制能否建立的大问题。"加快政府职能的转变，这是上层建筑适应经济基础和促进经济发展的大问题。不在这方面取得实质性进展，改革难以深化，社会主义市场经济体制难以建立。转变的根本途径是政企分开。凡是国家法令规定属于企业行使的职权，各级政府都不得干预。下放给企业的权力，中央政府部门和地方政府都不得截留。政府的职能，主要是统筹规划，掌握政策，信息引导，组织协调，提供服务和检查监督。进一步改革计划、投资、财政、金融和一些专业部门的管理体制，同时强化审计和经济监督，健全科学的宏观管理体制和方法。合理划分中央与省、自治区、直辖市的经济管理权限。充分发挥中央和地方两个积极性。"①

对于行政机构改革，江泽民在党的十四大报告中指出："下决心进行行政管理体制和机构改革，切实做到转变职能、理顺关系、精兵简政、提高效率。机构改革、精兵简政，是政治体制改革的紧迫任务，也是深化经济改革、建立市场经济体制和加快现代化建设的重要条件。目前，党政机

---

① 《江泽民文选》第 1 卷，人民出版社 2006 年版，第 229—230 页。

构臃肿，层次重叠，许多单位人浮于事，效率低下，脱离群众，阻碍企业经营机制的转换，已经到了非改不可的地步。各级党委和政府必须统一认识，按照政企分开和精简、统一、效能的原则，下决心对现行行政管理体制和党政机构进行改革。综合经济部门的工作要转到宏观调控上来。撤并某些专业经济部门和职能交叉重复或业务相近的机构，大幅度裁减非常设机构。精简机关人员，严格定编定员。机构改革、精兵简政是一项艰巨任务，必须统筹规划，精心组织，上下结合，分步实施，三年内基本完成。要把人员精简同提高工作效率和发展社会生产力结合起来，既改善机关人员结构，提高人员素质，又使大批人才转移到第三产业和其他需要加强的工作岗位上去，成为现代化建设的生力军。"[1]

根据党的十四大报告精神，李鹏总理在八届人大《政府工作报告》中对本轮行政体制改革做了更为全面具体的部署。李鹏总理指出："行政管理体制和机构改革，是建立社会主义市场经济体制和加快经济发展的重要条件，也是政治体制改革的紧迫任务。当前的突出问题，是政企不分，关系不顺，机构臃肿，效率低下。要围绕转变政府职能这个中心环节，用三年时间基本完成各级政府机构改革的任务。"

对于国务院机构改革，八届人大《政府工作报告》指出："这次国务院的机构改革方案，是本着转变职能，理顺关系，精兵简政，提高效率的原则制定的，重点是加强宏观调控和监督部门，强化社会管理职能部门。一部分专业经济部门转变为行业管理机构或经济实体。我国市场经济体制尚在形成过程中，某些关系国计民生的基础行业部门还不能取消，但要大力精简内设机构，减少人员，不再直接管理企业。通过改革，国务院组成部门设置41个，国务院秘书长罗干将对此作专门说明，请各位代表审议。国务院直属机构和办事机构进行了较大幅度的精简，精简后为18个。国务院的部委和直属机构、办事机构共59个，比现有的86个减少27个。非常设机构由85个减为26个。各级国家机关工作人员总数减少幅度在百分之二十五左右。"

对于地方行政体制改革，八届人大《政府工作报告》也做出部署：

---

[1] 《江泽民文选》第1卷，人民出版社2006年版，第237页。

"省和省以下的机构，由于各地经济发展水平、所管辖的人口和面积有很大差异，在设置上要区别对待，给地方一定的自主权。国家规定机构设置和人员编制限额，区别必设机构和因地制宜设置的机构，后一类不要求上下对口设置。地区机构改革要同调整行政区划相结合。各级派出机构要大力精简。地和地级市并存于一地的，原则上要合并。县级政府要按照'小机构，大服务'的方向，将大部分专业经济部门改为经济实体或服务实体。乡一级机构要结合加强基层政权建设和完善农村社会化服务体系进行精简，减少脱产人员。在机构改革中，要建立健全各级政府机关和工作人员责任制，确定各级行政机构的职能、编制和定员。在完成机构改革的地区和部门，实行国家公务员制度。事业单位要按照政事分开和社会化的原则进行改革。"

对于人员安排，八届人大《政府工作报告》要求："把精简机构同改善机关人员结构，提高人员素质结合起来。政府机关工作人员一般素质比较高，有一定管理经验和业务专长，在精简中要妥善安排，进行必要的培训，实现人才分流。有的可以到基层任职，充实工商管理、税务、政法等部门。有的可以到事业单位和实体性公司，但从事经营性活动的要与原单位脱钩，严禁以权经商、以权谋私。鼓励一部分人员走出机关，创办第三产业。认真清退临时人员和借调人员。严格执行离退休制度，切实从政治上生活上关心离退休人员。"

（1）国务院行政体制改革

1993年3月16日，国务院秘书长罗干在八届人大一次会议上做《关于国务院机构改革方案》的说明，1993年3月22日，八届人大一次会议审议通过了《关于国务院机构改革方案的决定》。这次改革方案是根据党的十四大精神，经过反复酝酿而形成的，党的十四届二中全会审议通过了党政机构改革方案，提出了本次改革的指导思想和基本框架，该改革方案对综合经济部门、专业经济部门、社会管理部门、直属机构、办事机构等，根据不同的情况，分别提出了不同的改革要求。

——改革的目标和指导思想。

改革目标是建立适应社会主义市场经济发展的行政体制。按照政企职责分开和精简、统一、效能的原则，在转变职能，理顺关系，精兵简政，提高效率方面，取得明显进展。

改革的重点是转变政府职能。转变职能的根本途径是政企分开。要按照建立社会主义市场经济体制的要求，加强宏观调控和监督部门，强化社会管理职能部门，减少具体审批事务和对企业的直接管理，做到宏观管好，微观放开。把属于企业的权力还给企业，把应该由企业解决的问题，交由企业自己去解决。政府的行政管理职能，主要是统筹规划、掌握政策、信息引导、组织协调、提供服务和检查监督。理顺中央和地方的关系，合理划分中央与地方的管理权限，充分发挥中央与地方两个积极性，使地方在中央方针政策的指导下，因地制宜地发展本地区经济和各项社会事业。理顺国务院各部门之间的关系，合理划分职责权限，避免交叉重复，调整机构设置，精简各部门的内设机构和人员，提高行政效率。

——改革的主要内容。

罗干在《关于国务院机构改革方案的说明》中指出："这次机构改革是全国性的，在中央一级改革后，地方各级政府也要随之进行改革。在整个政府机构改革中，国务院的机构改革是带头的，具有重要意义。按照这次机构改革的指导思想，国务院的机构改革方案，对综合经济部门、专业经济部门、社会管理部门、直属机构、办事机构和非常设机构，根据不同情况，分别提出不同的改革要求。"

1）关于综合经济部门的改革

保留国家计划委员会、财政部、中国人民银行等现有的综合经济部门。为了加强对国民经济运行中重大问题的协调，在现有国务院经济贸易办公室的基础上，组建国家经济贸易委员会。综合经济部门要把工作重点真正转到搞好宏观管理上来，集中主要精力搞好国民经济发展战略、发展规划和经济总量的平衡，制定产业政策，培育与发展市场，有效调控社会经济活动。不论原有的还是新设置的综合经济部门，都要精简内设机构和人员，理顺综合经济部门之间以及综合经济部门与专业经济部门之间的关系。

2）关于专业经济部门的改革

国务院原有18个专业经济部门，撤销7个，新组建5个。不论保留的还是新设置的部门都要按照发展社会主义市场的要求，大力转变职能，简政放权，推动企业进入市场。同时，要大幅度精简内设机构和人员，工业部门的行政编制一般核定为二三百人。按照不同情况，将专业经济部门的改革分为三类：

第一类是改为经济实体，不承担政府行政管理职能的。这类有航空航天工业部。这主要是考虑到航空和航天行业的企业有条件办成经济实体，行业管理任务又较少，可以由有关综合部门进行协调。航空航天工业部撤销后，分别组建航空工业总公司、航天工业总公司。

第二类是改为行业总会，作为国务院直属事业单位的，保留行业管理职能。改为行业总会的有轻工业部和纺织工业部。当时我国轻纺产品绝大部分已经实行市场调节，价格已放开，又无大型直属企业，可以不再设置政府专业部门。轻工业部、纺织工业部撤销后，分别组建中国轻工总会、中国纺织总会，主要职能是搞好行业规划，实施行业政策，进行宏观指导和为企业提供服务。

第三类是保留或新设的行政部门，这些部门的机构也要精干，主要职能是规划、协调、服务、监督。保留或新设置的行政部门有冶金工业部、化学工业部、铁道部、交通部、邮电部、水利部、农业部、林业部、建设部、地质矿产部。对外经济贸易部更名为对外贸易经济合作部。撤销能源部，分别组建电力工业部、煤炭工业部，同时撤销中国统配煤矿总公司；撤销机械电子工业部，分别组建机械工业部、电子工业部，同时撤销中国电子工业总公司。为了促进生活资料和生产物资统一市场的建立，搞活商品流通，撤销商业部、物资部，组建国内贸易部。

3）其他国务院组成部门的情况

国务院部委除以上调整外，还保留按照宪法和国务院组织法规定设置的国务院办公厅、审计署，同时保留外交部、国防部、国家经济体制改革委员会、国家教育委员会、国家科学技术委员会、国防科学技术工业委员会、国家民族事务委员会、公安部、国家安全部、监察部、民政部、司法部、人事部、劳动部、文化部、广播电影电视部、卫生部、国家体育运动委员会、国家计划生育委员会。这些部门也要认真转变职能，努力理顺部门之间的关系，大力精兵简政。

4）国务院直属机构、办事机构的改革

为了简政放权，充分发挥部委的作用，加大部委的责任，适应社会主义市场经济发展的需要，这次改革对国务院直属机构、办事机构进行了大幅度的精简。经过改革和调整，国务院直属机构设 13 个，办事机构设 5 个，共设置 18 个，比现有 44 个减少 26 个。这部分机构分三种情况进行改革：一是保留直属机构、办事机构；二是并入部委，作为部委管理的国家局；三是并入部委成为部委内设的职能局。同时不再设置部委归口的国家局。

按上述方案，国务院组成部门设置 41 个（含国务院办公厅），直属机构和办事机构 18 个，共设置 59 个，比现有 86 个减少 27 个。国务院的非常设机构也要进行大幅度的裁减，拟由现在的 85 个减少到 26 个。国务院直属机构、办事机构改革方案，将由新组成的国务院审查批准后组织实施。

国务院各部门无论是保留的，还是新设置的，都要严格定编定员。国务院机构定员共精简 20% 左右。

——组织实施。

罗干在《关于国务院机构改革的说明》中对改革的组织实施做出了部署，他提出："统筹规划，精心组织，分步实施。"国务院机构改革将在本次人大批准后一年内完成，同时这次机构改革要同干部人事制度和工资制度改革结合起来，配套进行。要在各部门定职能、定机构、定编制之后，立即实行公务员制度，并进行工资制度改革。

这次机构改革把人员精简同提高工作效率和发展社会生产力结合起来，既改善机关人员结构，提高人员素质，又使大批人才转移到能够充分发挥作用的工作岗位上去，成为现代化建设的重要力量。人员安排的具体途径，一是充实基层，充实工商管理、税务、政法等部门；二是积极鼓励干部走出机关，充实到实体性公司和事业单位，创办第三产业；三是严格执行离退休制度，接近离退休年龄的，本人自愿，可提前离岗。

——改革后的国务院机构设置。

撤销的部有 7 个：中华人民共和国能源部（后面一律简称为××部、委员会、署、行）、机械电子工业部、航空航天工业部、轻工业部、纺织工业部、商业部、物资部。

组建的新部委有 6 个：国家经济贸易委员会、电力工业部、煤炭工业部、机械工业部、电子工业部、国内贸易部。

更名的部有：对外经济贸易部改为对外经济贸易合作部。

保留的部委有34个：国务院办公厅、外交部、国防部、国家计划委员会、国家经济体制改革委员会、国家教育委员会、国家科学技术委员会、国防科学技术委员会、国家民族事务委员会、公安部、国家安全部、监察部、民政部、司法部、财政部、人事部、劳动部、地质矿产部、建设部、铁道部、交通部、冶金工业部、化学工业部、邮电部、水利部、农业部、林业部、文化部、广播电影电视部、卫生部、国家体育运动委员会、国家计划生育委员会、中国人民银行、审计署。

（2）地方行政机构改革

在国务院机构改革之后，地方政府机构改革随即展开。根据党的十四届二中全会《关于党政机构改革的方案》，中央机构编制委员会制定了《关于党政机构改革方案的实施意见》。这两份文件对省、自治区、直辖市和地、州、市、县、乡等各级党政机构设置、领导职数配备、实有人数精简等都做了明确规定，总体要求有以下几点：

第一，精简和调整各级机构。省、市、县的机构设置分别为必设机构和因地制宜的机构两类。必设机构由中编委确定，个别必设机构不适合本地情况而必须进行调整的，需经上级编委批准。因地制宜设置的机构，由各地在规定的限额内根据实际需要确定。

第二，大力精简裁并现有机构。主要裁并专业经济部门和职责交叉重复、业务相通的机构。撤销大部分非常设机构，少量需保留的作为议事协调机构或临时机构，一般不设实体办事机构，其具体工作由有关部门承担。

第三，充实加强政法部门。适当增加政法部门的人员编制，主要用于充实基层，加强第一线力量。要整顿并压缩某些部门的派出机构，精简超编人员，清理各种临时人员，调整人员结构，提高人员素质。

第四，规范各种机构名称和规格。在省级政府必设机构中，与国务院部、委对应的，可称委（厅、局），原则上为正厅级，与国务院直属机构对应的，称局，原则上为副厅级。地级市政府机构一般称委、局，均为处级。县级政府机构一般称局，为科级。

第五，精简各级党政机关的人员编制。省、自治区的人员编制根据经济发达程度和人口的多少控制在 3000—7500 人。市的机关人员编制按分类控制在 700—6700 人。县的机关人员编制在 350—750 人。乡级机关人员编制也按类别控制在 15—45 人。各级机关人员编制的范围包括党委、政府、人大、政协和工青妇机关人员，其中政府机构人员一般占 78% 左右。

第六，改革垂直管理部门设在地方的机构。中央设在地方的人民银行、地质矿产、邮电等部门，由主管部门提出改革方案，经中编委协调，经地方政府确定后，与地方机关同步进行改革。改革的重点是转变职能，理顺与地方政府的关系。根据不同部门的特点，提出不同的改革要求，有些部门主要是加强宏观管理和调控职能，把适宜于地方管理的事务下放给地方；有些部门可改为经济实体或服务实体，或者根据业务特点实行跨行政区设置。垂直管理部门机关规格应与地方同级政府部门大体平衡，地方党委和政府应加强对这些部门的指导。

同以往的地方机构改革相比，这次机构改革有三个突出特点：一是对各级政府机构和人员编制的限额，按不同层级不同类型做出明确规定；二是将地方机构分为必设机构和因地制宜设置的机构，后者可以自行确定，不再要求与中央对口设置；三是根据经济发展水平、人口、面积等因素对市、县、乡进行分类，作为机构设置和人员编制的基本依据。

——省级机构改革方案。

1）弱化微观管理职能，减少具体审批事务，加强对本地区生产、交通、流通领域以及社会发展中重大问题的综合协调，加强对农业和农村工作的领导和协调。集中精力抓好本地区社会经济发展战略与中长期规划，总量配置与平衡，减少对日常经济活动的直接管理。促进工商贸结合，发挥城市作用。

2）大力精简裁并现有机构，主要是专业经济部门和职责交叉重复、业务相近的机构。专业经济部门多数要转为经济实体，服务实体或行业协会，一时不能转为实体的，可保留精干的行政机构作为过渡，但必须大幅度精减人员。对现在的各类公司，要坚决实行政企分开，办成名副其实的经济实体。

3）理顺省、自治区与市、县，直辖市与区、县的关系，合理划分各自的职责与权限，理顺省与中央和计划单列市的关系。省会城市不再实行计划单列。

4）省级机构设置可分为两类，即必设机构和因地制宜设置的机构，分别由中央编制委员会（简称"中编委"）和本地区确定。中编委确定的必设机构有：办公厅、计划委员会、经济贸易委员会、经济体制改革委员会、教育委员会、科学技术委员会、民族宗教事务委员会、公安厅（直辖市为局，下同）、国家安全厅、民政厅、司法厅、财政厅、人事厅、劳动厅、建设厅、交通厅、农业厅、贸易厅、文化厅、卫生厅、计划生育委员会、审计厅、统计局、工商行政管理局、税务局。根据各地经济发展水平、人口和面积等实际情况，省、自治区党政机构平均控制在55个左右，直辖市党政机构控制在75个左右。经济不太发达、人口较少的省、自治区适当少设机构。这样省级机构平均减少18个左右。

5）全国省、自治区机关人员编制总数控制在16万左右，精减20%，直辖市机关人员控制在11万左右，精减15%。党政机关的人员编制确定：在经济发达、人口比较多的省、自治区为6500—7500人；经济比较发达、人口比较多的省、自治区为5000—6500人；经济不太发达、人口较少的省、自治区控制在3000—4000人。人员编制的范围包括党委、政府、人大、政协和工会、共青团、妇联机关等，不包括为老干部服务的人员和机关后勤服务人员。其中，政府机关人员编制占80%左右，党委机关占12%左右，其他机关占8%左右。

6）控制领导职数。省政府领导班子职数为6—7人；直辖市、经济比较发达和大城市比较多的省以及边疆民族自治区，领导职数可以增加1—2人。

——地、市机构改革方案。

按照中央的精神和中编委关于机构改革的部署，这次地、市机构改革的具体方案包括以下内容：

1）根据各市的经济发展、人口、面积等不同情况，将全国476个市分为三类。一类市的机构控制在60个左右，平均精减15个；二类市的机构控制在50个左右，平均精减20个；三类市的机构控制在30个左右，平均精减20个；一些经济不发达、人口较少的市，其机构设置应该更少些。市的机构也应分为两类，即必设机构和因地制宜设置的机构。前者由中编委下达，后者由各市在机构限额内根据实际需要确定。其中一二类市政府必设机构为：办公室、计划委员会、经济贸易委员会、经济体制改革委员会、教育委员会、科学技术委员会、公安局、民政局、司法局、财政局、人事局、劳动局、建设局、交通局、农业局、贸易局、文化局、卫生局、计划生育委员会、审计局、统计局、工商行政管理局。人事局与劳动局可分设也可合设。三类市政府必设机构为：办公室、计划与经济贸易委员会、教育委员会（或教育与科学技术委员会）、公安局、民政局、财政局、人事局（或人事劳动局）、卫生局、计划生育局、审计局、工商行政管理局、统计局。

2）按照市的分类，重新定编人员，全国市行政编制总额控制在86万人，精减20%。一类市平均为6700人，二类市平均为2100人，三类市平均为700人。其中政府机构的人员占77%左右，党委机关占14%左右，其他机关占9%左右。领导职数为政府正职1人，副职3—5人。

3）地区机构改革要与完善地区行政管理体制结合起来。当时全国尚有14个地区机关与地级市机关并存于一地，原则上应予合并，实行市领导县的体制。地区要按照派出机构的性质进行改革。

4）地区党政机构应尽量设得综合一些，控制在30个左右。地区机关人员编制一般为900人左右。地区政府机关人员编制占80%，党委机关占15%，其他机关占5%。地区行署的必设机构参照自治州的机构设置。

5）自治州机构改革应体现民族自治的特点，推动区域经济发展。州的机构设置和人员编制的限额要比地区放宽一些。政府机关的人员编制可占总编制的78%，党委机关占15%，其他机关占7%。其中中编委确定的自治州必设机构为：办公室、计划与经济局、教育局（或教育与科学技术局）、民族宗教局、公安局、民政局、财政局、农业局、卫生局、计划生育局、审计局、统计局、工商行政管理局。

——县乡机构改革方案。

根据党的十四大精神和试点县比较成熟的经验，党的十四届二中全会审议并通过了县乡机构改革的方案。县乡机构改革的指导思想是：加强党对农业和农村工作的领导，加强农村基层政权建设，坚持联产承包责任制，加强和完善农业社会化服务体系，促进农村经济和社会的全面发展。为此要从实际出发，打破农工商贸的界限，推动农工商、贸工商、产供销一体化的经营和管理。按照"小机构、大服务"的原则，转变县级政府职能。县级改革要与乡镇改革配套进行，界定县乡政府的职责，扩大乡镇权力。

1）从实际出发，因地制宜，分类改革。1993年3月，中央政府推出县级机构改革方案。该方案将全国的县根据经济发展和人口、面积等因素分为四类，分别规定了机构设置数和人员编制数。一类是经济发达、人口众多的县，其党政机构设置为30个左右，人员编制为750人；二类是经济比较发达、人口比较多的县；三类是经济和人口居中的县，这两类县的机构设置为25个左右，人员编制分别控制在650人和500人左右；四类是经济不发达或人口较少的县，其机构设置为20个左右，人员编制控制在350人左右。对经济特别贫困或人口特别少的县作为特殊情况对待，其机构设置可以更精干一些。这一方案还规定：党委、政府与其他机关之间的编制比例为15∶78∶7。[①]

2）一、二类县的机构，分为必设机构和因地制宜设置的机构两类。必设机构由中编委确定，个别必设机构不适合本地情况必须进行调整的，由上级编委批准。因地制宜设置的机构由各县在规定的限额内根据实际需要确定。一、二类县政府必设机构为办公室、计划与经济局、农业局、教育局（或教育与科学技术局）、公安局、民政局、财政局、人事局（或人事与劳动局）、卫生局、计划生育局、审计局、工商行政管理局、统计局。三、四类县政府必设机构还可以更综合一些。[②]

3）全国县级机构的编制总数（不含公、检、法、司）控制在110万人左右，精减22%左右，党委、政府与其他机构之间的编制比例为15∶78∶7。县政府领导班子的职数要精干，设县长1人，副县长2—4人。

4）按照"小机构、大服务"的方针，将专业经济部门改为经济实体或服务实体，其行政职能集中到政府有关部门实行综合管理。

---

① 浦兴祖：《当代中国政治制度》，复旦大学出版社1999年版，第272页。
② 宋德福、张志坚：《中国政府管理与改革》，中国法制出版社2001年版，第250—251页。

5）非常设机构大部分要撤销，少量需保留的，改为议事协调机构或临时机构，一般不设实体办事机构。各部门的内设机构，特别是非业务处室，要大力裁并。

6）县直属部门派驻在乡镇的服务性机构和人员，如农机、农技、畜牧、兽医、文化、广播等，可以交由乡镇政府管理，一些专业性较强的机构和人员，可以由乡镇和主管部门双重领导，以乡镇管理为主；工商、税务等具有监督检查职能的机构和人员，可以由乡镇和主管部门双重领导，以主管部门管理为主。

7）根据经济发展水平和人口、面积规模等因素将全国乡镇划分为一、二、三类，按照精简原则，确定机构设置和人员编制，不搞上下对口，不搞一事一职，人员编制分别控制在45人、30人和15人以内。有些经济贫困、规模很小的乡，人员编制可以更少一些。全国乡镇机构的编制总数控制在200万人左右，约精减42%。按照政企分开原则，乡镇不实行党政和企业合一。

8）为减少管理层次，区作为县的派出机关，一般不设政府机构，已经设置的，要逐步撤销。乡镇不再设置派出机构村公所。县乡可以选派优秀干部到村里任职，以加强村的工作。

（3）中央和地方关系的调整：分税制改革

——分税制的决策历程。

分税制从提出到试点，再到正式推开，历时8年。

1987年党的十三大报告就曾提出要建立分税制度："在合理划分中央和地方财政收支范围的前提下实行分税制，正确处理中央和地方、国家、企业和个人的经济利益关系。"但在当时情况下，由于各方面条件还不成熟，分税制的构想很快流产了。1988年，在全国各地广泛推行了财政大包干制。

1992年，经国务院同意，开始在天津市、辽宁省（不包含计划单列市）、沈阳市、大连市、浙江省（不包含计划单列市）、武汉市、青岛市、重庆市、新疆维吾尔自治区9个地区进行分税制改革的试点。

1992年党的十四大报告再次就分税制做出论述："统筹兼顾国家、集体、个人三者利益，理顺国家与企业、中央与地方的分配关系，逐步实行利税分流和分税制。"同时要求"合理划分中央和省、自治区的经济管理权限，充分发挥中央和地方两个积极性"。

1993年4月29日，江泽民听取了国家税务局关于税制改革的汇报，提出"合理分权，理顺中央与地方分配关系"。

1993年党的十四届三中全会通过了《中共中央关于建立社会主义市场经济体制若干问题的决定》，其中第十八条指出："积极推进财税体制改革。近期改革的重点，一是把现行地方财政包干制改为在合理划分中央与地方事权基础上的分税制，建立中央税收和地方税收体系。维护国家权益和实施宏观调控所必需的税种列为中央税；同经济发展直接相关的主要税种列为共享税；充实地方税税种，增加地方税收收入。通过发展经济，提高效益，扩大财源，逐步提高财政收入在国民生产总值中的比重，合理确定中央财政收入和地方财政收入的比例。实行中央财政对地方的返还和转移支付的制度，以调节分配结构和地区结构，特别是扶持经济不发达地区的发展和老工业基地的改造。"①

1993年11月23日，当时的财政部副部长项怀诚就分税制做了具体说明：分税制是市场经济国家普遍实行的一种制度，它是依据市场经济的原则和公共财政理论确立的，是处理中央和地方政府间财政分配关系的比较规范的办法。我们所要进行的分税制改革，就是要吸收其优点，结合我国国情，建立有中国特色的分税制。其最基本的原则和内容有三个：在划分事权的基础上划分税种；中央和地方分开机构收税；中央要集中必要的财力。②

1994年1月1日，正式实行分税制。

——分税制的具体内容。

1）按照中央和地方政府的事权，划分各级财政的支出范围。中央财政主要负担国家安全、外交和中央国家机关运转所需经费，调整国民经济结构，协调区域经济发展，实施宏观调控等方面的政策性支出以及中央直接管理的事业发展支出。地方财政主要承担本地区政权机关运转以及经济事业发展所需的支出，包括地方统筹的基本建设投资，地方企业的技术改

---

① 《中共中央文件选编》，中共中央党校出版社1994年版，第652页。
② 辛向阳：《红墙决策——中国政府机构改革深层起因》，中国经济出版社1998年版，第435页。

造和新产品试制经费,支农支出,城市维护和建设费,地方文化、教育、卫生、科学等各项事业费和行政管理费,公、检、法支出,民兵事业费,价格补贴支出以及其他支出。

2)根据财权与事权相统一的原则,合理划分中央和地方收入。按照税制改革后的税种设置,将维护国家权益和实施宏观调控所必需的税种列为中央税;将与地方经济和社会事业发展关系密切、适宜地方征管的税种列为地方税。将与经济发展直接相关的主要税种划为中央和地方共享税。财政税制改革后,分设中央税务机构和地方税务机构,中央税种和共享税种由中央税务机构负责征收,其中共享收入按比例分给对方;地方税种由地方税务机构征收。

3)实行中央财政对地方的税收返还和转移支付制度。中央财政对地方返还数额以1993年为基期年,按照1993年地方实际收入以及税制改革和分税情况,核定1993年中央从地方净上划数额,当年全额返还地方,并以此作为中央财政对地方的税收返还基数。从1994年开始,按照全国增值税和消费税增长率的一定系数逐年递增。这种税收返还带有转移支付的性质,但还不是真正的转移支付制度,它是从当前实际出发,妥善处理新老体制衔接问题的过渡措施。在改革措施出台以后,将根据各方面条件的成熟程度,抓紧研究建立规范化的转移支付制度。

4)中央集中必要的财力。中央财政收入占全国财政收入的比例提高到60%左右。

——分税制的实施。

1)过渡阶段:1994年。这一阶段分税制与分成制并存,通过一年的过渡,分税制改革大体取得了成功。1994年12月13日,财政部部长兼国家税务总局局长刘仲藜宣布,中国财税改革在建立科学的宏观调控和公平税负诸方面,取得突破性进展。他说:"财政改革一年来,在实施过程中没有发生大的扭曲,建立了新财税基本框架。"

2)并轨阶段:1995年。1994年12月的全国财政工作会议提出:1995年"坚持和进一步完善分税制财政体制。在今年初步确立了中央和地方分配关系的基本框架的基础上,要解决政府间的纵向和横向财力分配的合理及平衡问题;在今年理顺了中央与省级财政之间的分配关系的基础上，进一步推进和规范省以下分税制改革"。李鹏总理在1995年八届人大三次会议上所作的《政府工作报告》将这一阶段的任务概括为："财税体制改革，要巩固和完善分税制，逐步取消一些不规范的做法。认真研究中央和地方的事权划分范围。"

3）完善阶段。针对分税制在前一阶段暴露出的问题，李鹏总理在1996年的《政府工作报告》中提出："要继续完善税制，调整有关税率，扩大税源基础，取消税收减免，加强征收征管，努力增收节支，逐步减少财政赤字，实现税收收支基本平衡。"党的十四届五中全会通过的《中共中央关于制定国民经济和社会发展"九五"计划和2010年远景目标的建议》也提出："按照中央和地方事权划分，建立起比较规范的财政转移制度……通过深化财税改革，健全财政职能，加强税收征管，提高财政收入占国民生产总值的比重和中央财政收入占全国财政收入的比重。"[①]

——对分税制的评价。

应当说，从整体上看，分税制是正确的。首先，中央财政和地方财政都有较大幅度的增长，中央财政占财政总收入的比重迅速增长（见表6-1），提高了中央宏观调控的能力，从而为中央财政建立和完善转移支付制度、强化中央对地方政府行为的控制和调节提供了可能。其次实行分税制以后，中央和地方关系步入一个法制化轨道，从而改变了以往相互讨价还价的局面。

表6-1　　　　财政收入占GDP的比重和中央财政占财政总收入的比重　　　　（%）

年份	1990	1991	1992	1993	1994	1995	1996	1997	1998	1999	2000	2001
财政收入占GDP的比重	19.1	17.0	14.7	13.7	11.9	11.1	11.2	12.1	12.9	14.2	15.0	17.4
中央财政占财政总收入的比重	33.8	29.8	28.1	22.0	55.7	52.4	49.7	48.8	49.7	51.0	56.7	56.0

资料来源：黄佩华《中国：国家发展与地方财政》，中信出版社2003年版，第40页。

[①] 中共中央文献研究室编：《十一届三中全会以来党的历次全国代表大会中央全会重要文件选编》，中央文献出版社1997年版，第353页。

也有些学者对分税制提出了批评，贾康等认为，分税制的缺陷突出表现在财政划分模式与"事权"（职责）划分模式不对称上，省级以下政府层层向上集中资金，基本事权却层层下移，尤其是县乡两级政府，履行事权所需财力与其可用财力高度不对称，成为最突出的矛盾。① 暴景升认为，分税制最大的缺陷是没有解决对省级以下四级政府间的收入划分问题。分税制是不彻底的，虽然在中央和省级之间采取分税制，但地方政府之间仍然采取"承包制"或者采取具有承包制特征的体制。②

4. 第四阶段：1998 年改革——最大规模的政府"瘦身"改革

这次改革是改革开放以来力度最大的改革，主要表现在机构精简幅度最大、行政人员精简幅度最大、专业经济部门裁撤幅度最大三个方面。

一是国务院组成部门精简幅度大。1982 年的改革，国务院机构在总量上由 100 个减至 60 个，减少了 40%，其中，国务院的组成部门由 52 个减至 43 个，减少 9 个，减幅为 17%。1988 年的改革，国务院的组成部门由 45 个减至 41 个，减少 4 个，减幅为 9%；1993 年的改革，国务院的组成部门由 41 个减至 40 个，减少 1 个，减幅为 2%。而本次改革，国务院的组成部门由 40 个减至 29 个，减少 11 个，减幅为 28%。可见本次国务院组成机构的精简幅度为 1982 年以来历次政府机构改革中比例最高的一次。

二是国务院行政人员精简幅度最大。这次政府机构改革在精简机关干部人数方面的目标是明确的，即各级政府机关编制总数减少一半，三年完成。1982 年的改革，国务院实际的人员减量约为 12000 人，即由 51000 人减至 39000 人，减幅为 24%；1988 年改革，实际减量为 9700 人，减幅为 18%，其中行政编制减量为 4900 人；1993 年的改革国务院实际的人员减量为 7400 人，即由 37000 人减至 29600 人，减幅为 20%。这次机构改革计划减量为 16000 人左右，即由 31000 人减至 15000 人左右，减幅为 52%，实际减幅为 48%。若减去新增设的国防科工委、纺织、轻工、有色金属工业局、知识产权局新增的编制数，精简一半的改革目标基本实现。

---

① 贾康等：《县乡财政解困与财政体制创新》，《经济学研究》2002 年第 2 期。
② 暴景升：《当代中国县政改革研究》，天津人民出版社 2007 年版，第 166 页。

同时国务院各部门内设的局级机构减少了200多个，减幅达25%。

三是工业经济专业管理部门裁并幅度大。政企关系是决定我国市场经济进一步发展与否的关键性因素之一。在政府与企业的关系中，政府无疑是矛盾的主导方面。政企分开在我国实行多年，事实上也有一些进展，但根本问题并没有得到有效解决。各级政府仍在直接或间接地管理着企业。企业缺乏"自主经营、自负盈亏、自我发展、自我约束"的独立法人地位，权利和责任因此无法得到应有体现和保证。为了进一步把企业推向市场，实现真正的政企分开，在本轮政府机构改革中撤销了机械部、煤炭部、化工部、电力部、电子部、轻工业总会、纺织总会、石油天然气总公司、石油化工总公司等主管工业经济的专业管理部门。

总体上说，这轮改革发生在市场经济体制改革进一步深入的背景下，"市场在资源配置中的基础性作用明显加强，宏观调控体系的框架初步建立"[1]，这为新一轮行政体制改革的顺利进行提供了良好的外部环境。但同时，这轮改革也是在面临诸多挑战的背景下进行的，具体而言有以下一些挑战：

一是财政上非生产性支出过大。统计表明，1996年全国财政支出比1991年增加了4500亿元，其中1993—1996年每年平均支出增幅高达1000亿元。与此同时，到1996年底，我国财政供养人员总数已达3673万，比1978年增加了82.3%，大大高于我国同期总人口的增长幅度，财政供养人口已经占到全国总人口的3%，即每30个人就要供养1名由国库开支的行政事业人员，创下了历史的最高点。在总量上，每年近2000亿元的行政事业开支，已经占到了国家财政收入的40%。[2] 非生产性支出过大，严重影响到国家的公共财政支出。

二是国有企业改革进程艰难。随着政府以市场原则为指导进一步调整财政政策和进一步深化金融体制改革，大量的、与国计民生无重大关系的国有企业，将不大可能继续获得政府的保护，不大可能继续无条件地占有

---

[1] 江泽民：《高举邓小平理论伟大旗帜，把建设有中国特色的社会主义事业全面推向二十一世纪——在中国共产党第十五次全国代表大会上的报告》，中共中央文献研究室编：《十一届三中全会以来党的历次全国代表大会中央全会重要文件汇编》，中央文献出版社1997年版，第411页。

[2] 张国庆主编：《公共行政学》，北京大学出版社2007年版，第528页。

国家资源,破产、兼并、改制不可避免。随之而来的大量下岗和失业劳动力及其相关人口,将造成严重的社会问题。国有企业改革因此成为新一届政府的主要改革任务之一。

三是行政体制对市场经济的不适应性增大。这种不适应性突出表现为政府传统的管理理念、管理思想、管理原则、管理职能、管理体制、管理方式、管理手段与社会主义市场经济发展的矛盾日益突出,与现代社会发展的矛盾日益突出。市场经济的发展要求政府进一步转变职能,退出市场竞争;要求政府转变管理方式,变微观管理为宏观管理,变直接管理为间接管理,变单一管理为多元管理,变过程管理为目标管理。

对于本次改革的目标和要求,江泽民在十五大报告中指出:"机构庞大,人员臃肿、政企不分,官僚主义严重,直接阻碍改革的深入和经济的发展,影响党和群众的关系。这个问题亟待解决,必须通盘考虑,组织专门力量,抓紧制定方案,积极推进。要按照社会主义市场经济的要求,转变政府职能,实现政企分开,把企业生产经营管理的权力交给企业;根据精简、统一、高效的原则进行机构改革,建立办事高效、运转协调、行为规范的行政管理体系,提高为人民服务水平;把综合经济部门改为宏观调控部门,调整和减少专业经济部门,加强执法监督监管部门,培育和发展社会中介组织。深化行政体制改革,实现国家机构组织、职能、编制、工作程序的法定化,严格控制机构膨胀,坚决裁减冗员。深化人事制度改革,引入竞争机制,完善公务员制度,建立一支高素质的专业化国家行政管理干部队伍。"[①]

李鹏总理在九届人大一次会议上所作的《政府工作报告》中就这一轮行政体制改革做了具体部署,他说:"政府机构改革是深化经济体制改革、促进经济和社会发展的迫切需要,是国家领导制度改革的重要内容,也是密切政府同人民群众联系的客观要求。现有政府机构设置的基本框架,是在计划经济体制的条件下逐步形成的。过去虽然进行过多次调整和改革,

---

① 江泽民:《高举邓小平理论伟大旗帜,把建设有中国特色的社会主义事业全面推向二十一世纪——在中国共产党第十五次全国代表大会上的报告》,中共中央文献研究室编:《十一届三中全会以来党的历次全国代表大会中央全会重要文件汇编》,中央文献出版社1997年版,第439页。

取得一些进展，积累了经验，但由于历史条件限制和宏观环境制约，很多问题未能得到根本性的解决，机构设置同社会主义市场经济发展的矛盾日益突出。机构庞大，政企不分，滋生官僚主义，助长不正之风，也给财政带来了沉重负担。……这次机构改革，要按照发展社会主义市场经济的要求，根据精简、统一、效能的原则，转变政府职能，实现政企分开，建立办事高效、运转协调、行为规范的行政管理体系，完善国家公务员制度，建设高素质的专业化行政管理干部队伍。"

李鹏总理在《政府工作报告》中对国务院机构改革做了重点阐述，他说："国务院机构改革的重点，是调整和撤销那些直接管理经济的专业部门，加强宏观调控和执法监管部门，按照权责一致的要求，调整部门的职责权限，明确划分部门之间职责分工，完善行政运行机制。除国务院办公厅外，国务院组成部门从40个减少到29个。国务院直属机构与办事机构也将进行相应的调整与改革。"在对国务院机构改革做出部署的同时，《政府工作报告》还要求："各级地方政府也要自上而下有步骤有秩序地进行机构改革，精简机构和人员。"对于机构改革后的人员安置，《政府工作报告》提出："实行'带职分流，定向培训，加强企业，优化结构'的办法，根据需要，充实工商企业、金融企业，以及财税、政法、市场管理等机构，文化、教育、卫生等单位和适应社会主义市场经济发展的社会中介组织，充分发挥这些人员的作用。"

（1）国务院行政体制改革

1998年3月6日，国务委员兼国务院秘书长罗干在九届人大一次会议上做了《关于国务院机构改革方案的说明》，罗干就此次改革的必要性和紧迫性、改革的目标和原则、改革的内容、组织实施分别向大会做了说明。他指出，这次改革是在党的十五大提出的改革要求基础上，党内外充分协商，通盘考虑所提出的一个方案。党的十五届二中全会审议通过了这个方案，并建议国务院提请九届全国人大一次会议批准。3月10日，九届全国人大一次会议高票通过《关于国务院机构改革方案的决定》。

——改革的目标。

按照中国共产党第十五届全国代表大会和十五届二中全会的要求，这次国务院机构改革的目标是：建立办事高效、运转协调、行为规范的行政管理体系，完善国家公务员制度，建设高素质的专业化行政管理干部队伍，逐步建立适应社会主义市场经济需求的有中国特色的行政管理体制。

——改革的原则。

按照发展社会主义市场经济的要求，转变政府职能，实行政企分开。要把政府职能切实转变到宏观调控、社会管理和公共服务方面来，把生产经营的权力真正交给企业。

按照精简、统一、效能的原则，调整政府组织结构，实行精兵简政。加强宏观经济调控部门，调整和减少专业经济部门，适当调整社会服务部门，加强执法监管部门，发展社会中介组织。

按照权责一致的原则，调整政府部门的职责权限，明确划分部门之间的职能分工，相同或相近的职能交由同一个部门承担，克服多头管理、政出多门的弊端。

按照依法治国、依法行政的要求，加强行政体系的法制建设。

——改革的内容。

这次机构改革的重点是国务院组成部门。除国务院办公厅外，国务院现有组成部门40个，经过改革，国务院组成部门减少为29个。

1）宏观调控部门

宏观调控部门的主要职责是：保持经济总量平衡，抑制通货膨胀，优化经济结构，实现经济持续快速健康发展；健全宏观调控体系，完善经济、法律手段，改善宏观调控机制。

国家计划委员会更名为国家发展计划委员会。保留国家经济贸易委员会、财政部、中国人民银行。为了加强国务院对经济体制改革工作的领导，国家经济体制改革委员会改为国务院高层次的议事机构，总理兼主任，有关部长任成员，不再列入国务院组成部门序列。

2）专业经济管理部门

专业经济管理部门的主要职责是：制定行业规划和行业政策，进行行业管理；引导本行业产品结构的调整；维护行业平等竞争秩序。专业经济管理部门要实行政企分开，切实转变职能，不再直接管理企业。政府与国有企业的关系是：政府按投入企业的资本享有所有者的权益；向企业派出稽查特派员，监督企业资产运营和盈亏状况；负责企业主要领导干部的考核、任免。企业依法自主经营、自负盈亏、照章纳税；对国有资本负有保值增值的责任，不能损害所有者权益。

保留铁道部、交通部、建设部、农业部、水利部、对外贸易经济合作部。

在邮电部和电子工业部的基础上组建信息产业部。其主要职责是：振兴电子信息产品制造业、通信业和软件业，推进国民经济和社会服务信息化；制定行业的规划、政策和规章；统筹规划国家通信主干网（包括本地和长途电信网）、广播电视网（包括无线和有线电视网）、军工部门和其他部门专用通信网，并进行行业管理；合理配置资源，避免重复建设，保证信息安全。广播电影电视部、航天工业总公司、航空工业总公司的信息和网络管理的政府职能并入信息产业部。成立国家邮政局，由信息产业部管理。

组建新的国防科学技术工业委员会。将原国防科工委管理国防工业的职能、国家计委国防司的职能以及各军工总公司承担的政府职能，统归新组建的国防科学技术工业委员会管理。逐步将各军工总公司改组为若干企业集团。保留国家航天局和国家原子能机构，对外代表国家，对内作为国防科工委的机构。国防科工委要与军委有关部门配合，负责军事装备的生产供应、科研规划的制定和组织实施。国防科工委负责制定各类军工行业的发展规划和规章，实施行业管理，会同国家经贸委制订军工转民品生产的规划。

将煤炭工业部、机械工业部、冶金工业部、国内贸易部、轻工总会和纺织总会，分别改组为国家煤炭工业局、国家机械工业局、国家冶金工业局、国家国内贸易局、国家轻工业局和国家纺织工业局，由国家经贸委管理。国家经贸委及其管理的各国家局负责组织制定行业规划和规章，实施行业管理。这些国家局不直接管理企业，所制定的行业规划和规章以国家经贸委的名义发布。电力行业已组建国家电力公司，不再保留电力工业部，电力工业的政府管理职能并入国家经贸委。国家粮食储备局改为国家发展计划委员会管理的国家局。

将化学工业部、石油天然气总公司、石油化工总公司的政府职能合并，组建国家石油和化学工业局，由国家经贸委管理。化工部和两个总公司下属的油气田、炼油、石油化工、化肥、化纤等石油与化工企业以及石油公司和加油站，按照上下游结合的原则，分别组建两个特大型石油石化企业集团公司和若干大型化肥、化工产品公司。

将林业部改组为国家林业局，列入国务院直属机构序列。其主要任务是：负责植树造林，封山育林，护林防火，加强林木行业管理，制定林业规划和规章。

3）教育科技文化、社会保障和资源管理部门

国家科学技术委员会更名为科学技术部。国家教育委员会更名为教育部。

在劳动部基础上组建劳动和社会保障部。建立统一的社会保障行政机构，现由劳动部管理的城镇职工社会保险、人事部管理的机关事业单位社会保险、民政部管理的农村社会保险、各行业部门统筹的社会保险以及卫生部门管理的医疗保险，统一由劳动和社会保障部管理。

人事部职能调整为：综合管理专业技术人员和国家公务员，承办国务院监管的大型企业领导人员的任免事宜，承办国务院向重点大型企业派出稽查特派员的管理工作。

国家体育运动委员会改组为国家体育总局，与中华全国体育总会一个机构两块牌子。

由地质矿产部、国家土地管理局、国家海洋局和国家测绘局共同组建国土资源部。其主要职能是对土地资源、矿产资源、海洋资源等自然资源进行规划、管理、保护与合理利用。保留国家海洋局和国家测绘局，作为国土资源部的部管国家局。

广播电影电视部的电视网络政府管理职能划出后，改组为国家广播电影电视总局，列入国务院直属机构序列。

4）国家政务部门

保留外交部、国防部、文化部、卫生部、国家计划生育委员会、国家民族事务委员会、司法部、公安部、国家安全部、民政部、监察部和审计署。

5）为适应改革的要求，对国务院直属机构和办事机构也进行了调整。分为四种情况：一是保留的直属机构、办事机构；二是将国务院部、委调整为直属机构、办事机构；三是新组建的直属机构、办事机构；四是并入有关部门，作为部、委管理的国家局。国务院直属机构、办事机构改革的

方案，将由新组成的国务院审查批准后组织实施。

——组织实施。

对于本次改革的实施，国务院提出了以下具体要求：

坚持既要积极又要稳妥的方针。这次机构改革，是改革开放以来机构变化较大、人员调整较多的一次，加上下岗职工的问题比较突出，在组织实施中，国务院要求把机构改革同推进社会经济发展、保持社会政治稳定进行统筹安排，避免出现大的震荡。新组建的机构要抓紧挂牌工作，内部的调整工作要尽快进行。国务院各部门的"三定"（定职能、定机构、定编制）方案在年底以前实施完成，机关行政工作进入新的运行秩序。罗干要求切实加强组织领导，做耐心细致的工作，做到思想不散，秩序不乱，人员妥善安排，国有财产不流失，工作正常运转。

做好人员分流工作，提高公务员队伍和基层工作人员的素质。精兵简政，分流人员，是历次机构改革的难点。这次改革的目标是机关干部编制总数减少一半。国务院机构减编定员的工作要求年底以前完成。但人员分流的工作预计要用三年左右的时间。人员分流的基本办法是：带职分流，定向培训，加强企业，优化结构。带职分流，就是定编定员后，超编干部离开机关，保留职级；定向培训，就是对离岗公务员进行会计、审计、法律、经济管理、教育管理等方面知识的正规培训，为走向新的岗位做准备；加强企业，就是选调定向培训后的人员首先充实工商企业、金融企业，以及财税、政法、市场管理等执法机构，文化、教育、卫生等单位和适应社会主义市场经济发展的社会中介组织；优化结构，就是通过人员分流，调整政府和企业、机关和基层人员的年龄结构、知识结构和专业结构，达到优化组合，全面提高公务员队伍和基层工作人员的整体素质。事业单位数量很大，改革任务很重，也有个初步设想，除教育单位和极少数需要由财政拨款的以外，其他事业单位每年减少财政拨款1/3，争取三年基本达到自负盈亏。

认真转变政府职能，改进工作作风，提高办事效率。必须根据新的要求，提高依法行政能力，履行国家机关的职责。要进一步完善行政运行制度，加强行政首长负责制，规范行政领导职权，避免推诿扯皮，严格行政纪律，监察失职行为。新设立的部门，以及内设机构调整较大的部门，要尽快理顺职能关系,确保正常运转。要按照德才兼备的标准选拔任用干部,领导班子要搞好自身建设,加强内部团结。

加强行政组织体系的法制建设。在机构改革、精兵简政的基础上,加强和完善行政立法。建议修改《国务院组织法》,依法规范国务院组成部门的设置。建议适时修改地方组织法,对地方政府的职责权限、组织机构做出更为明确的规范。在各部门"三定"的基础上,进行部门组织立法,明确工作职能,完善工作程序。加快制定各类组织的管理法规,依法控制机构和编制,建立约束机制。

严守政务纪律,服从改革大局。机构改革和人员分流,涉及改革、发展和稳定的全局,涉及部门权力和干部的切身利益,必须强调顾全大局。各级干部特别是领导干部,必须听从组织安排,正确对待个人工作岗位的变化。改革方案的研究和制定,已经考虑了各方面的意见,方案一经批准,就要坚决执行,要同心协力,争取政府机构改革的顺利实施。

——改革后的国务院机构组成和职能转变。

从1998年3月到1999年10月,经过一年多的努力,国务院的机构改革基本完成,改革后的变动情况为:

国务院办公厅。

国务院组成部门:改革后减为29个。其中宏观调控部门包括国家发展计划委员会、国家经济贸易委员会、财政部、中国人民银行;专业经济管理部门包括铁道部、交通部、建设部、农业部、水利部、对外经济贸易合作部、信息产业部、国防科学技术工业委员会;教育、科技、文化和社会保障、资源管理部门包括科学技术部、教育部、劳动和社会保障部、人事部、国土资源部;国家政务部门包括外交部、国防部、文化部、卫生部、国家计划生育委员会、国家民族事务委员会、司法部、公安部、国家安全部、民政部、监察部、审计署。

国务院直属机构:调整后设17个,包括海关总署、国家税务总局、国家环境保护总局、中国民用航空总局、国家广播电影电视总局、国家体育总局、国家统计局、国家工商管理局、国家新闻出版署、国家林业局、国家质量技术监督局、国家药品监督管理局、国家知识产权局、国家旅游局、国家宗教事务局、国务院参事室、国家机关事务管理局。

国务院组成部门管理的国家局：调整以后有 19 个，包括国家发展计划委员会主管的国家粮食储备局；国家经济贸易委员会主管的国家煤炭工业局、国家机械工业局、国家冶金工业局、国家石油化学工业局、国家轻工业局、国家纺织工业局、国家建筑材料工业局、国家烟草专卖局、国家有色金属工业局；人事部主管的国外专家局；国土资源部主管的国家海洋局、国家测绘局；信息产业部主管的国家邮政局；文化部主管的国家文物局；卫生部主管的国家中医药管理局；中国人民银行主管的国家外汇管理局；海关总署主管的国家出入境检验检疫局等。

国务院办事机构：设为 6 个，包括国务院外事办公室、国务院侨务办公室、国务院港澳办公室、国务院法制办公室、国务院经济体制改革办公室、国务院研究室。

国务院议事协调机构：调整以后设置 20 个。

国务院领导的直属事业单位：调整以后有 10 个，包括新华通讯社、中国科学院、中国工程院、中国社会科学院、国务院发展研究中心、国家行政学院、中国地震局、中国气象局、中国证券监督委员会、中国保险监督委员会。

本轮行政改革和以往不同的是，这次机构改革和政府职能的变革是个持续的过程，一直持续到 2002 年。从 1998 年下半年到 2002 年，一些机构调整和职能转变的措施又相继出台，主要包括以下内容：

国务院批准国家经贸委下属的 10 个国家局的 242 个科研部门在 1999 年 6 月前实施转制，由机关性质转变为企业性质或社会中介组织。

国土资源部对省级国土资源主管部门实行业务指导，其主要干部的任免需征得国土资源部同意，目的在于控制土地资源的流失。

改革中国人民银行管理体制，撤销省一级分行，跨省区设 9 个分行，以利于提高中央银行执行货币政策的权威性，实施金融监管的独立性和提高金融监管的效率效能。

改革工商行政管理体制，国家工商行政管理局对省级工商行政管理实行业务领导，省级工商局为同级政府的工作部门，省级以下的工商局为上一级工商局的直属机构，工商行政管理所为县（市、区）工商局的派出机构。这样改革的目的在于保证工商管理执法的独立性，免受地方政府的干扰。

改革质量技术监督管理体制，国家质量技术监督局对省级职能部门实行业务领导，省以下质量技术监督系统实行垂直管理，以保证质量技术监管的独立和统一。

环境保护系统管理体制在省级以下改为由上级主管部门与同级地方政府双重领导，以地方为主。

所有中央机关，包括党的中央机关、全国人大、全国政协、国务院各部门，限期于1998年底与所办经济实体和直属企业完全脱钩，以实现政企分开。军队、武警和公检法等政府机关一律不再从事经商活动，并与所属经营性公司彻底脱钩。党政机关领导干部不再兼任社会团体领导职务，以利于党政分开。

2001年2月，国家正式撤销除国家烟草专卖局之外的国家经贸委所属的9个国家局。对9个国家局原来的职能按照政企分开、政事分开的原则予以消化，大部分转移给行业协会等中介组织。同时组建国家安全生产监督管理局与国家煤炭安全生产管理局，实行"一个机构，两块牌子"。

2001年上半年，为强化政府的市场监管职能，中央决定将国家工商行政管理局改称为国家工商行政管理总局。将新闻出版署改称为新闻出版总署。将国家质量技术监督局和国家出入境检验检疫局合并，组建国家质量监督检验检疫总局。这三个机构行政级别由原来的副部级升格为正部级。

（2）中共中央部门及群众团体机关的改革

1999年7月，中共中央召开部门机构改革工作会议，决定对中共中央的机构进行改革。这项改革突出了三个原则：一是有利于进一步坚持、加强和改善党的领导；二是有利于进一步巩固党的执政地位和提高党的执政水平；三是有利于全面加强党的思想、组织和作风建设。

此次改革的目标是进一步理顺职能关系，精简、调整内设机构和人员编制，优化人员结构，增强机关活力。

到2000年底，此项改革基本完成，中共中央的19个部门除外办之外的18个部门都进行了改革，改革内容主要体现在三个方面[①]：

[①] 刘智峰：《中国政治——当代中国政治若干问题分析》，江西人民出版社2007年版，第182—183页。

一是理顺职能关系。重新界定并理顺与相关政府部门、人民团体的职责分工，解决中央各部门之间、部门内设机构之间存在的职能交叉、管理重复问题。

二是精简内设机构和人员编制。根据职能的调整和变化，撤销一些与工作任务不相适应的机构，清理合并了一些分工过细、职能交叉重复的机构，人员编制平均精简了20%。

三是按照中共中央、国务院的要求，根据一些部门重组的变化和垂直管理的特点，重新调整了派驻各部门的纪检、监察机构的领导体制和编制。

我国的群众团体机关实际上也有着准政府机关的性质和职能，也存在着和行政机关一样的弊病。2002年4月，由中共中央机构编制管理部门直接管理机构编制的21个群众团体机关的机构改革工作也全面展开，计划精简编制25%左右。

（3）地方行政体制改革

由于历史条件的制约和宏观环境的限制，地方行政体制中的一些深层次矛盾和问题虽经多次改革仍未得到根本解决，机构设置、职能配置与社会主义市场经济发展的矛盾日益突出。一是政企不分，政府直接干预企业的生产经营管理活动，不能形成科学决策的投资体制，容易造成责任不清和决策失误，难以发挥市场在资源配置中的基础性作用。二是政事、政企不分，一些应由社会自我管理或主要由社会中介组织和事业单位解决的问题，也由政府部门包揽起来，把过多的社会责任和矛盾集中在政府身上。三是政府部门管理体制不适应社会主义市场经济的要求，部门权力利益化倾向，造成一些部门、地区、行业之间的分割和封锁，加剧了部门、行业和地方的保护主义，阻碍了公平竞争和市场体系的培育、发展。四是地方各级政府机构庞大，职责交叉，人员冗余，结构不合理，财政负担沉重，尤其是贫困、边远地区的财政更是难以为继。

为此，《中共中央、国务院关于地方政府机构改革的意见》下发，分别就改革的目标和原则、职能转变和部门调整、精简机构和人员编制、需要注意的问题等方面做出指导。

一是改革目标：建立办事高效、运转协调、行为规范的行政管理体系，完善国家公务员制度，建设高素质的专业化行政管理干部队伍，逐步建立适应社会主义市场经济需求的有中国特色的地方行政管理体制。

二是改革原则：转变政府职能，实现政企分开；按照精简、统一、效能的原则，调整政府机构，精兵简政，裁减冗员，优化结构，提高效率；按照权责一致的原则，合理划分事权，理顺条块以及行政层次间的关系；分类指导，因地制宜地推进改革，在实践中补充完善；按照依法行政的要求，加强行政管理的制度化、规范化和法制化建设，逐步由行政手段管理转向依法管理；加强机构编制的管理监督，建立机构编制管理与财政预算管理相互配套协调的约束机制。

三是职能转变。《中共中央、国务院关于地方政府机构改革的意见》对省、市、县和乡镇的职能转变分别提出了如下要求：

省一级政府要切实履行区域经济调节和社会管理的职能，按照国家法律、法规和方针、政策，制定区域性的经济社会发展规划，加强社会主义精神文明和物质文明建设，创造公平、公正、公开的竞争环境，维护市场秩序，打破地区、条块分割；政府机关不再办经济实体，已经办的要限期脱钩，解除政府主管部门与国有企业的行政隶属关系，主管部门不再直接管理企业，切实落实企业经营自主权，深化企业改革，加快企业改组；加强对农业和农村工作的领导与协调。

市一级政府要逐步管理从企业分离出来的社会事务，实行属地管理；进一步改善投资环境，加强基础设施建设，维护市场秩序，搞好社区服务，充分发挥城市的中心作用和辐射功能。

县一级政府要切实把职能转向服务与协调，加强农村基层政权建设，逐步发展小城镇，促进农业的专业化、市场化、现代化。

乡镇政府要进一步推动农业社会化服务体系的发展与完善，为乡镇企业的发展创造条件，加强农村社会主义民主政治和法制建设，依法行政，规范管理。

四是机构调整。

根据职能转变的要求，《中共中央、国务院关于地方政府机构改革的意见》对于地方各级政府的机构调整提出了总体要求，就需要加强的部门、不再保留的部门和需要调整的部门分别提出指导性意见。

需要加强的部门包括综合经济部门和执法监管部门，要求全国大中城市所设的区工商行政管理局、质量技术监督局，一律改为市工商行政管理局、质量技术监督局的分局，作为市局的派出机构，由市局统一领导、统一管理，在此基础上，逐步实行省以下垂直管理体制。环境保护部门领导管理体制改为双重领导，以地方政府为主。将药政、药检和药品生产流通监管职能集中起来，组建药品监督管理部门。林业部门的职能要转到保护和发展森林资源上来，封山育林、种草种树，扩大林草植被，绿化国土，改善生态环境，林业资源较少的省（自治区）可将林业部门与农业或环保部门合设。

地方各级政府不再设置工业、商业、物资管理部门和各种行政性公司，其政府职能并入经贸部门。行政性公司按照政企分开、公平竞争、自主经营的要求进行改组。省级政府对国有重点企业的监管，可以采取派出代表参加监事会的方式，也可以采取派出稽查特派员的方式进行监管。水产（海洋水产）、畜牧、农垦、农机等机构改建为经济服务实体，实行政企分开，其政府职能并入有关部门。

有条件的省（直辖市）组建信息产业机构，按照设计、生产、开发，使用相结合的原则，实行统一规划、统一布局、统一管理，防止重复建设，促进信息产业发展。

五是机构和人员编制。

省级政府工作部门分为组成部门和直属机构。省级政府组成部门的设置应与国务院组成部门基本对口，以利于工作的衔接。地方各级政府一般不设置与国务院办事机构对应的机构和部门管理的机构。国防动员的办事机构设置由省一级政府在制定地方机构改革实施方案时通盘考虑。

省一级原平均有下属部门53个，改革后大省设40个，小一些的省设30个；直辖市政府下属部门原来平均有61个，改革后设45个；大城市政府下属部门由平均55个减为40个；中等城市由37个减为30个；小城市下属部门一般设22个；经济不发达、人口较少的市应更少一些。州政府下属部门由平均32个减为25个。大县下属部门一般设22个；中等县下属部门一般设18个；小县下属部门一般设14个；贫困县或人口特少的县机构应更精干一些。

省（自治区）政府组成部门一般称委、厅，直辖市称委、局，直属机构一般称局。省级以下政府不分为组成部门和直属机构，统称政府工作部门。地级市政府工作部门称委、局。县政府工作部门一律称局。

乡镇政府的精简要区别情况，分类指导。少数经济特别发达、规模较大的镇，可以按照现代城镇管理模式确定机构；贫困、边远地区的乡镇要精兵简政，原则上只设一个综合机构，或只确定必要的助理员。

全国各地原有公务员编制518万人，实有548万人。省级政府机关人员编制精简幅度原则上参照国务院精简比例进行，逐步、分期达到精简一半左右，新组建的重庆市根据具体情况，区别对待。市、县和乡镇政府行政编制的精简比例，要本着实事求是的精神，根据所辖范围、人口、经济和社会发展程度等实际情况，由省、自治区、直辖市研究提出。省级政府机构改革方案和市、县、乡镇政府行政编制的精简比例，报党中央、国务院审批后组织实施。加强政法部门，重点要充实一线和基层。少数民族地区和贫困、边远地区的精简比例可结合实际情况确定。乡镇机关精简的重点是降低乡镇财政供养人员比重，首先要坚决把不在编的人员精简下来。其次要结合费改税，清理清退各类由行政性收费供养的人员。

在改革的操作上，该意见要求统筹安排，分步进行，省市县乡不要同时进行。1999年可以先搞省级改革，也可以省市同时进行。在2000年再搞县乡两级改革。对于人员，要求带职分流、定向培训、加强企业力量、优化结构。人员分流的时间大致3年左右，贫困、边远以及少数民族地区可以适当延长。

1999年启动了省级机构改革，到2001年初，全国省级机构改革基本完成。全国省级机构共精减人员7.4万名。省级政府机关机构设置由平均55个减少到40个。党政部门内设机构平均精简20%。在人员编制方面，省委部门平均精简20%左右，省政府机关行政编制平均精简48.2%，其中北京、上海、天津、福建、山西五个省市的精简比例达50%。[①]

此次省级行政体制改革的成效还表现在以下几个方面：

---

① 刘智峰：《中国政治——当代中国政治若干问题分析》，江西人民出版社2007年版，第185页。

一是政企分开有了突破，政事、政社分开有了进展。各地基本撤销了工业、商业等专业经济管理部门，行政性公司改组为经济实体，政府部门与所办经济实体以及管理的直属企业在人财物等方面脱钩。同时，各地还将辅助性、服务性职能从政府中分离出来，推进事业单位和机关后勤工作的社会化、企业化，发展社会中介组织，实现政事、政社分开。

二是解决了一批党政部门职责交叉重复的问题，各地通过改革，重新界定并规范了党委部门和相关政府部门、人民团体的职责分工，解决党政部门之间、部门内设机构之间所存在的职责交叉、管理重复等问题，逐步完善运行机制。

三是规范了省级政府的组织结构，将省级政府工作部门区分为组成部门和直属机构，组成部门与国务院组成部门基本对口，直属机构一般由地方因地制宜。

2001年启动了市县乡的改革。2001年2月2日，全国市县乡机构改革工作会议召开。在这次会议上，朱镕基阐述了改革的必要性，指出市县乡在整个党政组织结构和行政管理体系中处于基础的位置。市县乡机关中存在的机构重叠、人员冗余、角色错位等现象，已经严重影响了党和政府与人民群众之间的血肉联系，妨碍社会主义市场经济体制的正常运行，并且容易滋生腐败，非改不可。

胡锦涛在这次会议上具体阐述了改革的指导思想，即四个"有利于"：有利于加强党的领导和促进政府职能转变；有利于理顺各级政府、各部门之间的关系；有利于加强基层政权建设和各项基础工作；有利于精干公务员队伍，降低行政成本，减轻财政负担，提高工作效率。通过这次改革，逐步建立起廉洁高效、运转协调、行为规范的行政管理体制。

胡锦涛同时还要求各地在推行改革时抓好五个方面的工作：

第一，坚决完成人员编制的精简任务，确保全国市县乡机关行政编制总的精简20%。

第二，积极推进行政审批制度改革，按照政企分开的原则和转变政府职能的要求，清理现有行政性审批事项，简化和规范行政审批手续，彻底改变计划经济体制下政府主要依靠行政手段进行管理的做法。

第三，清理整顿行政执法队伍，鼓励和支持市县乡政府根据本地实际

六 转变职能，重塑政府：改革开放以来的行政体制改革　569

情况，建立精干统一的执法队伍，实行集中综合执法。

第四，认真搞好乡镇机构改革，进一步规范乡镇机构设置，减少机构和行政编制，坚决清退超编人员和各类临时聘用人员，同时归并乡镇企业单位，合理调整农村学校布局，压缩财政供养人员。

第五，切实做好人员分流工作，通过多种途径，把分流人员安置好。

2001年9月8日，为落实中央精神，进一步研究部署市县乡机构改革方案的实施工作，严格控制机构编制增加，召开了全国市县乡机构改革工作座谈会。曾庆红在会上强调，市县乡人员编制精减20%，是中央确定的改革目标，是符合我国市县乡实际情况的，必须严格遵守。

根据中央的统一部署，2001年全国各省陆续开展市县乡一级的改革，到2002年，全国大部分地区完成这项改革。比如广东省的改革在2001年3月开始动员，6月正式进行。其中广州市委设纪委和其他9个工作部门，设议事协调机构的常设办事机构1个；政府工作部门由55个减为41个，另有一个常设议事协调机构，共精减25.5%。予以保留的工作部门内设机构精减率也达到20%左右，各部门包括党政、人大、政协、群体机关的外设机构将精减10%左右，其他机关尽可能地进行综合设置。在人员编制方面，广州市党政群机关实职人员为5974名，完成精减34.8%，其中市、区、县级市、街道、镇机关的现有编制精减比例分别为40%、36%、36%、28.57%、24.18%。[①]

（4）深化公共行政体制改革和机构改革试点[②]

为适应逐步完善的市场体制以及加入WTO背景下公共管理发展的需要，从2001年下半年到2002年上半年，中央编制办公室先后确定了广东的深圳和顺德、福建的晋江、浙江的上虞和青岛的城阳5个市（区）作为全国深化公共行政体制改革和机构改革的试点，为全国新一轮行政体制改革探路。试点的内容是：从行政组织结构和运行机制的改革入手，创新行政管理体制，调整政府职能定位，实行决策与执行相对分离，完善组织结

---

① 刘智峰：《中国政治——当代中国政治若干问题分析》，江西人民出版社2007年版，第187页。

② 部分内容参见陈振明《我国地方政府改革的新趋势——试点城市改革的思路》，陈振明：《理解公共事务》，北京大学出版社2007年版，第400—407页。

构和运行机制，改进公共服务和加强依法行政。

深圳较早被确定为这一次深化公共行政体制改革的试点地区，其深化行政体制改革的基本思路是：以转变政府职能为核心，以建设现代行政组织结构和运行机制为载体，努力推进依法规范行政、高效优质行政、民主透明行政和清正廉洁行政。特别提出要勇于借鉴我国香港、新加坡和英国三地政府的优点，实行"行政三分制"，即决策、执行和监督三种机构的适度分离。深圳的方案是在事务分析、职能分析的基础上，以大行业、大系统的方式设立决策部门，并就每个决策部门关联的业务设若干个执行局，决策权在决策局，执行权、审批权在执行局；决策局只管决策，执行局则是单一的执行。与此相配套建立3—5个公共行政管理系统平台，作为所有政府部门共享的内务管理和服务系统，其职责是为所有政府机构提供有效的管理和服务，如公共财政、综合法制、公共人力资源、公共信息。但这个方案也引起了巨大的争议，有人认为，这个方案从政府管理机构、功能、运行机制等方面创新设计，具有"革命意义"。也有人认为，这是个彻底妥协的产物，用新瓶装旧酒，凭空增加了一层机构。[①] 由于各种原因，这一方案只有部分得到实施。

晋江市的改革试点主题定位为"创建公共行政体制"。2002年5月，晋江委托厦门大学进行课题研究，在综合运用理论与实证两个层面研究成果的基础上，形成了试点方案。2003年5月，该方案经中编办初审同意。2004年2月，福建省委、省政府正式批准晋江市《创建公共行政体制的试点方案》。改革的总目标是建设一个规范适度、灵敏高效、民主透明、责任法制、公正廉洁的公共服务型政府。改革的思路是：按照完善社会主义市场经济体制、加入WTO之后政府行为的规范化和率先基本实现现代化的要求，遵循公共行政的规律，以转变政府职能为先导，以创新运行机制为主线，以提高服务质量为核心，构建与晋江经济社会发展相适应的新型公共行政体制，提升政府能力，促进晋江发展。改革的原则是：立足现实，学习先进原则；与时俱进，大胆创新原则；系统配套，整体推进原则；渐进调适，持续改进原则。改革的基本内容和措施包括：（1）组织结

[①]《深圳受命特别试验"行政三分"再造政府》，《南方周末》2002年12月19日。

六　转变职能，重塑政府：改革开放以来的行政体制改革　　571

构重组：整合党政结构，加强改革决策系统建设。（2）工作流程再造：分权与权责关系的厘清、建立部门协作机制、优化部门内部流程、建设三大中心（行政服务、财务结算和后勤服务）、规范决策程序。（3）管理方式更新：引入市场竞争机制，应用工商管理方法，采用现代信息技术。（4）政府角色重塑：政企分开、还权于民、顾客导向。[①]

　　顺德市改革的指导思想是：以邓小平理论和江泽民"三个代表"重要思想为指导；适应社会主义市场经济体制的要求，适应我国加入WTO的形势要求；适应顺德市率先基本实现现代化的要求，大胆改革，锐意创新。改革的目标是：创新公共管理体制，从进一步调整行政组织机构和完善行政运行机制入手；切实转变政府职能，优化政府组织结构，实现政府决策、执行、监督相对分离，在权力运行监督机制等方面取得新突破，创建符合现代化要求的公共行政管理体制，把顺德市建成完全适应社会主义市场经济体制和符合WTO规则要求的、有中国特色的行政管理示范市。改革的基本内容是：深化领导体制改革，进一步提高决策和执行效率；加快政府职能转变，按市场经济要求改革一切阻碍经济社会发展的管理体制和机制；巩固和完善大行业、大系统管理体制，通过优化政府组织结构，推行决策、执行与监督相对分离；加快推进电子政务管理，建设"电子政府"；加强法制化建设，推进依法治市；深化社会保障制度改革，进一步加强社会保障体系建设；积极培育和大力发展社会中介组织；深化机关后勤管理体制改革，实现机关后勤服务市场化、社会化；深化事业单位改革；深化人事制度改革。

　　浙江上虞市改革方案的总体目标是：以党的十五大精神为指导，按照发展和建立社会主义市场经济的要求，进一步加强和改善党的领导，切实转变政府职能，建立与上级党委、政府机构大体协调、职能相互衔接的市委、市政府组织机构框架；从行政组织结构和运行机制的改革入手，结合上虞实际，创新行政管理体制，逐步建立基本符合现代化行政管理要求并适应经济社会发展需要，构建办事高效、结构合理、运转协调、行

[①] 本部门内容参考陈振明《竞争型政府——市场机制与工商管理技术在公共部门管理中的应用》，中国人民大学出版社2006年版，第531—546页。

为规范的党政管理体制。其改革方案的主要内容是：第一，按照有限政府的新理念，进一步转变政府职能，探索政府职能如何从缺位、越位、错位到适位。第二，按照政府组织内涵式发展的新理念，调整和完善政府机构设置。第三，按照责任、法制政府的新理念，加强政府的责任、法制建设。第四，按照公共服务社会化和农村税费制度改革的新要求，在总结试点经验的基础上，进一步推进乡镇机构改革，理顺条块关系，规范机构设置，改善人员结构，减少财政供养人员，减轻农民负担。

陈振明认为，这些试点城市的改革思路具有不同于以往的新特点，显示出新一轮中国地方政府行政体制改革的若干新趋势：一是由过去侧重于机构改革向更系统的改革转变，即向建立现代化政府管理体制和模式转变；二是加大了政府体制创新和转变政府职能的力度；三是提出以创建服务型政府为目标；四是重视行政管理方式创新。[①]

（5）本轮改革的成果

经过将近5年的改革，本轮改革取得了丰硕的成果。从1998年3月至2002年6月，全国各级党政群机关共精简行政编制115万个。此外，市县乡在机构改革中还清退超编人员约43万人。经过改革，国务院组成部门由40个减少到29个，部门内设司局机构减少200多个。省级政府机构设置平均由55个左右减到40个左右，市（地）级政府机构由平均45个左右减少到35个左右，县级政府机构由平均28个左右减少到18个左右。在人员编制方面，党中央及省级党委各部门精减20%，国务院各部门精减47.5%，省级政府精减48.2%，市县乡各级党政群机关精简19.4%。结合干部人事制度改革，在精减人员、定编定岗的同时，全国普遍推行了干部竞争上岗和岗位轮换，干部队伍结构发生了较大变化，整体素质有了明显改善。国务院机构改革后，40岁以下公务员人数占公务员总数的比例，由原来的53%上升到59.6%；有的部委机关人员平均年龄为37.5岁。有的省经过机构改革，省政府各部门中层干部年龄平均下降5岁。

这一轮改革的成果不仅表现在机构及人员精减上，还在于通过这次改

[①] 陈振明：《我国地方政府改革的新趋势——试点城市改革的思路》，陈振明：《理解公共事务》，北京大学出版社2007年版，第405—407页。

革，在行政体制的制度创新和理念创新上有了较大进展，主要表现为四个方面：

一是创立了国家局制度。为了兼顾改革的彻底性、有效性与过渡性、可行性的需要，本次改革在政府机构的设置上专门设立了由国务院宏观经济调控部门托管的国家局，即把原国务院工业经济专业管理部门全部降格转换成国务院经济贸易委员会下设的机构，同时对其职能做出新的明确定位。这样既大大推进了政企分开，又兼顾了社会的承受能力，包括我国的市场经济还不完善，政府还不能立即放弃某些职能的现实情况，同时理顺了政府内各部门的职能关系，有助于克服多头管理、政出多门的不良管理现象。

二是初步明确了公共服务的理念。这次政府机构改革在撤销全部工业经济专业管理部门的同时，明确提出了加强政府的公共服务职能的理念和任务，并为此设立了劳动和社会保障部、国土资源部、信息产业部等新的职能机构，同时设立了由国务院总理主持的高层次教育科技领导小组。就政府的社会职能而言，政府就是为公众、为社会提供公共产品、发展公益事业的公共服务机构。这次机构改革明确提出、设定和强调政府的公共服务职能，直接体现了政府行政理念的丰富化，体现了政府职能的进一步转变，即由直接管企业、管生产和分钱、分物转变到宏观调控、社会管理和公共服务方面，体现了政府行政管理方式的现代化。

三是建立了稽查特派员制度。稽查特派员是这次政府机构改革的制度创新的主要举措之一，也是我国政府管理国有企业方式的重大转变。通过建立稽查特派员制度，这次政府机构改革可以同时实现两个方面的目标：第一，通过选调一部分坚持原则的部局级领导经过业务培训，组成驻国有大中型企业的特派员办公室，可以大大减轻政府人员分流尤其是领导干部分流的压力；第二通过稽查特派员制度，探索在市场经济条件下，如何以资本为纽带，形成国家与国有企业关系的新模式。新模式的核心问题，在于形成既不干涉国有企业正常的经营活动，又能监督企业的资产运营和盈亏状况，进而在积极意义上保证国有资产的保值、增值。

四是创设宏观调控部门新体制，强化垂直管理。在1998年3月新一届政府建成后不久，中央政府取消所有国有银行省级分行，并在一年内建立跨省区的地区性分行，摆脱地方政府对中央银行体系的干预。1998年改革工商行政管理体制，省以下机关实行垂直管理，在经费方面，省级工商行政管理局按照收支两条线的原则，对全省（自治区、直辖市）工商行政管理系统财务经费实行统一管理，省级以下工商行政管理机构实行人事、组织、经费等垂直领导。1999年3月中央政府决定对质量技术监督局体制实行重大改革，在省以下实行垂直管理。国家安全生产监察局升格为国务院直属局。

这次改革能够取得比较大的成果，主要有以下三个方面的原因：

首先，理论共识已经达成，改革的外部环境已经具备。在理论和实践上人们都已明确，以调整产权关系为基础、以资本为纽带进行改革，是国有企业获得生机与活力的唯一途径。政府作为国有资产的代表者，必须承担起调整国有资产产权关系的责任，同时承担起对国有企业进行保值、增值的监督责任。为此政府必须大大强化公共服务的功能及其有效性。由于这些理论已经获得了中国社会主流的认同和响应，从而为大规模的政府行政改革提供了坚实的理论基础和社会基础。

其次，东南亚金融危机凸显了我国进行行政体制改革的紧迫性。这次金融危机在本质上是一次政府公共政策的危机、政府公共事务管理的危机。导致东南亚金融危机的大多数因素在我国都是现实的问题。因此通过主动的、强有力的政府政策导向和政策规制，提前防范和化解可能出现的金融危机，进而改造金融体制，使之适应金融市场全球化的趋势，是我国政府必须面对的、刻不容缓的重大政策问题，而问题的有效解决有赖于政府自身的公共政策能力和公共行政能力的提高。因此东南亚金融危机的警醒，从客观和主观上为我国启动整体性的行政体制改革提供了契机。

最后，政府行政人员的理念认同和心理承受力提高。为了实现可持续发展战略，尽快实现国家的现代化，改革将继续深入进行，这是执政党和全国人民的共识；建立高效、自律的政府则是我国政府公务人员的共识。经过1982年、1988年、1993年的政府机构改革，我国政府公务员的理念认同水准和心理承受能力均有了一定程度的提高。同时由于过去20年的发展大大拓展了我国国民择业的空间，持续改革的思维改变了官员的择业观念，使得政府官员和国民较之过去更能接受为改革而进行的必要的人员精简。

5. 第五阶段：2003—2018 年改革——政府"强身"改革

这一阶段的改革跨度比较长，这段改革的重点不再是精简机构，而是继续挖掘政府智能内涵，通过"服务型政府"理念的确立，对政府职能内容、结构形态、运行机制、管理手段进行再调整。政府不仅要"瘦身"，而且要"强身"，通过改革，使之能够适应我国政治、经济和社会发展的新形势。

在改革开放初期，中央提出了"以经济建设为中心"的指导思想和"效率优先、兼顾公平"的收入分配原则。在此背景下，加快发展经济，"把蛋糕做大"就成了压倒一切的任务，这个时候政府就扮演了"经济建设型政府"的角色，即把发展经济作为自身的核心职能。凡是有营利前景的项目，政府都要投资。在这种职能定位下，政府把自己当作经济发展的主体力量，从而主导了大量的资源配置。同时政府十分重视投资的直接收入回报，从而忽视对社会事业的投资，不恰当地把一些本该由政府提供的公共产品和服务如教育、卫生事业推向市场和社会。不可否认，这种经济型政府在特定的历史环境下对于经济发展起到了很大的促进作用。但是，随着改革开放向纵深发展，这种经济型政府的负面后果也就日益显现出来，主要表现为以下几个方面：政府权力异化、公共利益部门化、权力寻租现象屡禁不止；助长了地方保护主义，导致市场分割，政出多门；GDP 至上的政绩观使地方政府投资的热情不减，严重压缩了政府社会服务功能，在教育、卫生等公共事业上的投入严重不足；由于政府过多地涉足经济事务，行政垄断和行政审批事项急剧增多，导致市场机制发挥的空间被严重挤压。

在改革开放进入 21 世纪之际，我国社会也进入了一个转型期，即从一般温饱型社会向发展型社会转变的时期。这个时期也是公共需求发生深刻变化的时期，公共需求的全面增长与公共产品的严重短缺，成为新时期的突出矛盾和主要问题。总体而言，公共需求领域发生了五大深刻变化[①]：

第一，中国已经成为世界上收入分配差距比较严重的国家之一，广大

---

① 顾时宏：《目前中国公共需求发生五大深刻变化——访中国（海南）改革发展研究院执行院长迟福林》，人民网，2006 年 3 月 15 日。

社会成员对缩小收入差距，实行社会再分配的基本公共需求比任何时候更为强烈、更为迫切。

第二，义务教育、公共医疗已成为多数社会成员重要的公共需求。教育、医疗费用的过快增长，远远超出居民家庭可支配收入的增长速度，并已成为多数家庭的沉重负担。

第三，就业和社会保障已成为中国全社会重要的公共需求。

第四，公共安全开始成为中国全社会成员普遍的公共需求，尤其是生产安全、卫生安全、食品安全等方面的问题比较突出。

第五，随着利益的变化，合理的、正当的利益表达和利益诉求开始成为广大社会成员，特别是弱势群体的公共需求。

在这种情况下，由"经济建设型政府"向"公共服务型政府"转变就成为必然。党的十六大报告第一次把公共服务归结为政府职能的一个方面，提出"完善政府的经济调节、市场监管、社会管理和公共服务的职能，减少和规范行政审批"[1]，要求"深化行政体制改革。进一步转变政府职能，改进管理方式，推行电子政务，提高行政效率，降低行政成本，形成行政行为规范、运转协调、公正透明、廉洁高效的行政管理体制"[2]。为了进一步推进服务型政府建设，党的十七大又提出要探索大部制改革，进一步调整政府部门间关系，实现行政决策、执行和监督相分离的行政体制。党的十八大又进一步提出推进行政制度改革的举措，实行负面清单制度，从而为我国经济发展提供更多的制度红利。

（1）国务院行政体制改革

这一阶段经历了三次国务院行政体制改革：2003年改革、2008年改革和2013年改革。

2003年改革

——改革的指导思想和改革重点。

这次的指导思想是："以邓小平理论和'三个代表'重要思想为指导，按照完善社会主义市场经济体制和推进政治体制改革的要求，坚持政企分

---

[1] 《江泽民文选》第3卷，人民出版社2006年版，第549页。
[2] 《江泽民文选》第3卷，人民出版社2006年版，第556页。

开，精简、统一、效能和依法行政的原则，进一步转变政府职能，调整和完善政府机构设置，理顺政府部门职能分工，提高政府管理水平，形成行为规范、运转协调、公正透明、廉洁高效的行政管理体制。这次改革要抓住重点，解决行政管理体制中的一些突出矛盾和问题，为促进改革开放和现代化建设提供组织保障。"[①] 国务院机构改革的重点是"深化国有资产管理体制改革，完善宏观调控体系，健全金融监管体制，继续推进流通管理体制改革，加强食品安全和安全监管体制建设"[②]。

——改革的主要内容。

1）深化国有资产管理体制改革，设立国务院国有资产监督管理委员会（简称"国资委"）。国资委整合了原国家经贸委指导国有企业改革和管理的职能，中央企业工委的职能以及财政部有关国有资产管理的部分职能等。国务院授权国资委代表国家履行出资人职责。国资委的监管范围，确定为中央所属企业（不含金融类企业）的国有资产。地方所属企业的国有资产，由改革后设立的省、市（地）两级地方政府国有资产管理机构负责监管。其他国有资产，依照相关的法律法规进行管理。国资委被确定为国务院直属的正部级特设机构，其主要职责是：根据授权，依照公司法等法律和行政法规履行出资人职责，指导推进国有企业改革和重组；代表国家向部分大型企业派出监事会；通过法定程序对企业负责人进行任免、考核并根据其经营业绩进行奖惩；通过统计、稽核对所管国有资产的保值增值情况进行监管；拟订国有资产管理的法律、行政法规和制定规章制度，依法对地方国有资产管理进行指导和监督；承办国务院交办的其他事项。国资委依法对企业的国有资产进行监管，依法履行出资人职责，但不得直接干预企业的生产经营活动。

2）完善宏观调控体系，将国家发展计划委员会改组为国家发展和改革委员会（简称"发改委"）。将国务院体改办的职能并入发改委，将国家经贸委的行业规划、产业政策、经济运行调节、技术改造投资管理、多种所有制企业的宏观指导、促进中小企业发展以及重要工业品、原材料进

---

① 王忠禹：《关于国务院机构改革方案的说明》，《光明日报》2003年3月7日。
② 王忠禹：《关于国务院机构改革方案的说明》，《光明日报》2003年3月7日。

出口计划等职能，划归发改委。发改委是综合研究拟订经济和社会发展政策，进行总量平衡，指导总体经济体制改革的宏观调控部门。其主要职责是：拟订并组织实施国民经济和社会发展战略、长期规划、年度计划、产业政策和价格政策，监测和调节国民经济运行，搞好经济总量平衡，优化重大经济结构，安排国家重大建设项目，指导和推进经济体制改革。国家发展和改革委员会受国务院委托向全国人大做国民经济和社会发展计划的报告。

3）健全金融监管体制，设立中国银行业监督管理委员会（简称"银监会"）。将中国人民银行对银行、资产管理公司、信托投资公司及其他存款类金融机构的监管职能分离出来，并和中央金融工委的相关职能进行整合，设立银监会，为国务院直属的正部级事业单位。银监会根据授权，统一监督管理银行、资产管理公司、信托投资公司及其他存款类金融机构。其主要职责是：拟订有关银行业监管的政策法规，负责市场准入和运行监督，依法查处违法违规行为等。

4）继续推进流通管理体制改革，组建商务部。将国家经贸委的内贸管理、对外经济协调和重要工业品、原材料进出口计划组织实施等职能，国家计委的农产品进出口计划组织实施等职能，以及外经贸部的职能等整合起来，组建商务部。商务部是主管国内外贸易和国际经济合作的国务院组成部门。其主要职责是：研究拟订规范市场运行和流通秩序的政策法规，促进市场体系的建立和完善，深化流通体制改革，监测分析市场运行和商品供求状况，组织开展国际经济合作，负责组织协调反倾销、反补贴的有关事宜和组织产业损害调查等。

5）加强食品安全和安全生产监管体制建设。在国家药品监督管理局的基础上组建国家食品药品监督管理局，仍作为国务院直属机构。其主要职责是：继续行使国家药品监督管理局职能，负责对食品、保健品、化妆品安全管理的综合监督和组织协调，依法组织开展对重大事故的查处。为进一步强化对安全生产的监管，将国家经贸委管理的国家安全生产监督管理局改为国务院直属机构，负责安全生产的综合监督管理和对煤矿的安全监察。

此外，为加强人口发展战略研究，推动人口与计划生育工作的综合协调，将国家计划生育委员会更名为国家人口和计划生育委员会。

国家发展计划委员会改组为国家发展和改革委员会，组建商务部，不再保留国家经济贸易委员会、对外贸易经济合作部。经过改革，除国务院办公厅外，国务院组成部门设置28个。

设立国务院国有资产监督管理委员会、中国银行业监督管理委员会，组建国家食品药品监督管理局，调整国家安全生产监督管理局的体制，以及国务院直属机构、办事机构和其他机构的设置方案，将由新组成的国务院审查批准。

——组织实施。

国务院对这次机构改革的组织实施提出了以下要求：

第一，认真组织实施改革方案。十届全国人大一次会议审议通过国务院机构改革方案后，国务院将按照科学规范部门职能、合理设置机构和优化人员结构的要求，抓紧新成立部门的"三定"（定职能、定机构、定编制）工作，并对其他部门的"三定"方案进行完善，进一步理顺部门职能分工；适应改革的要求，按照程序，抓紧制定和修改有关的法律、行政法规；研究制定配套政策，做好机构变动部门和单位的干部人事、离退休干部以及资产处置等工作；加强行政管理体制的法制建设，实现机构和编制的法定化。

国有资产管理机构设置要按照中央的规定，依法有序地进行。其他机构不要搞一刀切，也不要求完全上下对口。在改革中，要重视做好职能衔接，保证国民经济正常运行，保持企业改革重组以及其他各项工作的连续性，维护社会稳定。

第二，进一步转变政府职能。转变职能是深化行政管理体制改革的关键。不论新成立的部门，还是其他部门，都要进一步转变职能，改进管理方式，推进电子政务，减少行政审批事项，规范行政审批行为，完善政府的经济调节、市场监管、社会管理和公共服务职能。

第三，切实加强组织领导。深化行政管理体制改革，涉及部门职责和权力的调整，直接关系着改革发展稳定的大局。各地各部门要高度重视，加强领导，主要领导同志亲自负责，精心组织安排，做好思想政治工作。要严肃各项纪律，做到思想不散，工作不乱，秩序不乱，国有资产不流失，确保改革的顺利进行。

——改革后的国务院机构设置。

改革后的国务院机构设置分为国务院办公厅、国务院组成部门、国务院直属特设机构、国务院直属机构、国务院办事机构、国务院直属事业单位、国务院议事协调机构和临时机构七大类。

1）中华人民共和国国务院办公厅。

2）国务院组成部门27个：中华人民共和国外交部、国防部、国家发展和改革委员会、教育部、科学技术部、民族事务委员会、公安部、安全部、监察部（与中共中央纪律检查委员会合署办公，机构列入国务院序列，编制列入中共中央直属机构）、民政部、司法部、财政部、人事部、劳动和社会保障部、国土资源部、建设部、铁道部、交通部、信息产业部、水利部、农业部、商务部、文化部、卫生部、国家人口和计划生育委员会、中国人民银行、审计署。

3）国务院直属特设机构1个：国务院国有资产监督管理委员会。

4）国务院直属机构18个：中华人民共和国海关总署、国家税务总局、国家工商行政管理总局、国家质量监督检验检疫总局、国家环境保护总局、中国民用航空总局、国家广播电影电视总局、国家新闻出版总署（国家版权局）、国家体育总局、国家统计局、国家林业局、国家食品药品监督管理局、国家安全生产监督管理局、国家知识产权局、国家旅游局、国家宗教事务局、国务院参事室、国务院机关事务管理局。

5）国务院办事机构4个：国务院侨务办公室、国务院港澳事务办公室、国务院法制办公室、国务院研究室。

6）国务院直属事业单位14个：新华通讯社、中国科学院、中国社会科学院、中国工程院、国务院发展研究中心、国家行政学院、中国地震局、中国气象局、中国银行业监督管理委员会、中国证券监督管理委员会、中国保险监督管理委员会、国家电力监管委员会、全国社会保障基金理事会、国家自然科学基金委员会。（国务院台湾事务办公室与中共中央台湾事务办公室、国务院新闻办与中共中央对外宣传办公室、国务院防范与处理邪教问题办公室与中央处理法轮功问题领导小组办公室，一个机构两个牌子，列入中共中央直属机构序列。国家档案局与国家档案馆，一个机构两块牌子，列入中共中央直属机构。）

7）国务院部委管理的国家局13个：信访局、粮食局、烟草局、外专局、海洋局、测绘局、邮政局、文物局、中医药局、外汇局、煤矿安监局、档案局、保密局。（国家档案局与中央档案馆、国家保密局与中央保密委员会办公室，一个机构两块牌子，列入中共中央直属机关的下属机构。）

8）国务院议事协调机构和临时机构27个：国家国防动员委员会（具体工作由国家发展和改革委员会、总参谋部、总后勤部承担）、国务院中央军委专门委员会（具体工作由国防科学工业委员会承担）、国家边防委员会（具体工作由总参谋部承担）、国务院中央军委空中交通管制委员会（具体工作由总参谋部承担）、全国爱国卫生运动委员会（具体工作由卫生部承担）、全国绿化委员会（具体工作由国家林业局承担）、国务院学位委员会（在教育部单设办事机构）、国家防汛抗旱总指挥部（在水利部单设办事机构）、国务院妇女儿童工作委员会（具体工作由中华全国妇女联合会承担）、全国拥军优属拥政爱民工作领导小组（具体工作由民政部、总政治部承担）、国务院三峡工程建设委员会（单设办事机构）、国务院残疾人工作协调委员会（具体工作由中国残疾人联合会承担）、国务院扶贫开发领导小组（单设办事机构）、国务院关税税则委员会（具体工作由财政部承担）、中国国际减灾委员会（具体工作由民政部承担）、国家科技教育领导小组（办公室设在国务院办公厅）、国家履行《禁止化学武器公约》工作领导小组（具体工作由国家发展和改革委员会承担）、国务院军队专业干部安置工作小组（具体工作由人事部承担）、国家禁毒委员会（具体工作由公安部承担）、全国老龄工作委员会（办公室设在民政部）、国务院西部地区开发领导小组（在国家发展和改革委员会单设办事机构）、国务院抗震救灾指挥部（办公室设在国家地震局）、国家处置劫机事件领导小组（办公室设在中国民用航空总局）、全国整顿和规范市场经济秩序领导小组（办公室设在商务部）、国家信息化领导小组（单设办事机构）、国务院行政审批制度改革工作领导小组（办公室设在监察部）、国务院纠正行业不正之风办公室（具体工作由监察部承担）。

2008年改革

——改革的指导思想和总体目标。

这次改革要求高举中国特色社会主义伟大旗帜，以邓小平理论和"三个代表"重要思想为指导，深入贯彻落实科学发展观，着力转变职能、理顺关系、优化结构、提高效能，做到权责一致、分工合理、决策科学、执行顺畅、监督有力，为全面建设小康社会提供体制保障。

这次改革的总体目标是：到2020年建立起比较完善的中国特色社会主义行政管理体制。通过改革，实现政府职能向创造良好发展环境、提供优质公共服务、维护社会公平正义的根本转变，实现政府组织机构及人员编制向科学化、规范化、法制化的根本转变，实现行政运行机制和政府管理方式向规范有序、公开透明、便民高效的根本转变，建设人民满意的政府。

——改革的主要内容。

第一，合理配置宏观调控部门职能。国家发展和改革委员会要进一步转变职能，减少微观管理事务和具体审批事项，集中精力抓好宏观调控。财政部要改革完善预算和税政管理，健全中央和地方财力与事权相匹配的体制，完善公共财政体系。中国人民银行要进一步健全货币政策体系，加强与金融监管部门的统筹协调，维护国家金融安全。国家发展和改革委员会、财政部、中国人民银行等部门要建立健全协调机制，形成更加完善的宏观调控体系。

第二，加强能源管理机构。设立高层次议事协调机构——国家能源委员会。组建国家能源局，由国家发展和改革委员会管理。将国家发展和改革委员会的能源行业管理有关职责及机构，与国家能源领导小组办公室的职责、国防科学技术工业委员会的核电管理职责进行整合，划入该局。国家能源委员会办公室的工作由国家能源局承担。不再保留国家能源领导小组及其办事机构。

第三，组建工业和信息化部。将国家发展和改革委员会的工业行业管理有关职责，国防科学技术工业委员会核电管理以外的职责，信息产业部和国务院信息化工作办公室的职责，整合划入工业和信息化部。组建国家国防科技工业局，由工业和信息化部管理。国家烟草专卖局改由工业和信息化部管理。不再保留国防科学技术工业委员会、信息产业部、国务院信息化工作办公室。

第四，组建交通运输部。将交通部、中国民用航空总局的职责，建设部的指导城市客运职责，整合划入交通运输部。组建国家民用航空局，由交通运输部管理。国家邮政局改由交通运输部管理。保留铁道部，继续推进改革。不再保留交通部、中国民用航空总局。

第五，组建人力资源和社会保障部。将人事部、劳动和社会保障部的职责整合划入人力资源和社会保障部。组建国家公务员局，由人力资源和社会保障部管理。不再保留人事部、劳动和社会保障部。

第六，组建环境保护部。不再保留国家环境保护总局。

第七，组建住房和城乡建设部。不再保留建设部。

第八，国家食品药品监督管理局改由卫生部管理。明确卫生部承担食品安全综合协调、组织查处食品安全重大事故的责任。

这次改革突出了三个重点：一是加强和改善宏观调控，促进科学发展；二是着眼于保障和改善民生，加强社会管理和公共服务；三是按照探索职能有机统一的大部门体制要求，对一些职能相近的部门进行整合，实行综合设置，理顺部门职责关系。

——改革后的国务院机构设置。

改革后，除国务院办公厅外，国务院组成部门如下：外交部、国防部、国家发展和改革委员会、教育部、科学技术部、工业和信息化部、国家民族事务委员会、公安部、国家安全部、监察部、民政部、司法部、财政部、人力资源和社会保障部、国土资源部、环境保护部、住房和城乡建设部、交通运输部、铁道部、水利部、农业部、商务部、文化部、卫生部、国家人口和计划生育委员会、中国人民银行、审计署。

改革后，除国务院办公厅外，国务院组成部门设置27个。这次国务院改革涉及调整变动的机构共15个，正部级机构减少4个。国务院将新组建工业和信息化部、交通运输部、人力资源和社会保障部、环境保护部、住房和城乡建设部。

2013年改革

——改革指导思想和目标

这次改革应按照建立中国特色社会主义行政体制目标的要求，以职能转变为核心，继续简政放权、推进机构改革、完善制度机制、提高行政效能。党的十八届三中全会提出发展和完善中国特色社会主义制度，推进国家治理体系和治理能力现代化的全面深化改革总目标。党的十八届五中全会提出深化行政管理体制改革，进一步转变政府职能，持续推进简政放权、放管结合、优化服务，提高政府效能，激发市场活力和社会创造力。

根据上述指导思想和要求，这次改革的重点是紧紧围绕转变职能和理顺职责关系，稳步推进大部制改革，实行铁路政企分开，整合加强卫生和计划生育、食品药品、新闻出版和广播电影电视、海洋能源管理机构。

——改革的主要内容。

第一，实行铁路政企分开。为推动铁路建设和运营健康可持续发展，保障铁路运营秩序和安全，促进各种交通运输方式相互衔接，实行铁路政企分开，完善综合交通运输体系，将铁道部拟订铁路发展规划和政策的行政职责划入交通运输部。交通运输部统筹规划铁路、公路、水路、民航发展，加快推进综合交通运输体系建设。组建国家铁路局，由交通运输部管理，承担铁道部的其他行政职责，负责拟订铁路技术标准，监督管理铁路安全生产、运输服务质量和铁路工程质量等。组建中国铁路总公司，承担铁道部的企业职责，负责铁路运输统一调度指挥，经营铁路客货运输业务，承担专运、特运任务，负责铁路建设，承担铁路安全生产主体责任等。不再保留铁道部。

第二，组建国家卫生和计划生育委员会。为更好地坚持计划生育的基本国策，加强医疗卫生工作，深化医药卫生体制改革，优化配置医疗卫生和计划生育服务资源，提高出生人口素质和人民健康水平，将卫生部的职责、国家人口和计划生育委员会的计划生育管理和服务职责整合，组建国家卫生和计划生育委员会。主要职责是，统筹规划医疗卫生和计划生育服务资源配置，组织制定国家基本药物制度，拟订计划生育政策，监督管理公共卫生和医疗服务，负责计划生育管理和服务工作等。将国家人口和计划生育委员会的研究拟订人口发展战略、规划及人口政策职责划入国家发展和改革委员会。国家中医药管理局由国家卫生和计划生育委员会管理。不再保留卫生部、国家人口和计划生育委员会。

第三，组建国家食品药品监督管理总局。为加强食品药品监督管理，提高食品药品安全质量水平，将国务院食品安全委员会办公室的职责、国家食品药品监督管理局的职责、国家质量监督检验检疫总局的生产环节食品安全监督管理职责、国家工商行政管理总局的流通环节食品安全监督管理职责整合，组建国家食品药品监督管理总局。主要职责是，对生产、流通、消费环节的食品安全和药品的安全性、有效性实施统一监督管理等。将工商行政管理、质量技术监督部门相应的食品安全监督管理队伍和检验检测机构划转食品药品监督管理部门。保留国务院食品安全委员会，具体工作由国家食品药品监督管理总局承担。国家食品药品监督管理总局加挂国务院食品安全委员会办公室牌子。新组建的国家卫生和计划生育委员会负责食品安全风险评估和食品安全标准制定。农业部负责农产品质量安全监督管理。将商务部的生猪定点屠宰监督管理职责划入农业部。不再保留国家食品药品监督管理局和单设的国务院食品安全委员会办公室。

第四，组建国家新闻出版广电总局。为进一步推进文化体制改革，统筹新闻出版广播影视资源，将国家新闻出版总署、国家广播电影电视总局的职责整合，组建国家新闻出版广电总局。主要职责是，统筹规划新闻出版广播电影电视事业产业发展，监督管理新闻出版广播影视机构和业务以及出版物、广播影视节目的内容和质量，负责著作权管理等。国家新闻出版广电总局加挂国家版权局牌子。不再保留国家广播电影电视总局、国家新闻出版总署。

第五，重新组建国家海洋局。为推进海上统一执法，提高执法效能，将国家海洋局及其中国海监、公安部边防海警、农业部中国渔政、海关总署海上缉私警察队伍和职责整合，重新组建国家海洋局，由国土资源部管理。主要职责是，拟订海洋发展规划，实施海上维权执法，监督管理海域使用、海洋环境保护等。国家海洋局以中国海警局名义开展海上维权执法，接受公安部业务指导。为加强海洋事务的统筹规划和综合协调，设立高层次议事协调机构国家海洋委员会，负责研究制定国家海洋发展战略，统筹协调海洋重大事项。国家海洋委员会的具体工作由国家海洋局承担。

第六，重新组建国家能源局。为统筹推进能源发展和改革，加强能源监督管理，将国家能源局、国家电力监管委员会的职责整合，重新组建国家能源局，由国家发展和改革委员会管理。主要职责是，拟订并组织实施能源发展战略、规划和政策，研究提出能源体制改革建议，负责能源监督管理等。不再保留国家电力监管委员会。

——改革后国务院机构设置。

改革后的国务院机构设置分为国务院办公厅、国务院组成部门、国务院直属特设机构、国务院直属机构、国务院办事机构、国务院直属事业单位、国务院部委管理的国家局七大类。

国务院办公厅。

国务院组成部门25个：中华人民共和国外交部、国防部、国家发展和改革委员会、教育部、科学技术部、工业和信息化部、国家民族事务委员会、公安部、国家安全部、监察部（监察部与中共中央纪律检查委员会机关合署办公，机构列入国务院序列，编制列入中共中央直属机构）、民政部、司法部、财政部、人力资源和社会保障部、国土资源部、环境保护部、住房和城乡建设部、交通运输部、水利部、农业部、商务部、文化部、国家卫生和计划生育委员会、中国人民银行、审计署。

国务院直属特设机构1个：国务院国有资产监督管理委员会。

国务院直属机构15个：中华人民共和国海关总署、国家税务总局、国家工商行政管理总局、国家质量监督检验检疫总局、国家新闻出版广电总局、国家体育总局、国家安全生产监督管理总局、国家食品药品监督管理总局、国家统计局、国家林业局、国家知识产权局、国家旅游局、国家宗教事务局、国务院参事室、国家机关事务管理局。国家预防腐败局列入国务院直属机构序列，在监察部加挂牌子。国家新闻出版广电总局加挂国家版权局牌子。

国务院办事机构4个：国务院侨务办公室、国务院港澳事务办公室、国务院法制办公室、国务院研究室。国务院台湾事务办公室与中共中央台湾工作办公室、国务院新闻办公室与中共中央对外宣传办公室、国务院防范和处理邪教问题办公室与中央防范和处理邪教问题领导小组办公室，一个机构两块牌子，列入中共中央直属机构序列。

国务院直属事业单位13个：新华通讯社、中国科学院、中国社会科学院、中国工程院、国务院发展研究中心、国家行政学院、中国地震局、中国气象局、中国银行业监督管理委员会、中国证券监督管理委员会、中国保险监督管理委员会、全国社会保障基金理事会、国家自然科学基金委员会。

六 转变职能，重塑政府：改革开放以来的行政体制改革　　587

国务院部委管理的国家局 19 个：国家信访局（由国务院办公厅管理）、国家粮食局（由国家发展和改革委员会管理）、国家能源局（由国家发展和改革委员会管理）、国家国防科技工业局（由工业和信息化部管理）、国家烟草专卖局（由工业和信息化部管理）、国家外国专家局（由人力资源和社会保障部管理）、国家公务员局（由人力资源和社会保障部管理）、国家海洋局（由国土资源部管理）、国家测绘地理信息局（由国土资源部管理）、国家铁路局（由交通运输部管理）、中国民用航空局（由交通运输部管理）、国家邮政局（由交通运输部管理）、国家文物局（由文化部管理）、国家中医药管理局（由国家卫生和计划生育委员会管理）、国家外汇管理局（由中国人民银行管理）、国家煤矿安全监察局（由国家安全生产监督管理总局管理）、国家档案局与中央档案馆、国家保密局与中央保密委员会办公室、国家密码管理局与中央密码工作领导小组办公室（一个机构两块牌子，列入中共中央直属机关的下属机构序列）。

（2）地方行政体制改革

这个阶段地方行政体制改革的重点在于大部门制改革、调整省市县关系和乡镇改革。同时还提出了中央与地方职能划分的意见。2008 年党的十七届二中全会要求各层级政府合理调整地方政府机构设置。在中央确定的限额内，需要统一设置的机构应当上下对口，其他机构因地制宜设置。调整和完善垂直管理体制，进一步理顺和明确权责关系。深化乡镇机构改革，加强基层政权建设。进一步明确了中央与地方职能方向定位：中央政府注重于经济社会事务的宏观管理，地方政府则注重于提高公共服务能力，并对分权内容做了一定的规定，即下放中央政府的部分财权、事权和人事管理权，下放一批国有企业，以及对某些地区下放部分中央经济特许权力。

——地方大部制改革。

地方大部制改革是地方政府在国务院机构改革框架下结合本地实际情况开展的实践探索，不同的地方政府形成了不同重点、不同特色、不同实际效果的大部制改革模式，但是顺德大部制改革更为彻底，力度最大。地处广东珠江三角洲核心区域的顺德市按照中央关于大部制改革的部署要求，结合地方实际，顺德区于 2009 年制定出台《佛山市顺德区党政机构改革方案》，开始了大部制改革。顺德全区原有 41 个党政机构，按照发展规划、城乡建设、社会管理、经济建设、市场监管、群团工作、政务监察等职能"合并同类项"，职能重叠、相近的党政部门合署办公，最终精简为 16 个，其中，党委机构 6 个，政府部门 10 个，其精简幅度接近 2/3。此次顺德大部制改革取得了巨大的成效，具体表现为以下六个方面：

第一，改革力度前所未有。原来的 41 个党政机构整合为 16 个部门，机构精简幅度接近 2/3，其中政府机构只有 10 个，实现了真正的大部门体制。

第二，切实减少管理层次。改革之后，顺德区将增设区政府政务委员，与区委常委、副区长一起兼任 16 个大部门的首长，并参加区联席会议决策。联席会议的决策直接由 16 个大部门落实执行，形成"联席会议—部门—业务科室"的决策、执行机制，避免了机构重复。

第三，建立廉洁高效模式。区内全局性重大决策集中由区联席会议行使，区纪委（政务监察和审计局）负责对区委、区政府和各部门的工作进行纪律和绩效监督。

第四，避免政府过多干预。按照政务、经济和社会管理等范畴来划分政府职能，将政府组织的内部事务管理与社会服务、市场监管等职能从机构设置上区分开来，避免政府内部组织对社会经济生活进行过多干预。

第五，优化人力资源结构。通过在大部门之间统筹安排人力资源，解决以往存在的人员配置不平衡问题，形成更合理的人力资源结构。

第六，实施综合配套改革。改变"头痛医头，脚痛医脚"的单一改革模式，同步推进事业单位分类改革，深化镇级行政管理体制改革，实行"强镇扩权"等。

——省、市、县行政关系的调整：强权扩县与省直管县。

我国的"市管县"体制对于促进我国城乡一体化建设起到了一定作用。但随着我国各地经济的发展，"市管县"的体制也日益显露出其弊端。因此很多学者提出改革现行的"市管县"体制，推行"省管县"改革。中央也明确提出可在条件成熟的地方实行"省管县"体制。我国《国民经济和社会发展第十一个五年规划纲要》明确提出要"理顺省级以下财政管理体制，有条件的地方可实行省级直接对县的管理体制"[①]。《中共中央、国务院关于推进社会主义新农村建设的若干意见》也提到"有条件的地方可加快推进省直管县财政管理体制改革"[②]。2002年以来，浙江、湖北、河南、山东、福建等省份先后根据本省情况，将一部分归属于地级市的经济管理权和社会管理权直接赋予经济强县，并在财政体制上实行省直管县。其中浙江省的"省管县"改革走在全国的最前列，并取得了良好的效果。

浙江省强县扩权的实践开始于20世纪90年代，至今已进行了四轮改革，主要是扩大部分经济强县的管理权限。1992年，出台萧山、余杭、鄞县、慈溪等13个县（市）扩权政策。1997年，同意萧山、余杭试行享受市地一级部分经济管理权限。2002年，浙江省委省政府按照"能放都放"的总体原则，将313项原属地级市的经济管理权限下放给17个县（市）和萧山、余杭、鄞州3个区。从效果来看，浙江省强县扩权政策的实施，使经济强县（市）的发展增添动力，激发活力，增强实力，推动了县域经济的持续快速发展。2005年，上一轮扩权的17个经济强县（市）和萧山、余杭、鄞州3个区实现生产总值5276.3亿元，是2001年的1.8倍，占全省生产总值的39.48%；人均国内生产总值33428元，比全省平均高21.3%；财政总收入618.8亿元，是2001年的2.6倍，占全省的29.26%，其中地方财政收入301.6亿元，是2001年的2.25倍，占全省的28.28%。浙江全国百强县个数已是三分天下有其一，而且大部分百强县在全国的位次连年稳中有升。以义乌为例，自2002年第三轮扩权以来，综合实力不断增强，社会财富显著增加。2006年预计全市实现地区生产总值348亿元，财政总收入44.88亿元，金融机构存款余额703亿元。三次产业协调发展，结构调整为2.2∶45.8∶52；全国百强县市排名从2002年的20位跃居到2005年的12位；中国小商品城成交额连续16年位居全国各大专业市场榜首；义博会成为全国第三大出口商品展；义乌被省政府确

[①] 《中国国民经济和社会发展第十一个五年规划纲要》，中央政府门户网站，2006年3月16日，http://www.gov.cn/ztzl/2006-03/16/content_228841_9.htm。

[②] 《关于推进社会主义新农村建设的若干意见》，新华网，2006年2月21日，http://news.xinhuanet.com/politics/2006-02/21/content_4207811_2.htm。

定为全省三个"大通关"建设重点之一；国际商贸城被评为全国唯一4A级旅游购物景区。

由于义乌经济地位的重要性，浙江省的第四轮强县扩权是从义乌开始的，其主要内容是：在不改变其由金华市领导的管理体制的前提下，进一步扩大义乌市政府经济社会管理权限，以社会管理权限为重点，除规划管理、重要资源配置、重大社会事务管理等经济社会管理事项外，赋予义乌市与设区市同等的经济社会管理权限。扩权之后，义乌市可根据经济社会发展需要，按照全面履行政府职能的要求，研究提出调整优化政府机构设置和人员编制方案。通过扩权，义乌市政府基本上享有了地级市政府所具有的权限。①

浙江成为很多省份效仿的对象，从2003年开始，山东、福建、湖北、广东、河南、河北、吉林、江苏等众多省份出台的加快发展县域经济的文件中，"强县扩权"成了制定相关政策的主基调，有的地方还迫不及待地提出了"抢抓扩权强县机遇"的口号。但在效仿过程中，大多数地方的进展并不大。比如2003年湖北省就下发文件，将239项审批权限下放到大冶、汉川等县及县级市。但调查显示，在239个事项中，落实较好的只有87项，未能落实的有99项，缺乏可操作性的有27项。遭遇同样情况的还有江苏。江苏最早成为"省管县"的试点省份，但并没有真正实施"一级政府、一级财政"，县级财政计划由省里直接下达，但是要通过市里"汇总"一下，雁过拔毛，要给地级市1.5%。尽管江苏省人代会曾明确要求推进省管县的改革，但这项改革已经因为种种原因而被迫停了下来。就其他已经实行省直管县的省份而言，有的省份并没有取得预期的效果。比如2015年河北省第二批8个省直管县试点半年后即宣告取消。河南的10个省直管县在运行4年后低调结束，从2018年1月1日起全面恢复市管县体制。

——乡镇行政体制改革：乡镇撤并。

从1998年开始，为了缓解税费改革压力和加速农村城市化进程，全

---

① 本部分内容参考《浙江15年四轮强县扩权：义乌成为权利最大县》，《中国经济周刊》2007年第3期。

国很多省份都开展了乡镇撤并工作。2001年民政部联合有关部门下发了《关于乡镇撤并工作的指导意见》，对各地正在开展的撤并工作进行了指导。2004年中央"一号文件"对撤并乡镇工作进行了政策性指导，提出要"进一步精简乡镇机构和财政供养人员，积极稳妥地调整乡镇建制，有条件的可实行并村，提倡干部交叉任职"。《中共中央关于制定国民经济和社会发展第十一个五年规划的建议》进一步提出要"巩固农村税费改革成果，全面推进农村综合改革，基本完成乡镇机构、农村义务教育和县乡财政管理体制等改革任务"。

各地都对撤乡并镇并村采取积极态度。云南省2004年8月做出决定，到2005年底全省乡镇总数在原有基础上减少15%左右。四川成都市2004年9月开始进行乡镇行政区划调整，短期内将乡镇数目由316个减少为240个，调整比例达到24.1%。[1] 据国家民政部网站所公布的统计数据，2004年撤并乡镇956个，2005年撤并乡镇1861个，2006年减少乡镇798个，2007年减少乡镇306个，全国乡镇总数从2003年底的38280个减少为2007年底的34369个，四年间共减少乡镇3911个。[2]

在乡镇撤并后，如何探索有效的基层治理模式，使中央自上而下的行政体制与地方基层社会治理结构实现有效对接，努力把乡镇建设成一个"有活力、有权威、有效能"的一级政府，仍是一个值得深入研究的课题。对此民政部区划地名司司长戴均良提出了三种选择方案：一是在现有政权体制下，调整完善乡镇职能，扩大乡镇规模；二是从短期目标看，乡镇逐步向派出机构过渡；三是从中长期目标看，逐步建立乡镇自治体制。[3]

也有学者提出单纯的撤并及乡镇机构人员精简并不能理顺乡镇政权的组织体制、权力结构、政府功能及运行方式。从实践来看，乡镇撤并之后，依然出现了层层集权、部分分割、压力行政和全能主义等特征，政社、政事并没有完全分开。因此未来乡镇改革的重点在于解决组织体制、

---

[1] 党国英：《乡镇撤并基本完成 实际效果还需检验》，《人民论坛》2006年第3期。
[2] 《民政部事业发展统计公报（2004—2007年）》，民政部网站。
[3] 《基层行政区划体制改革的试验田——民政部区划地名司司长戴均良就乡镇撤并答记者问》，《人民论坛》2006年第3期。

功能定位及运转方式等问题,建立行为规范、运转协调、公正透明、廉洁高效的乡镇行政管理体制和运行机制,建构与社会主义市场经济体制相适应的新的乡村治理体系和服务体系。①

(3) 行政职能转变:行政审批制度改革

我国的行政审批制度脱胎于计划经济体制时期,它是全能型政府的伴生物。在传统计划体制下,宏观经济和微观经济的决策权以及人力、物力、财力的支配权均集中于政府。在这种情况下,企业完全成为政府的附属物,几乎没有自主权,这样政府的行政审批也就成了一切经济活动所必需的环节,几乎覆盖了全社会的方方面面。有学者指出,行政审批制度的精神实质在于"为政府主观中的公共利益而限制公民和法人从业的权力和自由,使公民和法人的社会实践活动(营利或非营利的)符合政府偏好的价值序列"②。

随着我国改革开放的深入和社会主义市场经济体制的建立,行政审批制度的弊端也日益显现,严重阻碍了经济和社会的发展。很多学者呼吁要减少行政审批,消除行政管制。著名经济学家张维迎提出:"要像戒毒一样戒掉管制……把大部分管制取消,中国国民生产总值可以提高30%,腐败可以减少50%。"③

——行政审批制度的改革历程。

我国的行政审批制度改革历程大致可分为三个阶段:

1) 自发改革阶段。从1998年深圳在全国率先开始进行行政审批制度改革到2001年下发《国务院关于批转行政审批制度改革工作实施意见的通知》为止,大约有三年时间。这个时期的特点是:国家对行政审批制度只是一般性的号召,没有统一的安排部署。国务院的一些部门和沿海一些发达地区开始启动行政审批制度改革,南方一些城市开始探索建立政务超市。

2) 统一改革阶段:从下发《国务院关于批转行政审批制度改革工作

---

① 项集权:《乡镇撤并后的后续改革》,《人民论坛》2006年第3期,转引自《中国政治发展进程》,时事出版社2007年版,第127页。

② 廖扬丽:《政府的自我革命——中国的行政审批制度改革研究》,法律出版社2006年版,第98—99页。

③ 张维迎:《要像戒毒一样戒掉管制》,《证券时报》2002年7月17日。

实施意见的通知》到《中华人民共和国行政许可法》出台准备实施为止，大约三年时间。这个时期成立了国务院行政审批制度改革领导小组，对全国的行政审批制度改革做出统一部署；全国各地开始大幅度削减审批事项，下放审批权限；行政服务中心在全国纷纷出现；行政许可法和《全面推进依法行政实施纲要》出台，行政审批制度改革出现明显成效。

3）依法改革阶段：从2004年7月1日实施行政许可法到现在乃至将来更长一段时间。这个时期的特点是：全面贯彻落实行政许可法和《全面推进依法行政实施纲要》等行政法规；完善各级行政服务中心建设；依法规范各级行政机关的行政审批行为，把行政审批工作完全纳入法制化轨道。

自成立行政审批制度改革小组以来，国务院先后颁布了七次关于取消和调整行政审批项目的规定，其中2002年11月1日发布的《国务院关于取消第一批行政审批项目的规定》取消行政审批项目789项；2003年2月27日发布的《国务院关于取消第二批行政审批项目和改变一批行政审批项目管理方式的决定》取消行政审批项目406项，改变管理方式的行政审批项目82项；2004年5月19日发布的《国务院关于第三批取消和调整行政审批项目的决定》取消行政审批项目385项，改变管理方式的行政审批项目39项，下放管理层级的行政审批项目46项；2007年10月9日发布的《国务院关于第四批取消和调整行政审批项目的决定》取消行政审批项目128项，调整行政审批项目58项。

尽管进行了一系列行政审批制度的改革，但改革的进展并不是很大，这主要表现在审批事项依然过多上；已经取消或调整的审批事项未得到完全落实，审批与监管脱节，对行政审批的制约和监督机制不完善，审批行为不够规范。针对这种状况，《国务院办公厅转发监察部等部门关于深入推进行政审批制度改革研究的通知》提出：一要继续取消和调整行政审批事项；二要落实已经取消、调整和保留的行政审批事项；三要加强对行政审批事项的监督和管理；四要建立健全行政审批相关制度。事实上，这些措施以前也强调过，再次强调事实上表明改革遇到了阻力。2010年，国务院决定第五批取消和下放管理层级的行政审批项目184项，其中取消113项，下放71项。2012年9月，第六批取消和调整行政审批项目314项，取消 171 项，调整 143 项。

党的十八大以来，我国继续加速行政审批制度的改革，国务院分 9 批审议通过取消和下放行政审批事项共 618 项，持续向市场和社会放权，极大地激发了市场活力和社会创造力。全面清理 453 项非行政许可审批事项，让"非行政许可审批"这一概念成为历史；中央指定地方实施行政许可事项目录清单，分 3 批共取消 269 项；国务院部门行政审批中介服务清单，分 3 批取消 320 项；工商登记前置审批事项目录清单，分三批精简了 85%。行政审批的改革成果不仅仅体现在数量的变化上，还体现在审批内涵的变化上。一是统筹"留"与"减"，分门别类推进改革。提出三类"留"、七类"减"的标准"杠杠"，不断提升改革成效。二是统筹"破"与"立"，加强事中事后监管。国务院审改办明确要求，在取消下放审批事项时，必须同步研究提出事中事后监管的措施和办法，并同步跟进、同步落实。对取消每一项审批的具体事中事后监管措施，一并向社会公布。对下放地方的一些审批事项，进一步明确监管责任，加强国务院部门与地方政府的衔接，做到权力和责任同步下放。三是统筹"上下左右"，提高改革的系统性协调性。针对部门之间"你放我不放"、左右不协调等问题，国务院审改办推动同类事项一并取消，注重中央与地方上下联动，着力增强改革的系统性、整体性、协同性。四是推行审批规范化。2015 年 1 月，国务院审议印发了《关于规范国务院部门行政审批行为改进行政审批有关工作的通知》，着力解决审批时间长、手续繁、不透明、自由裁量权过大等突出问题。2016 年，出台《行政许可标准化指引（2016）》，从行政许可的事项管理、流程、服务、受理场所、监督检查等方面规定了统一标准，对审批进行规范。五是改革商事制度。工商登记由"先证后照"改为"先照后证"，前置审批事项压减 87% 以上，注册资本由"实缴制"改为"认缴制"，推行"多证合一、一照一码"改革，启动企业简易注销登记改革。设立的企业便利度明显提高，时间大幅缩短。六是实行清单管理。省市县三级政府部门权责清单已全部公布；国务院部门也公布了行政审批事项汇总清单，权责清单制定已在 7 个部门试点，总结经验后推开；中央和省级政府公布了涉企行政事业性收费、政府性基金目录等清单；公布《自由贸易试验区外商投资准入特别管理措施（负面清单）（2017 年）》，覆盖现有 11 个自贸试验区，负面清单事项大为减少，缩减至百项以内。

——行政审批制度改革的里程碑：实施行政许可法。

行政许可法作为我国行政程序立法的一项重要组成部分，从立法调研、起草到审议、通过，始终受到国内外的普遍关注。

全国人大常委会法工委从 1996 年着手行政许可法的调研、起草工作，并形成了行政许可法征求意见稿。九届全国人大常委会将行政许可法列入立法规划，确定由国务院提出法律草案。由此，国务院法制办以征求意见稿为基础，结合清理国务院部门行政审批事项，从 2000 年初开始行政许可法的起草、调研、论证，就起草这部法律所涉及的主要问题，征求了地方人民政府、国务院部门、专家学者的意见。

在此基础上，国务院法制办起草了行政许可法初稿，于 2001 年 7 月印发国务院各部门、省级人民政府及较大的市人民政府的法制工作机构和全国人大常委会法工委等单位以及专家学者征求意见；召开 3 个座谈会，听取国务院部分部门、一些地方人民政府和专家学者的意见；几次召开由国内外专家参加的论证会，研究了美国、德国、日本等国的行政许可制度。经反复研究、修改，形成了行政许可法草案。该草案经 2002 年 6 月 19 日国务院第六十次常务会议讨论通过，并于 2002 年 7 月 5 日提请全国人大常委会审议。2002 年 8 月 23 日，九届全国人大常委会二十九次会议开始对该草案进行审议。九届全国人大常委会三十一次会议对该草案进行了第二次审议。

新一届全国人大常委会十分关注行政许可立法事宜，并再次将行政许可法列入当年的立法规划。十届全国人大常委会第三次、第四次会议连续对这部法律草案进行审议。在审议过程中，常委会组成人员认真负责，踊跃发表意见。仅在第四次常委会会议上，根据常委会委员的意见，该草案就做了 8 个方面、40 多处修改。2003 年 8 月 27 日，十届全国人大常委会四次会议以 151 票赞成，0 票反对，1 票弃权通过了这部法律。

廖扬丽认为，行政许可法体现了六大理念创新：服务行政理念、有限行政理念、公平行政理念、透明行政理念、高效行政理念和责任行政理念。同时也规定了七大原则：合法原则，公开、公平、公正原则，便民原则，救济原则，信赖保护原则，行政许可不可转让原则，监督原则。[①]

《中华人民共和国行政许可法》的内容主要包括四个方面。

1）行政许可设定制度

在设定制度中规定了设定行政许可的事项范围和可以不设定行政许可的事项范围。行政许可法规定了六类事项可以设定行政许可，包括直接涉及国家安全、公共安全、经济宏观调控、生态环境保护以及直接关系人身健康、生命财产安全等特定活动，需要按照法定条件予以批准的事项；有限自然资源开发利用、公共资源配置以及直接关系公共利益的特定行业的市场准入等，需要赋予特定权利的事项；提供公众服务并且直接关系公共利益的职业、行业，需要确定具备特殊信誉、特殊条件或者特殊技能等资格、资质的事项；直接关系公共安全、人身健康、生命财产安全的重要设备、设施、产品、物品，需要按照技术标准、技术规范，通过检验、检测、检疫等方式进行审定的事项；企业或者其他组织的设立等，需要确定主体资格的事项；法律、行政法规规定可以设定行政许可的其他事项。行政许可法同时还规定四类情况可以不设定行政许可：公民、法人或者其他组织能够自主决定的；市场竞争机制能够有效调节的；行业组织或者中介机构能够自律管理的；行政机关采用事后监督等其他行政管理方式能够解决的。

对于行政许可的设定权，行政许可法规定了设定主体、设定形式和设定权限。对于设定主体，行政许可法规定：全国人大及其常委会，国务院，省、自治区、直辖市人大及其常委会，省、自治区、直辖市人民政府依照规定权限可以设定行政许可。对于设定形式，行政许可法规定：法律、行政法规、国务院决定、省（自治区、直辖市）人民政府规章可以设定行政许可。对于行政许可设定权限，行政许可法规定：法律可以设定所有的许可事项；法律尚未制定的，行政法规可以设定许可；必要时，国务院可以通过发布决定方式设定行政许可；尚未制定法律、行政法规的，地方性法规可以设定行政许可；尚未制定法律、行政法规、地方性法规的，省、自治区和直辖市可以设定临时性行政许可，临时性许可满一年后需要

[①] 廖扬丽：《政府的自我革命——中国的行政审批制度改革研究》，法律出版社 2006 年版，第 148—154 页。

继续实施的，应当提请本级人大及其常委会制定地方性法规。

2）行政许可的实施制度

对于行政许可的实施主体，行政许可法做了三个方面的规定：首先应由具有行政许可权的机关在法定职权范围内实施；其次法律、法规授权的具有公共管理职能的组织，在法定授权范围内，以其名义实施；最后是委托实施。委托机关应对受托机关的行为负责监督，并对后果承担法律责任。受委托机关以委托机关名义实施，不得再委托。同时法律还规定，行政许可主体应当集中办理行政许可，包括相对集中行政许可权、"一个窗口"对外、统一办理、联合办理或集中办理。

对于行政许可的实施程序，行政许可法做了三方面的规定：一是便民程序；二是及时程序；三是特别程序。

3）行政许可的收费制度

行政许可法规定：原则上不得收费；若要收费必须有法律、行政法规作为依据；必须依法收取和使用费用，包括按法定项目和标准收费；收费要公开；严格遵循"收支两条线"。

4）行政许可的监督检查和法律责任制度

对于监督检查制度，行政许可法规定了两个方面：一是行政机关内部的层级监督；二是行政许可实施机关对被许可人的监督。行政许可法同时规定，行政机关实施监督时，不得妨碍被许可人正常的生产经营活动，不得索取或者收受被许可人的财务，不得谋取其他利益。

对于法律责任制度，行政许可法在三个方面做出了规定：一是违法设定行政许可的法律责任；二是违法实施行政许可的法律责任，包括违反法定程序、违反法定条件、违反收费规定、通过办理许可谋取他人财物或其他利益；三是实施行政许可后不履行监督职责的法律责任。

——行政许可法的实施情况。

行政许可法被温家宝称为"行政机关自我革命"，从2003年8月27日颁布到2004年7月1日实施历时一年。之所以为实施预留一年的时间，就是因为这项法规的实施面临着太多的阻力，需要太多的准备。行政许可法颁布不久，2003年8月，一支高规格的、几乎汇集了首都各高校权威法学家的队伍，受司法部、国务院法制办委派，赴全国各地，对各级领导干部和政府工作人员进行行政许可法普法工作。

在2004年新年伊始，国务院就召开了全国贯彻实施行政许可法工作会议，国务院总理温家宝发表重要讲话。各省省长、各部部长以及分管法制工作的副省长、副部长均与会。为一部法律的实施专门召开如此高规格的会议也说明了国务院贯彻这部法律的决心。

但从行政许可法的实施情况来看，这部法律也面临着被虚置的危险。在过去的几年中，人们对于行政许可法的高度期待并没有实现，百姓与政府的行政许可官司并没有如当初所设想的那样出现激增的情形。有学者认为，其中最关键的因素就是立法者低估了执法者规避法律的本领。最高人民法院行政审判庭庭长赵大光介绍说，从行政许可法两年来的实施情况看，在行政执法活动中，行政许可法很少被引用，规避行政许可法适用的情况比较常见。一些法律机关以特别法高于一般法为由，将行政许可法弃置一旁。[①]

这主要是源于很多行政机关不愿意放弃部门利益。许多实权部门都在想办法，把该取消的变相保留，大家千方百计地寻找合法性外衣，找门路把已有的权力改头换面地保留。一些执法部门的人员，本来是靠"审批经济"养活的，行政许可法实施后，马上面临生存、待遇、报酬等一系列问题，他们是最着急的。这些部门包括卫生执法、城管执法、建筑行业执法、工商执法、技术监督、交通行政和一些受政府委托的执法部门，有些机构编制就是自筹经费的事业编制。对相关职能部门来说，清理手中的审批项目确实需要"痛下决心"。因为每多清理或规范一个审批项目，就意味着他们手中的权力减少了一分，而监管责任却可能增加了一分。权力在很多时候都是个好东西，因为它可以带来利益，而"责任"是烫手山芋。在清理审批项目过程中，很多部门都切实地感觉到了"痛"。地方基层领导也不能不考虑他们的工作、出路、思想稳定。由此看来，我国的行政审批制度改革还有一段很长的路要走，要做好长期作战的准备。

---

① 《最高法院透露〈行政许可法〉司法解释稿主旨 促行政机关主动适用〈行政许可法〉》，《法制日报》2006年7月1日。

（4）行政效能变革：构建服务型政府

——推行政务公开，建设透明政府。

早在十三大期间党中央就提出要提高党和国家机关活动的透明度，党的十五大报告进一步提出了"坚持公平、公正、公开"的原则，实行"政务公开"。2000年12月，中共中央办公厅、国务院办公厅发出《关于在全国乡镇政权机关全面推行政务公开制度的通知》，对乡（镇）政务公开做出部署，对县（市）级以上政务公开提出了要求。2004年3月，国务院印发《全面推进依法行政实施纲要》，把行政决策、行政管理和政府信息的公开作为推进依法行政的重要内容。2005年1月，党中央印发《建立健全教育、制度、监督并重的惩治和预防腐败体系实施纲要》，明确提出"健全政务公开、厂务公开、村务公开制度"。

2005年4月26日，《中共中央办公厅 国务院办公厅关于进一步推行政务公开的意见》下发，该意见对政务公开的指导思想、基本原则、工作目标、主要任务、重点内容和形式等方面做出了具体指导。该意见指出，政务公开要坚持严格执法、全面真实、及时便民的原则，对各类行政管理和公共服务事项，除涉及国家秘密和依法受到保护的商业秘密、个人隐私之外，都要如实公开。政务公开的重点内容应是人民群众普遍关心、涉及人民群众切身利益的问题，并围绕行政主体的基本状况和行政决策、执行、监督的程度、方法、结果等事项不断拓展政务公开的内容。对于政务公开的形式，该意见指出："要完善政府新闻发布制度，通过政府新闻发布会定期发布政务信息；继续通过政府公报、政务公开栏、公开办事指南和其他形式公开政务；充分利用报刊、广播、电视、网络等媒体，发挥其在政务公开中的作用；积极探索通过社会公示、听证和专家咨询、论证以及邀请人民群众旁听政府有关会议等形式，对行政决策的过程和结果予以公开；通过各类综合或专项行政服务中心，对行政许可、公共服务等事项予以公开；加强政府网站建设，推进电子政务，逐步扩大网上审批、查询、交费、办证、咨询、投诉、求助等服务项目的范围，为人民群众提供快捷、方便的服务。"

自2003年"非典"之后，党中央把建立政府新闻发布制度作为实现政务公开的重要抓手，先后出台了一系列措施推进新闻发布制度的实施。

2004年,《中共中央关于加强和改进新形势下对外宣传工作的意见》发布,该意见指出:"建立中央对外宣传办公室、国务院各部委及省级政府三个层次的新闻发布机制,明确职责,注重策划,做到经常化和制度化。"[1] 2004年9月召开的党的十六届四中全会决议也强调要完善新闻发布制度,健全国内外重大突发事件报道快速反应和应急机制。2006年1月8日,国务院正式公布了《国家突发公共事件总体应急预案》,该预案对于突发公共事件的信息发布提出明确要求:"突发公共事件的信息发布应当及时、准确、客观、全面。事件发生的第一时间要向社会发布简要信息,随后发布初步核实情况、政府应对措施和公众防范措施等,并根据事件处置情况做好后续发布工作。"[2] 在2006年十届人大四次会议《政府工作报告》中,温家宝总理指出要"大力推行政务公开,完善政府新闻发布制度和信息公布制度,提高工作透明度和办事效率"[3]。

新闻发布制度在国内各级政府机构的实际推行是在"非典"危机之后,到2006年底,国务院已有74个部门建立了新闻发布和新闻发言人制度,设立了91位新闻发言人。我国31个省、自治区、直辖市人民政府都建立了新闻发布和新闻发言人制度,设立了52位发言人。国务院新闻办、国务院各部委和省级政府所举办的三个层次的新闻发布会也逐年增多,其中2004年将近900场,2005年1088场,2006年1321场,2007年1409场。2006年,教育部、公安部、卫生部还推出了定时定点自主发布新闻制度,针对热点问题进行新闻发布。2007年,发展改革委、劳动和社会保障部、建设部、农业部、商务部、国家林业局、国家知识产权局、中国气象局、保监会和国家药检局推出了定时定点新闻发布制度,进一步增大政府的透明度。尤其值得一提的是,国防部也将建立新闻发言人制度,并正在筹备新闻事务局。

2007年4月5日,温家宝总理签署了国务院492号令,公布了《中华人民共和国信息公开条例》,该条例于2008年5月1日实行。该条例规定

---

[1] 王国庆:《政府新闻发言人十五讲》,清华大学出版社2006年版,第47页。
[2] 孟建、李晓虎:《中国政府新闻发布制度的理论探悉》,《新闻与传播学》2007年第3期。
[3]《第十届全国人民代表大会第四次会议政府工作报告》,《人民日报》2006年3月16日。

三类主体、四类内容应当主动公开。三类主体为：行政机关、法律法规授权的具有管理公共事务职能的组织和公共企事业单位。四类内容包括：涉及公民、法人或者其他组织切身利益的；需要社会公众广泛知晓或者参与的；反映本行政机关机构设置、职能、办事程序等情况的；其他依照法律、法规和国家有关规定应当主动公开的。《中华人民共和国信息公开条例》的颁布标志着政务公开走向法制化，对于推进信息公开有着极为重要的意义。学者汪玉凯认为，条例的颁布首先使政务公开有了法律基础，其次为公众知情权提供了法律保障，最后为构建阳光政府提供了基础。[①]

党的十八大以来，党中央、国务院高度重视并继续推进政务公开工作。党的十八届三中全会提出："完善党务、政务和各领域办事公开制度，推进决策公开、管理公开、服务公开、结果公开。"根据党中央、国务院的统一部署，各地区、各部门大力推进政务公开工作，将行政审批、财政预算决算、"三公"经费、保障性住房、食品药品安全、环境保护、安全生产、价格和收费、征地拆迁等重大事项列为公开的重点，征询社会意见，接受公众监督。2014年3月，国务院60个部门的1235项行政审批事项清单全部向社会公开。各地区、各部门依法开展依申请公开工作，2013年共办理申请34.86万件，其中按规定公开信息26.16万件，占申请总量的75%。党的十九大以后，国务院印发了《2018年政务公开工作要点》，对政务公开提出了新要求，要求大力推进决策、执行、管理、服务、结果公开，不断提升政务公开的质量和实效。一是要求加强公开解读回应工作。政府全体会议和常务会议讨论决定的事项、政府及其部门制定的政策，除依法需要保密的以外，应及时公开。二是要提升政务公开时效。借鉴推广"不见面审批"等典型经验和做法，不断创新服务方式，优化营商环境，为市场主体添活力，为人民群众增便利。三是推广政务公开平台建设，强化网站建设管理，用好两微一端新平台，全面清理整合各类政务电话，规范有序开展政府公报工作。

——推行电子政务，打造政府服务新平台。

2006年1月1日，中央政府门户网站正式开通，填补了我国政府网站

[①]《审判、检察机关信息也应纳入公开法》，《新京报》2007年4月29日。

层级体系中国家门户的空白，同时也标志着我国的电子政务建设已经迈入了一个新阶段。作为本轮行政体制改革的一个重要内容，电子政务建设的推行早在2002年就已经启动。2002年7月，国家信息化领导小组第二次会议审议通过了《国民经济和社会信息化重点专项规划》和《我国电子政务建设指导意见》，明确了我国电子政务建设的指导思想和主要任务。同时，中共中央办公厅、国务院办公厅联合下发文件，决定把电子政务建设作为今后一个时期我国信息化工作的重点，政府先行，带动国民经济和社会发展信息化。

2003年是我国电子政务建设进入实质性阶段的一年，国务院信息化工作办公室、国家标准化管理委员会和信息产业部联合组织了"全国电子政务标准化研讨会"，并由国务院信息化办公室和国家标准化管理委员会共同组建"电子政务标准化总体组"，按照急用先行的原则，启动了一批电子政务指南及标准研究项目，推出了电子政务标准化指南相关部分章节和六项标准的征求意见稿。国务院信息化工作办公室也宣布，按照"十五"期间全国电子政务建设指导意见，要进一步加快建设政务平台，整合信息资源，统一平台，统一标准，电子政务建设工作主要围绕"两网一站四库十二金"重点展开。"两网"指政务内网和政务外网；"一站"指政府门户网站；"四库"指建立人口、法人单位、空间地理和自然资源、宏观经济四个基础数据库；"十二金"则是要重点推进办公业务资源系统等十二个业务系统建设。"两网一站四库十二金"覆盖了我国电子政务急需建设的各个方面，将初步构成我国电子政务建设的基本框架。

在地方电子政务建设方面，北京启动了"首都电子政务工程"，分三步实施：第一步包括两个层面：一是政府上网；二是政府联网，依托首都公用信息平台，为各区县和市政府各委办局建设虚拟专网。第二步是在2003年初步实现面向企业和市民的审批、管理和服务业务上网，政府内部初步实现电子化和网络化办公。第三步是到2005年底建成体系完整、结构合理、高速宽带、互联互通的电子政务网络系统，建成北京市政务系统共建共享的信息资源库，全面开展网上交互。

总体来说，我国的电子政务建设在近十年里获得了快速发展，尤其是大数据时代的到来和手机移动端的兴起，为我国电子政务的发展插上了新的翅膀。据清华大学国家治理研究院统计，截至 2017 年 6 月底，有 71 个国务院部门和直属机构开通了政府网站，其中，约 92.9% 的建立了信息发布制度，约 80.3% 的出台了政务信息网上发布办法。截至 2017 年 7 月中旬，19 个国务院部门和直属机构开设了政务 APP。"互联网+"基因越发深刻地植入政务，线上线下办事更加紧密融合。2016 年 9 月，国务院印发《关于加快推进"互联网+政务服务"工作的指导意见》，要求在 2020 年底前，实现互联网与政务服务深度融合，建成覆盖全国的整体联动、部门协同、省级统筹、一网办理的"互联网+政务服务"体系；2017 年 1 月，国务院办公厅印发《"互联网+政务服务"技术体系建设指南》，围绕"互联网+政务服务"技术支撑提出信息化解决路径和操作方法。目前，建成网上政务服务平台被列为各地区各部门构建一体化政务服务体系的重要目标。据清华大学国家治理研究院统计，截至 2017 年 7 月中旬，全国范围内已推出 17 个省级（省市县）一体化服务平台，较 2014 年的 4 个省级一体化平台增长 3.25 倍，进驻平台的办事服务事项超 4 万件。

大数据也为政府变革提供了更大可能。2014 年大数据发展被写入政府工作报告，国务院 2015 年就出台了《促进大数据发展行动纲要》，提出加快政府数据开放共享，推动公共数据资源开放，统筹规划大数据基础设施建设，建立国家宏观调控数据体系，推动政府治理精准化，推动商事服务便捷化，发展农业农村大数据，发展万众创新大数据，完善大数据产业链等一系列措施。2016 年大数据被国家列入"十三五"规划中。据统计，自 2014 年起，已有超过 20 个不同级别的政府成立了大数据相关的职能部门。走在前列的是广东省大数据管理局，级别最高的则是贵州省大数据开发管理局，属于省政府直属的正厅级管理部门。

——推行绩效改革，构建效能政府。

抓紧建立科学的政府绩效评估体系，是温家宝总理在 2005 年《政府工作报告》中的要求。近年来，根据中央提出的树立科学发展观和正确政绩观的有关精神，各地积极进行政府绩效评估的试点和探索，积累了宝贵的经验，取得了明显的成效。截至 2007 年 5 月，已有 1/3 的省（区、市）不同程度地探索开展了政府绩效评估工作，初步形成了与目标责任制相结合、与经济社会发展指标相结合、以督查验收重点工作为主、以加强机关效能建设为目标、以公众评议为主要方式的5种绩效评估模式。①

与目标责任制相结合的政府绩效评估模式主要评估履行职能情况、工作任务完成情况、依法行政情况、服务质量、队伍建设等。北京市自1999年以来开始进行市级行政机关督查考核工作，考核内容主要包括市政府工作报告所确定的各项工作任务、部门的工作目标、为群众办实事的完成情况等。通过绩效评估，促进了政府及其部门各项工作和职能的落实。

与经济社会发展指标相结合的绩效评估模式以经济社会协调发展为目标来设计评估指标体系。辽宁省确定了"就业和再就业""地区生产总值""地区税收收入"等30多项考核指标。按照指标的重要性、完成难易程度等因素，将指标划分为4档，分别确定不同的权重，按照确定的评分规则计算出最后得分，排出名次。通过对各市工作的绩效评估，推动了各市真抓实干、加快发展。

以督查验收重点工作为主的绩效评估模式通过对各地区、各省直部门落实全省重点工作情况进行平时督查和年终检查验收，确保各项重点工作的落实。从2004年开始，湖南省实施为民办8件实事考核。每年年初，将8件实事的内容细化分解为具体指标，明确每个指标的实施标准，提出数量和质量要求，将目标任务横向分解到省直各责任单位，再由省直各责任单位分解到14个市州，各市州分解到各县市区和市直各责任单位。通过层层分解，细化量化，将8件实事各项考核指标落实到基层，有明确的责任单位和责任人，实现了人与事的有机结合。经过三年多的实践，人民群众对8件实事的满意率逐年提高，逐步形成了为民办实事的长效机制。

以加强机关效能建设为目标的绩效评估模式通过对政府机关及其管理活动的效率、效果、质量等方面的全面考察和评价，改进机关作风，促使政府机关廉洁、勤政、务实、高效。福建省从2000年开始在全省乡镇以上各级机关全面开展机关效能建设，2004年开展政府及其部门绩效评估试点，2005年在省政府组成部门和设区的市政府全面推行，促进了机关效能建设。浙江省则从2002年开始开展机关效能建设，成立专门的机关效能

---

① 《全国1/3省区市开展政府绩效评估》，《中国人事报》2007年5月28日。

建设机构,包括机关效能建设领导小组和办公室,对机关干部办事拖拉、工作推诿、纪律涣散和政令不畅等现象进行治理。机关效能建设领导小组将由省纪委、省委组织部等十几个部门参加。根据计划,浙江省纪委(监察厅)负责党风廉政建设责任制和责任追究制的落实、专项清理整顿和纠正行业与部门不正之风。省委办公厅、省政府办公厅负责督查机关各部门岗位责任制、服务承诺制、限时办结制等有关制度的制定和执行情况。省委组织部、省人事厅负责制定实施效能建设绩效考核办法。浙江各地、各部门也将成立相应机构,加强具体指导。同时浙江省逐步健全失职追究制、否定报备制、窗口部门一次性告知制等制度,以岗位责任制明确工作职责,以承诺明确服务要求,以公示制推行政务公开,以公开评议制强化民主监督,以失职追究制严肃工作纪律,逐步实现以制度管人管事。

以公众评议为主要方式的绩效评估模式通过设置效能投诉电话、民情热线、网上评议、公民满意度评价等方式,将公众对政府机关的评议结果纳入政府绩效评估中,增强各部门的服务意识和责任感,促进机关勤政廉政建设。上海市杨浦区利用现代信息化手段,开通了"杨浦区人民群众评议政府工作"网站、"区长在线""书记百姓网上通",把重点工作、实事项目等内容在网上公开,广泛听取群众意见、建议,帮助政府完善决策、关注民生、凝聚民心。南京市则连续6年开展"万人评议机关"[①]活动,对于政府部门作风建设有了很大的促进。各个单位纷纷通过多种形式开门纳谏,针对群众提出的意见和关心的热点、难点问题,通过各种方式切实加以整改。"一站式审批""一条龙服务"的人性化服务措施逐渐增多,并且在市长信箱的带动下,南京市已有30多个政府组成部门开设了"局长信箱","请人民评判、让人民满意"成为南京市机关作风建设的一面旗帜。

6. 第六阶段:十九大以来行政体制改革

(1) 改革背景和改革方向

与以往的改革不同,这次改革是在新的背景下展开的。一是新的改革

[①] 本部分内容参考了邓国胜、肖明超等的《群众评议政府绩效:理论、实践与方法》,北京大学出版社2006年版,第131—140页。

指导思想。这次改革是在习近平新时代中国特色社会主义思想的指引下展开的一次改革，这意味着改革有着不同的理论基础，也有着不同以往的逻辑思路和实现路径。二是在我国经济社会发生重大变化的背景下发生的。在十九大上党中央做出了我国已经进入新时代的政治判断，当前我国所面临的主要矛盾已从原来"人民日益增长的物质文化需要同落后的生产力之间的矛盾"转向"人民日益增长的美好生活需要和不平衡不充分的发展之间的矛盾"。新的时代特征对新的改革提出新的任务，这就要求新的体制能够及时回应这一时代诉求，通过改革破除我国经济社会发展中的体制障碍，不能再停留在原来修修补补式的改革上，必须采取全新的思路对我国行政体制进行大开大阖式的改革，为我国下一轮发展提供强大的体制动力和制度红利。三是在我国建立治理体系现代化和治理能力现代化的征程上展开的一次改革。建立治理能力现代化和治理体系现代化是我国迈向现代化强国的一项重要指标，也是我国走向现代化的一项重要内容。而治理能力和治理体系现代化的一项重要内容就是行政体制体系的现代化。这就要求新的行政体制改革要按照科学有效的原则及时回应社会和时代需求，打破传统的思维和做法，积极探索适应具有我国特色的现代化治理能力和治理体系。

  基于上述背景，这次机构改革成为改革开放以来最具广度和深度的一场变革。从广度上说，这次改革没有局限在政府机构内部，而是基于社会需要大大拓展了改革的范围。从原来的政府机构改革扩展到党的机构、人大机构、政府机构、政协机构、行政执法体制、军地协作机构、群团组织、地方机构改革等方面，对于每个方面的改革都提出了具体的可操作性的改革方案。这次改革也没有停留在外部机构数量的增减上，同时还对内设机构改革提出了任务和要求。从深度上说，这次改革的重点不仅仅在于机构的增减，更多的是一种内涵式改革。一是进一步转变职能，按照科学有效的原则对政府职能进行大刀阔斧的削减和调整，使政府真正从体制上变为服务型政府。二是提出了新的思路。这次改革着重强化了党的领导原则，使党的领导贯穿于改革的始终。党的领导不仅是总的领导，还要在各级组织突出和强化党的领导地位，要强调党对重大事项的领导。根据新的思路，这次机构改革大胆打破了党政机构的界限，不再囿于原来党政分工的框框，而是对党政机构实行有效的整合，统筹编制资源，通过合署办公的方式有效发挥体制的合力作用。三是增大了地方改革的灵活性。这次改革方案尤其提出，不再要求地方政府改革做到上下对应，而是要求地方根据实际提出其改革方案，从而增大了地方政府的灵活性。

（2）改革方案

2018年2月在北京召开的中国共产党第十九届中央委员会第三次全体会议，审议通过了《中共中央关于深化党和国家机构改革的决定》和《深化党和国家机构改革方案》，习近平总书记对机构改革的目标、首要任务和指导思想做了具体说明。

——改革目标和任务。

这次改革的目标是构建系统完备、科学规范、运行高效的党和国家机构职能体系，形成总揽全局、协调各方的党的领导体系，职责明确、依法行政的政府治理体系，中国特色、世界一流的武装力量体系，联系广泛、服务群众的群团工作体系，推动人大、政府、政协、监察机关、审判机关、检察机关、人民团体、企事业单位、社会组织等在党的统一领导下协调行动、增强合力，全面提高国家治理能力和治理水平。

这次机构改革的任务是完善坚持党的全面领导的制度，加强党对各领域各方面工作的领导，确保党的领导全覆盖，确保党的领导更加坚强有力。要建立健全党对重大工作的领导体制机制，强化党的组织在同级组织中的领导地位，更好地发挥党的职能部门作用，统筹设置党政机构，推进党的纪律检查体制和国家监察体制改革。

与以往的改革不同，这次改革的内容不再局限于政府部门，而是扩展到了党的部门、群众团体等部门，在改革时统筹考虑，实施一体化改革，充分发挥了改革的合力。

——党中央机构改革。

改革的基本思路是强化党的全面领导，优化党的组织机构，建立健全党对重大工作的领导机制，推进党政机关合并设立或合署办公。

1）组建国家监察委员会。同中央纪律检查委员会合署办公，履行纪检、监察两项职责，实行一套工作机构、两个机关名称。国家监察委员会由全国人民代表大会产生，接受全国人民代表大会及其常务委员会的监督。不再保留监察部、国家预防腐败局。

2）组建中央全面依法治国委员会。负责全面依法治国的顶层设计、总体布局、统筹协调、整体推进、督促落实，作为党中央决策议事协调机构。中央全面依法治国委员会办公室设在司法部。

3）组建中央审计委员会，作为党中央决策议事协调机构，办公室设在审计署。

4）中央全面深化改革领导小组、中央网络安全和信息化领导小组、中央财经领导小组、中央外事工作领导小组改为委员会。4个委员会的办事机构分别为中央全面深化改革委员会办公室、中央网络安全和信息化委员会办公室、中央财经委员会办公室、中央外事工作委员会办公室。

5）组建中央教育工作领导小组，作为党中央决策议事协调机构，秘书组设在教育部。

6）将中央直属机关工作委员会和中央国家机关工作委员会的职责整合，组建中央和国家机关工作委员会，作为党中央派出机构。不再保留中央直属机关工作委员会、中央国家机关工作委员会。

7）将中央党校和国家行政学院的职责整合，组建新的中央党校（国家行政学院），实行一个机构两块牌子，作为党中央直属事业单位。

8）将中央党史研究室、中央文献研究室、中央编译局的职责整合，组建中央党史和文献研究院，作为党中央直属事业单位。中央党史和文献研究院对外保留中央编译局牌子。不再保留中央党史研究室、中央文献研究室、中央编译局。

9）中央组织部统一管理中央机构编制委员会办公室。中央机构编制委员会办公室作为中央机构编制委员会的办事机构，承担中央机构编制委员会日常工作，归口中央组织部管理。

10）中央组织部统一管理公务员工作。将国家公务员局并入中央组织部。中央组织部对外保留国家公务员局牌子。不再保留单设的国家公务员局。

11）中央宣传部统一管理新闻出版工作。将国家新闻出版广电总局的新闻出版管理职责划入中央宣传部。中央宣传部对外加挂国家新闻出版署（国家版权局）牌子。

12）中央宣传部统一管理电影工作。将国家新闻出版广电总局的电影管理职责划入中央宣传部。中央宣传部对外加挂国家电影局牌子。

13）中央统战部统一领导国家民族事务委员会。将国家民族事务委员会归口中央统战部领导。国家民族事务委员会仍作为国务院组成部门。

14）中央统战部统一管理宗教工作。将国家宗教事务局并入中央统战部。中央统战部对外保留国家宗教事务局牌子。不再保留单设的国家宗教事务局。

15）中央统战部统一管理侨务工作。将国务院侨务办公室并入中央统战部。中央统战部对外保留国务院侨务办公室牌子。不再保留单设的国务院侨务办公室。

16）将国家计算机网络与信息安全管理中心由工业和信息化部管理调整为由中央网络安全和信息化委员会办公室管理。

17）不再设立中央维护海洋权益工作领导小组。有关职责交由中央外事工作委员会及其办公室承担，在中央外事工作委员会办公室内设维护海洋权益工作办公室。

18）不再设立中央维护海洋权益工作领导小组。有关职责交由中央外事工作委员会及其办公室承担，在中央外事工作委员会办公室内设维护海洋权益工作办公室。

19）不再设立中央社会治安综合治理委员会及其办公室。有关职责交由中央政法委员会承担。

20）不再设立中央维护稳定工作领导小组及其办公室。有关职责交由中央政法委员会承担。

21）将中央防范和处理邪教问题领导小组及其办公室职责划归中央政法委员会、公安部。

——全国人大机构改革。

1）整合全国人大内务司法委员会、财政经济委员会、教育科学文化卫生委员会的相关职责，组建全国人大社会建设委员会，作为全国人大专门委员会。

2）全国人大内务司法委员会更名为全国人大监察和司法委员会。

3）全国人大法律委员会更名为全国人大宪法和法律委员会。

——国务院部门改革。

通过改革，国务院正部级机构减少8个，副部级机构减少7个，除国务院办公厅外，国务院设置组成部门26个。

1）国务院组成部门调整。

第一，组建自然资源部。将国土资源部的职责，国家发展和改革委员会的组织编制主体功能区规划职责，住房和城乡建设部的城乡规划管理职责，水利部的水资源调查和确权登记管理职责，农业部的草原资源调查和确权登记管理职责，国家林业局的森林、湿地等资源调查和确权登记管理职责，国家海洋局的职责，国家测绘地理信息局的职责整合，组建自然资源部，作为国务院组成部门。自然资源部对外保留国家海洋局牌子。不再保留国土资源部、国家海洋局、国家测绘地理信息局。

第二，组建生态环境部。将环境保护部的职责，国家发展和改革委员会应对气候变化和减排职责，国土资源部的监督防止地下水污染职责，水利部的编制水功能区划、排污口设置管理、流域水环境保护职责，农业部的监督指导农业源污染治理职责，国家海洋局的海洋环境保护职责，国务院南水北调工程建设委员会办公室的南水北调工程项目区环境保护职责整合，组建生态环境部，作为国务院组成部门。生态环境部对外保留国家核安全局牌子。不再保留环境保护部。

第三，组建农业农村部。将农业部的职责，以及国家发展和改革委员会、财政部、国土资源部、水利部的有关农业投资项目管理职责整合，组建农业农村部，作为国务院组成部门。将农业部的渔船检验和监督管理职责划入交通运输部。不再保留农业部。

第四，组建文化和旅游部。将文化部、国家旅游局的职责整合，组建文化和旅游部，作为国务院组成部门。不再保留文化部、国家旅游局。

第五，组建国家卫生健康委员会。将国家卫生和计划生育委员会、国务院深化医药卫生体制改革领导小组办公室、全国老龄工作委员会办公室的职责，工业和信息化部牵头的《烟草控制框架公约》履约工作职责，国家安全生产监督管理总局的职业安全健康监督管理职责整合，组建国家卫生健康委员会，作为国务院组成部门。保留全国老龄工作委员会，日常工作由国家卫生健康委员会承担。原由民政部代管的中国老龄协会改由国家卫生健康委员会代管。国家中医药管理局由国家卫生健康委员会管理。不再保留国家卫生和计划生育委员会。不再设立国务院深化医药卫生体制改革领导小组办公室。

第六，组建退役军人事务部。将民政部的退役军人优抚安置职责，人力资源和社会保障部的军官转业安置职责，以及中央军委政治工作部、后勤保障部有关职责整合，组建退役军人事务部，作为国务院组成部门。

第七，组建应急管理部。将国家安全生产监督管理总局的职责，国务院办公厅的应急管理职责，公安部的消防管理职责，民政部的救灾职责，国土资源部的地质灾害防治、水利部的水旱灾害防治、农业部的草原防火、国家林业局的森林防火相关职责，中国地震局的震灾应急救援职责以及国家防汛抗旱总指挥部、国家减灾委员会、国务院抗震救灾指挥部、国家森林防火指挥部的职责整合，组建应急管理部，作为国务院组成部门。中国地震局、国家煤矿安全监察局由应急管理部管理。不再保留国家安全生产监督管理总局。

第八，重新组建科学技术部。将科学技术部、国家外国专家局的职责整合，重新组建科学技术部，作为国务院组成部门。科学技术部管理国家自然科学基金委员会，对外保留国家外国专家局牌子。

第九，重新组建司法部。将司法部和国务院法制办公室的职责整合，重新组建司法部，作为国务院组成部门。不再保留国务院法制办公室。

第十，优化水利部职责。将国务院三峡工程建设委员会及其办公室、国务院南水北调工程建设委员会及其办公室并入水利部。不再保留国务院三峡工程建设委员会及其办公室、国务院南水北调工程建设委员会及其办公室。

第十一，优化审计署职责。将国家发展和改革委员会的重大项目稽查、财政部的中央预算执行情况和其他财政收支情况的监督检查、国务院国有资产监督管理委员会的国有企业领导干部经济责任审计和国有重点大型企业监事会的职责划入审计署，对派出审计监督力量进行整合优化，构建统一高效的审计监督体系。审计署负责对国家财政收支和法律法规规定的属于审计监督范围的财务收支的真实、合法和效益进行审计监督。不再设立国有重点大型企业监事会。

第十二，监察部并入新组建的国家监察委员会。国家预防腐败局并入国家监察委员会。不再保留监察部、国家预防腐败局。

改革后，除国务院办公厅外，国务院设置组成部门共有 26 个：外交部、国防部、国家发展和改革委员会、教育部、科学技术部、工业和信息化部、国家民族事务委员会、公安部、国家安全部、民政部、司法部、财政部、人力资源和社会保障部、自然资源部、生态环境部、住房和城乡建设部、交通运输部、水利部、农业农村部、商务部、文化和旅游部、国家卫生健康委员会、退役军人事务部、应急管理部、中国人民银行、审计署。

2）国务院其他机构调整。

第一，组建国家市场监督管理总局。将国家工商行政管理总局的职责，国家质量监督检验检疫总局的职责，国家食品药品监督管理总局的职责，国家发展和改革委员会的价格监督检查与反垄断执法职责，商务部的经营者集中反垄断执法以及国务院反垄断委员会办公室等职责整合，组建国家市场监督管理总局，作为国务院直属机构。不再保留国家工商行政管理总局、国家质量监督检验检疫总局、国家食品药品监督管理总局。组建国家药品监督管理局，由国家市场监督管理总局管理。保留国务院食品安全委员会、国务院反垄断委员会，具体工作由国家市场监督管理总局承担。国家认证认可监督管理委员会、国家标准化管理委员会职责划入国家市场监督管理总局，对外保留牌子。

第二，组建国家广播电视总局。不再保留国家新闻出版广电总局。

第三，整合中央电视台（中国国际电视台）、中央人民广播电台、中国国际广播电台，组建中央广播电视总台，作为国务院直属事业单位，归口中央宣传部领导。撤销中央电视台（中国国际电视台）、中央人民广播电台、中国国际广播电台建制。对内保留原呼号，对外统一呼号为"中国之声"。

第四，组建中国银行保险监督管理委员会。将中国银行业监督管理委员会和中国保险监督管理委员会的职责整合，组建中国银行保险监督管理委员会，作为国务院直属事业单位。将中国银行业监督管理委员会和中国保险监督管理委员会拟订银行业、保险业重要法律法规草案和审慎监管基本制度的职责划入中国人民银行。不再保留中国银行业监督管理委员会、中国保险监督管理委员会。

第五，将商务部对外援助工作有关职责、外交部对外援助协调等职责整合，组建国家国际发展合作署，作为国务院直属机构。

第六，组建国家医疗保障局。为提高医保资金的征管效率，将基本医疗保险费、生育保险费交由税务部门统一征收。

第七，组建国家粮食和物资储备局。将国家粮食局的职责，国家发展和改革委员会组织实施国家战略物资收储、轮换和管理，管理国家粮食、棉花和食糖储备等职责，以及民政部、商务部、国家能源局等部门组织实施国家战略和应急储备物资收储、轮换和日常管理职责整合，组建国家粮食和物资储备局，由国家发展和改革委员会管理。不再保留国家粮食局。

第八，组建国家移民管理局。将公安部的出入境管理、边防检查职责整合，建立健全签证管理协调机制，组建国家移民管理局，加挂中华人民共和国出入境管理局牌子，由公安部管理。

第九，组建国家林业和草原局。将国家林业局的职责，农业部的草原监督管理职责，以及国土资源部、住房和城乡建设部、水利部、农业部、国家海洋局等部门的自然保护区、风景名胜区、自然遗产、地质公园等管理职责整合，组建国家林业和草原局，由自然资源部管理。国家林业和草原局加挂国家公园管理局牌子。不再保留国家林业局。

第十，将国家知识产权局的职责、国家工商行政管理总局的商标管理职责、国家质量监督检验检疫总局的原产地地理标志管理职责整合，重新组建国家知识产权局，由国家市场监督管理总局管理。

第十一，将国务院三峡工程建设委员会及其办公室、国务院南水北调工程建设委员会及其办公室并入水利部。不再保留国务院三峡工程建设委员会及其办公室、国务院南水北调工程建设委员会及其办公室。

第十二，将全国社会保障基金理事会由国务院管理调整为由财政部管理，承担基金安全和保值增值的主体责任，作为基金投资运营机构，不再明确行政级别。

第十三，改革国税地税征管体制，将省级和省级以下国税地税机构合并。国税地税机构合并后，实行以国家税务总局为主与省（自治区、直辖市）政府双重领导管理体制。

——全国政协机构改革。

1）组建全国政协农业和农村委员会。

2）全国政协文史和学习委员会更名为全国政协文化文史和学习委员会。将全国政协教科文卫体委员会所承担的联系文化艺术界等相关工作调整到全国政协文化文史和学习委员会。

3）全国政协教科文卫体委员会更名为全国政协教科卫体委员会。

（3）行政执法体制改革

1）整合工商、质检、食品、药品、物价、商标、专利等执法职责和队伍，组建市场监管综合执法队伍。由国家市场监督管理总局指导。鼓励地方也进行整合，由市县监管综合执法队伍统一承担。

2）整合组建生态环境保护综合执法队伍。整合环境保护和国土、农业、水利、海洋等部门相关污染防治和生态保护执法职责、队伍，统一实行生态环境保护执法。由生态环境部指导。

3）整合组建文化市场综合执法队伍。将旅游市场执法职责和队伍整合划入文化市场综合执法队伍，统一行使文化、文物、出版、广播电视、电影、旅游市场行政执法职责。由文化和旅游部指导。

4）整合组建交通运输综合执法队伍。整合交通运输系统内路政、运政等涉及交通运输的执法职责、队伍，实行统一执法。由交通运输部指导。

5）整合组建农业综合执法队伍。将农业系统内兽医兽药、生猪屠宰、种子、化肥、农药、农机、农产品质量等执法队伍整合，实行统一执法。由农业农村部指导。

——跨军地改革。

按照军是军、警是警、民是民的原则，将武警部队序列、国务院部门领导管理的现役力量全部退出武警，将国家海洋局领导管理的海警队伍转隶武警部队，将武警部队担负的具有民事属性任务的黄金、森林、水电部队整体移交国家相关职能部门并改编为非现役专业队伍，同时撤回武警部队海关执勤兵力，彻底理顺武警部队领导管理和指挥使用关系。

——群团组织改革。

改革方案没有提出群团组织的具体改革措施，但提出了方向性意见。

要求群团组织解决好"机关化、行政化、贵族化、娱乐化"问题。一是坚持党的领导；二是要做到眼睛向下，服务基层；三是促进党政机构同群团组织功能的有效衔接；四是承接公共服务职能，充分发挥政府联系人民群众的纽带作用。

——地方机构改革。

改革方案也只是对地方机构改革提出了原则性意见。一是强化党的全面领导。二是赋予省以下机构更多的主权，根据本地实际，因地制宜设置机构和职能。三是统筹党政群机构，加大合署办公力度。四是强化编制约束，严禁超编。统筹编制资源，统一调配使用。五是强化机构限额管理，统一计算党政机构限额。

（二）改革开放以来行政体制改革的成就

40年的行政改革，尽管遭遇到各种各样的困难，但仍然取得了很大的成就。和40年前相比，无论行政机构的设置，还是行政职能的转变，抑或行政效能的提高等方面都可以说发生了翻天覆地的变化。

1. 行政机构：从臃肿到精干

在20世纪80年代行政体制改革启动之初，我国中央政府的机构数量曾创下中华人民共和国成立之最，国务院的下属部门达到100个之多，机构层次也是叠床架屋，在国务院和各部委之间又多了很多凌驾于部委之上的委员会。人员也是严重膨胀，由于很多老干部平反之后都要求恢复工作，导致很多部委的领导职数急剧增加，有的部委的副部长甚至达到20多个。领导干部的年龄也普遍偏大，65岁乃至70岁以上的领导不在少数。地方政府机构的状况更为严重，领导年龄也是普遍偏大，机构数量严重增多。邓小平很早就意识到这个问题的严重性，提出"精简机构是一场革命"，政府机构"臃肿重叠、职责不清，许多人不称职、不负责，工作缺乏精力、知识和效率"的状况已经到了"不能容忍的地步"[①]。1982年改革开放启动的第一次行政体制改革的主题就是精简机构，废除领导干部终

[①] 《邓小平文选》第2卷，人民出版社1994年版，第396页。

身制，实现领导干部的"革命化、年轻化、知识化、专业化"，建立"能上能下，能进能出"的领导干部体制。

应当说，1982年的改革在机构精简上取得了一定的成果，国务院机构从100个减为61个，精简幅度也很大。但是，这次精简机构的成果很快就被随之而来的机构再膨胀淹没了。其主要原因很简单，就是这次改革仅仅停留在机构精简上，政府的职能没有发生大的转变。行政机构是为行政职能服务的，职能不变，机构设置的必要性仍然存在。以煤炭部为例，1988年的机构改革虽然取消了煤炭部，但政企关系并没有真正分开，煤炭企业也没有成为自主的市场主体，不得已在1993年的改革中又恢复了煤炭部。1998年的机构改革则取得了较大的成效，国务院组成部门从40个减为29个，一大批专业经济管理部门被裁撤，并且改革的成果得以持续，没有出现再次反弹的现象。其主要原因就在于这次机构改革与转变职能相结合，把企业推向市场，实行政企分开、政资分开。

我国行政机构改革的成果不仅仅表现为政府机构数量的减少，还表现为某些部门的强化。"小政府、大社会"是很多学者所倡导的理想治理模式，但这绝不意味着政府机构无原则的精简。事实上，当代社会对于政府的要求不仅没有降低，反而大大提高了。政府虽然在经济领域退出，但在公共服务、市场监管方面的职能却大大加强。"小政府"不意味着"弱政府"，在市场监管等方面必须是强政府。比如，在1998年的政府机构改革中，尽管撤并了很多专业经济管理部门，但仍对一些部门进行了强化。把市场监管机构国家工商行政管理局升格为正部级机构，同时组建国土资源部、信息产业部，这是为了更好地实现政府职能。进入2000年后，随着国家安全生产形势的日益严峻，特别是矿山安全事故的增加，国家为了强化安全生产职能，把国家安全生产管理局升格为国家安全生产管理总局。2018年的改革同样体现了这一思路，着力强化了市场监管、公共服务等部门和机构。

2. 行政关系：从集权到分权

我国的行政体制改革过程实际上是一个中央向地方分权的过程。在传统的计划经济体制下，所有的权力都集中于中央，地方政府的自主权很小，从而严重束缚了地方发展的积极性，束缚了经济的活力，因此进行分权改革就成为一种必然选择。分权包括三个方面：一是财权的下放；二是事权的下放；三是综合性分权，这是一种面向特定地区的综合性分权，即通过设立特区、沿海开放城市、保税区、计划单列市、副省级城市、较大的市等方式对某一特定地区进行综合性分权，一般主要局限于经济管理权力，但也有一些其他权力，比如立法权。特区享有制定法规的权力，可以针对本地区的具体情况进行变通性立法，而国务院确定的"较大的市"则享有地方立法权，2015年，则是把地方立法权范围进一步扩大，从原来的较大的市扩展到所有设区的市，进一步增大了地方自主性空间。另外，自2013年以来，我国还通过设立自贸区的形式进一步扩大地方发展的自主权。从2013年9月中国设立第一个自贸区——上海自贸区开始，到2017年中国先后在广东、天津、福建、辽宁、浙江、河南、湖北、重庆、四川、陕西设立了10个自由贸易试验区。

（1）财权从"统收统支"到"分灶吃饭"，再到"分税制"

20世纪80年代改革的一个轴线就是"放权让利"，即由改革前的"统收统支"政策改为"财政包干，分灶吃饭"，进行收入分成，各省可以保留一部分地方收入用于地方开支。这种财政体制的变革极大地调动了地方政府的积极性，对于搞活经济、促进改革开放起到了积极的作用。当然，这种"分灶吃饭"的财政体制也带来一些负面后果，其直接后果就是中央财力的下降，中央财政收入占GDP的比重从1978年的14%降低到5%。中央财政收入占全国财政收入的比重从1981年的57.6%下降为1992年的45%。[1] 于是1994年实行了分税制改革，包括中央和地方的支出划分、收入划分和转移支付制度等。有学者认为，分税制的建立标志着我国的行政分权改革已经终止，重新走向了行政集权。如果单从中央财政收入的变化来看，分税制确实强化了中央财力，中央财政收入占全国财政收入的比重从1993年的22.02%上升为1995年的52.17%。[2] 但笔者认为，分税制改革并没有从总体上改变我国行政体制改革中的分权趋势，它只是把中央和地方的财政关系规范化了。从实践效果来看，它不仅增加了中央的财政收入，同时也增加了地

---

[1] 国家统计局编：《1996中国发展报告——中国的"八五"》，中国统计出版社1996年版，第350—351页。

[2] 汪玉凯主编：《中国行政体制改革20年》，中州古籍出版社1998年版，第63页。

方的财政收入，使地方的财政保持了高增长的态势。分税制改革之后的 1994 年和 1995 年的地方财政收入增长率分别为 23.8% 和 20.9%，明显高于分税制改革之前 1991 年的 15.8% 和 1992 年的 12.5%。

(2) 事权上的分权改革

在西方市场经济比较成熟的国家，由于已经实现了政企分开，中央和地方的事权调整多体现在公共物品或公共服务供给权力的再调整上，如社会保障和交通、住房等公共服务的决策和管理，基本上不存在投资管理、外贸管理等方面的事权再调整。但我国与西方国家的行政体制改革所面临的情况有很大的不同，我国的行政体制改革实际上就是一个不断破除高度集中的计划体制的过程，其纵向事权主要是一些计划审批权，包括金融管理权、投资管理权、外贸管理权、物价管理权等。1984 年 10 月，国务院批转国家计委《关于改革计划经济体制的若干暂行规定》，缩小了固定投资的指令性计划范围，扩大了指导性计划和市场调节的范围。国家下放了固定投资项目的审批权限，简化了项目审批程序，从而打破了高度集中的投资计划管理体制。对于外资项目审批权，自 1985 年起，国家就对福建、广东采取权力下放政策。从 1988 年起，天津、上海、广东、福建、北京、辽宁、河北、山东、浙江、广西及经济特区的中外合资、合作企业，凡符合一定条件，投资总额在 3000 万美元以下的生产性项目，由上述地区自行审批。海南省开发能源、交通、通信等基础设施和旅游设施的外商投资项目，建设和生产经营条件不需要国家解决的，不限规模，均由省自行审批。内地省、自治区、计划单列市及经济特区的同类项目，投资总额在 1000 万美元以下的，由各地自行审批。对于内资项目的审批，规定生产性基本建设项目，按投资规模划分，大中型项目由国家计委审批，小型项目由部门和地方审批。国务院 1985 年决定，广东、福建两省基建项目的可行性研究报告，2 亿元以下的一般大型项目，凡具备一定条件，由省自行审批；1988 年决定，海南省总投资 2 亿元以下的基建和技改项目，凡具备一定条件的，均由省自行审批；1992 年决定，上海浦东的非生产性和生产性大中项目，凡具备一定条件的，可由上海市自行审批。

(3) 综合性分权

国家通过设立经济特区、计划单列市、自贸区等形式实现对某一特定地区的综合性权力下放，以增强地方发展的自主性。

设立经济特区。"经济特区"一词，1979年由中国首先提出，并在深圳加以实施。按其实质，经济特区也是世界自由港区的主要形式之一。以减免关税等优惠措施为手段，通过创造良好的投资环境，鼓励外商投资，引进先进技术和科学管理方法，以促进特区所在地区经济技术发展的目的。经济特区实行特殊的经济政策，灵活的经济措施和特殊的经济管理体制，并坚持以外向型经济为发展目标。1979年7月，中共中央、国务院同意在广东省的深圳、珠海、汕头三市和福建省的厦门市试办出口特区。1980年5月，中共中央和国务院决定将深圳、珠海、汕头和厦门这四个出口特区改称为经济特区。当年8月，第五届全国人民代表大会常务委员会十五次会议批准《广东省经济特区条例》，这些经济特区相继兴建。1981年7月，中央发出"二十七号文件"，批转了广东、福建两省经济特区工作会议纪要，为办好经济特区规定了10项政策措施，其中包括对特区实行财政包干办法，发挥地方银行的积极性，扩大外贸自主权，放开商品流通渠道，以及改进劳动用工制度等许多方面，都做了明确规定。中央在批示中表示："两省在对外经济活动中实行特殊政策、灵活措施和试办经济特区，是一项重大的改革，必然会遇到大量复杂的新情况，需要解决许多新的问题。在这种情况下，要把工作做好，必须具有敢于试验、敢于创新的革命精神，凡是符合党的路线、方针、政策，对两省和全国经济调整和发展有利的事，就要大胆放手去干。同时要有严格的科学态度力求稳步前进。"[①] 1984年邓小平考察了深圳、珠海、厦门三个经济特区。经济特区实行特殊的经济政策和经济管理体制，在建设上以吸收利用外资为主，经济所有制实行以社会主义公有制为主导的多元化结构；经济活动在国家宏观经济指导调控下，以市场调节为主；对外商投资予以优惠和方便；特区拥有较大的经济管理权限。1985年以前，四个经济特区主要进行以创建投资环境为重点的基础设施建设，从1986年起，致力于发展以工业为主、工贸结合、农牧渔和旅游业并举的外向型经济。1988年4月，第七届全国人民代表大会一次会议通过决议，批准海南岛为海南经济特区，实行更加

[①] 《当时胆子大一些，今天广东会更好》，《南方都市报》2008年1月25日。

灵活开放的经济政策。

设立计划单列市。计划单列市出现在20世纪80年代，是让一些大城市在国家计划中实行单列，享有省一级的经济管理权限，而不是省一级行政级别。设立计划单列市之初，并未对行政级别做明确解释。计划单列市的设立是分批的，到1993年先后共设立计划单列市16个：沈阳、大连、长春、哈尔滨、南京、杭州、宁波、厦门、济南、青岛、武汉、广州、深圳、成都、重庆、西安。1993年，国务院决定撤销省会城市的计划单列，计划单列市只剩6个。同年，中央机构编制委员会宣布，原先16个计划单列市行政级别为副省级，包括10个副省级省会城市和6个计划单列市，而这些城市统称副省级城市。1997年，重庆设立直辖市，不再是计划单列市。现在还有5个计划单列市：大连、宁波、厦门、青岛、深圳。计划单列市的收支直接与中央挂钩，由中央财政与地方财政两分，无须上缴省级财政。计划单列市在国家计划中单列户头，由国家直接下达计划，在经济上享有相当于省一级的计划决策权和经济管理权。但计划单列城市并没有从根本上改变同省的行政隶属关系，仍受省的"统筹、服务、协调、监督"等方面的领导。计划单列的内容主要是工农业生产、交通运输、邮电、固定资产投资、主要商品购销和分配调拨，能源及主要物资分配调拨、外贸进出口、地方定额外汇、劳动工资、财政信贷、科学技术以及各项社会发展计划指标等。

设立沿海开放城市。开放一些沿海城市，是根据邓小平的创意而采取的对外开放的又一战略决策。1984年2月，邓小平说："除现在的特区之外，可以考虑再开放几个港口城市，如大连、青岛。这些地方不叫特区，但可以实行特区的某些政策。"[1] 1984年5月，中共中央和国务院决定，进一步开放天津、上海、大连、秦皇岛、烟台、青岛、连云港、南通、宁波、温州、福州、广州、湛江和北海14个沿海港口城市。上述城市交通方便，工业基础好，技术水平和管理水平比较高，科研文教事业比较发达，既有开展对外贸易的经验，又有进行对内协作的网络，经济效益较好，是中国经济比较发达的地区。这些沿海港口城市实行对外开放后，在

---

[1] 《邓小平文选》第3卷，人民出版社1994年版，第52页。

扩大地方权限和给予外商投资者优惠方面，实行下列政策和措施：第一，放宽利用外资建设项目的审批权限。生产性项目，凡属建设和生产条件不需要国家综合平衡、产品不要国家包销、出口不涉及配额又能自己偿还贷款的项目，均放宽审批权限。第二，积极支持利用外资、引进先进技术改造老企业。在关税、进口工商统一税、企业所得税、上缴利润、生产计划等方面实行扶植政策。第三，对中外合资、合作经营及外商独资企业，给予优惠待遇。第四，兴办经济技术开发区。大力引进中国急需的先进技术，集中举办三资企业和中外合作的科研机构。在开发区内，放宽利用外资项目的审批权限，产品出口、内销执行经济特区的政策，税收政策更加优惠。第五，增加外汇使用额度和外汇贷款。1992年，中共中央、国务院又决定对5个长江沿岸城市，东北、西南和西北地区13个边境市、县，11个内陆地区省会（首府）城市实行沿海开放城市的政策。

设立副省级城市。1994年5月，经中央机构编制委员会第六次会议通过，并经中共中央、国务院领导人同意，决定将原来的14个计划单列市和杭州、济南两市正式确定为副省级市，同时取消部分城市的计划单列体制。将计划单列市确定为副省级市，加强了省级机构统筹规划和协调的地位和作用，减少了省与计划单列市之间因权限划分不清而引起的矛盾和扯皮。副省级市中仍实行计划单列的，按照有关规定继续享受原有的管理权限；不再实行计划单列的，原来中央赋予的权限原则上暂不改变；对原来不是计划单列的，其权限需要调整变动的，由所在省和中央有关部门协商后确定。1997年3月，重庆市由副省级市升格为直辖市。当前我国有15个副省级城市：哈尔滨、长春、沈阳、大连、济南、青岛、南京、杭州、宁波、厦门、广州、深圳、武汉、成都、西安，其中，大连、青岛、宁波、厦门、深圳是计划单列市。

确立"较大的市"。"较大的市"是一个法律概念，《中华人民共和国立法法》对较大的市做了明确的规定，即省（自治区）人民政府所在地的市；经济特区所在地的市；经国务院批准的其他城市。这三类城市的人大及其常委会根据本地的具体情况和实际需要，在不同宪法、法律、行政法规和本省（区）的地方性法规相抵触的前提下可以制定地方性法规，报省（自治区）人大常委会批准后施行；其政府可以根据法律、法规和地方性法规，制定规章。目前，我国的"较大的市"有 49 个，其中省会城市 27 个、经济特区城市 4 个、国务院批准的其他城市 18 个。国务院先后 4 次批准 19 个城市为"较大的市"（其中重庆于 1997 年 3 月升格为直辖市）：1984 年 10 月批准唐山、大同、包头、大连、鞍山、抚顺、吉林、齐齐哈尔、青岛、无锡、淮南、洛阳、重庆共 13 个市；1988 年 3 月批准宁波市；1992 年 7 月批准淄博、邯郸、本溪市；1993 年 4 月批准苏州、徐州市。到了 2015 年，十二届人大三次会议对立法法做出修改，地方立法权又扩充到所有设区的市，不再限"较大的市"。

自由贸易试验区。2013 年开始，我国先后设立了 11 个自由贸易试验区。在自由贸易区内，以政府放权为标志的改革将进一步深化，其他受到管制的创新类金融服务、商务服务、文化娱乐教育和医药医疗护理业等，都将逐步开放。对于自由贸易区，中央政府明确提出要继续深化行政审批制度改革，加快政府职能转变，积极探索管理新模式，全面提升事后监管水平。一是实行合署办公，实现自由贸易区和地方管理协同。二是实行法定机构试点，比如深圳设立了前海管理局，对自由贸易区实行企业化管理和市场化运作。三是实行"多合一"试点。天津自由贸易区实行简政放权，实行"十合一"管理新体系，即一份清单管边界、一颗印章管审批、一个部门管市场、一支队伍管执法、一个平台管信用、一份单卡管通关、一套系统管廉政、一个号码管服务、一张绿卡聚人才、一套标准管质量。四是实行大部门制改革。天津自由贸易区的组织架构中综合改革局、综合协调局、综合监督局都是拥有综合职能的大部门制。五是成立专责对外部门，高度重视国际规则和国际化发展。这些制度的创设极大地增进了地方发展的积极性和自主性。

3. 行政职能：从全能到有限

在改革开放之前，我国实行的是完全的计划经济体制，政府事无巨细地对社会经济的发展做出计划。这种社会经济体制在客观上要求政府必须是一个全能政府，政府也必然全面介入社会经济事务，经济上企业成为政府的附属物，企业的购销权全部掌握在政府手中。在国家与社会的关系上，政府也是全面掌控社会，每一个公民吃穿住行乃至婚丧嫁娶都由政府包起来，谈不上国家与社会的分野，更没有社会自治组织存在的空间。

我国 40 年的行政体制改革历程不仅是一个行政机构精简的过程，同时也是一个行政职能转变的过程，而所谓行政职能的转变其实就是一个政府职能自我设限的过程。行政职能的变革是我国经济体制变革的一种必然结果，或者说，行政职能的变革是经济体制变革得以实现的必然条件。在党的十一届三中全会以来，我国的经济体制经历了一个从完全的计划经济到"有计划的商品经济"，再到"社会主义市场经济"的过程，尤其是社会主义市场经济的建立要求市场在资源配置中起基础性作用，企业而不是政府成为市场中的活动主体，任何政府行为的过度涉入都会导致市场信号的失灵，从而扭曲资源的配置，破坏市场的资源配置作用。因此市场经济体制的建立对于政府来说必然意味着在某些领域的退出，必须"有所为有所不为"，即实现行政职能从全能到有限的转变。我国行政体制改革开放以来最为重要的一个成果就是实现了从全能政府到有限政府的转变，它主要体现为政企分开、政资分开、政事分开、政社分开，而上述目标得以实现的根本保证是建立法治政府，保证政府依法行政，这样才能真正遏制政府权力自我扩张的冲动，使政府真正从全能到有限。

(1) 政企分开

政府和企业是两类具有不同性质、任务、职能但又相互紧密联系的组织系统。政府是国家政权机构的具体形式，它的主要任务是治理国家，发挥国家机器的经济管理职能，通过一定的方式制约和影响整个社会的经济活动；企业是经济组织，它的主要任务是组织经济活动，并拥有必要的经营管理自主权，建立独立的生产系统和经营管理系统，将职工的经济利益同企业的经济成果挂钩，使责、权、利三者结合起来。因此，政府不宜直接经营企业，企业要执行国家的法令、方针和政策，但不具备管理国家的职能。实行政企分开，可以减少政府对企业的控制和干预，扩大企业经营管理的自主权，使企业成为自主经营、自负盈亏、自我约束、自我发展的商品生产者和经营者。深圳最早切断了政府与企业的行政纽带，逐步实现政企分开。在 20 世纪 80 年代中期，深圳就将纺织、机电、轻工、物资、建材等大部分专业经济主管局改为经济实体；90 年代初，取消了国有企业的行政级别，对企业进行分类定级；1994 年，实行市属企业无行政主管，取消了国有企业的行政隶属关系；同时，推进公司制改造，完善企业法人治理结构。1997年，着手改革政府审批制度，1999年初全面实施，改革后的政府审批项目由原有的723项减少到305项；而核准项目由原来的368项减少到323项。取消审批后，或彻底放开，由市场调节；或进行核准、备案管理，或实行招标、拍卖制，或按分级管理的原则，下放到区政府管理。这次大动作的调整务求将政府与企业的关系真正理顺，连带效果就是防止和减低了吏治腐败以及改善政府形象。进入90年代尤其是1998年改革之后，我国加快了政企分开的进程，撤销了一大批专业经济管理部门，政府在很多竞争性领域退出，很多政府与所属企业脱钩改为行业监管部门。煤炭、石油、电信、纺织、航空等行业企业纷纷与政府脱钩，转变为独立经营的市场主体。2002年1月23日，国务院第121次总理办公会议正式通过了中国民航改革重组方案，改革的主要目标是：政企分开，转变职能；资产重组，优化配置；打破垄断，适度竞争；加强监管，保障安全；机场下放，属地管理；提高效益，改善服务。2006年发布了《国务院办公厅关于推进种子管理体制改革加强市场监管的意见》，提出种子行业要实现政企分开，要求"种子生产经营机构与农业行政管理部门的分开工作要在2007年6月底之前完成。到期未分开的种子生产经营机构，自2007年7月1日起，不得从事种子生产经营活动，农业行政主管部门不得再向其核发种子生产经营许可证，工商行政管理机关不再核发营业执照或办理年检，金融机构不得提供贷款，财政、发展改革、农业等部门不得安排项目和提供资金支持"。2006年，我国邮政系统启动政企分开，重组邮政监管机构，组建中国邮政集团公司；改革邮政主业，改革邮政储蓄；完善普遍服务机制、特殊服务机制、安全保障机制和价格形成机制。2007年1月，重组后的国家邮政局和新组建的中国邮政集团公司正式挂牌。随后，各省级邮政监管机构和邮政公司陆续挂牌。重组后的国家邮政局是信息产业部管理的国家邮政监管机构，实行政企分开，继续行使政府对邮政监督管理职能，企业职能剥离给新组建的中国邮政集团公司。而新组建的中国邮政集团公司，主要从事普遍服务业务、竞争性业务（包括快递和物流业务）和邮政储蓄业务。不过，尽管国家花了很大力气推进国企改革，但实际上一些大型国有企业的政企不分问题依然存在。因此，2015年又出台了《中共中央、国务院关于深化国有企业改革的指导意见》，重点就是想解决国有企业的政企分开问题，提出对国有企业进行分类改革，让国有企业和其他类型企业交叉控股、相互融合；强调所有权和经营权分开，让企业走向市场；强调由董事会聘用经营层；提出推行职业经理人制度。这些措施都是围绕政企分开而展开的，让企业成为真正的独立市场主体，让企业更有活力。

（2）政资分开

要想真正实现政企分开，就必须按照现代企业制度的要求，实现国有企业所有权和经营权的分离。党的十六大决定在政府设立国有资产管理的专司机构，解决了长期以来管人、管事、管资产相分离，谁都争权、谁都不负责任以及"政资不分"的顽疾。2003年，国务院设立国资委管中央直辖的国有资本，为在全国建立新型的国有资产管理体制迈出了一大步。全国许多中心城市也普遍设立了国有资产经营机构。国有资产管理功能分离后，国有资产的经营和使用机构应完全独立于政府，由国资委委托过去和以后将要设立的国有资产经营机构包括国有投资公司、大型企业集团、国有控股公司、国有资产经营公司等独立运作，与政府部门，如计划、财政、贸易等部门不再具有直接联系，而新设立的国有资产管理机构则专门负责国有资产的管理，不具有社会管理职能，更不能干预其他所有制经济组织的活动。

（3）政事分开

政事分开的核心是减少政府部门的直接干预，下放权力，让事业单位有更大的自主权和灵活性，不再成为政府部门的附属机构。改革的结果将是重塑政府和建立一个能够与社会主义市场经济体制相适应，满足公共服务需要，科学合理，精简高效的现代事业组织体系。改革开放以来，我国每次行政体制改革都会对事业单位改革提出要求。但在1987年以前，并没有突出事业单位的特点。党的十三大以后，对事业单位的改革逐渐形成一些新的思路，提出了一些新的要求。1996年发布的《中央机构编制委员会关于事业单位机构改革若干问题的意见》对事业单位机构改革做出了明确规定，提出"按照党中央的统一部署，遵循政事分开、推进事业单位社会化的方向，建立起适应社会主义市场经济体制需要和符合事业单位自身发展规律、充满生机与活力的管理机制、运行机制和自我约束机制"①。在遵循政事分开方面，中央又做出四方面具体规定：一是合理划分党政机关与事业单位的职责。事业单位承担的行政管理职责原则上要交归行政机关。对一时难以划分的职责，可以作为过渡，按审批权限通过授权方式交由事业单位承担。党政机关分离出来的一些辅助性、技术型工作，事业单位要积极承担，但不能因编制数额所限，而将行政机构转为事业单位。二是现在属于行政机构序列但以事业性工作为主的政事合一机构，应根据具体情况分别进行调整。政事职责分开的且已将行政职责交归行政机关的，可成建制地转为事业单位；目前分开确有困难的，要创造条件逐步调整到位；政事职责难以划分的，可改为授权承担行政职责，不再挂行政机关牌子。三是建立符合事业单位自身特点的等级规格，逐步取消事业单位的行政级别，对事业单位的等级规格实行动态管理。四是规范事业单位名称。事业单位的名称要体现事业单位特点，一般称院、校、所、台、社、团、中心，不再称厅、局、公司、学会等。在党的十六大之后，全国政事分开的改革步骤明显加快，各地纷纷出台措施推动政事分开。2005年8月，北京市海淀区推行行政体制改革试点，将医院、图书馆、博物馆等29个公共服务事业单位从政府部门脱离出来，划归公共服务委员会管理。2005年9月，无锡成立了医院管理中心、学校管理中心、文化艺术管理中心、体育场馆和训练管理中心四个管理中心，将原先分属卫生局、教育局、文化局、体育局的直属单位剥离出来。管理中心代表政府履行国有资产出资人职责。深圳市2006年7月启动政事分开改革，将事业单位"一分为三"，划分为监督管理类、经营服务类和公共服务类，并使其各归其位。在此基础上创新事业单位管理体制和运行机制，最终形成基本上能适应广大市民要求的社会公共服务体系。改革后深圳保留的事业单位共338家，占事业单位数量的65%；涉及编制33500名，占现有事业单位总编制41726人的80%；实有在编22671人，占现有事业单位实有编制28281人的80%。党的十七大之后，又出台了《中共中央国务院关于分类推进事业单位改革的指导意见》，提出要推进我国事业单位的分类改革。按照社会功能，将我国现有事业单位分为承担行政职能、从事生产经

---

① 汪玉凯：《中国行政体制改革20年》，中州古籍出版社1998年版，第209页。

营活动和从事公益活动三个类别。对于承担行政职能的事业单位，将逐步将行政职能划归行政机构，或将其转为行政机构，并且今后不再设立承担行政职能的事业单位。对于从事生产经营活动的事业单位，则要逐步转为企业或撤销，今后也不再批准从事生产经营活动的事业单位。对于从事公益活动的事业单位则又分为两类：公益一类和公益二类。公益一类事业单位，即承担义务教育、基础性科研、公共卫生及基层基本的医疗服务等基本公益服务，不能或不宜由市场配置资源的事业单位，不得从事经营活动，其宗旨、业务范围和服务规范由国家确定；公益二类事业单位，即承担高等教育、非营利性医疗等公益服务，可部分由市场配置资源的事业单位，这类单位按照国家确定的公益目标和相关标准开展活动，在确保公益目标的前提下，可依据相关法律法规提供与主业相关的服务，收益的使用按国家有关规定执行。

(4) 政社分开

多元化的治理已成为一种世界性的潮流，民间组织对于现代社会来说，是独立于政府和企业之外的社会力量，具有不可替代的作用。随着和谐社会的建设，我国的民间组织将在环境保护、扶贫开发、艾滋病防治、社会福利、社区服务、慈善救助等社会问题比较集中的领域里发挥不可替代的作用。发展民间组织，有助于提高社会的自我管理能力，更好地推进公共治理社会化；民间组织还可以作为一条重要的纽带，在其服务的社会基层民众与社会各界以及社会公众之间加强沟通和相互了解，为人们参与社会管理和增强民主意识提供渠道。但我国某些民间组织的"官办性"太强。首先这些非营利性中介组织依附于党政机关，也就是非营利组织与党政机关在经费、人员以及运转机制上的相互依赖性。其次，通过行政权力强行中介，导致行政部门对某些服务的垄断。由于上述两方面问题的存在，政府行为和非营利组织的独立性、客观性和公正性都受到了影响。因此党中央提出"政社分开"具有很强的现实意义。政社分开在当前就是要推动社区治理，剥离官办社团。由于传统的惯性，政府常把社区居委会作为行政系统的一个"终端设备"来对待。这种行政手段一插到底的工作方式与当前的形势不相适应。要给基层社区以适当的自治空间，让它们自主、自觉地完成从行政信息到社区行动的转化，使上级的"要你做"变成社区的"我要做"。2005年，四川省发布《四川省人民政府关于促进行业协会改革发展的指导意见》指出，要改造官办行业协会，实行"政社"分开。2006年底以前，对自上而下成立的官办、半官办行业协会进行改造，加快向民办型、规范型、服务型转变；党政机关工作人员不得兼任行业协会负责人；行业协会的办事机构必须单设，不得与政府有关部门合署办公；凡行业协会与政府部门实行会计合账或财务集中管理的，应独立建账，自行配备财会人员，实行财务独立。2007年11月6日，济南市民政局、监察局、物价局、法制办、纠风办联合下发通知，即日起，济南将利用一年时间对全市行业协会开展专项整顿规范，党政领导、公务员不得兼任行业协会职务，行业协会要真正实现政社分开。为了更好地实现对社会组织的管理，推进政社分开，2016年，中共中央办公厅、国务院办公厅印发了《关于改革社会组织管理制度 促进社会组织健康有序发展的意见》，提出，到2020年建立起统一登记、各司其职、协调配合、分级负责、依法监管的中国特色社会组织管理体制；要求推进社会组织政社分开；要求贯彻落实《行业协会商会与行政机关脱钩总体方案》，严格执行《中国中央办公厅、国务院办公厅关于党政机关领导干部不兼任社会团体领导职务的通知》《中共中央组织部关于规范退（离）休领导干部在社会团体兼职问题的通知》，从严规范公务员兼任社会团体负责人。因特殊情况需要而兼任的，要按照干部管理权限从严审批，且兼职一般不得超过1个。在职公务员不得兼任基金会、社会服务机构负责人。

（5）法治政府

有限政府的真正实现有赖于法治政府的构建。所谓法治政府就是要求政府能够依法行政，其权力源于法律，行政机关不得在无法律授权的情况下设定自己的权力，不得自己增设权力，包括上级行政机关为下级行政机关设定权力。法治政府还要求设定行政机关权力时应当授予相对人相应的权力。行政权非有法律依据，不得使公民负担义务或侵害其权利。我国在行政体制改革中也十分注重法治化建设，通过立法来约束行政权力，以保证行政权力的有限性。法治政府建设的一个里程碑是1989年行政诉讼法的颁布，它使政府的行为受到民间的司法监督。行政诉讼法第一次提出了行政机关必须依法办事，行政行为必须有事实依据、有法律根据和符合法定程序。有人表示，我国当代法治政府的建设，是从行政诉讼法的颁布开始的。颁布于1994年的行政处罚法，被誉为中国当代行政法治理念的一个飞跃，这是我国第一次将行政中的程序放在比管理更重要的位置上。一直以来，我国行政处罚的权力不是由法院行使，而是由政府机关自由设定和实施的。行政处罚法解决的第一个问题就是设定权的问题，避免任何一级政府部门随时随地随心所欲地设定行政处罚，甚至随意设置人身权、财产权的处罚。对处罚设定权的规范，极大地避免了基层政府翻着花样的罚款创收。行政处罚法第二个重大突破是在程序规定上相当完善，有了一般程序、简易程序，可以供其他法律模仿，不遵守正当程序，行政处罚无效。而处罚法强调在处罚的时候重大问题要进行听证，首次设立了专门的听政程序。1994年颁布的国家赔偿法，其所带来的观念突破更是远超其实质意义。国家赔偿法的出现，意味着国家走下神坛。我国的国家赔偿法不仅将国家机关工作人员的违法行为纳入规定，同时也将国家机关本身纳入规定，承认国家机关本身也会违法侵权，极大地突破了"主权豁免"等观念的影响。1999年颁布的行政复议法，使行政救济制度在原有的基础之上又有了较大的发展，不仅增加了可以申请复议的具体行政行为范围，还规定一部分抽象行政行为也可以通过行政复议进行审查，拓展了公民权利保护和行政权受监督的范围。2003年行政许可法的颁布初步实现了政府职能的转变，通过约束和规范行政审批行为，形成了控制政府权力模式的行政法。国务院于2004年3月发布了《全面推进依法行政实施纲要》，明确提出了"建设法治政府"的目标。全面推进依法行政、建设法治政府是"十一五"政府法制工作的核心内容。2014年10月，党的十八届四中全会审议通过了《中共中央关于全面推进依法治国若干重大问题的决定》，提出深入推进依法行政，加快建设法治政府。2015年，中共中央、国务院印发了《法治政府建设实施纲要（2015—2020年）》，确立了基本建成法治政府的奋斗目标和行动纲领，法治政府建设进入"快车道"。习近平在党的十九大报告中明确提出，"建设社会主义法治国家，发展中国特色社会主义法治理论，坚持依法治国、依法执政、依法行政共同推进，坚持法治国家、法治政府、法治社会一体建设"，并且对"法治中国"做了再部署："成立中央全面依法治国领导小组,加强对法治中国建设的统一领导"[1]。

4. 行政理念:从管制到服务

在计划经济体制时代,我国政府形成了以管制为主的政府运行模式。它强调一切从管制出发,对经济、社会和公民个人进行管理和控制。具体表现为政府与公民的关系不对等,政府扮演的是社会资源的所有者和经营者的双重角色,政府行为方式以集权强制垄断为主,公共服务存在较为严重的官僚主义现象。随着我国经济和社会体制改革的不断深化,加快推进行政改革,进一步转变政府职能,建设服务型政府,已经成为时代发展的客观要求和必然选择。所谓服务型政府,就是要求政府担负起服务公民、服务社会的责任。服务型政府坚持公民本位、社会本位,政府只有有效地提供了公共服务才能获得自身存在的合法性。建设服务型政府,就是要让政府由管理型向服务型转变,由政府本位、官本位体制转向社会本位、公民本位。

2005年3月,国务院总理温家宝在第十届全国人大三次会议上所作的《政府工作报告》中强调指出,我们应努力建设服务型政府,创新政府管理方式,寓管理于服务之中,更好地为基层、为企业和为社会公众服务,政府的主要职能是经济调节、市场监管、社会管理和公共服务。这是我国国家领导人第一次正式提出服务型政府的概念。2006年3月,《国民经济和社会发展"十一五"规划纲要》明确提出,加快建设服务政府、责任政府、法治政府,它标志着服务型政府已经成为中国行政体制改革的目标选择。被誉为"24小时不下班的政府"中华人民共和国中央人民政府门户网站(简称"中国政府网"),在正式运行一周年之际进行了改版,以崭新的页面设置和内容满足网民需求,诠释中国建设"服务型政府"的理念。这次改版的主要亮点是推出了"行政许可"和"服务大厅"两个新栏目。"行政许可"栏目集中展示国务院所属部门的行政许可和非行政许可审批事项;"服务大厅"栏目,则通过动画演示,直观形象地向广大网民提供政府部门各项服务的流程。此外,"网上直播""在线访谈"两个

---

[1] 习近平:《决胜全面建成小康社会 夺取新时代中国特色社会主义伟大胜利》,人民出版社2017年版,第38页。

六　转变职能，重塑政府：改革开放以来的行政体制改革　　631

特色栏目，则在新版网站首页的中间位置得以突出展示。2006年，中国政府网累计发布国务院和国务院办公厅文件500多件、国务院公报250多期；组织发布热点政务专题30多个；组织直播国务院及有关部门重要会议和活动60余场，邀请了22个国务院部门和地方政府负责同志在线访谈；整合了71个部门约1100项网上服务，发布了8个部门的47项行政许可项目。目前，网站日均发稿量为1000条左右。

党的十八大以来，国务院又重点推进了"放管服"改革，进一步深化服务型政府建设。所谓"放管服"是指简政放权、放管结合、优化服务。通过"放管服"改革，试图从根本上转变政府职能，使之成为一场从观念到机制变革的革命。通过"放管服"改革，做到为促进就业降低门槛，为各类市场主体减轻负担，为激发有效投资拓展空间，为公平营商创造条件，为群众办事增加便利。通过5年的"放管服"改革，国务院行政审批事项削减44%，非行政许可审批彻底终结，中央层面核准的企业投资项目减少90%，行政审批中介服务事项压减74%，职业资格许可和认定大幅减少。中央政府定价项目缩减80%，地方政府定价项目缩减50%以上。同时全面改革工商登记、注册资本等商事制度，企业开办时间缩减1/3以上。党的十九大以后，国务院继续将"放管服"改革推向深入。2018年的两次国务院常务会议，都将"放管服"改革作为重点，2018年1月3日的会议部署进一步优化营商环境，持续激发市场活力和社会创造力。1月17日的国务院常务会议决定将扩大"证照分离"改革试点事项，探索形成可复制经验，进一步改善营商环境。

各地在建设服务型政府的过程中，探索出各种有效的模式，其中"政务大厅"和"一站式"办公等实践最为突出。北京市中关村科技园区公共服务中心推出"一站式办公"和"全程代理服务"，收到良好效果。服务中心现在共有26个单位、32个部门集中办公，涉及审批类事项49项，非行政审批类事项13项，实行"一站式办公"和"全程代理服务"。"一站式办公"将众多的政府部门汇集到办事大厅内，实行集中办公，简化审批程序，缩短审批时限。进驻服务中心的政府部门包括：市政府行权审批职能部门，区政府行权审批职能部门，政府授权的事业单位行权审批部门，为配套服务的企业和中介机构。服务中心的主要服务事项包括：为各类内外资企业登记注册、专项审批服务,为高新技术企业和留学人员创办企业实行免费代理服务,为外商投资企业提供全程代理服务,为大型企业、大众企业提供全程特办代理服务,为社会公众提供公共服务。

(三) 改革开放以来行政体制改革的经验

总结改革开放以来行政体制改革的经验,主要有以下几点。

1. 坚持以邓小平理论、"三个代表"重要思想、科学发展观和习近平新时代中国特色社会主义思想指导行政体制改革

邓小平是我国改革开放后第一轮行政体制改革的直接发动者,邓小平理论中包含了丰富的关于行政体制改革的思想,形成了比较系统的观点。关于改革的必要性,邓小平在20世纪80年代曾两次进行论述,第一次是1980年8月18日在中央政治局扩大会议上说:"我们过去发生的各种错误,固然与某些领导人的思想、作风有关,但组织制度、工作制度方面的问题更重要。这些方面的制度好,可以使坏人无法任意横行,制度不好可以使好人无法充分做好事,甚至会走向反面。"像"文化大革命"这样长时期全局性的决策失误,不是说个人没有责任,而是说领导制度、组织制度更具有根本性、全局性、稳定性和长期性。由此可见,邓小平提出的改革制度的弊端,直接的现实需要是批判和清理"文化大革命"的错误,从体制上防止和杜绝"斯大林严重破坏社会主义法制"和中国"文化大革命"之类的悲剧。第二次是1986年6月10日,邓小平指出:"1980年就提出政治体制改革但没有具体化,现在应该提到日程上来,不然的话,机构庞大,人浮于事,官僚主义,拖拖拉拉,互相扯皮,你这边往下放权,他那边往上收权,必然会阻碍经济体制改革,拖经济发展的后腿。"这次提到的政治体制改革是为了适应经济体制改革的发展需要,是看到了以市场为导向的社会主义商品经济的发展,日益与原有的适应过度集权的计划经济模式的行政体制发生了尖锐矛盾,已严重影响了经济管理。因此,我国行政体制改革任务的提出是邓小平深刻总结党和国家历史上的重大经验教训和深切地认识到以市场为导向的经济体制改革的客观需要的必然结果。

关于政治体制改革，邓小平曾提出三个目标：第一，巩固社会主义制度；第二，发展社会主义社会生产力；第三，发扬社会主义民主，调动广大人民群众的积极性。作为政治体制改革的重要组成部分，当然也应该服从于这三个目标。邓小平理论中关于行政体制改革的思想由四个层面构成：第一，巩固和发展社会主义制度是行政体制改革的基本政治前提。第二，行政体制改革的本质特征是加强和完善社会主义民主政治建设，"保证全体人民真正享有各种有效形式管理国家，特别是管理基层地方政权和各项企事业的权力，享有各项公民权利。"第三，行政体制改革的根本目的是解放和发展生产力。"我国所有的改革都是为了一个目的，就是扫除发展社会生产力的障碍。"行政体制改革当然也不例外，其最终目的在于解放和发展生产力。第四，关于行政体制改革的具体内容，比如理顺党政关系、干部年轻化、简政放权和克服官僚主义等。

江泽民提出的"三个代表"重要思想则进一步深化了邓小平理论，结合时代内容对行政体制改革提出了新的要求，要求从人民的根本利益和最先进生产力的角度认识行政体制改革，为行政体制改革的进一步深化开辟新的路径。每一次行政体制改革都会触动一部分人的利益，都会遭遇到一定的阻力，也只有从人民的根本利益出发认识行政体制改革，改革才能顺利进行下去。按照"三个代表"重要思想的要求，我国的行政体制改革取得了重大进展。比如江泽民提出要进行体制创新，"体制创新，就是要不断完善适应发展社会主义市场经济，全面建设有中国特色社会主义要求的各个方面的体制"[①]。其行政体制改革的主要思路是：第一，按照发展社会主义市场经济的要求，转变政府职能，实行政企分开。按照这个指导思想，我国政府职能转变迈出了很大步伐，初步建立了以间接手段为主的宏观调控体系框架，市场在配置资源中的基础性作用日益明显；加强了对市场的培育、规范和监管功能；政企分开迈出较大步伐，政府部门与所办企业脱钩，不再经商办企业，政府对国有企业管理方式有了重大转变。第二，按照精简、统一、效能的原则，调整政府组织结构，实行精兵简政。

[①] 中共中央文献研究室编：《十五大以来重要文献选编》（中），人民出版社2001年版，第1308页。

我国 1998 年的政府机构改革加强了综合经济部门和执法监管部门，撤销了专业经济部门，中央政府组成部门由 40 个减少到 29 个，人员编制减少约一半，各级政府也进行了相应的调整，同时将部分职能移交给社会中介组织、企事业单位。第三，依法规范中央和地方的职能和权限，正确处理中央垂直管理部门和地方政府的关系。根据市场经济规律制定和完善相关的法律法规，坚决打破部门、地区和城乡间的分割，联合对外，发展社会主义统一的、开放的流通市场。按照权责一致的原则，调整政府部门的职责权限，明确划分部门之间的职能分工。

2003 年 10 月召开的中国共产党十六届三中全会提出了科学发展观，并把它的基本内涵概括为"坚持以人为本，树立全面、协调、可持续的发展观，促进经济社会和人的全面发展"，坚持"统筹城乡发展、统筹区域发展、统筹经济社会发展、统筹人与自然和谐发展、统筹国内发展和对外开放的要求"。2004 年 2 月 21 日，温家宝总理在省部级领导干部"树立和落实科学发展观"专题研究班结业仪式上的讲话中强调指出，树立和落实科学发展观，必须全面履行政府职能，在继续加强和改进经济调节与市场监管的同时，更加注重履行社会管理和公共服务职能。为此必须继续推进改革行政管理体制，转变政府职能，推进依法行政，提高政府服务和管理水平。依照"科学发展观"的要求，十六大之后党中央、国务院提出了建设服务型政府的要求，并在行政审批、机构改革、民主决策、法治政府、危机处理、政务公开等方面取得了很大进展。比如通过颁布实施行政许可法进一步确立了行政权力行使的界限，凡是公民、法人或其他组织能够自主决定的，市场机制能够有效调节的，行业或中介机构能够自律管理的，行政机关采用事后监督等其他行政管理方法能够解决的，可以不设立行政许可。对于必须设立行政许可的事项，也必须依法予以规范。在政府机构改革上，重点调整了宏观调控、资产管理、金融监管、应急管理、安全生产、能源规划、国土资源、公共卫生、食品安全、邮政监管等领域的管理体制和机构设置。党的十六大之后的新一届政府在决策民主化方面迈出了重要步伐，按照决策科学化、民主化的要求。及时修订了《国务院工作规则》，进一步完善了各种参与、专家论证和政府决策相结合的决策机制。

党的十八大以来尤其是十九大的党政机构改革直接贯彻了习近平新时代中国特色社会主义思想。一是强化了党的领导。继续完善和坚持党的全面领导制度，加强了党对各领域各方面工作的领导，确保党的领导全覆盖，确保党的领导更加坚强有力。这次改革建立和健全了党对重大工作的领导体制机制，强化了党的组织在同级组织中的领导地位，更好地发挥了党的职能部门作用，统筹设置党政机构，推进党的纪律检查体制和国家监察体制改革。党的领导是我国的体制优势，只能加强，不能削弱。党的十九大以后能够破除各种利益关系继续深化改革，就是得益于我国独具特色的党和国家职能体系，因此也只有坚持党的领导，继续深化党和国家机构改革，才能在继往开来中解决存在的障碍和弊端，更好地发挥我国的体制优势。二是创新了改革思路。这次改革没有像以往那样仅仅停留在行政体系内部，而是根据时代的发展和社会的要求全面审视了我国党政人大、政协、军地群团的体制结构，着眼于我国的长远大计，着眼于我国的长久治安而进行的制度设计和改革举措。对于职责职能、机构体制、编制资源进行统筹考虑、一并思考，大大提升了改革的深度和广度。三是回应了时代和社会的要求。比如根据国家安全形势发展的需要，成立了应急管理部；根据社会的呼声和建立现代化国家的要求成立退伍军人部；根据统一进行市场监管的社会需求成立了国家市场监管总局，等等。这些改革措施都极大地破除了我国经济社会发展的体制障碍，必将为我国进一步的发展提供巨大的体制推动力。

2. 不断解放思想，积极进行理论创新

解放思想、实事求是是邓小平理论的精髓，也是我国行政体制改革取得巨大成就的重要法宝。因为改革总是意味着对过去的扬弃甚至否定，如果不能够打破旧有的框框，总是局限于过去的思维和做法，改革就不可能取得进展。我国的行政体制改革历程实际上也是一个不断解放思想的过程，每一次改革的成功都是解放思想的结果。1978年5月11日，《光明日报》发表特约评论员文章《实践是检验真理的唯一标准》，文章指出："无论在理论上或实际工作中，'四人帮'都设置了不少禁锢人们思想的'禁区'，对于这些'禁区'，我们要敢于去触及，敢于去弄清是非。科学无禁区。凡是超越于实践并自奉为绝对的'禁区'的地方，就没有科学，就没有真正的马列主义、毛泽东思想，而只有蒙昧主义、唯心主义、文化

专制主义。……社会主义对于我们来说，有许多地方还是未被认识的必然王国。我们要完成这个伟大的任务，面临着许多新的问题，需要我们去认识，去研究，躺在马列主义毛泽东思想的现成条文上，甚至拿现成的公式去限制、宰割、裁剪无限丰富的飞速发展的革命实践，这种态度是错误的。"[1] 在改革开放之初，为了推进干部年轻化方针的实施，邓小平提出要解放思想，在坚持标准的前提下大胆提拔使用年轻干部。"现在有些地方对选进领导班子的年轻人，还是论资排辈，发挥不了他们的作用。我们的人才是有的，关键是要解放思想，打破框框。只要我们敢于把他们提起来，让他们在其位，谋其政，经过一两年就能干起来了。"[2]

党的十三届四中全会以后，江泽民进一步提出了与时俱进的要求。与时俱进，就必须解放思想，一定要适应实践的发展，以实践来检验一切，自觉地把思想认识从那些不合时宜的观念、做法和体制的束缚中解放出来，从对马克思主义错误的和教条式的理解中解放出来，从主观主义和形而上学的桎梏中解放出来。江泽民说："中央一再强调要进行理论创新，为什么？因为这是马克思主义唯物辩证法的根本要求。要使党和国家的发展不停顿，首先理论上不能停顿，否则一切新的发展都谈不上。说要从政治上看问题、考虑问题，这就是最重要的一个政治考虑。"[3] 社会主义市场经济的确立本身就是解放思想的产物，因为在马克思主义经典著作中并没有谈到这个问题。社会主义市场经济条件下如何转变政府职能，改革行政体制同样也是一个前无古人的事业，这就需要运用马克思主义基本原理，从实际情况出发进行理论创新。传统计划经济条件下政府是一个全能政府，现在市场经济条件下政府职能必须做到"有所为有所不为"，哪些需要加强，哪些需要削弱，必须跳出原来的思维框架，充分解放思想，这样才能建立起适应社会主义市场经济体制的行政体制。在1998年启动的新一轮行政体制改革中对政府职能有了全新的认识，市场经济条件下要求政府从微观管理转向宏观调控，对国有企业的管理方式从直接管理转变为间

---

[1] 《实践是检验真理的唯一标准》，《光明日报》1978年5月11日。
[2] 《邓小平文选》第2卷，人民出版社1994年版，第193页。
[3] 《江泽民文选》第3卷，人民出版社2006年版，第336页。

接管理，按照现代企业管理方式实现所有者与经营者的分离，成立国资委让其承担起管理国有资产所有者的职能，负责国有资产的保值增值。

对于新时期的行政体制改革来说，重要的就是破除原来的"管制型"思维，建立"服务型政府"新理念，强化政府的公共服务职能，构建以人为本的公共服务体系。在十六大以后，党中央、国务院及时提出"服务型政府"新理念，在政务公开、提高效能等方面取得很大进展，人民对于政府的满意度不断提高。

党的十八大以来尤其是十九大以来的改革则是站在一个新的时代基础和理论根基上展开和设计的。一是站在加强党的长期执政能力基础上设计的。党政组织机构和管理体制是我们党执政的重要载体。只有通过改革，才能真正完善党的领导体制和领导机制，把党的领导贯彻到党和国家机关全面正确履行职责的各领域和各环节，确保党总揽全局、协调各方，从制度上保证党的长期执政和国家长治久安。二是站在我国发展的新时代，更好地适应我国社会主要矛盾变化来进行改革。党的十九大做出我国已经进入中国特色社会主义新时代，我国的主要矛盾已经转化为人民日益增长的美好生活需要和不平衡不充分发展之间的矛盾这一重大政治判断。这就需要进行改革，使机构设置和职能配置能适应社会主要矛盾的变化，以推动解决发展不平衡不充分的问题。三是站在推进国家治理体系和治理能力现代化的高度来进行改革。深化机构改革直接关系到国家治理体系的完善和治理能力的提升，对我国各领域改革起着重要的支撑和保障作用。需要通过改革来推动我国经济、社会、文化、生态文明等领域建设的持续深化，加快构建系统完备、科学规范、运行有效的制度体系。

3. 以职能转变为重点，注重综合配套

只有紧密适应社会主义市场经济发展的需要，紧紧抓住政府职能转变这一重点，才能有效地推进行政体制改革。行政体制改革从来都不是孤立进行的。适应和促进社会主义市场经济发展，是中国行政体制改革的重要目标之一。为实现这一改革目标，就必须紧紧围绕建立和完善社会主义市场经济体制这一核心，加快政府职能转变的步伐。行政体制改革的实践证明，只有采取有效措施切实推动政府职能转变，行政体制改革才会扎扎实实地向前迈进，否则，即使在精简机构、裁减人员方面做再大的手术，改

革以后，也会出现反弹，最终陷入"精简—膨胀—再精简—再膨胀"的怪圈。比如1982年启动的政府机构改革之所以会出现反弹，根本是因为没有实现职能转变，在计划经济体制下客观上需要相关政府机构的存在，出现政府机构再膨胀也就不足为怪了。同理，1998年启动的政府机构改革之所以会取得成功，是因为它真正实现了政府职能转变，在社会主义市场经济体制已经确立的情况下，客观上不再需要政府机构的微观管理，政府的职能应该转变到市场本身无力实现的宏观调控、市场监管和公共产品提供等上来。

同时，改革也是一个整体，涉及方方面面，在总体规划的指导下，统筹兼顾，相互结合，配套进行，才能取得好的效果。对于行政体制改革来说，一方面要与经济体制改革、政治体制改革相配套，根据政治、经济体制改革所提出的要求，调整机构改革、解决运行机制等方面的问题。另一方面，行政体制改革自身也要注意内部各项改革的配套进行，比如机构改革与政府职能转变的配套进行，机构改革与干部人事制度改革的配套进行，构建服务型政府与审批制度改革的配套进行。

4. 循序渐进，妥善处理好改革与稳定的关系

在改革策略的选择上，不同的国家会采取不同的方式，我国的改革取得成功的原因之一在于我们选择了渐进式的改革策略，在改革的过程中妥善地处理了改革与稳定的关系。所谓渐进的改革策略是指"在体制改革阻力较大的情况下，先在旧体制薄弱环节或在体制周围发展新体制或新经济成分，通过新经济成分的增量变化，最终实现对旧体制的改革"。我们认为，"改革是一场革命"，但这是一场渐进式的"革命"，必须采取从点到面，从局部到整体，从表面到深层，从单项改革转向整体改革的渐进推行方式。1978年开始的中国的改革，是先从农村起步，先试点，积累经验，然后在面上推广，社会震动小，收效较好，实现了农村从旧体制向新体制的平稳过渡。1984年，改革的重点转向城市，改革进入全面开展的新阶段。从经济体制改革逐步推向教育、科技、卫生、文化等体制改革。城市经济体制改革也是先试点再推广，先搞企业微观的、浅层次的改革，再搞中观的、宏观的和深层次的改革。1994年财税、金融、外资、外汇、物价、投资体制的深层次改革，也是创造条件逐步出台的。行政体制改革经

历了从单项的精简机构转向转变政府职能,再到行政体制整体改革。改革先从突破旧体制转向侧重建立新体制,从政策调整转向体制创新,在双重体制并存的过程中,逐步用新体制代替旧体制。

中国的行政体制改革的渐进式策略,首先体现在改革方式的"摸着石头过河"上。经济体制改革中的改革方式,必然会对行政体制改革产生影响。这种改革方式意味着改革没有路径、方案和时间限制,改革措施的实施具有试错性质。对于我国的行政体制改革来说,同样呈现出实践先行的特征,在改革中先找试点,积累经验,从而为下一次改革做准备。1982年进行国务院机构改革时,先确定了原水利部与电力部的合并试点。1988年进行机构改革时,确定了江门等16个中等城市进行机构改革试点。为了给1993年的地方机构改革积累经验,国务院在1988—1993年先后确定了河北省、若干计划单列市及一批县进行改革试点,这些试点都为后来改革的顺利进行提供了宝贵的经验。我国40年的行政体制改革经验表明,运用渐进式改革可以保持社会政治的稳定,这是改革取得成功的基本条件。

其次我国的渐进式改革还体现在目标的渐进式推进上。这种目标的渐进性体现在改革目标的不断调整上。而行政体制改革的调整主要还是源于经济体制改革目标的不断调整。在改革之初,国家的行政体制改革是在计划经济体制背景下进行的,比如在1982年进行改革开放以来第一次政府机构改革时,对经济性质的基本判断是以计划经济为主、市场调节为辅,而这次政府机构改革实际上就是按照经济体制改革这一目标进行的。1988年的政府机构改革则是建立在对中国经济性质的另一种判断基础上的:有计划的商品经济。直到1992年邓小平"南方谈话"发表之后,中国的经济体制改革目标确定为建立社会主义市场经济体制,我国政府机构改革的目标也就确立为建立适应社会主义市场经济体制的行政体制。

5. 积极借鉴国外理论和经验,实现国外理论与中国国情的有效结合

行政体制改革具有双重属性,其一具有政治性,也就是说,任何行政体制改革都是建立在既定的政治体制基础之上的,它不可能脱离既定的政治体制而成为一种中性的存在物。其二具有管理性,即行政体制改革会呈现出管理科学的共性,这也为各国的行政体制改革相互借鉴提供了可能。我国在行政体制改革历程中,能够积极借鉴国外理论和实践经验,并能结合国情将其运用到我国的实践中。比如公务员制度中的考试录用、职位分类、人员交流、辞职辞退、自愿退休等内容就借鉴了不少国外已经成熟的经验，但是这种借鉴并不是无原则的借鉴，而是必须结合中国的国情，不能照搬照抄。国外公务员制度有一个重要原则即"政治中立"，这显然不能在我国实行，我国公务员制度的一个基本原则就是"党管干部原则"，做公务员的一个基本条件就是拥护党的领导，决不允许"政治中立"。

20世纪80年代以来在西方兴起了声势颇为浩大的"新公共管理"运动，运动的主要取向是"重新调整政府与市场、企业和社会的关系。在市场能发挥作用的地方，政府让位于市场；在传统上由政府发挥作用的领域，尝试采用市场机制，即在公共部门管理中引入了竞争机制及工商管理技术（市场化工具）"[①]。20世纪90年代以来，我国公共管理尤其是政府管理的某些部门、领域已尝试引入市场竞争机制，如政府采购制度、公共工程的招标投标、土地的有偿使用、营业执照的拍卖、公共服务的委托承包以及自然垄断行业的开放竞争。同时目标管理、绩效评价、全面质量管理、合同聘任制、社会服务承诺制等工商管理技术也逐步在公共部门的管理中推行。但这些市场化工具并非"放之四海而皆准"的，并不是每一种市场化工具都适合我国国情，也不能盲目引进。比如私有化在西方卓有成效，但在实践中也会引发一系列技术和政治上的问题，私有化对于我国并不见得十分适合。我国是一个社会主义国家，公有制经济的主导地位不可动摇，对于关系到国家民生的国有大中型企业我们采取了国家控股的方式，按照现代企业的治理模式把所有权和经营权分开。

（四）对未来行政体制改革的前瞻

1. 我国行政体制改革未来面临的挑战
（1）信息化的挑战

美国未来学家托夫勒根据产业结构尤其是技术在社会发展过程中的作

[①] 陈振明等：《竞争型政府——市场机制与工商管理技术在公共部门管理中的应用》，中国人民大学出版社2006年版，第9页。

用，将人类社会划分为农业浪潮、工业浪潮和知识浪潮三个阶段。所谓知识浪潮是指由于重大技术和知识变化引起的社会变化，它以电脑为标志，采用的是知识化、多样化、小型化、个人化、分散化和产销一体等原则。美国社会预测学家奈斯比特也将人类社会的发展区分为农业社会、工业社会和信息社会三个阶段，他认为，信息社会将成为人类未来的社会形态，这种社会形态将会呈现出一系列全新的特征：其一，知识已经成为重要的资源，知识生产已经成为重要的产业；其二，知识已经成为价值的源泉；其三，信息社会是一个智力密集型的社会，新的权力不再来源于少数人手中的金钱，而是源于多数人手中的信息；其四，信息社会是一个注重未来的社会；其五，信息社会的重点是选择情报，而不是提供情报信息，电脑必将在人类的日常生活和工作中居于重要的位置。[①]

信息化社会的这些特征对我国现在的行政管理体制提出了挑战，主要表现在以下几个方面：

第一，信息化时代要求政府进一步推进电子政府建设。政府要积极适应信息化时代的到来，主动利用互联网带来的信息优势构建政府信息平台，彻底转变传统的政府运作模式，使政府机构、公务员、公众、企事业单位和其他社会组织构筑起一种全新的网络联系，实现"办公网络化、政务公开化、管理一体化、决策科学化、经济信息化和社会发展现代化"的综合目标。我国的电子政府建设有了很大的进展，但是与信息化时代的要求还相距甚远，电子政府的建设是一个系统工程，它不仅仅是政府门户的建设那么简单。在我国推行电子政务建设还需要大力提高我国网民的数量，尤其要考虑如何把我国广大农村地区纳入信息化进程当中。还要考虑不能让我国的每一个政府门户网站都成为信息孤岛，应考虑如何实现各个部门之间、各个层级之间政府网站的有效衔接，实现信息共享，网上互通。

第二，对传统行政管理方式提出挑战，要求政府信息进一步公开化、政府行为进一步透明化。信息化时代为社会公众了解公共信息提供了便捷的方式，使公众与政府对信息的了解呈现出"共时性"，这使政府垄断信

---

① 段忠桥主编：《当代国外社会思潮》，中国人民大学出版社2001年版，第13—23页。

息不再可能，这就客观上要求政府必须主动对公共事务进行及时公开，否则就会使政府陷入更大的被动。同时信息化时代的到来也为政府及时公开政务信息提供了更便捷的方式，在传统社会中，由于信息传播手段的限制，政务信息不能够及时公开。但在信息化时代，传播手段出现了巨大的变革，政府可以同步把政务信息及时传递到民众中，民众可以随时登录政府网站查询相关政务信息。我国颁布了《中华人民共和国政府信息公开条例》，在信息公开化方面迈出了重要一步。但还远远不够，我国应该在信息公开方面迈出更大的步伐，以适应信息化时代的要求。

第三，对行政决策方式提出挑战，要求行政决策进一步民主化。在信息化时代，通过网络不但可以充分表达自己的利益诉求，而且可以便利地获取公共事务信息，改变政府与公众的信息不对称状况，从而增强自身的决策监督能力。这种知识和信息的共享化决定了决策权力的分散化，从而有助于实现西蒙所说的"人人参与决策，每一层都参与决策"的科学民主决策体制。信息化时代可以使政府及时了解公众需要和把握时代脉搏，在了解民情的基础上，做出反映民意、集中民智的相关决策。信息化时代可以提高行政决策过程的透明度，使整个决策处于公众监督之下，可以随时纠正行政决策偏离民主化轨道的情况。

（2）全球化的挑战

第一，在全球化经济体系逐渐形成的条件下，各国之间的竞争逐渐加剧，从而推动各国的公共部门进行变革。它要求所有的部门都必须有追踪、理解和处理国际问题的能力。传统的政府体制主要面对国内事务的治理，管制较严，缺乏竞争。面对全球性竞争，政府需要提高效率、放松管制、灵活反应，以便有能力回应全球化带来的各种新问题。

第二，全球化使本国市场进一步开放，市场的扩大总是会产生额外风险，这就需要政府有能力控制风险，确保这些风险不会破坏经济的运行。当一国政府有能力处理市场的进一步开放所带来的风险时，该国就会产生全球化的积极后果；反之则会出现全球化的消极后果。

第三，全球化使得一些超国家机构和组织的影响力日益扩大。当各国纷纷加入这些超国家组织时，便不得不接受它们的规章制度和条款的约束，政府也要采取相应的变革措施，学会适应和遵守国际规则，学会按照国际规则办事，从而实现与国际的接轨。

（3）市场化的挑战

自从党的十四大提出建立社会主义市场经济以来，我国的行政体制按照市场经济体制的要求进行了持续的改革，在政府职能转变上迈出了很大的步伐，政企分开、政资分开、政事分开、政社分开都取得了很大的成就。但是市场化给我国行政体制改革所带来的挑战远未结束，主要表现在以下几个方面：

第一，市场化要求建立有限政府。有限政府是相对于传统计划经济体制下全能政府而言的，它要求政府尊重企业的市场主体地位，政府从微观管理领域中退出来，把职能转变到创造良好的市场经济发展环境上。有限政府的责任是有限的，但是这些有限的责任都是至关重要的。政府负有保护产权不受侵犯，维护市场秩序不受破坏，保护国家安全与社会稳定，促进社会公正的重要责任。政府没有理由不去帮助无力养活自己的人，使他们能够过上起码的人的生活，保持作为人的尊严与体面，但是，政府不能承担将公民的生存、享受与发展全面包下来的无限责任，政府给公民提供的福利也应该是有限度的。否则，有限政府的基本原则必然遭到严重挑战。

第二，市场化要求强化政府公共服务职能。虽然市场化要求建立有限政府，但是这并不意味着政府职能的弱化。相反，市场化改革越是深入，对于政府的职能要求越高，只不过现在所要求的政府职能不再是政府的经济管理职能，而是公共服务职能。市场化改革的顺利进行需要良好的公共服务职能来支撑，否则市场化改革难以为继。改革开放以来，中国各级政府越来越重视人民群众的公共需求，通过深化行政管理体制改革，努力增加公共产品的数量，不断提高公共服务的水平，初步形成了文化、教育、科技、卫生、社会保障、农村公共服务等全方位公共服务体系，公共服务总量有较大的增长。但总的来看，政府公共服务职能还比较薄弱，还存在许多亟待解决的突出问题。比如教育不公平问题、社会保障投入不足问题、城乡公共服务投入失衡问题。这些问题如果不能得到很好解决，将会严重影响我国市场化改革的顺利进行。同时市场化还要求政府公共服务职能的实现尽量采用市场化的方式来进行，积极进行公共服务创新。要根据不同公共服务项目的性质和特点，采取不同的供给模式，实行公共服务主体的多元化，具体包括三个方面：对那些不具有规模经济特征、进入门槛比较低的公共服务项目，逐步向民营企业和民间组织开放，鼓励和支持民营企业和民间组织参与公共服务。对那些规模经济特征明显、进入门槛较高的公共服务项目，主要引入市场机制，加强公共部门内部的竞争；对仍要依靠公共部门来提供的公共服务，如教育、卫生防疫等重大项目，要加强监管，保障公正，努力降低成本，提高效率。

（4）法治化的挑战

法治化是社会主义市场经济体制的一个基本要求，同样也是我国行政体制改革的基本要求。改革开放以来，我国的法治政府建设取得了实质性的进展，特别是在确立社会主义市场经济体制之后，法治化进程大大加快。1997年党的十五大提出了"依法治国，建设社会主义法治国家"的要求，并将其写入1999年修改的宪法中，标志着我国开始走向法治政府的新时代。在这40年里，我国的法治政府实现了六个转变：第一，行政机关从依政策办事到依法办事；第二，行政侵权从"落实政策"到国家赔偿；第三，人事管理从实行干部制度到推行公务员制度；第四，政府和政府工作人员从只监督他人到自己也接受监督；第五，官民关系从"官告民"到"民告官"；第六，对行政权的控制从只注重实体制约到注重程序制约。

面对国家法治化进程的挑战，我国的行政体制法治化建设的任务仍然艰巨，首先，行政机关还没有完全树立"法律至上"的观念，很多地方政府有法不依、违法乱纪的现象不断发生。其次，行政行为法律规范体系有待完善。行政主体、行政行为、行政关系等缺乏明确的法律定位和规范，行政自由裁量权过大。在政企关系上，政府的行政审批权依然没有得到很好的改革。最后，许多行政管理法律法规明显滞后于社会经济发展的需要，亟待修订和清理。

2. 对我国行政体制改革的前瞻

（1）加强和完善党对行政体制改革的全面领导

党的十九大提出"党政军民学、东西南北中，党领导一切"。党的全面领导是我国的政治制度优势，不能放弃这个优势。对党的全面领导只能加强不能削弱。但需要指出的是，党的全面领导不等于包揽一切，更不等于党在具体事务上的大包大揽。党的全面领导是把方向、谋大局、定政策、促改革、保落实。党对一切工作的领导，也并非党要取代国家和政府的职能。这是今后党政体制在运行过程中必须注意的。

（2）改革目标从效率取向到效率、民主和政治取向并重

我国过去的行政体制改革目标一直是效率取向的。其实，不论在国内国外，提高政府的效率是一个永恒的话题。西方所谓的"新公共管理运动"也是围绕效率这个中心展开的。我国行政体制改革的直接原因就是因为政府机构臃肿、职权庞杂、效率低下，因此行政体制改革的直接目标就是在管理职能、管理领域、管理过程和管理方法等方面对传统低效的政府进行改造。

但是，随着我国经济体制改革进程乃至政治体制改革进程的不断深化，人们对于行政活动的参与要求越来越高，"精英式"的行政改革模式必然面临着民众参与要求的挑战。这个时候就要求行政体制改革的目标能满足人们对于行政决策及行政活动的参与要求，比如增大人民对于重大问题的知情权，对于关乎人民利益的重大行政改革事项的参与权。我国以往的行政体制改革就已经表现出这种倾向，比如行政许可法规定："起草法律草案、法规草案和省、自治区、直辖市人民政府规章草案，拟设定行政许可的，起草单位应当采取听证会、论证会等形式听取意见，并向制定机关说明设定该行政许可的必要性、对经济和社会可能产生的影响以及听取和采纳意见的情况。"当然，现在做的显然还不够，还需要进一步推动民主行政变革。

其实，民主行政代表着一种新的、不同于传统的行政理性的行政范式。这种观点认为，民主国家的基石在于民主原则和民主行政，并使民主哲学能渗入行政机制中。依照这种理念，政府是经人民的共识建立的，政府是手段，人民是目的，"将人民放在事务的中央"是民主行政的基本出发点；作为公共利益的代表，政府必须超越于特殊利益集团之上，强调政策的开放性，重视社会公民的参与；强调与他人共享权力，采取共赢的取向。

在坚持行政改革民主取向的同时，还必须坚持行政改革的政治取向。坚持和完善党对行政体制改革工作的领导，保证我国的行政体制改革不出

原则性错误和方向性错误。历史实践证明，我国的一些重大体制改革能够取得成功，都是发挥了党的集中统一领导的结果，党可以站在更高的层次上实现对体制改革的顶层设计，及时排除改革中所出现的一些政治阻力，使改革顺利进行。

(3) 继续推进政府职能转变

行政体制改革和政府职能转变是相互促进的，行政体制改革要取得成效，必须转变政府职能。政府职能经过多年的改革，已基本建成了与市场经济相适应的职能体系，但是政府职能的深层次问题仍然存在，主要是政企、政事、政资、政社仍未彻底分开，政府办社会、政府办企业、政府办事业、政府办后勤，甚至企业办政府的现象仍然存在，这些都制约了中国市场经济的发展。政府职能的转变，关键要将政府职能转到为市场主体服务和创造良好的市场环境上来，管宏观、定政策、做规划、抓监管，理顺政府与社会、政府与市场、政府与事业单位的关系，实行政资、政社、政事、政企分开，既要克服政府"越位"，又要克服政府"缺位"，政府在抓好经济调节和市场监管的同时，在公共服务、社会管理、生态环境、资源保护、优化发展环境等方面更好地履行公共职责。为此，政府职能转变的重点仍是处理好政府和市场的关系。深入研判市场发展的规律性，搞清楚到底哪些是政府该管的，哪些是应该交给市场的。要充分发挥市场在资源配置中的决定性作用，坚决制止伸向市场的不当之手，破除阻碍市场发展的体制性障碍。具体来说，改革的重点应当是持续推进"放管服"改革：一是继续推进简政放权，持续激发市场活力；二是进一步加强事中事后监管，优化公平竞争的市场环境；三是大力提升政府服务，为各类市场主体和群众办事提供便利。

(4) 创新行政管理方式，提高行政效能，降低行政成本

行政体制改革除了机构改革和职能转变外，创新运行机制也是一项重要的改革。政府运行机制是对行政行为方式、原则和程序的规范性约束，它直接规定和影响着行政管理的效率和质量，是公共行政体制的灵魂。创新政府的运行机制，主要有以下几方面：

一是要创新政府的各种绩效管理工具。在西方国家，充分利用各种绩效管理工具来推进行政体制改革是一种有效的方法。如奥斯本在《摒弃官

僚制：政府再造的五项战略》中所使用的绩效管理工具就多达 100 余种，如使用者付费、日落法则、顾客服务标准、社区治理机构、学习型团体、重新设计工作等，我国的行政体制改革也必须创新这些管理工具以获得更好的绩效。

二是要创新政府管理的业务流程，在明晰各种权责关系的基础上，对行政管理过程或办事程序进行重新设计和安排，如"政府超市""一条龙服务""一站式窗口"等，以缩短循环时间，规范运行程序，实现行政管理的高效化。

三是要创新政府的管理方式。管理技术手段落后造成的代价是巨大的，如美国仅仅由于不使用现代的资金转账电子系统，仍用古老的现金流动管理技术，每年就花去纳税人约 23 亿美元。在推进行政体制改革的过程中，要努力创新管理方式，积极引入竞争机制和现代信息技术，优化行政质量，提高行政效率。

四是要充分利用信息技术的发展，实现政务服务的"互联网+"。充分利用大数据技术的发展，突破信息壁垒的体制性障碍，实现各部门、各区域之间的数据共享，为民众提供更优更好的服务。

（5）强化危机管理能力

2003 年的"非典"危机使我们认识到政府强化危机管理能力的重要性。之后各级政府相继开展危机管理研究，在危机预防、危机处理等方面取得很大进展，但一旦遇到真正的危机，我们的政府显然还是准备不足的。2004 年 7 月 10 日，一场中等降水量的大暴雨就让北京的交通陷入瘫痪，当时有人从北京香山步行 26 公里回家，市内地铁灌水、下水道变喷泉、路面塌方等事故频繁发生。"事实上，近几年北京发生的突发事故、灾害不少，但往往是滞后了相当一段时间才有效应对的。这说明我们的整体应急体系是欠完备的。"① 根据国际社会发展规律，当一个国家或地区的人均 GDP 处于 1000 美元至 3000 美元发展阶段时，往往是经济容易失调、社会容易失序、心理容易失衡、社会伦理需要调整重建的关键时期，也是

---

① 《调查：67.6% 的人认为政府危机管理现状待改进》，《中国青年报》2006 年 5 月 8 日。

危机频发的时期。① 处理危机是现代政府的重要职责之一。评价一个政府的治理能力，不仅要看它在社会生活正常情况下的表现，而且要看它在出现灾难和危机时候的表现，即政府的危机管理水平。"非典"过后，完善危机管理体系，提高危机应对能力已经成为我国政府治理变革的一个重点。强化我国政府的危机管理应该注意以下几个方面：

第一，从"人治行政"转为依法行政。传统的危机处理任意性太强，虽然看似雷厉风行，但实际上在这种方式下，往往意味着对法治的不尊重。法律对政府危机管理的机构设置、政府及其综合协调部门在危机管理中的职能地位、权力责任、经费来源以及公民在危机中的权利和义务都没有明确的规定。而现代政府的危机管理都应在国家的宪法和法律框架下进行，即依法行政。

第二，从直接救灾转为全面危机管理。传统的政府危机管理是一种被动的、回应性的行为，主要表现为直接救灾，如水灾防洪、旱灾抗旱。而现代政府危机管理是一种全面的危机管理，主要表现在三个方面，一是危机管理过程的完整；二是体制的完善与机制的健全，主要有法律规范系统、指挥协调系统、预备系统、信息沟通系统、物资保障系统、合作系统、恢复评估系统等；三是将政府危机管理提到整个国民经济与社会发展的战略高度。

第三，从危机后修复转为危机前防范。传统政府危机管理是一种被动的、回应性的行为，所以，它的工作重心是灾害和危机发生以后怎么办。因此，现代政府危机管理的工作重心更倾向于灾前防范。目前，一些发达国家的危机管理已经将灾前防范趋向于常规化，纷纷出台了相关的法律法规对危机防范进行全面的战略性部署。

第四，从权力分散转为集中领导。传统的政府危机管理是分灾种分部门进行，其权力的运作流程相对分散。但是在长期的危机管理实践中，危机的类型逐渐从单一型向复合型发展，而复合型危机的处置往往需要多个部门的紧密协作。另外，公民对于政府的工作绩效要求也越来越高，这些均导致了政府危机管理的职能设置从权力分散向集中领导转变。一些发达

---

① 张凯兰：《政府危机管理发展趋势》，《长沙晚报》2004年9月3日。

国家纷纷设置了专门领导、协调公共危机管理的机构，对危机处置的各项事情进行统一安排。譬如美国，曾经有超过100个联邦部门具有危机处置的相关职能，许多职能交叉重合。1979年，美国前总统卡特颁布了一道行政命令，合并了这些独立部门的权限，成立了联邦危机管理署，集中领导，统一协调政府危机管理。"9·11"事件之后，美国又成立了国土安全部，专门负责国内安全。2003年3月，联邦危机管理署并入国土安全部，工作重点是应对自然灾难和人为破坏所致的危机。在2018年的政府机构改革中我国新成立了应急管理部，但这只是我国应急管理工作的开始，接下来还有很多改革需要完成。比如应急管理部门和职能的整合，如何从物理合并转变到"化学"合并上，使部门真正融为一体，做到统一指挥，统一管理。笔者认为，要想做到应急管理部门的有效运转，还需要做好以下工作：第一，能够真正处理好安监、消防、森林等原来9个部门、指挥部之间的关系，统一定义和完善安全的概念范畴。第二，在定义准确的基础上，对现有的应急队伍和应急执法队伍进行融合和重塑，实现一加一大于二的效果。这包括综合执法队伍的融合、专门执法队伍的融合、综合应急救援队伍的融合、专业应急救援队伍的融合。

第五，从应对国家战争转为应对突发性公共事件。政府危机管理最早是在"二战"期间运用于军事和外交的，冷战期间更是如此，如两次柏林危机、古巴导弹危机都是政府危机管理的经典案例。也就是说，传统政府危机管理关注更多的是高度政治性的危机事件，如政权稳定、国家主权、国家统一等，所以它的核心使命是应对战争。冷战结束后，一方面，大规模国际战争爆发的概率大大降低。另一方面，各种新型危机不断出现，如疾病流行、油轮泄漏、核泄漏、金融危机、国际恐怖主义等，这些低度政治危机也同样威胁到国家和社会的安全，所以，政府危机管理部门逐步由应对战争等高度政治危机转变为应对本土灾难和恐怖活动等突发性公共事件。

（6）实行配套改革，确保改革成果

改革是一项复杂的系统工程，从行政体制改革的成果看，单有行政体制的改革，没有相关配套措施的改革，行政体制改革的成果很难巩固。随着行政体制改革的深入，深层次的矛盾逐渐暴露出来，行政体制改革要解决这些矛盾，必须有相关配套改革措施作为保证。重点要做好以下相关配套改革工作：

一是积极推进经济体制改革，包括市场体系的完善、国有经济的改革、私营经济的发展、财政体系的完善、中央与地方权力的财权划分等，经济基础决定上层建筑，只有经济体制改革的顺利进行，才能有效地推动行政体制改革的深入。

二是大力进行社会体制的改革，包括剥离政府办社会的负担，推进事业单位的改革，完善社会中介组织，改革人事制度等，要积极探索社会运转和社会服务新机制，形成一套与经济市场化、政治民主化和文化多元化相适应的新型社会治理模式。

三是积极推进政治体制改革，大力发展社会主义民主，创造各种条件让公民参与政府管理，努力提高党的执政能力，形成市场经济、民主政治、先进文化以及和谐社会协调发展的新型政治体制格局。

四是积极完善各项法律法规建设，实现人治向法治的转变，保障改革的成果。

（执笔人：许超、徐佳）

七　反腐倡廉，风清气正：改革开放以来的反腐倡廉建设

改革开放以来，党和国家始终高度重视腐败现象的严重危害性，站在关系党和国家生死存亡的高度，一以贯之地坚持一手抓经济建设，一手抓反腐倡廉建设，逐步形成了中国特色的反腐倡廉理论，走出了一条中国特色的反腐倡廉道路。反腐倡廉建设取得了辉煌成就，积累了宝贵的经验，为保证党和国家事业健康发展，巩固党的执政地位，不断开创中国特色社会主义事业新局面提供了良好的政治保障。

实事求是地回顾我们党和国家反腐倡廉建设的历程，对于科学总结反腐倡廉建设的经验，探索反腐倡廉建设道路的规律，更好地开展反腐败斗争，无疑具有十分重要的意义。

（一）改革开放以来反腐倡廉建设的发展历程

党的十一届三中全会是我们党和国家历史上具有划时代意义的一次重要会议。这次会议开创了我国改革开放和现代化建设崭新的伟大事业。以这次会议为标志，我国进入了建设中国特色社会主义新的历史时期，我国的反腐倡廉建设也进入了一个新的历史时期。改革开放以来，在马克思列宁主义、毛泽东思想、邓小平理论、"三个代表"重要思想、科学发展观以及习近平新时代中国特色社会主义思想的指引下，我们党大力加强党风廉政建设，深入开展反腐败斗争，以卓有成效的工作，保证了党的十一届三中全会所确立的党的基本路线得以顺利贯彻执行，为建设中国特色社会

主义伟大事业，做出了历史性贡献。

改革开放以来，我国反腐倡廉建设历程大致可以分为四大阶段。

1. 第一阶段：改革开放初期探索反腐倡廉建设新途径（党的十一届三中全会至十四大）

党的十一届三中全会至十四大，是我国实现拨乱反正，改革开放事业全面展开的新时期，也是改革开放和现代化建设事业一度面临严重考验的时期，这一时期的反腐倡廉建设可以分为三个小阶段。

（1）党的十一届三中全会至十二大：反腐倡廉建设与拨乱反正一道逐步展开

1976年10月，党中央一举粉碎江青反革命集团后，党和国家在指导思想和实际工作中开始进行拨乱反正及整顿领导班子，同时着手端正各级领导的工作作风，努力恢复发扬党的优良传统。

1978年12月召开的十一届三中全会，是中华人民共和国成立以来我党历史上具有深远意义的伟大转折。党的十一届三中全会的精神为新时期反腐倡廉建设奠定了坚实的基础，对于指导新时期反腐倡廉建设工作，具有十分重大而深远的意义。首先，全会重新确立了解放思想、实事求是的思想路线，为新时期反腐倡廉建设奠定了科学的思想基础，对新时期加强党风廉政建设，深入开展反腐败斗争，产生了极其深刻的影响。其次，此次全会确立的以经济建设为中心、一心一意搞现代化建设的政治路线，为新时期反腐倡廉建设明确了指导思想；明确了新时期反腐倡廉建设必须紧紧围绕经济建设这个中心来进行，指明了新时期建设社会主义廉洁政治的基本思路和途径。最后，此次全会决定成立中央纪律检查委员会，为反腐倡廉建设提供了坚实的组织保证。这是保障党的政治路线正确贯彻的一项重大举措。总之，党的十一届三中全会实现了党的思想路线、政治路线和组织路线的历史转折，从而开创了反腐倡廉建设的新局面。在十一届三中全会精神的指引下，在党中央的正确领导下，经过长期艰苦卓绝的努力，我国逐步找到一条中国特色的反腐倡廉建设的新路子。

这一时期反腐倡廉建设主要工作有：

一是恢复重建党的纪律检查机构。十一届三中全会决定恢复重建党的纪律检查机构，选举产生了以陈云为第一书记的由100人组成的中央纪律检查委员会，将各级纪委的任务规定为"维护党规党纪，切实搞好党风"。地方各级纪律检查委员会也相继得到恢复和重建。中纪委和各级纪委围绕端正党风这个中心，进行了大量平反冤假错案、纠正不正之风的工作，发挥了专门机构的反腐作用。

二是规范高级干部的生活和政治待遇，反对领导干部特殊化。"文化大革命"结束后，干部特殊化现象有所滋长，党内不正之风滋生蔓延。邓小平对此现象做了尖锐批评，指出："当前，也还有一些干部，不把自己看作是人民的公仆，而把自己看作是人民的主人，搞特权、特殊化，引起群众的强烈不满，损害党的威信，如不坚决改正，势必使我们的干部队伍发生腐化。"① 干部搞特殊化，"这不单是一个党风问题，而且形成了一种社会风气，成了一个社会问题"②，把社会风气也带坏了，提出"为了整顿党风，搞好民风，先要从我们高级干部整起"③。根据邓小平等中央领导的指示，中共中央决定从健全制度入手，要求党的高级干部带头搞好廉政，反对特殊化，以恢复和发扬党的艰苦奋斗、密切联系群众的优良传统和作风。1979年至1981年中共中央集中整顿了领导干部特殊化的问题，先后颁布《关于高级干部生活待遇的若干规定》《关于坚持"少宣传个人"的几个问题的指示》《关于进一步做好中央领导同志外出时警卫接待工作的几点意见》等政策文件，对高级干部的生活和政治待遇做出规定。这些规定对于促进党风的好转，改善党和群众的关系，起到了良好的作用。

三是制定颁布《关于党内政治生活的若干准则》，规范党内政治生活。为医治"文化大革命"给党的建设所造成的创伤，使党内政治生活逐步走上规范化、制度化轨道，1980年2月，党的十一届五中全会通过了《关于党内政治生活的若干准则》，就坚持党的路线、坚持集体领导、接受党和群众监督等12个方面的问题做出了原则性规定。该准则的颁布为规范党

---

① 《邓小平文选》第2卷，人民出版社1994年版，第332页。
② 《邓小平文选》第2卷，人民出版社1994年版，第218页。
③ 《邓小平文选》第2卷，人民出版社1994年版，第219页。

内政治生活、整顿党风提供了比较全面的依据，也对党和国家反腐倡廉建设产生了有力的推动。

四是开展打击走私贩私等严重经济犯罪活动。这一时期，广东、福建两省和其他一些地方的走私贩私等犯罪活动猖獗，一些领导干部发生腐化堕落甚至蜕化变质，刚刚起步的对外开放政策受到严重的干扰和破坏。邓小平深刻地分析道："自从实行对外开放和对内搞活经济两个方面的政策以来，不过一两年时间，就有相当多的干部被腐蚀了。卷进经济犯罪活动的人不是小量的，而是大量的。""这股风来得很猛。如果我们党不严重注意，不坚决刹住这股风，那么，我们党和国家确实要发生会不会'改变面貌'的问题。这不是危言耸听。"要求"现在刹这个风，一定要从快从严从重"[①]。为此，1982年1月，中央发出打击走私贩私、贪污受贿活动的《紧急通知》，正式部署打击走私贩私等经济犯罪行为。在党中央、国务院的部署和推动下，打击经济领域犯罪活动的斗争迅速在全国展开，查处了一批大案要案，促进了党风和社会风气的好转，对改革开放政策的正确执行起到了积极作用。到1983年4月底，全国揭出并立案审查的各类经济犯罪案件达19.2万余件，投案自首、坦白交代经济违法犯罪问题的约2.4万人，涉案党员被开除党籍的8500多人。

五是开始从改革制度、完善法制的视角探寻反腐倡廉建设之路。针对"文化大革命"结束后，干部特殊化、不正之风等破坏党风、违反党纪的现象有所滋长问题，党中央、邓小平敏锐地感觉到，要从制度上查找原因，寻求解决问题的途径。邓小平深刻地认识到："我们过去发生的各种错误，固然与某些领导人的思想、作风有关，但是组织制度、工作制度方面的问题更重要。"强调"制度问题更带有根本性、全局性、稳定性和长期性。""制度好可以使坏人无法任意横行，制度不好可以使好人无法充分做好事，甚至会走向反面。"[②] 从而为从制度上加强反腐倡廉建设指明了正确的前进方向。为落实党的十一届三中全会提出的"有法可依，有法必依，执法必严，违法必究"方针，全国人大及其常委会加强了立法工作，

[①] 《邓小平文选》第2卷，人民出版社1994年版，第402、403页。

[②] 《邓小平文选》第2卷，人民出版社1994年版，第333页。

从 1979 年到 1982 年底陆续制定了刑法等有关反腐败法律、法令和行政法规 300 余件，初步改变了过去那种无法可依，有法不依，以人治取代法治的状况，为反腐倡廉建设提供了基本的法制保障。

（2）党的十二大至十三届四中全会：改革开放事业全面展开，反腐倡廉建设逐步推进

1981 年 6 月，党的十一届六中全会通过《关于建国以来党的若干历史问题的决议》，标志着党在指导思想上的拨乱反正胜利完成。在此基础上，1982 年 9 月召开了党的十二大，确立了全面改革开放战略决策，与全面改革开放的形势和要求相适应，我们党也加大了反腐倡廉工作的力度并取得了一定成效。

这一时期反腐倡廉建设的主要工作有：

一是开展整党活动。针对改革开放新形势、新任务的要求和党的队伍中所存在的思想、作风和组织不纯等问题，党的十二大决定，对党的作风和党的组织进行一次全面整顿，在 5 年内实现党风根本好转。1983 年 10 月，十二届二中全会通过了《中共中央关于整党的决定》，对整党进行了全面部署。这次整党从 1983 年冬季开始，到 1987 年 5 月基本结束，历时三年半。通过整党，党内存在的思想、作风、组织严重不纯的状况，有了明显改变，查处了一批党员干部严重违法乱纪、以权牟私的案件，惩治了党内腐败分子，其中开除党籍的共 33896 人，不予登记的共 90069 人，缓期登记的共 145456 人，受留党察看、撤销党内职务和向党外组织建议撤销党外职务、严重警告、警告等党纪处分的共 184071 人。这次整党也积累了一些正确处理党内问题的重要经验，推动了新时期党的建设。

二是纠正新形势下的不正之风，中央机关做出表率。伴随着改革的进行，一些新的不正之风，如一些党政机关和党政干部经商办企业，倒买倒卖国家紧缺物资，炒买炒卖国家外汇，乱涨价、乱发款项，巧立名目滥发钱物，挥霍公款请客送礼，突击提职提级，搞形式主义，搞浮夸等也蔓延开来。1984 年 12 月，中纪委发出《关于坚决纠正新形势下出现的不正之风的通知》，1985 年 2 月，中纪委发出《令必行，禁必止》的文件，1985 年 12 月，中共中央办公厅、国务院办公厅发出《关于解决当前机关作风中几个严重问题的通知》，要求各级党政领导机关必须坚决、认真地执行

中央和国务院关于纠正不正之风的一系列指示，认真解决党政机关存在的严重问题。1986年1月，中共中央书记处在京举行有8000人参加的中央机关干部大会，胡耀邦作《中央机关要做全国的表率》的讲话，要求中央机关的工作人员，一定要以自己高尚的精神面貌和优良的工作作风做全国的表率。

三是严禁党政机关和党政干部经商办企业，禁止党政机关干部兼任经济实体职务，全面清理整顿公司。在新旧体制交替过程中，一些党政机关及其干部违反规定，经商办企业行为一度盛行，并且在社会上出现了"公司热"，引发腐败现象，引起人民群众强烈不满。为了制止这股新的不正之风，中共中央、国务院从1984年至1989年党的十三届四中全会前先后下达10余个文件，严禁党政机关和干部经商办企业和禁止党政机关干部兼任经济实体职务，并深入进行了全面清理整顿公司的工作，在一定程度上遏制了党政机关和干部经商办企业和"公司热"的不正之风，保障了经济体制改革的进行。

四是加大反腐败斗争的力度，查处了一批违法乱纪案件，惩处了一批腐败分子。从1982年2月到1986年7月底，全国在打击严重经济犯罪活动中，受党纪处分的党员67613人，其中被开除党籍的25598人。1982—1986年，共处分违纪党员650141人，其中开除党籍的151935人。仅1985年和1986年，就处分省军级干部74人，地师级干部635人。1983—1987年，检察机关立案侦查贪污、受贿万元以上的大案30651件，查处县团级以上干部1500多人。江西省委原副书记、省长倪献策等一批大案要案受到了严肃查处。

五是完善反腐倡廉党纪国法，促进依法治腐。1986年邓小平提出："搞四个现代化要有两手，只有一手是不行的。所谓两手，即一手抓建设，一手抓法制。"[①] 这是对一手抓改革开放，一手抓打击经济犯罪"两手抓"思想的重大发展，表明依法治腐的思想不断强化。遵循邓小平关于在反腐倡廉中加强法制建设的思想，这一时期，一批有关反对官僚主义、以权牟私，杜绝假公济私、奢侈浪费等不正之风，制止党政干部经商、刹住摊派

[①] 《邓小平文选》第3卷，人民出版社1993年版，第154页。

歪风，加强管理、堵塞漏洞，促进党政机关廉洁，与经济领域中的违法犯罪活动做斗争的新的反腐倡廉决议、决定和规章制度纷纷出台，反腐倡廉党纪国法得到继续完善。

六是成立审计、监察等专门机构，加强专门机构监督。根据宪法的规定，1983年9月，中华人民共和国审计署正式成立。1986年4月，国务院重建法制局，全面负责国务院法制行政工作，各地也相继设立法制局，推进了法制建设特别是廉政法制建设。1986年12月，六届全国人大常委会决定设立中华人民共和国监察部，以加强行政监督。随后，全国县以上各级人民政府先后成立了监察机构。1990年12月，国务院发布了《中华人民共和国行政监察条例》。

（3）党的十三届四中全会至十四大：治理整顿期间的反腐倡廉建设新部署

改革开放10年来，我国各项事业取得了巨大成就，与此同时，1988年前后出现物价大幅度上涨，为扭转严峻的经济形势，1988年9月党的十三届三中全会决定用一段时间治理经济环境、整顿经济秩序，为期三年的治理整顿由此开始。

由于改革措施不配套，体制不完善，腐败现象继续滋生蔓延，加上物价上涨及国内外敌对势力的影响，导致1989年春夏之交发生了严重的"政治风波"。对此，邓小平指出："这次出这样的乱子，其中一个原因，是由于腐败现象的滋生，使一部分群众对党和政府丧失了信心。"[1] "不惩治腐败，特别是党内的高层的腐败现象，确实有失败的危险。"[2] 风波平息之后，1989年6月党召开十三届四中全会，对治理整顿期间反腐倡廉建设做出了新部署，决定把"坚决惩治腐败，切实做好几件人们普遍关心的事情"列为今后要特别注意抓好的四件大事之一进行统一部署。1989年7月颁布《中共中央、国务院关于近期做几件群众关心的事的决定》。该决定在惩治腐败和带头廉洁奉公、艰苦奋斗方面先做好进一步清理整顿公司，坚决制止高干子女经商，取消对领导同志少量食品的"特供"，严格

---

[1] 《邓小平文选》第3卷，人民出版社1993年版，第300页。
[2] 《邓小平文选》第3卷，人民出版社1993年版，第313页。

按规定配车、禁止进口小轿车，严禁请客送礼，严格控制领导干部出国，严肃认真地查处贪污、受贿、投机倒把等犯罪案件特别是要抓紧查处大案要案七件事。之后，以江泽民为核心的党中央在领导全党和全国人民进行经济建设的同时，把反腐倡廉建设作为关系党和国家生死存亡的大事来抓，在不到一年的时间里，采取了一系列有力行动，坚决同腐败现象、腐败分子做斗争，充分显示了党中央惩治腐败的决心和信心。反腐败作为专项斗争在全党全国迅速开展起来。

这一时期反腐倡廉建设的主要工作有：

一是进一步清理整顿公司，整顿经济秩序。鉴于前一阶段清理整顿公司未取得预期的效果，1989年8月，中共中央、国务院发布《关于进一步清理整顿公司的决定》，重申各级党政机关和群众组织、社会团体，一律不得办公司或向公司投资入股；凡仍在公司兼职的党和国家机关干部应严格按照中央有关规定办完辞去一头职务的手续，不得以任何理由拖延，凡借故拖延者按违反党纪政纪论处。到1991年底，全国清理整顿公司工作结束，基本达到了预期目的。主要表现在：撤并了10万多个公司，流通领域中公司过多过滥的状况明显好转，党政机关经商办企业问题基本得到解决；解决了5万多名党政机关干部在公司兼职任职问题；查处了10万多件违法违纪问题和案件，公司的经济违法犯罪活动有所收敛；制定了70多个政策性规定，为公司健康发展打下初步基础。

二是"两高一部"发布通告，掀起了新的反腐风暴。为贯彻党的十三届四中全会精神，1989年8月15日，最高人民法院、最高人民检察院发布《关于贪污、受贿、投机倒把等犯罪分子必须在限期内自首坦白的通告》，规定从8月15日至10月30日，凡有贪污、受贿、投机倒把等犯罪行为的人，如果在限期内自首坦白、积极退赃或有检举他人犯罪等立功表现的，将得到从轻、减轻处罚或免予刑事处罚；对于拒不自首的，将依法从严惩处。8月19日，监察部也发出了《关于有贪污贿赂行为的国家行政机关工作人员必须在限期内主动交代问题的通告》。该通告发布以后，很快就掀起了反贪污、反贿赂的高潮，群众举报大量增加，违法犯罪分子纷纷投案自首。在贯彻通告精神期间，群众向检察机关举报的线索达133765件，到检察机关投案自首的贪污、贿赂分子25544人，其中，贪污、贿赂金额在1万元以上的3935人，县处级以上干部742人，司局级干部40人，副省级、副部级干部各1人，投案自首人员涉及犯罪金额3.5亿元。海南省原省长梁湘，铁道部原副部长罗云光、张辛泰，新疆维吾尔自治区政府原副主席托乎提·沙比尔等一批大案要案的腐败人员受到惩处。这次反腐风暴是继1952年开展的"三反"运动和1982年打击严重经济犯罪活动之后又一次大张旗鼓地反贪污、反贿赂斗争，充分体现了党和政府严惩腐败的决心。

三是加大反对官僚主义的力度，采取更为切实有力的措施加强党和政府与人民群众的联系。1990年3月党的十三届六中全会通过的《中共中央关于加强党同人民群众联系的决定》，要求全党同志务必保持高度警惕，坚持不懈地同官僚主义等腐败现象进行斗争，尽一切努力恢复和发扬我党密切联系群众的优良传统和作风。尤其要注意切实解决群众最为关心而又有条件解决的问题，以实际行动密切党群关系。在反对官僚主义行为中，全国各级纪检监察和检察机关查办了一批玩忽职守案件。仅1991年全国各级纪检机关就查处官僚主义失职渎职案件3189件，比1990年上升5.2%，全年共处分犯严重官僚主义失职错误的干部3339人，比1990年上升7%强。

四是加强行业廉政建设，纠正行业不正之风。"所谓行业不正之风，主要就是指一些国家机关和公用事业部门凭借手中的权力，为本单位，为小团体，为个人谋取利益。"[①] 行业不正之风表现形式各不相同，但实质都是以权谋私。在治理整顿期间，针对人民群众意见最大、议论最多的一些部门和行业以职、以权、以业谋私等行业不正之风，党的十三届六中全会通过的《中共中央关于加强党同人民群众联系的决定》做出要"坚决刹住行业不正之风，认真解决乱收费、乱摊派、乱罚款问题"的决定。为贯彻六中全会精神，1990年8月，国务院召开"加强廉政建设，纠正行业不正之风"电视电话会议，对纠风工作做出部署。1990年12月，国务院纠正行业不正之风办公室成立，具体负责全国纠风工作的组织协调和监督检查

---

① 李鹏同志1990年8月23日在国务院召开的"加强廉政建设，纠正行业不正之风"电话会议上的讲话。

工作。随后，纠风工作作为反腐败斗争的一项新任务，在全国全面展开。

五是进一步加强党的建设，解决党内存在的严重问题。1989年"政治风波"的发生，暴露出我们党内所存在的严重问题。对此，邓小平告诫道："这个党该抓了，不抓不行了。"① "中国要出问题，还是出在共产党内部。"② 基于对1989年"政治风波"经验教训的冷静总结和思考，十三届四中全会做出大力加强党的建设的决定。1989年8月颁布《中共中央关于加强党的建设的通知》，要求各级党委按照党的基本路线的要求，从思想理论上、政治上、组织上采取措施，聚精会神地抓党的建设，下决心解决好党的建设中的迫切问题。此后，中央先后发布《关于加强宣传、思想工作的通知》《关于加强党校工作的通知》《关于县以上党和国家机关党员领导干部民主生活会的若干规定》等重要文件。

六是加强反腐倡廉法制建设，完善监督制约机制。颁布了《中华人民共和国行政监察条例》等一批廉政规章制度，建立了党员领导干部民主生活会制度等党内监督制度，群众的民主监督等都有显著加强。

2. 第二阶段：社会主义市场经济条件下反腐倡廉建设战略部署（党的十四大至十六大）

20世纪90年代以后，我国改革开放进入了关键阶段。以邓小平1992年"南方谈话"和党的十四大为标志，我国改革开放和社会主义现代化建设事业进入了新的阶段。以1993年8月召开的中纪委二次全会为标志，我国反腐败斗争也开始上升到一个新的阶段。

这一时期，以江泽民为核心的党中央在领导全党和全国人民进行经济建设的同时，把反腐倡廉建设作为关系党和国家生死存亡的大事来抓，实行了坚强有力的领导，反腐倡廉建设取得了重大进展。这一时期，反腐倡廉建设可以分为两个小阶段。

（1）党的十四大至十五大：社会主义市场经济体制建设初期的反腐倡廉建设

1992年10月召开的党的十四大确立了建立社会主义市场经济体制的

---

① 《邓小平文选》第3卷，人民出版社1993年版，第314页。
② 《邓小平文选》第3卷，人民出版社1993年版，第380页。

目标。在新旧体制转型的历史条件下，党面临着提高领导水平、执政水平和增强拒腐防变能力的严峻考验。为了推进我国改革开放和社会主义现代化建设事业的顺利进行，必须坚持不懈地开展反腐败斗争。对此，党的十四大报告指出："坚持反腐败斗争，是密切党同人民群众联系的重大问题。要充分认识这个斗争的紧迫性、长期性和艰巨性，在改革开放的整个过程中都要反腐败，把端正党风和加强廉政建设作为一件大事，下决心抓出成效，取信于民。"十四大报告提出了反腐倡廉建设的重要思路，为新形势下反腐倡廉建设指明了前进方向。

为贯彻十四大精神，推进反腐倡廉建设深入开展，1993年8月，中纪委召开二次全会，提出了新形势下反腐败斗争的思路与对策，确定了近期反腐败斗争的任务。

此次全会在分析当前反腐败斗争严峻形势的基础上，提出了反腐败斗争的思路和对策：一是反腐败要紧密结合重大改革措施和行政、经济决策的实施来进行；二是反腐败要抓好两方面的工作，即坚决惩处腐败分子，坚决克服各种消极腐败现象包括纠正不正之风；三是反腐败要加强对法规和政策的研究，把惩治腐败纳入法制轨道；四是反腐败要加强综合治理，既治标又治本；五是在反腐败斗争中，对广大党员主要是加强思想政治教育。

此次全会强调反腐败斗争要重点抓好三方面的工作：加强对各级党政机关领导干部廉洁自律情况的监督检查；集中力量查办一批大案要案；狠刹几股群众反映强烈的不正之风。这三项工作任务在中纪委三次全会上被明确表述为反腐败三项工作格局。三项工作格局进一步明确了反腐倡廉工作的方向，成为今后反腐倡廉建设常抓不懈的基本任务，"具有提纲挈领之功效，重点突出，层次分明，把反腐败纳入经常性轨道。坚持反腐败三项工作格局，有利于保持反腐败工作的连续性和稳定性，有利于反腐败工作在以往工作的基础上取得新成效"[①]。

此次全会强调反腐败斗争必须把握好几项原则：坚持党的基本路线，紧紧围绕经济建设这个中心，为推进改革、建设和发展服务；反腐败的重点将放在党政领导机关和司法部门、行政执法部门、经济管理部门；从领

[①] 《十五大报告辅导读本》，人民出版社1997年版，第368页。

导干部做起，首先从高级干部，包括领导干部身边的工作人员做起；严格依法办案，对违法违纪案件，要一查到底，坚持以事实为根据，以法纪为准绳，严肃处理；紧紧依靠人民群众开展反腐败斗争，不搞群众运动；惩治腐败和扶持正气相结合，大力宣传和表彰廉洁奉公、勇于同腐败现象做斗争的先进典型，弘扬勤政爱民、艰苦奋斗、乐于奉献的良好风尚。

中纪委二次全会是中华人民共和国反腐倡廉史上具有里程碑意义的一次会议。这次会议确定了在改革开放和建立社会主义市场经济体制条件下反腐倡廉的基本思路、方针和原则，提出了反腐败以三项工作的格局来开展的对策，初步探索了社会主义市场经济条件下有效开展反腐败斗争的新路子，开辟了反腐倡廉建设的新征程。《人民日报》社论对这次会议曾做了高度评价，认为"这是我们党风建设和廉政建设历史上一次具有重大影响的会议，是一次大得党心、民心的会议，是一次振奋人心、鼓舞士气的会议"[①]。

这一时期反腐倡廉建设主要围绕以下工作展开：

一是采取有力措施，加强对领导干部廉洁自律情况的监督检查。按照三项工作任务的要求，采取一系列措施加强领导干部廉洁自律。一方面，制定领导干部廉洁自律的规章制度，不断细化领导干部廉洁自律的行为规范。中纪委二次全会对党政机关县（处）级以上领导干部重申和提出了"五条规定"，规定领导干部不准经商办企业，不准在各类经济实体中兼职，不准买卖股票，不准在公务活动中接受礼金和各种有价证券，不准用公款参与高消费的娱乐活动。1993年10月发布的《关于党政机关县（处）以上领导干部廉洁自律"五条规定"的实施意见》，对"五条规定"适用的范围、违反"五条规定"的处置，都做了详细的规定。之后中纪委三次全会提出了新的"五个不准"，中纪委五次全会做了四条补充规定。中纪委五次全会扩大了抓领导干部廉洁自律的涵盖面，在坚持以县（处）级以上干部为重点的同时，逐步将涵盖面扩展至基层干部，国有企业、事业单位领导人。中纪委五次全会还决定要逐步建立健全领导干部廉政、勤政的监督约束机制，首先是建立县（处）级以上领导干部收入申报制度、

[①] 《人民日报》1993年8月26日第1版。

党和国家机关工作人员在国内公务活动中收受的礼品登记制度和国有企业业务招待费使用情况向职代会报告制度等。另一方面，加强对廉洁自律规定落实情况的监督检查，对重点问题进行了专项清理。从1993年1月至1997年6月，全国党政机关县（处）级以上干部有63000多人（次）在专题民主生活会上检查纠正了违反廉政自律规定的问题。清理工作成效明显，全国党政机关共清理出领导干部违反规定乘坐小汽车21000多辆；共取消干部违反规定使用军警车号牌、外籍车号牌14000多个。全国有86000多名科级以上干部检查、纠正了住房方面以权谋私等问题。1995年下半年，中纪委监察部共派出17个检查组，对中央国家机关50个部委和10个省区市用公款"吃喝玩乐"情况进行专项检查治理。1995年到1996年7月，全国30个省区市有172094名党政干部按规定对公务活动中收受的礼品进行登记，有76840名党政机关干部按规定上交礼品、礼金，上交礼金折合人民币4393万元。此外，还停建、缓建了一批办公楼，取消、压缩了一些会议、庆典和检查评比活动等。

二是加大惩处力度，集中力量查办大案要案。中纪委二次全会后，各级纪检监察、检察机关把查办大案要案列为一项重点工作，查处了一批职级高、金额大、人数多、影响恶劣的重大案件。从1992年10月至1997年6月，全国纪检监察机关共立案731000多件，结案670100多件，给予党纪政纪处分669300多人，其中开除党籍121500多人，被开除党籍又受到刑事处分的37494人。在受处分的党员干部中，县（处）级干部20295人，厅（局）级干部1673人，省（部）级干部78人。中央政治局原委员、北京市委书记陈希同和北京市委原常委、常务副市长王宝森、江西省原副省长胡长清等一批涉案人员受到查处。通过查办案件，为国家挽回经济损失159.8亿多元。

三是开展专项治理，狠刹几股群众反映强烈的不正之风。包括在全国范围内集中力量刹住乱收费的不正之风；刹住用公款出国（境）旅游的不正之风；重申各级党政机关一律不准经商办企业；实行行政性收费、罚没收入"收支两条线"制度；清理预算外资金，清理"小金库"；清理党政机关及其工作人员利用职权无偿占用企业的财物问题，坚决刹住以各种名义向企业索要赞助的歪风；抓减轻农民负担的工作，严肃查处向农民乱收费、乱摊派的行为；集中治理在公路上乱设卡、乱收费、乱罚款的不正之风；治理中小学乱收费现象，规范中小学校的收费行为；抓减轻国有企业负担工作，重点治理向国有工业企业乱收费、乱摊派、乱罚款等。经过认真专项治理，解决了群众反映强烈的一些突出问题。其中，全国共取消、停止执行和降低收费标准7000多项，清理出乱收费金额59.35亿元。共撤除违规收费站、检查站8700多个，占治理前站卡总量的58%，实现了国道、省道基本无"三乱"的目标。清理出党政机关无偿占用企业资金19亿多元，汽车等交通工具1万余辆（艘）。制止用公款出国（境）旅游的团组4000多批、24900多人，清理出违反规定用公款出国（境）旅游71800多人（次），收缴了应由个人支付的费用。制止中小学乱收费，减轻农民负担，清理预算外资金和"小金库"，治理医药用品购销中收取回扣等工作也取得进展，行业风气有明显好转。

四是推进党的建设新的伟大工程，深入开展党性党风党纪教育。为深入推进党风廉政建设和反腐败工作，1994年9月党的十四届四中全会通过的《中共中央关于加强党的建设几个重大问题的决定》分析了党所面临的形势和党的建设所存在的问题，提出了加强党的思想建设、作风建设、组织建设等自身建设要求，不断提高领导水平和执政水平，推进党的建设新的伟大工程。

为推进党的建设新的伟大工程，党的十四大以后还开展了党性党风党纪教育。各级党组织认真组织广大党员干部学习马列主义、毛泽东思想，特别是深入学习邓小平建设有中国特色社会主义理论，学习党章，进行以"讲学习、讲政治、讲正气"为主要内容的党性党风党纪教育；开展了学习宣传孔繁森等先进模范人物的活动；采取多种形式对广大党员干部进行反腐倡廉和遵纪守法教育。通过各种教育，使广大党员干部进一步树立正确的世界观、人生观和价值观，提高了思想政治素质，增强了抵御腐朽思想侵蚀的能力。

五是加快反腐倡廉法制建设，建立党内巡视制度。五年来，加快了反腐倡廉的法制建设步伐，从中央到地方共制定1400多项党风廉政规章制度，努力实现标本兼治。在党纪政纪建设方面，中纪委相继制定了党政机关县（处）级以上领导干部廉洁自律的"五条规定""新五条规定"和

"补充规定",一共提出了领导干部廉洁自律的31个"不准",在此基础上制定了一批重大的规章制度。在国家廉政法律方面,制定了审计法和行政监察法,修改刑法,把贪污贿赂和渎职罪列为专章加以规定;在党内监督方面,中纪委制定《关于重申和建立党内监督五项制度的实施办法》,决定在坚持党的纪律检查委员会现行领导体制的前提下,建立党内巡视等党内监督五项制度。

六是纪检监察机关实行合署办公,建立国家反贪机构。为适应反腐败斗争和加强党风廉政建设的需要,1993年1月,中央纪律检查委员会与监察部合署办公,实行一套工作机构、两个机关名称的体制。合署后,中纪委履行党的纪律检查和政府行政监察两项职能,对党中央全面负责;监察部按照宪法规定仍属于国务院序列,接受国务院的领导。地方各级监察机关与党的纪委合署后,实行由所在政府和上级纪检监察机关双重领导的体制,按照行政监察法规定的职责、权力和工作程序开展工作。纪检监察机关合署办公提高了纪检监察机关反腐败的整体效能。

1989年8月,广东省成立全国第一个反贪局——广东省人民检察院反贪污受贿工作局,其经验被最高人民检察院所肯定。随后,各地检察院借鉴广东经验,纷纷成立反贪局。1995年11月,最高人民检察院设立反贪污贿赂总局。

(2)党的十五大至十六大:标本兼治反腐倡廉建设方略的确立与实施

党的十四大以来,反腐败斗争取得了阶段性成绩,但反腐败斗争形势依然严峻。腐败滋生蔓延的土壤和条件尚未从根本上予以消除,这就需要探索从源头上预防、治理腐败的措施。1997年党的十五大在总结反腐败斗争经验教训的基础上,对深入开展反腐倡廉建设做出了重大部署。确立了"坚持标本兼治,教育是基础,法制是保证,监督是关键。通过深化改革,不断铲除腐败现象滋生蔓延的土壤"的反腐倡廉建设方略。要求继续加大领导力度,取得反腐败斗争的新胜利;要把长远目标和阶段性目标结合起来;要坚持反腐败三项工作格局,并力求在工作内容和方法上有新突破;要走标本兼治综合治理的路子;要坚持党委统一领导,党政齐抓共管,纪委组织协调,部门各负其责,依靠群众的支持和参与反腐败的领导体制与工作机制;要加大惩处力度并要求领导干部首先是高级干部以身作则,带领群众坚决同腐败现象做斗争。这一方略的确立与实施，是我国反腐倡廉建设走向成熟的重大突破和重要标志，是反腐败斗争从治标为主、侧重遏制，向标本兼治、侧重治本、依靠法制反腐轨道迈进的标志，表明反腐败斗争进入了一个新的阶段，为深入开展反腐倡廉建设指明了方向。

这一时期，反腐倡廉建设的主要工作有：

一是进一步深化领导干部廉洁自律工作，增强廉洁从政自觉性。重点对奢侈浪费和可能影响领导干部公正、廉洁履行职务的问题进行专项治理，进一步规范领导干部的从政行为。包括全国县（处）级以上领导干部通过开展"三讲"教育以及民主生活会等形式，检查纠正了在遵守廉洁自律规定方面存在的问题；党中央制定了省（部）、地（厅）级领导干部配偶、子女从业的规定；开展了清理党政领导干部违反规定收受现金、有价证券的问题，对违纪违法的行为进行了查处；县以上党政机关和直属事业单位对违反规定安装和购置的通信工具进行了处理，实行通话费定额包干等制度；清退了领导干部违反规定占用的小汽车、配备的电脑等；制止了一批出国（境）团组；停止购买和新建一批办公楼；规范国有企业领导对企业大额度资金、重大决策及重要人事任免的运作程序；乡镇干部的廉洁自律工作也取得进展。

二是加大查办违纪违法案件工作力度，查办大案要案取得新突破。五年来，全国纪检监察机关共立案861917件，给予党纪政纪处分846150人，其中开除党籍137711人。被开除党籍又受到刑事追究的37790人。在受处分的党员干部中，县（处）级干部28996人，厅（局）级干部2422人，省（部）级干部98人。在查办大案要案方面，2000年，江西省原副省长胡长清、全国人大常委会原副委员长成克杰因腐败被判处死刑。查办了中国反腐倡廉史上之最的厦门远华走私大案，以赖昌星为首的走私犯罪集团走私成品油、植物油、汽车、香烟等货物价值人民币530亿元，偷逃应缴税款约300亿元，该案涉案人员多达500余人，其中被采取各种刑事强制措施的290余人，审查党政机关、国有企业事业单位和军队内部违纪违法乱纪人员230人，其中厅局级以上干部23人，135人被移交司法机关处理。

三是深入开展纠正部门和行业不正之风工作，促进部门和行业风气继续好转。五年来，全国取消公路、水路收费站点4500多个，治理国道、省道"三乱"工作的成果得到巩固。减轻企业负担工作取得成效。在农村取消了一批不合理收费项目，在农村实行税费改革试点的地区，收费项目逐步规范，农民负担有所减轻。清理中小学乱收费工作也取得进展。清理出各种代币购物券（卡）180多亿元。开展纠正医药购销中的不正之风工作，全国绝大多数县级以上城市在公立非营利性医疗机构中逐步推行了药品集中招标采购制度。全国取缔了一批非法药品集贸市场和无证照药品生产经营户。民主评议行风工作普遍推行，创建文明行业活动深入开展，促进了部门和行业风气的继续好转。

四是采取切实有力的措施加大权力监督的力度，规范权力运行。第一，贯彻执行党中央1996年做出的关于加强党内监督五项制度的规定，对高中级领导干部和各级党政机关主要负责人加强监督。中央及各省（区、市）党委建立了巡视制度。中央共派出9批巡视组，对中央和国家机关部门领导班子及其成员进行监督检查。各级纪委把监督检查党的政治纪律执行情况放在工作的首位。第二，推行领导干部经济责任审计制度。全国普遍实行了县级以下领导干部经济责任审计制度。截至1999年10月，有关部门对全国的13626名党政领导干部、399个国有及国有控股企业领导人员进行了经济责任审计。第三，加强对提拔任用领导干部的工作监督。许多地方和部门实行了提拔任用领导干部征求同级纪委意见等制度。一些地方党委和纪委实行领导干部廉政谈话、诫勉谈话等制度。第四，推行政务、厂务、村务"三公开"制度，加强人民群众民主参与和民主监督。全国已有86%的乡（镇）政权机关，80%的国有、集体企业以及国有和集体控股企业，90%以上的行政村，分别实行了政务公开、厂务公开和村务公开制度。同时，积极推行县级以上政权机关政务公开，推行面超过半数的有26个省（区、市）。第五，加大舆论监督力度，民主评议领导干部、民主评议政府职能部门、民主评议行业作风等工作，在不少地区和部门推行。第六，落实党风廉政建设责任制。1998年底，党风廉政责任制开始施行。各级党委、政府和纪检监察机关加强了对党风廉政建设责任制落实情况的监督检查工作，特别是加强了责任追究工作。

此外，有的地区和部门还就涉及群众利益的重大问题，开展事前政务听证和咨询工作，扩大了群众的知情权、参与权和监督权。全国纪检监察机关聘请了3万多名特邀监察员。国有企业普遍实行了领导人员向职工代表大会报告执行廉洁自律规定等情况的制度，接受群众评议和监督。一些地方政府运用信息网络技术，推行电子政务，提高办事透明度，拓宽了监督渠道。

五是深化体制机制制度改革，从源头上预防和治理腐败。各级党委、政府按照中央的决策，坚持标本兼治，逐步加大治本力度，采取了一系列改革体制机制制度的重大举措，有力地推进了从源头上预防和治理腐败的工作。第一，从1998年起集中开展军队、武警部队和政法机关不再从事经商活动的工作，至1999年底，这项工作基本完成。第二，加快行政审批制度改革步伐，从2001年起，党中央要求改革行政审批制度，国务院第一批取消行政审批项目789项，各地政府也取消了一批行政审批项目，对保留的行政审批项目，要求提高审批工作的透明度。第三，深化财政金融制度改革，全国各地普遍加强了行政事业性收费和罚没收入"收支两条线"管理工作。2000年，政府采购制度在全国逐步推行。第四，加快干部人事制度改革步伐，2000年6月，中共中央办公厅印发《深化干部人事制度改革纲要》，干部人事制度改革进入了全面规划、整体推进的新阶段。2002年7月中共中央颁布《党政领导干部选拔任用工作条例》，为从源头上预防和治理用人上的不正之风和腐败现象增添了有力武器。各地区各部门积极推行公开选拔、竞争上岗、任前公示等选拔任用党政领导干部的制度，以及干部交流、回避、重点岗位轮换等制度，部分地区实行了由党的委员会全体会议无记名投票表决下一级党委、政府领导班子正职拟任人选的制度，干部选拔任用工作中民主、公开、竞争的程度逐步提高。第五，深化行政管理体制改革，国务院率先进行机构改革，将40个部委精简为29个，国办行政编制也减少近一半，各级党政机关机构精简工作基本完成。第六，建立有形建筑市场，所有政府部门，国有集体企业的工程建设项目都要实行公开招标投标，并不准转包。第七，建立实施稽查特派员制、监事会制和会计委派制，加强国家对国企的监督和管理。

六是深入开展反腐倡廉教育，加强和改进党的作风建设。根据党的十五大的部署，开展了以党性党风党纪教育为主要内容的反腐倡廉教育。首先，深入开展邓小平理论学习教育活动。其次，开展"三讲"教育活动。1998年11月，中共中央发出《关于在县级以上党政领导班子、领导干部中深入开展以"讲学习、讲政治、讲正气"为主要内容的党性党风教育的意见》，要求通过"三讲"教育推动县级以上党政领导班子和领导干部深入学习邓小平理论和十五大精神，并对这次活动的必要性和重要性、基本原则、方式方法做了明确规定。全国参加"三讲"教育的党政领导干部共70万人。直接参加听动员报告、填写征求意见表、民主测评和帮助整改的干部群众有500万人以上。"三讲"教育，使领导干部普遍受到了一次深刻的马克思主义教育，提高了理论水平，增强了党性锻炼的自觉性，进一步明确了前进方向；普遍增强了政治意识、大局意识、责任意识，提高了坚持党的基本路线和基本纲领、同党中央保持高度一致的自觉性；普遍受到了一次群众观点、群众路线的再教育，强化了坚持和实践党的根本宗旨的意识，促进了作风的转变和拒腐防变自觉性的提高；普遍经受了一次严格的党内生活锻炼，党的观念得到增强，贯彻民主集中制原则的自觉性和解决领导班子自身问题的能力有了提高；使领导干部特别是主要领导干部普遍增强了党要管党、书记带头抓党建的意识，提高了治党的能力和水平。[①] 再次，开展农村"三个代表"重要思想学习教育活动。2000年，江泽民提出"三个代表"重要思想，指出"三个代表"是我们党的立党之本、执政之基、力量之源；推进党的思想建设、政治建设、组织建设和作风建设，都应贯彻"三个代表"重要思想的要求。[②] 2000年11月，中共中央办公厅颁布《关于在农村开展"三个代表"重要思想学习教育活动的意见》。从2000年12月开始，全国农村"三个代表"重要思想学习教育活动在各地陆续展开。最后，开展政法机关集中教育整顿工作。针对政法机关存在的腐败现象，为维护司法公正，1998年4月，中央政法委决定在全国政法系统开展一次自上而下的集中教育整顿。这次教育整顿历时一年，分思想教育运动、自查自纠和整改三个阶段进行。在教育整顿期间，

[①] 胡锦涛：《总结和运用"三讲"教育经验 努力开创党建工作新局面》，《求是》2001年第2期。

[②] 《江泽民文选》第3卷，人民出版社2006年版，第15页。

全国共复查案件5479294件,发现有问题的案件186911件,已对149969件进行了纠正。全国法院对2512名违法违纪的法官和其他工作人员做了严肃处理,清理不合格人员4221人,清退编外人员2609人。全国检察系统共立案调查1641人,给予党政纪处分1285人,追究刑事责任116人。对县以上检察院领导班子普遍进行了一次全面考察,清退了一批不合格的司法工作人员。此外,还开展了学习贯彻《中共中央关于加强和改进党的作风建设的决定》,坚持"八个坚持,八个反对"的学习教育活动;党员干部进行深入学习党内法规和廉政法律法规活动;学习宣传范匡夫、汪洋湖、姜云胜、郭秀明等先进典型活动;进行警示教育活动等。

为加强和改进党的作风建设,2001年9月,党的十五届六中全会通过《中共中央关于加强和改进党的作风建设的决定》,提出了"八个坚持,八个反对",即坚持解放思想、实事求是,反对因循守旧、不思进取;坚持理论联系实际,反对照抄照搬、本本主义;坚持密切联系群众,反对形式主义、官僚主义;坚持民主集中制原则,反对独断专行、软弱涣散;坚持党的纪律,反对自由主义;坚持清正廉洁,反对以权谋私;坚持艰苦奋斗,反对享乐主义;坚持任人唯贤,反对用人上的不正之风。

七是加强反腐倡廉法制建设,保证反腐倡廉工作依法有序进行。1998年,党中央、国务院发布《关于实行党风廉政建设责任制的规定》。制定了一批与《中国共产党纪律处分条例(试行)》《中国共产党党员领导干部廉洁从政若干准则(试行)》《中华人民共和国行政监察法》等基础性法律及与党内法规相配套的规定或实施细则。据统计,党的十五大以来,全国省(部)级以上机关共制定党风廉政方面的法律法规及其他规范性文件2000余项。

这一时期,随着标本兼治、治本工作力度的逐步加大,腐败势头有所遏制。1999年以来,纪检监察机关收到的群众检举控告信件逐年下降;人民群众对反腐败工作的认可程度逐年提高。据国家统计局2002年在30个省(区、市)随机抽样入户调查,73.5%的群众对反腐败工作表示认可,比1996年提高了11个百分点;69.1%的群众认为腐败现象已经在一定范围内得到遏制,78.7%的群众表示对反腐败斗争有信心,比1996年提高了20个百分点。

3. 第三阶段：形成中国特色反腐倡廉建设道路（党的十六大至十八大）

党的十六大以来，反腐倡廉工作融入经济建设、政治建设、文化建设、社会建设和党的建设之中，反腐倡廉建设取得了新的重大成果。这一时期的反腐倡廉建设可以分为两个小阶段。

（1）党的十六大至十七大：中国特色反腐倡廉建设道路的形成

进入21世纪，面对腐败现象易发多发甚至蔓延之势未从根本上得以解决，反腐败任务依然艰巨繁重，反腐败斗争的形势依然比较严峻复杂的情况，党的十六大在坚持十五大确立的反腐倡廉建设方略基础上，进一步提出"坚持标本兼治、综合治理的方针，逐步加大治本的力度。加强教育，发展民主，健全法制，强化监督，创新体制，把反腐败寓于各项重要政策措施之中，从源头上预防和解决腐败问题"的方略。经过长期探索，2007年10月，中纪委向党的十七大的工作报告正式提出，改革开放以来，我们党坚定不移地开展党风廉政建设和反腐败斗争，走出了一条中国特色反腐倡廉道路。

这一时期反腐倡廉建设主要工作有：

一是着力构建惩治和预防腐败体系。党的十六大以来，党中央科学总结反腐倡廉的经验，从加强党的执政能力建设的战略高度，做出建立健全惩治和预防腐败体系的重大战略决策。2005年1月，中共中央颁布《建立健全教育、制度、监督并重的惩治和预防腐败体系实施纲要》。该实施纲要明确了建立健全惩治和预防腐败体系的指导思想、主要目标和工作原则，以及在教育、制度、监督、惩治方面构建体系的具体举措，为深入开展党风廉政建设和反腐败工作提供了指南。建立健全惩治和预防腐败体系要实现的主要目标是：到2010年，建成惩治和预防腐败体系基本框架；再经过一段时间的努力，建立起思想道德教育的长效机制、反腐倡廉的制度体系、权力运行的监控机制，建成完善的惩治和预防腐败体系。这是我们党对执政规律和反腐倡廉工作规律认识的进一步深化，是对在发展社会主义市场经济和对外开放条件下深入开展党风廉政建设和反腐败工作的新要求，是从源头上防治腐败的根本举措，对于提高党的执政能力、巩固党的执政地位，具有十分重要的意义。

二是落实领导干部廉洁自律规定，进一步规范领导干部从政行为。首先，对领导干部廉洁从政方面所存在的突出问题进行专项治理。五年来，全国共有140660名领导干部主动上交违规收受的现金、有价证券等约6.76亿元，查处违反规定以各种名义收钱敛财的6828人；清理超标配备的小汽车28616辆，纠正违规住房面积851.6万平方米，收回资金18.88亿元；清理党政领导干部拖欠公款27.1亿元；清理党政机关违规用公款为干部职工个人购买商业保险16.04亿元。此外，对党政机关违规修建楼堂馆所、用公款大吃大喝、公款旅游等不正之风进行了治理，取得了明显成效。其次，开展述职述廉和报告个人重大事项工作。党的十六大以来，全国乡科级以上领导干部在不同范围内述职述廉522.5万人次，向组织报告个人有关事项149.8万人次，721435名领导干部在职务变动后及时申报了配偶、子女从业情况，并对违规问题进行了自查自纠。再次，进一步完善领导干部廉洁从政的行为准则和道德规范。一系列与《中国共产党党内监督条例（试行）》相配套的制度，如《关于对党员领导干部进行诫勉谈话和函询的暂行办法》《关于党员领导干部述职述廉的暂行规定》《关于领导干部报告个人有关事项的规定》等相继出台，个人有关事项报告、述职述廉、廉政谈话、纪委负责人同下级党政主要负责人谈话等制度也相继建立。最后，加大从源头上治理领导干部廉洁自律工作力度。开展了移动通信工具和话费制度改革、公务用车制度改革试点、公务员工资改革和规范津（补）贴工作等。

三是继续加大查办违纪违法案件的力度，严厉惩处腐败分子。首先，继续重点查处县（处）级以上党员领导干部违纪违法案件。五年来，全国纪检监察机关共立案677924件，给予党纪处分518484人。全国检察机关共立案侦查贪污贿赂、渎职侵权犯罪案件179696件209487人；查办贪污受贿10万元以上、挪用公款百万元以上的大案要案35266件，涉嫌犯罪的县处级以上国家工作人员13929人，其中厅局级930人、省部级以上35人，抓获在逃职务犯罪嫌疑人4547人，追缴赃款赃物244.8亿元；立案侦查渎职侵权犯罪案件34973件42010人，其中已被判决有罪的16060人。一批省部级领导干部严重违法违纪案件受到严肃处理，其中安徽省原副省长王怀忠、国家食品药品监督管理局原局长郑筱萸被判处死刑。尤其是查处中共中央政治局原委员、上海市原市委书记陈良宇严重违法违纪问题，彰显了我党清除侵蚀党的肌体蛀虫的决心和能力。其次，坚决查办一些重点行业和领域的严重违法违纪问题。交通部门、金融系统、公检法系统的一些省部级领导因严重违纪违法被查处。同时，查处国有企业领导人员违纪违法案件，以及基层干部中发生的以权谋私、侵害群众利益的案件，发生在安全生产、食品药品安全、环境保护和社会稳定等方面的失职渎职案件。最后，开展治理商业贿赂专项工作。针对商业贿赂在一些领域、行业较为严重的状况，2006年2月，中共中央办公厅、国务院办公厅印发《关于开展治理商业贿赂专项工作的意见》，对治理商业贿赂做出了总体部署，对工程建设、土地出让、产权交易、医药购销、政府采购、资源开发和经销六个重点领域，以及银行信贷、证券期货、商业保险、出版发行、体育、电力、质检、环保九个重点方面，扎实有序地开展治理商业贿赂专项工作，并取得阶段性成果。通过自查自纠，2007年底收缴的不当所得达12亿元。通过加大惩治力度，2005年8月至2007年8月，全国共查结商业贿赂案件31119件、涉案金额70.79亿元，有151名厅局级干部和1412名县处级干部被查处。同时，通过加快推进行政审批、财政管理、投资管理和产权交易等方面的改革和制度创新，建立防治商业贿赂长效机制；逐步完善与防治商业贿赂相关的法律法规，制定反垄断法，国务院有关部门共制定修改相关规范性文件近400件，各省（区、市）也结合实际制定了一批防治商业贿赂的地方性法规和规章。企业内控机制建设也取得进展。

四是深入纠正损害群众利益的不正之风，切实维护群众利益。2004年1月，中纪委三次全会将纠风工作由"纠正部门和行业不正之风"改为"纠正损害群众利益的不正之风"，充分体现了"以人为本"的理念和"执政为民"的要求。国务院纠风办和各级纪检监察部门以解决损害群众利益的突出问题为重点，加大工作力度。首先，把涉及民生的突出问题纳入治理内容，深入开展治理教育乱收费、纠正医药购销和医疗服务中的不正之风、减轻农民负担"三个专项治理"工作。其次，针对损害群众利益的新情况新问题，集中整治土地征用、房屋拆迁、企业改制、农民工工资支付、安全生产、环境保护、食品药品安全、社保基金管理、党政报刊散乱和利用职权发行、公路"三乱"等方面群众反应强烈的问题。再次，深入开展民主评议政风行风活动，积极推进纠风工作长效机制建设，制定了《关于进一步规范和深化民主评议政风行风工作的指导意见》。纠风工作取得显著成效。据不完全统计，党的十六大以来在纠风专项治理工作中共查处违纪违法问题75万多件，61812人受到处分。全国共查处教育违规收费资金37.8亿元，清退18.09亿元。通过集中招标采购等措施降低药品和医疗器械价格，让利于患者564.03亿元；督促医务人员上缴、退还回扣、"红包"、开单提成2.7亿元。通过取消农业税，每年减轻农民负担1200多亿元，通过开展涉农收费专项治理，累计减轻农民负担606.38亿元。全国减少向基层和农村发行报刊15.3亿份，减少订阅费18亿元。评比表彰活动过多过滥、拖欠农民征地补偿款、农民工工资、建筑工程款等问题的清理工作也有重大进展。据国家统计局问卷调查，群众对纠风工作满意度2006年比2002年提高了11.5个百分点。

五是深化改革，创新体制机制制度，深入推进治本抓源头工作。第一，深入推进行政审批制度改革。自2001年10月以来，国务院全面推行行政审批制度改革，先后三批共取消和调整了1806项审批项目，占原有审批项目总数的50.1％。全国共取消和调整审批项目22000多项。对保留的行政审批项目，建立健全内部监督制约机制。行政服务中心、审批服务大厅等机构普遍建立，审批公示、责任追究等制度逐步建立。第二，继续推进财政管理体制改革。严格实行"收支两条线"，完善预算管理制度，改革国库集中支付制度，改革预算外资金收缴管理制度，初步建立起规范化的津贴补贴发放制度和监督制约机制的基本框架。第三，继续深化干部人事制度改革。制定出台党政领导干部职务任期、交流、任职回避等规定，建立地方党政领导班子和领导干部综合考核评价制度，推行民主推荐、公开选拔、竞争上岗等制度，推行党委常委会讨论重要人事任免无记名投票表决制，逐步推行党政领导职务任期制、辞职制、经济责任审计等。第四，不断推进司法体制、投资体制、金融体制改革。2004年，中共中央转发《中央司法体制改革领导小组关于司法体制和工作机制改革的初步意见》，进一步完善公开审判和检务公开制度。国务院颁布实施《关于投资体制改革的决定》，推行政府投资项目公示制和代建制。深化金融企业改革，强化内控机制，加强金融监管，严肃查处金融违纪违法行为。第五，完善并严格执行建设工程招标投标、经营性土地使用权出让、产权交易和政府采购四项制度，全国市（地）级以上城市普遍建立有形建筑市场，全面推行经营性土地使用权招标拍卖挂牌出让制度，政府采购规模逐渐扩大，2006年达到3500亿元。

六是发展社会主义民主，加强对权力运行的制约和监督。根据党的十六大提出的通过"建立结构合理、配置科学、程序严密、制约有效的权力运行机制"要求，采取了一系列积极有力措施，加强对权力的监督。

在推进党内民主建设方面，第一，进一步建立健全并严格执行民主集中制的各项具体制度，提高决策的民主化、科学化水平。中共中央政治局带头执行重大决策征求各方面意见制度。地方党委进一步健全党委议事规则和决策程序，对重大决策、重要干部任免等，须经集体讨论做出决定；对重大事项实行听证、公示等制度；建立决策失误责任追究制、书记末位表态制等制度。第二，切实保障党员的民主权利。2004年10月，中共中央颁布《中国共产党党员权利保障条例》，对党员权利给予充实和保障。第三，提高干部选拔任用工作的民主化水平，公开选拔、竞争上岗成为干部选拔任用的重要方式之一，民主推荐、民主测评成为干部选拔任用的必经程序，考察预告、任前公示、试用期和党的地方委员会全体会议无记名投票表决重要干部等制度全面推行。第四，健全党内选举制度，改进提名方式、扩大差额选举的范围和比例。第五，加强集体领导，合理划分党委常委会与全委会的职责权限。第六，扩大党代表大会常任制试点，发挥党代表和党的代表大会的作用。第七，逐步推进党务公开，党组织的活动更加透明。在推进党内民主建设的同时，党内监督的力度不断加大。颁发了《中国共产党党内监督条例（试行）》，建立和完善巡视制度，建立健全民主生活会、述职述廉、诫勉谈话、党内询问和质询、党员领导干部报告个人有关事项等制度，中央和省级纪检监察机关对派驻机构实行统一管理。

在发展人民民主方面，党中央把"三公开"作为社会主义民主法制建设的一项基础性工作来抓，进一步深化政务公开、厂务公开、村务公开。推进广大人民群众的知情权、参与权、表达权和监督权等民主权利的实现，促进了从源头上预防和治理腐败。

七是加强党风廉政教育，构筑反腐倡廉思想防线。首先，在全党开展保持共产党员先进性教育活动。2004年11月，中共中央颁发《关于在全党开展以实践"三个代表"重要思想为主要内容的保持共产党员先进性教育活动的意见》，活动从2005年1月开始到2006年6月基本结束。这场先进性教育活动，使广大党员受到深刻的马克思主义教育，进一步坚定了理想信念，增强了实践"三个代表"重要思想、落实科学发展观的自觉性；基层党组织的创造力、凝聚力、战斗力进一步提高；党员干部的作风进一步改进；各地区各部门努力解决所面临的主要问题，积极促进经济社会又快又好发展；各级党组织形成了一些务实管用的新制度，深入研究党的先进性建设规律，推动了保持党的先进性长效机制建设，丰富了党的先进性建设理论。[①] 其次，在党内开展学习党章、遵守党章、贯彻党章、维护党章的教育活动。2006年1月，中纪委、中组部、中宣部专门下发了《关于贯彻落实胡锦涛同志在中央纪委第六次全会上的重要讲话精神 深入学习贯彻党章的通知》，此后，一场学习党章、遵守党章、贯彻党章、维护党章的活动在全党展开。学习贯彻党章对于推进党风廉政建设，进一步加大防治腐败力度的成效也日益显现。再次，在党内开展党的优良传统的教育活动；树立理想信念和从政道德的教育活动；促使党员干部树立正确的利益观、群众观，自觉遵守党纪条规和法律法规的教育活动；帮助党员干部提高反腐蚀能力的典型教育、警示教育活动等。最后，面向全社会开展贯彻《公民道德建设实施纲要》、树立社会主义荣辱观、家庭助廉等一系列反腐倡廉教育活动，把思想教育、纪律教育与社会公德、职业道德、家庭美德教育和法制教育结合起来，丰富了反腐倡廉教育的内容。

八是更加注重制度建设，健全惩治和预防腐败的法制体系。党的十六大以来，不断加强反腐倡廉法规制度建设并取得了重大进展。第一，修订党章、宪法，完善反腐败的根本准则。党的十六大对党章进行了部分修改，主要是把"三个代表"重要思想写进党章；明确提出"坚持党要管党、从严治党，不断提高党的领导水平和执政水平，提高拒腐防变和抵御

[①] 胡锦涛：《在庆祝中国共产党成立85周年暨总结保持共产党员先进性教育活动大会上的讲话》，新华网，2006年6月30日。

风险的能力";"加强对党的领导机关和党员领导干部的监督,不断完善党内监督制度";在各级纪委的主要任务中,增加了"协助党委组织协调反腐败工作"等内容。2004年3月,全国人大对宪法进行修订,将宪法有关内容修改为"公民的合法的私有财产不受侵犯",新增"国家尊重和保障人权"等,意味着腐败所得的非法财产不受法律保护,官员滥用职权而侵犯公民合法权利的行为将受到禁止。第二,构建惩治与预防腐败监督体系的基本框架。在党内法规方面,初步形成以党章为核心、以监督条例为主干、以配套规定和其他监督规范为重要补充的党内监督法规制度体系。2003年12月,中共中央颁布实施《中国共产党党内监督条例(试行)》,成为我党第一部系统规范党内监督工作的基本法规。此外,还修订了《中国共产党党员权利保障条例》,制定《关于对党员领导干部进行诫勉谈话和函询的暂行办法》《关于党员领导干部述职述廉的暂行规定》等配套规定。在国家法律法规方面,权力监督法律制度体系日益完善。2005年5月1日起施行的信访条例,保障了公民合法的信访权益。2006年8月,全国人大常委会审议通过《各级人民代表大会常务委员会监督法》,为国家权力机关依法监督行政机关、审判机关、检察机关及其工作人员正确行使权力提供法律依据。2006年6月1日修订后的审计法的施行,为发挥审计监督提供了完善的法律依据。2007年1月,国务院通过《政府信息公开条例》,为加强监督提供了新的法律手段。第三,完善规范从政行为,促进领导干部廉洁自律,保证权力正确行使的制度体系。在党内法规方面,颁布了《关于领导干部利用职权违反规定干预和插手建设工程招标投标、经营性土地使用权出让、房地产开发与经营等市场经济活动,为个人和亲友谋取私利的处理规定》《国有企业领导人员廉洁从业若干规定(试行)》《党政领导干部辞职暂行规定》《关于对党政领导干部在企业兼职进行清理的通知》《关于领导干部报告个人重大事项的规定》《关于严格禁止利用职务上的便利谋取不正当利益的若干规定》等。在国家法律法规方面,颁布实施《全面推进依法行政实施纲要》、行政许可法、公务员法。第四,充实违纪违法行为惩处制度体系。在党内法规方面,2003年12月正式实施《中国共产党纪律处分条例》。在国家法律和司法领域,2002年12月,全国人大通过刑法修正案(四)和《关于〈刑法〉第九章渎职犯罪主体适用问题的解释》。前者增加了"执行判决、裁定失职罪""执行判决、裁定滥用职权罪";后者对渎职犯罪的主体进行了明确。2006年6月刑法修正案(六),将商业贿赂犯罪的主体扩大到公司、企业以外其他单位的工作人员。2006年7月,新修订的《关于渎职侵权犯罪案件立案标准的规定》颁布实施。2007年7月,最高检和最高法联合发布《关于办理受贿刑事案件适用法律若干问题的意见》,增强了反腐败合力。其间还出台了反洗钱法、物权法、反垄断法等一批具有反腐败内容的法律。第五,健全反腐败领导体制、工作机制方面的法规。2004年9月,国务院颁布《行政监察法实施条例》,进一步规范行政监察工作。2005年中纪委制定出台《关于纪委协助党委组织协调反腐败工作的规定(试行)》,进一步完善反腐败工作领导体制和工作机制。第六,全面清理审查反腐倡廉规范性文件。从2002年开始,中纪委、监察部会同有关单位,对改革开放以来涉及党风廉政建设和反腐败工作的法规、文件进行了全面清理,将现行有效的1100余件党风廉政和反腐败法规制度进行汇编,出版了《党风廉政和反腐败现行法规制度全书》。

九是改革和完善反腐体制,设立国家预防腐败局。党的十六大以来,除了继续改革和完善党的纪律检查体制,纪检机关对派驻机构实行统一管理外,在反腐体制上的另一个重大创新举措是,2007年9月13日,正式成立国家预防腐败局。成立国家预防腐败局是党中央、国务院科学判断形势,为深入推进预防腐败工作所采取的一项重大举措,是坚持反腐倡廉战略方针,构建惩治和预防腐败体系的需要,是有效开展预防腐败工作的需要,是履行《联合国反腐败公约》的需要,是我国反腐倡廉建设向纵深发展的必然要求。国家预防腐败局的职责有三项:负责全国预防腐败工作的组织协调、综合规划、政策制定、检查指导;协调指导企业、事业单位、社会团体、中介机构和其他社会组织防治腐败工作;负责预防腐败的国际合作和国际援助。成立国家预防腐败局,有利于协调各部门预防腐败工作,形成预防腐败的整体合力;有利于拓宽工作领域,形成全社会预防腐败的良好局面;有利于增强预防腐败能力,提高预防腐败工作专业化水平;有利于加强国际交流与合作。

十是开展反腐败国际合作,建立对外逃腐败分子的"全方位围剿体系"。针对贪污贿赂犯罪出现跨区域、跨国作案,腐败分子犯罪后潜逃出境或将赃款转至境外等日益增多的新情况,我国采取了积极措施开展反腐败国际合作。首先,2005年10月,全国人大审议并批准了《联合国反腐败公约》。其次,开展打击贪污贿赂腐败犯罪的国际司法合作,建立对外逃腐败分子的"全方位围剿"体系。一方面,公安、检察、法院、外交、金融、司法等部门积极开展协作,对发现可能外逃的人员,提前拟定预案,制定防范措施;对外逃或可能外逃以及潜回国内的犯罪嫌疑人及时采取边境控制、上网追逃、全国通缉等措施。另一方面,拓展国际司法合作空间,通过国际刑警组织发布红色通缉令,进行缉捕;加强对洗钱活动的监控与情报交流等。至2007年1月,我国已与52个国家签订了86项双边引渡条约;最高人民检察院与81个国家的检察机关签署了合作协议或者合作谅解备忘录。已与国际反洗钱组织建立了固定联系机制。据不完全统计,近年来,我国已有300多名潜逃国外的职务犯罪嫌疑人被缉捕归案,同时追回了一批外逃的涉案资金。最后,积极开展反腐败双边或多边交往活动。中纪委监察部已同79个国家和地区的反腐机构建立了友好关系;与联合国开发计划署、世界银行等有影响的国际组织建立了联系并开展了多种形式的交流和合作。

(2)党的十七大至十八大:以完善惩治和预防腐败体系为重点加强反腐倡廉建设

面对反腐倡廉建设的新形势,党的十七大报告既坚持和重申了十六大以来"坚持方针、构建体系、拓展领域"的新时期反腐倡廉的总体思路,即"坚持标本兼治、综合治理、惩防并举、注重预防的方针,扎实推进惩治和预防腐败体系建设,在坚决惩治腐败的同时,更加注重治本,更加注重预防,更加注重制度建设,拓展从源头上防治腐败工作领域",又对反腐倡廉建设理论进行了重大创新。首先,用"反腐倡廉建设"的新表述来概括整合党风廉政建设和反腐败斗争,表明党中央对反腐倡廉规律性的深刻认识和准确把握达到了新的高度。其次,第一次把反腐倡廉建设与党的思想建设、组织建设、作风建设、制度建设并列作为党的"五大建设"之一,纳入党的建设总体布局之中,从而更加突出、提升了反腐倡廉建设的地位和作用。最后,用"一个坚决、三个更加注重"(在坚决惩治腐败的同时，更加注重治本，更加注重预防，更加注重制度建设）来深化发展反腐倡廉战略方针，加强以完善惩治和预防腐败体系为重点的反腐倡廉建设。

这一时期的反腐倡廉建设主要工作有：

一是完善惩治和预防腐败体系。党的十七大把"坚持标本兼治、综合治理、惩防并举、注重预防的方针，建立健全惩治和预防腐败体系"写入党章，2008年5月，中共中央颁布了《建立健全惩治和预防腐败体系2008—2012年工作规划》，并将惩治和预防体系建设列入国民经济和社会发展第十一个、第十二个五年规划纲要。该工作规划明确了未来五年的反腐工作目标：经过五年的扎实工作，建成惩治和预防腐败体系基本框架，拒腐防变教育长效机制初步建立，反腐倡廉法规制度比较健全，权力运行监控机制基本形成，从源头上防治腐败的体制改革继续深化，党风政风明显改进，腐败现象进一步得到遏制，人民群众的满意度有新的提高；确定了教育、制度、监督、改革、纠风、惩处六项工作部署，形成了对惩治和预防腐败体系建设的总体布局。五年来，各级党委、人大、政府和纪检监察机关认真落实以上实施纲要及工作规划的要求，突出重点、整体推进，把教育的说服力、监督的制衡力、惩治的威慑力、纠风的矫正力、制度的约束力、改革的推动力有机结合起来，形成了以体制机制制度为支撑的惩治和预防腐败体系基本框架，提升了反腐倡廉建设科学化水平。首先，积极推进重点领域和关键环节的体制改革，中央和国家机关共制定体制改革法律法规制度100余项，有效压缩以权谋私空间。其中，在行政体制和管理体制改革方面，印发开展行政审批电子监察工作的通知、深化行政审批制度改革的意见；在干部人事制度改革方面，实施2010—2020年深化干部人事制度改革规划纲要、2009—2013年全国党政领导班子建设规划纲要；在司法体制改革方面，制定进一步加强和规范执行工作的若干意见、人民检察院开展量刑建议工作的指导意见等；在深化财政、金融和投资体制改革方面，修订中华人民共和国证券法，印发银行业监督管理法关于完善和推进地方部门预算改革的意见；在继续推进国有企业改革方面，颁布国有资产法，出台推进国有企业贯彻落实"三重一大"决策制度的意见等规定。其次，制（修）订反腐倡廉法规制度，基本形成了支撑反腐倡廉的法规制度体系。最后，完善反腐倡廉领导体制和工作机制，包括完善组织协调机制，印发纪委协助党委组织协调反腐败工作的规定，制定形成惩治和预防腐败体系建设牵头单位和协办单位工作合力的意见等；完善检查考核机制，制定惩治和预防腐败体系建设的检查办法，各级纪检监察机关建立了年度自查、重点抽查等监督检查机制；完善责任追究机制，修订关于党风廉政建设责任制的规定，印发党政领导干部问责的暂行规定等。

二是强化领导干部廉洁自律工作。首先，深入推进领导干部廉洁从政的制度建设。2010年1月，修订颁布《中国共产党党员领导干部廉洁从政若干准则》，对党员领导干部廉洁从政行为提出了"52个不准"。之后中纪委制定实施办法并组织开展专项工作，对中央和国家机关以往制定的防止利益冲突制度进行清理，重点整治领导干部违规收受礼金、违规多占和买卖住房、利用职权以委托理财等形式谋取不正当利益等问题。2010年5月，中共中央办公厅、国务院办公厅印发了《关于领导干部报告个人有关事项的规定》和《关于对配偶子女均已移居国（境）外的国家工作人员加强管理的暂行规定》，并于2011年开始首次实行集中报告，全国共有100多万名处级以上领导干部报告了个人有关事项。此外，还制定或修订农村基层干部廉洁履行职责、国有企业领导人员廉洁从业等规定，促进了领导干部廉洁自律。其次，加强日常监督，落实党内监督各项制度。通过组织召开专题民主生活会，落实谈话和诫勉、述职述廉等举措，保证廉政准则得到贯彻落实。据统计，2010年和2011年，全国各级纪委负责人同下级党政主要负责人谈话43万多人次，领导干部任前廉政谈话91万多人次，诫勉谈话11万多人次；领导干部述职述廉近400万人次，函询8万多人次。对于违纪问题，严肃查处。最后，开展领导干部廉洁从政方面突出问题专项治理。2009年以来，各地区、各部门因公出国（境）、公务用车购置及运行、公务接待三项经费的财政预算，在2008年基础上共压缩了272.98亿元。2009年至2011年，对于"小金库"专项治理工作，全国共发现"小金库"60722个，涉及金额315.86亿元。五年来，全国共有13.65万多名领导干部主动上交现金、有价证券和支付凭证，查处违反规定收送现金、有价证券和支付凭证的党员干部8176人；因设立"小金库"和使用"小金库"款项而受到责任追究的10429人；查处违反津贴补贴工作有关政策规定的单位4007个,给予党纪政纪处分3168人。

三是继续保持查办案件工作的强劲势头。各级纪检监察机关把查办案件放在突出位置,重点查办了中央重大决策部署执行中的违纪违法案件、领导机关和领导干部中的腐败案件、商业贿赂案件和严重侵害群众利益案件、重点领域的违纪违法案件、群体性事件和重大责任事故背后的腐败案件。2007年11月至2012年6月,全国纪检监察机关共立案643759件,结案639068件,给予党纪政纪处分668429人。涉嫌犯罪被移送司法机关处理的24584人。通过查办案件,严肃了纪律,震慑了腐败分子,增强了人民群众对反腐败斗争的信心。首先,紧紧围绕党和国家中心工作查办案件,保证中央重大决策部署的贯彻落实。党的十七大以来,中纪委监察部对党和国家的重大决策、重要工作、重大活动、重大事件,及时跟进,严肃查处了违反政治纪律的行为。加强对中央扩大内需促进经济增长政策落实情况的监督检查,严肃查处在项目审批实施和资金分配使用中索贿受贿、贪污私分、截留克扣、挪用挤占等行为。加强对中央关于加快转变经济发展方式、实施"十二五"规划、推动文化改革发展以及关于西藏、新疆工作等重大决策部署落实情况的监督检查,开展对汶川特大地震、玉树强烈地震、舟曲特大山洪泥石流等抗灾救灾和灾后恢复重建工作的监督检查,及时查处一批违纪违法案件,维护了中央政令畅通。对廉洁办奥运、廉洁办世博和廉洁办亚运提出纪律要求,组织协调相关单位开展了监督检查,确保了这些重大活动的顺利进行。加强对换届风气的监督检查,严肃查办并通报了一批违反组织人事纪律的案件,保证了地方换届工作健康顺利进行。其次,坚决查处发生在领导机关和领导干部中的案件,重点查办领导干部滥用职权、贪污贿赂、腐化堕落、失职渎职的案件,严肃查办利用人事权、司法权、审批权、行政执法权牟取私利的案件,严肃查办官商勾结、权钱交易的案件,严肃查办以各种手段侵吞国有资产的案件。2007年11月至2012年6月,全国纪检监察机关共处分县处级以上干部22807人,移送司法机关的县处级以上干部3923人。坚决查处了薄熙来、刘志军、许宗衡等一批大案要案,表明了我们党反对腐败的坚强决心。再次,坚决查办商业贿赂案件。各地区各有关部门围绕工程建设、土地出让、产权交易、医药购销、物资采购、资源开发与经销,以及金融等重点领域和方面,突出查办利用审批权、监管权、执法权、司法权在商业活动中搞官商勾结、权钱交易和严重侵害群众利益的商业贿赂案件。2007年11月至2012年6月，全国共查办商业贿赂案件81391件，涉案金额222.03亿元，涉及国家公务员的案件1.3万余件1.5万余人。在全国260多万个企业事业单位、49个行业主管（监管）部门及其系统里深入查找不正当交易行为，共收缴不当所得15.8亿元。中央治理商业贿赂领导小组2008年制定了《关于在治理商业贿赂专项工作中推进市场诚信体系建设的意见》，指导推进市场诚信体系建设。检察机关实现了行贿犯罪档案查询系统的全国联网，工信、财政、建设、电监等部门以及一批中央企业，不断健全市场主体失信行为记录和公示制度。最高人民法院、最高人民检察院出台了《关于办理商业贿赂刑事案件适用法律若干问题的意见》，对查办新形势下的商业贿赂案件做出规定。最后，针对违纪违法行为出现的新特点新情况，查办了一批典型案件。重点查办发生在工程建设、房地产开发、土地管理、矿产资源开发、金融、司法等领域以及工程建设项目招标投标、项目实施管理、项目质量安全等环节的案件，如贵州省纪委严肃查处了贵州省公路局原党委书记周金毅严重违纪违法案件。严肃查处重大责任事故和群体性事件所涉及的失职渎职问题和背后的腐败案件，如"7·23"甬温线特别重大铁路交通事故，54名责任人受到严肃处理。认真核实媒体和网络反映较多、群众关注度高的案件线索，如查办了江苏省南京市江宁区房管局原局长周久耕等违纪违法案件，回应了社会关切，维护了党和政府形象。

四是坚决纠正损害群众利益的不正之风，严肃查处发生在群众身边的腐败问题。各地区各部门坚持以人为本、执政为民，认真贯彻中央的决策部署，深入开展纠风工作，将纠风工作贯穿于经济社会发展的全过程，标本兼治、纠建并举，切实维护民利、保障民生。① 首先，开展中央重大决策部署的贯彻落实监督检查，确保各项惠民政策惠及民生。主要有：开展对农村税费、义务教育经费保障机制、医药卫生体制、成品油税费等改革政策执行情况的监督检查，全国有1.5亿名学生享受免费义务教育，三项基本医疗保障制度覆盖近13亿人，推动取消交通和车辆行政事业性收费

---

① 参阅朱效生《党的十七大以来纠风工作综述》，《中国监察》2012年第9期。

项目217个，19个省全面取消政府还贷二级公路收费，一次撤销收费站点2072个，取消收费里程达10.7万公里；开展汶川特大地震等抗灾救灾和灾后恢复重建工作的监督检查，确保救灾款物真正用于灾区和受灾群众；开展纠正保障性住房建设、配置等环节不正之风工作，2011年以来，各级纠风办共参与保障性住房检查项目2.6万多个次，查处违法违纪问题307个，约谈有关城市政府负责人260人次。其次，开展专项治理，着力解决损害群众利益的突出问题。包括开展庆典研讨会论坛活动过多过滥问题专项治理，仅2011年全国就清理和规范活动项目6763个，节约资金12.3亿元；开展清理和规范评比达标表彰活动，全国党政机关共撤销评比达标表彰项目14.4万个，撤销率达97%以上；加大纠正违法违规强制征地拆迁工作力度，查处了1480起强制征地拆迁问题，国务院纠风办会同国土资源、住房与城乡建设等部门，督办和查处一批违法违规强制征地拆迁案件，对其中11起典型案件进行了直接调查，给予57人党纪政纪处分和问责处理，移交司法机关处理31人，并将其中6起案件在全国通报；坚决纠正损害农民利益行为，开展了村级组织收费专项清理整顿活动和减轻农民负担专项清查，各地取消、降低一批涉农收费项目和标准，查处和纠正损害农民土地权益问题6万余件，通过查处涉农"三乱"问题，减轻农民负担近30亿元，查处制售假劣农资、坑农害农问题17万多件，涉及金额35.85亿元；治理教育乱收费，义务教育阶段全部免除学杂费，落实公办高中招收择校生"三限"政策，深入实施"阳光招生工程"，不断加强对农村义务教育"两免一补"资金、中等职业教育国家助学金等教育经费拨付和使用情况的监督检查，各地清理和废止违规收费项目2405个，严肃查处挤占、截留、挪用、骗取国家教育经费的问题，全国查处各类教育乱收费问题共涉及金额20多亿元；纠正医药购销和医疗服务中的不正之风，全国县级以上非营利医疗机构全部参加网上药品集中采购，累计降低药品价格让利群众1164亿元，查处医务人员收受"红包"、回扣等问题，涉及金额9亿多元；治理公路"三乱"，查处公路"三乱"问题1600多件，对全国收费公路进行专项清理，撤销和调整了一批收费站；加大食品药品安全监管力度，严肃查处"三聚氰胺"乳品、问题乳粉、"瘦肉精"猪肉事件、药用胶囊铬超标问题等一批典型案件。近年来，全国共查处食品药品安全问题18万多件，处理近4万人；深入推进专项资金监管工作，各级纠风办始终强化对民生领域政府投入资金的监管，共纠正和查处涉及社保基金、住房公积金、扶贫资金、救灾救济资金违纪违法问题1.2万件，涉及金额约73亿元。再次，纠建并举，创新体制机制制度，加大源头预防力度。各地区各部门把行风建设寓于业务工作之中，全面推行"一站式"办公、"一条龙"服务和服务承诺制、首问负责制、限时办结制、责任追究制，深入开展民主评议和政风行风热线工作，推动纠风工作深入开展。中央制定出台了农村综合改革、义务教育经费保障机制改革、医药卫生体制改革、取消政府还贷性二级公路收费等一大批涉及民生领域的改革措施，为从源头上防治损害群众利益的不正之风提供了条件。最后，严肃查办侵害群众切身利益的违纪违法案件。2007年11月至2012年2月，全国基层纪检监察机关共立案51.85万件，处分54.03万人。其中，对违法违规强制征地拆迁腐败问题，全国共查处1480件。关于矿产资源开发等领域的腐败问题，2012年上半年，全国共立案查处矿产资源领域违法案件2760件，37人受到党纪政纪处分，其中25人被追究刑事责任。中纪委监察部严肃查处了山西省襄汾县新塔矿业公司"9·8"特别重大尾矿库溃坝、湖南省凤凰县"8·13"堤溪大桥坍塌等13起特别重大安全生产事故背后的腐败问题，72名国家工作人员受到查处，其中65人被移交司法机关处理。关于办学中乱收费问题，全国查处各类教育乱收费问题，涉及金额20多亿元。医药购销领域和医疗服务中的腐败问题，查处医务人员收受"红包"、回扣等问题涉及金额9亿多元，推动降低药价让利群众1164亿元。关于食品药品制假售假的腐败问题，全国共查处"三聚氰胺"乳品、"瘦肉精"饲料等食品药品安全问题18万余件，处理近4万人；查处制售假劣农资、坑农害农问题17万多件，涉及金额35.9亿元；国务院有关部门对"三鹿"婴幼儿奶粉重大食品安全事件进行深入调查，对8名厅级干部、6名处级干部进行了责任追究。关于国有企业领导人员侵占国家、集体利益和侵占职工群众权益的腐败问题，中纪委查处了中国移动集团公司原党组书记张春江受贿案等国有企业领导人员违纪违法案件。2012年1月至6月，国务院国资委及所属中央企业查处国有企业领导人员违纪违法案件336件，给予党政纪处分377人，挽回经济损失约1.29亿元。对基层干部吃拿卡要、收受财物的腐败问题，查处和纠正涉及社保基金、住房公积金、扶贫资金、救灾救济资金违纪违法问题 1.2 万件，涉及金额约 73 亿元，深入治理涉农"三乱"，共减轻农民负担近 30 亿元。对执法不公、为黑恶势力充当"保护伞"的腐败问题，仅 2012 年上半年，全国检察机关立案查处司法人员职务犯罪案件 1405 人。此外，各地还查处了基层干部买官卖官、拉票贿选等腐败问题，基层干部作风粗暴、欺压群众、奢侈浪费等腐败问题等。查处这些案件，有力地遏制了发生在群众身边的腐败问题滋生蔓延的势头。

五是加强和改进巡视、问责及政务公开等工作，进一步强化对权力的监督。① 第一，完善巡视制度体系，为巡视工作的开展提供制度遵循。2009 年 7 月，中共中央颁布实施《中国共产党巡视工作条例（试行）》，对巡视工作的指导思想、基本原则、机构设置、工作程序等做出了明确规定，为做好巡视工作提供了基本遵循。中央巡视工作领导小组和中纪委、中组部制定印发了《中央巡视工作领导小组工作规则》《中央巡视工作领导小组办公室工作规则》《中央巡视组工作规则（试行）》《关于被巡视地区、单位配合中央巡视组开展巡视工作的暂行规定》，以及《中央巡视组信访工作办法（试行）》《中央巡视组回访工作暂行规定》等配套法规文件。中央巡视工作领导小组办公室制定印发了《中央巡视工作流程（试行）》等配套制度，初步形成了以条例为核心，以四个法规文件为框架、有关制度规定相互衔接协调的巡视工作制度体系，为巡视工作健康有序开展提供了重要制度保障。第二，健全完善中央统一领导、各方分级负责的巡视工作领导体制和工作机制。为进一步加强对巡视工作的组织领导，2009 年 11 月，中央做出成立中央巡视工作领导小组，将中央纪委、中央组织部巡视工作办公室和巡视组更名为中央巡视工作领导小组办公室和中央巡视组的决定。贯彻中央要求，各省（区、市）和新疆生产建设兵团党委成立了巡视工作领导小组及其办公室，共组建 179 个巡视组；部分中央和国家机关、中央企业、中管金融企业党委（党组）也成立了巡视工作领导小组。中央巡视工作领导小组先后召开 23 次领导小组会议，及时听取

---

① 参阅钟巡《党的十七大以来巡视工作综述》，《中国纪检监察》2012 年第 15 期。

巡视工作情况汇报，安排部署年度和阶段工作任务，研究解决工作中所遇到的重大问题。中央政治局常委会议和中央政治局会议多次对巡视工作提出指导性意见，胡锦涛总书记等中央领导同志多次做出重要指示，提出明确要求，为做好巡视工作指明了方向。经过探索和实践，全国巡视工作初步建立起以中央和省（区、市）巡视工作为主线，国务院国资委对中央企业，部分中央和国家机关、中央企业、中管金融企业对所属单位的全国性巡视监督网络，巡视监督工作的覆盖面得到不断延伸和扩大。第三，注重运用巡视成果，推动解决问题、改进工作。巡视工作的根本目的，在于通过发现问题和推动解决问题，促进被巡视地区和单位改进工作。党的十七大以来，中央巡视机构完成了对 31 个省（区、市）和新疆生产建设兵团、33 家国有重要骨干企业和中管金融企业、两所中管高校的巡视任务，并对14 个省（区、市）和 1 家中管金融企业进行了巡视回访；各省（区、市）巡视机构共完成了对 333 个市（地、州、盟）、2049 个县（市、区、旗）及 614 个省直部门和 310 家省属国有企业、高校的巡视任务，并对 215 个市（地、州、盟）开展了第二轮巡视；国务院国资委巡视机构对中央企业的巡视，以及部分中央和国家机关、中央企业和中管金融企业内部巡视工作也扎实推进。中央巡视机构共向中央呈报巡视情况报告 80 份、专题报告 6 份，向中央及有关部门提出意见建议 225 条，向被巡视地区和单位提出意见建议 470 条，向纪检监察机关移交反映领导干部涉嫌违纪违法问题线索 318 件。第四，严格责任追究，提高工作效能。依据2009 年 7 月颁布实施的《关于实行党政领导干部问责的暂行规定》，2010 年以来全国共问责党政领导干部 18227 人。五年来，各地区各部门重点围绕解决征地拆迁、住房保障、土地管理、食品药品安全、环境保护等损害群众利益的突出问题开展问责。全国共查处违法违规强制征地拆迁问题 1480 个，责任追究 509 人。一些地区和部门还把问责与作风建设、效能建设相结合，将问责作为治庸提效、优化发展环境的重要抓手，以解决"庸懒散"问题为重点开展问责，切实提高行政效能。第五，实施和完善权力运行公开制度，提高权力运行透明度。积极稳妥推进党务公开，全面实行党的基层组织党务公开，稳步推进党的地方组织党务公开联系点和县委权力公开透明运行试点工作。依据 2008 年 5 月实施的《中华人民共和国政府信息公开条例》，加大政务公开力度，全面推行政府信息公开。政府信息主动公开制度基本确立，依申请公开政府信息积极稳妥推进。2011年，31个省（区、市）主动公开政府信息2885万多条，中央国家机关各部门各单位主动公开政府信息149万多条，基本覆盖了条例规定的应当公开的主要方面。国务院大力推进预算决算公开和"三公"经费公开，2012年6月，国务院公布《机关事务管理条例》，进一步要求从10月1日起县级以上政府需将"三公"经费纳入预算管理，定期向社会公开"三公"经费预决算情况，并提出县级政府要严控"三公"经费的规模和比例。扎实开展司法公开、厂务公开、村（居）务公开和公共企事业单位办事公开。各项公开制度为人民群众更好地行使民主权利创造了条件。

六是加强党风廉政宣传教育和廉政文化建设。首先，在全党分批开展深入学习实践科学发展观活动。根据党的十七大部署，2008年9月，中央下发《关于在全党开展深入学习实践科学发展观活动的意见》，学习实践活动自上而下分三批展开，历时一年半，到2010年2月底基本结束。学习实践活动，使广大党员、干部受到深刻的马克思主义教育，贯彻落实科学发展观的自觉性和坚定性明显增强，加强党性修养和作风建设的自觉性明显提高，对事关本地区本部门本单位科学发展重大问题的认识进一步深化，领导和推动科学发展能力进一步提高；人民群众得到更多实惠，有力地推动了中央惠民利民政策的落实，解决了大量涉及群众切身利益的实际问题，密切了党群关系、干群关系，促进了社会和谐稳定。其次，开展以创建先进基层党组织、争当优秀共产党员为主要内容的创先争优活动。2010年4月，中央决定在全国党的基层组织和党员中深入开展创先争优活动，该活动历时两年半，一直开展至2012年11月党的十八大召开前。2010年4月，中共中央办公厅转发《中央组织部、中央宣传部关于在党的基层组织和党员中深入开展创先争优活动的意见》。创先争优活动是深入开展学习实践科学发展观活动的拓展和延伸。2012年6月28日，全国创先争优表彰大会召开，1000个基层党组织、100名共产党员、100个县（市、区、旗）党委受到中组部表彰。再次，坚持以领导干部为重点，开展反腐倡廉教育活动。根据惩治和预防腐败体系实施纲要及2008—2012年工作规划的要求，各级纪检监察机关进一步加大了对党员干部的示范教育、警示教育和岗位廉政教育力度。主要有树先进典型，大力宣传王瑛、李彬、陈超英等纪检监察战线先进典型和全国纪检监察系统先进工作者的事迹，推出了郝万忠等勤廉兼优先进典型；利用典型案件如国家食品药品监督管理局原局长郑筱萸案，开展警示教育，以案说纪，用身边事教育身边人，充分发挥查办案件的治本功能；联合政法机关依托监狱、法庭等建立党员干部警示教育基地，通过旁听庭审、服刑人员现身说法等多种形式，教育广大党员干部引以为戒；开展岗位廉政风险防范教育，使党员干部清醒地认识和防范廉政风险；推行廉政法规考试特别是领导干部任前廉政考试，提高党员干部学习遵守党纪国法的自觉性；深入挖掘各类革命旧址、历史文化名胜所蕴含的丰富的廉政教育资源，建设一批廉政教育基地，等等。最后，深入开展廉政文化创建活动，不断扩大廉政文化的影响力。纪检监察机关与宣传、文化、广电、新闻出版等部门加强协作配合，齐抓共管，开展家庭助廉、读书思廉、学习促廉等各种形式的廉政文化创建活动，积极推进廉政文化进机关、社区、学校、农村、企业、家庭。各省区市纪委建立各类省级廉政文化建设示范基地2071个，2011年，中纪委在全国确定了14个廉政文化建设联系点。各地还将廉政文化活动场所建设纳入公共文化设施网络布局中，充分发挥各类文化场馆、设施作用，一些地方还重视加强廉政文化景观建设，丰富群众精神文化生活。中纪委监察部会同有关部门联合组织开展全国廉政公益广告创作展播评选活动。各地注重挖掘地方廉政文化资源，打造了一批思想性、艺术性和观赏性相统一的优秀廉政文化作品。

七是深化制度建设和改革创新，提高防治腐败工作水平。首先，大力推进反腐倡廉法规制度建设，基本形成支撑反腐倡廉的法规制度体系。各级党委、人大、政府和纪检监察机关紧紧围绕2008—2012年工作规划的部署，不断完善反腐倡廉法规制度体系。截至2012年8月，中央和国家机关制定反腐倡廉相关法律法规制度775件；各省（区、市）和新疆生产建设兵团制定反腐倡廉相关地方性法规和文件规定1538件。五年来，中纪委监察部单独或者会同有关部门起草制定法规制度60余部，各省（区、市）纪检监察机关起草制定反腐倡廉法规和规范性文件达500余件，内容涉及反腐倡廉建设的各个领域。其中，在反腐败国家立法方面，修改刑事诉讼法、行政监察法，出台刑法修正案（七）（八），制定出台行政强制法、招标投标法实施条例等。在党内法规方面，有关强化党内监督的，颁布了党内监督条例、巡视工作条例、党政领导干部问责暂行规定、实行党风廉政建设责任制的规定、领导干部报告个人有关事项规定等；有关规范廉洁从政从业行为的，印发了党员领导干部廉洁从政若干准则、国有企业领导人员廉洁从业若干规定、农村基层干部廉洁履行职责若干规定；有关反腐倡廉教育的，印发了关于加强领导干部反腐倡廉教育的意见、加强廉政文化建设的意见等；有关违纪行为惩处的，颁布实施了修订后的党纪处分条例及一系列配套解释、行政机关公务员处分条例的配套规章。其次，大力推进反腐倡廉改革创新。总结推广了一批典型经验，廉政风险防控全面推行，防止利益冲突试点、社会信用体系建设、制度廉洁性评估等工作取得积极进展。推进建设统一规范的公共资源交易市场，铁路、水利、交通运输等工程建设项目进入地方公共资源交易市场集中交易。深入推进行政审批制度改革，行政审批项目进一步减少和规范。干部人事制度和司法、财税、金融、投资、国有资产经营管理体制改革继续深化。

八是建立健全防逃追逃追赃机制，扎实推进防逃追逃工作。针对近年来一些违纪违法国家工作人员携款外逃现象增多的问题，加大力度防止违纪违法国家工作人员外逃和开展境外缉捕工作。首先，建立境外缉捕和防止违纪违法国家工作人员外逃两项工作联络协调机制。坚持中央确定的反腐败领导体制，党委统一领导，纪委组织协调，各职能部门协作配合，有效整合国内职能部门资源，充分发挥各部门职能优势，形成防逃追逃工作的整体合力。通过组织召开追逃工作案件协调会和防逃工作部际联席会议，明确工作任务，规范协作程序，使防逃追逃工作更加协调高效。其次，加强国际合作，以外交和司法合作为主，积极稳妥推进境外缉捕工作。外交部等部门注重国际司法合作基本法律制度建设，已对外缔结了40多项刑事司法协助条约、30多项引渡条约，加入了《联合国反腐败公约》《联合国打击跨国有组织犯罪公约》等20多项相关多边条约。司法部积极参与国际条约缔结谈判和履约、适约工作，加强与条约合作伙伴国有关部门的密切联系，为推动国际刑事司法合作奠定了良好的工作基础。外交部、最高人民检察院、公安部、监察部等部门加强国际司法和执法合作，与美国建立了中美执法合作联合联络小组，并在该小组框架内设立了反腐败专家组和追逃工作组；与加拿大建立了司法和执法合作磋商机制等。通过引渡、遣返、劝返等方式，成功将黑龙江省经济体制改革委员会原主任宋士合、中国银行黑龙江省分行哈尔滨河松街支行原行长高山、上海市核电办公室原主任杨忠万、云南省交通厅原副厅长胡星、辽宁省华曦集团原副总经理袁同顺、中国银行广东开平支行特大贪污挪用公款案主犯余振东等一批外逃犯罪嫌疑人缉捕归案，并促使中国银行开平支行案件另两名主犯许超凡、许国俊等人在外国受到法律制裁。特别是厦门特大走私案主犯赖昌星在潜逃加拿大12年后被成功遣返回国，充分彰显了我们党和政府打击犯罪、惩治腐败的坚强决心，有力维护了我国法律的尊严，有力震慑了外逃和企图外逃的犯罪分子。最后，坚持标本兼治、综合治理，建立防逃追逃长效机制。各有关部门在大力开展境外缉捕工作的同时，高度重视源头预防工作，努力构建惩治和预防腐败分子外逃体系，加强防逃制度建设，针对重点环节建立健全防范制度、强化日常监管、加强宣传教育，初步建立起长效机制。纪检监察机关和组织部门严格执行《关于领导干部报告个人有关事项的规定》和《关于对配偶子女均已移居国（境）外的国家工作人员加强管理的暂行规定》，及时掌握领导干部因私出国（境）、配偶子女移居国（境）外等情况，加强日常监督和管理。各有关职能部门针对国家工作人员出国（境）证照审批保管、因私出国（境）登记备案、配偶子女均已移居国（境）外、出入境资金监测等重点环节，完善相关制度，逐步建立起防逃网络。

4. 第四阶段：形成反腐败斗争压倒性态势并巩固发展（党的十八大以来）

党的十八大报告强调指出，在新形势下，我们党面临着复杂严峻的执政考验、改革开放考验、市场经济考验、外部环境考验"四大考验"，精神懈怠危险、能力不足危险、脱离群众危险、消极腐败危险"四种危险"更加尖锐地摆在全党面前。党的十八大向全党全社会宣示了我们党反对腐败、建设廉洁政治，实现干部清正、政府清廉、政治清明的目标和决心。党的十八大以来，以习近平为核心的党中央以强烈的历史使命感、深沉的忧患意识、顽强的意志品质，团结带领全党全国各族人民进行具有新的历史特点的伟大斗争，党和国家事业发生了历史性变革。在以习近平为核心的党中央坚强领导下，各级纪检监察机关坚决贯彻落实党中央部署，坚定不移惩治腐败，不敢腐的目标初步实现，不能腐的笼子越扎越牢，不想腐的堤坝正在构筑，取得了形成反腐败斗争压倒性态势并巩固发展的历史性成就。

这一时期的反腐倡廉建设主要工作有：

一是把全面从严治党纳入"四个全面"战略布局，着力净化党内政治生态。2014年12月，习近平在江苏考察时第一次明确使"全面从严治党"成为全面建成小康社会、全面深化改革、全面推进依法治国、全面从严治党"四个全面"战略布局的重要组成部分，对我们党加强自身建设理论进行了创造性发展。习近平在2016年1月中纪委六次全会上指出，全面从严治党的基本内涵，核心是加强党的领导，基础在全面，关键在严，要害在治。同时强调全面从严治党永远在路上。① 十八大以来，我们党以顽强的意志品质、以自我革命的勇气，采取了一系列重大举措，坚定不移地推进全面从严治党，解决了许多长期想解决而没有解决的难题，办成了许多过去想办而没有办成的大事，管党治党宽松软状况得到了根本改变。这些举措包括加强和规范党内政治生活，净化党内政治生态；把纪律挺在前面，尤其是严明党的政治纪律和政治规矩；层层落实管党治党政治责任；严抓中央八项规定精神的落实，严厉整治"四风"；始终保持反腐败高压态势，坚定不移"打虎""拍蝇""猎狐"；充分发挥巡视利剑作用，全面强化党内监督；开展系列思想教育活动，坚定理想信念；完善党内法规制度体系，等等，涵盖了党的政治建设、思想建设、组织建设、作风建设、反腐倡廉建设、制度建设各个方面。

第一，明确全面从严治党主体责任、监督责任，抓住管党治党"牛鼻子"。2013年十八届三中全会《关于全面深化改革若干重大问题的决定》首次提出厘清和落实党风廉政建设责任制，党委负主体责任，纪委负监督

---

① 2014年1月20日，习近平在党的群众路线教育实践活动总结会上指出，"作风建设永远在路上"；2015年1月13日，习近平在十八届中央纪委五次全会上提出，"党风廉政建设和反腐败斗争永远在路上"；2016年1月12日，习近平在十八届中央纪委六次全会上强调，"全面从严治党永远在路上"。"永远在路上"提法的变化，体现了党对管党治党的规律既有坚持，认识又在不断深化，彰显着共产党人的恒心和韧劲。

责任，制定实施切实可行的责任追究制度。2015年10月，党中央将党风廉政建设主体责任拓展深化为全面从严治党主体责任。2016年1月，中纪委六次全会进一步明确为全面从严治党各级党组织及其负责人都是责任主体，党委书记是第一责任人，各级纪委是党内监督专责机关，监督重点是履行监督执纪问责的职责。从党风廉政建设主体责任，上升发展为全面从严治党主体责任，这一变化明确了全面从严治党主体责任是一种政治责任，明确了党风廉政建设和反腐败工作只是全面从严治党的一个重要组成部分，明确了各级党组织及其负责人都是全面从严治党责任的主体，党委书记是第一责任人，牵住了管党治党的"牛鼻子"。第二，加强和规范党内政治生活，着力净化党内政治生态。针对党内存在无视党的政治纪律和政治规矩的"七个有之"问题①，党中央把严肃党内政治生活、净化党内政治生态摆在更加突出的位置。为加强和规范党内政治生活，2016年10月，十八届六中全会审议通过了《关于新形势下党内政治生活的若干准则》，该准则既坚持和遵守了1980年制定的《关于党内政治生活的若干准则》的主要原则和规定，又结合新的时代特点提出了一系列新观点、新举措、新规定，为严肃党内政治生活、净化党内政治生态提供了基本遵循。第三，挺纪在前，尤其是严明党的政治纪律和政治规矩。党中央和纪检机关把加强纪律建设作为全面从严治党的治本之策，强化用严明的纪律管住全体党员，纪律建设贯穿于全面从严治党的全过程和各领域，呈现出崭新局面。主要举措有：健全完善制度，以党章为根本遵循，健全党内规则体系，扎紧党纪党规的笼子；深入开展纪律教育，增强党员、干部纪律意识，形成尊崇党章、遵守党纪的良好习惯；强化以上率下，养成纪律自觉，自觉以身作则，发挥表率作用；坚持纪严于法、纪在法前，实现纪法分开，把纪律挺在管党治党的最前沿，实现由"惩治极少数"向"管住大多数"拓展；把政治纪律放在首位，严明党的政治纪律和政治规矩，强化政治意识、大局意识、核心意识、看齐意识"四个意识"。把违反政治

---

① 习近平总书记在十八届四中全会上指出，一些人无视党的政治纪律和政治规矩，为了自己的所谓仕途，为了自己的所谓影响力，搞任人唯亲、排斥异己的有之，搞团团伙伙、拉帮结派的有之，搞匿名诬告、制造谣言的有之，搞收买人心、拉动选票的有之，搞封官许愿、弹冠相庆的有之，搞自行其是、阳奉阴违的有之，搞尾大不掉、妄议中央的也有之。

纪律问题作为巡视和派驻监督重点，执纪审查首先检查对党是否忠诚。党的十八大以来，共立案审查违反政治纪律案件1.5万件，处分1.5万人，其中中管干部112人；把握"树木"与"森林"关系，运用好监督执纪"四种形态"①，坚持抓早抓小，用严明的纪律管全党治全党。2015年以来，全国纪检监察机关实践"四种形态"，共处理204.8万人次，其中，运用第一种形态——批评教育、谈话函询95.5万人次，占46.7%，使红脸出汗成了常态；运用第二种形态——党纪轻处分、组织调整81.8万人次，占39.9%；运用第三种形态——党纪重处分、重大职务调整15.6万人次，占7.6%；运用第四种形态——严重违纪涉嫌违法立案审查11.9万人次，占5.8%，被开除党籍、移送司法机关的成为极少数。第四，创新党内监督机制，全面强化党内监督。把强化党内监督作为党的建设的重要基础性工程来抓，确实解决党内监督主体责任缺失、监督责任缺位、管党治党宽松软的问题。对加强党内监督进行了制度创新，并通过修订《中国共产党党内监督条例》加以确立。2016年新修订的《中国共产党党内监督条例》，对强化新形势下的党内监督做出顶层设计，健全了监督体系，理清了监督职责，明确了监督任务和内容，突出了监督重点，改进了监督方式方法，强化了监督成果运用，形成了监督合力，为加强和规范党内监督提供了基本遵循。第五，完善问责机制，以强有力的问责强化责任担当。2016年6月，中共中央政治局审议通过《中国共产党问责条例》，问责条例聚焦全面从严治党，突出管党治党政治责任，着力解决一些党组织和党的领导干部中存在的党的领导弱化、党的建设缺失、全面从严治党不力，党的观念淡漠、组织涣散、纪律松弛、不担当、不负责等突出问题，综合运用检查、通报、诫勉、组织处理、纪律处分等方式，追究主体责任、监督责任和领导责任。问责成为从严治党利器，一批在党的建设和党的事业中失职失责典型问题受到问责。党中央坚决查处山西系统性、塌方

---

① "四种形态"最初由中共中央政治局常委、中央纪委书记王岐山2015年9月24日至26日在福建调研时提出。2016年10月通过的《中国共产党党内监督条例》重新进行了定义：党内监督必须把纪律挺在前面，运用监督执纪"四种形态"，经常开展批评和自我批评、约谈函询，让"红红脸、出出汗"成为常态；党纪轻处分、组织调整成为违纪处理的大多数；党纪重处分、重大职务调整成为少数；严重违纪涉嫌违法立案审查的成为极少数。

式腐败问题，对省委领导班子做出重大调整。对湖南衡阳破坏选举案、四川南充拉票贿选案、辽宁省系统性拉票贿选问题进行严肃问责，严肃查处。对民政部原党组、原派驻纪检组管党治党不力进行严肃问责，原党组书记、分管副部长、派驻纪检组组长均被追责。对司法部原党组书记在干部工作中严重失察和违纪行为进行问责。严肃查处甘肃祁连山国家级自然保护区生态环境遭到破坏典型案件中的失职失责问题，18人受到问责。2014年以来，全国共有7020个单位党委（党组）、党总支、党支部，430个纪委（纪检组）和6.5万余名党员领导干部被问责。强化问责，有力推动了管党治党政治责任的落实，成为管党治党、治国理政的鲜明特色。

二是以落实中央八项规定精神为切入点，锲而不舍狠抓纠正"四风"。党的十八大闭幕后不久，2012年12月4日，中共中央政治局召开会议，直面党内一段时间以来大量存在的脱离群众现象，以致集中表现在形式主义、官僚主义、享乐主义和奢靡之风这"四风"上的突出问题，审议通过了关于改进工作作风、密切联系群众的"八项规定"，就改进调查研究、精简会议活动、精简文件简报、规范出访活动、改进警卫工作、改进新闻报道、严格文稿发表、厉行勤俭节约等做出了规定，强调首先要从中央政治局做起，下大决心改进作风，以良好党风带动政风民风，真正赢得群众信任和拥护。2013年3月，新一届政府成立之初，李克强总理代表国务院提出"约法三章"①，向社会和人民做出带头做起的庄严承诺。

"八项规定"发出了全面从严治党的"动员令"。"八项规定"出台后，全党言出纪随、久久为功。中央率先垂范，以上率下，以实际行动为全党树立典范。各地区各部门认真贯彻落实中央"八项规定"精神，纪检监察机关强化监督检查，以"钉钉子"的精神，锲而不舍狠抓中央"八项规定"精神的贯彻落实，驰而不息狠抓纠正"四风"问题，紧锣密鼓推出一系列举措。首先，集中开展专项整治，严格监督执纪问责，强力释放越往后执纪越严的信号。各地纪检监察机关从治理公款大吃大喝、旅游、送礼等奢靡之风入手，紧盯公款购买赠送月饼、贺卡、烟花爆竹等问

---

① 即本届政府任期内政府性楼堂馆所一律不得新建，财政供养人员只减不增，公费接待、公费出国、公费购车只减不增。

题，一个节点一个节点抓，一年接着一年干，以一个个具体问题的突破，带动了作风整体转变。纪检监察机关把违反"八项规定"精神的行为列入纪律审查重点，对各种违反"八项规定"精神的突出问题，抓住重要时间节点、重点领域、关键环节，集中开展专项整治，对查处的违反中央"八项规定"精神的典型案件，实行集中点名道姓通报曝光，铁面执纪问责，产生了强烈的震慑作用。为激发人民群众参与监督的热情，中纪委网站先后开通违反"八项规定"精神问题监督举报曝光专区、侵害群众利益的不正之风和腐败问题监督举报曝光专区等，构建来信、电话、网站、微信"四位一体"监督举报平台。2013年3月19日，中纪委首次公开通报6起违反中央"八项规定"精神典型问题。截至2017年7月底，中纪委监察部网站共点名道姓通报曝光各级纪检检察机关查出的违反中央"八项规定"精神问题8301起，涉及12004人。2013年底，黑龙江省副省级干部付晓光因私公款消费，受到留党察看一年处分，降为正局级，成为首个因违反中央"八项规定"精神问题而被处理的省部级干部。十八大以来，各级纪检监察机关共查处违反中央"八项规定"精神问题18.9万起，处理党员干部25.6万人。形成了查纠违反"八项规定"精神问题和反"四风"的高压态势。其次，扎紧织密作风建设制度笼子，着力构建改进作风长效机制。党中央注重顶层设计，先后制定、修订出台一系列党内法规，包括对党和国家领导人工作生活待遇、党政机关厉行节约反对浪费、党政机关停止新建楼堂馆所和清理办公用房、党政机关国内公务接待管理、因公临时出国经费管理、公务用车制度改革、党员干部直接联系群众等做出明确规范。把落实中央"八项规定"精神和纠正"四风"的要求融入新形势下党内政治生活若干准则、廉洁自律准则，写入党内监督条例、党纪处分条例、问责条例等党内法规中，不断健全作风建设制度体系。纪检监察机关加强对制度执行情况的监督检查，对打折扣搞变通、执行不力的予以严肃查处和问责。最后，聚焦作风建设开展教育实践活动，集中解决"四风"问题。先后开展党的群众路线教育实践活动、"三严三实"专题教育活动和"两学一做"学习教育活动。其中，群众路线教育实践活动聚焦于"四风"问题。通过教育实践活动，教育引导党员干部增强落实中央"八项规定"精神的思想自觉性和行动自觉性，从思想深处筑牢抵制不良作风的"防火墙"。

党的十八大以来，党中央从制定和执行中央"八项规定"破题，解决了新形势下作风建设抓什么、怎么抓的问题，进而推动了全面从严治党，推动了党风、政风、社会风气好转。中央"八项规定"成为管党治党、从严治党的重要抓手。小切口带动了大变局，党风政风焕然一新，党心民心为之一振。五年来，人们惊奇地发现，多少曾经的"管不住""不可能""没想到""没见过"的问题，现在均得到有效管控。"八项规定"改变着中国，已成为一张全面从严治党的亮丽名片。国际社会也给予了广泛赞誉。

三是坚持有腐必惩、有贪必肃，始终保持反腐败高压态势。党的十八大以来，面对依然严峻复杂的反腐败斗争形势，纪检监察机关以顽强的毅力和不屈的韧劲，以前所未有的力度和强度反腐败。惩治腐败呈现出雷霆万钧之势，取得了显著成效。首先，坚持反腐败无禁区、全覆盖、零容忍。无禁区，就是不因腐败分子的身份、数量而例外，不因敏感时间、特殊节点而放松，不因行业、领域而止步，不因地域、空间而有区别，在党纪国法面前无例外，反腐败绝不封顶设限，不管涉及谁，都要依法受到惩处。全覆盖，就是要横向全覆盖、纵向全链接，凡权力覆盖的范围就是监督的范围，就是反腐败要覆盖的范围。零容忍，就是要对腐败现象毫不忍受、毫不宽容，有腐必反、有贪必肃。党的十八大以来，查处周永康、薄熙来、徐才厚、郭伯雄、令计划、苏荣、孙政才等严重违纪违法案件，就是反腐败无禁区、全覆盖、零容忍的显著标志，既彰显了我们党坚定不移反对腐败的决心，也使"刑不上常委""退休就是安全着陆""法不责众""不反腐败要亡国、真反腐败要亡党"等错误的思想认识不攻自破。其次，坚持"老虎""苍蝇"一起打。"老虎"是指大案要案主要发生在领导干部尤其是高级领导干部中的"大的腐败"，"苍蝇"是指发生在人民群众身边的"微腐败""小官大贪"。十八大以来，我们党"打虎"敢于碰硬，"拍蝇"毫不手软，使腐败存量得到迅速减少，腐败增量得到有效遏制，"不敢腐"的目标初步实现。五年来，一批曾被认为难以撼动的"大老虎"纷纷落马，其中有正国级的周永康，副国级的徐才厚、郭伯雄、苏荣、令计划等。一批自认为已"平安着陆"的"退休老虎"如王珉、白恩培等难逃追责。一批省部级以上高官落马，被查处的省军级以上党员干部及其他中管干部达440人，其中，十八届中央委员、候补委员43人，中央纪委委员9人。一批区域性、系统性、塌方式腐败案件受到查处，如山西省"塌方式腐败"案等。一批严重违反组织纪律的案件受到查处，特别是2013年湖南衡阳破坏选举案，给予党纪政纪处分467人，已送司法机关处理69人；2015年四川南充贿选案，对全部477名涉案人员给予严肃处理；2016年辽宁贿选案，被查处的人员共955名，其中中管干部34人，45名拉票贿选的全国人大代表当选无效，523名收受钱物的辽宁省人大代表被中止代表资格。五年来，纪检监察机关对侵害群众利益的不正之风和腐败问题盯住不放，加大对"小官大贪"的惩处力度，对查处的问题，实行通报曝光、每月通报，层层传导压力，一大批"小官巨贪"和"苍蝇式腐败"案件受到查处，全国共纪律处分县处级干部6.3万人，乡科级干部24.6万人，村支书、村委会主任27.8万人。严肃查处扶贫领域腐败问题，是治理侵害群众利益的不正之风和腐败问题的重要内容，也是"拍蝇"行动的重要组成部分。纪检监察机关将其作为监督执纪问责的重点，严查严办。2014年以来，对乱作为、不作为的3.2万名基层党员干部进行严肃追责。最后，开展"天网"追逃，决不让腐败分子躲进避罪天堂。针对腐败分子携款外逃的新动向，党中央做出重大决定，开展反腐败国际追逃追赃工作，决不让腐败分子逍遥法外、国外，并把反腐败追逃追赃提升到国家政治和外交层面，纳入反腐败工作总体部署。主要举措有：建立集中统一、高效顺畅的国际追逃追赃工作协调运作机制。中央反腐败协调小组负责统筹协调国际追逃追赃工作。2014年，中央反腐败协调小组设立国际追逃追赃办公室作为办事机构，办公室成员由与追逃追赃工作密切相关的中纪委、最高人民法院、最高人民检察院、外交部、公安部、国家安全部、司法部、人民银行等单位负责同志组成，各单位按照中央反腐败协调小组的统一部署和职责分工开展工作，形成了追逃追赃工作的整体合力；根据追逃追赃的主要方向和重点对象，先后实施了"猎狐行动""天网行动""红色通缉令"等系列行动，铺开了一张追捕外逃腐败分子的天网。特别是2015年4月23日，国际刑警组织中国国家中心局发布100名外逃人员"红色通缉令"，加大全球追缉力度，震慑影响远播海外。"百名红通"人员均为涉嫌犯罪的外逃国家工作人员、重要腐败案件涉案人等，其中，有党政官员26人，占比1/4强；深化国际反腐败执法合作。在双边合作方面，共对外缔结40多项引渡条约和50多项刑事司法协助条约，签署了20多项双边合作谅解备忘录。与美国、英国、加拿大、澳大利亚、新西兰等国建立双边执法合作机制，搭建联合调查、快速遣返、资产追缴便捷通道。在多边合作方面，中国参与了包括联合国、亚太经合组织、二十国集团和金砖国家在内的15个全球和区域反腐败多边合作机制。倡导构建国际反腐败新秩序，积极参与制定相关规则。继2014年在APEC反腐败工作组会议上通过《北京反腐败宣言》后，2016年我国担任二十国集团反腐败工作组主席，在杭州峰会上推动通过了《二十国集团反腐败追逃追赃高级原则》《二十国集团2017—2018年反腐败行动计划》以及在华设立二十国集团反腐败追逃追赃研究中心，提出"零容忍""零漏洞""零障碍"理念，得到二十国集团成员国的支持；加强基础工作，构建起不敢逃、不能逃的有效机制，包括建立动态的外逃人员数据库、及时掌握外逃党员和国家工作人员情况，加强对党员干部的日常监督管理，定期开展对"裸官"即配偶子女移居国外的国家工作人员的清理，核查个人有关事项报告情况，加强党员干部出入境证照及审批报备、出入境资金监控等方面的管理，开展打击利用地下钱庄和离岸公司转移赃款专项行动，加强追逃追赃配套法规建设，运用法治思维和法治方式开展追逃追赃工作。党的十八大以来，追逃追赃工作取得重要阶段性胜利。2014年以来至十九大召开，共从90多个国家和地区追回外逃人员3453名，追赃95.1亿元，"百名红通人员"中已有48人落网。2016年11月16日，逃亡国外13年后的"百名红通"头号嫌犯、浙江省建设厅原副厅长杨秀珠归案，成为中国反腐败国际追逃追赃进程中的标志性事件。在高压之下，新增外逃人数逐年下降，从2014年的101人降至2015年的31人，2016年的19人，2017年1月至9月为4人。

　　党的十八大以来持续高压反腐，净化了政治生态，增强了人民群众的获得感，提升了群众对党风廉政建设和反腐败工作成效的满意度、信心、重视度、遏制度。国家统计局全国党风廉政建设民意调查显示，2016年，群众对党风廉政建设和反腐败工作成效的满意度达92.9%，比2012年提高17.9个百分点；群众对遏制腐败现象表示有信心达93.1%，比2012年提高13.8个百分点；群众认为党员干部违纪案件高发势头得到遏制达90.9%，比2012年提高5.5个百分点。十八大以来的高压反腐，也使我国在反腐败国际合作舞台上占据了国际道义制高点，在国际上一举转为战略主动，在反腐败国际合作舞台上获得了更多的话语权和影响力。中国的反腐败经验已开始受到国际社会的广泛关注。

四是充分发挥巡视利剑作用，全面强化党内监督。新时期党内巡视工作恢复于党的十三届六中全会。2003年颁布实施的《中国共产党党内监督条例（试行）》，把巡视制度正式确立为党内监督的一项重要制度。2007年，十七大首次把巡视工作作为一项重要制度写入了党章。2009年，中共中央制定《中国共产党巡视工作条例（试行）》，决定成立中央巡视工作领导小组。巡视制度建立实施后，发挥了一定的监督作用，但综合来看，这一时期的巡视工作存在巡视内容宽泛、职能发散、组织人员固定、权威性和影响力不强等问题。十八大以来，党中央把巡视作为全面从严治党的重大举措和党内监督的战略性制度安排，使之成为党之利剑、国之利器。第一，赋予巡视更大的权威。十八大修改的党章规定"党的中央和省、自治区、直辖市委员会实行巡视制度"，规定巡视组的派出主体是党中央和省区市党委，体现的是党集中统一领导的权威。中央领导高度重视巡视工作，中央政治局会议、中央政治局常委会二十三次会议研究巡视工作，听取每一轮巡视情况汇报、审议巡视情况专题报告，习近平每次都发表重要讲话，为巡视工作指明方向。建立了省区市党委常委会研究巡视工作机制、党委"五人小组"听取巡视情况汇报机制、党委书记有关巡视工作讲话向中央巡视工作领导小组报备制度，推动巡视工作主体责任和管党治党主体责任落实到位。巡视组反馈意见必须逐条落实整改。五年来，中央巡视组和巡视办共形成专题报告230份，向党中央和国务院分管领导通报巡视情况59次，向中央改革办报送89份专题报告，推动深化改革、加强制度建设。中央纪委机关和中央组织部对移交的问题线索分类处置、优先办理。整改情况向党内通报，向社会公开，巡视成果形成强大震慑力。第二，改进巡视制度，首次实现一届任期巡视全覆盖。五年来，中央巡视组共开展了12轮巡视，先后完成对省区市、中管国有重要骨干企业和金融机构、中央和国家机关、中管高校277个党组织的巡视，对16个省区市开展"回头看",对4个中央单位进行"机动式"巡视,在党的历史上首次实现一届任期巡视全覆盖。省区市党委完成对省辖8362个地方、部门和企事业单位党组织巡视全覆盖。67家中央单位探索开展巡视工作,对中央企业实现全面巡视。全国各省区市均建立起市县巡察制度,监督对象逐步向基层延伸。从巡视到巡察,推动形成"横向全覆盖、纵向全链接、全国一盘棋"的工作格局,打通了全面从严治党"最后一公里"。截至2017年8月底,各地共对15.57万个党组织开展巡察,移交问题线索14.4万件,立案3.7万人,给予党纪政纪处分3.2万人,移交司法2715人。第三,精准定位巡视目标任务,不断深化巡视工作。党的十八大以来,巡视工作经历"三次深化",政治定位越来越精准,目标任务越来越清晰,工作越来越深入,成效越来越明显。① 第一次深化,围绕"一个中心、四个着力"。2013年,中央启动新一轮巡视工作,按照中央要求,巡视工作紧紧围绕党风廉政建设和反腐败工作这个中心,聚焦和突出"四个着力",即着力发现政治纪律问题、腐败问题、用人问题、违反中央"八项规定"精神"四风"问题。第二次深化,紧扣"六项纪律"。十八届三中、四中全会后,巡视工作再聚焦,紧扣"六项纪律"查找问题,发挥震慑遏制作用。第三次深化,强调政治巡视。根据十八届六中全会的部署,巡视工作进一步聚焦全面从严治党,严肃党内政治生活,维护政治生态,深化政治巡视。巡视是政治巡视,而不是业务巡视,就是要着力发现党的领导弱化、党的建设缺失、全面从严治党不力问题,抓住了根本性、全局性、方向性问题,有力促进管党治党迈向标本兼治。第四,打破既有模式,创新巡视组织制度和方式方法。包括实行巡视"三个不固定",即巡视组组长不固定、巡视对象不固定、巡视组与巡视对象关系不固定,组建巡视组组长库、一次一授权,不搞"铁帽子王","下沉一级"了解情况;开展专项巡视,即针对某个省区市、部门或单位的突出问题开展巡视,机动灵活、闻风而动,突出"专"的特点,紧盯重点人、重点事,精准发现,重点突破;开展巡视"回头看",释放出"巡视不是一阵风"的强烈

---

① 黎晓宏:《深入贯彻新修改的巡视条例 推动巡视工作向纵深发展》,中纪委监察部网站,2017年7月19日。

信号；探索"机动式"巡视，针对干部群众反映的一个人、一个具体问题展开，人员少、时间短、节奏快、机动灵活、高效突破；开展政治常识测试，查阅党组织会议记录、领导干部档案和领导干部个人有关事项报告，核查党费收缴情况。第五，将巡视工作理论和实践创新成果上升为法规制度，逐步建立健全以党章为根本、以巡视工作条例为主体、以配套制度为支撑的巡视制度体系。其中，2015年6月、2017年7月，中央对2009年颁布的《中国共产党巡视工作条例（试行）》进行了两次修订，为不断深化巡视监督提供了基本遵循和制度保障；2016年10月，十八届六中全会审议通过《中国共产党党内监督条例》，首次在党内法规中对中央和省、自治区、直辖市党委一届任期内巡视全覆盖提出硬要求。同时，中共中央办公厅印发了《被巡视党组织配合中央巡视工作规定》，中央巡视工作领导小组及其办公室分别印发了《中央巡视工作领导小组工作规则》《中央巡视组工作规则》和《中央巡视工作领导小组办公室工作规则》3个工作规则，作为新修改的《中国共产党巡视工作条例》的重要配套制度。中央巡视办制定了46项配套制度，建立了10个协调协作机制，为依纪依规开展巡视、推动巡视工作向纵深发展提供了重要保障。

十八大以来，巡视充分发挥了全面从严治党的利剑作用。中央12轮巡视共处理来信来访159万件次，与党员干部和群众谈话5.3万人次，发现各类突出问题8200余个。在十八届中纪委执纪审查的案件中，超过60%的线索来自巡视。苏荣、王珉、虞海燕、卢恩光等一个个本以为侥幸过关的"大老虎"终被巡视揪出。巡视还发现了山西系统性、塌方式腐败，湖南衡阳破坏选举案，四川南充和辽宁拉票贿选案等重大问题线索。巡视剑锋所指，令腐败分子无处遁形。通过巡视带动党内其他监督和群众监督、舆论监督，彰显了中国特色的民主监督制度优势。

五是开展系列思想教育活动，补足精神之"钙"。理想信念是共产党人精神上的"钙"。推进反腐倡廉建设，克服部分党员干部精神上"缺钙"症状，必须补足精神之"钙"，不断提高党员干部的思想素质和道德修养，解决好世界观、人生观、价值观这个"总开关"问题，筑牢"不想腐"的思想堤坝。十八大以来，党内先后开展了三大学习教育实践活动，为筑牢理想信念之基持续、集中"加油""补钙"。首先，开展党的群众路线教育实践活动。根据十八大部署，2013年5月9日，中央下发《关于在全党深入开展党的群众路线教育实践活动的意见》，教育实践活动从2013年6月开始，自上而下分两批展开，到2014年9月底基本结束。一年多的教育实践活动所取得的重大成果体现在，广大党员、干部受到马克思主义群众观点的深刻教育，贯彻党的群众路线的自觉性和坚定性明显增强；"四风"问题得到有力整治，群众反映强烈的突出问题得到有效解决；恢复和发扬了批评和自我批评优良传统，探索了新形势下严肃党内政治生活的有效途径；以转作风改作风为重点的制度体系更加完善，制度执行力和约束力得到增强；影响群众切身利益的症结难点得到突破，党的执政基础更加稳固。其次，开展"三严三实"专题教育。2014年3月9日，习近平强调，作风建设永远在路上，各级领导干部都要树立和发扬好的作风，既严以修身、严以用权、严于律己，又谋事要实、创业要实、做人要实。2014年4月1日，党的群众路线教育实践活动中央领导小组印发《关于在教育实践活动中学习弘扬焦裕禄精神、践行"三严三实"要求的通知》，2015年4月19日，中共中央办公厅印发《关于在县处级以上领导干部中开展"三严三实"专题教育方案》。"三严三实"专题教育不分批次、不划阶段、不设环节，不是一次性活动，而是要融入领导干部经常性学习教育中，从2015年4月底开始，在县处级以上领导干部中开展，各级同步进行。最后，开展"两学一做"学习教育。2016年2月28日，中共中央办公厅印发《关于在全体党员中开展"学党章党规，学系列讲话，做合格党员"学习教育方案》，决定2016年在全体党员中开展"两学一做"学习教育，强调"两学一做"学习教育不是一次性活动，要突出正常教育，区分层次，有针对性地解决一些党员理想信念模糊动摇、党的意识淡化、宗旨观念淡薄、精神不振、道德行为不端等问题，推动党内教育从"关键少数"向广大党员拓展、从集中性教育向经常性教育延伸。2017年3月，中共中央办公厅印发《关于推进"两学一做"学习教育常态化制度化的意见》，使"两学一做"成为不断加强党的思想政治建设的有效途径和全面从严治党的战略性、基础性工程。

六是完善党内法规制度，扎紧党纪党规制度笼子。首先，强调要把权力关进制度笼子，运用法治思维和法治方式反腐。2015年6月26日，中央政治局以加强反腐倡廉法规制度建设为题组织第二十四次集体学习。习近平在主持学习时指出，铲除不良作风和腐败现象滋生蔓延的土壤，根本上要靠法规制度。要加强反腐倡廉法规制度建设，推动形成不敢腐不能腐不想腐的有效机制，努力形成系统完备的反腐倡廉法规制度体系。其次，规范党内法规工作程序，制定党内法规制定工作规划。为规范党内法规制定工作，中央对1990年7月印发的《中国共产党党内法规制定程序暂行条例》进行了修订，2013年5月正式颁布《中国共产党党内法规制定条例》。2013年11月发布党史上首次编制的《中央党内法规制定工作五年规划纲要（2013—2017年）》，明确党内法规制定工作目标。五年来，中央制定修订80多部党内法规，超过现行有效的170多部党内法规的40%；梳理出党内法规和规范性文件1178件，经过清理，废止322件，宣布失效369件，二者共占58.7%；60多个中央和国家机关及中央企业、金融机构修订完善落实中央"八项规定"精神配套制度1100多项。最后，制定（修订）系列反腐倡廉建设党内法规制度，完善反腐倡廉党内法规制度体系。以十八大新修订的党章为根本遵循，先后制定或修订的重要党内法规制度（准则、条例、规则、规定、办法、细则）主要有（按修订时间顺序）：2012年12月4日审议通过《十八届中央政治局关于改进工作作风、密切联系群众的八项规定》，这是十八大以来制定的第一部重要党内法规；对1997年发布的《中共中央、国务院关于党政机关厉行节约制止奢侈浪费行为的若干规定》进行修订，2013年10月中央印发《党政机关厉行节约反对浪费条例》；对2002年制定的《党政领导干部选拔任用工作条例》进行修订，2014年1月中央印发《党政领导干部选拔任用工作条例》，依据"条例"制定《关于防止干部"带病提拔"的意见》；对2010年制定的《中国共产党党员领导干部廉洁从政若干准则》进行修订，2015年10月中央印发《中国共产党廉洁自律准则》；对1997年制定、2003年修订的《中国共产党纪律处分条例》进行第二次修订，2015年10月中央印发《中国共产党纪律处分条例》；制定《中国共产党问责条例》，规范和强化党的问责工作，2016年7月颁布实施；制定《关于新形势下党内政治生活的若干准则》，2016年10月十八届六中全会审议通过实施（1980年制定的《关于党内政治生活的若干准则》依然有效）；对2003年制定的《中国共产党党内监督条例（试行）》进行修订，2016年10月十八届六中全会审议通过《中国共产党党内监督条例》；对2009年制定的《中国共产党巡视工作条例（试行）》，分别于2015年6月、2017年7月进行两次修订，同时，中共中央办公厅印发了相关重要配套制度；制定《中国共产党纪律检查机关监督执纪工作规则（试行）》，2017年1月中纪委七次全会审议通过。此外，还制定或修订了规范党和国家领导人有关待遇等文件、中国共产党工作机关条例（试行）、中国共产党党组工作条例（试行）、中国共产党地方委员会工作条例、县以上党和国家机关党员领导干部民主生活会的若干规定、党委（党组）讨论决定干部任免事项守则，等等。以党章为根本遵循，以准则、条例、规则、规定、办法、细则为基本架构的反腐倡廉党内法规制度体系的框架基本形成，"不能腐"的制度之"笼"越织越密、越扎越紧。

七是深化纪检监察体制改革，探索强化党内监督和国家监察有效途径。2013年11月，十八届三中全会《关于全面深化改革若干重大问题的决定》，提出了改革党的纪律检查体制，健全反腐败领导体制和工作机制，改革和完善各级反腐败协调小组职能的任务。2013年12月，党的纪律检查体制改革专项小组成立。2014年6月，中央政治局会议审议通过了《党的纪律检查体制改革实施方案》，拉开了十八大之后党的纪检体制改革大幕。首先，深化"三转"，聚焦主业主责。根据党章的规定，纪委有三项主要任务和五项经常性工作。新修订的《中国共产党党内监督条例》规定，党的各级纪律检查委员会是党内监督的专责机关，履行监督执纪问责职责。但长期以来纪委存在着参与的议事协调机构多、各类领导小组多的现象，造成职责不清、职能发散、主业荒疏，以及文山会海，滋生"四风"等问题。解决好这些问题，需要大力推进"三转"即转职能、转方式、转作风。十八大以来，在转职能方面，主要是对大量议事协调机构进行清理，把不该管的工作交还主责部门，使纪检监察机关聚焦监督执纪问责这一主业主责。在清理后，中纪委机关把参与的125个议事协调机构清理至14个，省级纪委参与的议事协调机构减至460个，平均每个纪委14个，精减比例高达90%。同时，中纪委机关、省级纪委对内设机构进行整合优化，执纪监督部门数量和人力得到进一步加强，使更多的力量可以投入党风廉政建设这个"主战场"。在转方式方面，主要是转变监督执纪方式，实践运用监督执纪"四种形态"；落实"两个责任"，形成党委负主体责任、纪委负监督责任齐抓共管的强大合力；落实"两个为主"，即查办腐败案件以上级纪委领导为主，各级纪委书记、副书记的提名和考察以上级纪委会同组织部门为主；实行"一案双查"，在严肃查处当事人违纪违法行为的同时，严格追究相关责任人的责任等。在转作风方面，各级纪委按照打铁还需自身硬的要求，狠抓自身建设，对纪检监察干部严格要求、严格教育、严格管理，切实提高履职能力。坚决清理门户，对执纪违纪的坚决查处、失职失责的严肃问责、对不适合从事纪检监察工作的坚决调离。十八大以来，中纪委机关立案查处22人，组织调整24人，谈话函询232人；全国纪检系统处分1万余人，组织处理7600余人，谈话函询1.1万人。其次，推进巡视和派驻监督制度改革，实现巡视与派驻监督"两个全覆盖"。在派驻监督方面，2014年底之前，在中央一级党和国家机关中，中纪委监察部仅设置了52家派驻机构，未能实现全覆盖。2014年12月11日，中央政治局常委会会议审议通过《关于加强中央纪委派驻机构建设的意见》，提出实行单独派驻和归口派驻两种形式，实现全覆盖。2015年11月，中共中央办公厅印发方案，明确中纪委设置47家派驻纪检组，实现对139家中央一级党和国家机关的派驻机构全覆盖。同时，中纪委进一步规范和清理中央单位纪检组长（纪委书记）的分工和兼职，明确各纪检组长（纪委书记）不再分管驻在部门其他业务工作，一心一意履行监督职责，充分发挥"派"的权威和"驻"的优势。派驻监督的"探头"作用充分彰显。实现全面派驻后的2016年，中纪委派驻纪检组共谈话函询2600件次，立案780件，给予纪律处分730人，分别增长134％、38％、56％。最后，开展国家监察体制改革试点，为改革在全国推开积累经验。针对原有监察体制机制存在的监察覆盖范围过窄、反腐败力量分散、体现专责和集中统一不够、纪律与法律衔接不畅的弊端，习近平在中纪委六次全会上的讲话指出，要完善监督制度，做好监督体系顶层设计，既加强党的自我监督，又加强对国家机器的监督。坚持党对党风廉政建设和反腐败工作的统一领导，扩大监察范围，整合监察力量，健全国家监察组织架构，形成全面覆盖国家机关及其公务员的国家监察体系。根据党中央改革部署，中央决定先在北京、山西、浙江三地开展改革试点，2016年11月，中共中央办公厅印发《关于在北京市、山西省、浙江省开展国家监察体制改革试点方案》。2016年12月25日，十二届全国人大常委会二十五次会议决定在上述三省市开展试点，国家监察体制改革大幕正式拉开。改革试点的主要内容是：成立国家、省市县级监察委员会，监察委员会由本级人民代表大会产生，撤销行政监察机关、预防腐败局、检察院反贪污贿赂局，相关职能整合至监察委员会。监察委员会与党的纪律检查委员会合署办公，履行纪检、监察两项职能；监察委员会对本地区所有行使公权力的公职人员监察全覆盖；监察委员会履行监督、调查、处置职责，监督检查公职人员依法履职、秉公用权、廉洁从政以及道德操守情况，调查涉嫌贪污贿赂、滥用职权、玩忽职守、权力寻租、利益输送、徇私舞弊以及浪费国家资财等职务违法和职务犯罪行为并做出处置决定，对涉嫌职务犯罪的，移送检察机关依法提起公诉。为履行上述职权，监察委员会可以采取谈话、讯问、询问、查询、冻结、调取、查封、扣押、搜查、勘验检查、鉴定、留置等措施。设立国家监察委员会，构建集中统一、权威高效的国家监察体系，实现对所有行使公权力的公职人员的监察全面覆盖，这是对国家监督制度的重大顶层设计。2017年1月，三个试点省市的省级监察委员会挂牌成立。同时，启动将行政监察法修改为国家监察法的立法程序。至2018年2月，全国省级监察委员会全部成立；2月13日，全国市级监察委员会全部完成组建；2月25日，全国省、市、县三级监察委员会全部组建完成。全国各地改革试点工作的顺利推进，为下一步成立国家监察委员会，构建国家、省、市、县四级监察体系奠定了坚实基础。在改革试点取得成功经验的基础上，2018年3月，十三届全国人大一次会议正式设立国家监察委员会（与中纪委合署办公），不再保留监察部、国家预防腐败局，会议审议通过了《中华人民共和国监察法》。

（二）改革开放以来反腐倡廉建设的伟大成就

改革开放以来，在党中央的坚强领导下，反腐倡廉建设与改革不断深化、经济持续发展、社会和谐稳定，相互协调、相互促进，始终保持着平稳健康、向纵深发展的良好态势，反腐倡廉建设取得了辉煌成就，为中国特色社会主义事业发展创造了风清气正的政治生态。

1. 形成了中国特色反腐倡廉理论，探索出一条中国特色反腐倡廉道路

在总结反腐倡廉建设经验教训的基础上，我们党对在改革开放和社会主义市场经济条件下如何开展反腐倡廉工作，进行了努力探索。经过40年的创造性工作，形成了中国特色的反腐倡廉理论，探索出一条中国特色反腐倡廉道路。

这种探索经历了一个理论与实践相统一、历史演进与逻辑展开相结合的发展过程。十一届三中全会以后，以邓小平为核心的第二代中央领导集体，坚持一手抓改革开放，一手抓惩治腐败，探索出在不搞政治运动的条件下端正党风、反对腐蚀的新途径。以江泽民为核心的第三代中央领导集体继续探索反腐倡廉建设道路，1996年，江泽民在中纪委六次全会上对这条道路进行总结，指出"我们正在逐步找到一条围绕经济建设这个中心，把反腐败斗争同改革、发展、稳定有机结合起来，依靠自身的力量和人民群众的支持，抵御资产阶级和各种剥削阶级腐朽思想的侵蚀，努力把消极腐败现象减少到最低限度的路子"。十六大以来，以胡锦涛为总书记的党中央深入探索中国特色反腐倡廉道路。2005年颁布的《建立健全教育、制度、监督并重的惩治和预防腐败体系实施纲要》，阐述了中国特色反腐倡廉道路及其基本内容。2007年6月25日，胡锦涛在中共中央党校发表的重要讲话中提出了"反腐倡廉建设"的新概念，把反腐倡廉建设纳入中国特色社会主义建设的总体布局中。2007年10月，中纪委向党的十七大所做的工作报告正式提出："改革开放以来，我们党在团结带领全国人民建设中国特色社会主义事业的伟大进程中，坚定不移地开展党风廉政建设和反腐败斗争，走出了一条中国特色反腐倡廉道路。"十八大报告提出"要坚持中国特色反腐倡廉道路，坚持标本兼治、综合治理、惩防并举、注重预防方针，全面推进惩治和预防腐败体系建设，做到干部清正、政府清廉、政治清明。"

中国特色反腐倡廉道路具有非常丰富的基本内涵。主要内容包括：[①]

[①] 中央纪委研究室等：《党的十七大反腐倡廉精神学习问答》，中国方正出版社2007年版，第51—55页。

在领导核心上，坚持党的领导；在指导思想上，用发展着的马克思主义指导反腐倡廉实践；在工作方针上，坚持标本兼治，综合治理，惩防并举，注重预防；在战略目标上，建立健全惩治和预防腐败体系；在实现途径上，拓展防止腐败工作领域；在工作格局上，根据形势不断发展的要求适时加以丰富和完善；在战略部署上，坚持战略上整体规划，战术上分阶段实施；在政策策略上，做到宽严相济，注重综合效果；在领导体制和工作机制上，坚持党委统一领导，党政齐抓共管，纪委组织协调，部门各负其责，依靠群众的支持和参与；在依靠力量上，坚持群众路线，依靠人民群众和广大党员支持和参与反腐倡廉。

中国特色反腐倡廉建设道路的形成，是我们党对改革开放和社会主义市场经济条件下反腐倡廉建设特点和规律的认识成熟的标志，为不断深化反腐倡廉建设指引了方向。

2. 坚定不移推进反腐倡廉建设，形成反腐败斗争压倒性态势并巩固发展

改革开放的历程同时也是我们党坚定不移推进反腐倡廉建设的历程。1993年中纪委二次全会确立了反腐败工作格局。此后，抓领导干部廉洁自律、查办大案要案、纠正部门和行业不正之风工作就被作为反腐败斗争的常规工作，坚持不懈地开展起来。

（1）领导干部廉洁自律工作不断加强，从政行为不断得到规范

廉洁自律是领导干部必备的品质，是保持我们党的优良传统和作风的基本要求。领导干部带头廉洁自律是加强党风廉政建设的关键。改革开放以来，我们党采取了系统的措施来加强领导干部廉洁自律工作，规范从政行为。

一是通过对领导干部廉洁自律问题上存在的突出问题进行集中治理，对重点问题进行专项清理，促进了领导干部廉洁从政。"文化大革命"结束后不久，针对当时出现的有些干部利用特权营造住宅、安置子女、多占住房，甚至侵占群众利益，干部特殊化现象进行了集中整顿。1979年11月，中共中央和国务院联合发出《关于高级干部生活待遇的若干规定》，对领导干部的住宿、房租和水电费、出差出国和外出休养、文化娱乐、请客送礼、用车、服务人员的配备做出明确规定。20世纪80年代，

结合整党工作,对领导干部和党政机关存在的新的不正之风和严重问题进行了纠正。所纠正的问题主要有:在招生、招干、提干、农村户口转为城镇户口、建房分房中以权谋私;争相购买和更换进口小轿车;滥派人员出国;党政干部公款旅游;铺张浪费、挥霍公款请客送礼;党政干部在工资及机关集体福利以外获取不正当收入;党政机关、领导干部及其子女、配偶利用职权违反规定经商办企业;巧立名目滥发钱物等。1993年中纪委二次全会确定反腐倡廉三项工作格局后,领导干部廉洁自律工作力度进一步加大,专项重点治理了领导干部存在的超标准用车,购买、建造超标准住宅,公款消费、公务活动中收受礼品礼金、大建楼堂馆所等问题,停建、缓建了一批办公楼,取消、压缩了一些会议、庆典和检查评比活动等。十五大以后,重点对奢侈浪费和可能影响领导干部公正、廉洁履行职务的问题进行专项治理。主要治理了领导干部配偶、子女违反有关规定经商办企业及在外商独资、中外合资企业任职的问题,党政领导干部违反规定收受现金、有价证券的问题,领导干部违反规定安装和购置通信工具问题,领导干部违反规定占用、借用的小汽车以及用公款为领导干部住宅配备电脑问题,以开会名义到国外或国内风景名胜区游山玩水问题,领导干部超标准住房、违反规定购买企业内部职工股等问题,进一步规范了领导干部的从政行为。十六大以来,严格执行"四大纪律八项要求",清理、纠正和查处了领导干部超标准超编制配备使用小汽车,违规住房,违反规定收送现金、有价证券和支付凭证及借婚丧嫁娶等事宜收钱敛财,拖欠或利用职权批借亲友公款,党政机关违反规定用公款为干部职工个人购买商业保险等问题。继续抓好领导干部配偶、子女从业方面的工作并对违规问题进行了自查自纠,开展了查禁利用职务上的便利谋取不正当利益的工作。十七大以来,对因公出国(境)、公务用车购置及运行、公务接待"三公经费""小金库",违规收送现金、有价证券和支付凭证,违规发放津贴补贴等进行了专项治理。十八大以来,狠抓中央"八项规定"精神的贯彻落实,狠抓纠正"四风"问题,对违规公款吃喝、公款国内旅游、公款出国(境)旅游、违规配备使用公车、楼堂馆所违规问题、违规发放津补贴或福利、违规收送礼品礼金、大办婚丧喜庆,以及提供或接受超标准接待、接受或用公款参与高消费娱乐健身活动、违规出入私人会所、领导干部住房违规、违规接受管理服务对象宴请等一个个具体问题进行严厉整治，把违反"八项规定"精神的行为列入纪律审查重点，对查处的违反中央"八项规定"精神典型案件，实行集中点名道姓通报曝光。

二是通过加强建章立制，建立起一整套有关领导干部廉洁从政的行为准则和道德规范，进一步规范了领导干部从政行为。经过长期努力，基本形成了以党章为根本遵循，以准则、条例、规则、规定、办法、细则为基本架构的反腐倡廉党内法规制度体系框架，领导干部"不能腐"的制度之"笼"越织越密、越扎越紧。

三是通过大力加强思想政治建设，开展反腐倡廉教育，增强了领导干部廉洁自律的自觉性和拒腐防变能力。

（2）坚决查办违法违纪案件特别是查处大案要案，成效显著

查办违法违纪案件特别是查处大案要案，始终是反腐败治标工作的核心内容。改革开放以来，我们党不断加大查处腐败案件的力度，反腐败成效显著。尤其是十八大以来，高压反腐，惩治腐败成效卓著。通过严厉查办腐败案件、惩治腐败分子，纯洁了党的队伍，保障了改革开放和现代化建设事业顺利进行。

一是查办腐败案件、查处违纪人员的总量巨大。

据中纪委向党的代表大会的工作报告，1983年十三大至2017年十九大，全国纪检监察机关共立案查处了533.4万余件违纪案件。其中，1987年至1991年查处党内各类违纪案件874690件，1992年10月至1997年6月立案731000多件，1997年10月至2002年9月立案861917件，2002年12月至2007年6月立案677924件，2007年11月至2012年6月立案643759件，十八大至十九大立案猛增至154.5万件。

据最高人民检察院工作报告，从1983年至2017年，全国检察机关共立案侦查贪污、贿赂、渎职侵权等职务犯罪的腐败案件近150万件。其中，1983年至1987年立案侦查贪污、贿赂等犯罪案件15.5万多件，1988年至1992年立案侦查贪污贿赂案214318件，1993年至1997年立案侦查贪污案102476件、贿赂案70507件、挪用公款案61795件、徇私舞弊案5507件、玩忽职守案22211件，1998年至2002年立案侦查贪污贿赂、渎

职等职务犯罪案件207103件，2003年至2008年立案侦查贪污贿赂、渎职侵权犯罪案件179696件，涉及209487人，2009年至2012年立案侦查职务犯罪案件165787件，涉及218639人，2013年至2017年立案侦查职务犯罪254419人。

从1978年全国纪检监察机关恢复重建至十九大，共处分违反党纪政纪党员干部562.3万余人。其中，1982年到1986年650141人（其中开除党籍151935人），1987年至1991年733543人（其中开除党籍154289人），1992年10月至1997年6月669300多人（其中开除党籍121500多人），1997年10月至2002年9月846150人（其中开除党籍137711人），2002年12月至2007年6月518484人，2007年11月至2012年6月668429人，十八大至十九大猛增至153.7万人。

二是查处了一批大案要案，一批高官纷纷落马。

据最高人民检察院工作报告，1983年至1992年查处贪污、受贿万元以上的大案79773件，县团级以上干部6129余人，其中厅局级干部173人，省部级干部5人；1993年至1997年查处大案168904件，其中百万元以上的大案617件；1998年至2002年查处百万元以上大案5541件，涉嫌犯罪的县处级以上干部12830人；2003年至2007年查处贪污受贿10万元以上、挪用公款百万元以上大案35255件，涉嫌犯罪的县处级以上国家工作人员13929人，其中厅局级930人、省部级以上35人；2008年至2012年查处县处级以上国家工作人员13173人，其中含厅局级950人、省部级以上30人；2013年至2018年查处涉嫌职务犯罪的县处级国家工作人员15234人、厅局级2405人。

据中纪委向党的代表大会所作的工作报告，在历年受处分的党员干部中，1985年至1986年，地师级635人，省军级74人；1987年至1991年，县团级16108人，地师级1430人，省军级110人；1992年10月至1997年6月，县（处）级干部20295人，厅（局）级干部1673人，省（部）级干部78人；1997年10月至2002年9月，县（处）级干部28996人，厅（局）级干部2422人，省（部）级干部98人；2002年12月至2007年6月，有29位省部级干部受到查处。2007年11月至2012年6月，县处级以上干部22807人；十八大至十九大，立案审查的省军级以上党员干部及其他中管干部440人,其中,十八届中央委员、候补委员43人,中央纪委委员9人,处分县处级干部6.3万人,厅局级干部8900余人。

仅依据中纪委向党的代表大会所作工作报告的不完全统计,改革开放以来受到查处的省部级干部多达810人。查处周永康、薄熙来、令计划、郭伯雄、徐才厚、陈良宇、陈希同等一批高级干部严重违纪违法案件,充分表明了党中央坚决反对腐败的坚强决心和鲜明态度。查处腐败案件还为国家和集体挽回了数额巨大的直接经济损失。

(3) 对损害群众利益的不正之风常抓不懈,取得累累硕果

纠风工作从1990年在全国统一开展以来,迄今经历了一个常抓不懈的发展历程,取得了累累硕果。从1990年算起,纠风工作大体可划分为四个阶段。① 第一阶段,1990年至1993年上半年,主要是各地区各部门针对存在的不正之风问题,普遍开展自查自纠。第二阶段,1993年7月至1997年上半年,中央把纠风工作纳入党风廉政建设和反腐败斗争中进行整体部署,在全国统一开展专项治理,集中解决人民群众反映强烈的不正之风问题。第三阶段,1997年下半年至2002年下半年,纠风工作从以纠为主、着重治标,逐步转到标本兼治、纠建并举的轨道上来,逐步解决引发不正之风的深层次问题。第四阶段,十六大以来,党中央、国务院把纠风工作摆在党风廉政建设的突出位置上,更加注重解决损害群众切身利益的问题,并加大从源头上防范不正之风的力度,纠风工作进入一个新的发展时期。

经过长期治理,在治理公路"三乱"(乱设卡、乱收费、乱罚款)、治理教育乱收费、纠正医药购销和医疗服务中的不正之风,减轻企业负担,减轻农民负担,纠正损害农民利益,纠正违法违规强制征地拆迁,清理和规范评比达标表彰活动等各类损害群众利益的不正之风问题上,取得了显著成绩。纠风工作的深入开展,密切了党和政府与人民群众的联系,广大群众切实感受到纠风工作所带来的实惠,群众对纠风工作的满意度逐年提高。

---

① 杨绍华:《十五年磨砺铸清风正气——访中央纪委副书记、监察部部长、国务院纠风办主任李至伦》,《求是》2006年第4期。

3. 体制机制改革不断深化，从源头上预防和治理腐败工作取得良好效果

改革开放的历程，是我国体制机制改革不断深化、体制机制不断健全完善的历程。随着反腐败斗争向标本兼治、加大治本力度的转变，党和政府做出了加快体制机制改革步伐的一系列重大决策和部署，从源头上预防和治理腐败工作取得了重大进展。行政管理体制改革继续深化，行政审批制度改革全面推进，财政管理体制改革不断深化，干部人事制度改革力度加大，军队、武警部队已经停止生产经营活动，政法机关与所办经营性企业彻底脱钩，建设工程招标投标、经营性土地使用权出让、产权交易和政府采购制度普遍建立，司法体制和工作机制、投资体制、金融体制改革顺利推进，党内民主、基层民主逐步扩大，等等。特别是十八届三中全会《关于全面深化改革若干重大问题的决定》，规划了全面深化改革的新蓝图，开启了全面深化体制机制改革的新征程。这些从源头上预防和治理腐败的治本措施的实施，铲除了腐败现象滋生的土壤，不断压缩了权力腐败存在的空间，有力地促进了反腐倡廉建设。

4. 坚持不懈开展反腐倡廉教育，廉洁自律的自觉性和拒腐防变能力明显增强

改革开放以来，我们党始终重视发挥反腐倡廉教育的基础性作用，结合不同时期的特点，先后开展了内容丰富、形式多样的旨在提高廉洁自律自觉性的学习教育活动。

反腐倡廉教育从两个层面全方位展开。一方面，以党员领导干部为重点，在全党开展反腐倡廉教育，夯实党员干部廉洁从政的思想基础，促进领导干部做到"为民、务实、清廉"。较重大的学习教育活动主要有：1983年至1987年整党期间开展的学习教育活动，建设有中国特色社会主义理论学习教育活动，用邓小平理论武装全党的学习教育活动，在县级以上党政领导班子、领导干部中以"讲学习、讲政治、讲正气"为主要内容的党性党风教育活动，全国农村"三个代表"重要思想学习和教育活动，保持共产党员先进性教育活动，深入学习实践科学发展观活动，"创先争优活动"，党的群众路线教育实践活动，"三严三实"专题教育，"两学一做"学习教育等。这些教育活动对于提高全党的马克思主义理论水平，增强党性和党的组织纪律性,增强党的先进性,增强党员领导干部廉洁自律的自觉性和拒腐防变能力,夯实党风廉政建设的思想基础,起到了积极作用。另一方面,面向全社会开展廉政文化建设,在全社会营造"廉荣贪耻"的良好社会环境。开展了一系列反腐倡廉教育活动,把思想教育、纪律教育与社会公德、职业道德、家庭美德教育和法制教育结合起来,深化了反腐倡廉教育的内容,有效地推进了全社会反腐倡廉教育工作的开展,对于进一步推动党风政风和社会风气的好转,在全社会营造"廉荣贪耻"的良好社会氛围,具有重要意义。

5. 不断加强对权力运行的监督制约,监督制约效果不断提高

改革开放以来,我们日益重视监督的重要作用,通过大力发展社会主义民主,逐步建立健全监督制度,不断加强对权力运行的监督制约,使权力运行逐步得到规范,监督制约效果不断提高。

在发展社会主义民主上,一方面,高度重视发展党内民主,加强党内民主监督。不断从理论、组织和制度上完善和发展党内民主。从1980年颁布《关于党内政治生活的若干准则》,恢复党内基本的民主生活起,党的民主集中制这一根本制度得到恢复和健全,党的领导制度、干部制度、选举制度、决策制度得到不断完善,党内民主的主体——党员的民主权利保障得到不断加强,党内民主渠道也得到不断拓宽,党内民主总体上处于健康发展之中。另一方面,把实现和发展人民民主视为己任。不断推进政治体制改革,加强社会主义民主政治建设。坚持和完善人民代表大会制度、党领导的多党合作和政治协商制度、民族区域自治制度这些体现人民民主的具有中国特色的制度形式。发展基层民主,扩大人民民主,完善基层群众性自治组织、企事业单位的民主管理制度,推行和完善政务公开、厂务公开、村务公开以及公用事业单位办事公开制度,健全信访举报管理制度等,有效地保障人民群众的民主权利,促进反腐倡廉建设。

在建立健全监督制度上,其一,建立和完善权力监督制度体系,逐步实现权力监督的制度化、规范化、程序化、系统化。建立和实施了党员"三会一课"制度,党内巡视制度,党风廉政建设责任制,领导干部经济责任审计制度,党内选举制度,重要干部任免全委会票决制度,提拔任用领导干部征求同级纪委意见和任前公示制度,领导干部述职述廉、廉政谈话、诫勉谈话制度，党员领导干部报告个人有关事项制度，"集体领导、民主集中、个别酝酿、会议决定"的决策机制，重大决策、重要干部任免、重大项目安排和大额度资金的使用以及国有资产的重组并购等须经集体讨论决定制度，中央政治局向中央委员会报告工作、中央政治局常委会向政治局通报民主生活会情况以及各级地方党委领导班子向同级党委全委会述职和报告工作、接受全委会监督制度，党员民主权利保障制度，政务、厂务、村务、党务公开制度，国有企业稽查特派员制、监事会制和会计委派制，中央和省级纪检监察机关对派驻机构实行统一管理制度等。其二，建立健全反腐倡廉专门机构，专门机关的监督得到加强。先后恢复重建或建立了党的纪律检查机关、检察院和法院等司法机关、审计机关、监察机关、信访机关、国务院法制局、检察机关内设的反贪机构、国家预防腐败局等机构，并根据形势的发展推动国家监察体制改革，设立国家监察委员会，不断完善反腐倡廉的监督机制。其三，加快监督制度法制化进程，权力监督的法制规范体系逐渐得到完善。此外，党内监督、人大监督、政府专门机关监督、政协民主监督、民主党派监督、司法监督、群众监督、舆论监督等监督机制的作用日益突出，监督合力逐渐形成，监督效果不断提高。

6. 不断加大反腐倡廉法制建设力度，反腐倡廉的法规制度体系基本形成

改革开放以来，党和国家确立了"依法治国、建设社会主义法治国家"的治国方略。在反腐倡廉"还是要靠法制，搞法制靠得住些""制度是保证""更加注重制度建设"等思想指引下，以建立健全惩治和预防腐败体系、形成中国特色反腐倡廉法规制度体系为目标，高度重视和大力加强反腐倡廉法规制度建设，逐步探索出了一条惩防并举、注重预防的具有中国特色的反腐倡廉法制建设之路，成就令人瞩目。在国家反腐倡廉法制体系方面，以宪法为核心、以刑法等基本法、监督法等部门法为主干，包括其他规范性文件在内的国家反腐倡廉法律规范体系基本形成。在党内法制体系方面，以党章为根本遵循，以准则、条例、规则、规定、办法、细则为基本架构的反腐倡廉党内法规制度体系的框架基本形成。据十一届全国人大一次会议常委会工作报告，我国现行有效的法律有229件，加上现行有效的行政法规约600件、地方性法规7000多件，以宪法为核心，以法律为主干，包括行政法规、地方性法规等规范性文件在内的，由七个法律部门、三个层次法律规范构成的中国特色社会主义法律体系已经基本形成，国家经济、政治、文化、社会生活的各个方面基本实现了有法可依，为依法治国、建设社会主义法治国家、实现国家长治久安提供了有力的法制保障。① 之后，十一届、十二届、十三届全国人大及其常委会仍在进一步健全完善相关法制。据中纪委统计，改革开放以来，全国省（部）级以上机关共制定党风廉政方面的法律法规及其他规范性文件3000多项，其中，中央纪委监察部制定200多项，一系列廉政制度相应建立。这些法规制度的颁布实施，扎紧了"不能腐"的制度"笼子"，实现了反腐倡廉有法可依。

为加强反腐败的国际合作，借鉴国外反腐败制度建设的成功经验，我国还积极参与《联合国反腐败公约》的起草工作，并批准加入该公约，同时对该公约与我国法律制度相衔接问题做了大量工作，开拓了我国反腐败法制建设的视野，促进了我国反腐败法制建设水平的提高和反腐败法规制度体系的进一步完善。

改革开放以来我国反腐倡廉建设所取得的辉煌成就，获得了人民群众的广泛认可，得到了国际社会的积极评价。国家统计局全国党风廉政建设民意调查显示，群众对党风廉政建设和反腐败工作成效的满意度逐步上升，2002年仅为48.2%，2012年达75.0%，2016年已升至92.9%；群众认为腐败现象的遏制度逐步提升，2002年为69.1%，2002年为85.5%，2016年升至90.9%。我国的反腐败经验日益受到国际社会的广泛关注，国际舆论对我国反腐败的报道总体上趋于客观、积极，我国在反腐败国际合作舞台上的话语权和影响力不断增加。

（三）改革开放以来反腐倡廉建设的基本经验

在不断深入探索改革开放和社会主义市场经济条件下反腐倡廉建设基

---

① 吴邦国：《在十一届全国人大一次会议上作的常委会工作报告》，新华网，2008年3月8日。

本规律的过程中,我们党积累了反腐倡廉建设的宝贵经验。

1. 坚持从战略高度认识反腐倡廉工作的重要性和紧迫性,坚持自觉反腐倡廉,坚决同腐败现象做斗争

从战略上高度认识反腐倡廉的重要性和紧迫性,是开展反腐倡廉建设的前提,是反腐败成功的首要条件。我们党历来高度重视反腐倡廉工作,特别是在革命、建设、改革的重大历史关头和关键发展阶段,更是高度自觉地把反腐倡廉工作摆在非常重要的位置上。

改革开放以来尤其是1993年中纪委二次全会以来,党中央本着对党和人民高度负责的精神,把反腐倡廉建设作为关系党和国家生死存亡的大事来抓,实现了坚强有力的领导。中央政治局常委和中央政治局每年都分别召开会议,专题研究反腐倡廉工作,部署反腐败工作。国务院每年都召开廉政工作会议,部署政府的反腐倡廉工作,并提出要求。江泽民、胡锦涛、习近平在其任期内分别出席了历次中纪委全会并发表重要讲话,充分表明党中央对反腐倡廉工作的重要性和紧迫性始终给予高度的重视。首先,从战略高度充分认识到腐败现象的严重危害性。改革开放初期,邓小平以其特有的洞察力和战略眼光,严肃地指出:改革开放"不过一两年时间,就有相当多的干部被腐蚀了""这股风来得很猛。如果我们党不严重注意,不坚决刹住这股风,那末,我们的党和国家确实要发生会不会'改变面貌'的问题。"[①] 20世纪90年代初,江泽民指出:"腐败现象是侵入党和国家机关健康肌体的病毒。如果我们掉以轻心,任其泛滥,就会葬送我们的党,葬送我们的人民政权,葬送我们的社会主义现代化大业。"[②] 胡锦涛、习近平也反复深刻剖析了腐败问题的严重危害性。其次,从战略高度深刻认识到反腐败斗争的长期性、艰巨性、复杂性。腐败现象作为寄生于人类社会身上的毒瘤,是一个社会历史现象,古今中外都客观存在着。从我国情况看,我国正处于并将长期处于社会主义初级阶段,腐败现象易发多发的滋生土壤和条件尚未从根本上消除,客观地讲,在短期内也难以消除,因此决定了反腐败斗争的长期性、艰巨性、复杂性。对此,党的历

---

① 《邓小平文选》第2卷,人民出版社1994年版,第402、403页。
② 《江泽民文选》第1卷,人民出版社2006年版,第319页。

次代表大会都有清醒的认识和判断，多次强调，在整个改革开放过程中一定要反对腐败，要警钟长鸣，要牢固树立持久作战的思想，锲而不舍、毫不动摇地把反腐倡廉建设进行到底。

正是我们的党从战略高度认识到反腐败斗争的重要性、紧迫性，坚持自觉反腐倡廉，坚决同腐败现象做斗争，反腐败斗争才得以顺利进行并取得辉煌成就。坚持自觉反腐倡廉，也是我们党同一切剥削阶级政党的本质区别之一。

2. 坚持求真务实，与时俱进，用发展着的马克思主义指导反腐倡廉建设实践

回顾十一届三中全会以来反腐倡廉的历史轨迹可以发现，我们党在推进反腐倡廉建设的进程中，形成和坚持的一条基本经验就是求真务实、与时俱进，不断用发展着的马克思主义指导中国反腐倡廉新的实践，不断谱写出中国特色反腐倡廉道路的新篇章。

在革命、建设和改革的不同历史时期，我们党始终坚持求真务实的精神，一方面，根据所处的历史方位和承担的历史使命，结合反腐倡廉的实际，以马克思主义探索真理的巨大勇气和一切从实际出发的科学态度，积极探索党的建设、政权建设以及反腐倡廉的规律，形成和发展反腐倡廉理论。改革开放以来，以邓小平为核心的党的第二代中央领导集体，针对改革开放新的历史条件下腐败现象可能出现高发多发的形势，提出了执政党的党风问题是关系党的生死存亡问题的重要论断，强调要一手抓改革开放，一手抓惩治腐败，在整个改革开放过程中都要坚定不移地反对腐败。以江泽民为核心的党的第三代中央领导集体，进一步深化了在发展社会主义市场经济条件下加强反腐倡廉建设的规律性认识，提出要坚持标本兼治、综合治理的方针，逐步加大治本的力度；要加强教育，发展民主，健全法制，强化监督，创新体制，把反腐败寓于各项重要政策措施之中，从源头上预防和解决腐败问题。以胡锦涛为总书记的党中央从新世纪新阶段全面建设小康社会的实际出发，提出要建立健全教育、制度、监督并重的惩治和预防腐败体系，强调领导干部要为民、务实、清廉，自觉接受党和人民的监督；强调群众利益无小事，把人民群众反映的突出问题作为反腐倡廉工作的重点，切实纠正各种损害群众利益的不正之风。以习近平为核心的党中央直面党自身存在的突出问题，坚持全面从严治党，创新性地把马克思主义基本原理与中国反腐倡廉的实践需要相结合，强调反腐倡廉必须常抓不懈，经常抓、长期抓，必须反对特权思想、特权现象，必须全党动手，决不允许"上有政策、下有对策"，决不允许有令不行、有禁不止，决不允许在贯彻执行中央决策部署上打折扣、做选择、搞变通，必须以踏石留印、抓铁有痕的劲头抓下去，善始善终、善做善成，防止虎头蛇尾，必须让全党全体人民来监督，把权力关进制度的笼子里，形成不敢腐、不能腐、不易腐的体制，必须坚持"老虎""苍蝇"一起打，既坚决查处领导干部违纪违法案件，又切实解决发生在群众身边的不正之风和腐败问题等，创新性地发展了反腐倡廉建设理论，推动了反腐败斗争压倒性态势的形成。这些思想都闪烁着求真务实的光辉。另一方面，注重加强自身建设，坚决同消极腐败现象做斗争。改革开放以来，我们党面对深刻变化的国内外形势以及党的建设出现的新情况新问题，以求真务实精神，确定了党风廉政建设和反腐败工作的指导思想、基本原则、领导体制和工作格局，逐步探索出一条中国特色的反腐倡廉建设道路，使反腐倡廉建设进入了一个新的阶段，反腐倡廉建设不断取得新的成效。实践充分证明，求真务实是反腐倡廉工作取得成效的关键所在，是与时俱进推动反腐倡廉实践发展的必然要求。

3. 坚持紧紧围绕经济建设这个中心，服从和服务于全党全国工作大局开展反腐倡廉建设

在反腐倡廉工作的历史进程中，我们党始终善于把握斗争的总体形势制定切实的反腐败斗争策略，把各个阶段的反腐败斗争与当时全党工作的重心联系起来，使反腐败工作服务于党的工作大局，以反腐败斗争促成全党各个历史阶段中心任务的实现。现阶段，我国正处于并将长期处于社会主义初级阶段，这一阶段我国社会的主要矛盾，决定了经济建设是全党全国的中心任务，也决定了反腐倡廉必须服从和服务于经济建设这个中心。

改革开放以来，我们党坚持紧紧围绕经济建设这个中心，服从和服务于全党全国工作大局开展反腐倡廉建设，这是我们反腐倡廉的鲜明特征和成功经验。

改革开放的总设计师邓小平精辟地论述了反腐倡廉工作为经济建设的

中心任务服务的问题,强调要"一手抓改革开放,一手抓惩治腐败",为经济发展这一中心任务提供政治保障,否则,我们的党和国家确实会发生"改变面貌问题"。在世纪之交,江泽民反复强调"如果不解决好反腐倡廉的问题,改革发展稳定就没有坚强的政治保证,党和政府就会严重脱离群众,就有亡党亡国的危险"①。习近平对在反腐败问题上社会上存在的不同认识进行驳斥,指出"有的人认为反腐败查下去会打击面过大,影响经济发展,导致消费需求萎缩,甚至把当前经济下行压力增大与反腐败力度加大扯在一起,等等,这些认识都是不正确的"②。

紧紧围绕经济建设这个中心,服从和服务于全党全国工作大局开展反腐倡廉建设,必须把建立健全惩治和预防腐败体系的工作纳入经济社会发展的总体规划,把反腐倡廉同改革开放和经济建设的重大措施结合起来,与改革开放和经济建设互相促进、协调发展,为构建社会主义和谐社会、实现全面建成小康社会的奋斗目标提供坚强的政治保证。通过防治腐败,把广大人民群众的积极性创造性充分调动起来,努力实现反腐倡廉与经济社会发展的良性互动,促进社会主义物质文明、政治文明、精神文明、社会文明的协调发展。

4. 坚持反腐倡廉工作方针,建立健全教育、制度、监督并重的惩治和预防腐败科学体系

依靠建立健全惩治和预防腐败体系来反腐败,是我们党在总结反腐倡廉历史经验、科学判断反腐倡廉形势基础上做出的重大战略决策,是反腐倡廉工作向纵深发展的必然要求,是在发展社会主义市场经济条件下更好地防治腐败的必由之路,也是我们党在改革开放新的历史时期探索反腐倡廉建设新路子所形成的基本经验。

中华人民共和国成立前后,我们党在反腐败方面所采取的基本思路是通过整风运动等形式开展思想教育,通过群众性政治运动形式揭批腐败分子,再通过法律手段予以严惩。邓小平指出:"历史的经验证明,用大搞群众运动的办法,而不是用透彻说理、从容讨论的办法,去解决群众性的

---

① 《江泽民文选》第3卷,人民出版社2006年版,第175页。
② 习近平:《在中共十八届四中全会第二次全体会议上的讲话》,2014年10月23日。

思想教育问题，而不是用扎扎实实、稳步前进的办法，去解决现行制度的改革和新制度的建立问题，从来都是不成功的。"① 改革开放以来，在总结反腐倡廉建设历史经验和教训的基础上，反腐倡廉方针实现了从一开始的"侧重遏制"，到"标本兼治、综合治理"，再到"标本兼治、综合治理，逐步加大治本力度"，而后到"标本兼治、综合治理、惩防并举、注重预防"的演进，反映了我们党反腐倡廉建设思想认识不断走向深入、走向成熟。反腐倡廉方针演进发展的最新成果被2005年颁布实施的《关于建立健全教育、制度、监督并重的惩治和预防腐败体系实施纲要》所确认，十七大还将坚持标本兼治、综合治理、惩防并举、注重预防的方针写入新修改的党章中，从党内根本大法上肯定了这一方针的地位和权威。实施惩治和预防腐败体系的重大战略决策，其实质就是要从源头预防腐败，铲除滋生腐败的土壤，从根本上扭转一些行业和领域腐败高发、多发的严峻态势。其精髓在于标本兼治、惩防并举，教育、制度、监督并重，调动各方面的力量，以多层次、全方位、整体性的措施治理腐败。

5. 坚持把维护、发展和实现人民群众的根本利益作为反腐倡廉建设的出发点和落脚点

腐败现象的最大危害是损害人民群众的利益，破坏党和人民群众的血肉联系，削弱党的执政能力，危害党的执政基础。十六大报告指出："不坚决惩治腐败，党同人民群众的血肉联系就会受到严重损害，党的执政地位就有丧失的危险，党就有可能走向自我毁灭。"因此，反腐倡廉建设的核心问题是密切党和人民群众的血肉联系。维护、发展和实现人民群众的根本利益是密切党和人民群众的血肉联系，巩固党的执政基础的根本保证。

中国共产党的性质和宗旨决定了党在任何时候都应把群众利益放在第一位，不允许任何党员侵犯群众利益以谋取私利。维护、发展、实现最广大人民的根本利益，始终是党全部工作包括反腐倡廉工作的出发点和落脚点。改革开放以来，特别是1993年中纪委二次全会确立反腐败、纠正部门和行业不正之风三项工作格局以来，坚决纠正各种损害群众利益的不正

---

① 《邓小平文选》第2卷，人民出版社1994年版，第336页。

之风，坚决查处损害群众利益的违法违纪案件，始终是反腐倡廉建设的重要主题、常规工作，也是改革开放以来反腐倡廉工作的一大特色。坚持不懈开展纠正部门和行业不正之风，坚决纠正损害群众利益的突出问题，有效地遏制了损害群众利益的腐败行为的蔓延态势，有效地维护了人民群众的利益，得到了群众的拥护。

6. 坚持开展反腐倡廉教育，增强廉洁从政意识，构筑反腐倡廉思想道德防线

在党风廉政建设和反腐败工作中，反腐倡廉教育具有基础性作用。大量事实证明，腐败行为发生与否，主要取决于人的思想素质、思想动因。一些党员干部蜕化变质，走上违纪违法道路，往往是从思想上的蜕化变质、思想道德防线失守开始的，究其根本是理想信念出了问题。江泽民曾指出，改革开放还只搞了十多年，有些干部、党员在考验面前已经打了败仗，有的革命意志衰退了，有的走到邪路上去了，有的甚至堕落成为社会的蛀虫和罪犯，归根到底就是这些人在世界观、人生观上出了问题。而人的思想素质、道德品质和精神状态需要通过长期的与社会实践相结合的思想教育逐渐加以培育和塑造，才能够把特定的思想内化为自己的理想信念，外化为自觉的行动，引导人们构筑起牢固的思想道德防线。习近平强调，理想信念就是共产党人精神上的"钙"，没有理想信念，理想信念不坚定，精神上就会"缺钙"，就会得"软骨病"，就会导致政治上变质、经济上贪婪、道德上堕落、生活上腐化，最后滑向违法犯罪的深渊。理想信念动摇是最危险的动摇，理想信念滑坡是最危险的滑坡。推进反腐倡廉建设，克服当前部分党员干部精神上"缺钙"症状，必须补足精神之"钙"，不断提高党员干部的思想素质和道德修养，解决好世界观、人生观、价值观这个"总开关"问题，筑牢"不想腐"的思想堤坝。[①] 因此，加强思想教育，引导广大党员、干部树立正确的世界观、人生观、价值观，建立牢固的思想道德的内心防线，是从源头上预防和治理腐败的根本举措之一。通过反腐倡廉教育构筑牢固的思想道德防线，成为我们党惩治

[①] 参见 2014 年 1 月 20 日，习近平在党的群众路线教育实践活动第一批总结暨第二批部署会议上的讲话。

和预防腐败的基本经验之一。

思想教育是我们党的政治优势，也是我们党在长期的革命和建设中形成的优良传统和基本经验。改革开放以来，我们党十分注意发挥思想教育对于反腐倡廉的基础性作用，在加强反腐倡廉教育，构筑反腐倡廉思想道德防线方面做出了积极探索，开展了一系列学习教育活动，有力地促进了党员领导干部筑牢抵制腐败的思想和道德防线。

7. 坚持发展社会主义民主政治，加强对权力运行的监督制约

历史经验反复证明，失去监督制约的权力必然导致腐败，加强对权力运行的监督制约，必须建立在民主基础之上才能取得真正的效果。在深刻总结反腐倡廉建设历史经验的基础上，党的十五大报告明确提出防范和遏制权力腐败"监督是关键"的科学结论。

民主是腐败的天敌，发展民主是克服腐败的必由之路。加强对权力运行的监督制约，必须发展社会主义民主政治。社会主义民主政治不仅使国家权力置于全体人民的监督之下，而且使国家权力行使者的执政行为置于全体人民的监督之下。因此，社会主义民主政治，本身就是保证公共权力合理、正确行使的制度保障，是党风廉政和反腐败工作的政治保障。

中国共产党长期执政党的地位，决定了发展社会主义民主政治，首先就要发展党内民主，搞好党内民主监督。改革开放以来，我们党在开展党内民主生活教育，疏通党内民主渠道，拓宽党内民主途径，丰富党内民主形式，建立健全党内民主集中制等民主制度、程序和规则，发挥党章在党内民主制度建设当中的基础性作用等方面采取了积极措施，党内民主不断得到发展，促进了对权力运行的监督和制约。

人民民主是社会主义的生命。社会主义民主的本质是人民当家作主。改革开放以来，我们坚定不移地推进政治体制改革，大力发展社会主义民主政治，不断完善社会主义民主政治制度，充分支持人民当家作主，有力地促进了社会主义民主政治的发展，极大地增进了民主对于权力的监督制约作用。

8. 坚持用改革的办法解决腐败现象发生的深层次问题，创新体制机制，从源头上预防和解决腐败问题

改革开放以来，腐败现象之所以一度滋生蔓延，主要是因为公共权力运行的体制、机制中存在着以权谋私的空间和漏洞，使腐败者有可乘之机。对此，邓小平做了深刻分析，指出"我们过去发生的各种错误，固然与某些领导人的思想、作风有关，但是组织制度、工作制度方面的问题更重要。这些方面的制度好可以使坏人无法任意横行，制度不好可以使好人无法充分做好事，甚至会走向反面"①。提出"制度问题更带有根本性、全局性、稳定性和长期性"②，"克服特权现象，要解决思想问题，也要解决制度问题"③，反腐败"还是要靠法制，搞法制靠得住些"④等重要论断，并且强调解决腐败问题要两手抓，一手抓思想教育，一手抓体制改革。

改革开放以来，在邓小平理论指引下，我们党深刻认识到依靠制度建设从源头上治理腐败的重要性，形成了通过深化改革、实现制度创新，把反腐败工作寓于各项改革措施之中，坚持用改革的办法解决腐败现象发生的深层次问题，达成了从源头上解决发生腐败的体制机制问题的重要共识，并且通过不断深化经济体制改革，积极稳妥推进政治体制改革和其他各方面的体制改革，不断压缩腐败现象存在的空间，不断铲除腐败现象滋生蔓延的土壤，促进了从源头上预防和解决腐败问题取得根本性进展。

9. 坚持党委统一领导，党政齐抓共管、纪委组织协调、部门各负其责、依靠群众的支持和参与的反腐败领导体制和工作机制，形成反腐败斗争的整体合力

改革开放以来，我们党逐步探索和建立了适合我国现阶段基本国情的反腐败领导体制和工作机制。1994年中纪委三次全会初步形成了反腐败必须全党动员，党政一起抓，党政主要领导亲自抓，各行各业、各个方面都要按照党中央、国务院的统一部署，上下一起行动，打总体战的反腐败领导体制和工作机制。1997年，十五大将这一反腐败领导体制和工作机制明确表述为"党委统一领导，党政齐抓共管，纪委组织协调，部门各负其责，依靠群众的支持和参与"，标志着反腐败领导体制和工作机制的正式

---

① 《邓小平文选》第2卷，人民出版社1994年版，第333页。
② 《邓小平文选》第2卷，人民出版社1994年版，第333页。
③ 《邓小平文选》第2卷，人民出版社1994年版，第332页。
④ 《邓小平文选》第2卷，人民出版社1994年版，第379页。

确立。这一新的领导体制和工作机制，进一步明确了各级党委、政府、纪委、部门、人民群众在反腐败工作中的定位，为夺取反腐败斗争全面胜利提供了可靠的组织保证。

反腐倡廉是一项系统工程，既涉及党的建设和政权建设的方方面面，又涉及社会经济管理和其他方面的业务建设，需要全党全社会共同反对腐败，才能形成反腐败的整体合力。而要凝聚力量，把全党全社会动员起来，就必须在党的领导下动员各方面的力量共同完成。之所以需要党委的统一领导，这是因为我们党的性质和党在国家中的领导地位决定的。只有坚持党的领导，才能确立正确的反腐败指导思想、基本原则和领导体制，做出符合中国国情的反腐倡廉建设的战略决策和工作部署；才能有效地动员和组织全党和全社会的力量反对腐败，既依纪依法严惩腐败分子，又维护政治和社会稳定，保证反腐败斗争在错综复杂的环境中始终沿着正确的政治方向健康地向前发展，不断取得新的成效。

腐败现象与政治、经济和社会生活有着密切的联系，反腐败既是党的建设的重要内容，又是政府工作的职责所在。党政齐抓共管，就是要围绕中心工作，把反腐倡廉建设的各项措施纳入党的建设、政府各项工作中，周密计划，狠抓落实。要把廉政建设和反腐败作为政府工作的重要组成部分，摆上重要议程；对政府系统廉政建设和反腐败负全责，重要工作和重点任务直接部署、直接组织实施、直接抓落实。

在反腐败领导体制和工作机制中，纪委被定位为起"组织协调"作用，十六大修改后的党章赋予纪委的主要职责和任务是协助党委加强党风廉政建设和组织协调反腐败工作，十九大修改后的党章进一步明确纪委的主要职责是协助党的委员会推进全面从严治党、加强党风建设和组织协调反腐败工作，从而从党内根本大法上确立了纪委组织协调的地位和权威。这一定位对纪委提出了更新、更高的要求，要求纪委在各级党委、政府的领导下，站在全局的高度，从更高层次上谋划和开展工作，充分履行自己的职责，发挥好组织、协调和指导作用。为切实保障纪委组织协调作用，中纪委于2005年7月11日通过了《关于纪委协助党委组织协调反腐败工作的规定（试行）》，该规定的发布施行对于切实保障纪委履行党委组织协调反腐败工作的职责，充分发挥有关部门在反腐败工作中的职能作用，形成反腐败合力，促进反腐败工作深入开展，具有重要的意义。

反腐败的领导机制和工作机制是一个完整的体系，反腐败斗争成功有赖于这个体系中的各级党政机构和专门负责反腐与监督的每一个部门都能够各负其责，明晰责任，严格落实党风廉政建设责任制，负起全面抓好本部门、本系统党风廉政建设和反腐败工作责任，负起管好队伍的责任，负起解决突出问题的责任，负起从源头上治腐的责任，在保证自身政策执行的同时，抓好系统内下属单位的政策执行和协助其他部门的政策执行，使反腐败领导机制和工作机制有效运转起来。在反腐败斗争特别是查办违纪违法案件中，进一步加强纪检、司法、审计、监督等重要反腐败职能机关之间的协作，更好地形成查办和突破大案要案的整体合力。

依靠人民群众的支持和参与反腐败，是我们党的群众路线的具体体现，是人民群众参与管理国家事务、保证国家权力正确运作的重要方法，也是反腐败领导体制和工作机制的生命力所在。反腐败斗争实践充分证明，依靠群众的支持和参与是我们反腐败的力量源泉。群众是腐败的直接受害者，他们对腐败危害的感受最真切，反腐败愿望最强烈；他们又是反腐败的直接受益者，参与反腐败的积极性也最高。充分调动群众的积极性，激发人民群众支持和参与斗争的政治热情，依靠群众发现和揭露腐败问题，才能促进反腐倡廉取得实效。

10. 坚持开展反腐败国际合作，注意借鉴国外治理腐败的有效经验

伴随着经济全球化和区域经济一体化的进程，腐败日益成为一种跨国性犯罪，反腐败成为一个国际性课题，开展反腐败国际合作在世界范围内成为共识和潮流。从20世纪90年代开始，各国便开始寻求反腐败犯罪的国际合作，并缔结了一系列公约。由国际反腐败会议（主要包括国际反贪污大会、各种国际廉政道德会议和政府间廉政工作会议）和国际组织所推动的全球范围的反腐败国际合作初具规模。联合国、经济合作与发展组织、世界银行、透明国际等主要国际机构组织也积极推动反腐败国际合作。尤其是联合国在国际反腐败合作中的行动引人注目，2000年11月，第五十五届联合国代表大会通过（2003年9月29日正式生效）世界上第一部针对跨国有组织犯罪的全球性公约《联合国打击跨国有组织犯罪公约》，2003年10月31日，第五十八届联合国大会审议通过（2005年12

月14日正式生效)《联合国反腐败公约》。为加强反贪国际合作，国际社会还决定成立国际反贪局联合会，为反贪国际合作搭建了新平台，构建了直接合作机制。

改革开放以来，我国的国际交往日益增多，逐步融入世界经济体系。越来越多的海外资金、跨国公司进入中国寻找商机，与此相伴随，向境外转移腐败资金、贪官外逃、跨国公司在中国境内以行贿谋取不法利益等腐败现象也逐渐滋生发展，腐败犯罪呈现跨国化趋势。腐败犯罪人员外逃、腐败资金外移以及跨国公司的腐败行为，严重损害着我国的经济利益，而且败坏我国的国际形象。通过国际合作打击跨境腐败犯罪势在必行，加强反腐败国际合作日益重要而迫切。改革开放以来，我国积极参与国际反腐败合作，先后批准加入《联合国打击跨国有组织犯罪公约》《联合国反腐败公约》等国际公约，参与包括联合国、亚太经合组织、二十国集团和金砖国家在内的15个全球和区域反腐败多边合作机制，加入国际刑警组织等相关反腐败国际组织，发起成立亚洲监察专员协会、国际反贪局联合会等专业组织，参加和举办多种反腐败国际会议，推动在华设立二十国集团反腐败追逃追赃研究中心，对外缔结引渡条约和多项刑事司法协助条约，签署双边合作谅解备忘录。我国重视和加强反腐败双边、多边国际合作，其成效在党的十八大以来反腐败国际追逃追赃方面得到了彰显。

（四）推动全面从严治党向纵深发展

党的十九大报告宣布，中国特色社会主义进入了新时代，这是我国发展新的历史方位；指出在新时代，我们党一定要有新气象新作为。打铁必须自身硬。党要团结带领人民进行伟大斗争、推进伟大事业、实现伟大梦想，必须毫不动摇坚持和完善党的领导，毫不动摇把党建设得更加坚强有力；强调全面从严治党永远在路上。全党要深刻认识党面临的执政考验、改革开放考验、市场经济考验、外部环境考验的长期性和复杂性，深刻认识党面临的精神懈怠危险、能力不足危险、脱离群众危险、消极腐败危险的尖锐性和严峻性，坚持问题导向，保持战略定力，推动全面从严治党向纵深发展。

党的十九大报告提出了新时代党的建设总要求，明确了8个方面重点任务，即把党的政治建设摆在首位，用新时代中国特色社会主义思想武装全党，建设高素质专业化干部队伍，建设高素质专业化干部队伍，持之以恒正风肃纪，夺取反腐败斗争压倒性胜利，健全党和国家监督体系，全面增强执政本领等；对推进党的建设新的伟大工程做出顶层设计、战略部署，进一步回答了"建设什么样的党、怎样建设党"这一历史性课题，丰富和发展了马克思主义建党学说，标志着我们党对执政党建设规律的认识达到新的高度，深入推进反腐倡廉建设，是新时代党的建设总要求和重点任务不可或缺的重要组成部分。

在新时代，反腐倡廉建设要深入贯彻落实党的十九大和十九届中纪委二次全会关于全面从严治党的战略部署，"重整行装再出发，以永远在路上的执着把全面从严治党引向深入，开创全面从严治党新局面"。全面贯彻党的十九大精神，深入推进全面从严治党和反腐倡廉建设，应落实以下举措：[①]

第一，坚持以党的政治建设为统领，坚决维护党中央权威和集中统一领导。旗帜鲜明地讲政治是马克思主义政党的根本要求。要将党的政治建设纳入党的建设总体布局并摆在首位，严肃党内政治生活，严明政治纪律和政治规矩，全面净化党内政治生态。党员领导干部要增强"四个意识"，始终在政治立场、政治方向、政治原则、政治道路上与党中央保持高度一致。

第二，锲而不舍落实中央"八项规定"精神，保持党同人民群众的血肉联系。一个政党、一个政权，其前途命运取决于人心向背。不断厚植党执政的群众基础，必须深入落实"八项规定"精神，继续在常和长、严和实、深和细上下功夫，密切关注享乐主义、奢靡之风新动向新表现，坚决防止其回潮复燃。

第三，全面加强纪律建设，用严明的纪律管全党治全党。广大党员干部要知敬畏、存戒惧、守底线。进一步加强纪律教育，使铁的纪律转化为

---

① 习近平：《在十九届中央纪委二次全会上的讲话》，新华网，2018年1月11日。赵乐际：《在十九届中央纪委二次全会上的工作报告》，新华网，2018年1月12日。

党员、干部的日常习惯和自觉遵循。强化纪律执行，深化运用监督执纪"四种形态"，抓早抓小、防微杜渐。进一步完善纪律规章，实现制度与时俱进。

第四，深化标本兼治，夺取反腐败斗争压倒性胜利。标本兼治，既要夯实治本的基础，又要敢于用治标的利器。要坚持无禁区、全覆盖、零容忍，坚持重遏制、强高压、长震慑，坚持受贿行贿一起查，坚决减存量、重点遏增量。坚持"打虎""拍蝇""猎狐"。严厉整治发生在群众身边的腐败问题。加强反腐败综合执法国际协作，强化对腐败犯罪分子的震慑。通过改革和制度创新切断利益输送链条，加强对权力运行的制约和监督，形成有效管用的体制机制。深化构建不敢腐、不能腐、不想腐的体制机制，不断强化不敢腐的震慑，扎牢不能腐的笼子，增强不想腐的自觉。

第五，加强纪检监察机关自身建设。打铁必须自身硬。执纪者必先守纪，律人者必先律己。纪检机关要坚守职责定位，强化监督、铁面执纪、严肃问责，要以更高的标准、更严的纪律要求自己，提高自身免疫力。纪检监察干部要做到忠诚坚定、担当尽责、遵纪守法、清正廉洁，确保党和人民赋予的权力不被滥用、惩恶扬善的利剑永不蒙尘。

回顾历史，反腐倡廉建设成就辉煌。展望未来，反腐倡廉任务依然艰巨。我们相信，有中国特色社会主义伟大旗帜的指引，有党中央的坚强领导，有改革开放以来积累的成功经验，有广大人民群众的支持和参与，只要我们认真贯彻党中央确定的战略部署，将反腐倡廉贯穿于改革开放和现代化建设的全过程，以更加坚定的信心、更加积极的态度、更加有力的措施坚持不懈地抓下去，就一定能实现干部清正、政府清廉、政治清明的宏伟目标，就一定能实现海晏河清、乾坤朗朗的光明前景。

（执笔人：黄宝玖）

八 党管干部，唯才是举：改革开放以来的干部人事制度改革

伴随着中国改革开放的历程，我国干部人事制度也经历了巨大的转变。根据党中央的部署，按照适应社会主义经济体制和政治体制改革的要求，我国的干部人事制度在民主化、科学化和法制化方面取得了重大进展。按照改革的纵向发展历程，我国的干部人事制度改革可以划分为五个阶段：第一是拨乱反正阶段，主要针对"文化大革命"中遭到破坏的干部人事制度进行修正，平反冤假错案，清理领导班子中的"三种人"。第二是干部人事制度改革的恢复和重建阶段，它在时间上与第一阶段并存，重点是推进干部的"四化"建设，建立干部离退休制度。第三是全面改革阶段，从 1987 年开始到 2000 年。这一阶段，开展了以建立公务员制度为重点的全面改革，构建分类管理制度。第四是深化改革阶段，从 2000 年开始到 2012 年，以颁布《深化干部人事制度改革纲要》为起点，以干部人事制度的科学化、民主化和法制化为目标展开了一系列改革，其间颁布的《中华人民共和国公务员法》是这一阶段改革的主要成果。第五则是规范和提升阶段，从 2012 年至今，我国的干部人事制度进一步规范，选人机制愈加科学，对干部的要求也越来越高。

（一）改革开放以来干部人事制度改革的历程

1. 第一阶段：干部人事制度的拨乱反正

党的十一届三中全会坚决纠正了党指导思想上的"左"倾错误，否定

了"两个凡是"的错误方针，确定了解放思想、实事求是的指导方针。为彻底纠正"文化大革命"及其以前的"左"倾错误，恢复党的实事求是的优良传统，全党遵循"有反必肃、有错必究"的原则，进行了大规模的全面复查与平反冤假错案工作。

(1) 平反冤假错案

党的十一届三中全会审查纠正了对彭德怀、陶铸、薄一波、杨尚昆等人所作的错误结论，并且宣布为"天安门事件""六十一人叛徒集团案"等有较大影响的大案平反。1978年12月29日，中共中央批转了中央最高人民法院党组《关于抓紧复查纠正冤假错案 认真落实党的政策的请示报告》。1980年党的十一届五中全会通过的《关于党内政治生活的若干准则》强调："建国以来的冤案、假案、错案，不管是哪一级组织、哪一个领导人定的和批的，都要实事求是地纠正过来，一切不实之词必须推倒。"① 1980年4月，中央组织部发出《关于把落实干部政策的工作进行到底的几点意见》，提出对"文化大革命"中的案件要克服"差不多"的思想，克服松劲情绪，加强领导，把这项工作抓到底。②

到党的十一届六中全会前，大部分冤假错案得到了平反。继十一届三中全会为邓小平、彭德怀等党和国家领导人平反之后，中央又陆续发出了为彭真、谭震林、黄克诚、陆定一、罗瑞卿等人平反的文件。十一届五中全会又通过了为刘少奇平反昭雪的决定，对全国各地发生的事件、案件进行复查平反，为武汉"七二〇事件"、宁夏青铜峡"反革命暴乱事件"、云南"沙甸事件""三家村"冤案等进行复查和平反；全国各地人民法院按照中央有关规定，全面复查了"文化大革命"以来判处的反革命案件和普通刑事案件、死刑案件，对属于冤假错案的和造成冤杀、错杀的案件，做了纠正；对"文化大革命"中被诬陷定罪的原国民党起义投诚人员进行了平反，落实了政策。此外，对"文化大革命"前的一些历史案件，也在这个阶段进行了认真的复查和实事求是的处理：纠正了1957年反右扩大

---

① 《关于党内政治生活的若干准则》，新华网，http://news.xinhuanet.com/ziliao/2005-02/04/content_2548139.htm。

② 《关于把落实干部政策的工作进行到底的几点意见》，中国劳动资讯网法律库，http://www.51labour.com/LawCenter/lawshow-37163.html。

化的错误；为1959年反右倾运动中被错定为右倾机会主义分子的人一律平反改正；为在过去受到批判的邓子恢、习仲勋、谭政等人和国家及军队的一些领导人平反；为1955年错判的胡风反革命集团一案、1958年青海省平叛斗争扩大化问题造成的冤案平反。

1981年6月，党的十一届六中全会通过的《关于建国以来党的若干历史问题的决议》对"文化大革命"及其以前的"左"倾错误，做出彻底否定的结论，这使一切冤假错案的平反有了可靠的依据。十一届六中全会以后，中央继续落实台属政策、宗教政策、知识分子政策等。此外，还实事求是地复查和纠正了20世纪30年代、40年代的肃反扩大化问题、地下党历史遗留问题等。到1985年，全国规模的平反冤假错案的工作基本结束。据不完全统计，经中共中央批准平反的影响较大的冤假错案有30多件，全国共平反纠正了约300万名干部的冤假错案，47万多名共产党员恢复了党籍，数以千万计的无故受株连的干部和群众得到了解脱。①

（2）对"文化大革命"前历史遗留案件的复查和平反

对冤假错案的平反任务完成后，平反冤假错案和落实政策的工作重点就转移到妥善解决历史遗留问题方面。据不完全统计，全国"文化大革命"前遗留下来的各种案件高达上百万件，涉及数百万人，影响了上千万人。

首先是对"右派"的摘帽和复查改正工作。1978年4月5日，中共中央批准统战部和公安部《关于全部摘掉右派帽子的请示报告》，决定全部摘掉"右派分子"帽子。为完成错划右派的复查改正任务，中组部、中宣部、统战部、公安部和民政部联合成立办公室。1978年10月17日，中组部成立了审查改正右派工作办公室，领导全国的右派平反改正工作。1979年2月，组织部、宣传部、统战部、公安部、民政部联合召开全国复查改正工作经验交流会，由公安部、教育部、北京、上海、北京大学等介绍了各自改正错划右派工作的经验和做法。在交流会后，改正错划右派工作立即在全国铺开。各省、自治区、直辖市以至地、县也都召开了类似的会

---

① 《平反冤假错案》，新华网，http://news.xinhuanet.com/ziliao/2003-09/01/content_1056650.htm。

议。各级党委的第一把手或主要领导人亲自过问此事，听取汇报，发表讲话，研究解决改正工作中的问题。1979年2月21日，中共中央批准组织部、宣传部、统战部、公安部、民政部拟订的《关于中发（1978）55号文件的补充说明》，强调在改正的基础上，做好对错划右派的安置工作。在党的十一届三中全会精神的推动下，在各级党委的重视下，改正错划右派的工作进展较快。但是，由于长期"左"的思想的影响，许多人对改正工作还是顾虑重重。一些人把坚持四项基本原则与处理历史遗留问题对立起来，认为改正右派错案是右了，过头了。在这种怀疑、否定思潮的影响下，大部分省、自治区、直辖市的这一工作曾一度陷于停顿。针对这种状况，1979年9月10日，中共中央批转了统战部等五部门《关于继续贯彻执行中央（1978）55号文件几个问题的请示》，及时纠正了各种错误认识，使这项落实政策的工作得以继续进行。

错划右派的改正工作1980年基本结束，已改正的有54万多人，占原划"右派分子"总数的98%以上。对失去公职的27万人，重新安排了工作和生活。1981年进行了复查，对被划为"中右分子"和"反社会主义分子"的31.5万人，一律给予了平反，并对因此受株连的家属子女，也基本落实了政策。对维持右派原案，摘掉右派分子帽子的3000多人，也全部正确评价了他们的历史功过，恢复了政治权利，适当安置了工作和生活。①

其次是为地富分子摘帽。1979年1月11日，中共中央做出《关于地主富农分子摘帽问题和地富子女成分问题的决定》，该决定指出，考虑到我国农村完成土地改革和实现农业集体化以后，地主、富农分子经过20多年以至30多年的劳动改造，他们当中的绝大多数已经成为自食其力的劳动者，因此对地、富分子的摘帽问题和地、富子女的成分问题，做了符合新的情况的相应规定。该决定指出，除了极少数坚持反动立场、至今还没有改造好的以外，凡是多年来遵守政府法令、老实劳动、不做坏事的地主、富农分子以及反坏分子，经过群众评审，县革命委员会批准，一律摘

---

① 参见中央党史研究室科研部编《拨乱反正》中央卷（上），中共党史出版社，第230页。转引自王旸《新时期党的干部制度建设》，中共党史出版社2006年版，第61页。

掉帽子，给予农村人民公社社员的待遇。地主、富农家庭出身的农村人民公社社员，他们本人的成分一律定为公社社员，享有同其他社员一样的待遇。今后，他们在入学、招工、参军、入团、入党和分配工作等方面，主要应看本人的政治表现，不得歧视。地主、富农家庭出身的社员子女，他们的家庭出身应一律为社员，不应再作为地主、富农家庭出身。①该决定做出之后，全国先后有440多万人摘掉了地主、富农的帽子，2000多万人结束了30多年来备受歧视的历史，享受到了应有的公民权利。②

（3）清理"三种人"，调整充实各级领导班子

所谓"三种人"是指在"文化大革命"期间造反起家的人、帮派思想严重的人、打砸抢分子。陈云多次对清理"三种人"工作做出指示。1981年7月2日，陈云在省、市、自治区党委书记座谈会上指出："闹派性的骨干分子，打砸抢的分子，一个也不能提到领导岗位上来。我说一个也不能。……对于这些人，不要只看他们现在一时表现好。现在这些人大概表现是'蛮好'，他要爬上来，现在只能表现好……到了气候适宜的时候，党内有什么风浪的时候，这些人就会变成为能量很大的兴风作浪的分子。"③1983年10月，在党的十二届二中全会上，陈云在讲话中谈到："最危险的是党内混进了一批'三种人'。……这次整党必须把'三种人'清除出党。"④党的十二届二中全会通过的《中共中央关于整党的决定》也提出："纯洁组织是这次整党的一个重要目的。'三种人'反对党、危害党，如不彻底清理，就会成为党的严重隐患。清理'三种人'，是纯洁组织的关键问题。……区分是不是'三种人'的根据，是本人对党对人民造成危害的事实，而不是'文化大革命'中的头衔或参加哪一个组织。确定是否'三种人'，要既严肃又慎重。对本人在'文化大革命'时期的表现，要作历史分析。凡是有争议的，应报上级党委讨论决定。'三种人'，除经过长期考验，证明确已悔改者外，原则上要

---

① 参见《中央决定给得到改造的四类分子摘帽，对地富子女的成份也作了明确规定》，《人民日报》1979年1月29日。
② 参见王旸《新时期党的干部制度建设》，中共党史出版社2006年版，第67页。
③ 《陈云文选》第3卷，人民出版社1995年版，第301页。
④ 《陈云文选》第3卷，人民出版社1995年版，第330页。

开除出党。"①

在陈云的倡议下，清理"三种人"成为调整各级领导班子的主要任务之一。党的十一届三中全会以后，把已经查明的"文化大革命"中的"三种人"以及反对十一届三中全会以来党的路线和有各种严重违法乱纪行为的人，从领导班子中清理出去，对犯有严重错误和不称职的干部做了调整。1983年10月已清查出"三种人"和犯有严重错误的人约40万名。在整党运动中继续清理"文化大革命"中的"三种人"5449名，犯严重错误的43074名。② 通过清理"三种人"，纯洁了干部队伍，提高了干部素质，改善了干部结构。

2. 第二阶段：干部人事制度的恢复和重建

这个阶段改革的重点是推进干部的"四化"建设，建立干部离退休制度。所谓干部的"四化"是指干部的革命化、年轻化、知识化和专业化。革命化是对干部队伍政治素质的要求，主要指坚持四项基本原则，拥护和执行党的基本路线，在政治上同中共中央保持一致，不以权谋私，全心全意为人民服务，党性强，作风正派等。年轻化是对干部年龄的要求，主要指年富力强，精力充沛，能够胜任繁重的工作。知识化是对干部文化水平的要求，主要指不断提高科学文化水平，以适应现代化建设的需要，既要注重学历，又要注重真才实学。专业化是对干部专业水平和业务能力的要求，干部应当成为精通本行的行家和能手。干部"四化"是个相互联系的整体。不讲革命化就会迷失方向，只讲革命化，不讲知识化、专业化，又会成为空头政治家；年轻化要求干部人事制度适应新陈代谢规律，不断培养社会主义事业的接班人，以保证社会主义建设持续不断发展的需要，它是用人唯贤、德才兼备的干部路线在新形势下的发展。1980年8月，邓小平在中共中央政治局扩大会议上指出：选干部要注意德才兼备。"所谓德，最主要的，就是坚持社会主义道路和党的领导。在这个前提下，干部队伍

---

① 《中国共产党历次全国代表大会数据库》，人民网，http://cpc.people.com.cn/GB/64162/64168/64565/65377/4429530.html#。

② 中共中央组织部编：《中国共产党组织史资料》第7卷（上），中共党史出版社2000年版，第9、18页。转引自王旸《新时期党的干部制度建设》，中共党史出版社2006年版，第70页。

要年轻化、知识化、专业化,并且要把对于这种干部的提拔使用制度化。"① 同年12月,邓小平在中共中央工作会议上又指出:"要在坚持社会主义道路的前提下,使我们的干部队伍年轻化、知识化、专业化,并且要逐步制定完善的干部制度来加以保证。"② 党的十二大正式把干部的"四化"写入党章,党章要求:"党按照德才兼备的原则提拔干部,坚持任人唯贤,反对任人唯亲,并且要求努力实现干部队伍的革命化、年轻化、知识化、专业化。"③ 至此,干部的"四化"正式成为全党在干部工作中遵循的一条重要方针,用以指导各级领导班子和整个干部队伍建设。

党中央之所以要提出干部的"四化"方针,主要是因为以下几点原因:

第一,党的中高级领导干部老化现象严重。由于一大批老干部在平反之后被恢复或重新安排工作,这些老干部相当一部分处于60岁乃至70岁以上。1981年7月,陈云在省、市、自治区党委书记座谈会上说:"我们现在的干部,青黄不接的情况很严重。差不多每天都有老干部死亡的报告。北京的,外地的,开追悼会,要送花圈,往往一天几起。这是一种情况。另外一种情况,现在各部也好,下面机关也好,开会的时候,部长、副部长,正手、副手,坐了一大桌,但真正能做工作的,只有三几个人。"④ 1981年5月8日,陈云再次提出问题的严重性:"现在省委、地委的主要负责同志多数是六十岁以上的干部,其中不少还是七十岁以上的干部,政府各部委的领导同志大体也一样。他们中的大多数是大革命时期、土地革命战争时期或抗日战争时期的干部。县委的主要负责同志多数是五十岁左右的干部。这些干部身负重任,都在党政军第一线工作,日夜操劳。这种状况显然已经不能适应我国近十亿人口大国的繁重的领导工作。他们已经不能持久地工作,并且常常带病工作,时常因病住进医院。因积

---

① 《邓小平文选》第2卷,人民出版社1994年版,第326页。
② 《邓小平文选》第2卷,人民出版社1994年版,第361页。
③ 中共中央文献研究室编:《十二大以来重要文献选编》(上),人民出版社1986年版,第83页。
④ 《陈云文选》第3卷,人民出版社1995年版,第300页。

劳成疾而死亡的人越来越多,开追悼会的消息几乎每天都有。"①

第二,很多干部缺乏科学技术文化知识,没有受过系统的专业训练,不懂得先进的科学技术知识和管理知识。邓小平曾指出:"无论在什么岗位上,都要有一定的专业知识和专业能力。没有的要学,实在不能学、不愿学的要调整。……问题是干部构成不合理,缺乏专业知识、专业能力的干部太多,具有专业知识、专业能力的干部太少。"② 宋任穷在《关于今后脱产干部来源的几个问题》一文中也指出:"我们整个干部队伍的文化科学技术和专业水平仍然普遍较低,年富力强而又懂得先进技术和现代化管理的人很少,尤其在领导干部中这个现象更加突出,同社会主义四个现代化建设形成了尖锐的矛盾。"③

这一阶段,我国干部人事制度改革主要体现在以下几个方面。

(1) 按照干部"四化"的要求,调整各级领导班子

按照中央的部署,从 1980 年到 1985 年,党的中央领导层及地方各级领导班子在实现年轻化方面迈出重要步伐。首先是中央领导层做出表率。在党的十二大上,一大批老同志从第一线退出,一大批德才兼备、比较年轻的干部进入了中央委员会担负起中央的领导工作。在党的十二大选出的 348 名中央委员和候补委员中,新进的委员与候补委员有 211 人,占 60.6%。其中有 2/3 的人年龄在 60 岁以下,具有大专以上学历的有 120 人,专业人员增加到 159 人。之后为了适应改革开放的新形势,按照新老交替的要求,在 1985 年 9 月 16 日至 24 日相继召开了党的十二届四中全会、中国共产党全国代表会议和十二届五中全会,在这三次会议上中共中央领导机构成员进行了局部调整。在 9 月 16 日召开的十二届四中全会上,包括叶剑英、邓颖超等 64 位同志不再担任中央委员,36 位同志不再担任中央顾问委员会成员,31 位同志不再担任中央纪委委员。9 月 18 日召开了中国共产党全国代表会议,这是中华人民共和国成立后我党召开的唯一一次临时性全国代表大会。在这次大会上批准了一批老同志不再担任中央

---

① 《陈云文选》第 3 卷,人民出版社 1995 年版,第 292 页。
② 《邓小平文选》第 2 卷,人民出版社 1994 年版,第 262—263 页。
③ 宋任穷:《关于今后脱产干部来源的几个问题》,《人民日报》1980 年 7 月 19 日。

三个委员会成员的请求，增选了中央委员会委员 56 名、候补委员 35 名、中顾委委员 56 名、中纪委委员 31 名，实现了新老干部的顺利交替。① 邓小平对这次新老干部交替给予了很高评价："几年来新老干部的合作和交替，进行得比较顺利。从中央到地方的党政军各级领导岗位，都补充了一批德才兼备年富力强的优秀干部。这次三个委员会成员的进退，工作做得很好，特别是中央委员会的年轻化，前进了一大步。一批老同志以实际行动，带头废除领导职务终身制，推进干部制度的改革，这件事在党的历史上值得大书特书。"② 9 月 24 日又召开了党的十二届五中全会，这次会议对中央政治局和中央书记处的成员进行了局部调整，一批年轻的同志进入了政治局和书记处。

在中央领导班子新老交替的同时，省、直辖市、自治区的领导班子也进行了调整。到 1983 年 3 月下旬，全国 29 个省、直辖市、自治区省级领导班子全部调整完毕。省属部、委、厅、局和地、市领导班子的调整也基本完成。经过调整后的省级领导班子人数减少 34%，平均年龄降到 55 岁；具有大专文化程度的由原来的 20% 提高到 43%。新提拔的党政领导干部占新班子成员的 44%，其中具有大专以上文化的占 71%。地、市和省属部、委、厅、局的领导班子人数减少 36%，平均年龄降为 50 岁，具有大专文化程度的由原来的 14% 提高到 44%。新提拔的党政领导干部占新班子总人数近 1/2。在新提拔的成员中，有 1/3 多的人年龄在 45 岁以下，有 2/3 的人具有大专文化程度。有 10300 多名地、市和厅、局领导退出党政领导班子。③

继省、地两级领导班子调整之后，1983 年 12 月，全国县级机构改革全面展开，到 1984 年 9 月，全国除西藏自治区外，调整县级领导班子的工作基本结束。调整后，县级领导班子人数减少 18%，平均年龄在 45 岁左右，40 岁以下的干部约占 33%。新进领导班子的 1.5 万多名，占新班

---

① 《中国共产党历次全国代表大会数据库》，人民网，http://cpc.people.com.cn/GB/64162/64168/64565/index.html。

② 《邓小平文选》第 3 卷，人民出版社 1993 年版，第 135 页。

③ 参见中央组织部编《中国共产党组织史资料》第 7 卷，中共党史出版社 2000 年版，第 14 页，转引自王旸《新时期党的干部制度建设》，中共党史出版社 2006 年版，第 121 页。

子总人数的 53%，年龄在 40 岁以下的约占 47%。具有大学文化程度的，由原来的 10.8% 提高到 45%；有专业技术职称的占 15.4%。①

1984 年 4 月 26 日，中央书记处会议决定，在 1985 年的中国共产党全国代表大会召开之前，中央和省一级领导班子再进行一次较大规模的调整，希望通过这次调整，中共中央和省级领导班子能够稳定 5—8 年。这次调整到 1985 年 9 月基本结束，通过这次调整，中共中央和国务院部委新任命的正副部长、主任以及直属局局长共 117 名，其中有近百名中青年干部。国务院系统 81 个部级领导班子，调整前正职平均年龄为 56.6 岁，调整后下降了 5 岁，具有大专文化程度的比调整前增长 27.5%，达到 71%。据 19 个省、直辖市、自治区统计，调整后的领导班子平均年龄由 57 岁下降到 53 岁，55 岁以下者占 90%，大专文化程度的占到 80%。②

（2）建立干部离退休制度

实现干部年轻化的一个前提就是建立干部离退休制度，废除领导干部终身制。在我国干部人事制度改革之前，存在着事实上的领导干部终身制。虽然党和国家没有明文规定领导职务终身制，但实际上领导干部任职不受年龄、健康、任期的限制，而且任职与工作业绩基本上没什么联系，政绩平平无所作为者照样任职。干部只要不犯大错误就可以无限期任职，一直到临终。这种实际上的领导干部终身制造成了干部队伍严重老化，使很多中青年干部得不到提拔。因此党中央在改革伊始就把废除领导干部终身制、建立干部离退休制度放在一个重要的位置。

邓小平很早就认识到领导干部终身制所存在的问题："干部领导职务终身制的形成，同封建主义的影响有一定关系，同我们党一直没有妥善的退休离职办法也有关系。"③"过去没有规定，但实际上存在领导职务终身制。这不利于领导层更新，不利于年轻人上来，这是我们制度上的缺

---

① 参见中央组织部编《中国共产党组织史资料》第 7 卷，中共党史出版社 2000 年版，第 14 页。转引自王旸《新时期党的干部制度建设》，中共党史出版社 2006 年版，第 121 页。
② 中央组织部编：《中国共产党组织史资料》第 7 卷，中共党史出版社 2000 年版，第 15 页。转引自王旸《新时期党的干部制度建设》，中共党史出版社 2006 年版，第 122 页。
③ 《邓小平文选》第 2 卷，人民出版社 1994 年版，第 331 页。

陷。"① 1981 年 6 月，党的十一届六中全会通过的《关于建国以来若干历史问题的决议》正式提出："党决定废除实际上存在的终身制，改变权力过于集中的状况，要求在坚持革命化的前提下逐步实现各级领导干部的年轻化、知识化和专业化。"② 1982 年党的十二大通过的《中国共产党章程》明确规定："党的各级领导干部，无论是由民主选举产生的，或是由领导机关任命的，他们的职务都不是终身的，都可以变动或解除。年龄和健康状况不适宜于继续担任工作的干部，应当按照国家的规定，或者离职休养，或者退休。"③

1982 年 2 月，《中共中央关于建立老干部退休制度的决定》颁布，该决定指出："今天仍然健在的老干部的相当一部分，毕竟年老体弱，精力差了，越来越难以承受领导工作的沉重负担。这是不可抗拒的自然规律。……为了保证新老干部适当交替的顺利进行，并使一切将要退下来的老干部都能得到妥善的安排，中央认为，建立老干部退休和退居二线的制度，是必要的。"④ 该决定同时指出，退休制度必须从我国的实际出发，从广大老干部的实际情况出发，老干部离休退休年龄的界限应当规定为：担任中央、国家机关部长、副部长，省、市、自治区党委第一书记、书记、省政府省长、副省长，以及省、市、自治区纪律检查委员会和法院、检察院主要负责干部的，正职一般不超过 65 岁，副职一般不超过 60 岁。担任司局长一级的干部，一般不超过 60 岁。个别未到离休退休年龄，但因身体不好，难以坚持正常工作的，经过组织批准，可以提前离休退休。个别虽已达到离休退休年龄，但因工作确实需要，身体又可坚持正常工作的，经过组织批准，也可以在一定时间内暂不离休退休，继续担任领导职务。除去建立离退休制度之外，还决定建立退居二线的制度。退居二线，包括当顾问和荣誉职务，不属于离休退休。那些身体

---

① 《邓小平文选》第 2 卷，人民出版社 1994 年版，第 350 页。
② 《关于建国以来党的若干历史问题的决议》，新华网，http://news.xinhuanet.com/ziliao/2002-03/04/content_2543544.htm。
③ 《中国共产党章程》，新华网，http://news.xinhuanet.com/ziliao/2002-03/04/content_2558860.htm。
④ 《中共中央关于建立老干部退休制度的决定》，民政部网站，http://www.mca.gov.cn/article/zwgk/fvfg/zh/200712/20071200004949.shtml。

还好，又有比较丰富的领导经验和专业知识，但因年龄或名额限制不宜进入领导班子的老干部，可以安排担任负有一定职责的顾问，或从事某一方面的调查调研、参谋咨询的工作。那些为党的事业做出重大贡献、威望比较高，但是坚持正常领导工作（包括当顾问）有困难的老干部，可以安排适当的荣誉职务。担任顾问和荣誉职务不宜重叠，原则上一人一职。除了上述原则规定之外，还特别指出在党和国家领导人中，需要保留少量超过离退休年龄界限的老革命家。这是因为当前的局势需要若干位经验丰富、德高望重，能够深谋远虑、统筹全局，而且尚有精力工作的老同志，留在党和国家的中枢领导岗位上。

1982年4月10日，国务院又发布了《关于老干部离职休养的几项规定》，对中华人民共和国成立前参加中国共产党所领导的革命战争、脱产享受供给制待遇的和从事地下革命工作的老干部，达到离职休养年龄的，实行离职休养的制度。在党中央的倡导和推动下，许多老干部主动要求退居二线，当参谋，做顾问，离休退休。全国各地在1982年至1984年期间进行的领导班子调整中，约有90万名老干部退居二线，带头以实际行动废除领导干部终身制。尤其是邓小平身体力行，逐步退出中央领导层。1980年，邓小平等8人辞去国务院领导职务。在十三大上，邓小平成功说服大家，和其他几位杰出的老一辈革命家一起退出中央委员会，不再担任中央政治局委员、常委和中央顾问委员会主任职务。到1986年底，全国共有137万中华人民共和国成立前参加工作的老干部离休或退休，为推动干部制度改革做出了重要贡献。[①]

（3）设立顾问委员会，解决好干部的新老交替问题

尽管中央就推进领导干部年轻化和干部离退休制度做了很大努力，仍在实践中遇到一些困难。主要有两方面原因：一是老干部思想认识方面的原因，二是干部队伍青黄不接的现实。要在短时期内全面实行领导干部离退休制度还有诸多困难，因此中央决定设置顾问委员会来解决这个矛盾。1982年7月30日，邓小平在中央政治局扩大会议上指出："领导职务终身制的问题，已经接触到了，但没有完全解决，退休制度的问题也没有完

[①] 参见王旸《新时期党的干部制度建设》，中共党史出版社2006年版，第118页。

解决，设顾问委员会，是一种过渡性质的。鉴于我们党的状况，我们干部老化，但老同志是骨干，处理不能太急，太急了也行不通。……也许经过三届代表大会以后，顾问委员会就可以取消了。如果两届能够实现，就要十年……这个过渡是必要的，我们选择了史无前例的这种形式，切合我们党的实际。但是在这个过渡阶段，必须认真使干部队伍年轻化，为退休制度的建立和领导职务终身制的废除创造条件。"[1] 根据邓小平的建议，中共中央、国务院做出了关于设置顾问的决定，规定在县级以上单位设置顾问。顾问组（三人以上可设立）和顾问是在同级党委（党组）和行政负责人的领导下工作，其任务主要是调查研究，了解情况，帮助党政领导出主意，当参谋，并把党的好传统、好作风传给年轻一代。党员顾问组长和不设置顾问组的顾问可列席同级党委（党组）会议。顾问为在编干部，列入相应的党委管理的干部职务名称表，按照干部的管理权限任免。顾问一般不再兼任人大常委会、政协的职务。

1982年召开的党的十二大，根据新党章的规定选举出了中央顾问委员会，邓小平当选为中央顾问委员会主任。1982年9月13日，邓小平在中央顾问委员会第一次全体会议上发表重要讲话，他指出："从某种意义上说，顾问委员会是一种过渡性质的组织形式。我们的国家也好，党也好，最根本的应该是建立退休制度。……如果花两个五年的时间，通过这种过渡的形式，稳妥地顺当地解决好这个问题，把退休制度逐步建立起来，那就是很大的胜利。这对于我们国家以后的发展，是办了一件很好的事情。所以，可以设想，再经过十年，最多不要超过十五年，取消这个顾问委员会。十年、两届还是需要的，一届恐怕不好，太急促了。顾问委员会今天刚成立，就宣布准备将来取消，这就明确了这个组织的过渡性。"[2]

党的十二大通过的党章对中央顾问委员会的性质、地位、组成、任期和工作任务做了规定。中央顾问委员会被定位为中央委员会政治上的助手和参谋。其任期与中央委员会相同。中央顾问委员会主任必须从中央政治

---

[1] 《邓小平文选》第2卷，人民出版社1994年版，第413—414页。
[2] 《邓小平文选》第3卷，人民出版社1993年版，第5—6页。

局常务委员会委员中产生。中央顾问委员会委员可以列席中央委员会全体会议；它的副主任可以列席中央政治局全体会议；在中央政治局认为必要的时候，中央顾问委员会的常务委员也可以列席中央政治局全体会议。中央顾问委员会的职权是对党的方针、政策的制定和执行提出建议，接受咨询；协助中央委员会调查处理某些重要问题；在党内外宣传党的重大方针、政策；承担中央委员会委托的其他任务。

(4) 建立后备干部制度

为了使年轻干部尽快成长，从1983年起中央提出建设第三梯队，作为较高领导班子接班人的后备队伍。邓小平曾指出，干部队伍的第三梯队的配备问题是一个重要的政治问题，这个问题关系到党和国家的命运。根据党中央的部署，1983年中央组织部在全国组织工作会议上对建设第三梯队的工作做了部署。1983年9月2日，中共中央批准下发的《中央组织部在全国组织工作座谈会上的工作报告》提出，建设好第三梯队，挑选好后备干部，是当前干部工作中最重要的一项基本建设；选定后备干部，一定要严格掌握选拔条件，坚持走群众路线，以群众推荐和组织考核相结合的办法进行认真考察，精心挑选；对选定的后备干部，要定向培养、大胆使用，为他们尽快锻炼提高创造条件。1983年10月发布了《中共中央组织部关于建立省级后备干部制度的意见》，对后备干部的人数、后备干部的条件、后备干部的选定、培养以及考核管理等方面做出了规定。

为了加强后备干部选拔，各级组织部门从1981年开始增设了专门负责培养选拔青年干部工作的处室。1981年10月26日，中央组织部发出《关于省一级组织部门和中央部分机关增设青年干部处的通知》，要求各省和中央部分机关最迟在6月底之前把机构建立起来，省一级组织部要设置青年干部处；中央国家机关可从实际出发，设置青年干部工作机构或专人负责这项工作。

根据中央的部署，各级党委和组织部门采取各种措施积极开展工作。到1985年，第三梯队的建设取得了初步成效，省、地、县第三梯队已初步建立。初步选出省部级第三梯队人选850多名，地局、县处级第三梯队人选数万名。在1985年省级领导班子的调整中，新进领导班子的年轻干部有一半是从省级第三梯队中选拔出来的。[①]

3. 第三阶段：干部人事制度全面改革

党的十一届三中全会以来，干部人事制度得到恢复和发展，但是随着政治经济社会的发展，原有的干部人事制度日益显现出其弊端。

第一，管理对象庞杂，"国家干部"概念笼统，缺乏科学分类。党务工作者、政府工作人员、企事业管理人员、专业技术人员一律被称为国家干部。整个干部队伍极其庞杂，缺乏科学分类。

第二，管理方式陈旧单一，严重阻碍人才成长。所有被称为国家干部的人员一律套用党政机关干部的管理模式。在干部使用上，依靠统一的渠道吸收、增补；在干部调配上，由组织部门统一调配；在干部职级上，一律以政府的职级为基准。这种管理模式严重僵化，导致人员用非所学又不能合理流动。

第三，管理权限过分集中，管人与管事脱节。凡国家干部都由各级党委组织部门统一管理，不分党政，不分政企，管得过多，管得过死。一方面干部的使用部门无权对干部进行全面考察和管理；另一方面组织部门又无法直接了解干部的实际状况，往往通过间接手段了解干部，不利于对干部工作的监督。

第四，制度不健全，用人缺乏法治。干部的录用、任命、考核、升降等方面缺乏法制化、科学化的标准和程序。用人主观随意，缺乏法制，使各类优秀人才难以脱颖而出。

针对这些弊端，我党进行了以下五类改革。

（1）实施分类管理

1）建立国家公务员制度。我国国家公务员制度形成的标志是《国家公务员暂行条例》的颁布。这一行政法规的形成经历了一个比较长的过程。早在1984年中央书记处就提出要尽快起草国家机关工作人员法，以改善干部人事制度中法制化程度低的状况。为此中央组织部和劳动人事部从1984年11月开始组织专家学者以及实际工作者起草国家机关工作人员法。1985年考虑到人大立法的条件还不具备，中央书记处决定把国家机关

[①] 参见王旸《新时期党的干部制度建设》，中共党史出版社2006年版，第124—125页。

工作人员法改为《国家行政机关工作人员条例（草案）》，立法层次降低为行政法规。然而在起草《国家机关工作人员条例（草案）》的过程中，起草专家组提出建立国家公务员制度的建议。经向中央政治体制改革研讨小组汇报并经其原则同意后，正式把《国家行政机关工作人员条例（草案）》更名为《国家公务员暂行条例（草案）》，至此"国家公务员"的名称在国家政治生活中正式出现。1987 年党的十三大报告专门辟出章节对干部人事制度改革进行了论述，提出把建立国家公务员制度作为干部人事制度改革的重点。十三大报告提出："建立国家公务员制度，即制定法律和规章，对政府中行使国家行政权力、执行国家公务的人员，依法进行科学管理。……实行国家公务员制度，有利于加强和改善党对人事工作的领导，有利于造就德才兼备的政务活动家和行政管理家，有利于提高政府的工作效率和国家行政管理的稳定性。建立和完善这样一种制度，需要相当长的过程。当前要抓紧制定国家公务员条例及相应的配套措施，组建国家公务员管理机构，筹办国家行政学院。"[1]

根据十三大报告的精神，1988 年 4 月召开的七届人大一次会议提出"抓紧建立和逐步实现国家公务员制度"，要求"尽快制定《国家公务员条例》，研究制定《国家公务员法》，开办行政学院，培养行政管理人员。今后各级政府录用公务员，要按国家公务员条例的规定，通过考试，择优选拔"[2]。为了配合公务员制度的建立，根据七届人大一次会议的决议，组建了国家人事部，其主要任务就是建立和推行国家公务员制度。国家人事部成立后一方面对《国家公务员暂行条例（草案）》进行修改和征求意见，一方面提出了一套试点方案。这套试点方案从 1989 年 4 月开始实施，首先在国家审计署、海关总署、国家统计局、国家环保局、国家税务局、国家建筑材料局 6 个部门推行试点，次年在深圳、哈尔滨两市开始试点工作。与此同时，全国各地一些政府机关也按照《国家公务员暂行条例（草案）》中的某一方面要求，开展单项试点工作。在此基础上，对 1987 年起

---

[1] 《中国共产党历次全国代表大会数据库》，人民网，http：//cpc. people. com. cn/GB/64162/64168/64566/index. html。
[2] 《七届人大一次会议政府工作报告》，新华网，http：//news. xinhuanet. com/ziliao/2004 - 10/19/content_ 2109803. html。

草的《国家公务员暂行条例（草案）》，以及公务员的考试录用、考核、奖惩、职务升降、回避、纪律六个配套法规做了修改。

1992年召开的党的十四大提出要"加快人事劳动制度改革，逐步建立健全符合机关、企业和事业单位不同特点的科学的分类管理体制和有效的激励机制。这方面的改革要同机构改革、工资制度改革相结合。尽快推行国家公务员制度"[①]。次年召开的八届人大一次会议进一步提出"在完成机构改革的地区和部门，实行国家公务员制度"。1993年4月24日，国务院第二次常务会议审议通过了《国家公务员暂行条例》，于当年8月10日由国务院总理签署予以发布，自1993年10月1日起施行。《国家公务员暂行条例》的颁布实施标志着我国公务员制度正式建立，干部人事管理开始走向科学化和法制化的轨道。

1993年11月中旬，人事部党组上报的《国家公务员制度实施方案》得到党中央、国务院批准。11月15日，国务院发出了《国务院关于印发〈国家公务员制度实施方案〉的通知》。该实施方案提出争取用三年或更多一些时间，在全国范围内基本建立起公务员制度，然后再逐步加以完善。具体实施分两种类型：第一类是已经开始机构改革的单位，要求合理设置职位，制定职位说明书。然后按照职位说明书任职条件选配人员，确定人员的职位和级别，完成现有人员向公务员的过渡，安置分流人员。第二类是尚未进行机构改革的单位，除了不能进行职位设置、确定非领导职务和人员过渡外，其他公务员管理制度都要结合实际积极组织实施。人事部在实际工作中针对人民群众关心的热点难点问题，每年选择一两个单项制度作为新的突破口，使整个实施工作有节奏地进行。1994年重点推进考试录用制度。1995年重点推进考核和辞职辞退制度；1996年重点推进职位轮换和回避制度；1997年、1998年重点推进竞争上岗；1999年以后在制度完善、创新和提高队伍素质上下功夫。1997年8月14日，人事部举行了新闻发布会，公开宣布：通过《国家公务员暂行条例》四周年的实施工作，国家公务员制度基本建立。时任人事部副部长的张学忠详细介绍了

---

① 《中国共产党历次全国代表大会数据库》，人民网，http://cpc.people.com.cn/GB/64162/64168/64567/index.html。

公务员制度法律法规建设及考试录用、职位分类、考核、轮岗回避、培训、辞职辞退、竞争上岗等制度的实施情况。总体而言，公务员制度改革在以下几个方面取得了进展：

在法规建设方面，初步形成了以《国家公务员暂行条例》为核心，配套法规基本齐全的公务员管理法规体系。配套文件到1997年已出台36个，其中属于第二层次的单项法规有12个，包括录用、任免、考核、奖励、职务升降、培训、职位轮换、回避、辞职辞退、申诉控告等单项制度的暂行规定。

在职位分类方面，截至1997年9月，各中央政府机关、31个省级政府机关、85.4%的地市政府机关、55.4%的县级政府机关及一部分乡镇机关已经完成职位分类和人员过渡。

在考试录用方面，从1994年到1997年，人事部与中组部连续组织了三次中央国家机关公务员录用考试，录用1700多人，咨询报名者4.8万余人。有28个省、自治区、直辖市组织了省直机关公务员招考工作，其中吉林、河南、福建、辽宁、山东等11个省将公开招考推进到地市或县乡。四年来全国面向社会公开招考8万多人，有70万人报考。

在考核制度方面，1994年全国参加考核的人员近513.3万人，占当年行政机关总人数的97.2%。其中被评为优秀的近75万人，约占考核总人数的14.6%；被评为不称职的6161人，约占0.1%。1995年参加考核的人员近522.5万人，占当年行政机关人数的98.9%，其中被评为优秀的72万人，占13.8%；不称职的4806人，占0.09%。

在轮岗制度方面，出台了《国家公务员职位轮换（轮岗）暂行办法》。1996年全国共有5.2万多名公务员进行了轮岗，轮岗工作从中央机关和省直机关扩展到地市、县、乡。[①]

2）企事业单位人事制度改革全面展开

分类管理的人事制度要求建立起适应事业单位特点的人事管理体制，管理人员实行职员制，专业技术人员实行专业技术职务聘任制。党的十四

[①] 本部分数据参考自侯建良《公务员制度发展纪实》，中国人事出版社2007年版，第131—132页。

大之后，先后有 16 个省市进行了事业单位人事制度改革试点。一是推行聘用制，截止到 1995 年底，全国事业单位共聘用 124 万余人，其中湖北省 70% 的事业单位实行了聘用制，80% 的人签订了聘用合同。二是建立和推行职员制，中科院从 1992 年开始在所属的 8 个研究所实行了试点改革。三是引入竞争机制。比如山东招远人事局在招远市所有事业单位实行了中层干部竞争上岗，一般干部双向选择，优化组合，择优聘用。通过竞争，有 7751 名工作人员通过民主测评和双向选择确定了工作岗位，有 68 人下岗，39 人未予聘用，被分流出事业单位。[①]

国有企业单位则建立起适应企业特点的人事管理体制。到 1998 年为止，全国共有 11 个省市进行了国有企业人事制度试点，探索建立现代企业人事制度，打破干部、工人身份界限，实行按岗位管理。上海市人事局对改革企业专门发文，并在 140 家企业试行。大庆石油管理局对在年度考核中民主评议信任度达不到 60% 的 177 名人员予以解聘，同时提拔优秀年轻管理人员 56 名。天津微型汽车公司采取中层管理人员自荐与领导推荐、群众评议相结合的方法，从优秀工人中选聘 108 人充实到管理岗位上。吉林省吉化集团公司从 1993 年开始全面实施劳动合同制和岗位合同制"双合同制"，并建立集团公司内部的劳动力市场，缓解了富余人员过多给企业带来的巨大压力。[②]

（2）推进领导干部选拔任用制度改革

对领导干部选拔任用制度的改革从 1984 年就已启动。当时各地为了适应改革开放和社会主义现代化建设事业对人才的需要，对干部选拔任用制度进行了积极的探索。1984 年、1985 年，宁波、深圳、广州、西安等地为解决对外开放、经济建设与人才紧缺的矛盾，开始采用组织推荐与群众推荐相结合的办法公开选拔处、科级领导干部。之后这一方式被其他一些省市所借鉴，如吉林省在 1988 年至 1992 年先后四次公开选拔 33 名副地厅级领导干部。

1992 年 6 月，中组部转发了吉林省委组织部《关于采取"一推双考"

[①] 参见汪玉凯主编《中国行政体制改革 20 年》，中州古籍出版社 1998 年版，第 232 页。
[②] 参见汪玉凯主编《中国行政体制改革 20 年》，中州古籍出版社 1998 年版，第 233 页。

的方式公开选拔副地厅级领导干部情况的报告》，要求各地各部门勇于探索，大胆试验，不断改进领导干部选拔方法。此后，许多地方相继开展了公开选拔领导干部工作。1994年9月召开的党的十四届四中全会指出："要加快党政领导干部选拔任用等重要制度的改革，扩大民主，完善考核，推进交流，加强监督，逐步形成优秀人才能够脱颖而出、富有生机与活力的用人机制。"① 1995年，中央在总结多年来选拔任用干部工作的历史经验和新时期选人用人的新经验的基础上，颁发了《党政领导干部选拔任用工作暂行条例》，对干部选拔任用工作的重要原则和基本程序做出了明确的规定。这是我党历史上第一个规范干部选拔任用工作的制度，也是干部人事制度改革的一个重大成果。《党政领导干部选拔任用工作暂行条例》的颁发与施行，有力地促进了干部人事制度的改革进程，也规范了改革中的一些偏差，各地区、部门、单位在原有的基础上继续探索，涌现出了不少成功的经验。

1996年1月，中组部转发了《吉林省公开推荐和考试考核相结合选拔领导干部的暂行办法》，推动领导干部公开选拔。北京市在1995年公开选拔5名副局级领导干部，1997年公开选拔副局级领导干部56名，1998年公开选拔企业高级管理人才和高级专业技术人才172名。1998年12月，胡锦涛在全国省市区党委组织部长会议上指出：要逐步扩大公开选拔的范围，增加群众参与程度，今后的党政职能部门出现空缺，或新增职位，或机构人员调整时，应尽可能采用这种办法选拔干部。据统计，自1995年至2000年，全国31个省、直辖市和自治区都开展了公开选拔领导干部工作，选拔地厅级领导干部700多人，县处级领导干部7000多人，科技干部数万人。②

1999年，中组部下发《关于进一步做好公开选拔领导干部工作的通知》，要求各地进一步加大公开选拔工作的力度，正确把握公开选拔领导干部的范围，逐步规范公开选拔的程序，着力提高考试的科学化水平，切

---

① 《中国共产党历次全国代表大会数据库》，人民网，http://cpc.people.com.cn/GB/64162/64168/64567/index.html。
② 参见王旸《新时期党的干部制度建设》，中共党史出版社2006年版，第132—133页。

实提高公开选拔领导干部的成效。在2000年全国组织部长会议上，曾庆红指出要大力推进领导干部公开选拔工作，"在总结经验教训的基础上，进一步明确公开选拔的职位和要求，逐步提高公开选拔领导干部的人数占新提拔的同级领导干部总数的比例。要逐步规范和完善公开选拔领导干部的程序和方法，加强考试组织、题库建设等工作"[①]。

这一阶段，领导干部公开选拔取得如下进展。

1）工作力度不断加大。各地在开展公开选拔工作时都成立领导小组，由党委分管领导任组长，下设办公室，并制定明确具体的工作方案，周密安排，精心组织。由于各级党委的重视，公开选拔领导干部的力度不断加大，无论从地域上还是从职位上都有很大进展。第一，公开选拔领导干部工作的区域不断扩大，从沿海到内地、从地方到中央机关逐步拓展。广西、内蒙古、宁夏、西藏和新疆等少数民族地区也积极开展公开选拔工作。原地质矿产部1996年在中央机关率先公开选拔5名局级领导干部，教育部、科技部、铁道部、国家计委等部委均拿出一定职位进行公开选拔。第二，选拔的职位层次不断升高，选拔范围不断拓展，从党政职能部门副职逐步推广到党政职能部门正职、一些选任制领导干部提名人选和企业事业单位领导干部。公开选拔领导干部的报名对象从本地区逐步发展到面向全省、全国。公开选拔打破了人才部门所有、单位所有的束缚，突破了部门、行业、职业的限制，促进了不同行业、部门之间的干部交流，人才资源得到合理配置。1997年福建省公开选拔12名副厅级领导干部，在境内外20多家新闻媒体和"中国海峡人才"网站发布公告，来自16个省市的140多位报名者和来自英、美、日、德等7个国家的留学生参加了报名和考试。经过激烈竞争，有4名博士被录用为副厅级领导干部。四川省1995年以来，公开选拔干部264批次，报名参选人数达33600人次。2000年山东省公开选拔18名副厅级领导干部，报名人数达到2400多人。第三，推进了干部的年轻化、知识化。从各地的选拔情况来看，公开选拔上的领导干部大多在年龄和学历层次上具有明显优势。比如济南市原来只有15%的市直部门配有40岁以下的干部。1999年通过公开选拔50名年轻干

[①] 参见王旸《新时期党的干部制度建设》，中共党史出版社2006年版，第132页。

部，使50%的市直部门有40岁以下的年轻干部。许多地方组织部门通过公开选拔，实行选拔一批、发现一批、储备一批的做法，将已经通过笔试、面试和组织考察但因职数限制而未被任用的优秀年轻干部充实到后备干部中去。青岛市选拔出1000多名企事业单位后备干部，长沙市通过公开选拔建立了1100多名年轻干部的人才库。①

2）考试科学化水平不断提高。一是统一编制考试大纲。根据党中央对领导干部政治业务素质的基本要求，2000年1月，中组部颁发了《全国公开选拔领导干部考试大纲（试行）》，该大纲规范了公开选拔领导干部的考试内容，为考试命题提供基本依据。二是大力开展考试题库建设。河北、福建、大庆、长沙建立了公开选拔领导干部考试题库，大庆、长沙市委组织部还以地方题库为依托，成立了考试中心。但由于各地题库重复建设情况严重，质量不高，中组部于1997年底对大庆题库建设情况进行了调查，1998年8月向胡锦涛提交了《关于建立统一、规范的公开选拔领导干部考试题库的报告》，胡锦涛批示："赞成建立全国统一的通用题库，这样可减少各地公开选拔领导干部的工作量，保证考试质量，降低考试成本。"② 根据胡锦涛的指示精神，1998年底中组部开始建设中央题库，1999年3月又筹备成立考试中心，在考试规范化方面取得很大成绩。比如研究论证了中央题库结构框架体系，开展了公共科目、专业科目、案例分析试题的征集、命制、审定工作，并探索了一套审题、命题办法，完成了中央题库管理软件的论证和开发。应各地各部门公开选拔、竞争上岗需要，在题库建设中为58个地区和部门提供了公共科目笔试和面试试题，在陕西、甘肃等地进行了中央题库试题测试，为部分单位提供了面试考官培训的指导。

3）制度建设不断加强。党的十四大以来，各地积极探索公开选拔领导干部的制度建设工作。北京、上海、辽宁、吉林、安徽、福建和海南等省市先后印发了公开选拔领导干部试行办法或暂行规定。海南省还制定了《海南省公开选拔副厅级领导干部工作细则》《海南省公开选拔副厅级领导

---

① 参见王旸《新时期党的干部制度建设》，中共党史出版社2006年版，第133—134页。
② 参见王旸《新时期党的干部制度建设》，中共党史出版社2006年版，第134页。

干部笔试实施程序》《海南省公开选拔副厅级领导干部面试工作细则》《海南省公开选拔副厅级领导干部面试流程》等具体操作规程。大庆市 1996 年提出并确定了市县（区）人事局、财政局、工商局和教委 4 个部门为实行公开选拔制度建设试点单位。1999 年又将这一制度扩展到市直机关 12 个部门、各县县直机关 10 个部门，各区区直机关 8 个部门。1999 年 3 月，中组部下发了《关于进一步做好公开选拔领导干部工作的通知》，要求各地推动公开选拔领导干部的制度建设。各地按照该通知的精神，对公开选拔的范围、基本程序、组织领导、考试考察方式、纪律监督等做出规定。

4）大力推进竞争上岗制度。竞争上岗是一种以公开、平等、竞争、择优为主要特征的干部选拔任用办法，即在党政机关的一定范围内公布实行竞争的职位和任职条件，通过公开报名、考试答辩、组织考察，产生竞争职位人选，然后按规定的程序和干部管理权限任用干部。从本质上讲，它是对传统的干部选拔任用制度的改革与完善，是在干部选拔任用工作中的选任环节引入竞争和比较机制，通过定性和定量的综合考评比较，择优任用干部。我国干部选拔中的竞争上岗制度先从地方开始，然后向全国推广。1998 年 7 月，中组部、人事部在深入调查研究的基础上制定了《关于党政机关推行竞争上岗的意见》，对党政机关推行竞争上岗工作做出了部属。1999 年底，中组部和人事部又联合下发了《关于在地方政府机构改革中做好人员定岗分流工作的通知》，要求在党政机关推行竞争上岗。根据中央的要求，各地都在积极推动党政机关的竞争上岗制度，竞争上岗制度的适用范围逐步扩大，正逐渐发展成为机关选拔干部的一种主要方式。一是实行竞争上岗的机关范围不断扩大。从最初的地县两级机关向上延伸到中央国家机关一些部门，向下拓展到乡镇机关。截至 2000 年 4 月，全国 29 个省区市实行竞争上岗的机关单位有 46700 多个，其中省直机关 900 多个，地市机关 7000 多个，县区机关 22400 多个，乡镇街道机关 18400 多个。二是竞争上岗的职位范围不断扩大。到 2000 年 4 月，用于竞争上岗的职位近 35 万个，其中省直机关 9600 多个，地市机关 67400 多个，县区机关 171000 多个、乡镇（街道）机关 101000 多个。竞争上岗的职位层次也不断向两端拓展，已由处、科级职位分别扩展到司局级、股级领导职位，如广东、湖北、陕西等省对部分厅局级领导干部职务实行了竞争上岗，到 2000 年 4 月，各地实行竞争上岗的县处级和科级领导职位 179000 多个。国家开发银行和公安部机关 2000 年上半年分别拿出 262 个和 105 个处级职位实行了竞争上岗，其中国家开发银行实行竞争上岗的处级职位占到所有处级职位的 80%。①

（3）健全干部考核制度

干部考核制度的改革始于改革开放之初，1978 年邓小平就指出："要实行考核制度。考核必须是严格的、全面的，而且是经常的。各行各业都要这样做。"② 1979 年 11 月 21 日，中组部下发了《关于实行干部考核制度的意见》，该意见指出："各地区、各部门要按照德才兼备的原则，根据各行各业不同职务的干部胜任现职所应具备的条件，制定出明确具体的考核标准和考核内容。在试点的基础上，务求在两三年之内把这项制度建立起来。"③ 1983 年，全国组织工作座谈会提出要对党政领导干部实行年度考核，规定了德、能、勤、绩四个方面的内容，着重考核干部的工作实绩。1988 年 6 月 6 日，中组部下发了《关于试行地方党政领导干部年度工作考核制度的意见》，考核对象是全国地（市、州）、县（市、区）党委和政府领导干部；省（区、市）、地（市、州）、县（市、区）党委和政府的各工作部门的领导干部。根据中央的通知精神，各地对领导干部的年度考核制度很快建立起来。总体而言，在改革开放之初干部考核制度体现出以下特点。

1）体现了分类管理的原则。对不同类别的干部采取不同的考核形式和不同的考核办法。县（市区）党政领导干部由选举产生，对他们进行年度工作考核要广泛听取各方面的意见，实行上级领导机关负责，同级党委的全体委员会和同级人民代表大会常务委员会参与的考核制。对地方政府工作部门领导干部的年度考核，实行首长负责的考核制，考核工作要充分接受上级组织指导、机关党组织监督和群众监督。行政首长在广泛听取群众意见的基础上对干部做出评价。考核的结果要向被考核者本人反馈。

---

① 参见王旸《新时期党的干部制度建设》，中共党史出版社 2006 年版，第 140 页。
② 《邓小平文选》第 2 卷，人民出版社 1994 年版，第 102 页。
③ 《中共中央组织部关于实行干部考核制度的意见》，北大法制网，http：//www.lawyee.net/Act/Act_Display.asp? RID = 188800。

2）坚持德才兼备、注重实绩的考核标准。1979年中组部发布的《关于实行干部考核制度的意见》规定："干部考核的标准和内容，要坚持德才兼备的原则，按照各类干部胜任现职所应具备的条件，从德能勤绩四个方面进行考核。"考德是指考核干部的道德品质，在当时主要体现为拥护党的政治路线和思想路线，贯彻执行党的方针政策，遵守党纪国法和社会主义公共道德。考能主要考核干部是否具备岗位职责所要求的业务能力。考勤主要指工作态度、工作效率、勤奋精神和事业心，包括积极性、纪律性、责任制、出勤率等方面。考绩就是考核工作实绩，即考核干部完成工作的质量、数量和效率。一般来说，工作实绩是干部德、能、勤诸方面的综合表现，因此在干部考核中应当贯彻以考核实绩为主的原则。1984年以后各地开展的干部考核测评中非常重视对工作实绩的考核。1984年各地开展的干部考核测评工作中，工作实绩占各考核项目总分数的50%以上。

3）采用多渠道、多层次和多角度的立体考核办法。干部的考核方法是指在既定的考核要素和标准基础上，对干部进行合理考核的特定方式方法。科学的考核方法可以提高考核的质量和水平，有效调动干部的积极性。《关于实行干部工作的考核制度的意见》指出："考核干部要实行领导和群众相结合的办法，把平时考察和定期考察结合起来。"所谓领导与群众相结合的办法就是把领导人员考核和群众参与考核有机地结合起来，它是党的群众路线的工作方法和民主集中制原则在考核工作中的具体体现。考核干部一方面要充分发扬民主，坚持贯彻"从群众中来，到群众中去"的优良传统，树立群众观点，听取群众意见，加强民主意识，打破考核工作中所存在的封闭式、神秘化的做法。平时考核是指考核主管机关或行政首长根据有关法律规定的权限，在平时对其下属的政治表现、工作态度和工作实绩，按照考核要素和标准给予实事求是评价的记载；定期考核是指专门的考核组织按照有关考核法规规定的考核时间、考核要素、考核标准以及考核程序，对干部进行定期的集中考核。该意见指出："对干部要定期考核，一般一年考核一次，也可两年考核一次。"

经过多年的酝酿，1993年8月，国务院颁布了《国家公务员暂行条例》，接着于1994年又颁布了《国家公务员考核暂行规定》，这标志着我国的干部考核制度步入了民主化、科学化和法制化的轨道。和前一阶段的干部考核制度相比，体现出以下几个特点。

1）依法考核，减少考核的随意性。依法考核要求维护公务员考核的严肃性和正规性，避免主观性和随意性，对公务员的考核具有法律效力。这主要表现在：凡公务员都必须进行考核，无权拒绝接受考核；任何行政机关及其领导者都必须严格按照国家颁布的《国家公务员暂行条例》所规定的考核标准和程序进行考核，不得随意改变或取消本单位的考核，也不得以自己的考核办法代替法定的考核办法；考核结果必须作为对公务员进行升降、奖惩、使用、晋级增资的依据。

2）增强考核的公开性和民主性。增强考核的公开性主要表现在把考核的目的、范围、时间、方法、内容、标准等都要公布于众。民主性表现在采取领导和群众相结合的方法进行考核，在考核委员会或考核小组中必须有群众代表参加。分管领导在给公务员写评语、提出等次意见前，要广泛听取群众意见。考核的公开性和民主性要求公务员在考核中走群众路线，充分发扬民主，保障群众的民主监督权。

3）考核标准、层次和方法的科学化。以公务员职位职责和所承担的工作任务为基本依据，考核等级分为优秀、称职、不称职，其中优秀等级的人员不得超过本部门公务员总人数的15%。优秀是指公务员在德、能、勤、绩四个方面都表现出色，完满达到了任职要求，成绩显著。称职是指公务员在各个方面都能达到胜任职务的要求，较好地完成了任务；不称职指公务员在政策水平、业务能力、工作实绩等方面达不到现任职务的要求，或组织性、纪律性不强，完不成工作任务等。为使考核标准更加准确科学，在考核时还应结合各单位的实际情况，将德、能、勤、绩分解成若干个细小的具体要素或量化指标，定出每项要素的标准等次，使考核标准具体化，使得考核结果更客观。在考核方法上采用定性和定量方法相结合，以增强考核的科学性。比如功能测评法，将要考核的项目分解成若干个细小的要素，再将每一要素分为几个档次，每一档次明确定出评分标准，然后进行测评，最后将测评数据进行计算机处理，得出被考核者的等级。这种测评方法在实践中进行了长期的多角度、多层次、大规模的试验和探索，收到了很好的效果。

4）规范考核程序。在《国家公务员暂行条例》中对公务员的考核程序做了明确规定。考核程序分为三个阶段，首先是考核的准备工作，包括成立考核组织、制定考核日程表、设计考核项目，确定考核标准，详细拟定考核的具体方法、步骤以及与此相关的考核所需的各种测量表，召开公务员动员大会，宣布考核计划。其次是写评语和定等级，这是考核的中心环节，基本程序包括：个人进行总结，写出书面材料；由主管领导在听取群众意见的基础上，根据考核标准和平时考核记录，参考个人考核总结写出评语；提出考核意见，经考核委员会或考核小组审核确定考核等次；最后考核结果应以书面形式通知本人，并认真听取本人意见。

（4）推进干部教育培训制度改革

党中央十分重视干部教育培训改革，先后就干部的教育培训工作做出一系列规定。1982年党中央就做出《关于中共中央机关干部教育工作的决定》，规定今后中央党政机关的所有干部都要分期分批参加轮训，力争三五年内使干部队伍的政治、业务水平得到明显提高。1983年中共中央又做出《关于党校教育正规化的决定》，对各级党校在干部教育培训中的角色做了明确的定位。但十三大之前的改革总体来说属于摸索阶段，到了十三大，由于明确提出要建立国家公务员制度，干部的教育培训改革也就逐步步入规范化阶段。1990年9月5日，下发《中共中央关于加强党校教学通知》；1991年9月6日下发了《中共中央关于抓紧培养教育青年干部的决定》；1994年9月以培养高中级国家公务员为主要任务的国家行政学院在北京成立；1995年3月20日，中组部、国家经贸委、国家教育委员会、财政部、人事部联合发出了《关于干部培训管理的若干规定》，就干部培训班的规范化问题做出一些规定。1995年9月，中共中央印发了《中国共产党党校工作暂行条例》，就党校在新时期干部教育培训改革中的任务做出明确规定。1996年8月，中共中央下发了《1996—2000年全国干部教育培训规划》，就这一阶段干部教育培训工作做出全面部署，这也标志着我国干部的教育培训工作步入一个规范化、制度化的阶段。这一阶段改革的特征和成就主要体现在以下几个方面。

1）发挥党校在干部教育培训中的主渠道作用，同时拓展多种渠道强化干部教育培训。

江泽民在1990年6月12日召开的全国党校校长会议上做了重要讲话，

他指出，党校作为培训党的领导干部、组织和培养马克思主义理论队伍，学习、研究、坚持和发展马列主义、毛泽东思想的重要阵地，作为干部锻炼党性的熔炉，应当大有作为。他提出，党校的教育培训应当理论联系实际，突出党性教育，同时各级党委也应当加强对党校工作的领导。根据江泽民的讲话精神，1990年9月5日下发了《中共中央关于加强党校教学的通知》，要求各级党委对党员领导干部的轮训和培训做出规划，排出名单，落实到人。尤其要重视选送年轻优秀的特别是40岁左右的党员领导干部到党校培训。此后每工作一段时间，参加一次短期轮训。对新提到领导岗位上任职的干部、党委各部门和意识形态各部门的党员领导干部以及近五年来未进党校学习的干部，要先做安排。该通知同时也对各级党校的角色进行了定位。中央党校主要轮训和培训中央规定范围内在职的高中级干部、比较年轻优秀的干部以及意识形态部门的领导干部和理论骨干，并相应设置进修班、培训班和理论班三种班次，进修班学制为三个月至半年，培训班学制为一年，理论班学制为一年或两年。省、直辖市、自治区党校负责轮训担任地厅级副职的党员领导干部，县处级主要领导干部和省、直辖市、自治区管理的大中型企业和高等学校中相当级别的干部；系统培训年轻的县处级党员领导干部以及意识形态部门党员领导干部和理论骨干。1995年9月，中共中央印发了《中国共产党党校工作暂行条例》，进一步明确了党校的地位和作用。党校的基本任务是：轮训各级党员领导干部；培训中青年党员领导干部；培训意识形态部门的领导干部和理论骨干；协同组织人事部门，对学员在校期间进行考核考察；围绕国际国内出现的新情况、新问题开展科学研究；宣传马克思列宁主义、毛泽东思想，宣传建设有中国特色社会主义理论和党的路线、方针和政策。党校的主体班次是进修班、培训班和理论班。各级党校分工完成领导干部的轮训任务。中央党校主要轮训省部级党员干部和地厅级正职党员干部。省部级干部进修班学制三个月；地厅级干部进修班学制五个月。地市级党校主要轮训县处级副职党员干部和部分乡镇科级正职党员干部，进修班学制一至两个月。县党校主要轮训部分乡镇科级党员干部和基层党支部书记，每期时间可根据同级党委干部教育规划要求确定。

为适应国家公务员制度的建立，1994年9月，国家行政学院在北京成立。成立国家行政学院是党的十三大报告提出的改革任务，是中央为配合干部人事制度改革和推行国家公务员制度的一项重要举措。国家行政学院主要承担高中级国家公务员的培训任务，是培养现代化行政管理人才的重要基地。国家行政学院主要围绕建立社会主义市场经济体制，重点开展经济管理、行政管理、领导方法和法制建设等方面的教学。

2）强化对青年干部的培训。1991年9月6日下发了《中共中央关于抓紧培养教育青年干部的决定》。之后绝大部分省区市党校举办了青年干部培训班，并作为党校的主体班次，重点抓县处级以上干部和有培养前途的后备干部的培训。到1993年，全国每年在训人数达4000人左右。1993年一年制青年干部培训班毕业165人。北京市1991年、1992年组织了173名45岁以下的优秀处级干部参加一年制和半年制培训班的学习。山东省在两年中脱产参加省地党校政治理论培训的县处级以上干部16200余人，占同级干部的48%，其中45岁以下的干部占52%。铁道部对机关处以上干部进行脱产政治理论和业务培训，处以上青年干部的17.4%参加了培训。海关系统共培训了1.3万名干部，青年干部占90%以上。[①]

3）提高干部教育培训的规范化和制度化程度。1995年3月20日。中组部、国家经贸委、国家教育委员会、财政部、人事部联合发出了《关于干部培训管理的若干规定》，针对社会上干部教育所出现的一些问题提出干部培训要规范化。凡举办者需由主办机构向干部培训主管部门申报，经批准列入计划后，方可举办。审批内容包括培训对象、教学计划、办班地点、经费来源、收费数额等。1996年8月，中央下发了《1996—2000年全国干部教育培训规划》，这是我国干部教育培训工作进入正规化的一个标志。它表明干部教育培训不再是应急式培训，而是出于长远战略的考虑对干部教育培训进行全面的规划。该规划确定了干部教育培训工作的指导思想和基本原则，指出干部教育培训工作要以马列主义、毛泽东思想和邓小平建设有中国特色社会主义理论为指导，全面贯彻党的基本路线，为推进社会主义现代化建设服务，努力探索和建立有中国特色的干部教育体

---

① 参见王旸《新时期党的干部制度建设》，中共党史出版社2006年版，第320页。

系。该规划对 5 年的干部培训提出了以下具体要求：

——县以上党政领导干部参加学习培训，坚持做到每届任期内不少于 3 个月。省部级在职领导干部的学习培训，每年安排 300 人脱产进修，分别参加中央党校进修班、专题研究班和根据中央要求举办的其他班次学习，参加国家行政学院的高级公务员专题研究班学习。5 年内共安排 1500 人。平时坚持党委中心组学习制度，抓好领导干部在职学习。

——大力抓好年轻干部的培训。各级党校继续办好中青年干部培训班，扩大规模，改进教学，提高质量。中央党校的中青年干部培训班每年培训 200 人，5 年共培训 1000 人。各省区市党校每年培训规模一般不少于 100 人。5 年内中央和省级党校共培养约 2000 名马列主义、毛泽东思想的理论基础比较扎实，坚持邓小平建设有中国特色社会主义理论和党的基本路线自觉性较高、能力较强的中青年领导骨干。

——逐步开展国家公务员培训。实行新录用公务员的初任培训，逐步推行晋升领导职务的任职培训。

——加强企业管理人员培训，重点是提高国有大中型企业领导者的素质，培养一支政治强、业务好，善于在社会主义市场经济条件下办好社会主义企业的经营管理者队伍。

——加强各类科技人员的培训，抓好科技专家和优秀青年科技人才的政治理论培训。进一步推动对企事业单位专业技术人员的继续教育。

——继续做好少数民族干部、妇女干部、非中共党员的培训工作。

——选择一些专业性、技术性较强的岗位，通过试点，逐步开展各种资格证书培训。

——学习、借鉴国外先进管理经验和科学技术。有计划、有步骤地采取国内外相结合的方式培训各类急需而又紧缺的人才和优秀年轻干部。5 年内由中央组织部、国家外国专家局直接组织培训地厅级领导干部 1000 人。

4）探索多种培训方法。在推进干部教育培训制度改革过程中，各地都在积极探索各种干部教育培训方法，比如四川省委抽调年轻干部赴省内外进行专题学习考察，以帮助他们更好地认识四川省情，感受东西部差距。这种大跨度、强对比的培训方法，极大地激发了年轻干部的政治责任感。他们不仅考察了省外的胶东半岛、长江三角洲、珠江三角洲等地，在省内也考察了经济较发达、困难较多和贫困县集中的三类地区。在半年多的学习考察中，学员们通过听、看、比较、研讨等方式，对产业化运作、中小企业改制、资本运营、国际惯例的掌握、产业结构的调整、新形势下的开放和引进等问题都有了新的认识。①

北京市人事部门在对公务员的培训过程中不断探索新的方法，结合不同类别公务员的工作特点推出一系列新课程，把授课和拓展训练、案例分析、社会考察结合起来，培训方式更加灵活多样。北京市大兴县人事局在对公务员讲授行政诉讼课程时开设了模拟法庭，让公务员在法庭上扮演不同角色进行情景模拟，培训质量大大提高。

5）培训对象日益扩大，培训内容日益丰富。自从1983年以来，在各级领导干部中开展了各种业务知识的培训，特别是十五大以后，中央先后举办了省部级干部金融财税、国际形势与WTO等专题研究班28期，参加学习的省部级干部1700多人次。国家公务员培训中实行了新录用公务员的初任培训，推行了晋升领导职务的任职培训，积极开展了专门业务培训和更新知识培训。为推进依法行政，提高政府公务人员的法治意识，中央、国家机关各部委和各省市举办法律讲座300多场次，参加学习的省部级干部1.3万人次，厅局级领导干部19万人次。十五大以后，中央、国家机关直接培训贫困地区干部8200多人次。为配合西部大开发战略的实施，中央、国家机关部委加大了对西部地区人才培训和干部培训的支持力度。"九五"期间，中央党校举办了西藏、新疆等少数民族干部培训班，培训少数民族干部1500人。中央党校和国家行政学院还开设了西部地区干部培训班。②

（5）强化对领导干部的权力监督

1）强化对领导干部的党内监督。在党的十三届四中全会后，以江泽民为核心的第三代中央领导集体高度重视党的建设，为党内监督创造了良好的外部环境。中共中央办公厅、国务院办公厅从1995年开始先后发布一系列关于党政干部廉政建设的规定。1995年发布了《关于对党和国家

---

① 参见王旸《新时期党的干部制度建设》，中共党史出版社2006年版，第330页。
② 参见王旸《新时期党的干部制度建设》，中共党史出版社2006年版，第333页。

机关工作人员在国内交往中收受的礼品实行登记制度的规定》《关于党政机关县（处）级以上领导干部收入申报的规定》；1997年发布了《关于领导干部报告个人重大事项的规定》；中共中央、国务院1998年发布了《关于实行党风廉政建设责任制的规定》。同时中央也在权力监督体制上做出一些变革。1993年初，根据中央的指示精神，党的纪律检查机关和政府行政监察机关开始实行合署办公，这是党政监督体制的重大变革。1996年1月，在中纪委第六次全会上明确了反腐败的领导机制，即党委统一领导，党政齐抓共管，纪委组织协调，部门各负其责，依靠群众的支持和参与。这一举措在党的十五大上得到确认，并被概括为党的反腐败领导体制和工作机制。1998年底，党中央、国务院决定在全党推行党风廉政建设责任制，在全党促成一级抓一级，层层抓落实的监督体制。各级党政领导班子对本单位监督制约机制的建立负全部责任，"一把手"是第一责任人。对领导干部的权力监督的重点在于对省部级领导干部的监督，在确定现行领导体制的前提下，建立了党内监督五项制度：

——中央纪律检查委员会根据工作需要，选派省部级干部到地方和部门巡视，其任务是了解省、自治区、直辖市和中央、国家机关部委领导班子及其成员贯彻执行党的路线、方针、政策以及廉政情况，有关情况直接报告中央纪委，中央纪委及时报告党中央。巡视组执行规定范围内的任务，不干预被巡视地方或部门的工作；不承办案件，不处理具体问题，对所到地方和部门的工作及发现的问题不做个人表态；严格要求自己，带头执行关于领导干部廉洁自律的有关规定；轻车简从，深入实际，联系群众，多方面听取意见，遇重要情况及时请示、汇报。

——党的地方和部门的纪委（纪检组）发现同级党委（党组）或它的成员有违反党的纪律的情况，有权进行初步审核，并直接向上级纪律检查委员会报告，任何组织和个人不得干预和阻挠；需要立案检查的，按党章和有关规定报批。纪委（纪检组）遇到此类问题不报告就是失职，严重的要受到责任追究。

——党的地方和部门的纪委（纪检组）接到对下一级党委（党组）成员的检举和控告，必须报告上一级纪律检查委员会，任何人无权扣压。凡违反的必须追究责任，严肃处理。地方和部门的纪委（纪检组）从各种途径接到对下一级党委（党组）成员的检举和控告，均须报告上一级纪委，任何组织和个人无权扣压。

——凡属地方和部门主要领导干部的提拔任用，党的组织部门在提请党委（党组）讨论决定前，应征求同级纪委（纪检组）的意见。

——各级纪检监察机关领导干部的提名、任免、兼职、调动，各级组织、人事部门必须事先征得上级纪律检查机关的同意。

2）建立政务公开制度。实行政务公开，将国家机关及其工作人员的对外职务行为置于广泛的社会监督之下，一方面有利于保障民主，保证人民群众参与国家管理，行使民主权利；另一方面有利于人民群众实施监督，防止和克服公职人员执行公务过程中以权谋私。很多地方开展了"两公开一监督"制度，即办事过程公开、办事结果公开，群众监督行政。实践表明，国家机关在对社会管理过程中提供集中服务，公开办事制度和办事程序，让人民群众知道公务处理的结果及不服处理进行申诉的方式和途径，对于防范领导干部和公务人员的滥权具有很好的成效。

3）回避制度。为了防止亲属关系影响公共权力的行使，从制度上消除领导干部腐败的可能，我国对公职人员规定了职务回避和地区回避制度。

4）干部廉政档案制度。领导干部廉政状况考核制度主要有三方面的内容：一是领导干部上任前考核，二是任职期间的定期考核，三是离任考核。

4. 第四阶段：干部人事制度改革的深化

2000年6月，党中央颁布了《深化干部人事制度改革纲要》，以10年为目标，对干部人事制度改革做出了全面部署。这是中华人民共和国成立以来第一次做出干部人事制度改革的总体规划，它标志着我国干部人事制度改革的进一步深化。该纲要提出的我国干部人事制度改革的总目标是"到2010年，要建立起一套与建设有中国特色社会主义经济、政治、文化相适应的干部人事制度"[①]，其基本目标包括五个方面：第一，建立起能上

[①] 《深化干部人事制度改革纲要》，人民网，http://www.people.com.cn/GB/paper464/1267/194901.html。

能下、能进能出、有效激励、严格监督、竞争择优、充满活力的用人机制;第二,完善干部人事工作统一领导、分级管理、有效调控的宏观管理体系;第三,形成符合党政机关、国有企业和事业单位不同特点的、科学的分类管理体制,建立各具特色的管理制度;第四,健全干部人事管理法规体系,努力实现干部人事工作的依法管理,有效遏制用人上的不正之风和腐败现象;第五,创造尊重知识,尊重人才,有利于优秀人才脱颖而出、健康成长的社会环境,实现人才资源的整体开发与合理配置。

根据该纲要的总体要求,在 2000 年之后,有步骤、有重点地颁布了一系列干部人事制度改革的法律和文件。

(1) 颁布《党政领导干部选拔任用工作条例》

为了进一步深化干部人事制度改革,2002 年 7 月,中共中央颁布了《党政领导干部选拔任用工作条例》,它是在 1995 年颁布的《党政领导干部选拔任用工作暂行条例》基础上修订而成的,吸收了干部人事改革的新成果,也意味着我国的干部人事制度进入深化阶段。经过修订形成的《党政领导干部选拔任用工作条例》,共 13 章,74 条。整个布局,以程序为主线,贯穿原则,体现方法,从明确干部选拔任用工作的指导思想、基本原则和选拔任用条件开始,通过规范民主推荐,考察,酝酿,讨论决定,任职,依法推荐、提名和民主协商,公开选拔和竞争上岗,交流、回避、免职、辞职、降职、纪律和监督等一系列环节,对党政领导干部选拔任用工作做出了全方位的实体性和程序性规定,各章内容承前启后、相互衔接,形成了干部选拔任用工作的完整链条。

(2) 颁布"5+1"文件

2004 年中央集中颁布了五个干部人事制度改革文件:《公开选拔党政领导干部工作暂行规定》《党政机关竞争上岗工作暂行规定》《党政领导干部辞职暂行规定》《地方党委全委会对下一级党政正职拟任人选和推荐人选表决办法》和《党政领导干部辞职从事经营活动有关问题的意见》。这五个文件再加上稍早前由中纪委、中组部联合出台的《关于对党政领导干部在企业兼职进行清理的通知》,被形象地称为"5+1"文件。"5+1"文件对人事干部制度的改革主要体现在以下几个方面。

1) 严格公开选拔和竞争上岗。《公开选拔党政领导干部工作暂行规定》和《党政机关竞争上岗工作暂行规定》都是根据《党政领导干部选拔任用工作条例》和有关法律、法规制定的，目的是进一步规范和完善党政机关领导干部选拔任用制度，推进干部人事工作的科学化、民主化、制度化，促使优秀人才脱颖而出。公开选拔和竞争上岗都是党政领导干部选拔任用的方式之一，也是干部选拔任用制度改革的重要成果。近年来，全国各地都在推行这两项改革措施，对防止用人上的不正之风产生了积极作用。此前颁发的《党政领导干部选拔任用工作条例》虽然对这两项改革措施做出了原则性规定，但各地在推行过程中还存在着科学化程度不够高、操作不够规范等方面的问题。针对这些问题，此次颁发的两项规定分别对公开选拔和竞争上岗的适用范围、选拔程序、笔试面试与考察的方法、纪律和监督等环节进行了规范。

2）健全辞职制度。《党政领导干部辞职暂行规定》也是根据《党政领导干部选拔任用工作条例》和有关法律、法规而制定的，目的是建立健全党政领导干部辞职制度，加强对党政领导干部的管理和监督。党政领导干部辞职包括因公辞职、自愿辞职、引咎辞职和责令辞职。该规定对这四种辞职形式的适用范围、辞职条件、辞职程序、辞职后工作安排以及引咎辞职、责令辞职与纪律处分的关系等做了规范。以往发生重大责任事故后，往往只处理直接责任人，相关领导干部没有人主动承担责任，常常以"集体负责""交个学费"为借口而不了了之的现象不复存在。每个领导干部都必须承担自己的责任，一旦出现失职失误，就应该勇于承担责任，主动进行自我追究。这个规定要求，党政领导干部应当引咎辞职而不提出辞职申请的，党委（党组）应当责令其辞职。被责令辞职的领导干部不服从组织决定、拒不辞职的，予以免职或者提请任免机关予以罢免。对拒不办理公务交接手续的，按照有关规定给予相应的党纪政纪处分。

3）扩大党内民主。《地方党委全委会对下一级党政正职拟任人选和推荐人选表决办法》是根据《中国共产党章程》《中国共产党地方委员会工作条例（试行）》《党政领导干部选拔任用工作条例》和有关规定而制定的，目的是扩大党内民主，完善干部选拔任用机制。2000年底中纪委五中全会提出，地（市）、县（市）党委、政府领导班子正职的拟任人选，要逐步做到分别由省（区、市）的党委常委会提名、党的委员会的全体会议审议，进行无记名投票表决。在全会闭会期间，可由党委常委会议做出决定，但在此之前必须征求全委会成员的意见。2001年9月，党的十五届六中全会进一步明确了这个要求。此后，大多数省市区都在不定期地实行省级党委会委员表决市地级党政正职人选的制度，在党内和社会上引起了积极反响。这一办法的出台，更好地处理了发挥常委会核心作用和常委会向全委会负责、充分发挥全委会作用的关系，更好地处理了发扬党内民主、加强党内监督和科学决策的关系。

4）规范"下海"和兼职。《党政领导干部辞职从事经营活动有关问题的意见》和《关于对党政领导干部在企业兼职进行清理的通知》是根据《党政领导干部选拔任用工作条例》《国家公务员暂行条例》以及有关法规政策而制定的，目的是规范党政领导干部辞职从事经营活动，切实解决由于党政领导干部和企业负责人交叉兼职所造成的政企不分问题。领导干部辞职"下海"和在企业兼职是新形势下干部管理工作中所遇到的新情况、新问题。那一时期，党政领导干部辞去公职经商、办企业或者参与其他营利性活动即辞职"下海"的逐渐增多。据统计，从2000年1月至2003年6月，全国各地（不包括中央部委及所属单位）共有一万多名科级以上领导干部辞职"下海"，其中包括一批县处和地厅级领导干部。[①]这是新形势下正常的人才流动，对促进干部能上能下、能进能出，建立干部正常退出机制具有积极作用。但是，也出现了一些值得关注的问题：有的领导干部辞职只是向组织打个招呼，没有正式提出书面申请，未经组织批准，就擅自离岗；有的辞职后直接受聘于原管辖地区或者管辖业务范围内的企业，利用在职时的职务影响进行不公平竞争，谋取不正当利益，诸如此类的行为造成了一些消极影响。此次颁发的意见，除了重申领导干部辞去公职应当符合的条件、必须履行的程序和辞去公职后从业应有的必要限制外，还强调了需要注意和解决的相关问题，以切实从源头上防范因领导干部辞职"下海"而诱发新的腐败行为。该意见同时强调，县级以上（含县级）党政机关不得采用停薪留职、带薪留职等方式鼓励领导干部离职离岗经商、办企业。已出台此类政策的地方，要予以纠正，并采取妥善

[①] 参见黄海霞《中央"5+1"文件密集出台的用意》，《瞭望新闻周刊》2004年第20期。

措施处理好相关问题。该意见明确要求,对党的高级干部、地方党政正职和一些特殊岗位的干部辞去公职应当从严掌握。担任县级以上地方党委、人大常委会、政府、政协领导职务的领导干部以及具有审批、执法监督等职能部门的领导干部辞职,要按照规定从严管理。党政领导干部不得在企业兼职,中央对此早有明确规定,但仍有一些地方对此执行不力。因此,此次下发的意见重申了县(处)级以上领导干部不得在企业兼职等有关规定,并要求各省区市和中央、国家机关各部委对县处级以上党政领导干部在企业兼职行为进行一次集中清理。

(3)《中华人民共和国公务员法》通过

公务员法的通过标志着我国的干部人事管理在规范化、科学化和法制化方面取得了重大进展。公务员法立法起草历时5年,前后修改14稿,2004年12月25日正式进入立法程序,于2005年4月27日获得通过。公务员法共有18章,107条,包括公务员的条件、义务和权利,职务职级,录用,考核,职务任免、升降,奖励,惩戒,培训,交流与回避,工资福利保险,辞职辞退,退休,申诉控告,职位聘任,法律责任等内容。

相对于原来的《国家公务员暂行条例》,它在诸多方面取得了突破。

1)它是我国第一部关于干部人事制度的法律。以往对干部人事制度的规范多以党的文件形式出现,虽然体现了党管干部的原则,但在形式上它没能体现为国家的意志,没有表现出应有的严肃性和稳定性。原来的《国家公务员暂行条例》立法层次比较低,属于国务院行政立法,其效力也只能限于行政系统内部。

2)调整了公务员的范围,对党政干部实施统一管理。《国家公务员暂行条例》所指的公务员是指国家行政机关中除工勤人员以外的工作人员,其他党政机关参照执行。公务员法则拓展了公务员范围,"本法所指公务员,是指依法履行公职、纳入国家行政编制,由国家财政负担工资福利的工作人员。"[①]首次提出了公务员范围的三要素,即职能标准、编制标准和

[①]《中华人民共和国公务员法》,中央政府门户网站,http://www.gov.cn/ziliao/flfg/2005-06/21/content_8249.htm。

经费标准，这和我国干部人事管理的现实情况相契合。按照这三种标准，我国的公务员主要有 7 类机关工作人员，即党的机关、人大机关、政府机关、政协机关、审判机关、检察机关、民主党派机关。"把党的机关和民主党派机关都纳入公务员的管理范围，这在国外没有先例，这是由我国的政治制度决定的，是中国特色的《公务员法》的显著标志之一。"[①]

3) 建立了公务员分类制度，拓展了职业发展渠道。原来的暂行条例将公务员分为两大类，它是一种简单的职务分类，而不是根据职位性质进行的分类，导致公务员晋升、晋级空间很小，而且这种晋级往往不是根据工作的需要，仅仅用作解决待遇的手段，不利于专业人才的成长和队伍稳定。公务员法重新规定了公务员职位分类制度，按照职位性质将其分为综合管理类、专业技术类和行政执法类等类别。

4) 公务员更新和完善机制的创新。在考试录用方面，根据职位分类实行分类考试，同时下放考试录用权限，根据公务员法第 22 条的规定，地方各级机关公务员的录用组织权仍在省级公务员主管部门，但必要时省级主管部门可授权设区的市级公务员主管部门组织考试录用工作。这样既保证了考试录用的统一性，又照顾了各地的实际需要。

在任用选拔方面，公务员法专门设置了"职位聘任"这一章节，规定"经省级以上公务员主管部门批准，可以对专业性较强的职位和辅助性职位实行聘任制""机关聘任公务员需签订书面聘任合同，聘任合同期限为 1—5 年"[②]。聘任制适应了机关对较高层次专业技术人才的客观需要，也降低了机关用人成本，为机关吸引优秀人才特别是专业技术人才开辟了一条合法渠道，拓宽了选人、用人渠道，有利于增强公务员队伍的开放性，改善公务员队伍结构，增强了公务员制度的生机和活力。

设立了领导干部任期制，健全职务退出的正常机制。公务员法规定"领导干部实行任期制"，把领导干部职务变为工作职务，对长期以来形成的领导职务终身制在法律形态上予以否认，形成正常的新老交替机制。

---

① 孙学敏、王悦龙：《〈公务员法〉对干部人事制度的完善与创新》，《党政干部学刊》2006 年第 2 期。

② 《中华人民共和国公务员法》，中央政府网站，http：//www.gov.cn/ziliao/flfg/2005 - 06/21/content_ 8249. htm。

5）激励保障机制的完善和创新。贯彻以人为本的思想，明确了公务员的权利。公务员法的第一条特别强调了"保障公务员的合法权益"，这是以前的暂行条例所没有的。公务员法明确规定了公务员拥有八项基本权利，对有些内容还做了明确的细化，如聘任制公务员与机关之间因履行聘任合同而产生争议时，先由一个中立的人事争议仲裁机构来调节和裁决，当事人对裁决不服的，可以向法院提起诉讼。将公务员的申诉控告由一级申诉改为二级申诉制度。二级申诉制度给予公务员更多的申诉机会，上级受理申诉机关往往看问题更全面，会大大减少处理的偏差。

拓展了公务员的晋升渠道。公务员法确定了职务与级别的对应关系，构建了公务员职务晋升与职级晋升的双渠道。公务员法将级别晋升作为公务员职业发展的阶梯和平台，将现行的职务、级别、基础、工资四项结构工资改为职务和级别两项结构工资，明确规定一定的级别可以享受上一级职务的相应政治和生活待遇，同时体现出适当向基层倾斜的指导思想。这种改革有利于解决基层公务员职业发展空间相对狭小，职务晋升困难的突出问题，也有助于弱化官本位思想，塑造公务员的公共精神，促进中国政府从管理型到服务型的职能转变。

将公开选拔和竞争上岗定为法定的职务晋升方式之一，突破了传统委任制的任用模式。公务员法规定，"机关内设机构厅局级正职以下领导职务出现空缺时，可以在本机关或者本系统内通过竞争上岗的方式，产生任职人选""厅局级正职以下领导职务或者副调研员以上及其他相当职务层次的非领导职务出现空缺，可以面向社会公开选拔，产生出任职人选"[①]。

6）监督约束机制的完善与创新。主要体现在两个方面：

第一，首次以法律形式将引咎辞职、责令辞职引入公务员管理，强化了对公务员的监督约束。公务员法规定："领导成员因工作严重失误、失职造成重大损失或者恶劣社会影响的，或者对重大事故负有领导责任的，应当引咎辞职或者因其他原因不再适合担任现任领导职务，本人不提出辞

[①] 侯建良：《公务员制度发展纪实》，中国人事出版社2007版，第268页。

职的,应当责令其辞去领导职务。"①

第二,对离职做了更严格的限制。"公务员辞去公职或退休的,原系领导成员的公务员在离职三年内,其他公务员在两年内,不得到与原工作业务直接相关的企业或其他营利性企业组织任职,不得从事与原工作业务直接相关的营利性活动。"② 这个规定为遏制腐败提供了有效的法律武器。

(4) 2006年颁布的五个法规性文件是我国干部人事制度改革的又一阶段性成果

这五个法规性文件分别是《关于对党员领导干部进行诫勉谈话和函询的暂行办法》《关于党员领导干部述职述廉的暂行规定》《党政领导干部职务任期暂行规定》《党政领导干部交流工作规定》《党政领导干部任职回避暂行规定》。这5个法规文件和2004年4月集中出台的"5+1"法规文件,与公务员法、干部任用条例、党内监督条例(试行)、干部教育条例(试行)等法律法规一道,初步构成了较为完备的干部人事工作法规体系,为加强干部队伍建设提供了有力的制度保证。

1)《党政领导干部职务任期暂行规定》明确了职务任期和适用范围等,规定党政领导职务每个任期为5年;党政领导干部在同一职位上连续任职不得超过两个任期,担任同一层次领导职务累计达到15年,不得再任规定范围内的同一层次领导职务;为解决干部能上不能下、任期内不稳定等问题,规定任期管理适用于地方党委、政府领导成员及其工作部门或工作机构正职领导成员;同时强调党政领导干部在任期内应保持相对稳定。

2)《党政领导干部交流工作规定》进一步明确了干部交流的重点是县级以上地方党委、政府正职领导成员及其他领导成员,纪委、法院、检察院和党委、政府部分工作部门(包括组织部门)的正职领导成员。

3)《党政领导干部任职回避暂行规定》在亲属回避方面,明确领导干部不得在其配偶、子女及其配偶独资、合伙或者以较大份额参股经营的企业和经营性民办非企业单位的行业监管或者业务主管部门担任领导成员;

---

① 侯建良:《公务员制度发展纪实》,中国人事出版社2007年版,第279页。
② 侯建良:《公务员制度发展纪实》,中国人事出版社2007年版,第281页。

在地域回避方面，将领导干部不得在本人成长地担任党委、政府以及纪检机关、组织部门、法院、检察院、公安部门正职领导成员的规定，由县向上延伸到地市一级。

4)《关于对党员领导干部进行诫勉谈话和函询的暂行办法》明确组织上针对了解到的领导干部的有关问题，要通过直接谈话或书面询问的形式做一步了解，让干部有机会说明或澄清有关问题；对其中需要提醒告诫的干部，组织上应及时进行提醒告诫，帮助其改正。

5)《关于党员领导干部述职述廉的暂行规定》要求党员领导干部按照规定，报告自己在一定时期内履行职责和廉洁从政等方面的情况，并明确党员领导干部进行述职述廉的内容和方式。

从以上举措可以看出，自2000年以后，我国的干部人事制度改革步入了深化阶段。在这个阶段中，干部人事制度改革体现出以下特征：

第一，从更高的层次认识干部人事制度改革，系统、全面、深入推进改革。出台了第一部指导干部人事制度改革的《深化干部人事制度改革纲要》。党的十五大以来，党中央高度重视干部人事制度改革。在前期改革的基础上，2000年6月，《深化干部人事制度改革纲要》颁发，以10年为目标，对干部人事制度改革做出了全面部署。这个纲领性的纲要预示着干部人事制度改革进入了通盘考虑，整体谋划的阶段，从此，干部人事制度开始由局部、单项突破改革阶段转向整体改革阶段。

第二，干部人事制度改革的制度化程度增强。2003年12月，《中国共产党党内监督条例（试行）》出台；2004年2月，《2004—2008年全国党政领导班子建设规划纲要》出台；2004年4月，中央集中颁布了5个干部人事方面的文件，加上此前经中央同意、中央纪委和中央组织部联合下发的《关于对党政领导干部在企业兼职进行清理的通知》，通称"5+1"文件。2005年全国人大常委会通过了《中华人民共和国公务员法》，这部中华人民共和国成立56年来干部人事工作第一部带有总章程性质的法律的颁布，是我国干部人事工作史上一件具有重要里程碑意义的大事。公务员法既是改革的产物，是推进法制化进程的要求，又为以后干部人事制度改革同法律衔接建立了一个新的制度平台，开辟了广阔的法制空间。

第三，地方党委和组织人事部门不断探索新的制度和方法。在这个阶段的干部人事制度改革中，全国各地各级党委和组织人事部门都能够发挥主动性、积极进行制度创新。有的是中央提出思路，地方进行具体的方法创新；有的是地方先行探索，之后再被中央承认，有的甚至被纳入法律之中。

其一，改革党委领导体制，提高决策效率。

党的十六届四中全会通过的《中共中央关于加强党的执政能力建设的决定》，明确指出"要减少地方党委副书记职数，实行常委分工负责，充分发挥集体领导作用""适当扩大党政机关领导成员交叉任职，减少领导职数，切实解决分工重叠问题，撤并党委和政府职能相同或相近的工作部门"①。根据十六届四中全会精神，各地在2004年启动的地方四级党委换届中普遍推行了"一正两副"模式。在这一模式下，由党委书记总揽全局，一名副书记兼地方行政首长，另一名副书记协调党务，在党委书记和党委常委之间不再设分管副书记，而由各常委直接负责各领域工作，从而减少一个决策层级，提高决策效率。江苏省95个县级党委在这次换届中只设置了190名副书记，换届前则为366个。郑州市所属的12个县（市、区）党委副书记从原来的61个调整为24个。②

其二，"公推公选"等选人模式在实践中不断拓展。

"公推公选"是公开推荐、公开选拔党政领导干部的一种干部任用制度，它采取个人自荐、群众推荐和组织推荐相结合的办法，通过考核、考试、面试、演讲、答辩等程序，公开选拔有关党政领导干部候选人预备人选，再依法举行选举或任命。公推公选把坚持党的领导和体现群众公认原则结合起来，变由"少数人在少数人中选人"为"多数人在多数人中选人"，变"暗箱操作"为"阳光操作"，变"伯乐相马"为"赛场选马"。实践证明，这种选人模式对于杜绝干部任用中的不正之风和腐败现象，激励优秀人才迅速脱颖而出，具有十分明显的效果。"公推公选"模

---

① 《中共中央关于加强党的执政能力建设的决定》，人民网，http：//www.people.com.cn/GB/40531/40746/2994977.html。
② 惠风：《2007中国政治年报》，兰州大学出版社2007年版，第185页。

式在基层的推进呈现出四个趋势：一是从乡镇级向县处级乃至厅局级推进。2003年，江苏迈开了"公推公选"的强劲步伐：宿豫县的"公推公选"乡镇长人选试点，得到了中组部和江苏省委的肯定；徐州市沛县实行"公推公选"县长，首次将"公推公选"扩大到县处级领导层面；南京市通过"公推公选"产生了白下和雨花台两区区长，首次把"公推公选"上升到副厅级。二是从农村地区向城市地区推进。当年首创于四川农村的公推公选已经不局限于乡镇，而开始应用于一些大城市重要领导干部的选拔上。2004年6月，江苏省常州市首次对钟鼓区西新桥街道办事处主任人选采用了"公推公选"的方式。南京、襄樊等大中城市，也对部分市辖县区或市直部门的主要领导职位实行了"公推公选"。三是从个别职位向整个班子所有职位推进。2004年3月，常州市武进区寨桥镇在全国率先拓展"公推公选"范围，把"公推公选"范围由个别职位拓展到整个党委领导班子的所有职位。四是出现由零星试点向大面积推广的趋势。截至2003年底，四川省有86%的市、70%的县（市、区）、45%的乡镇开展了公选乡镇领导干部工作，公选产生的乡镇领导干部占全省乡镇领导干部总数的约18%。2003年下半年以来，江苏共有7名县（市、区）长及近百名部门和乡镇行政一把手通过"公推公选"走上领导岗位。五是"公推公选"的透明度不断加大。2008年南京市在"公推公选"局长程序中引入电视直播，让参与竞争的各个局长候选人现场登台亮相，不仅发表自己的施政计划，还现场回答提问，进行了4小时的激烈演讲辩论。16名候选人分别围绕市劳动和社会保障局、市食品药品监督管理局、市旅游局和市级机关事务管理局4个局长职位进行竞争，每个职位有四个竞争者。[①]

其三，差额选举的范围和比例不断扩大，选拔中的竞争得到加强。

2002年以来，黑龙江省绥化市探索实施了差额推荐、差额考察、差额酝酿、差额票决的"四差"选任制度，有效地制约了领导干部的封官许愿权，堵住了个别干部跑官要官路，形成了以德才取人、靠公论选人、凭实绩用人的导向。该市的基本做法是，对空缺干部人选按1∶3比例推荐、

[①]《南京电视直播竞选局长，16人现场PK四个正职》，《人民日报海外版》2008年3月28日。

考察、酝酿，最后由常委进行差额票决，当场公布结果。①

其四，强化集体决策，全面推行票决制。

自2001年中组部在海南等省市开展试点以来，票决制在不少地方已经取得了明显成效。广东、海南、福建、北京、浙江、四川等地都实行了常委会或全委会票决制。广东省已在该省全面推行票决制。在该省21个地级以上市中，已有19个市实行了全委会票决制，12个地级市实行了常委会票决制。此外，县（市、区）也普遍实行了常委会票决制，通过票决共任命了3万多名干部。2004年4月，四川省决定，厅级党政一把手一律由省委全委会通过票决方式产生。

其五，改进政绩考核，全面贯彻落实科学发展观。

长期以来，"考核难"一直影响着公务员制度的完善和发展，成为制约干部人事制度改革进一步深化的瓶颈。改进政绩考核体制，不仅要使考核本身更加科学、准确、合理，而且要全面贯彻落实科学发展观，引导、规范干部的施政行为。各地改进政绩考核体制的探索，一是增加有关人文、社会和可持续发展等方面的指标。2004年，国家相继把对农民工的培训、安全生产控制指标完成情况列入干部考核中。2004年3月，无锡市调整政绩考核体系，将城乡统筹、农村人均收入和就业、社会保障等纳入考核体系中。二是探索实行"绿色GDP"。已在海南和重庆展开了"绿色GDP"部分指标的试点核算。北京、浙江、安徽、广东、福建、江苏等多个省市也已明确要求，将环境和资源等方面损失的"绿色GDP"纳入其经济统计体系中。2004年8月，山西省宣布，将选地区试点实施"绿色GDP"核算。三是建立全新的评估体系。2004年开始，浙江省湖州市取消GDP考核，代之以四项新指标：地方经济的综合实力、群众生产生活条件的改善情况、社会发展和环境保护的改善情况和政府职能转变与行政效能的进步状况。

其六，"民评官"成为官员评价活动中一个越来越重要的部分。

人民群众满意与否，是检验一个地方施政水平的重要标准。"民评官"

---

① 《黑龙江绥化差额考察严把推荐关》，南宁市党建信息网，http://www.nndj.gov.cn/html/zgtx-zgck/2005-12/1/15_41_31_34.html。

打破了"官评官"的传统干部政绩考核方式，代表了干部人事制度改革的一个重要方向。"万人评议政府"也是群众反响比较大的一个创举。先后有辽宁沈阳、江苏南京、湖南益阳、四川内江等地开展了全市性评价政府部门作风的活动，不少部门负责人因此被免职或受到警告，民意的作用日益凸显。借助民意压力，改进政府施政效能，在不少地方取得了明显的成效。一些地方的组织部门已经通过问卷等较为科学的手段把民意纳入干部考核中。四川省宜宾市在对领导干部量化考核评价中，民主测评分和工作实绩分各占一半。民主测评采取"下评上，民评官，企业评机关"的办法进行打分，进一步落实了群众对干部的评价权力。成都市新都区在区委、区政府领导干部的民主测评工作中，不仅主动邀请人大代表、政协委员、企业和群众代表参加投票，还通过当地报纸和电视台向社会公开民主测评结果，受到社会各界的广泛好评。

其七，不断探索监督一把手的有效办法，并初见成效。

加强对各级领导干部特别是一把手的监督，对于保持党组织的先进性和战斗力，提高执政能力和执政水平都具有重要意义。加强对一把手生活圈、社交圈这"两圈"的监督已经引起了不少地方的高度重视。2004年2月，广东省明确提出，要把一把手生活圈、社交圈列入监督范围。7月底，浙江省永康市聘请了15个党政一把手的妻子担任"两圈"监督信息员，以掌握这些领导干部8小时之外的活动情况，强化来自家庭的辅助性约束。苏州"廉政期权"的探索引起了社会各界的关注，其中一个重要措施就是实行"廉政公积金"。与传统的"号召式"廉政建设不同，"廉政公积金"更注重从利益机制出发倡廉、助廉，帮助干部远离腐败陷阱。经济审计被称为是"一把手的审计"，随着中央"审计风暴"的掀起，一直默默无闻的经济审计又焕发出新的生机和活力。2004年7月，江西省宣布，将在全省范围内推广任中经济责任审计制，审计结果将进入干部档案，作为评价、使用干部的重要依据。四川省则首次向社会公布审计报告，15个违规违纪的省直部门纷纷表示要尽快整改，反响良好。很多地方政府推行了问责制，加大对失职官员的责任追究力度。2003年，包括卫生部原部长、北京市长在内，全国有近千名官员因防治"非典"工作不力而被罢官去职；进入2004年，包括省部级干部在内的200多名官员，在重大安全事故和责任事件中因"负有责任"而受到追究。同时，责任追究的范围也在不断拓宽。责任追究从生产事故多发部门向其他领域和部门推进，党政机关、公检法司、企事业单位等皆可"问责"。另外，一些无所作为的"太平官"也会被罢官去职。

5. 第五阶段：干部人事制度改革规范和提升

这一阶段尤其是十八大以来，我国的干部人事制度进一步规范，选人用人机制愈加科学有效，各项制度基本上朝着定型化发展，对干部的要求也越来越高。习近平总书记反复强调，要"着力培养选拔党和人民需要的好干部"。2013年总书记在全国组织工作会议上，对好干部的标准做出了概括：信念坚定、为民服务、勤政务实、敢于担当、清正廉洁。这20字的好干部标准，进一步丰富和发展了德才兼备、以德为先的时代内涵，成为新时代干部工作的"风向标"。

2014年1月，中共中央印发《党政领导干部选拔任用工作条例》，将好干部标准写进总则第一条，把好干部标准落实在干部工作原则、条件、程序、纪律中，落实在党组织动议酝酿、推荐考察、核查把关、讨论决定中，为着力选拔党和人民需要的好干部、培养造就高素质党政领导干部队伍提供了制度保证，成为新时代规范干部选拔任用工作的基本遵循。《2014—2018年全国党政领导班子建设规划纲要》的制定实施，以坚定理想信念、增强党性观念、保持高尚道德情操为重点，以严肃党内政治生活、从严管理监督干部、持续深入改进作风、严明党的纪律为抓手，全面加强领导班子思想、组织、作风、反腐倡廉和制度建设，为实现"两个一百年"奋斗目标，实现中华民族伟大复兴的中国梦提供了坚强的组织保证。2016年8月，中共中央办公厅印发《关于防止干部"带病提拔"的意见》，进一步从严把好选人用人关，树立正确的用人导向，成为防止干部"带病提拔"的有力武器。把责任挺在前面，以责任追究压阵，打牢日常了解、综合研判两个基础，抓好动议审查、任前把关两个关键，坚持干部档案必审、个人有关事项报告必核、纪检监察机关意见必听、线索具体有可查性的信访举报必查、巡视成果必用，一套完整闭合、有力有效的防范机制及时筛出，坚决挡住了不少"带病"干部。

党的十八届三中全会明确提出，必须"提高党的领导水平和执政能力，确保改革取得成功"，而执政的核心要素是如何选人用人。"唯票、唯分、唯GDP、唯年龄"取人，曾经是干部选拔任用工作中的突出问题。新修订的干部选拔任用工作条例，以构建科学有效的选人用人机制为目标，为解决"四唯"问题提出了解决办法。各地各部门以干部选拔任用工作条例为遵循，坚持党管干部原则，不断改革选人用人机制，着力破解干部选任"四唯"问题。一是严格组织把关，不简单以票取人。要求各地各部门充分发挥党组织的领导和把关作用，增加党委（党组）、分管领导、组织部门在选人用人上的权重，改进民主推荐，把民主推荐票从"重要依据"改为"重要参考"，对唯票问题起到了釜底抽薪的作用。同时改进推荐考察办法，多方面、多层次、立体式地考察了解干部，注重从谈话调研中听民意，从口碑中看德行，真实了解民意，正确集中民意。二是打破"一考定音"，依岗选人实现人岗相适。要求各地各部门改进竞争性选拔干部工作方式，科学设置竞争性选拔的适用范围、资格条件和测评方法，不搞凡提必考、凡提必竞、"一考定音"，不唯分取人，防止出现"考试专业户"，真正做到凭实绩用干部，根据岗位需要选干部。三是既看显绩又看潜绩，不单纯以GDP论英雄。2013年12月，《关于改进地方党政领导班子和领导干部政绩考核工作的通知》印发。各地各部门健全科学的政绩考核评价体系，把民生改善、社会进步、生态效益、脱贫攻坚等纳入考核内容，有效遏止"GDP冲动"和"形象工程""政绩工程"。浙江、陕西、山东等地按照全面落实科学发展观和新发展理念的要求，科学设置党政领导班子实绩考核评价指标。青海、贵州、河北等地强化约束性指标考核，加大资源消耗、环境保护、消化产能过剩等指标的权重。四是用当其时，科学合理使用各年龄段干部。各地各部门坚持"德才兼备、以德为先，五湖四海、任人唯贤"的用人原则，打破论资排辈，既大力培养选拔那些看得准、有潜力、有发展前途的年轻干部，又把符合条件、年龄比较大的优秀干部及时选好用活，不搞硬性配备、不搞任职年龄层层递减，干部队伍的整体功能得到提高。中国人事科学研究院原院长吴江表示："在强化领导责任、注重民主质量、突出实干导向、树立正确政绩观、用好各年龄层次干部方面，都取得了突出性进展，让干部踏实干事，让组织科学用人，让'四不唯'原则真正落在责任担当机制上，极大地保护和调动了广大干部的积极性和创造性。"①

党的十八大后,党中央还着力推行了公务员聘任制工作。2017年9月19日,中共中央办公厅、国务院办公厅印发了《聘任制公务员管理规定(试行)》。公务员聘任制是我国公务员法的重要制度创新。公务员法第十六章对聘任制做了规定。按照深入实施公务员法的要求,2011年中央组织部、人力资源社会保障部、国家公务员局制定出台了《聘任制公务员管理试点办法》,指导各地区、各部门有序扩大和深化试点。党的十八届三中全会提出,加快建立聘任人员管理制度。按照中央要求,中央公务员主管部门在试点办法的基础上,研究起草了公务员管理规定。2017年7月19日,中央全面深化改革领导小组第三十七次会议审议通过了公务员管理规定。这个规定引入了市场机制,为社会优秀人才进入机关开辟了新渠道。它的实施有利于党政机关吸引和择优选用专业化人才,有利于提高我国公务员队伍专业化水平,有利于构建更加灵活的用人机制。

党的十九大报告提出"建设高素质专业化干部队伍"的目标。其主要内容有以下几点:第一,坚持党管干部的原则,这是我们干部人事制度的根本原则。第二,坚持正确的用人导向,突出政治标准,提拔重用牢固树立"四个意识"和"四个自信"、坚决维护党中央权威、全面贯彻党的理论路线和方针政策、忠诚干净有担当的干部。第三,提高干部队伍的专业素养。在干部队伍建设中,注重培养专业能力、专业精神、增强干部队伍适应新时代中国特色社会主义发展要求的能力。第四,做好干部储备和培养工作。一是提拔在一线和困难艰苦地方工作的干部,二是培养选拔女干部、少数民族干部和党外干部。第五,做好干部的激励考核工作。要建立激励和容错纠错机制,旗帜鲜明地为那些敢于担当、踏实做事、不谋私利的干部撑腰鼓劲。

总体而言,本阶段的干部人事制度呈现出如下特征:

第一,从严治吏,强化对领导干部的监督管理。党要管党,首先是管好干部;从严治党,关键是从严治吏。习近平总书记指出:"要加强对干部特别是党员领导干部的监督管理,彻底改变对干部失之于宽、失之于软

---

① 吴江:《党管干部更加科学化》,《人民日报》2016年7月1日第18版。

现象。"党的十八大以来，不断采取从严管理监督干部的措施，管理全面、分类科学、标准严格、环节衔接、措施配套、责任分明的干部管理监督体系不断健全。2014年初，中组部印发了《关于加强干部选拔任用工作监督的意见》，严格选人用人监督，大力整治跑官要官、拉票贿选、买官卖官、违规用人等干部群众反映突出的用人不正之风问题，结合中央巡视持续开展选人用人专项检查，严肃查处违规用人问题，严肃追究责任人员，保证干部任用条例的刚性执行。《关于严禁超职数配备干部的通知》《配偶已移居国（境）外的国家工作人员任职岗位管理办法》等文件的颁布加大了干部管理体制和监督机制的改革力度。截至2016年9月，4万多名超配的副处级以上领导职数基本取消；全国共排查出副处级以上"裸官"5000多人，对需要调整岗位的1300多人进行了调整。同时，在整治"裸官"、兼职、出国（境）管理时，根据实际情况，各地各部门注重把高校、科研院所领导人员和海外引进人才，与党政领导干部区分对待，精准把握政策界限。《领导干部报告个人有关事项规定》和《领导干部个人有关事项报告查核结果处理办法》的出台，是贯彻全面从严治党部署要求、加强领导干部管理监督的又一重要举措。查核个人有关事项报告情况，已成为干部选任的一道必经程序，成为加强干部日常管理监督的重要途径。2014年以来，全国因不如实报告等而受到处理的干部有12.5万人，其中被暂缓任用或取消提拔重用资格、后备干部人选资格的有1.1万人。《关于组织人事部门对领导干部进行提醒、函询和诫勉的实施细则》的印发，为各级组织人事部门加强对干部从严管理监督提供了有力抓手。近两年来组织部门共提醒、函询、诫勉干部63万人次。中央党校教授辛鸣说："我们就是要通过把纪律和规矩挺在前面，抓小抓早，发现党员干部开始有小毛病小问题的时候，我们要及时提醒、及时纠正，这样就可以避免他去犯更大的错误。"①

第二，优进拙退，构建干部能上能下的新机制。在干部选拔任用工作中，挡住投机者、让优者上是第一步，推动庸者下、劣者汰，则是关键的

---

① 政论专题中《将改革进行到底》第九集《党的自我革新》解说词，2017年7—17日在中央电视台综合频道播出。

第一步，即实现干部能上能下、优进拙退。长期以来，因为法规制度短板，能上不能下，一直是制约干部工作的一块"硬骨头"。党的十八大以来，能上能下的制度设计进入加速推进阶段。习近平总书记指出，从严治党、从严管理干部，要下功夫把干部的问责、惩处制度抓好，建立干部能上能下的制度机制。2015年7月，中共中央办公厅印发《推进领导干部能上能下若干规定（试行）》，明确"下"的标准，规范干部"下"的6种渠道，明确调整不适宜担任现职干部的10种情形，在推进干部能"下"问题上迈出实质性步伐。据统计，截至2017年5月底，全国运用《推进领导干部能上能下若干规定（试行）》调整县处级以上干部22000多人。

第三，强化培训，大力提升干部素质。2015年10月，中共中央修订颁布了《干部教育培训工作条例》，成为新时代干部教育培训工作的重要遵循，为培养好干部提供重要保证。党的十八大以来，干部教育培训工作突出抓好理论武装，加强马克思主义基本原理和中国特色社会主义理论体系学习教育，坚持把习近平总书记系列重要讲话精神和治国理政新理念新思想新战略作为理论武装的重中之重，通过7期专题研讨班将省部级干部轮训一遍，同时开展县处级以上领导干部集中轮训，进一步统一思想、明确方向、凝聚力量。以《关于在干部教育培训中进一步加强和改进党性教育的意见》《关于在干部教育培训中加强理想信念和道德品行教育的通知》等文件的出台为契机，各地区各部门充分发挥党校、行政学院和干部院校的主渠道主阵地作用，把理想信念教育和党性教育作为培训的重要内容，引导干部弘扬光荣传统、传承红色基因、提升党性修养。近年来，仅中国浦东、井冈山、延安干部学院就开发现场教学点800多个，开设特色课程3200多门，培训11万多人次。各地各部门紧扣协调推进"五位一体"总体布局和"四个全面"战略布局，把新发展理念纳入培训重要内容中，着力提升干部适应和引领经济发展新常态的能力，把握和运用市场经济规律的能力，推动各级领导干部加快知识更新，加强实践锻炼。

（二）改革开放以来干部人事制度改革的成就

回顾改革开放以来走过的历程，可以深深地感到我国干部人事制度发生的深刻变化和取得的巨大成绩。概括地说，有"四大成就"：一是在改革实践中创造了一套中国特色人才理论；二是建立了一套与社会主义经济、政治、文化相适应的民主、科学、法治的干部人事制度；三是形成了一个良好的有利于人才生长的生态环境；四是基本建成了一支规模宏大、门类齐全、素质较高的人才队伍。

第一，创造了一套中国特色人才理论。这是党中央领导智慧与群众智慧、马克思主义人才理论与干部人事制度改革实践相结合的产物，是马克思主义人才理论中国化进程中的一个重要成果。对我国干部人事工作具有长远的指导意义和重要理论价值。在干部人事制度改革初期，邓小平就指出："世界形势日新月异，特别是现代科学技术发展很快。""不以新的思想、观点去继承发展马克思主义，不是一个真正的马克思主义者。"他强调，事情是由人做的，没有人才是建不成四个现代化的；强调科学技术是第一生产力，要把科研和教育工作搞上去；强调人才难得，要尊重知识、尊重人才；强调我们现在的组织制度、人事制度，阻碍了人才的成长，要改革不合时宜的组织制度和人事制度。我们党的第四代领导集体和以习近平为总书记的党中央，继承发展了邓小平人才理论，先后提出了人才资源是第一资源，制定实施科教兴国战略和人才强国战略，坚持党管干部、党管人才原则；强调要以科学发展观和科学人才观为指导，建立一套与建设有中国特色社会主义经济、政治、文化相适应的干部人事制度，加快干部人才队伍建设，建设人力资源强国等重大人才理论问题，进一步丰富和发展了中国特色人才理论，成为我国干部人事制度改革的根本指导思想和理论指南。只要冷静系统地观察思考，我们就会发现，中国特色人才理论，已经构成了一套系统的完整的理论体系。它科学地分析了人才人事工作所面临的新情况、新问题、新任务，深刻阐述了人才工作与发展社会生产力、组织路线与政治路线之间的关系，回答和解决了如何为建设中国特色社会主义提供人才保证以及新时代人才工作的地位作用、基本原则、指导思想、目标任务、制度建设、工作方法等一系列问题，成为知识经济时代和社会主义现代化建设新时期的人才理论，即有中国特色的人才理论。

第二，初步建立了一套与中国特色社会主义经济、政治、文化相适应的干部人事管理体制机制。干部人事制度改革的总目标是，从我国国情出发，通过深化改革，逐步创造一个公开、平等、竞争、择优的用人环境，建立一套干部能上能下、能进能出、充满活力的管理机制，形成一套法制完备、纪律严明的监督体系。经过40年的奋斗，党中央确立的总目标已经初步实现。我们已经制定了一部公务员法，在党政等各级各类机关普遍推行公务员制度，从进入队伍到职务晋升，普遍引进竞争机制，促进优秀人才脱颖而出。通过废除领导职务终身制，完善辞退、辞职、退休制度，形成正常的更新交替机制，实现各级领导层新老交替制度化、程序化。通过建立公开选拔、竞争上岗、任前公示、任期使用、全委会表决、辞职辞退等制度，逐步实现领导干部选拔任用、考核监督的规范化和制度化。通过完善民主推荐、民意测验、民主评议，实行届中考核与平时考核相结合，加强了群众对干部的监督，扩大了群众参与干部工作的民主权利，提高了干部选拔任用工作的民主化程度。干部的培训、考核、交流力度不断加大，特别是重点部门、关键岗位的领导干部的培训、交流形成了制度。所有这些都激发了干部队伍和干部人事工作的活力、效率和积极性。

在企事业单位人事制度改革方面，以聘用制度、岗位责任管理制度为主要内容的各项人事改革全面推进。国有企业结合建立现代企业制度，对企业经营管理人才选拔任用、业绩评估、激励监督等方面进行探索，全面推行产权代表委任制和公司经理聘任制度，健全企业领导人员管理体制。总之，按照分类管理原则，初步形成了符合党政机关、国有企业和事业单位不同特点的科学的管理制度，干部人事工作开始步入民主化、科学化、法制化轨道。

第三，初步创造了有利于优秀人才脱颖而出、健康成长的社会生态环境。高素质干部队伍建设的基础在于怎么样选拔一批符合新时代标准的"好干部"，习近平给出怎样成长为好干部的答案：一靠自身努力，二靠组织培养。自身努力是成为好干部的主观条件和内在因素，干部成长的客观条件则需要组织的培养，内因是基础，外因是关键。要想成长为好干部需要不断加强自身的党性修养，提高思想觉悟和道德水平。学习是实践的基础，也是成为好干部的先决条件，原原本本学习中国特色社会主义理论知识，是让干部保持政治上清醒与坚定的重要手段。实践是学习的动力，习近平就要求干部到困难、艰苦和矛盾集中的地区工作，多深入基层，拜人民为师。在组织的培养方面，党性教育是核心，道德建设是基础，让干部与群众彼此手拉着手、心连着心。习近平强调，实践锻炼不是"镀金"，也不等于锻炼之后就可以提拔了，锻炼的关键意义是真正向群众问计问策，为群众办实事、解忧愁。针对干部监督管理问题，习近平强调"要管理好、监督好，让他们始终有如履薄冰、如临深渊的警觉"[①]。改革开放以来，尊重知识、尊重人才的理念深入人心，吸引人才、用好人才的制度环境和文化氛围正在逐步形成。各级政府及用人单位更加注重在竞争中选拔人才，在实践中培养人才，在事业中凝聚人才，在生活中关心人才。"新世纪百千万人才工程""长江学者计划"和"春晖计划"等一批人才工程的实施，为各类人才的成长开拓了更为宽阔的渠道。在国家"拓宽留学渠道，吸引人才回国，支持创新创业，鼓励为国服务"方针的指引下，出现了留学人员、海外高层次人才回国工作、投资创业的热潮。

同时，我国深化公务员分类管理制度改革、建立公务员职务与职级并行制度，同时完善事业单位领导人员管理制度体系，从制度层面为建设一支高素质的干部队伍提供了坚强保障。自公务员法实施以来，我国所有公务员一直按综合管理类进行管理。这种"大一统"的管理方式，带来职业发展通道单一、管理针对性不强、基层压职压级等突出问题。如何有效破解这一难题，推进公务员分类管理，成为必然选择。2016年7月，中共中央办公厅、国务院办公厅印发《专业技术类公务员管理规定（试行）》《行政执法类公务员管理规定（试行）》。这两个规定明确专业技术、行政执法两类职位设定，建立"四等十一级"的职务序列，明确各自晋升方式。根据这两个规定及配套办法，专业技术类、行政执法类公务员将实行分类管理，开展分类录用、分类考核、分类培训，从而实现分渠道发展、精细化管理、专业化建设，这极大地调动了广大公务员的积极性，进一步激发基层公务员的活力，是干部人事制度改革的重要目的。长期以来，公务员主要依据职务进行管理，县以下机关公务员受机构规格等因素的限制，职务晋升空间小、工资待遇低、干部留不住等问题比较突出。为此，

---

① 习近平在全国组织工作会议上的讲话，2013年6月28日。

有必要推行公务员职务与职级并行、职级与待遇挂钩的制度。2015年1月，中央印发《关于县以下机关建立公务员职务与职级并行制度的意见》，在全国县以下机关全面推开。这项制度是干部人事制度的一次重要调整和改革，是公务员制度的创新和完善。100多万名基层公务员晋升了职级，享受上一职务层次的工资待遇。这项改革让广大基层公务员享受到了党中央关爱基层的"真金白银"和"改革红利"，激发了基层公务员干事创业的激情和动力。针对事业单位领导人员管理制度的改革同样在加速推进。到2017年，全国有126多万个事业单位、3000多万名工作人员，另有900万名离退休人员，总数超过4000万人。其所属行业、层级、类型千差万别。对领导人员管理既要提出共性要求，也要兼顾个性差异，做到"一把钥匙开一把锁"。为此，中组部等部门贯彻落实中央要求，回应现实期盼，加快事业单位人事管理政策法规体系建设步伐，构建起以《事业单位领导人员管理暂行规定》为统领、各行业办法相配套的"1+X"制度体系，事业单位领导人员管理法规从无到有，填补了制度空白。

第四，基本建成了一支规模宏大、门类齐全、素质较高的人才队伍。经过长期的改革发展，我国已初步建成了规模宏大、专业门类齐全、素质较高的人才队伍，基本满足现代化建设和经济社会发展的需要。据2015年统计，全国各类人才总量达到1.75亿人，与改革前1977年底的1658万人同口径相比，增加6倍多，人才数量明显增加。在全国公务员、企事业单位经营管理人才和专业技术人才中，1977年，大学及以上学历占干部总数的18%，此时这一比例已达到35.4%，提高了17.4个百分点，人才素质得到了明显提高。

（三）改革开放以来干部人事制度改革的经验

干部人事制度改革的探索实践，积累了宝贵经验，为推动下一步改革提供了有益启示。总结40年干部人事制度改革的经验，集中而言主要有四条。

1. 干部人事制度改革必须坚持围绕中心、服务大局，与经济体制改革和政治体制改革相适应

干部人事制度是经济体制和政治体制的重要组成部分。干部人事制度改革必须与经济体制、政治体制改革相结合。改革的历史告诉我们，干部人事制度的改革是伴随着经济体制改革开始的。在经济改革初期，中央提出要下放权力，为企业"松绑"，把生产经营权还给企业。正是在这种情况下，企业提出要有相应的用人权、分配权。于是中央决定改革干部管理体制，变下管二级为下管一级，把企业中层干部交给企业自己管理。又如人事工作的"两个调整"，即把适应计划经济的人事管理体制，调整到与社会主义市场经济相配套的人事管理体制上来；把传统的人事管理调整到整体性人才资源开发上来，就是在中央做出建立社会主义市场经济体制的决定，经济体制改革深入开展时刻提出的。又比如说，党的十三大提出的，后来又被党的十四大再次强调的人事分类管理原则，也是市场经济得到迅速发展，政企、政事职能逐步分离，要求建立符合机关、企业、事业单位各自特色的干部人事管理制度的结果。因此，干部人事制度改革必须紧紧围绕经济体制和政治体制改革来进行布局，提前和滞后都会影响经济社会的发展，这是干部人事制度改革的一条重要经验。

2. 正确处理继承与创新、改革与稳定的关系

继承与创新、改革与稳定是一个矛盾运动的过程。我们的干部人事制度改革，不是把过去的制度推倒了重搞一套，而是要在继承的基础上，勇于进行创新。对不适合经济社会发展需要的制度予以改革，对原有制度中一些合理的正确的东西，例如党管干部原则、干部管理中的群众路线、任人唯贤、德才兼备的原则等，不能否定，而是必须继承、发扬。要结合市场经济和民主政治建设的需要，加以改进完善；对那些适应计划经济需要、阻碍市场经济发展的管理制度，如高度集中的管理体制、单一的管理模式等，必须进行改革和创新，这样干部人事工作才能不断前进，持续发展。

干部人事制度的改革创新，往往涉及人们的思想，涉及很多人的利益。在社会转型时期，市场的发育和完善，人们观念的转变，干部人事制度本身的健全完善，都需要一个过程。因此，在干部人事制度改革过程中，必须正确处理各种关系，特别是改革与稳定的关系，做到总体目标设置与分步实施相结合、阶段性与连续性相结合，把改革的力度控制在国家负担、社会舆论和群众心理可承受的范围内，以利于社会的和谐稳定。

3. 必须把民主、公开、竞争、择优方针贯穿始终

公平竞争是干部人事制度的一个重要原则，它是社会主义民主政治在干部人事制度中的具体体现，贯穿于干部人事制度改革的全过程和各项制度、各个环节。其根本目的就在于增强制度的活力，为人民群众提供更多更好的平等发展机会，促进优秀人才脱颖而出，做到人尽其才，各得其所，最大限度地调动干部的积极性和创造性。在干部人事制度改革中坚持公平竞争的原则，一是法律制度要确认和体现群众具有平等参与干部人事工作的权利；二是实行干部任职条件公开，招考公开，考试成绩公开，录用任用公开；三是国家通过法律保护公平竞争的环境和人民群众在竞争中的合法权利。

民主是干部人事工作中群众路线的发展，法治是实现干部人事工作依法管理的根本保证，它们共同构成了干部人事制度的核心，是干部人事制度法制化、科学化的一个重要标志。因此，干部人事制度改革要坚持把民主、法治贯穿于整个改革的始终和各个环节，作为改革的重要目标。实现民主、法治，一方面，干部人事工作必须有法可依，依法管理，违法必究，包括人员的录用、考核、晋升、培训、工资、福利、退休等，都要有严格的法律规定，并按照法定的程序和规定进行管理。另一方面，工作人员必须按照法律规定，行使权力，履行职责，依法办事。以公务员法为核心的一系列法律法规体系的形成，使我国干部人事工作开始走上民主、法治的轨道。

4. 坚持党管干部、党管人才原则

党管干部、党管人才是我国干部人事工作中不可动摇的根本原则。改革干部人事制度，正是为了加强和改善党对干部人事工作的领导，而不是摆脱、削弱或淡化党的领导。在改革的实践中，我们坚持党管干部、党管人才的原则，形成了一套具体制度、程序和方法。实践经验证明，坚持党管干部、党管人才原则，一是要加强党对干部人事制度改革工作的领导，改革高度集中的管理体制和单一的管理模式，根据机关、企事业单位不同的特点，制定符合各自特色的管理制度，实行分类管理。二是善于总结改革经验，制定干部路线、政策，并通过一定的程序，将其转化为干部人事管理法律、法规，依法实行管理。三是推荐并管理重要干部、人才。四是

具体管理模式采取由党委统一领导，组织部门牵头抓总，人事等有关部门各司其职、密切配合，社会力量广泛参与，形成干部人才工作新格局。做到这四点，就是坚持和实现了党管干部、党管人才的原则。

（四）对进一步深化我国干部人事制度的思考和建议

1. 深化干部人事制度改革的基本原则

第一是坚持党管干部的原则。邓小平讲过："党要管党，一管党员，二管干部。"党管干部，是党的执政地位的重要体现。用人权是重要的执政权，放弃党管干部就意味着放弃党的领导地位。所以，党管干部是我们要坚持的一项原则，但党怎么样管干部是我们要认真研究的问题。党管干部并不是党委的一把手管干部，更不是党委的一把手去管理干部的任用等。党管干部要探索党管干部的有效实现形式，党委重点要管用人的宏观政策，管用人的标准，管用人的标准要规范。习近平在中央政治局民主生活会上指出，我们党之所以坚强有力，党管干部是很重要的原因，要自觉坚持党管干部原则。严格按照党的干部工作的方针、政策选拔、任用、管理和监督干部是党管干部原则的现实意义，而党管干部的关键在于选拔任用干部。

党管干部的第一点是要选好人。习近平在2013年全国组织工作会议上的讲话中曾指出："选什么人就是风向标，就有什么样的干部作风，乃至就有什么样的党风。"党的十八届六中全会审议通过了《关于新形势下党内政治生活的若干准则》，该准则在"坚持正确选人用人方向"部分明确规定，必须强化党组织的领导和把关工作，落实选拔任用工作，确保规范操作。组织部门要从严按照政策、原则和制度考察评价干部，勇于抵制选人用人中的违规行为，形成能者上、庸者下、劣者汰的选人导向，着重突出了各级党委和组织部门对干部的重要把关作用。该准则同时还强调了党的各级组织必须防范和纠正跑官要官、唯票唯分、封官许愿、任人唯亲、拉票贿选等用人上的不正之风，使党对干部的选拔风向标重新回到正确的导向上。

党管干部的第二点就是用好人。干部在通过层层选拔之后脱颖而出，下一步就是把他们选派到合适的岗位上，使其发光发热、贡献力量，这也就是干部"用"的环节。既不能让干部"水土不服"发挥不出能量，又不能浪费资源大材小用。习近平就如何用人指出，用人设岗，一定要从工作需要出发，不能把职位作为奖励干部的简单手段，必须做到人岗相适，同时要树立对人才的强烈渴求意识，求贤若渴地寻觅人才，如获至宝地发现人才，不拘一格地举荐人才。千里马常有，而伯乐不常有。各级党委和组织部门就是要不断聚才选才，成为人才眼中慧眼识才的"伯乐"，把干部选配到合适的岗位上，发挥出自身最大的能量。

党管干部的第三点是要"管"好干部。"党要管党，首先是管好干部；从严治党，关键是从严治吏"，对干部身上的错误倾向性问题，及时做到拉拉袖子、"咬咬"耳朵，做到早提醒、早纠正，这是对干部的爱护，而不是对干部的苛求。做到及时咬耳扯袖、红脸出汗，解决党内自身问题的重要途径就是要有严肃的党内政治生活。党委、党组班子的主要领导应带头发扬民主，坚持发扬"团结—批评—团结"的精神，讲大实话、讲真心话，不搞拉拉扯扯、吹吹拍拍，形成党内生活的清风正气。

第二是坚持德才兼备、以德为先的用人原则。我国在改革开放初期，提出了德才兼备的用人原则，但当时事实上是把知识化作为干部任用重点的，因为当时干部队伍中专业人才比较缺乏，但发展到现在，我们的干部队伍的知识化程度有了很大的提高，在这个时候我们要及时提出德才兼备，以德为先的要求。人才一定要德才兼备，有德无才是庸才，有才无德是害才，往往容易妨碍事业的发展。所以，要德才兼备，以德为先，特别是要重视考察干部的德。2008年到2011年，全国通过公开选拔、竞争上岗的方式产出的厅局级、处级、科级干部多达28.7万名，并且竞争择优的工作由科级、处级逐步向着局级、副部级的领导岗位延伸，由党政机关向企事业单位拓展。

第三是坚持干部能上能下原则。2015年中央政治局审议通过了《推进领导干部能上能下若干规定（试行）》，该规定的出台是全面从严治党、从严管理干部的重要举措，对于促使干部自觉践行"三严三实"要求，解决为官不正、为官不为、为官乱为等问题，建设高素质干部队伍，完善从严管理干部制度体系，具有重要意义。干部的"能上能下"不能单纯地理解为干部的一般调动，这是要探索建立优胜劣汰的干部选拔任用新机制，并以此为契机激发干部干事创业潜能。干部"能下"，其本质并不是对干部的"打击报复"，而是保持干部队伍内活力和战斗力的有效方式。及时把那些锐意进取、年轻有为、干事创业的干部使用起来，把那些在其位不谋其政、人岗不相适的干部及时调整下去。正如习近平所论述的，有些地方选拔任用干部，在考察具体人选时，以资历排位加以平衡照顾，论资排辈的现象很严重，不看谁更适合担任，用非所长，结果被提拔的干部在岗位上没有作为，下边反映的问题堆了一堆，工作难以打开局面。而能上能下的本质是基于使用干部的合理性，在一进一退中，鞭策后进、鼓舞先进，使干部队伍变得有朝气、有生气，营造能上能下、优胜劣汰的氛围。

第四是严防带病提拔原则。习近平在党的群众路线教育实践活动总结大会上提出："对干部选拔任用要严格把关，坚决防止带病提拔。有的干部身上有那么多毛病，而且早就有群众不断反映，但那里的党委和组织部门都不知道，或者知道了也没当回事，让这些人一而再、再而三被提拔起来，岂非咄咄怪事！"2014年1月，中共中央对2002年印发的《党政领导干部选拔任用工作条例》做了重新修订，其中明确提出了不被列为提拔领导干部考察对象的六种情形：第一，群众公认度不高的；第二，近三年年度考核结果中有被确定为基本称职以下等次的；第三，有跑官、拉票行为的；第四，配偶已移居国（境）外，或者没有配偶，子女均已移居国（境）外的；第五，受到组织处理或者党纪政纪处分影响使用的；第六，由于其他原因不宜提拔的。① 这就将"问题干部"与干部的提拔使用划清了界限，牢牢把住了干部的"入口关"。2016年8月，中共中央办公厅印发了《关于防止干部"带病提拔"的意见》，强调要把好任前关，强化对干部选拔任用主体责任的细化和落实工作；强调要打牢日常了解、综合研判两个基础，抓好动议审查、任前把关两个关键环节。党的十八届六中全

---

① 中央组织部干部一局：《〈党政领导干部选拔任用工作条例〉学习辅导》，党建读物出版社2014年版，第235页。

会审议通过的党内监督条例还提出了要严把干部选拔任用"党风廉洁意见回复"关，要求实事求是地评价干部廉洁情况，防止"带病提拔""带病上岗"，这也是对防止干部"带病提拔"工作的有力补充。这一系列要求和措施，对于改进干部选拔任用工作，彻底防范干部带病提拔具有重要作用。如何从根本上解决干部"带病提拔"问题，首先就要坚持审核关口前移，做到动议即审，同时核严核准干部任前有关情况的汇报，对列入考察范围的相关人选，向纪委等有关部门核验其遵守廉洁纪律等情况，一旦发现"带病提拔"案件，实行"一案双查"，不仅查"带病提拔"的干部，并且倒查相关责任人，及时通报典型案例。坚持"四凡四必"，做到干部档案"凡提必审"，个人有关事项报告"凡提必核"，纪检监察机关意见"凡提必听"，反映违规违纪问题线索具体、有可查性的信访。

2. 创新管理机制，优化干部人事制度改革

（1）树立明确的改革总体目标

第一，明确目标是保障各个环节有序开展的关键，所以，在进行干部人事制度改革时需要结合我国所制定的相关标准，树立明确的改革总体目标，以此为基础创建有特色的社会主义干部人事制度。"政治路线确定之后，干部就是决定的因素。"选用干部，首先要明晰好干部的标准，解决好"用什么理念选人""选什么样的人""依据什么选人""德与才的关系"等基本问题。党的十八大以来，以习近平为核心的党中央紧紧围绕"好干部"标准，在总结历史经验，结合新的世情、国情、党情、民情的基础上提出了全新论断，为培养和选拔实现"中国梦"所需要的好干部指明了前进方向。

第二，树立"好干部"标准，确保干部人事制度综合改革的有序性。在中国共产党90多年的历史征程中，历来把选人用人作为关系党和人民事业的关键性、根本性问题。好干部的标准是具体的、历史的，在不同的历史时期，面临不同的形势任务，在选用干部的具体要求方面必然会有所侧重和有所不同。在革命战争年代，对党忠诚、英勇善战、不怕牺牲的是好干部；在社会主义建设初期，政治立场坚定，"又红又专"的是好干部；在改革开放后，拥护党的方针政策、锐意改革的是好干部。

在新时代，为顺应党情民意，"好干部"的标准被赋予了新的时代内涵，概括来讲就是"一种信仰""三严三实""四有要求""五条标准""十不准纪律"。""一种信仰"即坚定马克思主义信仰，作为无产阶级革命政党，中国共产党始终把马克思主义当作思想指南，党的各级领导干部马克思主义理论素养如何，运用马克思主义指导工作的能力如何，直接关系着党和国家事业的兴衰成败。"三严三实"即严以修身、严以用权、严于律己，谋事要实、创业要实、做人要实，党员干部唯有从"严"上要求、从"实"处着手，把好政德建设关卡，将这一标准内化于心、外化于行，才能积聚清风正气，担当起改革重任，增进人民福祉。"四有要求"是指心中有党、心中有民、心中有责、心中有戒，这是习近平总书记在与中共中央党校第一期县委书记研修班学员座谈时对县委书记提出的要求，也是新形势下各级党员干部必须具备的基本素养。"五条标准"即信念坚定、为民服务、勤政务实、敢于担当、清正廉洁，系统诠释了好干部的立身之本、为政之道、履职之要、成事之基、正气之源，在选人用人的过程中，必须严格按照此项标准删选剔除，才能为打造一支政治坚定、素质优良的执政队伍奠定坚实基础。"十不准纪律"是在新修订的《党政领导干部选拔任用工作条例》中所列举的十条纪律，是在全面总结近年来我国干部人事体制所存在的突出矛盾，民众所反映的热点问题上做出的具体规定，有效规范了选人用人体系，弥补了体制机制漏洞。这些回答了一名好的干部应该做什么、必须做什么、禁止做什么等基本问题，为进一步深化干部人事制度改革树立了正确的选人用人导向。

第三，强调以德为先，突出干部人事制度综合改革的针对性。牵制住党管干部这个"牛鼻子"，后面的工作就可以有条不紊地扎实推进。党的十八大修改通过的党章规定，选拔干部要按照德才兼备、以德为先的原则。"德才兼备"是中国共产党一直坚持的原则之一，"以德为先"则是新形势下针对选人用人出现的新情况、新问题所着重强调的，具有明显的现实针对性。突出以德为先，是因为如今的干部腐败问题大多源于"德"的缺失，德与才相比，德是前提和根本，"才为德之资，德为才之帅"，没有德，就不能坚持社会主义的方向，更不能全心全意为人民服务。选拔干部坚持以德为先，并非弱化"才"的权重，"德与才并不是割裂并存的两个概念，而是统一的。在静态情境，德才会显示'兼备'的特质，在动态情境，却是'统一'的共存体。"明确了以德为先的要求，党政领导干部的考德机制便成为亟须解决的问题，道德评价涉及评价主体、评价对象和内容、评价标准和方法等方面，即"谁来评""评什么""怎么评"的问题，它们相互联结，构成完整的考德体系。但由于干部职业的特殊性和道德评价本身的复杂性，考德的评价指标、量化标准、实施方式尚未统一与确立，考德整体上仍处于探索阶段，需要从理论和实践两个层面不断深入研究和探索。

（2）强化人才观念，彰显干部人事制度综合改革的全面性

当今世界综合国力的竞争归根结底是人才的竞争。党的十八届三中全会表决通过的《中共中央关于全面深化改革若干重大问题的决定》提出："建立集聚人才体制机制，择天下英才而用之。"这是加快建立人才优先发展的战略布局，是推动我国由人才大国迈向人才强国的体制保证。干部人事制度改革的目标之一，就是努力做到选贤任能，及时发现好干部，以人尽其才，把好干部有效使用起来，正如邓小平所说的："事情成败的关键就是能不能发现人才，能不能用人才。"针对干部队伍所呈现出的社会分层"凝固化"、社会流动"缓慢化"、干部队伍"老龄化"趋势，以及年龄、学历、户籍、地域、人事关系等刚性约束问题，党中央从全局出发，理论与实践双管齐下，做好各项发现人才、选好人才、用好人才工作：一是强化人才观念，重视人才培养。新一届党中央将加大实施人才强国建设置于更加突出的地位，正如习近平总书记在全国组织工作会议上所指出的："我们要树立强烈的人才意识，寻觅人才求贤若渴，发现人才如获至宝，举荐人才不拘一格，使用人才各尽其能。"在全新的人才理念引领下，把干部人才的选拔工作融入"四个全面"战略布局之中，着重强调了人才对全面建成小康社会、实现中华民族伟大复兴中国梦的强大引擎和根本支撑作用。二是改进年轻干部培养选拔工作。培养选拔年轻干部关乎党的事业，关乎国家长治久安，经过几年的发展、完善，年轻干部的选拔任用来源不断拓宽、结构逐步优化、方式愈加改进，质量也随之提高。三是大力加强人才队伍建设。伴随着"人才优先发展"从一句口号、一个理念转变为具体的政策、项目，我国不断推进人才发展体制机制改革和政策创新，中央发布了《关于深化人才发展体制机制改革的意见》，提出要构建学科

规范、开放包容、运行高效的人才发展治理体系。同时，面向海外高层次人才的"千人计划"和面向国内人才进行特殊支持的"万人计划"等重大人才工程得以深入推进，"高、精、尖"人才数量大幅增加，营造出良好的人才发展氛围和环境。

（3）创新干部选任机制

创新公开选拔机制，实现科学选拔干部是干部任用的重要方式之一。大力推进公开选拔干部工作，有利于进一步拓宽选人视野，拓展选人途径，引入竞争机制，调动各方面积极性，促使优秀人才脱颖而出。坚持"注重品行、科学发展、崇尚实干、重视基层、鼓励创新、群众公认"的用人导向。要让堂堂正正做人成为领导干部处世立世的道德追求，清清白白做官成为领导干部行使权力的自律准则，扎扎实实做事成为领导干部干事创业的职业操守。选人用人机制在干部人事制度改革中占据主导地位，党的十八届三中全会提出要构建有效管用、简便易行的选人用人机制。所谓"有效管用"是指在秉承民主集中制的前提下，改革措施着重强调实际效果，坚持形式服从内容，过程服从结果；"简便易行"是指改革制度要遵循于法周延、于事简便原则，追求提高效率、降低成本的目标。为达致"有效管用、简便易行"这一核心构架，需要从以下几个方面加以辅助支撑：第一，完善民主推荐、民主测评的选拔程序。民主推荐、民主测评既是选用干部的重要依据和必经程序，又是干部考核和管理的必要手段。完善的民主推荐、民主测评可以有效提升干部选拔任用的质量和公信度，落实群众对干部选用的知情权、参与权、选择权、监督权。党的十八大以来，民主推荐、测评工作愈加受到重视，习近平总书记在全国组织工作会议上的讲话指出："要把加强党的领导和充分发扬民主结合起来，发挥党组织在干部选拔任用工作中的领导和把关作用。要完善工作机制，推进干部工作公开，坚决制止简单以票取人的做法，确保民主推荐、民主测评风清气正。"第二，改进竞争性选拔干部方式。竞争性选拔干部方式是深化干部人事制度改革的重要举措，与常规选拔方式相比，它在拓宽选人视野、提高干部选拔公信力方面发挥着积极作用。回顾以往，因受制于其具体运用的时间和空间，竞争性选拔也暴露出诸多问题，例如"公开选拔"演变成"公开选秀"，高分低能的"考试专业户"，人岗不相宜等，为此，党的十八大报告提出："完善竞争性选拔干部方式，提高选人用人公信度，不让老实人吃亏，不让投机钻营者得利。"切实保障竞争选拔是在实干、实绩、能力上的竞争，让干得好的考得好、能力强的选得上、作风实的出得来，让不学无术、哗众取宠、善于做表面文章之徒无可乘之机，变"伯乐相马"为"赛场选马"。此外，党的十八大报告还强调："全面准确贯彻民主、公开、竞争、择优方针。""全面准确"四字意味着竞争选拔要走向制度化、科学化、民主化，要正确处理干部工作中各种交叉关系，维护改革的严肃性和有效性。

创新实践锻炼机制，实现科学培养干部的成长与组织的关心密不可分，既要加强干部的政治理论和科学文化知识的培训，又要加强实践锻炼。把具有较高学历和理论素养的干部有意识地安排在基层重要岗位上锻炼，从锻炼中筛选优秀干部，将其任用于主要和关键岗位，形成"实践长才干，一线出干部"的正确导向。要为干部锻炼成长打造学习交流、议事决策、管理操作、干事、发挥余热、舆论宣传六大平台。

创新实绩考核机制，实现科学评价干部是加强干部管理，实现客观、公正的重要途径。考核评价机制要化静为动，增加定量考核权重。干部考核是我国干部选任工作的前置性、基础性工作，"而随着人事制度改革的不断深入，干部队伍思维的多变性、思想的趋利性和心理的差异性增强了行为的选择性和复杂性"。若任由这种事态发展下去，势必会腐蚀干部队伍骨干，动摇干部为人民服务的宗旨信念。为此，党的十八大提出："完善干部考核评价机制，促进领导干部树立正确政绩观。"科学的考核评价办法是激发干部内生动力的助推器，也是正确衡量干部"德、能、勤、绩、廉"的标准。通过实绩考核，把目标考核和干部考察有机结合起来，全面反映干部德、能、勤、绩、廉、健等方面的情况，考核激励机制的持续性。

创新民主监督机制，实现科学任用干部、扩大干部工作中的民主监督，让权力在阳光下运行，提高选人用人的公信度，是新时代的新要求，推进干部选拔任用工作民主化，要坚持"四化"原则，保障"四权"落实。进一步加强对党政领导干部及其履职的监督约束，在现实中，党政领导干部掌控和支配着很多资源，而不受制约的权力必然导致腐败，因此，加强对党政领导干部的监督约束无疑具有重要意义。党的十八大以来,中央持续加大反腐败力度,大力加强对党政领导干部及其履职的监督约束,强调建立有效的权力运行机制和监督机制,保证权力沿着制度化和法制化的轨道运行。

(执笔人:许超、周芳)

后　记

呈现在大家面前的这本《回顾与展望——改革开放以来中国的政治建设与政治发展》，是在2008年版（人民出版社）基础上修订和补充而成的。为保证课题研究的科学性、严谨性和完整性，同时秉承对中国特色社会主义政治建设与政治发展传承性的尊重，再版时保留了2008年版的整体框架结构，着重增加了近十年来中国政治建设与政治发展的新进展。众所周知，近十年来，特别是党的十八大以来，中国政治建设与政治发展取得了举世瞩目的辉煌成就，亟待予以总结，这无疑增加了从事该课题研究的必要性、重要性和工作量。

作为幸运的一代，大家伴随着改革开放的步伐，逐渐成长为从事哲学社会科学研究的研究人员，既是改革开放的见证者，更是最大的受益者。全图景地回顾改革开放以来中国政治建设与政治发展的历史轨迹，展现其所取得的辉煌成就，总结其积累的基本经验，是历史赋予我们的责任和使命。正是出于这样的目的，课题自确立之后，所有参与人员花费了较长时间收集资料，然后拟定提纲，撰写初稿，反复修改、调整，最后定稿。全书由主编确定写作提纲、具体思路，最后修改定稿。在此书稿的写作过程中，参与者放弃了节假日和休息时间，以高度负责任的精神，按时完成了自己承担的任务。与此同时，在此过程中再一次接受了一次习近平新时代中国特色社会主义思想的教育，更加坚定了"四个意识"，增强了"四个自信"，真正做到了"两个维护"。

然而，限于自身水平，加之时间紧张，肯定有许多偏颇之处，欢迎大家批评指正。

在此书即将付梓之际，感谢中国社会科学出版社编辑同志的辛勤工作，特别感谢汝信先生、王邦佐先生为此书先后作序，感谢所有应该感谢的人。